倪正茂全集

生命法学卷 8

倪正茂 著

学苑出版社

图书在版编目（CIP）数据

倪正茂全集．生命法学卷 / 倪正茂著．—北京：学苑出版社，2022.6
ISBN 978-7-5077-6423-9

Ⅰ.①倪… Ⅱ.①倪… Ⅲ.①倪正茂－全集②生命—法学—文集 Ⅳ.①C52②D912.101-53

中国版本图书馆CIP数据核字（2022）第092909号

责任编辑：孟　玮
出版发行：学苑出版社
社　　址：北京市丰台区南方庄2号院1号楼
邮政编码：100079
网　　址：www.book001.com
电子信箱：xueyuanpress@163.com
联系电话：010-67601101（营销部）、010-67603091（总编室）
印　刷　厂：北京建宏印刷有限公司
开本尺寸：787mm×1092mm　1/16
印　　张：31.75　彩插2
字　　数：700千字
版　　次：2022年6月第1版
印　　次：2022年6月第1次印刷
定　　价：400.00元

作者简介

倪正茂,1940年出生于浙江省苍南县金乡镇,先后就读于金乡小学、平阳二中、平阳一中、瑞安中学。1957年考入复旦大学法律系,1961年毕业于上海社会科学院政法系。先后从教于上海南洋模范中学、淮海中学、零陵中学等。1979年进入上海社会科学院法学研究所工作,1997年赴上海大学法学院工作,1988年获"上海市有突出贡献的中青年专家"称号。2006年获上海市首届"五一劳动奖章"。2008年获聘为上海政法学院终身教授。已发表文章五百多篇,出版《隋律研究》《科技法学导论》《法哲学经纬》《生命法学探析》《比较法学探析》《激励法学探析》《苏联国家与法的历史》《中华法苑四千年》等专著、合著、译著四十四部。

总　序

今天是我的七十八岁生日。剩下的时间不会很多了，于是动了凡心，将前此发表的文字汇编成集一并出版。

我大致是从1980年前后（也就是四十岁前后）开始发表文字的。此前，自觉在大学期间所学无几，故而花了近二十年的时间自学法学、哲学、文学、史学和外语。讵料1981年发表第一篇法学论文《论法律的起源》，即引起法学界的热议，竟至法学院校、研究机构多有分成了臧否两派、纷争热烈的。原因是传统的观点认为法律起源于奴隶社会，而我认为法律起源于从原始社会向奴隶社会的过渡时期。尽管否我者认为我的观点"离经叛道"，在后来的"精神污染"运动中我甚至被领导点了名，但我的观点最终却成了法史学家的共识。受此事件的鼓舞，后来的学术研究中，我坚持了这样几点：第一，言（文）须有新意；第二，坚持追求真理，对权威的观点不随意苟同。

因为有这样的自我要求，所以，我获得了写出新中国第一部法哲学著作《法哲学经纬》，第一部全面考证、研究隋律的专著《隋律研究》及后来的《隋代法制考》，第一部全面论证法的激励功能的专著《激励法学探析》，主编、主撰了第一部论述法律战基本理论的《法律战导论》，第一批科技法学专著《科技法学导论》《科技法学原理》，第一批生命法学著作《生命法学引论》《生命法学探析》，第一部批判欧美中心主义的比较法学专著《比较法学探析》等法学成果。所有这些成果都获得了国家或上海市级的优秀著作奖。

除著作外，我还发表了五百多篇文章。这些文章，除极少几篇是"合作"的之外，都是"单干"的产物；而且，除语言逻辑方面的文章外，几篇"合作"的作品，也多是本人起草、执笔的。正因如此，在《激励法学探析》的"后记"中我斗胆对那些利用职权、地位"剥削"其他人精神劳动成果的"硕导""博导"蔑称其为"硕盗""博盗"。据说，某虚报、盗窃了他的德国导师的学术成果而混成了一个知名大学的校长者，最终被钉在了教育史、学术史的耻辱柱上。那么，法学界的"硕盗""博盗"也总有一天会被钉在耻辱柱上。

在此前以及本文集中，凡是有合作者的，无论是著作或文章，我都注明了合作者的姓名。

五百多篇文章中，有不少是耦合时事、随性涂写的长文短论，所以，本文集盖以"随笔"概括之。其中有一些属于"游记"，但据说与绝大多数游记不同，是什么"政治性游记"。上海社会科学院文学研究所潘颂德研究员竟极力翊赞为"开创了政治游记"的"游记新品种"。但纵览中国文学史不难发现，古往今来的中国文学史家也写了许多带政治内容的，只不过不像我写得那么直白罢了。而这"直白"，也许不过思想浅薄罢了。

本文集中，还有一些非法学类的作品，涉及语言逻辑、教育、社会、心理等，大多是随意而发的东西，算不上学术著作，只是一些普及读物罢了。之所以收入文集之中，不过是为了让读者了解我之为文的大概。此外，在搁笔之际，忽然念及一生竟然历经了肺病、肝炎、肾炎、心脏病、胃病、肠炎、盲肠炎、大面积脑梗死、脑萎缩、"典型的帕金森症"等"吓死人的病"，只是除了脾脏、胰脏没有患过病，却还活到如今并顶着一个"终身教授"的金色大盖帽，仍如四五十岁时那样，既无寒暑假及其他节假日休息，白天夜晚也忙碌得不亦乐乎，从而觉得我的生命历程中，也许这一"战胜"疾病的经验，比那些所谓的学术文章更有趣，也更有益于读者，甚至还值得医学家们略事研究，于是做了一番整理，写成了"养生感悟"，用以"断后"。读者自可断言我的"养生"不过只是一个"蠢"字罢了，但是或许有一些东西还有研究的价值，不是"呸"地一哂，即可弃如敝屣、扬长而去的。毕竟，一则活到了这把年纪而仍精力充沛，二则几乎所有我的同龄人无不啧啧称奇并真切艳羡我"比同龄人要年轻得多"！

倪正茂

2018 年 5 月 14 日

本 卷 说 明

一、本卷收入了倪正茂教授在生命法学领域所撰写的专著一部，与他人合著图书一部，已公开和未公开发表的文章二十五篇。

二、凡所收入作品，均在篇首以注释的方式做了说明，包括著作的版本信息、文章的发表信息。

三、本卷在编校时主要遵从下列原则：

1. 篇名：一般采用原标题。

2. 发表时间：已出版图书和已刊文章，一般取正式出版和刊载时间。

3. 文稿排序：入编文稿按发表时间先后排序。书稿在前，文章在后。发表时间，书稿详尽到年，文章详尽到年、期；若文章载于报纸，则详尽到日。有年月而日期不详者，按月末。月份相同者，以编者收到稿件先后排序。未发表文章写作时间不详，排在已发表文章之后，按编者推测的写作时间排序。

4. 原文注释：为方便读者阅读，原文尾注均改为页下脚注，并在每页重新编码。注释格式原则上遵从原文，编者尽量做到局部统一。对于出版较早的专著与早期撰写的文章，因当时出版规范与现行的不一致，编者在现有资料的基础上，对相应注释做了最大程度的补充。

5. 引用文献的外国人名译法：引用版本较早的图书，外国人名译法与今日通行译法有差别的，如果遵从原文会使读者产生误解的，编者直接按今日通行译法改正。

6. 原文出版或者发表时间较早，文中出现的相关地名现今发生变化的，编者直接按现今名称改正；引文中的地名以脚注方式注释。

7. 原文的明显错讹、缺漏，编者在无损作者原意的前提下直接修订。

8. 原文的繁体字一般转化为规范字。引用较早图书版本，汉字用法与现今不一致，编者按现今用法直接修订。

9. 原文的拼写错误、错别字，编者直接改正。

10. 较早出版的图书，所引用的涉及条、款、项的法律、法规、条例、办法等，现今或修订、或废止，为避免读者混淆版本，编者以括注方式对相关法律、法规、条例、办法等的通过或发布日期进行说明。

11. 未发表文章，因时间久远，作者亦不能提供具体写作时间，编者根据文章的具体内容推测了写作的大致时间，供读者参考。

目 录

著 作 编

生命法学探析

题记	004
《生命法学丛书》序	005
引　言	006
第一章　生命社会关系探源	007
第二章　生命法探源	037
第三章　生命法定义论	093
第四章　生命法地位论	101
第五章　生命法特征论	110
第六章　生命法原则论	123
第七章　生命法体系论	182

安乐死法研究

题记	198
导　言	199
第一章　生、死、人权与安乐死	204
第二章　安乐死与相关概念的区别	219
第三章　安乐死实践与部分国家的安乐死立法	238
第四章　安乐死的申请与审定	255
第五章　安乐死的实施与监督	264

第六章　安乐死法基础理论探析　　268
第七章　安乐死法渊源论　　295
第八章　安乐死法结构论　　302
第九章　安乐死法原则论　　309
第十章　安乐死法体系论　　329
第十一章　安乐死立法、司法、守法的一体化　　332
后　记　　346

文　章　编

生命法学研究略论　　348
试论生命社会关系的法律调节　　353
缘起与展望　　359
中国古代生命立法述评　　360
克隆技术是把"双刃剑"——略论基因技术立法的社会效益第一原则　　366
足龄男女采行人工生殖技术的权利义务　　369
略论基因技术立法的社会效益第一原则　　377
高度尊重患者权利是解决医患纠纷之根本　　383
生命法学中的伦理问题　　388
生命法定义论　　397
辅助生殖技术法的法理学探析　　403
医学助孕的伦理与法律　　414
"丰收"感言　　418
生命法学要旨　　419
生命法学略议　　439
中国走出器官移植困境的出路研究　　447
关于推进生命法学研究的三点建议　　456
《中国生命法学评论》（第1卷）卷首语　　460
人类生殖的法律调节与伦理　　464
医疗事故鉴定的比较法思考　　470
生命科技、生命法与生命伦理　　475

人类健康与社会发展良性互动的法律保障 ………………………………… **481**
新的探索：生命法与生命法学 …………………………………………… **485**
安乐死立法的时机、步骤与总体原则 …………………………………… **488**
"人兽混合胚胎"的科学与伦理意义 ……………………………………… **494**

著作编

生命法学探析
安乐死法研究

生命法学探析

题　记

在研究生命法学基本理论问题的过程中，我对生命法的历史发展及有关的一些结论发生了浓厚的兴趣。随着所积资料的增多，产生了进一步探析生命法学的强烈愿望。《生命法学探析》[①]一书即是对有关问题的思索的总结。

同时，生命法学研究的同道们也陆续开拓了一些新的研究领域，遂促使我主编了一套《生命法学丛书》并为之作"序"，交付法律出版社出版，本书是该"丛书"的开篇。

倪正茂

---

① 法律出版社 2005 年版。

《生命法学丛书》序

21世纪将是生物科技世纪，其核心是人类生命科技突飞猛进的发展。而这，将天翻地覆地改变世界的经济、社会、文化状况乃至改变人类本身，从而极大地改变人类的价值观、伦理观与法律观。

随着生命科技的发展，将逐渐形成新型的生命社会关系和调节这一新型生命社会关系的法律。这在今天，业已初见端倪。脑死亡法、人类辅助生殖技术法、基因技术法、器官移植法以及安乐死法等的出现便是明证。这些新型生命法的诞生过程，交织着热切的期盼与切齿的诅咒，因为它彻底地颠覆了传统的道德观念，尤其是与以血缘关系为纽带的稳态家庭社会关系唇齿相依、休戚与共的传统伦理观。尽管如此，期盼者的期盼还是变成了现实；诅咒者的诅咒则已气息奄奄。

随着生命法的发展，提出了一系列新的法理学与法律学问题。回答这些问题，是法学工作者责无旁贷的使命。但是，这将是一个艰难的探索过程，彳亍学步，牙牙学语，幼稚是必然的，错误也在所难免。不惮贻笑大方将此丛书奉献给读者，一是希望引起社会各界尤其是法学界、医学界的关注，予以批评指正；二是希望推动生命法学的研究，经过互相切磋、辩难，在若干年后形成成熟的生命法学。

芳林新叶催陈叶，流水后浪逐前波。丛书的作者，将为生命法学研究新人辈出，生命法学佳作如潮涌现而欢呼雀跃！

倪正茂
2005年7月20日

引 言

  一般说来，法学是随着法的出现而出现的，正是立法、立法成果以及这些成果的实施情况的发展，使得研究立法、立法成果及其实施（司法、执法、守法、违法、犯罪）的法学应运而生，呱呱坠地。对此，恩格斯曾这样精辟地指出过："随着立法发展为复杂和广泛的整体，出现了新的社会分工的必要性；一个职业法学者阶层形成起来了，同时也就产生了法学。"①

  但生命法学似乎略有特殊。1989 年以前并无"生命法学"这样的概念存在于法苑之内；直到 20 世纪末，生命法学研究也才处于起步阶段。② 然而以"医疗卫生法""医药法""卫生法"等为名的生命法及其研究成果《卫生法学》《医药法学》《医疗卫生法学》等却早已诞生，久久风行。尤其是 20 世纪 50 年代以来，随着生命科技的高速发展，原先的医疗卫生法等明显地难以应对新的情况、新的问题与新的矛盾，而且越来越捉襟见肘。"立法"之"发展为复杂和广泛的整体"，一个新的"职业法学者阶层"之"形成"，都出现了一些特殊的情况。正是在此种情况下开始研究的名为"生命法学"的法学学科真正诞生了。

  有鉴于此，必须探析生命法学发展的若干基本问题。这些问题主要是：作为生命法学研究基础的生命法，作为生命法研究核心的生命社会关系及其法律调节问题，生命法学的来龙去脉，生命法、生命法学自身的主要理论问题。因此，在本书中，我们将涉笔以下 7 个方面：1. 生命社会关系探源；2. 生命法探源；3. 生命法定义；4. 生命法地位；5. 生命法特征；6. 生命法原则；7. 生命法体系。

---

① 《马克思恩格斯选集》第 3 卷，人民出版社 1972 年版，第 539 页。
② 1997 年 6 月 10 日上海社会科学院法学所成立了"生命法学研究中心"。到 2001 年为止，我担任主任的该中心每年在上海召开一届"生命法学理论研究会"，有关生命法学研究的成果陆续问世。

第一章　生命社会关系探源

生命法学研究以生命法为核心的生命法律文化，而生命法是用以调节生命社会关系的。这样，源探生命社会关系，就如"江河行地，日月经天"般自然地成了生命法学探析的逻辑起点。

一、社会关系与生命社会关系

"人猿相揖别，只几个石头磨过，小儿时节。"① 自从类人猿进化为类猿人，即人类祖先诞生之后，人们就结成了一定的社会关系。这种社会关系包括"磨（过）""几个石头"的关系——旧石器时代、新石器时代的人们在磨制劳动工具以及使用这些工具从事渔猎、采集、畜牧、种植等活动中结成的劳动关系；"日出而作"之余的"日入而息"时发生的性生活关系及其后发展出来的婚姻家庭关系；共同劳动、生活在一起的人们结成的氏族、部落内部关系，以及各氏族、部落之间的关系；氏族、部落内的人们对劳动成果的平均分配关系；氏族、部落共同劳动、平均分配、一致对外所需的内部管理关系；氏族、部落间发生冲突时的武装斗争关系……上述种种关系成了日后人类社会生产关系、经济关系、家庭关系、民族关系、军事关系、行政关系等社会关系的源头。

除上述关系外，在劳动、生活和武力冲突中，还大量地发生了与人的生命的孕育、产生、存在、健康相关的人们之间的社会关系。

这一方面的人际社会关系所造成的后果，大致可以分为以下几种：

其一，因男女交媾而孕育、诞生了新的生命；

其二，因劳动、生活时发生矛盾、冲突、斗殴而致人伤残死亡，因氏族、部落战争而死亡；

其三，因违反共同劳作、生活的习惯而导致集体或他人利益受损，被提交氏族、部落

---

① 毛泽东：《贺新郎·读史》，《毛泽东诗词集》，中央文献出版社1996年版，第145页。

大会审判，处以刑罚直至死刑；等等。

以上涉及人的生命的社会关系，当然可概称为生命社会关系。但是，后来这些涉及人的生命的社会关系，被婚姻关系、刑事关系所吸收，已不再称为"生命社会关系"。

此外，还有一种人际社会关系，既不同于上述与人的生命相关的社会关系，却又直接与人的生命的孕育、诞生、存在、健康紧密相连，这是一种特殊的生命社会关系，可以见诸"神农尝百草"的神话传说等。"神农"为中国古代传说中的帝名，又称炎帝、烈山氏。相传他开始教民为耒、为耜以兴农业，尝百草为医药以治疾病。① 与炎帝并称的还有"黄帝"，他"钻燧易火，所以去兹毒也"②；"黄帝作钻燧生火，以熟荤臊，民食之无兹胃之病，而天下化之"③。此外还有"有巢氏"："次后有人，五色长肘，号曰'有巢'……号曰燧皇，冬则穴居，夏则巢处，燔物为食，使民无腹疾。"④

"神农""黄帝""有巢氏"等，或"尝百草"，或"钻燧生火，以熟荤臊"，或"燔物为食"，以此使民无胃病、腹病以及预防、治疗其他疾病，总之是发现了最简单、原始的药物，发明了最简单、原始的防治疾病方法，以求达到使人健康的目的。

这里，以"神农""黄帝""有巢氏"为一方，以"民"为另一方，就形成了一种生命社会关系。这种生命社会关系是全然指向人的生命的健康，指向"生"的。同时，"神农"云云，只是一个代表，一种概称，完全可能代指一批各"尝百草"以救黎民的当时的医药学家。这样，这些医药学家之间也就会形成某种相互学习、交流、支援、互助的关系。这是一种与前述种种后来不再被指称为"生命社会关系"者很不相同的生命社会关系。这种生命社会关系有点类似于后来的医生与患者的关系以及医生与医生的关系。

人类始祖时期一定也形成过和生命的孕育与产生相关的生命社会关系。起初，男女两性之间不存在任何固定的、巩固的性关系，处于"乱交"阶段。乱婚（拉丁语 promiscuus，意为"杂乱的"）意味着血亲婚配及其恶果——从个体来说是体质的衰弱，从群体来说是种系的退化。但这是人类进化的一个必经阶段，否则无由形成人类的大集团。恩格斯指出："成年雄者相互宽容，嫉妒的消除，则是形成较大的持久的集团的首要条件，只有在这种集团里才能实现由动物向人的转变。"⑤ 随着时间的推移和经验的积累，始祖们才逐渐认识到乱婚的危险。"血亲婚配有害的模糊认识促使在血缘亲族之间禁止婚姻，随着禁止亲族婚配的范围逐渐扩大，婚姻的禁例越来越杂乱，群婚逐渐成为不可能而为对偶家庭

---

① 〔西晋〕皇甫谧：《帝王世纪》。
② 《管子·禁藏》。
③ 《管子·轻重戊》。
④ 《命历序》，汉学堂引清河郡本。
⑤ [德]恩格斯：《家庭、私有制和国家的起源》，《马克思恩格斯选集》第4卷，人民出版社1972年版，第30页。

所代替。"① 在这一转变的过程中，巫士大约起过相当大的作用。德国学者库尔特·拜尔茨谈到这一点时指出："表面上显得如此隐蔽的人繁殖过程，早在史前时期就已成为有目的的技术操纵的对象……萨满的巫术就是从按照人的需要控制人体组织基本机制的努力中产生的……此外，也有'真正的'机械类的，主要是化学类的技术控制，比如加入一些药物以便造成醉态或者缓解痛楚……除了神秘的技术（巫术）之外，主要采取中断交媾的方法：延长哺乳期以及利用妇女的安全期也都是重要的方法。"② 巫士的巫术有两类，一类是运用神仙鬼怪的故事影响人的心理，一类是运用某些医学知识和医疗技巧以及药品来干预人体组织的病变。所以，远古时代的巫士大致也就是其时的"心理医生"与"科技医生"。当他们运用巫士指导、干预生命的孕育、产生或人体的健康时，当然也就形成了当时的原始的生命社会关系，尽管这种生命社会关系中羼杂有神秘的、迷信的、不科学的成分。巫士与孕妇，巫士与孕妇之夫，巫士与新生儿、与病患者，巫士之间，等等，都形成了一定的生命社会关系。虽然其时没有也不可能有"生命社会关系"之概念，但这种社会关系是客观存在的。

这种生命社会关系，从其产生之日起，便绳绳继继，不绝如缕，绵绵亘亘，延续至今。

二、生命社会关系的定义和分类

（一）生命社会关系的定义

生命社会关系是指由生命科技活动而发生，为着生命科技而发展，可据以协调生命科技劳动者、劳动组织和劳动管理机构内部关系及相互关系，并可据以协调上述各方面与相关的自然人、法人的关系，而对人的生命的孕育、产生、存在、健康发生影响的一种社会关系。

这一定义包含以下几层意思：

第一，生命社会关系是一种社会关系，而不是自然关系。

社会关系是人们在共同的社会实践活动中结成的相互关系的总称。人们"由于他们的需要即他们的本性，以及他们求得满足的方式，把他们联系起来（两性关系、交换、分工），所以他们必然要发生相互关系"③。只要社会存在着，社会关系就无处不在，无时不在。生命社会关系则是由于人们的生命需要及"求得满足的方式"而形成的。这里的"生命需要"是指怀孕生育的需要、顺利生产的需要、生命健康地存在的需要等等。这里的

---

① [苏] 阿·尼·格拉德舍夫斯基：《原始社会史》，东北师范大学历史系翻译室译，高等教育出版社1958年版，第61—62页。
② [德] 库尔特·拜尔茨：《基因伦理学》，马怀祺译，华夏出版社2000年版，第23—24页。
③ 《马克思恩格斯全集》第3卷，人民出版社1960年版，第514页。

"求得满足的方式",包括从古至今的各种有助于孕育生命、产生生命、健康生存的生命科学技术。这种生命科学技术有直接作用于人的,它产生了医生和患者的关系;也有间接作用于人的,它导致生命科技劳动者、劳动组织、劳动管理机构内部及相互之间形成这样那样的关系,而这一切又必然最终影响自然人、法人。

作为社会关系,生命社会关系是"有目的、有意识"地形成的。医患关系也好,生命科技劳动者之间以及他们与自然人、法人的关系也好,目的都在有利于生命的孕育、产生、存在与健康。不管人们是否认识到生命社会关系的目的性与有意识性,生命社会关系的"有目的、有意识"的特点,都是一种客观存在。

自然关系则不同,它是无目的、无意识的盲目存在,如月亮绕地球运转、地球自转并绕太阳公转,"日月经天,江河行地""风吹草低见牛羊""日落西山红霞飞""秋水共长天一色,落霞与孤鹜齐飞"等等,两两之间虽都有一定的关系,却既无目的,亦无意识,不能说是像人那样按照"他们的需要"而发生的关系。

作为一种社会关系,生命社会关系是人与人之间的物质关系还是思想(或意志)关系呢?众所周知,作为物质关系的社会关系基础,是指与一定生产力发展水平相适应的生产关系,即人们在生产过程中结成的社会关系,这种社会关系的总和构成社会的基础;而作为意志关系的社会关系,是指通过人的意志而结成的社会关系,是属于社会上层建筑范畴的关系。

邓小平同志曾经指出:"大家知道,生产力的基本因素是生产资料和劳动力。科学技术同生产资料和劳动力是什么关系呢?历史上的生产资料,都是同一定的科学技术相结合的;同样,历史上的劳动力,也都是掌握了一定的科学技术知识的劳动力。我们常说,人是生产力中最活跃的因素。这里讲的人,是指由一定的科学知识、生产经验和劳动技能来使用生产工具、实现物质资料生产的人。"[1] 他又指出:"马克思说过,科技是生产力,事实证明,这话讲得很对。依我看,科技是第一生产力。"[2] 结合邓小平同志关于知识分子也是工人阶级的一个组成部分的论述,我们认为:生命社会关系,同样,整个科技社会关系,都是一种物质关系,即它是人们在科技这种生产力的发展过程中结成的与一定生产力发展水平相适应的社会关系。这种关系因人们"有目的、有意识"的活动而形成,并不影响它的"物质关系"的性质。只要这种生命社会关系是客观存在物,它就是物质性的。

第二,生命社会关系是由生命科技活动而发生的。没有生命科技活动,就不会有生命社会关系;停止了生命科技活动,就停止了生命社会关系。"神农尝百草"就是一种生命科技活动,今天看似幼稚,当时却难能可贵且高超卓越,否则后人也不会顶礼膜拜、尊崇备至。

---

[1] 国家科学技术委员会编:《论科学技术》,科技文献出版社1990年版,第157页。
[2] 同上书,第195页。

由于生命社会关系是由生命科技活动而发生的，因此，当生命科技活动停止时，生命社会关系也告终结；当生命科技活动发展时，生命社会关系也随之发展。掌握这一点十分重要。有的陈旧伦理观念卫道士不能革故鼎新、改弦易辙而固守陈规，往往是由于不懂得生命社会关系乃由生命科技活动而发生、随生命科技活动的发展而发展的根本道理。

第三，生命社会关系是为着生命科技的发展而发展的。生命社会关系由生命科技活动而产生，是后者决定前者，但生命社会关系不是纯然被决定、被动性的，它的形成与变化，或有利于生命科技的发展，或阻碍生命科技的发展。神农尝百草，因所得医药的使用而建立起了与患者的生命社会关系。如果这是一种友好的亲密的良性的关系，当可鼓励神农们精益求精，百尺竿头更进一步；而如果形成了敌对的恶性的关系，则必定打击神农们的积极性。因此，建立良好的医患关系十分重要，不仅可以使医生更好地为病员看病，而且可以鞭策他们争先恐后求新进取，掌握更多、更好的医学知识与医疗技能。

第四，生命社会关系是协调生命科技劳动者、劳动组织、劳动管理机构内部关系、相互关系及他们与自然人、法人之间关系的基础。生命科技的进步，舍良好的生命社会关系（这里分别表现为生命科技劳动者、劳动组织、劳动管理机构的内部关系、相互关系及其与自然人、法人的关系）无由达成。生命科技劳动是个体化的劳动，医生主刀，药师配药，无不以个人行为的方式出现，但这些个体化劳动又是以协调为基础的。没有护士的辅助，医生开不了刀。甚至没有电工的供电，服务员的供水、供气等等都不行。开刀以后还须用药。医生、药师等等还脱离不了整个医院每一个环节的支撑。当然，十分重要的是，还必须有病员及其家属的紧密的、及时的、全面的配合，否则，往往会事倍功半甚至一事无成、万事皆休。

第五，生命社会关系是对人的生命的孕育、生产、存在、健康产生影响的社会关系。如果无此影响，则不成其为生命社会关系，不能称为生命社会关系。例如，生命科技劳动者之间实际上还存在师徒、同事等等关系；如果他们的科技交流或合作建立在一定的经济利益的基础上，那么，就可能是与生命社会关系无涉的一般民事关系。

生命社会关系定义的上述五层含义是一个有机联系的统一整体，相互依存，相互制约，缺一不可，不能偏废。

（二）生命社会关系的分类

按不同的标准，可以对生命社会关系作不同的分类。主要的分类有以下几种：

1. 按生命社会关系主体的不同所做的分类

这里是指生命科技工作者与其工作对象之间的关系。

如果是指生命科技工作者与求医问药者之间发生的关系，那么，可以概括为医患关系。需加说明的是，这里的"患者"不一定是有病的人。例如，一个不孕者，未必称得上是"有病的人"。尤其是一个求助堕胎者，更不能称为"病员"。但他（她）们都与医生发生了关系，所以仍将他们之间的关系称为医患关系。

与此相对的，就是非医患关系，例如两个生命科技工作者之间的关系；医生之间的关系，医生与护士的关系。又如生命科学院院士之间的关系，他们与医院、与生命科学院、与卫生部乃至与一般民众、生命科技产品制造企业的关系等等。

总之，按生命社会关系主体的不同，可分为医患关系与非医患关系两类。

2. 按生命社会关系的调节形式所做的分类

生命社会关系既经存在，就必须加以调节，否则就可能导致极端的混乱。这一方面的调节手段、调节形式，最初可能是交叉重叠、混沌不清的，而后逐渐发展得比较完善、全面，因而可加以分类。

一是生命行政关系。生命行政关系是在生命科技行政活动中发生，为生命科技发展服务，可据以协调生命科技劳动组织之间、生命科技劳动组织与生命科技劳动者之间、生命科技劳动者之间以及生命科技劳动组织、生命科技劳动者与社会的其他团体或个人之间的关系的一种生命社会关系。根据卫生部2002年3月28日公布的《职业病危害项目申报管理办法》，用人单位应当根据国家公布的职业病分类的目录，对目录所列职业病危害项目，在规定的时间内向所在地县级以上卫生行政部门申报；同时，用人单位还应接受行政部门的监督管理。这里，个人与"用人单位"之间、"用人单位"与"县级以上卫生行政部门"之间以及与卫生监督管理部门之间的关系，就是生命行政关系。

生命行政关系既然是一种生命社会关系，就具有生命社会关系的一般特点，同时，又具有自身的特殊性。这种特殊性来源有二：(1)来源于生命行政关系的"行政"性要求。这里的"行政"，不是指那种由法律规范加以调节的行政活动，而是指生命科技劳动管理机构的管理活动。如列入国家基本医疗保险药品目录的药品与国家基本医疗保险药品目录以外具有垄断性生产、经营的药品实行政府定价或指导价，其他药品的价格一律由市场调节。这就是"行政"性的要求。由此产生的生命社会关系则为生命行政关系。只有当这种关系为法律所规定所调节时，例如上述"用人部门"按《职业病危害项目申报管理办法》这一法规的规定必须向县级以上人民政府卫生行政管理部门申报有关问题，而不申报即需承担法律后果时，才成为生命行政法律关系。(2)来源于生命行政关系必然提出的不同于一般生命社会关系的"协调"功能的要求。一般生命社会关系的"协调"功能的要求，发生在各个生命社会关系的主体之间；生命行政关系的"协调"功能要求是发生在生命科技劳动管理机构与生命社会关系的其他主体之间。作为一种附带的协调功能要求，还发生在协调"其他主体"与其他社会团体或个人之间的关系上。

下面是美国新药临床研究申请（IND）的流程图 [①]（图1）：

[①] 胡廷熹主编：《国际药事法规解说》，化学工业出版社2004年版，第73页。

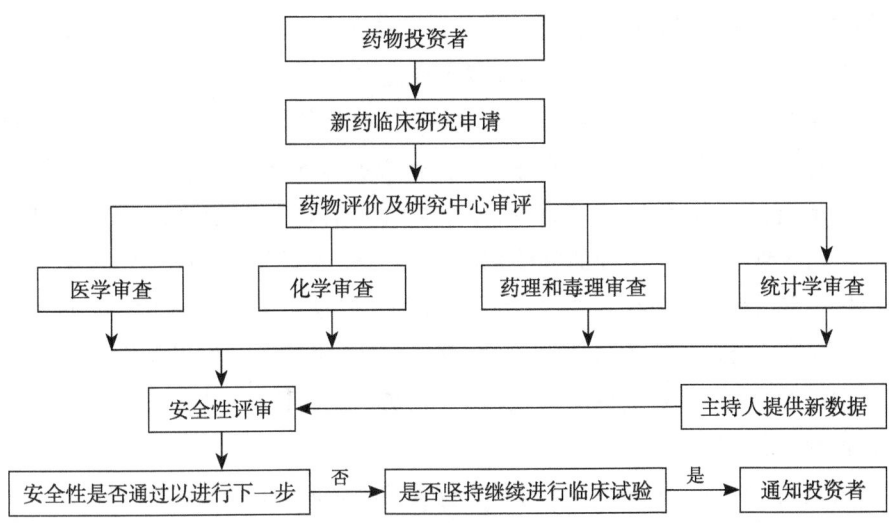

图1 美国新药临床研究申请（IND）流程图

从图1可以显见以下几点：一是"药物评价及研究中心"对IND的行政管理，不经审评批准，"药物投资者"是不得"继续进行临床试验"的；同时，"药物评价及研究中心"如不发出行政指令，"医学审查""化学审查""药理和毒理审查""统计学审查"及"安全性评审"都不会启动；二是"药物评价及研究中心"的协调作用，如果没有这种协调，各种"审查"可能因无序而混乱、失效。这里"主持人提供新数据"一环表现得尤为明显。生命科技行政机关之促成新药临床研究，以让"主持人提供新数据"的方式而协调好各方的关系。

生命行政关系的特殊性在于：

第一，行政隶属性。生命科技行政管理机构与生命科技劳动组织、生命科技劳动者之间，有行政隶属的关系。如执业医师、执业药师之隶属于一定的医药机构，必须接受该医药机构的管理，就体现了行政隶属性。此外，生命科技行政管理机构在上下级之间当然也有行政隶属关系。在行使"管理"行为时，生命科技劳动组织、生命科技劳动者以及下级生命科技劳动管理机构必须服从上级生命科技行政管理机构。我国卫生部下设"卫生监督中心"，各地设"卫生监督所"。这样，"卫生部""卫生监督中心""卫生监督所"之间就形成了行政管理上的权力递减性的行政隶属关系。

第二，权利义务的非对等性。生命科技行政隶属关系的双方，各有其权利与义务；这些权利与义务不是对等的，上级的某些权利恰是下级的某些义务，而上级在享有这些权利时并不对等地承担某种相应的义务。药监机构与医药机构就存在这种非对等性的权利义务关系。孤立地看待这种权利义务的非对等性，尤其是从被管理的机构、人员的角度看这种权利义务的非对等性，似乎背离了生命社会关系的某些特征。但是，从生命科技行政的总体看，从生命科技行政的最终目的看，都是为着生命科技的发展，为着最佳地体现生命科技创造的自由权利,为着最佳地进行生命科技协作。因此,它的权利义务非对等性本身,恰恰是生命科技创造权利本位主义的客观要求在起作用。

第三,生命科技行政权的强制性。生命科技劳动管理机构对其下级(包括生命科技劳动组织与生命科技劳动者)可以发布命令,强行规定其下级可以做什么、不可以做什么。以医疗器械的监督管理为例,医疗器械新产品的生产有临床试验审批、新产品证书审批、生产企业的监督管理、经营企业的监督管理等等之分,有关管理部门对其相关下级的行政权(管理权、审批权、监督权等),都是强制性的。但是,这里的强制性与一般行政权的强制性并不完全一样。由于生命科技劳动管理机关是为生命科技发展服务的,必须在科学决策、民主决策方面表现得更突出、更鲜明;它在客观上不允许违背民主决策、科学决策的原则,否则只能导致失败。

生命行政关系中的主要内容是生命科技行政隶属关系,但在同级生命科技劳动管理机构之间,就是平等的行政关系了,谁也不能对谁发号施令。我国科技进步管理机构中的中国科学院、科技部、国防科工委、教育部、中国科技协会和各部、委、办的科技管理机构之间,就是"平级"的科技行政关系。这种机构内设的生命科技管理机关之间,当然也是"平级"的生命科技行政关系。这种状况的形成,有其历史的原因,也曾起过积极的作用。但从一个国家的整体角度看,违背了科技行政关系包括生命科技行政关系的行政隶属性的客观要求,对科技进步包括生命科技进步的长远规划、实际运作并不有利,因为"群龙无首、各行其是",必定会造成低水平重复或其他弊病。因此,在《中国科技进步法》起草过程的研究中,笔者在所主持起草的上海草案及在此前后发表的若干论文①中,都提出了"统一管理"的要求,认为应当调整国家科技部的职能,使之在全国科技进步中起"龙头"性的最高科技劳动管理机构的作用。这在生命科技行政管理上也一样。

生命科技行政关系中的行政隶属性、权利义务的非对等性与生命科技行政权的强制性,都来自生命科技行政关系的"行政"性与"协调"性要求,这些都是生命社会关系作为一种物质性社会关系的客观要求。这种客观要求在生命科技进步,在生命社会关系的发展长河中,必然地要得到体现。人的意志不可能改变这些客观要求的体现,否则便将阻止生命科技进步。为了保证这些客观要求的体现,使之不受其他因素的干扰,可以用道德规范、法律规范(在宗教盛行的民族和国家,如在伊斯兰世界,还用宗教规范)加以调节,从而形成生命科技道德关系、生命科技行政法律关系等。

二是生命民事关系。生命民事关系是在生命科技民事活动中发生,为生命科技发展服务,可据以协调生命科技劳动组织之间、生命科技劳动组织与生命科技劳动者之间、生命科技劳动者之间以及生命科技劳动组织或生命科技劳动者与其他社会团体或个人之间的民

---

① 《中国科技进步法研究》,专利文献出版社1992年版,第61—71页;《中国科技进步立法新的突破》,《科技与法律》1993年第2期。

事权利义务关系的社会关系。

生命民事关系是一种生命社会关系，它带有生命社会关系的一般特征，如发生于生命科技活动中、以协作为基础、以生命科技创造权利为本位并与生命科技行政关系相结合等。同时，它还有自身的若干特点：

其一，权利义务的对偿性。社会关系中的民事关系属于私关系，而非公关系，都以权利义务的对偿为原则，它来源于民事关系双方地位、人格（包括团体性人格）的平等性。无地位、人格的平等，即无民事关系可言，更无民事关系中的权利义务对偿可言。生命民事关系也是一种民事关系。发生生命民事关系的，不管是在生命科技劳动者之间、生命科技劳动组织之间、生命科技劳动管理机构之间，还是在三者之间，或三者与其他社会团体、个人之间，如医生与患者之间，生命民事关系双方的权利义务都应是有偿而非无偿的。患者到医院看病必须挂号，医生必须给挂了号的患者看病；医生诊断后开出检验单或处方，患者必须付费才能检验或取药。这说明医患之间有着民事性的权利义务对偿关系。这是生命民事关系与生命科技行政关系相区别的地方。当发生生命民事关系时，双方或各方相互之间并不发生隶属关系，不"管理"与"服从"，不能有任何强制。

其二，生命民事交往中的不等价有偿性。生命民事交往中，源于一般民事交往的主体资格与地位的平等和等价交换的原则，生命民事交往双方的权益必须是有偿而非无偿的。但是，用于交易的生命科技成果，其经济效益的计价与物质商品的计价有下列明显的不同点：一为计价的模糊性。生命科技成果由于是脑力劳动的产物，价值计量必然是模糊的、大略性的、不精确的。同时，有的科技成果的获得，与"灵感"关系密切，并非欲觅无处而踏破铁鞋；相反，却几近于"得来全不费功夫"；而有时却是皓首穷经，铁鞋踏破而仍无觅处，一无所获或少有所获。这"少有"之"所获"用来交易时，一方面，无法精确计价；另一方面，即使"计"出精确之"价"，却仍无人问津、无人交易，因而不得不"削价处理"。这与由"灵感""顿悟"而"得来全不费功夫"的生命科技成果，是无法比拟的。最易理解的是医生与患者之间的民事交往关系。医生以其医学知识、技巧为病人诊断、治疗，医生付出了劳动，患者应支付报酬，这是"有偿性"的体现。但"价"却无法计量，因而无法"等价"。医生救人一命，其"价"可谓"无价"。有云"救人一命，胜造七级浮屠"，"一命"之价，高于"七级浮屠"，亦即无价。因此，医患之间的民事交往遵循的不是一般民事交往的"等价有偿"，而是"不等价有偿"。二为计价的可重复性。这是由生命科技成果大多可以几乎无限多次使用而决定的，不像物质商品那样只能一次性计价、一次性交易。医生凭其既有知识，可以日复一日地坐堂看病，而不是给一个病人诊治后就必须重新去学习研究。同样，只要没有更新换代，一项生命科技成果就可无限多次地进入民事交往，进行交易。这样一来，"得来全不费功夫"的生命科技成果与耗尽血本却"少有收获"的生命科技成果，其实际经济效益差距就可能拉得更大。总之，生命民事交往中，在"有偿"的前提下，是"不等价"式地进行的。

三是生命刑事关系。作为生命社会关系的一种,生命刑事关系是由生命科技活动中的严重侵权行为引发的。如医生故意或过失用药而致患者死亡,生命科技人员不遵守废弃物排放标准或规程而致严重环境污染,都属生命科技活动中的严重侵权行为。如果有关的生命刑事法对诸如此类的情况做了明确的规定,则使生命刑事关系上升为生命刑事法律关系,即生命科技刑事犯罪人与刑事被害人之间的关系,以及社会对生命刑事犯罪人的制裁与被制裁关系。以法律手段调整生命刑事关系,防范并惩治生命科技活动中的刑事犯罪以保障人们的生命安全,是生命刑事法的重要使命。

生命刑事法律关系是一种保护性法律关系,而保护性法律关系即"由于违法行为而产生的、旨在恢复被破坏的权利和秩序的法律关系,它执行着法的保护职能,所实现的是法律规范(规则)的保护规则的内容,是法的实现的非正常形式"①。

从法理上来说,生命刑事法律关系是由主体、客体和内容三个方面构成的。生命刑事法律关系的主体即生命刑事法律关系的参加者,是引起具体生命刑事关系的"人的要件"。法律关系的主体都是由两方主体构成的,其一是使用法律制裁的国家;其二是接受制裁的生命犯罪行为人。

生命刑事法律关系的内容,是生命刑事法律关系当事人依法所享有的权利、应承担的义务和相应的法律责任。就权利而言,生命刑事法律关系的内容主要是人们的生命与健康权以及由此而衍生出的一定的财产权和诉讼权利;就义务而言,生命刑事法律关系的内容是指国家通过有关法律规定,对生命刑事关系参加者行为的一种约束手段,表现为要求主体根据权利的内容做出一定的行为,或者要求主体不得做出某种行为;就法律而言,主要是违法犯罪者所应受到的法律制裁。权利、义务与法律责任是共同构成生命刑事关系内容的要素。生命刑事法律关系的客体,指生命刑事法律关系主体之间权利和义务所指向的对象,具体而言,是指与自然人的生命和健康有关的社会关系。

生命科技犯罪是指在生命科技活动中围绕人的生命、健康等而发生的具有严重社会危害性的各类行为。生命刑事法律关系是因生命科技犯罪而引发的一种特殊的法律关系,可以说,生命科技犯罪是生命刑事法律关系产生的前提与基础。据此,我们可以做以下两点引申:

其一,生命科技犯罪是关乎人们生命健康的、具有严重社会危害性从而应受刑法处罚的一系列行为的总称。从行为学的角度而言,它不是一个具体的犯罪行为,而是一类行为。相应地,在刑法上,它也不是一种具体的个罪,而是由许多具体的个罪所共同构成的一类犯罪。

其二,生命科技犯罪的对象是人们的生命与健康,危害人们的生命与健康是生命科技犯罪的最典型特征。任何生命科技犯罪必须直接侵害人们的生命健康权或者客观上为侵害

---

① 葛洪义:《法理学》,中国政法大学出版社1999年版,第410页。

人们生命健康权提供了某种便利；否则，就不应当称其为生命科技犯罪。但另一方面，严重的社会危害性是构成生命科技犯罪的前提条件，如果一种行为仅仅侵害了人们的生命健康权益而不具有严重社会危害性，则不能够称其为生命科技犯罪。需要特别强调的是，这里的"生命科技犯罪"不是指任何一种危害生命、健康的犯罪，而是特指生命科技活动如医事活动中所发生的危害生命、健康的犯罪，否则就会与一般的刑事犯罪混淆不清了。

从不同的标准出发，生命科技犯罪可以分为不同的种类。

根据学科划分的不同需要，生命科技犯罪可分为刑法学意义上的生命科技犯罪和犯罪学意义上的生命科技犯罪。前者是指直接侵犯人们的生命健康以致危害到统治阶级利益，而由掌握政权的统治阶级以国家意志的形式规定应受刑法处罚的行为；而犯罪学意义上的生命科技犯罪则包括绝大多数法定生命科技犯罪，以及虽然未被定为犯罪但类似法定生命科技犯罪，带有犯罪性并且具有严重危害社会性质的行为。

根据犯罪的主体不同，生命科技犯罪可分为个体性生命科技犯罪、集体性生命科技犯罪和群体性生命科技犯罪。个体性生命科技犯罪是指由某一单一个体所实施的侵害他人生命健康的行为，如刑法所规定的杀人罪、伤害罪等；集体性生命科技犯罪则是指由某些犯罪集团或两个以上的犯罪人共同实施的侵害他人生命健康的行为，如多人共同实施的以人体试验方式杀人等活动；而群体性犯罪则专指某一民族、种族等对另一民族、种族等所实施的虐待或屠杀等罪行，日本侵华时的731细菌部队以研究、试验为名，在人体试验中大规模地虐杀中国军民，就是这种群体性的生命科技犯罪。

根据犯罪的手段和特征的不同，生命犯罪可分为一般生命犯罪和生命科技犯罪。前者指利用通常方式所实施的生命犯罪；后者则专指利用科学技术特别是现代生命科学技术所实施的生命犯罪。其中，根据犯罪所具体采用的不同科学技术，科技生命犯罪可具体细分为基因犯罪、辅助生殖犯罪、器官移植犯罪以及人体试验犯罪等。本书所探讨的生命犯罪是指生命科技犯罪，即利用现代生命科学技术所实施的侵害或威胁他人身体健康并具有严重社会危害性的行为。

生命科技犯罪在生命犯罪中具有极其重要的地位。当前，随着生命科学技术的发展及其负面效应的越发明显和突出，生命犯罪特别是生命科技犯罪越来越引起了人们的重视。研究这类犯罪的表现或特征，探讨防范和惩治这类犯罪的法律途径，已经成为现实的需要。

四是生命科技国际关系。生命科技国际关系在古代并不存在，当时由于交通的阻隔与通信的不发达，国际交往极少，国际性的生命科技交往更少。只是近代以来，生命科技国际关系才得以形成，而在现代、当代则有了长足的发展。

生命科技国际关系是在生命科技国际活动中发生，为人类生命科技进步服务，可据以协调国际生命科技劳动者之间、生命科技劳动组织之间、生命科技劳动管理组织之间，一国生命科技活动与他国公众关系，以及处理国际生命科技成果交易中的问题而形成的一种生命社会关系。

与生命行政关系、生命民事关系、生命刑事关系不同的是,生命科技国际关系发生在国与国之间,而不是发生在一国之内。因此,它深受社会制度不同、国家政治利益不同、生命科技发展水平不同、经济与军事实力不同的严重影响,往往带有明显的政治目的性。其鲜明的表现就是,一些发达国家在生命科技转让中设置了一系列的限制性条款,有时甚至附带其他不平等条件。此外,有的国家为了达到其政治目的而无偿地转让某些生命科学技术,这也是国际生命科技关系中的一种特殊性。近十多年来,还屡屡发现某些发达国家几近不择手段地攫夺发展中国家包括中国的基因资源的事件,表明这些国家将本国的政治、经济利益凌驾于发展中国家之上,损害后者的利益。但是,从总体来说,生命科技国际关系形式上接近于生命科技民事关系,主体的权利义务应是对等的,或者说总的发展趋势是对等的;国际的生命科技交往中实行不等价有偿原则。因此,对于主权国家来说,完全可以不接受交易对方的不平等条件或限制性条款。这时,生命科技合作、交流以及生命科技成果交易即宣告停止。

在当代,因交通与通信的发达,关山阻隔的五大洲、四大洋演变成了一个"小小的地球村",生命科技国际关系也随之变得日益繁复,这种生命科技国际关系既有有助于生命科技进步的,也有悖逆生命科技当事国家的权益的。欧洲国家药品注册的国际化,就是有助于生命科技进步的例子。最初,药品出口到欧洲各国都要分别注册,后来欧盟成员国之间相互承认注册,即"成员国互认",后来发展到"交互成员",现在为COS。在没有COS之前,由于各国的要求不同、货币不同、语言不同、关税不同,欧盟以外的国家又不同,药品出口到欧洲国家非常麻烦。有了COS以后,药品出口到欧洲只需进行COS认证,大大简化了各种手续,协调和简化了各国对原料药供应的程序。① "COS"是欧洲药典委员会颁发的《欧洲药典》适用性证书,英文"certificate of suitability"的缩写。截至2002年10月底,共有900多个化学原料药取得了COS证书,其中中国企业有13个。反面的例子如:

2001年5月底6月初,南方一家媒体接连刊登了《中国最大宗中药秘方遭遇美国人剽窃事件》等3篇该报特约记者采写的报道。报道说,由中国癌症基金会北京新药中心主任李建生研制、北京建生药业有限公司生产和销售的金龙胶囊,是第四代(反应调节剂类)被国家卫生部批准的抗癌新药。1999年5月,美国FDA(食品与药物管理局)下属CNF研究所从事基因研究的专家娜达专程到北京找李建生,拿到了300克新药半成品回国进行活性成分的实验、提取。2001年3月1日,娜达在《华尔街时报》上发表论文,论述诺华公司即将推出的一种抗癌药"格里维克"的药物机理。李建生称"其药理竟然与金龙胶囊惊人的一致",并认为"她在报纸上发表与金龙胶囊药理完全相同的新药的论文,足以说明她已经把发明权卖给了诺华公司,想独霸知识产权"。2001年5月10日,美国FDA正

---

① 胡臣熹主编:《国际药事法规解说》,化学工业出版社2004年版,第202页。

式批准诺华公司的抗癌新药在美国用于临床治疗。李认为"诺华公司的这种药品从研发到美国 FDA 批准临床治疗只有两年半，这是过去任何一种化学药品所未有过的，稍有医药常识的人都知道一种成功的化学药品要花 8—10 年时间，甚至更长。这难道仅仅是巧合吗？"诺华公司中国总部迅速做出反应，指出这是"毫无根据的猜测"，"诺华公司保留通过法律途径保护患者和诺华公司的正当权益的权利"。这一案例所涉即为国际生命科技关系，因为它发生在不同国家之间，引起了国际性的争端。具体的争端缘起、经过等，2001年 6 月 22 日的《人民法院报》已以记者调查报告的形式做详尽报道。该案的核心是专利侵权，因而，它接近于生命科技民事关系；除非该案得到了合乎正义的解决，其发生与发展，势必导致进一步的生命科技合作、交流的终止，除非该案得到了合乎正义的解决。

生命科技国际关系在今后将显得越来越重要。以军事实力和经济实力主宰世界的时代行将结束，代之而起的将是以科技实力对世界形势的左右。这样，科技国际关系、生命科技国际关系将变得日益复杂、日益重要。

3. 传统生命社会关系与非传统生命社会关系

近代以来，尤其是 20 世纪 50 年代以来，生命科技得到了迅猛长足的发展，从而使得生命社会关系也发生了巨大的变化。其变化的基本原因在于伦理基础的演变。由此，我们将生命社会关系分为传统的生命社会关系和非传统的生命社会关系两大类。生命法、生命法学概念的提出都与此有密不可分的关系。

追溯渊源，传统的生命社会关系与非传统的生命社会关系这两个相对概念的提出，与张小红《生命法调整对象初探》[①]一文有关。在该文中她写道："传统方式下人类生命的产生是指基于男女两性性爱的自然生育过程。其形成的社会关系已由婚姻法、民法等传统部门法加以调整，而非传统方式下人类生命的产生是指依据生殖技术而诞生生命，包括人工授精、试管婴儿、代生母亲和无性繁殖（虽尚未在人类中进行试验，但克隆多利羊的出现已预示着人类被复制的可能性）。上述一系列新的生殖技术产生的各种复杂的社会关系，传统法律部门已显得束手无策。""传统方式下人类生命的延长是指自然人身体组织器官、生理机能和心理状态面临疾病或事故侵袭时，通过对本体加以治疗的方式以延长生命。其形成的社会关系已有行政法、民法和刑法等加以调整。而非传统方式下人类生命的延长则是指自然人通过更换病变器官而维持生存或自然人因性认知错位而引起心理、生理失常，通过变性手术以恢复正常延续生命。因上述器官移植和性器官变更手术而引起的特殊社会关系将由生命法律规范来加以调整。""生命法律规范所调整的是人类自身借助医学条件对生命过程进行积极主动控制行为而引起的一种新型社会关系，这与传统方式下产生的生命社会关系相比有许多特殊之处。"显然，她将"传统方式下"产生的社会关系与"非传统方式下"产生的"特殊社会关系""新型社会关系"做了明确的区分。因此，我随顺其意，以

[①]《文汇报》1997 年 7 月 14 日。

"传统的生命社会关系"与"非传统的生命社会关系"这两个概念相况,并做如下略论。

前文我定义"生命社会关系"为:指由生命科技活动而发生、为着生命科技的发展、可据以协调生命科技劳动者、生命科技劳动组织和生命科技管理机构内部关系以及相互关系,并可据以协调上述各个方面与相关的自然人、法人的关系,而对人的生命的孕育、存在、健康发生影响的一种社会关系。

这是一个广义的定义,将原始的科技活动、低水平的科技劳动者、劳动组织、管理机构都考虑在内,既包括传统的生命社会关系,也包括非传统的生命社会关系。

传统的生命社会关系与非传统的生命社会关系既然是相对的不同概念,二者自然是有区别的。其区别在张小红君看来主要在于是否"自然"。"自然生育过程"形成的是传统的生命社会关系,对"自然人""本体"加以治疗所形成的是传统的生命社会关系,病理死亡等引致的是传统的生命社会关系;而人工生殖、试管婴儿等非自然生殖,器官移植等非传统的延长寿命方法以及安乐死等非传统的结束生命方式,所引致的是非传统的生命社会关系。这样加以区分,是有相当说服力的。问题在于何谓"自然"?早期人类的生育、医疗等等是否真是纯"自然"的?德国学者库尔特·拜尔茨在考察人类的繁殖问题时指出:"这已经纯粹是抽象的概念:所谓'自然',是指不受人影响的事情。就像人的任何一种别的行为一样,繁殖基本上不属于这一概念。虽然,生殖过程——如同其他每个生理过程,有其直至不久之前还无法施加影响的、自然的一面,但从人类历史的最早时期,人们就以各种各样的方式介入生殖的事情了。"库尔特·拜尔茨所称"各种各样的方式"包括以下三个方面:

第一,对繁殖实行不同形式的社会控制。所有的风俗、习惯和(婚姻、家庭)制度皆属于此;它们调节着人的生殖行为,如禁止血亲相奸、实行族外婚、不同种族或者社会阶级之间的婚姻障碍,特别是家庭。"人们很难想象有任何一种不带遗传后果的社会行为或者立法、刑法,社会的、道德的、医学的、政治的或者教育的法规、计划、措施、风俗、习惯——所有这一切,都在我们的遗传结构中留下某种痕迹。"在西方文化圈中,主要是基督教的道德深刻地影响着人的性行为和生殖行为,并对性俗在文明发展过程中的强烈变化同样具有很大的影响。这种社会的、文化的管理非常有效,更何况个人还把它内在化,因此不再把它当作是外部强制的结果,反而把它看成是性欲的"自然"实现形式。"以社会认可为基础的禁令对于个人则是一种自我强制的养成。强行抑制性欲的表达,围绕着它所产生的交往中的羞涩,对于个人来说已经成为须臾不能摆脱的习惯,即使他是一人独处,即使他在自己私人的房间里……社会行为密码以这样或那样的形式铭刻在人的身上,以致在一定程度上已经成为个体自身的一种构成要素。"①

---

① [德]库尔特·拜尔茨:《基因伦理学》,马怀祺译,华夏出版社2000年版,第22页,下引见第22—24页。

第二，对于人的繁殖过程发生影响的另外一种机制来自控制外部自然界时偶然产生的反作用。只要我们深入考察一下人类的史前史和早期历史，就会发现，到处都有或多或少有意识地调节人与其自然环境之间的"代谢作用"，并且试图借助工具加以控制的现象。技术和人类本身一样源远流长。对外部自然界的这种技术控制无疑带有"自觉"和"目的性"的特征，但却不包括总能及时地认识到它的并发后果以及预知它对人类自身的反作用。从"原本"对准外部自然界的行为中偶然产生的反作用，对人的繁殖具有广泛、深远的影响。大约在新石器时代出现的进化结果恐怕是不能低估的；随着后来扩展成为城市的庇护地和村落的设立而开始的人造生活空间的建设，以及随着农业和畜牧业的发展对这些生活空间连同居住地的各方面环境所进行的技术改造，导致了自然选择法则的根本性改变。从量的方面看，人口的增长从此时起才成为可能；从质的方面看，人类基因池的构成发生了变化，因为自然选择的条件渐渐被社会的和文化的因素遮盖了。

第三，表面上显得如此隐秘的人类繁殖过程，早在史前时期就已成为有目的的技术操纵对象。在我们所知道的所有社会中，人们不仅试图通过技术控制外部自然界，而且力图控制自己本身。萨满的巫术就是从按照人的需要控制人体组织基本机制的努力中产生的。在这里，作为技术雏形的做法程序起着重要的作用。此外，也有"真正的"机械类的，主要是化学类的技术控制，比如加入一些药料以便造成醉态或者缓解痛楚。与此联系在一起也可以看到早期对人的生殖实行干预的现象。控制自身生殖的尝试同样和人类自己一样古老，尽管最初所用的方法是那样的原始、简陋。在这方面主要是节育。除了神秘的技术（巫术）之外，主要采取中断交媾的方法、延长哺乳期（通过这种方式在一次生育之后可以推迟恢复发情期）以及利用妇女的安全期也都是重要的方法。堕胎和杀婴的作用也不容小视。人种学中提到一些民族，在那里，妇女们大约在34岁之时才生孩子；在此之前怀的孩子都得打掉，最多达到16次。与此相似的是杀婴。这种现象不但在很多原始民族中流行，就是在欧洲也有长期的传统。在古希腊和古罗马，这是一种合法的、理所当然的措施；后来虽然有了基督教的杀婴禁令，但很显然，直到19世纪后半期，在大多数欧洲国家仍然流行。

另外，这一类的干预并不仅仅是为了限制后代的数量，而且也是为了控制他们的质量。首先，杀婴曾是欧洲战略的一个广为流行的手段。欧洲历史上一个最著名的例子是古代的斯巴达，在这个军事化的国家里，凡是不符合其健康标准的新生儿，都将被遗弃或者杀死。出自优生的原因，杀婴也曾在雅典流行。在亚里士多德的《政治学》中表明了这样的观点：应该"规定，不得抚育残缺者"。在古罗马，同样阻止生育病婴，或者把有病的婴儿扔下悬崖摔死。在其他的文化中，曾推行积极优生战略，对某些具有优秀素质的人在其后代的数量方面给予特殊的优惠。

基于上述认识，库尔特·拜尔茨认为："基因——生殖工程当前的发展，只是在技术手段的层面上才算得上是一次'革命'。如果我们从这种发展赖以存在的基础——需求的角度来观察,应该说,把它解释为进化,是直接和间接生殖方面一个长期传统前后一贯的延续更为确切。"①

库尔特·拜尔茨的上述观点表明,"自然"与"非自然"之间并无雷池相隔,"传统"与"非传统"之间也无鸿沟阻断。实际上,从"自然"到"非自然",从"传统"到"非传统",如果从进化的长链两端来看,区别当然极大;但如果从长链本身来看,却是绵延不绝、环环相连、你中有我、我中有你的一个发展过程。这样,我们即将"传统生命社会关系"与"非传统生命社会关系"加以区分,又将二者均置于"生命社会关系"的大纛之下,也就是顺理成章的了。

既然如此,又凭什么将生命社会关系划分为传统的生命社会关系与非传统的生命社会关系这样两个大类呢?

4. 传统与非传统生命社会关系的伦理基础

近代以前,一方面,出于社会稳定的需求,要确保家庭这一社会"细胞"处于稳态;另一方面,此前的科学技术尤其是生命科技的发展水平,也并未造成既定家庭关系解体的条件,甚至不存在任何可能触动家庭稳态的生命科技事件。

近代以来,生命科技的发展则常常要触动家庭社会关系的稳性存在状态;而当代的生命科技发展,甚至可能彻底搅乱原先的家庭社会关系。其中,人类辅助生殖技术中的异源人工授精即为一个例子。由于异源人工授精(AID)中与女性的卵结合的是第三人的精子,势必会产生严重影响既定家庭关系的问题。首先,这种方式下的精卵结合,客观上与婚外致孕下的精卵结合几无二致。其次,新生儿与母亲的丈夫的关系,应认定为不是父子,但却又因为他是母亲的丈夫,又要认其为父亲。几层关系均相悖谬,而且由此还会引发一系列其他影响家庭关系的问题,如新生儿与兄弟姐妹的关系;新生儿的继承权问题;父亲与新生儿的权利义务关系问题(包括供精者与他的权利义务关系,以及抚育他的父亲与他的权利义务关系);等等。显然,所有这些"关系"和问题,都是先前的既有家庭社会关系所不存在的。人类其他的一些生殖技术,则会引致产生更复杂的社会关系问题,如夫妻除借卵(或借精)外,还请了"代理母亲",就几乎把原先的以血缘为纽带形成的家庭社会关系模式彻底搅乱了。再如安乐死、器官移植、人体克隆甚至最为简单的避孕技术等等,都使延续了几千年的家庭社会关系的常规稳态受到莫大的震撼。其结果,便是导致新的法制需求。

传统生命社会关系是建立在这样的伦理基础上的:

第一,发扬救死扶伤的医学人道主义。在传统的医患关系中,医生对处于生命危机中的患者抱何种态度、负何责任,受建立在高尚伦理道德基础上的舆论制约。

医学人道主义形成已久,中外皆然。作为以关心、同情病人痛楚,并愿为之消除或减

---

① [德]库尔特·拜尔茨:《基因伦理学》,马怀祺译,华夏出版社2000年版,第24页。

缓病痛为宗旨的人道主义，是古今中外皆有的。这在古希腊希波克拉底的《誓言》中，我国唐代孙思邈的《千金要方》中，以及其他东西方许多著名的医德文献中，都有充分的体现。① 时至当代，救死扶伤、发扬医学人道主义被提到了更高的地位，几乎所有国家，当然包括我国均有医师执业的法律，都将上述内容列为最重要的规范之一。

第二，"博施济众""普救含灵"。这实际上是"救死扶伤，发扬医学人道主义"的古代版本。指的是以博爱的精神对待一切患病的人，而不计患者的一切条件，不分尊卑贵贱、贫富亲疏，一律真心救助。孙思邈在《千金要方》的"大医精诚"和"大医习业"两篇中强调"人命至重，有贵千金，一方济之，德逾于此"，因而对病人应"普同一等"，持"大慈恻隐之心，誓愿普救含灵之苦"，"若有疾厄来求救者，不得问其贵贱贫富、长幼妍媸，怨亲善友，华夷愚智，普同一等，皆如至亲之想"。晋代名医杨泉，元代名医朱丹虚，明代名医龚廷贤、闵自成等，都在这一方面身体力行，留下了千古美名。

第三，廉洁清正、作风正派。医家不能不食人间烟火，收取一定的医药费用乃在情理之中，但应廉洁清正，不可贪图钱财。这已被古代中国医家视为重要的道德戒律之一。一些廉洁清正的医家事迹，早已被广泛传颂并视为医界佳话。如三国时期江西的名医董奉，为人治病不收钱财，凡重病愈者以栽杏五棵为酬，轻者一棵，如此数载，竟得 10 万余棵的连片大杏林。他又将每年所收之杏，资助求医的穷人。遂留下了"杏林春暖"的历史佳话。现在不时还能见以"杏林"称谓医生、医家的，可见廉洁清正，不贪图钱财始终是医界的基本道德守则。

医事常要触及人体，因此医风正派、不得淫邪，就成了对医生的道德要求。我国古代医典《医家五戒十要》《小儿卫生总微论方》等，对此都有论及。明代陈实功的《医家五戒十要》中规定的"凡视妇女及孀妇尼僧等人，必候侍者在旁，防入房视诊，倘旁无伴，不得自看"，虽然从今天来看不免过于"封建"，但其中透露出的作风严律的精神，至今仍有其积极的、重要的意义。

第四，精益求精，不断提高医疗水平。没有高超的医技，任凭你如何博爱仁慈、清正廉洁，也"无奈小虫何"。因此，不倦地学习，精益求精，不断提高医疗水平，就成了医家的道德自律，也成了公众对医家的道德要求。明代医家徐春甫在《古今医统》中指出："医本治人，学之不精，反为夭折。"他十分简明地阐述了提高医术之所以应成为道德规范的理由。这一点，孙思邈在《千金要方》中的"大医精诚"篇中也曾指出过："学者必须博及医源，精勤不倦，不得道听途说，而言医道已了，深自误哉！"我国民间口头指责那些医术低下、医德不良的走方庸医为"江湖郎中"，就是社会公众对医生医术的一种道德裁判。

第五，保护患者的隐私。古希腊名医希波克拉底在《誓言》中表示："不管与我的职

---

① 卢启华主编：《医学伦理学》，华中理工大学出版社 1997 年版，第 56 页。

业有无关系,我所耳闻目睹的关于人们的私生活,我决不到处宣扬,我决不泄露应当保密的一切细节。"1953年的《护士伦理学的国际章程》也规定"护士对病人的个人情况保密"。我国《执业医师法》(1998年6月26日)规定:"关心、爱护、尊重患者,保护患者的隐私。"(第二十二条第三项)我国台湾地区的"医师法"规定,医师"对于因业务而知悉或持有他人病情或健康信息,不得无故泄露"(2002年1月16日)。这些规定表明了对患者隐私要予以尊重与保护的道德原则与法律要求。

以上诸点,都与稳定家庭社会关系不相抵触,其中有的还直接、间接地有利于维持或加强家庭社会关系的稳态长存。医生的救死扶伤、博施济众、精益求精,可使家庭中患病成员的健康得到保障或除病去疾,这些医德要求当然对家庭社会关系稳态的维护十分有利。而清廉正派、保护隐私则更直接地关系到对家庭社会稳态的维护。明代陈实功的"五戒十要"虽然有失之封建之处,但在当时乃至整个封建时代,却被视为维护家庭社会关系的绝对必要的道德戒律。在此基础上,甚至发展出了"牵线搭脉"的诊断之术,可见这一戒律在实际医疗工作中的严格性和严肃性。

非传统生命社会关系继承了传统生命社会关系所蕴含的基本伦理道德原则,另一方面又有了创新性的变化。这些创新性的变化有时与传统伦理观完全相悖,因而在其确立过程中往往历经激烈的争论,某些争论至今未停。主要表现在以下几个方面:

第一,堕胎法所体现的医学道德的变化。近代以前,世界各国尤其是我国都把"人丁兴旺""多子多孙"看成是家庭、家族兴旺发达的重要标志。传统生命法当然也以此规范医事行为,以保障生命的安全孕育与生产。有关的医德如救死扶伤、博施济众、精益求精等,也围绕此宗旨发挥作用。但近代以来由于人口的激增,使得人们在生育问题上的价值观发生了重大变化。医学技术的发展,不仅大大降低了婴儿死亡率,同时也使堕胎成了简便安全的事。此外,伴随着妇女走出家庭,参加社会经济、政治和文化活动,以及女权运动兴起,也提出了减少生育、计划生育的普遍需求。这种需求所蕴含的伦理道德观使新的生命社会关系显得"史无前例"。这至少表现在以下几点上:一是新的生命社会关系实质上护卫的不是胎儿的生,而是他(她)的死;二是对家庭的影响不是"儿孙满堂"而是少生少育;三是还为婚外孕、未婚先孕以及少女怀孕等严重影响家庭稳定的行为作伦理辩护,这种辩护虽与原先的尊重与保护隐私传统有某种相符和呼应,但与原来的保护稳定的家庭社会关系的目的及价值追求,则南辕北辙了。

第二,安乐死法所体现的医学道德的变化。传统生命社会关系最重要的伦理基础是救死扶伤、发扬人道主义。"救人一命,胜造七级浮屠"甚至被奉为宗教教条。救人生命是医生的最高天职。这与博施济众、普救含灵等等道德要求,几近同出一辙。总之,在任何情况下,挽救人命是高于一切的。但安乐死却对在特殊情况下可以"赐人以死"给予了肯定和支持。这与传统伦理观、宗教教条、传统医德是彻底背道而驰的。大概正是因此,迄今为止,全世界还只有荷兰、比利时两国通过了安乐死的国家立法。此外,美国加利福尼亚州于1957年制定了《自然死亡法》，到1984年已有15个州和哥伦比亚特区都通过了死的权利法案；我国台湾地区于2000年制定了"安宁缓和医疗条例"，规定"为减免或免除末期病人之痛苦……不施行心肺复苏术"，实则支持了安乐死，但这些都不属"国家立法"，而是地方立法。

在安乐死问题上，出现了一种相当奇特的现象：安乐死立法在荷兰、比利时以外的所有国家，虽然都迟迟未能通过，但社会调查却证明，它是得到大多数公众支持的。例如，早在1987年，北京有关方面作了500例的问卷调查，其中399人认为我国可实行安乐死，占79.8%；同年2月，中央人民广播电台收到350多封听众来信，有90%的人赞成实施安乐死；而在2001年底的一次有1万多名网友参加的网上调查表明，其中83.39%的人赞同安乐死，不赞同的仅11.19%，其余5.42%为"说不清"。①

邱仁宗先生在《生命伦理学》②中谈及安乐死的伦理根据时，指出了可以对安乐死首肯的三条理由：一是安乐死的对象仅局限于脑死或不可逆昏迷的病人或死亡已不可避免、治疗甚至饮食都使之痛苦的病人；二是安乐死有利于死者家属，可把他们从勉为其难地维持一个已无意义的生命的极大的感情困境中与经济压力下解脱出来；三是可使社会的有限资源合理使用于急需之处，救治鳏寡孤独、残疾人、年老体弱者等。这些理由当然是可以成立的。事实上，公众也赞同这些观点，但伦理道德上的习惯势力至今仍使安乐死法在各国难以通过。

第三，器官移植所体现的医学道德变化。"身体发肤，受之父母，损之不孝"，这是中国千年流传的古训。传统生命社会关系也以保护人们的肢体健全齐备为要；加之在一些宗教文化影响下不少信徒还相信有"来世"，甚至指望死后复活，这些均导致了传统伦理道德对肌肤肢体完整性的崇尚，以及对器官移植的否定。而器官移植技术的发展却恰恰反其道而行之。这一技术的实施，意味着可以从活体或尸体上摘取器官，移植到另一人的身体上以治病救人。

器官移植技术所带来的新型的社会关系的形成过程，同样历经了对传统伦理道德的反复抗争。较早论证器官移植合乎道德的是美国学者肯宁罕，他在《器官移植的道德》一文中针对器官移植的反对者问道："一个人仅仅为了邻居的安危，尚可不惜牺牲自己的生命，以自己的器官救人一命为何就不行了呢？！"③还有学者以"整体性"原则论证器官移植的道德可允性，认为一个人舍弃一个脏器而成全另一个人的整体生命，乃是道德高尚的表现，社会不仅不应反对，还应赞许之。有意思的是，天主教徒从基督的仁爱精神出发，对器官移植也持赞成的态度。在经过漫长的反反复复的论争之后，许多国家现在终于制定了

---

① 《安乐死离我们有多远》，《人民法院报》2001年12月28日。
② 邱仁宗：《生命伦理学》，上海人民出版社1987年版。
③ 卢启华主编：《医学伦理学》，华中理工大学出版社1997年版，第221页。

器官捐赠法与器官移植法。

器官捐赠与器官移植一般都以自愿为前提，即捐赠者生前表示同意，或其近亲属在其死后表示同意。此外还有一些国家的有关立法，同时还采用了"推定同意"的原则，即凡器官所有者本人或其亲属未做特殊申明或登记表示不愿捐献者，则以愿意捐献论定。苏联甚至还实行了"需要决定"原则，即根据拯救生命的实际需要和死者的具体情况，不必考虑死者或其家属的意见而决定是否摘取其器官。"推定同意"尤其是"需要决定"原则，在对传统医学道德的悖逆上走得很远，极少得到社会的同情和支持；而以自愿为前提的器官捐赠与移植，则得到了广泛的赞同，这表明医学伦理观在社会整体层面上的重大转变。

第四，人类辅助生殖技术发展引起的医学道德变化。人类辅助生殖技术如人工授精、代理母亲等等，如前所说，严重地触动、改变了既定的家庭社会关系，比前面所说各项非传统生命法更严重地挑战了传统的医学道德。传统医学道德的使命是保证人体健康，维护家庭社会关系的稳定，但人类辅助生殖技术的实施却有可能破坏这种家庭社会关系。如代理母亲的出现就是其中之一。一个单身男子使用代理母亲，与单身女子实施AID（异源人工授精），都会破坏一夫一妻制的家庭形式。代理母亲供卵、受精、怀孕、生产，往往仅是为了以此收取报酬，但却不抚养孩子。这种商业化行为以及非传统生命科技、非传统生命法对此种行为的支持的出现，也是与传统医学道德中原有的相关原则不可同日而语的。

现今，全球的试管婴儿已多达30余万人，许多国家的人工授精法等也施行已久，但关于人类辅助生殖技术的伦理问题还在争论不休中。一方面，有不少人持赞成态度，认为这对社会的发展是极其有利的，可以解决一些人不育和不宜生育的问题，可以提高人口素质，还可以为家庭计划生育提供生殖保险；另一方面，人们又提出了一系列值得疑虑的伦理学问题。这些问题主要有：人工生殖技术对传统的婚姻、家庭、亲子、亲属关系造成的巨大冲击，会引致一系列社会问题；人口过剩会因此加剧；精子、卵子的商品化可能带来各种难以处断的问题和道德危机；单亲家庭和同性双亲家庭的大量出现，可能会带来家庭瓦解和社会混乱；等等。

此外，人体克隆技术正在日益迅速地发展，更形成了对传统伦理道德观的巨大冲击。

综上所述，非传统生命社会关系与传统生命社会关系相比较，在伦理基础上有以下巨大变化：

第一，传统生命社会关系极端重视人的生存，一切均以唯生为上；非传统生命社会关系在重视人的生存的同时，也尊重人的选择死亡的权利。

第二，传统生命社会关系以保护人类个体的肌肤肢体的完整为宗旨，即使对死人也不例外；非传统生命社会关系则首肯器官捐赠与移植，以保护人类的整体生命安全与健康为重。

第三，传统生命社会关系对家庭的血缘关系高度重视，不允许血缘关系的丝毫混淆；非传统生命社会关系则在一定的条件下首肯血缘关系的改变，对非血缘关系家庭的建立持肯定态度。

第四，传统生命社会关系高度重视家庭社会关系的稳态，不允许任何动摇家庭社会关系的举措，不允许在辈分之间"伦常"问题上动摇家庭社会关系；非传统生命社会关系则在一定的情况下首肯家庭模式、辈分关系和家庭社会关系的人为改变。

当伦理基础发生重大的有时甚至可说是根本性的变化时，生命社会关系也就十分明显地可以区分为变化之前的传统性与变化之后的非传统性，也就是分成了传统的生命社会关系与非传统的生命社会关系两个大类。

三、生命法所调节的生命社会关系

（一）对生命社会关系的不同形式的规范

生命社会关系作为一种客观的社会存在，与社会这一大系统的其他子系统发生着各式各样的相互依存、相互制约、互联互动的关系。其中，社会的政策规范、道德规范、经济规范、宗教规范、法律规范等，都会对生命社会关系发生影响，加以制约。例如：

在一定的社会政策规范的制约下，生命社会关系发生相应的变动。宽松的生育政策，会造成宽松的生育环境。20世纪50年代，由于推行鼓励生育的政策，造成了生儿育女越多越光荣的社会舆论氛围，保胎保育的生命社会关系得到发展，人工流产必须得到严格的审查，受到严格的控制。当计划生育成为基本国策以后，多生多育被严格限制，而人工流产则得到了鼓励，从必须有单位证明，发展到了只需丈夫签字同意即可；而在实际生活中，则并无丈夫的签字同意，医生也敢于大胆放手地去做堕胎手术了。

道德规范也对生命社会关系发生重大的影响。高尚的医德受到赞扬并具体地加以发扬；不良的医德则为千夫所指。医师的责任心强弱，对病员的态度是否热情，开展业务时是否认真负责，平时是否努力学习，是否不断提高医学技术水平从而能够有效治病，是否能够忠诚地为病家保护隐私，都会影响生命社会关系的主体部分——医患关系。反过来从患者（及其家属）方面看也一样，他们有无崇高的道德，是否尊重医生和医生的劳动，是否毫不隐瞒、毫不故意夸大或缩小病情，是否能够认真配合医生治病，也会在相当大的程度上影响医患关系的发展。

宗教规范对生命社会关系的影响力往往大于其他规范。欧洲的基督教会曾颁行禁止杀婴的命令。而当人工授精等技术发展起来时，基督教会又声嘶力竭地强调他们的反对意见。这些都足以严重地影响医患关系等生命社会关系之科学、合理地建立与完善。

经济规范对生命社会关系也不无影响。强调节约、俭朴从而节衣缩食，与强调健康、积极消费从而加大营养，从经济上规范与调节医药市场，等等，当然对生命社会关系发生这样那样的影响。计划经济体制下的经济规范，不同于市场经济体制下的经济规范，二者对生命社会关系的影响也是大不相同的。

法律规范虽仅是规范生命社会关系的一种形式，但由于法律具有普遍性、稳定性、强制性等特点，因此，它对生命社会关系的规范是力量最强、效率最高、效果最好的。在全部对生命社会关系发生影响的社会规范中，法律是最高的规范，最强的规范，最有力的规范，也是最后的规范。如果一种生命社会关系为法律规范所不能调节，那么，其他社会规范也当作揖退避，因为它们的作用力比法律规范要小得多、软得多。

（二）生命法所调节的生命社会关系

生命法所调节的生命社会关系，即为生命法律关系。生命法律关系使生命社会关系带上了法律的性质。

举例来说，一位患病的人有一位亲戚是医生或懂得一点医道，前者找到后者的家里求医问药，后者也给予了指点帮助。这时，二者的关系就是一般的生命社会关系。过些时候，这位病人到亲戚所在的医院去看病，因为他必须做一些医学检验，如验血、化验大小便、X光透视等。他在门诊室挂了号，然后去他的医生亲戚那儿看病，后者为他做了检查、诊断、开了药方。这一次，二者的关系就不是一般的生命社会关系，而是生命法律关系了。因为病人的挂号行为，实际上就是他与医院签订了一个合同；而医生是在医院里为他的亲戚看病，这时医生与病人的"亲戚"关系已不再重要，重要的是患者（亲戚）与医院因有合同形成了一定的法律关系，医生与医院也有法律关系，而他的诊疗行为就成了医院方面的法律行为。病人付了挂号、门诊费，取得了就诊的法律权利；医生和医院收取了挂号、门诊费，就负有了诊疗的法律义务。医生与患者之间发生的前后两次关系，同为医疗行为，同样产生了具体化为医患关系的生命社会关系，但前者是非法律性的生命社会关系，后者却为法律性的生命社会关系，亦即生命法律关系。假定前后两次都出了医疗事故，造成了病人的莫大伤害与损失，一旦诉至法院，处理结果也不会一样。

"神农尝百草"时期的生命社会关系采用何种手段加以调节，如今不得而知；推断其时是以习惯调节也许大致不错。何时开始以习惯法调节，何时开始以成文法调节，同样不得而知。我们今天所能知道的最早开始以法律手段调节生命社会关系，也就是最早出现的生命法律关系，是《周礼》之所载。

《周礼》篇首之《天官》篇详细规定了医官的分工、职责、权利、义务与奖惩。医官有医师、食医、疾医、疡医及兽医之分。医师"掌医之政令"，食医"掌和王之六食、六饮、六膳、百馐、百酱、八珍之齐"，疾医"掌养万民之疾病"，疡医"掌殇疡、溃疡、金疡、折疡之祝药副杀之齐"。《周礼》规定医官得以实绩予以奖惩："岁终则稽其医事，以制其食。十全为上，十失一次之，十失二次之，十失三次之，十失四为下。"《周礼》的上述规定，表明了"掌医之政令"的医师和食医、疾医、疡医和兽医之间的法律关系，食医与王之间的法律关系，疾医、疡医与万民之间的法律关系。由于这些都与人的生命相关，且以法律手段调节，因此，都不是一般的生命社会关系，而是生命法律关系。

在中国，这就是生命法所调节的生命社会关系之源，当然，也可说是生命法律关系之源。

有一点必须加以说明：这里所说的生命法律关系是特指的，仅仅与法律所调节的生命社会关系相关联；而故意或过失杀人、伤人，从而导致生命受到危害，引起法律的干预，与我们所说的"生命法律关系"不是一回事。如前所说，它已纳入"刑事社会关系""刑事法律关系"的范畴。

（三）生命社会关系的政事性之源

最初的生命社会关系，例如"神农尝百草"时期的生命社会关系，既然是由习惯加以调节的，除内心的自省与舆论的约束外，并无像现在这样的行政性的或民事性的或刑事性的法律约束。那么，对生命社会关系的调节是怎样发生了后来的重大变化的呢？本节我们先来探讨一下生命社会关系之从习惯调节逐渐演变到部分地由行政法调节，也就是探讨一下生命社会关系的政事性之源的问题。

生命社会关系的政事性之源，与私有制、家庭、国家的起源问题紧密地联系在一起。

在原始社会前期生产力水平极其低下的前提下，人们共同劳动、平等分配，神农氏、黄帝、有巢氏等尝百草、钻燧取火、烹烧猎物以求众人身体健康、免除或减轻疾病（或在有的时候因用药不当而致人生病），从而产生一定的生命社会关系。这时的生命社会关系，就施助方（如神农氏、有巢氏）与受助方（氏族、部落成员）之间来说，无任何强制性的约束力，包括无上级管理者对下级被管理者的行政性约束力，无索偿与被索偿的经济性约束力，无处罚与被处罚的刑事性约束力。但随着生产力的逐渐发达，剩余生产品增加了，不再吃、杀战俘而使之变为奴隶，成了有利可图之事，再加上婚姻关系的变化，家庭、私有制得到了发展。这样，公共权力就从氏族、部落首长职权演变为用暴力维护其权威的王权而日益发达起来。生命社会关系的政事性，就是在这个过程中逐渐产生并得到发展的。

由于缺乏有记录的资料可作佐证，因此，关于生命社会关系的政事性之源，只能从《周礼》的记载中作推测。

如《周礼》所记，当时宫廷里的医事工作有职掌、分工、权利、义务及考核、奖惩等的规定。这表明，对这些医事工作者的行政性管理，已达到比较细密、比较规范、比较严格的程度。

非常值得注意的是"食医"与"疾医"的职掌区分。"食医"是"掌和王之六食、六饮……"的，为"王"者服务；"疾医"是"掌养万民之疾病"的，为"万民"服务。显然，作为"医官"的周代的医务工作者有相当一部分被集中到宫廷里来，或宫廷可直接掌管的了。为"王"或为"万民"服务的，都被以"医官"相称，都接受"医师"所"掌医之政令"的约束。由此可以推知，第一，由于当时懂得医术的生命科技工作者人数极少，弥足珍贵，因此，集中到宫廷或宫廷直接加以管理，是大大有利于王族方便地治病的。第二，集中掌管与统领"医官"，也成了"王"者手中的一种统治资源，一张"王牌"，求助于"医官"等于求助于宫廷、求助于"王"者。"医官"之设及其分工、管理，成了宫廷政务的重要方面。

我们可以合理地推断：最初被召集到宫廷里来为王族、重臣服务的生命科技工作者只是少数，以后则逐渐增多。对于起初的少数生命科技工作者（＝御医），可能并无严格的管理规定；以后随着人数的加增，管理事务日趋复杂化了，于是有了职掌的分工，有了考核，有了奖惩，等等。完全有可能最初这些分工、职掌只是一般的管理性的，并无法律的约束。但随着管理工作的复杂化以及管理有效性要求的提高，其中包括对不服从管理者的惩戒处罚必要性的出现，就提出了制定规范加以约束的要求。这样，行政性的一般要求、随机决定与临事指挥，就变成了法律管理。当然，这只能是行政法。《周礼》上的那些规定，都属行政法的范围，所以列篇于"天官"。由此，我们也就看到了从生命社会关系到生命法律关系的政事性源头。

（四）生命社会关系的民事性之源

"神农氏""燧人氏""有巢氏"可能不是单个的个人。"尝百草""钻燧取火"，人皆可为。发展到后来，擅长看病、给药的，因口耳相传、言传身教，人数必定日有所增。其中的佼佼者会被宫廷所搜罗；而不那么有名气的，散处偏远山乡的，仍然在各地活动。随着私有制的产生与发展，他们从最初的纯然无偿的服务，逐渐演变成为有偿服务了。这种有偿服务，最初可能只是收取一些食物或其他礼品，或劳力性的报偿。礼品的数量与劳力报偿的多少，起初很可能是受益的病患者随意支付的，后来则逐渐发展为由施予医疗、药物者来决定。这样，生命社会关系的民事性就体现出来了。

作为生命社会关系的民事性之源，G.霍尔姆在《阿哥马沙利可的爱斯基摩人的人类学素描》一文中所记的案例，可谓相当极端的例子："东格陵兰东部，一个妇女领着一位瞎了眼的邻居去当地自杀的悬崖处，以便她能够跳崖结束自己的生命。这位妇女仁慈地告诉霍尔姆，她是怎样地接受所提供的服务费。她虽然不是她的亲属，但是一位朋友。"①

虽然这不能作为典型的生命社会关系民事性之源的例子看待，但从中已透露出了相当重要的信息。这一案例中的赴死者，显然是因为眼瞎这一重病而厌世轻生；帮助她跳崖的是她的朋友。这同安乐死有很多类似的地方。而这位朋友帮她赴死，是收取"服务费"的。涉及类同"安乐死"的这一事件中，"朋友"收取了服务费，相当于生命社会关系中的民事性行为。想一想她们二人在赴悬崖前就"服务费"问题的商讨，就可知民事性生命社会关系的概况。假如不是请朋友帮助赴死，而是请医生给她看病，同样要讨论、确定"服务费"，而这就形成了比较典型的民事性社会关系。

---

① ［美］E.霍贝尔：《原始人的法》，严存生等译，贵州人民出版社1992年版，第68页。

E. 霍贝尔的《原始人的法》还谈到了其他一些事例。他写道：爱斯基摩人^① 由于对无法预知的灾难包括严重的传染病的恐惧，形成了一些戒律，认为违背这些戒律就会犯病。当他们犯病时，就请巫师来施展法术，其中有的巫师实即巫医。巫医载歌载舞审问患者："正是你，这个阿克沙魁尼利克，我带着救助的精神问你，这个正在受苦受难的人的不幸从何而来？是不是由于近来或过去吃了一些违背戒律的食物呢？"患者答道："疾病是由于我自己的过错所致，是我自己使疾病充满了我的生活。"巫师打断她说："她看起来像个放荡的女子，而实际上还不是。难道她不是像隐藏在耳后，看起来像耳的软骨一样吗？有些东西在闪着白光，那是烟头，否则能是什么呢？"听众立即大哭道："她已经吸了一袋烟，应该不再吸烟。这倒没有什么关系，我们对此不表任何态度。让她自己放弃吧！陶瓦！"

这个例子中，患病的妇女或许由于过多地吸食某种烟土而致病。巫医使用的是心理疗法，迫使她少食这种烟土。而巫医的报酬及取得方法可以是："严厉地命令人们聚集在其周围，从他们身上收取一些合理的有价值的东西。"[②]

这是一个比较典型的以民事手段处理生命社会关系的例子。当普遍地存在这种民事性生命社会关系时，最初，人们习以为常以"习惯"对待之，后来就逐步地变成了习惯法。而当人们把每日都重复着的以习惯或习惯法调节的生命社会关系确定下来，形成有普遍效力的稳定的规范，并用强制力予以保证时，一般的民事性生命社会关系，就演进成为生命民事法律关系了。

前文述及三国时期江西名医董奉为人治病并不收取金钱，凡病重而被治愈者，嘱其在庐山栽杏树五株，病轻而治愈者递减至一株。如此数载，得10万余株，郁然成林。这也是一种变相的民事法律关系处理方法。三国时期正是公元3世纪，其时求医问药而须付费早已成为习惯规则。董奉的做法一方面视为"清正廉明"的高尚医德，另一方面则可视为远古时期生命社会关系民事性之源的一种遗传。

（五）生命社会关系的刑事性之源

在生命社会关系的运行过程中，由于种种原因而导致主体的一方受害，于是出现了对加害方的处置问题。

"矫正巫师"是古代科曼契人的一种通用处置办法：当巫师把药物注入某些青年的身体，使之患病而引起怀疑时，就开始了"矫正巫师"的工作。其办法是给患者相应的药物，如果治疗成功就告罢，失败则要追究巫师责任。追究是这样进行的：受害者的兄弟们会让巫师解除咒语；如果巫师拒绝，兄弟们就会以武力相威胁或进行报复。科曼契人一般不愿与巫师发生纠纷。病被治愈了则罢；治不好，医疗失败，而且屡屡发生这种情况：

---

① 即因纽特人。全书同。——编者注
② [美]E.霍贝尔：《原始人的法》，严存生等译，贵州人民出版社1992年版，第63—64页及注释。

"为了除去对公共安全的这一威胁,各部落的科曼契人会团结一致,采取一个公众的行动,他们或者私下处死巫师,或者一起哄骗巫师除去自己的法力,使巫师因自己而死去。在每一个这类的例子中,巫师的命运都由本部落的男人参加的会议讨论决定。"①

"矫正巫师"的行动开始之前,发生了巫师给药而致人生病的事件。巫师之"给药"行为,使他与受药人之间形成了生命社会关系。"给药"而"致人生病",则使这一生命社会关系带上了刑事性。此即生命社会关系刑事性之源的一个实例。但是此时的生命社会关系仅仅具备了"刑事性之源"的性质,还不是生命刑事法律关系(以下简称"生命刑事关系")。生命刑事关系的确认,还需具备已有既成的法律(至少是习惯法),依据法律(或习惯法)的精神可以把诸如此类的生命社会关系纳入生命刑事关系的范畴。

生命社会关系可以是显性的,例如医生在为患者治病,双方就结成了显性的生命社会关系;也可以是隐性的,例如学校培养出了一批职业医生,作为医生且以医为业,他就隐性地负有了为人看病的社会义务,他就同社会上的各种非特定对象结成了隐性的生命社会关系。汉代有个叫淳于意的名医,此人医术高明却又自负任性,有时病家请他看病,他高兴就去,不高兴就不去,因而激起了"民怨"。汉文帝得知后,曾下令押赴长安市井准备处以极刑。作为医师,淳于意与各界人士结成了隐性的生命社会关系,但仅此而已。他如果进入治病程序,就与病家结成了显性的生命社会关系。当与人们处于隐性生命社会关系之中时,淳于意之不作为,如拒绝病家邀请、不去看病,也会形成隐性的民事关系或刑事关系。淳于意一向表现不佳而致"民怨"沸腾且"上达天听",连汉文帝都知道了,就陷入生命社会关系刑事性之源的深坑了。不过此时仍只是处于"生命社会关系刑事性之源"的阶段。汉代法律并未规定医生拒绝看病是触犯刑法的犯罪行为。然而,在封建社会里,皇帝的口谕即被视同法律,所谓"言出法随"是也。因此,汉文帝一怒之下作的决定,就把淳于意当作违犯国法的重罪犯人处理,从而将仅为生命社会关系刑事性之源的问题,一下子拔高到了生命刑事关系的程度了。

四、生命社会关系与血缘家庭关系

生命社会关系与血缘家庭关系有极为密切的联系。当代生命科学、生命伦理、生命法发展中的种种争议,其源盖出于对二者关系的不同认识。

生命社会关系的主体约略可以分为两大类:一类为生命科技劳动者,包括医生等。生命科技劳动者一般都在一定的机构中活动,例如医生一般都在医院中工作。而医院等生命科技劳动机构又都为生命科技劳动管理机构所管理。因此,我们把生命科技劳动机构与生命劳动管理机构也作为生命社会关系的第一类主体看待。第二类主体为生命科技劳动的对

---

① [美]E. 霍贝尔:《原始人的法》,严存生等译,贵州人民出版社1992年版,第124—125页。

象或受其影响者，如患病就诊的人。由于受生命科技劳动影响的除患者等之外，实际上可能包括社会上所有的人，他们是潜在的生命科技劳动的对象。例如，就器官移植技术来说，虽然健康的人似乎与之无关，但他们不能保证日后仍然健康、永远健康，绝不会与器官移植技术的施行发生联系。因此，他们也应被包括在生命社会关系的第二类主体之中。

当生命社会关系的这两类主体因特定的生命科技劳动而联结在一起时，例如当患者到医院请医生看病时，他们之间就结成了生命社会关系。这是直接的、显性的生命社会关系。

生命社会关系只是整个社会关系中的一种，是社会大系统的一个子系统。它除自身的内部关系（如医患关系）外，还与其他子系统发生关系。其中最为密切的是生命社会关系第二类主体所具有的血缘家庭关系。

之所以是第二类而不是第一类，是因为第一类主体是生命科技劳动的施予者，他进行生命科技劳动，作用于他的劳动对象。一般来说，他的劳动只有成功与失败之分，不至于发生自身生命的不测。例如，医生给病人看病，医生诊断得当与否、准确与否、处方得当与否，对医生的生命健康并无损害；病员则不同，其生死存亡，全在医生医务工作之成败利钝。

第二类主体一般都不仅仅是单个的个人，且他们通常都与其他某些人结成血缘家庭关系。

所谓血缘家庭关系，是指具有血缘关系的一群人组成为一个家庭，共同生活在一个家庭之中，从而形成的休戚相关、利益与共的关系。例如，张男与李女结婚，生了儿子女儿，他们就是一家子，具有血缘家庭关系，他们是生死攸关、利益与共的关系。

在这张血缘家庭关系之网中，儿子与女儿都继承了父母的遗传基因，承接了父母的"血脉"。因此，儿子与父母、女儿与父母、儿子与女儿之间，都有血脉相连、基因一致（大体上）的关系。张男（父亲）与李女（母亲）二人虽无直接的血脉相连、基因相同这样的亲近关系，但因为共同生育了子女，因而也视同相互之间有血缘关系。当然，他们的血缘关系更可从共同生育的子女身上给予说明。

由于生理的原因，血缘家庭关系被看作是人际关系中最亲近的关系，所以有"血肉相连""骨肉至亲""血浓于水"等说法。

由于历史的原因，人类社会关系史从远古的乱交、乱婚时代结束以来，都以这种血缘家庭关系为基础，都以血缘家庭关系为最亲近的关系。血缘家庭关系史几乎与人类社会关系史相重合，这就很容易形成一种思维定式：这种血缘家庭关系是绝对不能破坏，绝对不能损伤，绝对不能动摇的。

由于社会的原因，血缘家庭关系同样被看作是人际关系中最亲近的关系。这是因为，结成血缘家庭关系的人们，例如父母子女，其财产是共有的，其经济收获是共享的，因而其利益是一致的；他们从早到晚、日复一日、年复一年地生活在一起，"一损俱损，一荣俱荣"。因此，如果其中一人遭到不测，其他的人就都会痛心疾首。所以，人们以"如丧考妣"来形容遭到极其重大的伤害或受到极其巨大的损失时那种痛心疾首的情形。

最后，还由于心理的原因，血缘家庭关系同样被视为牢不可破、不容毁伤的最亲密的甚至"神圣不可侵犯"的关系。"情同手足"一语即是印证。共同生活在一个家庭里的血缘至亲，互相帮助，互相爱护，天长日久，感情的密切、真挚、笃厚，确是一般的人际关系所难以企及的。

有鉴于以上四者，血缘家庭关系就具有几近"绝对稳定"或"应当绝对稳定"的特点。这种稳定性无需外力的维系。而政治社会关系、经济社会关系、宗教社会关系、民族社会关系以及军事社会关系等需要外力维系的社会关系，其稳定性与天然性是难以与血缘家庭关系相提并论的。

在这一前提下，生命社会关系的变化，哪怕是微小的变化，都会在血缘家庭关系上引起这样或那样的连锁反应。例如，医患关系处理得当，医生"妙手回春"治好了病人，家属往往感激涕零；而若处理得不好，致病人于危亡，那么，仅仅是医生被怀疑不负责任，都可能引致家属痛哭流涕、怨声载道甚至暴跳如雷、大打出手。

按照事物发展的普遍规律，一切事物都是发展的，都处在动态发展的过程中。生命社会关系如此，血缘家庭关系也是如此。既然二者在一定的前提下，例如，在患者赴医院就诊的前提下是互联互动的，那么，是否有一个主从关系存在呢？

这种主从关系是存在的。

从因利害关系的密切程度引起的对有关事件的反应程度看，在生命社会关系与血缘家庭关系二者的关系中，血缘家庭关系始终是强势社会关系，而生命社会关系则往往处于弱势。也就是说，当二者发生矛盾，有所抵牾时，人们首先想到的必定是坚决维护血缘家庭关系，而不是生命社会关系，因为前者几乎是"永恒的"，而后者只是暂设的。

但从二者互联互动或者发生矛盾冲突的源头上看时，生命社会关系一般却又占主导的、强势的地位。例如医生看病，医患之间结成了生命社会关系；同时，患者与其家属间天然存在血缘家庭关系。这时，是医患关系影响着血缘家庭关系。如前所述，医生看病成功与否，密切关联着他们与患者及其家属的关系。

这样，就产生了生命社会关系与血缘家庭关系"谁决定谁"的问题。对这个问题，实际上有两种答案：其一是认为，应由血缘家庭关系决定、支配生命社会关系，维护血缘家庭关系决定、支配生命社会关系，维护血缘家庭关系的绝对稳定是第一位的。其二是认为，与前者相反，是生命社会关系决定着血缘家庭社会关系。我的观点是，无论是从社会进步的必然要求看，还是从客观事物（在这里是生命科技）发展的必然规律看，都是生命社会关系决定血缘家庭关系，是生命社会关系的发展主导着它与血缘家庭关系的关系；而不是相反。

那么，为什么对二者关系的认识发生了根本性的分歧呢？这涉及与血缘家庭关系紧密相连的伦理观问题。

五、血缘家庭关系与伦理观之源

古往今来，人类形成了比较固定的一些伦理观点。

关于伦理观，虽异说纷纭，但大同小异。

我国古籍对"伦理"的释义，如《礼乐记》注为："伦，犹类也；理，分也。"后亦称安排部署有秩序为伦理。那么，"安排"什么呢？什么"秩序"呢？许慎的《说文》曰："伦，从人，辈也，明道也；理，从玉，治玉也。"据他的看法，"伦"就是"辈"，指明辈分关系，由此引出"群""内""序"等下位概念，表示人与人之间的以辈分为基础的道德关系。这种以辈分为基础的道德关系，《孟子·滕文公》解释道，圣人"使契为司徒，教以人伦：父子有亲，君臣有义，夫妇有别，长幼有序，朋友有信"。不过，这通常被看成是"封建伦理"，又称"伦常"。解作"治玉"的"理"，可引申为"条理""道理"。现在，连用"伦""理"成为"伦理"，即是指按照辈分来处理人们之间关系的道德准则。

在古希腊，伦理一词源于希腊语"伊索思"。荷马时代，这个词义为驻地、公共场所。早期古希腊哲学家用以表达现实的实质、事物的稳定性。后来则用它来说明具有风俗、习惯、性格、道德含义的概念。从亚里士多德开始，它被专门用来表示人类德行及研究人类德行的科学。

"伦理"或"伊索思"大致有这样几个特征：其一，它表示人际关系中的道德因素；其二，这种道德因素与固有的辈分关系一致；其三，它具有稳定性，不能破坏、超越。所谓"伦理观"，指的就是关于以人际辈分关系为基础的稳定性道德关系的观念。

这样，伦理观的主要之点即在于：其一，辈分关系不能混乱、颠倒；其二，只有这种辈分关系不混乱、不颠倒，才是道德的；其三，道德的辈分关系应是稳定的。

显然，这样的伦理观，作为观念形态的东西，来源于血缘家庭关系，是血缘家庭关系的反映，是血缘家庭关系这一客观事实的主观性衍生物。

伦理观具有客观性，这样那样的具体的伦理观客观地存在着。但客观存在的伦理观并不是物质性的事物，它是精神性的，是观念形态的东西。它为它所反映的物质性的东西所决定。

既成的伦理观反映的是血缘家庭关系。正是血缘家庭关系的存在，才会"有血有肉"地、"活生生"地存在着"辈分关系"。在一定的历史时期内，血缘家庭的这种辈分关系是绝对不能淆乱、颠倒的。如前所说，人类的血缘家庭关系是在乱交、乱婚时代结束以后才建立起来并逐渐得到巩固的。任何违越，都意味着倒退到乱交、乱婚时期的，在后人看来是野蛮的、落后的、不文明的、不道德的状态中去。这个历史时期已有数百万年之久。在这数百万年之中，血缘家庭关系因血缘的纽带，因财产、利益的纽带，因感情的纽带而不断地得到固化和强化,以致达到血缘家庭的绝对稳态。与此同时,这种绝对稳态的血缘家庭,在政治上有利于统治阶级的统治,在经济上有利于生产力的发展。因此,一切社会上层建筑,从政治制度到法律制度,从风俗到习惯,从文学到艺术,从国家管理到家族自治,直至宗教、道德、语言……全都反映这种绝对稳态的血缘家庭关系及它自身所必然提出的种种要求,直至所有这一切最终造成了一切人的思维定式、心理定式。

总之,古往今来的伦理观就是血缘家庭关系的反映。

当我们把生命社会关系、血缘家庭关系与伦理观三者放在一起观察时,很容易出现这样的情况:为血缘家庭关系所决定的一定的伦理观,变成了衡量生命社会关系是否正常、正确、合理的评价标准。本应是生命社会关系主导血缘家庭关系,血缘家庭关系决定伦理观,现在来了个"头足倒立":用伦理观来衡量血缘家庭关系,从而主导生命社会关系。但千百年来一直处于这种状态,因而见惯不怪。在探讨生命法所调节的生命社会关系时,便以固有的伦理观、固有的血缘家庭关系的要求,来评价生命社会关系,来为生命法"定调子""想方子""设法子"。

以上我们就生命社会关系之源的一系列问题做了初步探讨,从而为生命法之源的探讨奠定了基础。

第二章 生命法探源

作为生命法学研究对象的生命法律文化，其核心是生命法。前文已略述生命法所调节的生命社会关系源起的若干问题，那么，循此继进，源探生命法即为逻辑必然。

一、法与生命法

法用以调节社会关系，是因社会关系调节需要的发展而形成的。当社会生活日益丰富、繁杂时，法所调节的社会关系面也日益广泛、普遍，从而分化为各个部门法，其中包括生命法。作为法这一大系统的子系统，生命法具有法的一切共有特征。由此可见，生命法是用以调节生命社会关系的，因生命社会关系调节需求的发展而形成。当生命科技活动日益丰富、繁多时，生命法所调节的生命社会关系面也日益广泛、普遍，从而分化为各个部门生命法。法的调节对象是社会关系，这本来早就成为中外法学界的共识。但是，自从中国学者开拓出科技法学以后，在科技法学界却产生了科技法是否调节人与自然的关系的争论。由于生命法是科技法的部门法，生命法学是科技法学的子学科，于是，一些从事生命法学研究的科技法学工作者顺势而下，主张生命法在调节生命社会关系的同时，也调节生命自然关系。对此，必须做出分析；而且，只能从法的调节对象这个源头开始分析。

（一）法是否调节人与自然的关系

法有调节社会关系的功能，这是万众一词、毫无异议的共识。法是否调节人与自然的关系呢？

人与自然确有一定的关系，因此，有所谓"天人和谐""天人相分""天人合一""人定胜天""与天奋斗""与地奋斗"等话语。但法却不能调节人与天的关系。首先，法对"天"即自然毫无权威、毫无约束力可言，法的权威、法的约束力，只能对人。其次，法是调节权利义务关系的，"天"既无权力可言，亦无义务可言，因此，法对"天"是无所施其技，无所用其长的。

作为法，科技法是否有其特殊性，因而可以调节人与自然的关系呢？科技法确有其特殊性，但这是与其他部门法相比较而言的；它与其他部门法一样，同为法的子系统，不能也不会"特殊"到越出"法"这一大系统、母系统的范畴，而另有其不同于法的"特殊性"；如果有，那么，断言法只调节社会关系而不调节天人关系，就是犯了"以偏概全"的低级逻辑错误了。

有人认为，科技法中有一部分是科技规范法，为规范科技工作者如何按规程操作、如何使用科学仪器等而制定。遵守该规范，则安全无恙，易致成功；不遵守该规范，即致失败，且有生命危险。但这仍不能说明该科技规范法是用以"调节人与自然的关系"的。

科学仪器没有有机体的生命，没有意念、意志、目的、计划，没有自觉自为的能力，不存在它可以自主应对的权利、义务，当然也不存在行使权利的要求与履行义务的制约。科技规范法对科学仪器无规范、约束之力，不能对它施加"调节"以至于任何有效的影响。当然，这是指直接实施的"调节"与影响，至于间接的"调节"与影响则另当别论。科技规范法所能直接调节与影响的，只有使用有关仪器的人。其调节与影响的结果，无非是两类：一为遵行；一为违反。遵行的结果是取得使用该科学仪器的成功，因而受到奖赏；违反的结果是失败，因而受到惩罚。无论是奖赏还是惩罚，都是由于人际关系而引发的：奖赏，是因为你的遵行与成功给大家带来了利益；惩罚，则是因为你的违反与失败给大家带来了损害。①

（二）社会关系调节需求与法的形成

社会关系或处于和谐状态，或处于矛盾状态，而矛盾状态是普遍的、绝对的。因此，就产生了调节社会关系矛盾的需求。人类社会之初，社会关系中的矛盾不如后来那么复杂繁多。在数百万年的"磨合"中，形成了几近"自动调节"的状态，调节手段则是习俗。这就是恩格斯所说的"一切问题，都由当事人自己解决，在大多数情况下，历来的习俗就把一切调整好了"②。

而后，生产力水平的提高，导致了私有制与家庭的出现，社会关系矛盾从可以"自动调节"演变为难以"自动调控"，于是，本来用以调节社会关系的习俗分化为道德与法律，形成了道德规范与法律规范（最初是习惯法）。道德规范依人们的内心自省和社会舆论的制约而发挥作用；在道德规范无力调节的情况下，由习俗演变而来的一些规范，依靠公共暴力的强制性发挥作用，这就是习惯法。习惯法以后则演变为成文法，更加详尽，更加系统，更带权威性、普遍性、强制性、稳定性、明确性、具体性和有效性。

---

① 在拙著《科技法学原理》中，我写有"'科技法调整人与自然关系'说"一节，详论了有关问题。上海社会科学院出版社1998年版，第195—201页。
② ［德］恩格斯：《家庭、私有制和国家的起源》，《马克思恩格斯选集》第4卷，第92—93页。

随着社会的发展，人类社会生活变得日益丰富化与繁杂化，人类活动的领域从日常生活扩及政治领域、经济领域、文化领域、军事领域、外交领域；而所有这些领域自身也日益变得包罗万象、丰富多彩。这样，在所有这些领域发生的社会关系矛盾，都提出了调节需求，从而随之发展出了行政的、经济的、道德的、宗教的以及法律的种种具体调节手段。其中，法律调节手段是最高的、最后的、最有力的调节手段。

总之，社会关系调节需求即是法的形成的源头；而社会关系的复杂化，调节需求的多样化，则引致法的部门的分化，从而形成各个不同的部门法，其中包括生命法。

（三）生命法的调节对象

生命法的调节对象是生命社会关系。

生命科技活动过程中，生命科技工作者与其活动对象之间结成了一定的关系。例如，医生与患者就结成了医患关系。如前所说，人们生活在血缘家庭之中，因此，广义的医患关系，就包括医生及他所在的医院与患者及其亲属的关系。这种关系，可能因医生的诊治得当与患者的积极配合而取得治愈病患的良好后果，这时自无矛盾冲突可言；但也可能因医生的诊治不当，当代医术水平及药物效能的限制或患者未妥善配合，而致病患久治不愈或加重甚至死亡。当发生后面这种情况时，医患关系往往变得紧张起来，需要采取一定的措施加以调节，解决矛盾，缓和关系。

上述生命法调节生命社会关系的观点，在生命法学界并无重大异议，但还是有少数生命法学工作者认为，生命法的调整对象也包括生命自然关系，例如生命科技规范就调整生命科技工作者与生命的孕育或生产、健康或患病等的关系。

诚然，生命科技工作者的活动与人的生命状况相关，是直接加诸活生生的人体的。但这时所发生的关系是人际关系即社会关系，而不能简单化地视为生命科技工作者与"人体"这一自然体的"生命自然关系"。例如，某君鼻上生疮，医生为他看病，这时所发生的是医生与某君的关系，而不是与某君的鼻子的关系。

我国《麻醉药品管理办法》(1987年11月28日)规定："麻醉药品的生产，要加强质量管理，产品质量必须符合国家质量标准。"（第七条）是否按照这一规定生产麻醉药品，显然不是生命科技劳动者与麻醉药品的关系，而是与潜在的可能使用该麻醉药品者的关系，也就仍是人际社会关系，而不是人与自然的关系。

《上海市医疗机构远程医疗咨询系统标准（暂行）》(1998年4月2日)对"远程医疗咨询系统"的"硬件要求"做了如下规定：

CPU——Peutium MMX166以上；

内存——32MBRAM以上；

显存——2MB以上；

显示器——17"256或更多颜色逐行扫描，点距0.28mm以上；

扫描仪——光学分辨率为 640 线以上透光式扫描仪；

视频输入——彩色 512 线以上产品。

在实际操作过程中，遵守或违反这一关于"硬件要求"的规定，都是医生与医疗机构的显性关系和医生与其他社会成员的隐性关系，亦即生命社会关系，而不是医生与这些"硬件"的关系。

关于毒物检测样品的收集、送检及检验，有许多相当详尽的规定。不遵守有关规定，不仅达不到检验目的，甚至可能使收集者、送检者、检验者致病、死亡。这看来似乎是有关人员与毒物的关系，其实，毒物本身与人无法结成一定的权利义务关系，因此，实际上发生的是人际社会关系，如有关人员与毒物所有人的关系、与所属机构的关系等。假定发生了检验人员不按有关检验规定而导致自身死亡或他人死亡的事故，那么，随后的事故处理必定是：其一，在导致自身死亡的情况下：(1) 检验者对他的死亡自负其责；(2) 绝不可能要毒品来"负责"，给予"处分"。其二，在导致他人死亡的情况下，所要处理、追究责任的，是检验者，而不是毒品。

总之，生命法调节的是生命社会关系，而不是人与自然的关系。

（四）生命社会关系的调节需求与生命法的形成

生命社会关系的客观存在及其必然产生的调节需求，是生命法形成的前提；而生命法的形成为生命社会关系的有效调节奠定了基础。

如前所说，生命社会关系是指由生命科技活动而发生，为着生命科技而发展，可据以协调生命科技劳动者、劳动组织和劳动管理机构内部关系及其相互关系，并可据以协调上述各方面与相关的自然人、法人的关系而对人的生命的孕育、产生、存在、健康产生影响的一种社会关系。

生命科技活动的发生，是一种客观的不可阻挡的人类社会活动。认识这一点十分重要，对当今克隆技术发展问题的认识尤其有特别重要的意义。抱有宗教神权世界观和形而上学世界观的人们，都对科学技术尤其是对生命科学技术的发展抱着敌视的态度。上帝、神仙创造人类的愚昧观点支配着他们顽固地排斥一切科技进步，尤其是疯狂地抵制生命科技的进步，因为生命科技的每一进步不啻是对他们固有的陈旧观念的颠覆性冲击。一旦克隆人体成功，"上帝造人"之说将不攻自破，而一切假借"上帝造人"之说而行骗世人者，都将就此彻底暴露其愚蠢、丑恶的嘴脸。但是，除他们之外，还有另一些为认识所囿的人们，也看不到生命科技活动的发生是不可阻挡的人类社会的必然性运动。最明显的例证是：曾有一些国家与社会团体以立法或强制性团体章程来禁止试管婴儿的试验；而现在则有大批国家明令禁止人体克隆。生命科技的发展早已证明试管婴儿技术的发生是不可阻挡的，现在世界上已有 30 多万个试管婴儿健康诞生、健康成长了。生命科技的发展也必将证明人体克隆技术的产生与发展，是不可逆转的。

既然生命科技的发生与发展是必然的、不可阻挡的，那么，就一定会反映在人们的社会关系上，反映在生命社会关系上。如果没有外力的横加干扰而任由生命社会关系与生命科技的产生和发展相伴、相随、相应形成与发展，这种生命社会关系才有利于生命科技的进步。

但生命社会关系并不是在"真空"中形成的。一方面，它受生命科技活动所支配、所决定，只要存在某种生命科技活动，就一定会最终形成相应的生命社会关系；另一方面，生命社会关系的形成又承受着社会大系统中的其他因素的影响，例如受宗教神权的影响，这样那样的伦理观念的影响，一切政治的、经济的、军事的、民族的、宗教的观念和制度，都可能对生命社会关系的形成与发展发生不同程度的影响，或顺或逆地推动或阻碍生命社会关系对生命科技进步的适应性发展。

正因如此，产生了以法律手段促进与保障合理的生命社会关系形成的需求。例如，当试管婴儿技术诞生之始，立即就产生了建立明确而稳固的医生与求助生育者相互间正当的、合理的关系（生命社会关系）的需求。如无外力的干预，这种关系就可自发、自由、自然地建立起来。但在一些国家里出现了宗教神职人员的横加干扰，甚至出现了政府的行政干预。于是，某些本可光明正大地活动的生命科技工作者不得不转入"地下"。但试管婴儿技术仍在势不可当地发展，建立相应生命社会关系的吁求终于形成强大的社会运动，最后迫使立法者以法律手段确认与有关生命科技相应的生命社会关系。生命法就是这样随生命科技、生命社会关系的曲折发展而产生的。其间，生命科技劳动者、劳动组织和劳动管理机构内部及相互之间，上述这些方面与自然人、法人之间，都会产生这样那样的矛盾，从而提出了以最有效的法律手段加以调节的需求，进而促使生命法向完善、周详的境界发展。

二、生命社会关系的法律调节

生命社会关系之产生，如前文所说，同时产生了加以调节的需求，因此，必须略事研究生命社会关系的调节手段，比较其优长劣短，并从中把握有关生命社会关系法律调节的一系列重要理论问题。

（一）生命社会关系的调节

厘清生命社会关系的调节，必须对生命社会关系的构成有所了解。

尽管生命社会关系本身可以简略地分为这一关系的相对两方：生命科技劳动者、生命科技劳动组织与生命科技劳动管理组织为一方；生命科技劳动施加的对象为另一方。但是每一方内部及其相互之间也存在着一定的关系，每一方同时还与外部发生着千丝万缕的关系，从而使得任何一种生命社会关系都变得十分复杂。而这，当然影响着生命社会关系的调节。

举例来说，医生为病人看病，从而结成了最简单的一种生命社会关系——医患关系。但医生是在医院中工作，医院又有其管理机关。这样，就产生了医生与医院、医生与医院的上级管理机关的关系。同时，医生与医生之间，医生与护士之间，医生与药剂师、化验师甚至与清洁工、挂号员、电梯驾驶员等也发生着一定的关系。不仅如此，医生还与"外界"——他的家庭、宗教人士（如果该医生信教的话，其实，如果该医生并不信教，仍摆脱不了"关系"，因为无关系也是一种关系）、政界人士等存在一定的关系；而患者有其家庭，因此，其家庭成员与医生也产生了某种关系。生命社会关系的调节，就与上述种种复杂因素、复杂关系息息相关，形成了多种多样的调节需求、调节内容，同时也就涉及多种多样的调节方法、调节手段问题。

仍以简单的医患关系为例。患者求医，或赴医院，或不赴医院而求助熟悉的医生朋友。如赴医院，患者不会直接去找医生，而先要在挂号处挂号，挂号后在护士处候诊，然后才由医生诊视，医生诊视后可能要患者化验、透视；诊断结束后，医生开出处方，患者或去购药，或径自住院治疗；如住院治疗，则要另行缴费，并与住院医生、护士、护工等之间形成一定的关系。此外，该病员可能购买过医疗保险；该病员可能被治愈，也可能病情恶化。如果病情恶化，病员及其家属或对医院、医生表示理解，给予谅解，或反目相仇。在反目相仇的情况下，或诉至法院要求追究责任，或野蛮相对，大打出手。医生为患者看病，可能给药，也可能不给药而劝其"多喝开水""节制饮食"，自行调理。给药的情况下，可能给对了药，也可能给错了药；在给对药的情况下，还可能存在药品本身的真假优劣问题，从而引发患者连同医院对药品生产者、供应商的对应性关系。在患者治病的过程中，还存在医院管理工作对患者的影响问题，井井有条的管理方便了患者，杂乱无章的管理则烦扰着患者，对此，患者可能会有不同的反应。以上种种关系，有的是显性的，如挂号行为显示了患者与医院的关系，诊治过程显示了患者与医生的关系；有的则是隐性的，如诊治过程中隐存着患者与医院行政方的关系，处方过程及结果隐存着医生、医院、患者与药品生产商、供应商的关系。这样，就形成了多种多样的调节需求与调节内容，大致涉及经济关系性的、家庭关系性的、行政关系性的、刑事关系性的以及伦理道德性的等不同方面。针对不同的调节需求与调节内容，可能涉及不同的调节方法、调节手段。对服务态度不认真，对患者不热情、态度生硬的医生，同对医生不尊重，提出不合理的医护要求的病人一样，主要依靠思想教育，这就是采用了道德手段来调节医患关系。患者付钱挂号、买药等行为，是采用了经济手段来调节医患关系。如果患者或其家属无理取闹、辱骂或殴打医生，如果医生极不负责、玩忽职守导致患者肌体损伤甚至生命危殆，都要负刑事责任，这就是采取了法律手段。医院对医生、对各医疗部门的管理，则涉及行政手段。

若就全社会而言，就生命科技活动对广大社会成员而言，所发生的生命社会关系当然无与伦比地复杂化了，所需调节的问题当然也无限多样化了。但从总体而言，调节的方法与手段，仍不外乎道德手段、经济手段、行政手段和法律手段四种主要的手段。现在我们来比较一下这些调节手段在生命社会关系调节中的作用。

（二）调节手段比较

无论是调节显性的生命社会关系，还是调节隐性的生命社会关系，道德手段（包括思想教育手段）都有其不可或缺的作用。正因如此，在生命科技活动场所通常都可看到一些劝诫性、警示性的宣传告示。例如在医生的办公室里张贴着"几要几不要"的标语，在医院的候诊室里张贴着劝告患者的道德戒律。但是，道德手段的作用是有限的，可"防君子而不防小人"，一些道德水平低下的人硬是不听劝诫而悖理逆行。在普通人视为羞耻因而恪守相关道德教诲的情况下，却有另一些人厚颜无耻而破坏这些道德教诲。例如，不在公共场所大声喧哗被视为一种公德，而不在医院吃喝吼叫更是重要的道德准则，但就是有那么一些人不管不顾地高声笑骂。又如，不随地吐痰是重要的道德行为，但有些人就是旁若无人地随地吐痰，即便是在更为禁忌的医疗场所也是如此。在诸如此类的情况下，道德手段显得十分苍白无力。相比较而言，法律手段就有力得多、有效得多。

正因如此，不少属于道德戒律的规范纷纷被法律化，上升为法律规范了。例如我国《执业医师法》规定："医师应当具备良好的职业道德和医疗执业水平，发扬人道主义精神，履行防病治病、救死扶伤、保护人民健康的神圣职责"（第三条）；医师在执业活动中要"关心、爱护、尊重患者，保护患者的隐私"（第二十二条第三项）；"医师应当如实向患者或其家属介绍病情，但应注意避免对患者产生不利后果"（第二十六条第一款）。这些规范的内容都属于道德性的，但一入《执业医师法》，就都变成了法律规范。道德规范与法律规范的重要区别之一在于，前者依靠人的自觉、自省和舆论的监督，后者依靠国家暴力机关的强制。古希腊名医希波克拉底誓言曰"遵守为病家谋利益"，"无论至于何处，遇男或妇，贵人及奴婢，我之唯一目的，为病家谋幸福，并检点吾身，不做各种害人及恶劣行为，尤不做诱奸之事"，"凡我所见所闻，无论有无业务关系，我认为应守秘密者，我愿保守秘密"。① 这些道德规范在古希腊长期流行，但是毕竟总是有人违规而行。希波克拉底以"我苟违誓，天地鬼神实共殛之"而自律，无奈"天地鬼神"并不存在，更不会"共殛"那些违规者。因此，后世各国越来越倾向于并实际地以法律规范来保证"保护隐私"之类道德要求的实现。

行政手段在生命社会关系的调节中是随处可见的。医疗行政管理机关对医院和医生的

---

① 《希波克拉底文集》，转引自曹开宾等主编：《医学伦理学教程（第2版）》，上海医科大学出版社1998年版，第24页。希波克拉底为古希腊名医，约公元前460年至公元前377年在世，死后形成了希波克拉底学派。他的学生为他编成了《希波克拉底文集》。遗世的还有英国企鹅出版社出版的《希波克拉底著作集》，由剑桥大学洛依德编辑。上海医科大学医学史教授马伯英翻译的《世界医学五千年史》中，对希波克拉底有较详尽的介绍。

管理，医院对医生、护士、药剂师等的管理，都是行政性的。行政手段的作用依靠的是行政权力，对不服从管理的医院，医卫行政部门可以责令其停业整顿；对不遵守医德规范的医生，医院可以责令其停职检查，如此等等。那么，假如有医院竟敢不予理睬而擅自继续营业又怎么办呢？此时如果仅仅依靠行政手段的话，医卫行政部门往往束手无策。而要取得"令行禁止"的效果，就只能依靠有关的行政法规。诸如《医疗机构管理条例》《外国医师来华短期行医暂行管理办法》《大型医用设备配置与应用管理暂行办法》《采供血机构和医疗单位加强血液质量和用血管理的暂行规定》《人类精子库管理办法》《人类辅助生殖技术管理办法》等等，都属于以法律来规范生命社会关系的调节的手段。这些法律手段因以法律为后盾，是"所向披靡"、无可阻挡的，因为若有阻挡，便要受法律的惩处。

经济手段在生命社会关系的调节中也有重要的作用。挂号费的多寡、诊疗费的高低、药价的贵贱等等，不是患者说了算，而是由医院决定。选几位医疗水平较高的医生开设"特别门诊"，就可导致就诊者的分流，使得医院管理更有秩序、更切合不同人群的就诊需要。药价的贵贱也是调节医药资源合理分配的手段。但经济手段的作用是有限的，而且使这种手段切实发挥作用而不致被横加破坏，还须以法律手段为后盾。在人工堕胎、人工生殖、器官移植、人体实验等生命科技活动中，无处不见经济手段的作用。但作为高风险的新型生命科技活动，还可能带来难以预料的严重后果。对其进行有效规范，仅凭经济手段，往往无济于事或者难济其事。这样，法律就会被作为重要的手段与经济手段等相辅而行，甚至取而代之。尤其是当某一法律手段同时含有经济内容时，例如要对某一不规范的生命科技活动进行阻止时，就可并处活动主体的刑事责任与民事责任，从而更加有效地、快速地达到目的。

总之，在调节生命社会关系的各种手段中，法律手段是最高手段、最有力手段、最具权威性的手段。一定要改变过去那种以政策为主要调节手段的状况。生命科技活动应当与整个社会生活一起走上法治化的道路。

（三）生命社会关系的法律调节

生命社会关系的法律调节虽然是调节生命社会关系的各种手段中最高、最有力、最具权威性的手段，但不是唯一手段。任何事物，不管是自然界的还是社会的抑或人类的思维，都是合力作用的结果，而不仅只是某个单一"前因"的"后果"。克雷洛夫的寓言《梭子蟹、虾和天鹅》中，梭子蟹、虾与天鹅共同用力拉车，但各自方向不同，没有形成方向同一的合力，陷入泥潭的车子仍纹丝不动。有人认为市场经济有好坏之分，论据之一是：非洲国家全都实行市场经济，但没有几个经济发展得好的。殊不知非洲国家经济发展状况不仅取决于经济体制，还取决于政治上是否专制独裁，社会上有无种族、部族的冲突，客观的地理、气候条件如何，等等。许多非洲国家之经济落后，不是由于市场经济不好，实行了"坏的市场经济（体制）"，而是由于政治专制、个人独裁或者内战频仍、种族冲突严重。生命社会关系之合理构建、和谐发展，不仅需要良好的科学的法律调节，而且需要辅之以道德手段、经济手段、行政手段。中国共产党创造的"综合治理"实应认真研究、详加阐释、通力贯彻实施。同样，生命社会关系的调节，也应采取"综合治理"的对策。在把握这一点的基础上，进而研究生命社会关系的法律调节才是积极的、科学的、合理的。

关于生命社会关系的法律调节，以下几个重要问题是首先需要关注的：

第一，生命社会关系法律调节的目的。

必须明确，生命社会关系法律调节的目的在于促进与保障生命科技的发展。

生命社会关系之形成，本质上就是"为着生命科技的发展"。但生命社会关系在其形成过程中，在其存在与发展的过程中，会受到其他因素的影响，从而导致生命社会关系的非正常发展，最终影响生命科技的进步。例如，良好的医患关系是有效医疗的保证，但若医生或患者心术不正，就无法建立良好的医患关系，当然对有效医疗不利。因此，法律化的医德规范，以及规范患者行为的法律规定，就应发挥"纠偏"作用，阻止不正心术、不良行为作用的发挥。又如人类辅助生殖技术法的目的就是为了理顺施行辅助生殖技术的医患双方的关系，保证辅助生殖的成功。而若涉及人类辅助生殖技术的发展，有关法律法规就应是旨在协调该技术的研发、推广、应用过程中生命科技工作者、生命科技研究组织及其管理机构的关系，以及三者与整个社会的关系。

有时会出现这样的情况：立法的目的与结果在于破坏生命科技工作者与其机构的关系，例如规定有关机构负有禁止、不支持生命科技工作者的活动的职责与权利。这当然不利于生命科技的发展，也违背了生命社会关系法律调节的初衷。

但生命科技与任何其他科技活动一样，都具有"双刃剑"的特点。如果是为了防止破坏社会利益的后果出现，那又另当别论。

一些陈旧伦理的卫道士出于各种目的，由于各种原因，正拼命阻止有利于某些生命科技发展的生命社会关系的形成。因此，强调生命社会关系法律调节的目的在于促进与保障生命科技的发展，在当今有特别重要的意义。

第二，生命社会关系法律调节的探索性。

科学研究与技术开发大多是在无数次失败后才得以成功的，因此，具有探索性强、风险性大的特点。这与简单劳动大不相同，简单劳动往往是机械地重复，"日出而作，日落而息"，基本上没有探索性与风险性可言。正因如此，与生命科技活动相伴而形成的生命社会关系的状况、特点、发展方向及发展规律等，也不易被人们从一开始就清楚而透彻地认识。这样，对有关调节这些社会关系的手段的认识，包括对生命社会关系法律调节手段的认识，都带有一定的探索性。不可能设想、不应要求一切生命社会关系的法律调节手段，从一开始就十全十美、天衣无缝。美国、英国、日本、德国在20世纪七八十年代不断修改脱氧核糖核酸（DNA）分子重组试验准则，多者高达5次，就说明了这一点。

因为是探索性的，又因为生命科技之"剑"的"双刃性"，稍一不慎便会给人类带来巨大的灾难，所以，最初采取的生命社会关系法律调节手段，往往十分谨慎，偏于"保守"，力求稳妥。在这类法律手段的保障下，生命科技的进一步发展，使人们对有关风险有了较为全面、深入的认识，而相伴发生的社会交往使有关社会关系的详情细节都清晰地显现出来。这时，也只有这时，才可能制定较为稳妥的全面的法律措施。

生命社会关系法律调节的探索性，要求立法者与法学研究工作者密切关注生命科技的发展以及生命社会关系的相应改变，以便适时地修正有关的法律调节措施。因此，从大陆法系与英美法系的法律特点来看，以判例法为主要调节手段的英美法系，相对而言处于较为有利的地位。英美法系国家面临新的生命社会关系，可以较为方便地用判例来调解矛盾、规范行为。这是值得大陆法系国家学习的。好在两大法系正处在接近、融合的过程中：大陆法系国家逐渐认识到判例法制的一些优点，正在越来越频繁地借助判例法来处理法律纠纷；英美法系国家也在仿行大陆法系国家，不时制定成文法以便形成更为稳定、权威的法律调节手段。一般社会关系的法律调节不如生命社会关系法律调节的探索性强，因此，生命科技的发展，生命社会关系的发展，很可能会在促进大陆法系国家更多地、更频繁地借鉴英美法系的判例法制，从而在促成两大法系的融合方面做出较多的贡献。

第三，生命社会关系法律调节的时效性。

价值论的一个基本观点是它的时效性。事物的价值作为一个动态的概念，必然随相关的主体、客体和条件的变化而变化，表现出价值在时间上的流转或流失，这就是价值的时效性。价值的时效性指每一事物的价值都具有主体的时间性，随着主体的每一变化和发展，一定客体对主体的价值都会发生性质、方向或程度上的变化。古代神农尝百草的巨大价值，如果脱离时间这根轴而抽象地与当今的医药技术相比，几成不值一谈的东西。价值的时效性表现为人们价值水准的不断改变、更新、转移与提高。价值的时效性归根结底取决于主体、人的不断发展和需要的不断增长。价值的时效性也与客体相关，如果没有客体的相应属性，就不会产生这种那种满足主体需要的价值。价值的时效性主要表现为即时性与历时性两种形式。价值的即时性指仅在一定时间内存在的价值；价值的历时性则指时间上持续存在的价值。

生命社会关系的法律调节也有其时效性，同样可以分为即时性与历时性两种形式。最明显的生命社会关系的即时性法律调节，是生命行政法律调节。一个时期的生命行政法律调节措施，只适用于那个时期，此后便会有新的措施取而代之。某市关于"中小学卫生保健室"的设置标准，从最初的"面积不小于10平方米""要有专人负责""必备器材应包括体重计、身高坐高计、胸围尺、视力表、血压计、注射器、体温表、卫生箱"，随经济条件的改善不久即调整为"具有良好朝向，较好的通讯、采光及水电条件，面积不小于15平方米""工作人员应具有医士以上技术职称和相应的专业水平"，"必备器材"则增加了听诊器、屈光检测镜、色觉检查图、急救包和诊察床等。

2003年春夏，我国发生了非典型性肺炎的严重疫情，暴露出我国在处置重大突发公共卫生事件方面机制不科学，特别是在疫情初发阶段，组织指挥不统一、信息渠道不畅通、应急准备不充分的不足。为此，国务院颁布了《突发公共卫生事件应急条例》(2003年5月7日)，"为有效预防、及时控制和消除突发公共卫生事件的危害，……建立统一、高效、权威的突发公共卫生事件应急处理机制"，提供了切实、具体、有效的法律依据。[①]《突发公共卫生事件应急条例》一方面根据新形势下出现的新情况、新问题，把传染病防治法等有关法律规定的一些制度具体化，进一步增强了可操作性；另一方面针对防治"非典"工作中暴露出的问题和薄弱环节，按照行政应急的特点，设立了一些新的制度、措施。可以说，《突发公共卫生事件应急条例》的颁布，也对生命社会关系法律调节的时效性问题做了很好的诠释。一切事关人命的生命法，其时效性问题都是特别值得注意的，只有适时修改，及时地改进法律调节手段，才能合理地调节新的生命社会关系，从而有利于人的生命的孕育、产生、成长与健康。

三、生命法之源

生命社会关系的法律调节，有行政法律调节、民事法律调节、刑事法律调节等之分，从而相应地形成生命行政法、生命民事法、生命刑事法。下文略事探讨不同类型生命法的起源。

（一）生命行政法之源

生命行政法之源与生命社会关系的政事性之源紧密相关。

如前所说，远古时代从事生命科技活动如"尝百草"的神农氏者，是为数寥寥的"凤毛麟角"。后来略多起来而且随着国家的形成与宫廷的扩大，一些比较出名的生命科技工作者被集中到宫廷里去服务并被委为"医官"，从而产生了政事性生命社会关系。

政事性生命社会关系形成之初，宫廷对医生的管理大致是随机性的。医生人数逐渐增加、医事日益繁多，尤其是产生了不仅顾及王族、达官的医事，而且顾及贵人乃至庶民的医事需求时，随机性的管理就会显得左支右绌、捉襟见肘，难以应对种种复杂矛盾了。

在这个政事性生命社会关系日益复杂化的过程中，对医生进行奖励或者惩罚以及一般的管理行为都会变得频繁起来，从而形成一些不成文的口头约定性的规则。这些规则一旦记录下来并以皇帝的名义或其他国家行政机关的名义发布，也就成了最初的生命行政法。

实际上，《周礼》所记可能不是我国最初的生命行政法了，因为它已经相当完备、相当严密，因而可以说是相当发达了。但从《周礼》关于生命行政法的记载，我们或许可以

---

① 《温家宝在贯彻〈突发公共卫生事件应急条例〉座谈会上的讲话》，2003年5月17日各报。

推测其时以及此前的生命行政法源起之概况。

据《周礼·天官冢宰》记载，周代的"天官"即总理天下政务的要员大吏中，有"医师""食医""疡医""疾医"等不同的医职。"医师"主管医药事务，有上士二人、下士四人、府二人、吏二人、徒二十人；"食医"主管调配饮食之寒温、滋味、营养，有中士二人；"疾医"掌治疗万民之疾病，有中士八人；"疡医"掌医治肿疡、溃疡的疾病，有下士八人。① 关于这些医职的职掌与管理，《周礼·天官冢宰（下）》还有更详尽的记载：

医师执掌医务的政令。采集味苦性烈的药材，供作医疗作用。凡国中有患病的，有头上生疮或身上创伤的来求治，按照所患的病的种类分归疾病疡医医治，每年终了，考核他们医疗的成绩，作为俸禄的依据。病人都能治好的，最为上等，有十分之九治好的，列为次等，有十分之八治好的，列为三等，有十分之七治好的，列为四等，有十分之六治好的，列为下等。

食医掌理调配王者六食、六饮、六膳、百羞、百酱的滋味温凉分量。饭一定要像春天那样的温，羹一定要像夏天一样的热，酱一定要像秋天一样的凉，饮用的一定要像冬天一样的冷。凡调味，春天的时候，多加一分酸味，夏天的时候，多加一分苦味，秋天的时候，多加一分辣味，冬天的时候，多加一分咸味。然后再加枣栗饴蜜等甜物，调以米粉和菜。凡膳食所用的食物最适宜的调配方法是：牛肉必须配以粳米，羊肉必须配以黍米，猪肉必须配以高粱，犬肉必须配以小米，鹅肉必须配以麦，鱼必须配以苽。凡公卿大夫和王子弟的公膳也按照上述的规则。

疡医治疗肿疡、溃疡、金疡、折疡等病，调配所敷药的分量，刮去脓血，消蚀腐肉。凡治疗疡疮，要用五种毒物合成的药去敷治。以五谷调养体力，以五药疗治疡疮，调节五味增加药效。大凡用药以酸味补养骨，以辣味补养筋，以咸味补养脉，以苦味补养气，以甜味补养肉，以滑石通窍。凡国中有患疡疮的，都可以自疡医那里取得药物。

兽医的职务是医疗兽类的疾病和疡疮，疗治兽病要先灌饮汤药，让它或快或慢地行走，使它脉气发动，然后珍视，知道它的病情，按照症候来医疗。疗治兽疡要先饮汤药，刮去脓血和腐肉，然后敷药，再以食物来补养，使它们恢复体力，凡兽类有疾病，有疡疮的，医师使兽医来治疗，兽类因病疡不治死亡的，统计数目作为考绩的依据而决定他们爵禄的升降。

以上记载表明，至迟在周代，生命社会关系的行政法调节已经相当全面了，② 它涵盖了医务人员的分工、职位、职责、活动内容、活动原则、考核程序与办法、奖励与惩罚办法等等，相当于涉及医生的法律地位、权利、义务、考核、奖惩等方面。有意思的是，其中还包含有不少法律化了的技术要求与技术标准，如规定"凡和，春多酸，夏多苦，秋多

---

① 《周礼·天官冢宰（上）》。
② 林尹注译：《周礼今注今译》，书目文献出版社1985年版，第45—49页。

辛，冬多咸"。

(二) 生命民事法之源

生命民事法之源与生命社会关系的民事性之源紧密相关。

人类始祖中有一定医技之长的佼佼者，从起初的自愿为他人效力、治病，任由病家给予（或不给予）报偿，到后来自定报偿什么（或财物，或劳力）与报偿额度，从而逐渐体现出了生命社会关系的民事化。但此时在很大程度上仍是随机的，有很大的随意性。爱斯基摩巫医为人治病而从病家"身上收取一些合理的有价值的东西"[1]，这"（病家）身上……的东西"，就随病家不同而不同，可能是被巫医看中的一把石斧，也可能是插在顶上的一支鸟羽；所谓"合理……的东西"之"合理"，也并无一定之"理"可循，只能由当时的情境与巫医的心境而随机确定；至于"有价值的东西"之价值，虽然是确定无疑的，因为巫医绝不会取走病家身上毫无用处的东西作为给自己的报偿，但"价值"如何，高低贵贱，也是随机的，并无硬性的规定。

这"硬性的规定"，是后来逐渐形成的。形成"硬性的规定"的前因必定是：随机收取报偿，有时会落空；无尺度、无定额的报偿会引起当事人之间的猜忌、矛盾与不满；如果医事活动增多了，医者自己也不方便。在这种情况下，可能出现一些医者自行规定的报偿办法。但这些办法还可能不被遵行，于是医者求助于萌芽状态的公共权力机构。这样，源头性的医务民事法就逐渐出现了。当然，这些只是一种推测。

另一些推测是：医者如果有利可图，则习医、从医的人便会增多；一旦医者日增，就会形成相互间的竞争，就会随之出现"压价"现象。而这，最终会导致类似"行业保护"的措施，即医者为了彼此的共同利益不致因无序的"压价"竞争而受损，相互约定一种"市场价"，同样的病，施行同样的医术，使用同样的药物等等，则收取大致同样的（同等价值的）报酬。"市场价"的形成过程，就是民事习惯的形成；而如果诉诸公共权力的保护，就逐渐成为习惯法了。

总之，以类似今天的民事法律手段来处理医患关系这种原始的生命社会关系，便是生命民事法之源。

(三) 生命刑事法之源

古代科曼契人"矫正巫师"的方法如武力威胁或报复，直至"私下处死巫师"[2]，一方面反映了远古时期曾经出现过刑事性的生命社会关系；另一方面，一旦形成习惯法，即每当出现巫师治不好病的情况，就召开部落全体男子会议讨论决定对巫师实施惩罚，它就成

---

[1] [美] E. 霍贝尔:《原始人的法》，严存生等译，贵州人民出版社1992年版，第64页。
[2] 同上书，第124—125页。

立生命刑事法之源了。

E. 霍贝尔在《原始人的法》一书中谈及科曼契人"私下处死巫医"的一些做法后写道："这些案件说明，科曼契人一般不愿意与巫师发生纠纷。病被医生治愈了，没有什么比这更好，医疗失败，尽管受害人有合法的诉讼权，但他们一般不会像被戴上绿帽子的男人那样诉诸诉讼。这需要一定的胆量。但如果不起诉，巫师的个别非法行为就受不到应有的惩罚……"① "有合法的诉讼权"却又徘徊、犹豫而"一般不会……诉诸诉讼"，这极为显明地表明了当时的生命刑事习惯法正处在形成过程之中而未定型、未成熟的状况。这种处于形成过程中的生命刑事习惯法，正是生命刑事法之源。

论及生命法的历史发展时，有的作者指出了外国生命法的发展源头。谈大正先生写道："公元前3000年左右，古埃及国家颁布了卫生法律，公元前18世纪巴比伦王国第六代国王颁布了以自己名字命名的《汉穆拉比法典》，其中医药卫生内容占全法典的七分之一，有40余款；公元前9世纪古希腊的斯巴达人对初生婴儿实行自然筛选已成为公认法规；公元前450年古罗马的《十二铜表法》等法律中已有完善的医药卫生法律规范。"②

在中国，关于生命刑事法的最早记载，当数秦律关于卫生医药事业的规定。栗劲先生在《秦律通论》中指出："在焚书令里，秦始皇和李斯把医书药书除外，说明秦还是注重医药和卫生事业的，并给予行政上的管理。秦把疠病看成是一种传染病，并采取了行政和法律措施，为疠病设置了隔离地区，集中安置疠病患者。《法律答问》有'疠者有罪，定杀。定杀何如？生定杀水中之谓也，或曰生埋，生埋之异事也'。这是对犯有罪行的疠病患者采取肉体消灭的极端政策。然而对死刑不'枭首'、不'弃市'，而是'定杀'或生埋，其用意就在于防止疾病的传染。《法律答问》还有：'甲有完城旦罪，未断。今甲疠，问甲何以论？当迁疠所处之。''城旦、鬼薪疠，何论？当迁疠迁所。'不管是有罪未断，还是有罪已断正在服刑，只要染有疠病，就送到疠病隔离所或隔离地区，以防止传染。"③

生命刑事法一旦"开源"，其"流"便汩汩不绝，浩浩向前地发展了。秦以后的汉、唐、宋、元、明、清，历朝历代的法律规定，都对生命刑事关系做出了规范，而且这种规范越到晚近，就越全面、详尽、周密。

生命社会关系的法律调节，有立法调节、司法调节、执法调节与守法调节之分。下文分别探讨不同类型法律调节手段的一系列相关问题。

---

① [美] E. 霍贝尔：《原始人的法》，严存生等译，贵州人民出版社1992年版，第125页。
② 谈大正：《生命法学导论》，上海人民出版社2005年版，第29—30页。但本人查阅并一一核对了《汉穆拉比法典》《十二铜表法》的条文，发现"40余款""完善"之说是不太可信的。这可能是由于彼此对"卫生法律"概念的认识不同。引录在此，姑作存疑之一说。
③ 栗劲：《秦律通论》，吉林大学法律系1983年版，第403—404页。

四、生命社会关系的立法调节

生命社会关系的立法调节是指做出立法（或不做出立法）行为，以求对生命社会关系产生有法律效力的调节作用。

生命社会关系的立法调节涉及立法调节的科学预测与超前立法；立法调节的有机需求与配套立法；生命社会关系立法调节中的立、改、废与生命法的移植；生命社会关系立法调节的地位等问题。

（一）科学预测与生命社会关系的立法调节

科学预测是立法决策的前提，是优化立法的基础，是改进与完善立法调节的必要的、有效的步骤。如果没有科学的立法预测，就不可能正确决定应否就某一方面生命社会关系的调节进行立法，不可能对立法的效果及可能出现的问题、可能的发展方向做出正确判断，不可能在有关立法出现局部问题时适时地做出修改、废止的正确决定。

生命社会关系的立法调节的科学预测，是指人们对某一生命法的制定与否及制定后可能产生的各种效果和未来发展趋势，事先提出的符合客观规律的预见性判断。

生命社会关系立法调节的科学预测，要求充分掌握有关生命社会关系的现状并根据生命社会关系的发展规律，预先判断立法调节有关生命社会关系的实际需求，确切地、全面地、具体地估量制定某一生命法的法律调节价值，确定该法的具体目的，从宏观方面考察有关生命法对调节生命社会关系的特殊意义，以及从微观方面衡量有关生命法在调节生命社会关系的某一个或某一些方面的独特作用，从而使制定的生命法高度科学、高度正确、高度适用。传统生命社会关系的立法调节，因其时的生命科技水平较低、风险较小，所以预测要求不必也不会太高。非传统生命社会关系极为复杂，而且往往严重地与既成的人际关系、伦理道德相悖，或因生命科技的"双刃性"而可能隐含巨大的风险，不严密详尽地调查预测而贸然立法，其后果可能不堪设想。诸如器官移植、基因技术、克隆人体的立法，非做严密的科学的预测不可。

生命社会关系立法调节的科学预测，要求遵循科学性、系统性、灵活性、连贯性、效能性与综合性等六项主要原则。这里的科学性最主要的是指预测的客观性与预测方法的合理性；系统性是指要求运用系统的预测方法，对系统的生命社会关系的各个组成部分以及系统整体，进行系统的有机的预测；灵活性是指根据生命科技活动及生命社会关系的实际状况，不断地适当修正预测范围、预测方向、预测手段及预测结论；连贯性是指特定生命社会关系的预测，在时间与空间上的衔接与连贯；效能性是指强调立法预测的效果、功能与作用，不使之流于形式；综合性是指有关预测的全面性、联系性、有机性与整体性。

生命社会关系立法调节的科学预测的一般程序是：确定预测的目标；做预测前的资

料准备、理论准备及其他准备；收集和分析有关生命社会关系及其法律调节需求的信息资料；选择科学预测的方法和技术；做出生命立法调节的法律预测方案；对上述方案进行筛选，最终确定科学预测的结论。此外，当立法工作进行之时，还应做好跟踪预测并及时地做出科学的预测判断结论。

（二）法的实现与立法预测

除上述原则性要求与一般程序之外，生命社会关系立法调节的科学预测还应特别注意翔实调研、科学判定关于所立之法的实现问题。如果把法制建设比做一项重大的系统工程建设，那么，立法就是前期的设计。这种设计当然应该有其预期效果，也就是"产出"。而为了有效地"产出"，设计之时就必须同时考虑"投入"。"投入"与"产出"是工程项目可行性论证的核心。法的实现是立法的预期，为求得"产出"，即文本上的法律效力之转化为法律实效，当然也必须事先筹划"投入"。但在我国恰恰是很少考虑"投入"的。我不惮揣测，是否每一项立法都预筹过为法律的实施所需的"投入"问题。生命社会关系的立法调节，再也不能对这一严重问题视若无睹了。为求共识，我稍稍展开论述。

生命社会关系法律调节的目的，不在于"法律"如何，而在于"调节"与"调节"得如何。美国社会法学家庞德认为，法律的生命在于它的实行。众所周知，法律一经制定，便产生了法律效力，但法律效力不等于法律实效。法律的效力是指法律本身的存在，它具有这样一种特征，对凡行为受法律调整的人都有某种约束力，不仅对一般公民、组织，而且对执法、司法机关或人员都有约束力。法律的实效指法律在实际上被遵守和适用。法律的实行，是法律效力转换为法律实效的必由过程。为使法律实行最佳地体现法律效力向法律实效的转换，应当深入探讨法律效力的投资及其价值选择问题。这是我国社会主义法制建设，也是生命社会关系立法调节中的一个重大的理论问题。这涉及以下几个重要方面：

1. 法律效力的投资

泛泛而谈法律的实行，如仅仅提出"有法必依""违法必究""执法必严"，是远远不能使法律效力转换为法律实效的，必须对法律效力进行投资。美国斯坦福大学教授弗里德曼在《法律制度》一书中，对法律效力投资的必要性做了探讨。他指出："执行取决于投入的资源。繁忙街道上 10 名警官会比 5 名抓到更多的超速驾驶人。"[1] 他认为，执行反映了两个阶段的决定：首先，社会愿意为法律执行投资多少；其次，这些投资如何发放。司法的质量和性质取决于这些决定。弗里德曼的论述，以称职、尽责的警官为前提，如果像我们常见的那样，三五成群的警官自管自地闲聊，那么再多也无济于事。

法律投资的必要性在于：

第一，使法律效力不致随着时间的流逝而淡化、虚化、弱化。法律效力既是客观的，

---

[1] [美] 弗里德曼：《法律制度》，李琼秋、林欣译，中国政法大学出版社 1994 年版，第 112 页。

又是主观的。某一部生命科技法的具体规定（如我国2000年1月4日发布的《医疗器械监督管理条例》第六条规定："生产和使用以提供具体量值为目的的医疗器械，应当符合计量法的规定。"）一旦做出并予以公布，就成了不以人们的意志为转移的客观存在，因而是客观的。它的客观性使所有的人，尤其是与此法可能相关的人，切实地感受到了它的约束力和威慑力。这种客观性为人所接受、反映时，经过了人的"消化"。因此，不同的人所理解、所感受的约束力、威慑力是不尽相同的。而如果该法律条文长期未被严格执行，尽管从客观性的层面看，法律效力依旧，而从主观性的层面看，法律效力却很容易在广泛的人群范围内被淡化、虚化、弱化。从这一点出发，对"法律效力"即为"法律本身的存在"及其"约束力"的论断，是值得商榷的。不过这是另一论域的问题，这里只要认清法律效力有可能被淡化、虚化、弱化就可以了。要使法律效力不致淡化、虚化、弱化，给予投资，使之"保值"，当然是必要的。

第二，使法律规定得以顺利实行并保证这种实行得以持之以恒。弗里德曼在谈到上述"两个阶段的决定"后指出："作这些决定者不仅要权衡交通和盗窃、坏事的轻重需要，还要权衡大街交通控制的需要，白人居住区的坏事和黑人居住区的坏事，等等。民事方面也存两个阶段的决定，如多少法院，哪一类法院，给穷者原告多少补助，离婚法庭投资多少……"

我国的立法工作成果辉煌，在短时期内基本上改变了"无法可依"的局面，这是令人高兴的。但在立法过程中，在大力开展全面性的立法工作的同时，我们在相当大的程度上忘记或漠视了法律效力的投资问题。哪一部法律在立法之时就比较仔细地（哪怕是粗略地）估算过该法的实行所应投入的资源（人力、物力、财力）呢？恐怕没有。至少，在笔者参与的技术合同法、原子能法、中国科技进步法以及一些地方性立法的过程中，根本无人提起，更不用谈实际地调查研究、测算并实际地关注法律效力的投资问题了。《森林法》《食品卫生法》的实施，极明显地需要大量的资源投入。显然，对此事先考虑欠周，这些法律实施情况不佳，原因之一即在对法律效力投资无所细虑。医药方面的立法情况也是如此，如今假药借广告泛滥，不是缺乏药品管理的立法，而是由于立法之时没有考虑"投入"与"产出"的关系，纸上的"法律效力"就难以转化为"法律实效"。

法律效力的投资，主要涉及以下几个方面：

一为实施法律的机构设置的投资。要实施《麻醉药品管理办法》，必须加强麻醉药品管理机构、检测机构，必须配备必要的检测、化验、筛选、监控器材。

二为实施法律的人员培养、训练的投资。"实施法律的人员"分为作为遵守法律者的一般公民、司法人员与执法人员等不同的层次。这里的"一般公民"首先包括生命科技工作者（如医生尤其是其中的麻醉师等），对他们要进行相关法律的教育。因此，立法时就必须考虑对此有所投入。《文汇报》曾发表《为山杠爷的公开辩护词》一文，引起了学术界与一般公众的莫大兴趣。显然，法律教育投资的雨露，不但没有洒到山杠爷身上，而且也还未及滋润该文作者身上。后者恳切地说:"对于数十年一心为了国家利益和村民利益,只是因为文化水平低以朴素而简单的方法处理问题,乃至触犯现行法律的山杠爷,我请求多给一点宽容,多给一点关怀,多给一点教育。"这里的"多给一点教育"就必须投资,因为山杠爷漫山遍野,成千上万!

三为惩戒罪犯的投资。某省因医疗事故引发的一项医疗鉴定,患者家属先后找了5家鉴定机构,居然得到了5种不同的鉴定结论。由于鉴定结论只能有一种是正确的,因此,可以肯定其余至少有4种均不正确。而如果查出不正确结论是故意做出的,那么,当然是违法行为。如果造成恶果,就有可能触犯刑法,成了犯罪。对此类犯罪的查证,当然亦需"投入",也就需要立法预测时"未雨绸缪"。某市传媒惊呼"一个转速加速、气旋加大的'恶风圈'正在侵袭着本市的社会环境。'犯罪—改造—再犯罪—再改造'的恶性循环已成为危害社会日甚的突出问题"。对此,司法界人士要求劳改部门区别初犯、累犯及案件性质,做到分类关押、分层管理、因人施教、隔离恶源,防止"交叉感染";还要求劳动、人事部门在刑事人员的就业安置方面给予考虑。现在,生命科技侵权的事件所在多有,虽禁不力因而屡禁不止。这些,都要求必要的投入,都属法律效力投资的范畴。

此外还有法律实施的跟踪调查以及为法律的修改而作的投资等法律效力的直接投资。至于间接投资,如法学教学、法学研究、法律书籍的出版等,也应有适当的考虑。

仅如上述,很容易产生一个功利性的错觉,即把法律效力投资的视觉,仅仅局限于具体法律条文的实施,甚至仅仅局限于社会秩序的维护方面,因此,有必要进一步深入研究。

2. 法律效力投资的价值选择

有形形色色的选择。

人类在长期的实践活动中形成并遵循着两大基本原则,即真理原则和价值原则。真理原则的基本内容就是人类必须按照世界的发展规律在现实的客观世界基础上去认识世界和改造世界,包括认识和改造人类本身。价值原则的基本内容就是改造世界使之适合人类社会进一步发展,或按照人的尺度和需要去认识世界和改造世界。真理原则和价值原则在人类的实践活动中,由于作为主体的人的努力,是可以互补并统一起来的。列宁曾这样指出,认识只有在它反映不以人为转移的客观真理时,才能成为对人类有机体有用的认识,成为对人的实践、生命的保存、种的保存的有用的认识。由此可见,价值选择不仅与真理选择密切相关,而且,科学的真理选择才是正确的价值选择。这样,法律效力投资的价值选择,首要的是考虑真理选择。

实用主义者的真理就是实用。"实用即真理",杜威就是这样说的。实用主义者的姻亲——功利主义者的真理就是功利。"功利即真理",边沁等人的法哲学主张可以这样概括。当然不是说不实用、非功利即真理,但是,也不能因此而断定真理选择即实用选择与功利选择。和法律效力投资的价值联系起来考虑时,其结论之一便是,实用选择与功利选择不等于真理选择，也不等于价值选择。那么，法律效力投资的"真理选择"的"真理"为何物呢？

我们正在努力建设与健全社会主义法制，期盼早日成为有中国特色的社会主义的法治国家。当我们这样考虑问题时，法的权威性、法治的重要性、法治的必要性就是第一位的；人们的法律意识的调整、法律观念的增强、社会法律思潮的纯化就是第一位的。这是应当树立的信念，这是应当承认的真理。真理选择及以真理选择为前提的价值选择，都应建立在这样的信念与真理的基础上。由此出发反思我们的法制建设进程，无论是从经验的层面，还是从教训的层面看，都应承认这样两个方面的基本事实：凡高度重视法的权威性的确立，高度重视法律意识、法律观念的增强的一切法律举措，包括法律效力投资，都可以而且已经收到了事半功倍的好效果；与此相反，则事倍功半甚至劳而无功。以"普法教育"为例，对"普法教育"的投资（实际上也就是所"普"之有关法律的效力的投资），着眼点即价值选择，如果是法律权威、法制观念方面，那么就可收到举一反三的作用，不仅有关法律的知识普及了，而且提高了人们对整个法律体系的权威性的认识，增强了自觉遵守一切法律的观念；与此相异，着眼点即价值选择如果仅为某法律条文、法律规定的了解，那么，能背即止、"走过场"等弊端就成了最大的收获。虽属同样的投资，但不同的价值选择，产生了不同的效果。

法律效力的投资，具体体现在立法、司法、执法与守法等主要方面。与此相应，法律效力投资的价值选择也反映在立法、司法、执法、守法等主要方面。

从立法看，总要追求最终的法规详备、体系完整从而使一切方面都做到"有法可依"。这里，我们撇开法的动态发展、法律体系总是在完备与不完备的矛盾中运动、发展不谈，只是从静态的视角加以分析，那么，作为从无到有而又到全的一个立法发展过程，怎样把握立法过程进度快慢的关节点，亦即怎样分别主次、缓急呢？这就牵涉到法律效力投资的价值选择问题。可供选择的方案是多种多样的，集中全力加快立法进程，加大立法力度，力争在最短的时间内高奏全面完成立法的凯歌；"成熟一个制定一个"；"巩固一批制定一批"；随机，即哪一方面社会需要呼声最高先立哪一个，哪一方面立法人才最齐备先立哪一个……不管选择何种方案，都应把最有利于法律效力向法律实效转化放在第一位。道理很简单，不能够转化为法律实效的法律效力，是虚的、是乌有之物。它只能带来损害法律权威、淡化人们的法律意识与法制观念的负面作用。因此，无力付诸实施的法律，宁可暂不制定或暂不宣告生效（即制定并公布，但宣布生效日期为若干年月之后）。但在实际社会生活中的问题并不是可以简单地是是否否的。实施条件完全不具备的情况几乎不存在。正因如此，几乎一切法律都可"超前"制定出来。但也正因存在着既不眉毛胡子一把抓，又不是简单地是是否否，就有了价值选择的必要。这样，不可能就每一部法律的立法条件、立法必要性等一一详论其价值选择，但至少要指出以下两点：第一，无论哪一部具体法律的规定，放在价值选择的第一位的，应是该法以及受该法影响的整个社会主义法律体系的权威性问题;第二,在考虑价值选择时,尤其是与法律权威性相联系考虑价值选择时,应把法律效力投资的可能性悉数放在第一位,最好是建立起数学模型,做比较精确的数量分析。由于艾滋病的肆虐,有关艾滋病防治的立法现在在各地纷纷被提到议事日程上来了。值此重视艾滋病立法之际,完全有必要就与"投入"直接相关的"价值选择"问题细加揣摩并做审慎的立法决策。

司法是实施法律的关键一环。法律效力投资在司法这一环体现最具体,投入的数量最可观,比例最大。立法者的智慧如果以"智多星"相况而应力避"智多星无(吴)用"的话,那么,司法方面的投入如果以"及时雨"相况,就必须力避"及时雨送(宋)江"。这里,同样有一个价值选择的问题。它反映在以下几个方面:第一,为某法而司法还是为社会主义法律体系而司法。司法总是具体的,如某人触犯了刑法,予以定罪量刑等等。但具体是抽象的具体,特殊是普遍之特殊,不能离开抽象与普遍来孤立看待具体与特殊。价值选择在这儿就要求做到:把为社会主义法律体系法律实效的实现,与为整个社会主义法治的实现而司法作为具体法律的司法的前提与指导思想。第二,在司法的社会效益、经济效益、文化效益以至国际效益上,在司法的近期效益、中期效益和长期效益上,做出恰当的价值选择,并在此基础上恰当分配法律效力的投资资源。这是一个复杂的问题,不仅要做定性分析,还要做定量分析。

守法一词,很少出现在剥削阶级法哲学家、法律思想家的笔下纸上。这同剥削制社会里人类所创造法律的作用严重异化分不开。在社会主义社会里,法律反映人民的意志,维护人民的利益,守法的自觉性、可能性与现实性是社会主义法制的"题中应有之义"。因此,在论述法律效力投资的价值选择时,守法作为价值选择的关键环节的地位,是不应稍有忽视的。为使社会主义社会的绝大多数人能够自觉或比较自觉地守法,所做的投资,其"回报率"很可能要远远超出在打击犯罪等方面的投资的"回报率"。当然,打击犯罪也兼有对广大群众的教育作用,这里的界限并不是了了分明的。但我们起码应当承认,在守法方面的投资是少得十分可怜、低得不成比例的。这就会影响整个法律效力投资的实际效果。今后,为法律效力充分地转换为法律实效,是很需要研究一下守法投资问题的。十分自然的是,务必把守法投资作为重要的价值取向,价值选择的天平应当向守法投资方面倾斜。前面我们谈到实用选择、功利选择与真理选择的问题,守法投资作为价值选择的重心,我认为应当力避实用选择、功利选择之短,而扬真理选择之长。

法律效力的投资及其价值选择问题,不仅限于上述若干方面,它涉及对法律的性质、地位、结构、功能等一系列问题,例如,弗里德曼论及"法律制裁"时,把"制裁"这一概念的外延从"惩罚"扩大到了"奖励",意即"奖励"也是一种"制裁"。"制裁"成了中性的概念。这是不无新意的。在拙著《科技法学引论》与《法哲学经纬》中,我都谈到了法律的性质与功能问题,指出:法、法律不是人类从地底唤出折磨自身的魔鬼,而是人类用以帮助自身求得全方位解放的"天使";法、法律的功能中,不仅有惩罚机制,而且有激励机制；法、法律的发展，是一个从以惩罚机制为主逐渐向以激励机制为主的运动过程；等等。这些，在生命社会关系立法调节的研究中，无疑都应高度关注。

（三）立法预测与超前立法

立法预测对超前立法有极为重要的意义，对生命社会关系的立法调节来说，尤其如此。克隆技术的发展，极大地震动了世界各国。这柄"双刃剑"的负面"剑锋"已非一般科技之可能造成环境污染或其他祸患可比了，它是确有可能颠覆乃至彻底毁灭人类社会的。因此，一切有关克隆技术的立法，无疑都必须是超前的立法，否则，其严重后果完全可能瞬间到来。但是，克隆技术和其他生命科技引致的生命社会关系立法调节的这种超前性，不是人脑的凭空推断与天马行空式的臆想结果，必须有实际法律需求的根据，因而必须依照有关的调查研究与科学分析而获得。

关于网络医疗的立法规范问题，就有人做过调查研究，指出问题所在，从而推断立法的必要性和立法所要解决的问题。1998年建立的"日本互联网医疗协会"曾做过一项全日本的调查。该项调查所得的报告，共分为两部分，分别针对利用者和信息提供者。

报告的第一部分反映，调查者在全国29所医疗机构以1842名患者以及患者家属为对象，进行了问卷调查。在答卷者中，刚刚开始利用互联网者占据了35%。曾经利用网上医疗咨询者的人数则更少，仅占4.1%。不过，16.5%的接受调查者表示今后愿意加以利用。患者希望了解的信息也各不相同，从疾病以及治疗方法，一直到诊疗时间、治疗费用、具体设备、医生姓名等。在报告的第二部分中，调查者主要在"Yahoo"（雅虎）的"健康与医学"网页搜索医疗机构的网站，并进入每个网站的第二层次。调查中发现，没有明确刊载姓名的网站占26.1%，10%以上的网站没有标明电话号码和地址。对于患者上网填写信息时如何保护个人隐私，只有2%的网站明确表示将如何使用个人信息，没有一家网站采取诸如对传送信息加密等保护个人信息的具体措施。报告还指出，在利用者中，将近40%的人并不知道或并不完全知道经互联网传送个人信息可能会泄密。这表明，发送和接收信息的双方，对保护个人信息的重要性均缺乏足够的认识。调查中，在20位内科、小儿科、皮肤科、精神科、脑神经科医生的参与下，对涉及5个医疗领域的516个网站提供的内容进行了研讨。对于被指出存在问题的网站，由3名以上的医生进行再次研讨。最后结果表明，有6个网站被指出存在"严重问题"，30个网站被指出存在"某些问题"。两者相加后，在516个网站中占据了7%。在患者看来，医疗机构的主页理应具有可依赖性，如此之多在专业医生眼中存在问题的网站，实在出乎调查者的意料，同样也出乎患者大众的意料。

如此详尽的调查及调查所得的信息数据，使得人们对利用互联网开展医疗活动所存在的问题了然在胸。网络医疗所涉这种医疗的可靠性、医疗标准、患者隐私的保护、医疗机构的法律地位和法律权利义务及法律责任、医患纠纷的解决等，都有可资依据的数据，供规范网络医疗立法时用作参考。诸如此类的调查,在我国生命立法前做得实在太少了。我们的立法中存在着一些"拍脑袋"的结果,"科学预测"谈不上,一般的调查研究往往也付之阙如,这对生命科技立法是很不利的。

(四) 生命社会关系立法调节的有机性与配套需求

生命社会关系的立法调节不能"头痛医头脚痛医脚",也不能"眉毛胡子一把抓"地不分主次轻重先后缓急。其原因在于生命社会关系本身是一个有机的整体,它不是分散割裂的,不是支离破碎的,不是静止僵化的。因此,它的存在,由于它的存在所产生的矛盾、冲突、摩擦也是互相联系、互相依存、共荣共衰,此呼彼应的。生命科技劳动人员、生命科技劳动组织、生命科技劳动管理机构自身之中、相互之间所构成的错综复杂的生命社会关系,形成一个繁杂的巨大网络,有关的立法必须顾及它们的相互联系、相互衔接、相互照应。因此,生命立法不应是单打一的,而应配套成龙、形成网络、成为体系。这就要求加强生命立法研究,加强生命立法领导,加强生命立法的计划性。

2001年春,全国人大代表田玉科、江泽熙等联名提出了尽快制定器官移植法、器官捐献法的议案。他们指出:"现在有许多病,都可以通过器官移植治好。如慢性肾功能衰竭,做肾移植,我国的技术已经很成熟。同济大学可以做肝、肾以及心肺相连的移植技术,像有些先天性心脏病,做心肺联合移植,能够治愈。哈尔滨、上海的大医院都能做。我国在器官移植方面的技术与国际相比差距不大。但其他方面却有很大差距——国外有《器官移植法》,有器官库。我国却没有。由于缺乏器官来源,我国器官移植技术不能为更多的病人造福。"他们希望"通过国家立法的行使,让从死亡人身上摘取器官进行移植合法化。在法律中,要确定权威机构从事鉴定器官捐献者已经脑死亡的工作;要建立器官库,储备器官,以备随时需要。同时制定相应子法,明确器官不能买卖,避免引起纠纷。如果国家制定《器官捐献法》,建立起器官库,不但能挽救更多人的生命,而且能够促进我国医学水平进一步提高"。这一议案涉及器官移植的基本法——器官移植法,器官移植的相关法——器官捐献法,以及禁止器官买卖法等。这些涉及器官移植的法律加上脑死亡标准法等,就构成了一个小小的系统。整个生命法体系应包括无数个这样的小系统,使得生命社会关系的立法调节是有机联系的、配套的。

上海社会科学院生命法学研究中心刘长秋先生对未来我国器官移植法的内在有机联系与配套问题提出了一些较为具体的建议。他认为,未来我国器官移植法需要对以下几个方面的问题加以规制,包括:器官移植的目的、原则、法律责任、脑死亡、器官捐献、遗体捐献、器官移植技术的安全操作、供体器官的医学卫生标准等等。未来我国器官移植法律体系中亦应相应地包括以下几个方面的法律或法规,具体而言,主要有《人体器官(活体)捐献与移植法》《脑死亡法》《遗体捐献法》《医用器官卫生标准》《手术安全操作法》《死亡判断标准》以及其他立法的某些法律责任的规定等等,如《民法通则》(1986年4月

12日）关于生命健康权与身体权的规定、关于民事侵权及其法律责任的规定等等。上述立法共同构成未来我国的器官移植法律体系，并分别在其中发挥各自的作用。这些建议是很有价值的，其中，如果将器官移植法与器官捐献法分开，可能更有利于法律的实施；对死亡判断标准与脑死亡法的关系处理得合理、科学一些，也当有利于实际的操作。

在阐述器官移植法的内在有机联系与配套性体系问题时，他指出：

首先，《生命法》中有关器官移植的规定将是我国器官移植立法的本源或立法依据，它是我国器官移植法律体系的"大脑"，在我国未来器官移植法律体系中居于最高地位。尽管当前我国还没有一部作为生命法律体系核心法的《生命法》，但制定这样一部法律是迟早的事，而这样一部法律必然会对我国生命问题的方方面面做出宏观的规定，这其中自然也少不了器官移植的内容，这些内容将成为未来我国器官移植法律体系的重要基础。

其次，刘长秋认为，《人体器官捐献与移植法》是未来我国器官移植法律体系的核心立法，它是我国器官移植立法体系的"心脏"和"骨架"，在该体系中将起着"领头羊"的作用，对我国器官移植各方面的法律问题做出宏观规制。具体包括人体器官捐献与移植立法的目的、人体器官捐献的基本原则及器官移植的基本原则、基本制度、[①]人体器官类目的指定、人体器官捐献与移植的基本要求与程序、人体器官的摘取与保存以及有关的法律责任等等。当然，这里的"人体器官"只包括活体器官，而不包括遗体器官（后者应当有专门的《遗体捐献法》加以规制）。《人体器官捐献与移植法》应当体现我国器官移植立法总的指导思想，规定我国器官移植法的基本原则、基本制度以及基本的法律责任，以对该体系中其他立法起到指导作用，并保证其他立法在内容上的规定与之协调一致。

再次，《脑死亡法》和《遗体捐献法》是《人体器官捐献与移植法》的辅助法，是未来我国器官移植法律体系的"血"与"肉"，其制定主要是为了保障《人体器官捐献与移植法》的贯彻实施。因此，其内容必须与《人体器官捐献与移植法》的内容保持一致，并对《人体器官捐献与移植法》中未加规定或规定过于笼统的方面做出规定或加以具体细化。例如，《遗体捐献法》重在遗体捐献，因此它应当对《人体器官捐献与移植法》中所没有规定或规定不够详尽的遗体器官的捐献与移植做出规定，以补充《人体器官捐献与移植法》规定的不足，配合《人体器官捐献与移植法》的实施。此外，由于遗体捐献所涉及的将不仅仅是器官移植，因此，对于器官移植之外的其他可能影响到器官移植的内容，该法应详细地做出规定。而《脑死亡法》则旨在将脑死亡标准明文规定为传统心死亡标准的补充标准，以满足脑死亡者捐献遗体器官的愿望，配合《人体器官捐献与移植法》的实施。

此外，就《医用器官卫生标准》以及《手术安全操作法》来说，它们是器官移植立法的保障法，具体规定着医用器官的卫生要求、选取以及保障器官移植手术安全进行的基本

[①] 器官移植与器官捐献的基本原则显然有别，有关制度也不相同，因此，将器官捐献法与器官移植法分开当更合理。

程序性操作要求。这些立法相当于器官移植法律体系的"皮肤",有效保障着其他器官移植立法的科学性以及器官移植技术临床应用的安全性。

最后,就其他部门法律中的某些具体规定而言,它们则是器官移植立法的补充立法。这些规定是未来我国器官移植法律体系的"神经",具体连接着我国器官移植立法和其他部门立法,并保障着这些立法之间的配合与协调。例如,《刑法》中关于医疗事故罪的规定、关于故意杀人罪与伤害罪的规定,《民法通则》中关于生命健康权的规定,《执业医师法》中关于医师资格与义务的规定,等等,它们作为器官移植立法的补充法,有效地保障着器官移植各方当事人包括作为器官移植供受体的罪犯、精神病人、未成年人生命、健康以及人格尊严,在器官移植法律体系中具有不容忽视的重要作用。

刘长秋先生的以上论述,按人体的骨骼、血肉、神经、肌肤等表述了器官移植配套立法的内在有机性,是相当有启示作用的,虽然他把相关立法喻为"神经",而不是把器官移植法的宗旨、原则作为"神经",因而并不十分恰当。

生命社会关系的立法调节的有机性与配套性在我国如果还只是一种体制需求的话,那么,在一些发达国家,则部分地已是现实。例如,早在1975年,在美国加利福尼亚召开的重组DNA分子国际会议就讨论了重组DNA的安全问题。1976年美国颁布了由国立卫生研究院(National Institutes of Health,NIH)制定的《重组DNA分子研究准则》,成为第一个对生物技术安全管理的法规。1985年经济合作与发展组织(OECD)发表了关于重组DNA安全问题蓝皮书后,美国政府于1986年颁布对生物技术协调管理的基本框架,即由美国农业部(USDA)、环境保护局(EPA)、食品与药品管理局(FDA)、职业安全与卫生管理局(OSHA)及国立卫生研究院五个部门协调管理。这些部门陆续制定了《联邦植物有害生物法》《联邦食品、药品与化妆品法》《联邦杀虫剂、杀真菌剂、杀啮齿动物药物法》《毒物控制法》。各部门的管理范围由转基因生物(GMO)产品最终用途而定。一个产品可能涉及多个部门的管理。任何转基因生物的商品化都必须符合国家和联邦法规所确定的标准,主要有《国家种子鉴定法》《联邦食品、药品与化妆品法(FFDCA)》《毒物控制法(TSCA)》以及《联邦植物有害生物法》。各部门也建立了相应的管理法规、条例、规则。

(五)生命社会关系法律调节的基础、前提与依据

生命社会关系立法调节是司法调节、执法调节、守法调节的基础、前提与依据。艾滋病防治条例的制定,是防治艾滋病的司法、执法、守法的基础、前提与依据。司法、执法、守法之"法",就是依靠立法而产生的。因此,立法是前提与先导,是生命社会关系全部法律调节手段的基础与依据。

据《文汇报》载,[①] 中国预防医学科学院环境卫生与卫生工程研究所曾会同上海、浙

---

① 《专家呼吁对保健品立法管理》,《文汇报》1999年6月30日。

江等 7 省市的卫生防疫部门对国内百余家综合商场和几十家药店出售的保健品进行了一次调查，发现 1842 种保健品中有批准文号的只有 40.8%，有生产许可证的仅为 11.1%。在这次调查中发现，市场上的保健品存在的突出问题是宣传上的夸大其词、弄虚作假、名不符实。有些保健品在说明书中自称是根据宫廷秘方、家传秘方、老中医积数十年之经验所取得的成就，以及最新科技成果研制等，但经查实，有一半以上依据不明。有些保健品在宣传上采用模糊手法，如在产品上标明医科大学监制，但又不注明大学名称。有些厂家在宣传中对专家的评审意见断章取义，用其所需，甚至移花接木。还有些保健品明明是国产货，却用外文标上某某国生产，冒充进口货。有很多保健品根本没有进行功能鉴定，却在说明书、广告词中自吹自擂，对消费者产生了明显的误导作用。参与这次调查的专家认为，保健用品市场出现如此混乱的状况，其重要原因是我国目前尚没有对保健用品实行完善的管理办法，一些厂家受经济利益的驱动，采用"打擦边球"的办法欺蒙消费者。专家们提出，为保护消费者的健康，必须就保健用品的安全性、功效性立法。卫生管理应是卫生行政部门责无旁贷的职责，同时还应从抓好企业卫生管理、产品标签标识、保健用品的界定和安全性入手，制定保健用品的国家标准，以利于统一监督管理。专家们呼吁对保健品立法管理的原因，就在于如无相关立法，管理（包括司法、执法管理）就落空了。

在美国，从 20 世纪 70 年代以来，联邦和各州都十分重视生物技术和生命技术方面的立法，为其司法、执法和守法奠定了坚实的基础。有关立法主要有：颁布 1976 年国立卫生院《重组 DNA 分子研究准则》及对重组 DNA 技术研究实验予以必要的控制管理；随后根据生命科技进展对准则中的限制条款予以放宽或取消，保证生命科技研究在维护社会环境的前提下得以发展；公布《基因疗法准则条例》，允许体细胞而不是生殖细胞的基因治疗；在运用《有毒物质控制法》等现行非特定法令调节重组 DNA 技术工业与商业应用，特别在数据收集、检查监督、风险评估等方面的同时，颁布了《生物工艺学条例》。通过最高法院判例对含有重组 DNA 技术的活体微生物予以专利保护，并加入《1977 年（为申请专利的）微生物备案取得国际承认条约》，对某一类植物新品种发明提供专门法和专利法双重保护，将自发性脑活动丧失的死亡标准的规定列入大多数地方州法中；胚胎转移、试管婴儿培育技术应用的合法性已为大多数地方立法认可。

立法调节在生命社会关系法律调节中的这种基础、前提和依据的重要作用，正是它的价值体现。

五、生命社会关系的司法调节

"徒法不足以自行。"如果有了一个好的立法，却得不到认真的实施，无人认真遵守，那么，它就只是一纸空文。因此，必须依靠司法、执法人员去司法、执法，靠广大公众，首先是广大生命科技人员自觉守法。这里，有一个立法调节的价值体现的理论问题。马克思曾说过，共产主义"从一开始就是现实的和直接追求实效的"①。1985年，在党的全国代表大会上，邓小平同志重申了这一马克思主义的原则。他指出，在改革时期的各项工作中，一定要讲求经济效益和总的社会效益，要以社会效益为一切活动的唯一原则。这就是马克思主义价值理论中的实效原则。实效是在实践中形成的价值事实。"实效"与"虚效"（虚假效益）相对立。实效原则要求在评价中，特别是社会评价中，要注重实际效益、实际成绩、实践的结果和发展的需要。对于生命社会关系立法调节的价值体现，就看它是否具有实效、实绩，而这种实效、实绩离开司法调节、执法调节与守法调节就必定无从体现。因此，一方面立法调节是司法调节等的前提；另一方面，立法调节又时时依靠司法调节来完成其价值实现。总之，这两个方面是相互依存、不可或缺的，应当相互促进以求相得益彰。

生命社会关系的司法调节是法律效力转化为法律实效的关键步骤，必须充分认识其必要性以及司法调节的根本原则与主要依据，生命社会关系司法调节与其他司法实践问题。

（一）生命社会关系司法调节的必要性

生命社会关系司法调节方面的问题主要有：

一是虽然已有法律规定，却因互相抵牾而难以实施。"徒法不足以自行"，非经司法实践，既定的法律条文不可能自动生效，不可能自动解决涉及生命社会关系的法律纠纷。如果既成的法律法规互相抵牾，当然会给司法调节带来困难。如对造成人身伤害的，有关法规对伤残等级的划分就不一致，同一程度的人身伤害在此被定为 A 级，在彼被定为 B 级，究竟适用什么法律，往往造成严重的争执。医患纠纷中多是一方执意按《消费者权益保护法》处理，而另一方则坚持按《民法通则》处理。因为二者对有关赔偿、补偿的规定可能导致巨大的经济落差。这表明，法律虽做了规定，一进入司法程序，却令人茫然。

二是法律虽有规定却是不具体的。如做试管婴儿手术，有关规定就过于粗疏，以致医师不知如何确定手术费的额度。也有要求律师做见证的，律师同样无法确定一个合理的收费标准。这时也只有通过司法调节的实践来积累经验使有关原则规定逐步具体化。

至于法无明文规定的，当然更会给法律调节带来困难。但是毫无疑问，正因法无明文规定，从法律调节的角度来看，也就"天将降大任于司法调节"了。立法不可能绝对适应、完全涵盖生命社会关系调节的一切方面、一切枝节。生命立法虽然有一定的超前性，但同样不可能做到"天衣无缝""滴水不漏"。在这种情况下，司法调节尤其是通过司法审判形成司法判例，就可以弥补立法调节不足的缺陷。

---

① 《马克思恩格斯全集》第 42 卷，第 121 页。

总之，司法调节的必要性可概括为以下三点：一是有法必依，通过司法使立法产生实际的法律效果；二是遵循法律原则，通过司法使立法文件的原则规定具体化，得以调节具体的生命社会关系；三是在无法可依的情况下，按宪法和有关基本法律的精神、社会需求和有关的国家政策，通过司法实践，做出司法判决，以弥补立法之不足。

（二）司法调节的根本原则与依据

根据我国宪法和法律的规定，任何社会关系司法调节的根本原则都是"以事实为依据，以法律为准绳"。与此相应，最主要的是事实依据与法律依据。但"事实依据"的"事实"是要人去认定的。因此，曾有一度，法官甚至领导者的主观判断取代了客观的事实，大批冤假错案被炮制了出来。痛定思痛，现在法学界和司法界的有识之士已逐渐认识到，只有"以证据依据"才能真正做到司法公正。"证据"作为"事实"的凭证，其客观性、具体性都可检查，诉讼中两造和两造的律师乃至参加观审的公民，都可"眼见为实"地予以确认，也就不能任凭法官或他人去"自由心证"，因此是比较科学、合乎正义的。我们高兴地看到，这一观念正日益深刻地影响着司法实践。

不过，"事实依据"与"证据根据"之间有着极为密切的关系，"证据"是从"事实"来的。在有关法律（刑事诉讼法、民事诉讼法、行政诉讼法）的规定（"以事实为依据"的规定）未做修改之前，我们仍以"以事实为依据"展开讨论。生命社会关系的法律调节，无疑也是如此。这里要着重补充说明的，是以下两个同生命社会关系司法调节的困难性相关的问题，即"事实依据"和"法律解释"。

1. 关于"事实依据"

根据专门知识、技能对特定的生命科技问题进行分析、测试、检验而得出科学的判断，称为生命科技鉴定。如对精神疾病鉴定、人身伤害鉴定、亲子血液鉴定等等。英美法系国家称鉴定为"专家意见"。美国联邦证据法规定："如果科学技术或其他专门知识有助于事实审判者理解证据或判断争议事实，一个因其知识、技能、经验、训练或教育而有专家资格的证人，可以以意见或其他形式提出证据。"

生命科技鉴定或专家意见，在司法调节的实践中是十分重要的。诸如死因鉴定、伤残等级鉴定、生命技术合同违约等生命社会关系纠纷中，如何认定何者违约、何者侵权，都有专门的生命科技知识方面的困难。法国《刑事诉讼法》第一百五十六条（1960年6月4日第60-529号法令）规定："任何预审法官或审判法官，在案件出现技术方面的问题时，可以根据检察院的要求，或者依自己的职权，或者一方当事人的要求，命令进行鉴定。"这样规定，是因为面对某些"技术方面的问题"，法官要根据自己的知识与感觉做出评价十分困难，从而寻求技术专家帮助，按照专家意见修正判决结论。

生命科技鉴定与一般司法鉴定的共同点是，两者都要运用专门的科技手段、科技知识作为鉴定的手段；不同点是，生命科技鉴定的鉴定内容是生命科技本身。北京大学科技法研究中心的谢学军同志在《试论科技鉴定中的若干问题》一文中指出：科学鉴定一般是一种司法或准司法行为，其结论直接影响到当事人权利义务分配；科技鉴定这一司法或准司法行为涉及"鉴定的指定""鉴定人的资格""鉴定的过程""鉴定的标准"和"鉴定结论"等主要问题。① 他对这些问题做了很好的分析。

关于鉴定人的资格，通常都规定，鉴定委员会成员应有一定的代表性，并具备以下条件：具有该行业或者领域的高、中级专业技术职务；具有较高学术、技术水平和较丰富的实践经验；具有良好的职业道德。我国的深圳市、黑龙江省、重庆市业已出台有关司法鉴定的管理条例，这些条例对鉴定人的资格大多也如此规定。实行"鉴定人主义"的英美法系国家，对什么人可以担任鉴定人并无专门法律限制；奉行"鉴定权主义"的大陆法系国家则大多建立了专门的鉴定人资格制度。德国《刑事诉讼法》的规定更为详尽具体。如该法第八十一条 d 规定："对妇女的检查（一）检查妇女的身体，可能伤害羞耻感的，应由妇女或者医师进行。依应受检查妇女的要求，应当准许其他妇女或者亲属在场。"

生命社会关系司法调节中，充分依靠生命科技专家运用其生命科学知识和生命技术专门技能进行鉴定，来查明"事实依据"的准确性、可靠性，正是它与一般司法调节不同的地方。

2. 关于法律解释

"法律依据"方面会遇到法律解释问题。同样一个法律规范，不同的法官可能做出不同的解释。解释不同，自然要影响裁决。因此，如何正确理解、科学解释某些法律规范就成为司法公正的重大问题。"法律依据"的准确性，时时会有求于科学的法律解释。

法律解释有学理解释与司法解释之分，但如果学理解释被应用于司法实践，也就与司法解释合流互用了。

司法解释的例子如美国的环境诉讼权的确定问题。这一问题的解决，对公民的生命健康与长寿，有密切的关系。但是，美国公民或团体因环境污染而寻求法律帮助时，曾为环境诉讼权而困扰。环境诉讼权是指将环境纠纷提交司法解决所应具备条件的总和，也称环境诉讼资格。美国的《国家环境政策法》规定"每个公民都应该享受健康的环境"，联邦政府的责任之一是"保证为全体美国人创造安全、健康、富有生命力并在美学和文化上优美多姿的环境"，但未对公民的环境诉讼权做具体的规定。后来，美国联邦最高法院通过一些具体案例，以判例确立了环境诉讼权的构成条件。聂强在《略论美国的环境诉讼权》一文中介绍了有关的几个条件："首先，原告必须证明自己有受到侵害的事实；其次，原告遭受的侵害事实应与（政府的）违法行为之间存在因果关系，尽管这种因果关系可以表现为一连串的连锁关系，而且可能很不严密，法院还是倾向于持宽容态度；再次，关于事实上的损害，原告可以不必举出身体上的侵害或经济上的损害，仅有美学价值上的损害就够

---

① 《科技与法律》1993 年第 2 期，第 33 页。

了。"[1] 环境诉讼权问题是美国环境司法实践中常常遇到的问题，由于联邦最高法院一系列判例的指导，现在环境诉讼全面得到较稳妥的解决。

以司法调节来处理生命社会关系，还应遵循严格诉讼程序、公民在适用法律上一律平等、被告人有权获得辩护等重要原则。由于这与一般社会关系的司法调节是完全一致的，无需作特别说明，就不一一赘述了。

（三）司法调节的方式与司法实践

生命社会关系司法调节的主要方式为生命科技仲裁、生命科技诉讼与调解。生命科技诉讼是指依据生命社会关系纠纷的事实和有关的生命科技法律、法规，通过诉讼审理与解决纠纷的法律实践活动。

生命科技仲裁是指专门的科技仲裁机构对当事人提出申请进行的有关生命社会关系纠纷的仲裁活动。

生命科技仲裁之所以被列为生命社会关系司法调节的一种方式，是因为仲裁的依据，除有关的生命社会关系纠纷以有关协议的内容等事实为依据外，唯一的就是有关的法律。因此，生命科技仲裁由于所依据的是生命法律、法规，就被作为生命司法行为，作为生命社会关系司法调节的一种方式了。

生命科技调解是指依据生命社会关系纠纷的事实和有关的生命科技法律法规及当事人双方的自觉自愿所实施的生命科技司法活动。之所以称之为司法活动，列其为生命社会关系司法调节的一种方式，是因为调解的依据从根本上说还是有关的生命科技法律法规。由于调解不存在审判判决的强制性和仲裁裁决的外来强迫性，而是在很大程度上取决于当事人双方是否自觉自愿地接受，所以，有时候被人们列为"准司法活动""准司法方式"。但"司法"也罢，"准司法"也罢，都必须依"法"而转、依"法"而"司"，所以，列为生命科技司法活动的一种方式，还是顺理成章的。

生命科技调解的主导机关，可以特设，犹如一般社会关系调解组织一样。这是中国司法行为的一个重要特色，正越来越吸引各国法学家的重视。此外，专门的司法审判机关、仲裁机构也都有实施调解的义务，而且，在做出判决或仲裁裁决之前，一般都先行调解，在调解中喻之以法、晓之以理、动之以情，力争不诉诸审判与仲裁。

生命科技诉讼、生命科技仲裁、生命科技调解三类生命科技司法调节方式的关系是：生命科技诉讼是生命社会关系司法调节的最高形式；生命科技仲裁是生命科技非诉讼司法调节的最高形式；两者是生命科技调解的后盾，而生命科技调解一般是生命科技诉讼与生命科技仲裁的先行司法措施。解决生命社会关系纠纷中的侵权纠纷，主要有调解与诉讼两种方式。凡当事人不愿意调解解决的，均可诉诸诉讼方式解决。此外，还应区分司法调

---

[1] 《科技与法律》1991年第3期，第74—77页。

节的内容与对象。往往有人将科学技术与科技社会关系混为一谈,将生命科技与生命社会关系混为一谈。有人在谈及科技社会关系纠纷的解决方式时认为:科学问题上发生的争议往往不宜采取强制性的法律规范和行政干预,而应当在自由、宽松的环境下,通过争鸣和评议来解决。这一过程中,科技人员无疑应当遵守全球公认的道德规范,但违反者大有人在,例如有人剽窃科技成果。为此,有人建议成立"科技道德法庭"来处理。综观其全文,所要谈的其实是科技社会关系的司法调节方式,因为他也谈了许多关于调解、仲裁、诉讼方面的问题。由此可见,把"科学问题"与"科技社会关系"混为一谈是何等错误。剽窃科技成果已构成科技侵权,诚然有道德问题,但已越出道德范畴而违法、侵权以至(严重的话,就是)犯罪了。这时越"自由、宽松的环境"越糟糕,即使是"道德法庭"也只起为虎作伥、助纣为虐的作用。因此,务必诉诸"真刀真枪"的法律强制力,求助于司法手段的有力解决。这在生命社会关系的调节上也是一样。举凡生命社会关系上的侵权行为,都应纳入生命司法的调节范围中去,而不是诉求于道德调节。何况,从根本上来说,无论是司法调节还是道德调节,所调节的都只能是科技社会关系包括生命社会关系,而绝非直接"调节"科学技术与生命科技。

六、生命社会关系的执法调节

生命社会关系的执法调节有其特定的程序,其管辖以及具体措施也有一定的特点。例如卫生行政部门对医疗事故鉴定履行行政监督,就是一种生命行政执法行为,有其特定的程序和具体的特点。根据我国《医疗事故处理条例》(2002年4月4日)的规定,当发生医疗纠纷,当事人对首次医疗事故技术鉴定结论有异议,申请再次鉴定的,卫生行政部门应当自收到申请之日起7日内交由上级医疗事故鉴定机构再次鉴定。这些情况包括:病人死亡;可能为二级以上医疗事故;国务院卫生行政部门和省、自治区、直辖市人民政府卫生行政部门规定的其他情形。遇到以上三种情况,县级人民政府卫生行政部门自接到医疗机构的报告和当事人提出的争议申请之日起7日内移送上一级卫生行政部门处理。卫生行政部门自收到医疗事故争议处理申请之日起10日内进行审查,做出是否受理的决定,书面通知申请人;自做出受理决定之日起5日内将有关材料交由负责医疗事故技术鉴定的医学会;医疗事故争议双方当事人自行协商解决的,自医疗机构及人民法院生效和判决后7日内,向所在地卫生行政部门做出书面报告;如此等等。对生命社会关系的执法调节问题,应做详尽的探讨,以下是其中的几个主要方面:

(一) 生命社会关系执法调节的概念

生命社会关系的执法调节,是指有关的执法组织和执法人员,适用国家的法律法规、强制力量,根据法院、仲裁机构、有关行政机构的有效法律文书的规定,强制生命社会关系当事人履行所负义务的活动。

这一定义与一般执法调节(通常名之以"执法")的区别在于:生命社会关系的执法调节是围绕着生命社会关系进行的,目的在于调节生命社会关系,调节活动的主体与主导者是有关的执法组织和执法人员;而一般执法调节并无特定的具体目的,其主体与主导者也并不一定是有关生命社会关系调节的执法组织和执法人员。

生命社会关系的执法调节与立法调节、司法调节的关系是:立法调节是司法调节与执法调节的直接法律依据,同时司法判决也是执法调节的直接法律依据;执法调节则是立法调节目的的实现,也是司法调节的实际完成。上述定义指明,有关执法机关和执法人员执法时既可直接"依据法律",也可"依据法院、仲裁机构……的有效法律文书的规定"。同时,由于执法调节以"强制生命社会关系当事人履行所负义务"而告终,所以它可以是立法调节的目的在现实生活中的实现,也可以是司法调节的实际完成的显示。

生命社会关系执法调节与一般社会关系执法调节的主要区别在于:前者的调节目的是生命社会关系纠纷的调处解决,后者的调节目的是其他社会关系纠纷的调处解决。

(二) 生命社会关系执法调节的必要性

从一般的角度看,生命社会关系执法调节的必要性在于:其一,切实保证生命法的贯彻执行;其二,切实保证生命科技司法的落实;其三,切实保证生命社会关系的正确调节,保护生命科技人员、生命科技劳动组织及其相对人(如患者等)的正当权益,从而为生命科技进步做出贡献。

从特殊的角度看,则在于现实生活中还存在着"执法不严"的严重问题。"执法不严"甚至不认真执法的表现有二:其一,执法机构、执法人员执法不严、不认真;其二,当事人藐视执法调节,拒不履行义务。但后者之存在,其源盖出于前者。如果执法机构、执法人员"执法必严",当事人是无所施其技的。所以关键还是处于主导者、决定者地位的执法机构、执法人员之严于执法。湖北省人民检察院罗思镇、周理松同志在《司法人员执法不严的几种表现及法律思考》[①]一文中指出,执法中的利益驱动性是当前一些司法人员不严格执法的一个最集中、最突出的表现形式和特点。其具体表现是有利可图之案即办,利益微薄则不办。所谓利益,则涉及地方利益、部门利益与执法者自身利益三个方面。此外,执法中的随意性也是当前执法不严的一个重要特点。其主要表现是合己意即执行,不合则不执行,或不按法律程序办事。这里谈的只是一般社会关系中的执法调节问题,但在生命社会关系的执法调节中也会反映出来,因此也要引起注意,未雨绸缪,预先防范。尤其是考虑到生命社会关系的执法调节直接关系到人的孕育、生产、健康、长寿,是一件"人命关天"的大事,更不可掉以轻心。

---

① 《法制论丛》1993年第5期,第44—47页。

2004年我国卫生部出台了《医师外出会诊管理暂行规定》(2004年12月16日)，用以规范医疗机构之间的医师的会诊行为，保证医疗质量和医疗安全，保护患者、医师、医疗机构的合法权益。根据卫生部的规定，医师外出会诊是指医师经所在医疗机构批准，为其他医疗机构特定的患者开展执业范围内的诊疗活动。医师未经所在医疗机构批准，不得擅自外出会诊。对于医生"走穴"，卫生部明令予以禁止。这是因为，医生擅自外出行医，隐患极大。一些医生来去匆匆，疲于赶场，手术前没有时间详细了解患者的病情，手术后也不对患者进行跟踪管理，为医疗事故埋下隐患。个别医生一心只想"挣外快"，把手术刀变成了讨价还价的"砝码"，这既损害了患者的利益，也玷污了白衣天使的形象。同时，由于会诊费不透明，许多医师堂而皇之地牟取不正当利益。因此，卫生部明确规定，会诊费用应当统一支付给会诊医疗机构，不得支付给会诊医师本人。会诊医疗机构由于会诊产生的收入，应纳入单位财务部门统一核算。会诊医疗机构应当按照有关规定给付会诊医师合理报酬。

据报道，河北某市离北京不远，每逢双休日，不仅该市最大的中心医院会迎来北京七八家大医院的30多位大夫，就是区级医院也有相同数量的北京医生如期而至，甚至连街道诊所也打出聘请北京或者省城专家前来会诊的招牌。

这些"专家"中，有些是患者托院方或者熟人帮忙慕名请来的真专家，有些是本院医生邀请的其他在京进修的医生，还有的是一些经纪人按本院需要组织来的所谓"专家团"。无论哪种渠道请来的医生，该市都按圈内老规矩对待：交通、食宿、出诊费由病人负担，医疗事故、医疗纠纷由聘方医院承担。走穴医生每趟收入通常不低于七八千元。以白内障手术为例，只有病人凑够20个以上时，北京"专家"才来。他们周六上午坐火车到，中午在医院吃过饭后，下午1点开始工作。手术从准备到完成平均13分钟1个，20多个病人一下午就做完了。根据约定，"专家"每个手术提成600元钱，按最低手术量20个来算，一次最少能拿1.2万元。这些钱院方直接付给"专家"本人。"专家"外出行医不告知所在医院，因此，"走穴"所得不用与其医院分成，当然也不会上税，这笔钱实实在在落入私囊之中。

该市一院、四院每月外请专家做白内障手术都在60例以上。除外科手术外，消化、呼吸、内分泌等内科也请外地名医坐堂，如每两周省城某些医院就有糖尿病专家前来"会诊"。[①]

与此同时，地方医院为在自己"搭台"、外来专家"唱戏"的手术中获取最大利润，往往在医用材料上做手脚。如白内障手术所用人工晶体，"挂羊头卖狗肉"是许多地方医院的惯用伎俩，说是进口晶体，其实不是，而患者也不懂，材料差价就进了医院金库；介入治疗所用一次性导管每根1000元，而地方医院几乎没有一家不二次利用的。此外，患

---

① 李晓宏：《医生"走穴"为何盛行》，《人民日报》2005年5月19日。

者手术费虽低，但术前检查、术后用药上却暗藏猫腻，因为这些支出也是走穴医生的提成项目。所以，走穴医生的收入中还有一笔"大处方"贡献的提成。

在卫生部有关规定出台之前，从北京几家大医院的情况来看，有的规定较严，如医生外出会诊必须报医务部批准，私自外出行医，一旦发现将被通报批评、扣发奖金甚至除名，由此引发的医疗纠纷个人担责，与医院无关；外出会诊所得归医院，医院按一定比例奖励出诊医生等。也有些医院出于其他考虑，如与竞争对手争夺市场等原因，对医生走穴态度放宽，如规定医生外出行医要和医务部门打招呼，这样万一出了问题，医院可给医生担着，但收入不必上缴，本职工作不能耽误。做到这些，医生在走穴市场上打得越响，越暗合了医院争夺市场的心愿。

医生"走穴"存在的诸多问题，按理是不该出现的，因为按《执业医师法》中的一系列规定，医师之"走穴"必定与该法规相违。但是《执业医师法》一则过于原则，再则未被认真付诸执行。负有执法职责的卫生行政部门并没有视执行该法为己任，同时也往往无暇顾及、无力顾及。这样，出台一部进一步落实《执业医师法》，专门针对医师外出行医的法规，无疑有其重要意义。当然，新出台的《医师外出行医管理暂行规定》是否起到应有的法律规范作用，仍旧依靠有关卫生行政管理部门是否认真执法。前途虽然未卜，但有一点是可以肯定的：对该法的执行状况，各地的发展不会是平衡的。而不平衡的结果必定是，执行不力的地方，医生要犯法，老百姓则遭殃。由此亦可见生命社会关系执法调节必要性之一斑。

（三）生命社会关系执法调节的程序

生命社会关系执法调节的程序，就法律法规的行政执法而言，按有关规定的程序，层层递进地执行；就生效法律文书的执行而言，则依次有以下几个环节：

第一，执法申请，又称申请执行。执法申请就是享有权利的生命社会关系一方当事人，在负有义务的对方当事人拒不履行业已生效的生命法律文书确定的义务时，在法定的申请执行的期限内请求人民法院依法强制执行的申请。这是生命社会关系执法调节程序的开始。

根据我国民事诉讼法及有关生命法的规定，享有权利的生命社会关系一方当事人，有权在法律规定的范围内处分自己的民事权利和诉讼权利，因此，他既可以申请执行，也可放弃申请执行的权利。同时，生命仲裁或判决都规定负有义务的生命社会关系一方当事人按仲裁或判决自动履行义务的具体期限，当事人是否在规定的期限内自动履行，人民法院不了解，因而需要由权利人向人民法院提出强制执行的要求。

综上所述，申请执行必须具备以下条件：

一为有关司法机关做出了有效的裁决并已公布生效。这反映了执法调节与司法调节的直接联系与密切关系。几乎所有的论著及论文都不提这一点，无疑是一个缺憾。

二为负有义务的生命社会关系当事人一方拒不履行业已生效的司法仲裁决定。如果义务当事人已经履行了仲裁规定的义务，权利当事人则既无必要也不应再申请执行。只有在义务当事人在规定的期限内拒不履行有关义务时，权利当事人才可以向人民法院申请执行。

三为申请执行必须在法律规定的期限内提出。如超过规定期限又无正当理由的，人民法院则不予受理。我国《民事诉讼法》(1991年4月9日)第二百一十九条规定：申请人"申请执行的期限，双方或者一方当事人是公民的为一年，双方是法人或者其他组织的为六个月"。"前款规定的期限，从法律文书规定履行期间最后一日起算；法律文书规定分期履行的，从规定的每次履行期间的最后一日起算"。

四为必须向有管辖权的人民法院申请执行。我国《民事诉讼法》第二百一十七条第一款规定："对依法设立的仲裁机构的裁决，一方当事人不履行的，对方当事人可以向有管辖权的人民法院申请执行。"所谓"有管辖权的人民法院"，我国《民事诉讼法》第二百零七条第二款的有关规定为："法律规定由人民法院执行的其他法律文书，由被执行人住所地或被执行财产所在地人民法院执行。"根据执法惯例，当事人分别向被执行人住所地与被执行的财产所在地人民法院申请执行的，则由最先接受申请的人民法院执行。

以上四点都必须顾及，缺一不可。

第二，开始执行。这里的"开始执行"包括两个阶段：第一阶段是人民法院根据权利当事人的执行申请和仲裁决定的内容进行的审查，依法决定是否立案予以执行。第二阶段是人民法院在决定立案予以执行后，将案件交给执行人员执行。

在第一阶段的审查中，有时会产生裁定不予执行的问题。人民法院对于权利当事人的执行申请，有权做出不予执行的决定。人民法院裁定不予执行时，应当将该裁定的裁定书送达有关的仲裁机构和双方当事人。裁定书的主要内容为：申明不予执行的仲裁；说明不予执行的理由。当事人在接到人民法院不予执行的裁定书后，可以根据双方达成的书面仲裁协议重新申请仲裁，也可以直接向有管辖权的人民法院起诉。有关的仲裁机构在接到不予执行的裁定书后也可以根据权利当事人的请求，请人民法院重新裁定。

第三，执行完毕和执行的终结及中止。生命社会关系的执法调节开始于申请执行，结束于执行的顺利完成，即执行完毕之时，仲裁机构的仲裁决定事项已兑现，生命社会关系的权利当事人的权利得到了实现，而义务当事人也履行了他的义务。

执行完毕意味着具体生命社会关系的调节，经由法律程序，已得到妥善的解决，因而有利于生命科技的发展。但执行过程有时并不顺利，由于发生某些特殊情况而不能继续进行已经开始的强制执行，于是结束执行程序。这就是执行的终结或称终结执行。我国《民事诉讼法》规定终结执行的情况主要有以下几种：

（1）申请人撤销申请；

（2）据以执行的法律文书（如仲裁机构的裁定书）被撤销；

（3）被执行人死亡，无遗产可供执行，又无义务承担人；
（4）追索赡养费、抚养费、抚育费案件的权利人死亡；
（5）人民法院认为应当终结执行的其他情况。

上述第四种通常是指一般的民事诉讼案件的情况，但若生命社会关系纠纷案件也涉及这类问题，自然也是适用的。

与终结执行相似的有所谓中止执行，但中止执行只是暂时停止执行，此前已经执行完毕的继续有效，暂时停止执行后造成中止执行的情况消失时，应当恢复执行。

七、生命社会关系的守法调节

生命社会关系的守法调节是指生命社会关系各方以自觉守法（或不守法）行为维系（或破坏）生命社会关系，从而体现生命法律的调节。这是生命社会关系法律调节系统的一个有机组成部分。但是，论及社会关系的法律调节时，通常都只谈立法、司法、执法，似乎法律调节只是"上面"的即立法机关、司法机关、执法机关的事，与"下面"的即公民及其他相关当事人如法人无涉。

历史地看，这并不足为怪，因为历来的法律都是统治者去制定、施行，而公众只是被施行法律的对象，前者是主动者，后者则是被动者。这就造成了两种错觉：第一种错觉是，法律从来是而且永远是与广大群众对立的东西；第二种错觉是，法律调节不是公众的事。但是，这在社会进步时代，尤其是人类最进步的社会主义时代，又是错误的。在社会进步时代，尤其是社会主义时代，社会关系的法律调节既不能须臾脱离和舍弃立法、司法、执法这三种方式，也不能须臾放弃守法这一方式。从法的发展的历史规律看，守法调节的价值、意义都将上升、增大，唯其如此，社会才会有真正的进步，群体力量才可能更大发挥，法的消亡才真的可能。生命社会关系守法调节也是如此，但又带有它的一些特殊性。

（一）生命社会关系守法调节的必要性

生命社会关系守法调节的必要性可以从以下两个方面来看：

一是一般的必要性，即任何社会关系守法调节的必要性。守法调节与司法、执法调节有一个巨大的不同点：守法调节是社会关系当事人的自觉调节，法律的强制性在这里表现其隐性的作用；司法调节、执法调节是对社会关系当事人的强制调节，法律的强制性在这里表现其显性的作用。

当法律仅仅作为社会关系当事人的对立面出现时，只能依靠其强制性发挥作用。但法律并不总是作为社会关系当事人的对立面出现的；即使对一部分人甚至大多数人是对立的，但对另一部分人却往往相反，不是其对立面，而是其利益的守护神。因此，在任何社会里，对任何法律、法律制度来说，都有一个守法调节的问题。例如，就奴隶制法来谈，由于它反映的是奴隶主阶级的意志与利益,奴隶主阶级作为阶级整体,是会比较自觉地遵行的。因此,个别奴隶主如果不遵守,同样要受制裁。封建制法、资本主义法也是如此。

完全可以这样说:守法调节是法律要求的本性。任何一种法律,如果没有守法调节,至少是一部分人的守法调节,就会成为毫无用处的东西,在社会主义制度下更是如此。社会主义法律是人民利益与意志的反映,只有广大人民群众自觉守法,法律才能发挥其最大的作用;自觉守法的人越多,守法程度越高,法律作用才能发挥得越充分。

二是生命社会关系守法调节的特殊必要性。这是从生命社会关系法律调节的特殊性而来的。生命社会关系法律调节的探索性、能动性、激励性、社会性,正是生命社会关系法律调节的特殊性。

生命社会关系法律调节具有探索性,这源于生命社会关系本身在探索中形成。器官移植与人工生殖技术的发展,并非径情直遂而是呈彳亍前行的状态,有关生命社会关系的形成过程也特别曲折。影响所及,其法律调节也带有探索的性质。因此,自觉地遵守生命法以求新型生命社会关系产生、形成之际不致混乱,就是特别重要的事了。生命社会关系法律调节具有能动性,这源于生命社会关系各方只能在互动中相处,而越是主动,越易解决可能存在的问题。因此,自觉守法、主动调节,可使既成的法律产生最大的效能。例如,生命科技的发展,极大地依赖于生命科技工作者的积极探索,依赖于他们的主观能动性的发挥。生命社会关系的形成,与此相关。如能在其法律调节中与此适应,当然可以更好地调动各方的能动性。这就成了生命科技劳动组织及其管理机构的重任。生命社会关系法律调节具有激励性,这源于生命科技的发展取决于自由创造能力的极大激发,而不是强制与压迫。正是在"天才之火上浇上了利益之油",创造的激情才能蓬蓬勃勃地迸发出来。生命社会关系的法律调节既已关注到这一点,那么,自觉守法以觅得最大限度的物质的与精神的鼓励就成了"题中应有之义"。最后,生命社会关系的法律调节是具有社会性的,因此,全社会都必须自觉守法以求对社会进步产生最大的作用。这些都是因生命社会关系法律调节的特殊性而来的守法调节的必要性。

(二) 生命社会关系守法调节的可能性

生命社会关系守法调节的可能性源自所"守"之"法"、"守法"之人、"调节"的方式以及生命法的社会性与预期性特点等方面。

从生命社会关系守法调节所"守"之"法"来看。用以调节生命社会关系的法律在总体上是有利于这一关系的和谐发展的。从传统的生命法到非传统的生命法,从生命行政法到生命民事法、生命刑事法、生命国际法,从试管婴儿法到器官移植法、脑死亡标准法、安乐死法、基因技术法,无一不是为了协调好生命社会关系。这显然与某些法律法规的宗旨截然不同。从前的某些税法,就是公然损及穷苦人而维护富有者利益的;某些劳工法,就是公然维护资本家剥削童工、女工的。也就是说,生命社会关系守法调节是生命科技立法的必然要求。

用以调节生命社会关系的法律法规，一部分是用来限制、约束生命科技劳动者、生命科技劳动组织与生命科技劳动管理机构的行为的，另一部分则是用来鼓励其行为的。无论是前者还是后者，都有守法调节的必然要求，因为遵守前者可以避害，遵守后者可以得利。

从生命社会关系守法调节的"守法"之人来看。进入生命社会关系的当事人，都有一定的目的性，都有一定的利益要求。医生希望成为社会信赖的"良医"，患者则希望得到良医的"妙手"诊治从而"回春"康复。正是这些目的与利益要求，驱使他们去遵守有关的法律法规。

当然，同任何法律调节一样，生命社会关系的守法调节也绝不止于依靠当事人的自觉性。自觉守法既源于道德觉悟，也源于法制观念。而后者则与法的强制性有关。美国有食品与药物管理局（FDA）之设。据《国际药事法规解说》一书介绍，FDA 的工作就是要确保美国消费者所吃的食物安全完美，所用的化妆品无危害，所用的药品和医疗器械安全而有效，以及任何发射射线的产品（例如微波炉）不会伤害消费者。它负责保护美国消费者，监控着每年价值 1 万亿美元的产品的生产、进口、运输、储藏和销售。其办法就是强制实施《联邦食品、药品和化妆品法》和其他几个有关公众健康的法规。为了贯彻实施保护消费者的这一使命，FDA 拥有 1100 名左右的调查员和检查员，他们监管着美国将近 9.5 万个由 FDA 监管的企业。这些人员分散在美国 157 个城市中的区域办公室和地区办公室。FDA 调查员和检查员们，每年要走访 1.5 万家以上的工厂设施，监督这些产品是否按正确的方法制造以及其标签是否正确和诚实。作为检查的一部分，他们收集了大约 8 万份国内外产品样品，供 FDA 科学家检查分析或核查其标签是否正确。如果发现公司有违反 FDA 所执行的法律，FDA 可首先动员这些公司自愿改正问题或从市场中回收有问题的产品。产品回收通常是保护公众免受不安全产品危害的一种最迅速和最有效的方法。如果公司不能够或不愿意自行纠正其产品的危害公共卫生错误，FDA 可采取法律制裁，要求法院强制公司停止销售该产品或将已生产的产品没收并销毁，必要时可给予生产厂家或销售公司刑事处罚（包括判处徒刑）。[①]

诸如此类的强制性调节，预警所有的人都必须自觉守法，否则，就意味着不同程度的相应的惩罚。

（三）积极守法与消极守法

同是守法，态度有积极与消极之分。

所谓"消极守法"，是指以不犯法为守法。

诚然，不犯法确实是守法，但它仅仅是消极守法。

---

① 胡廷熹主编：《国际药事法规解说》，化学工业出版社 2004 年版，第 22—23 页。

消极守法者，虽为守法的主体，却非法律的主人。守法的主体与法律的主人是有原则区别的。纯然的"守法的主体"，实际上把自己置身于法律的对立面。对于这样的"主体"来说，法律之所以要遵守，是因为它带有强制性。因此，这种守法，是被动的守法，既不会有守法的积极性，也不会有守法的主动性，更不会有守法的创造性。

所谓"积极守法"，是指以法律的主人的姿态，自觉地、主动地、创造性地按照法律的规定，在法律的激励下，去做一切有利于法治的事。

积极守法者既是法律的主人，又是守法的主体。对于积极守法者来说，法律不是外在于自我的意志与利益的对立物，遵守法律不是由于它具有强制性。

《政法论坛》曾发表廖满堂同志的一篇文章，题为《关于法的内化的几个问题》[1]，很有哲理性。他指出，一个个具体的法律规范，在还未付诸实施时，还不过是法的外化的表现；只有当法变成社会成员内心的信念和行为准则从而付诸实施时，法才达到它的内化层次。他认为，法的内化相对于个人这个主体来说，有自我的内化和非自我的内化这两种形式。因强制而内化，是非自我的内化；因自觉而内化，则为自我的内化。积极守法者由于自觉为法律的主人，实现着法的自我内化；消极守法者由于站在法律的对立面，只能实现法的非自我的内化。

积极守法者的特点是守法的自觉性、主动性和创造性。

守法的自觉性，源于对人民法律反映人民利益和意志的认识。法律中的禁止性规范，无疑是对人的行为的一种约束，但这种约束是有利于人的其他活动的自由开展的。例如，禁止在公共场所大声喧哗，禁止酒后驾车，禁止买卖人体器官，禁止制售假药，等等。这些当然是对人的行为的约束和限制，但这些约束和限制无疑有利于公共秩序的维护、公共安全的保障、公共道德的遵守、公共利益的保证。在一个社会群体中生活，只有当整体利益得到确实保证时，个体的利益才有可能存在与发展。因此，上述种种禁止性规范，对积极守法者来说，是"江河行地，日月经天"般理所当然地应予自觉遵守的。

守法的主动性，源于以人民法律捍卫人民利益并发展人民利益的迫切性需求。我国法学界有人认为可以把法律规范分为制裁性规范和奖励性规范两大类，前者由假定、处理、制裁三要素构成，后者由假定、处理、奖励三要素构成。[2] 这是有一定道理的，较之传统法学的假定、处理、制裁"三要素"说，有了创新。守法的主动性，如从传统"三要素"看，不可能存在。而按两大类之分的新"三要素"看，却非有不可。由于法律中有一部分规范确实属于奖励性规范，主动守法就既是符合"法意"的，也是符合守法者整体利益的。在这里，法律所蕴含的利益与意志，和守法者的利益与意志，是统一的。这从生命社会关系的守法调节来看，尤为明显。器官移植法、安乐死法、基因技术法等等，无不与

---

[1] 《政法论坛》1986年第4期。
[2] 江必新：《传统法律规范争议》，《法学研究》1986年第3期。

守法者的利益息息相关，从根本上来看，也与守法者整体的意志相统一。

守法的创造性，建立在人民法律是"实有"法律与"应有"法律的统一体的基础上。法的概念有"实有"与"应有"之分。自然法哲学家以"上帝之法"为"应有"之法，但"上帝之法"是不存在的。空想社会主义法哲学家以"理想之法"为追求的目标，但现实（包括"实有"的法）却无情地摧毁了他们的梦想。社会主义社会的建立，必须顾及这个社会所由脱胎的旧社会的遗迹；同时，社会主义本身就意味着不断地创新，不断地向新的目标、新的理想奋进。因此，只有在社会主义法中，在确定"实有"的法的同时，还逐步地确认"应有"的法。这"应有"的法的部分，就是守法者发挥其创造性的广阔天地。诸如《宪法》(1982年12月4日)中"中华人民共和国的一切权利属于人民"（第二条），"各民族都有使用和发展自己的语言文字的自由，都有保持或者改革自己的风俗习惯的自由"（第四条）等的规定，都赋予了积极守法者以无限的创造性活动的天地。

生命社会关系守法调节的表现方式，无论是积极守法，利用有关法律的规定谋求自身的最大利益，还是消极守法，保证不因触犯法律而失去利益，招来损失、危害，都必须守法。在一切社会关系的守法调节中，生命社会关系守法调节的可能性空间最大。传统生命社会关系的守法调节过程中，医患双方的利益几乎完全一致，自觉守法，又何乐而不为？非传统生命社会关系的守法调节，从根本上说，当事各方一般也利益一致，因而守法调节的可能性空间较之一般社会关系的守法调节为大。

此外，生命法的社会性、预期性等也要求并提供人们以条件去遵守它。因此，生命社会关系的守法调节是完全可能实现的。当然，这并不是否定生命法作为法律的强制性，从而取消其强制性，把法律责任条款弃置不顾。生命法的强制性与自觉守法的可能性是相辅相成的。

生命社会关系的守法调节不仅表现为人们的积极守法与消极守法，而且按守法的内容还表现为权利守法与义务守法，而二者又与守法的态度即积极守法或消极守法有着密切关系。权利守法或曰护权守法是积极守法，但它表现为力争权利的实现，力争权利的扩展。当代各国的科学技术基本法包括生命法大多规定了科学研究与技术发明的自由权利，并有鼓励科技开发的法律措施。按其规定努力进行科学研究与技术开发，排除各种阻力不断前进，这是权利守法的一种表现。当正当的权利受到侵犯、损害时，义正词严、凛然不屈地起而反抗，依法力争，这也是一种积极守法。为此，就要不耻赴讼，善于赴讼。

义务守法或曰履约守法既是积极守法也是消极守法，是二者的统一体。因为当践约履行义务时，对等地可以享受相应的权利，所以是积极的；而不践约履行义务又会被诉诸法律解决，承担法律责任，因顾及这一点而恭谨守法，又带有消极性，所以是消极守法。最消极的守法，有时可能体现在司法、执法阶段。这时是违约违法在先而被送上法庭成为被告。但当司法判决下达或在执法过程中，还有一个是否服从判决而履行判决规定的义务的问题。这时如果继续抗拒，就无守法可言了；而认真服判，则还有守法的成分。这样看问题是因为,生命法律法规对不少生命科技人员来说是一个比较陌生的事物,一些进入生命社会关系的企业家也大致如此。因此,由于认识不足及其他思想问题而偶然"触电"被送上法庭,只要服判,也就算勒马悬崖边、驻足深池畔,还有守法的一面,不致错上加错,"无药可救"了。

八、生命社会关系法律调节的一体化

生命社会关系法律调节的一体化,建立在事物系统化的基础之上,必须与事物系统的特性相吻合,必须力求其下的各个子系统辩证互动和正确选择其发展的目标。生命科技的迅速发展和整个科教兴国战略的实施,将进一步激活科技社会关系包括生命社会关系,使其内涵更深刻、更丰富,使其外延更博大、更宽广。随之而来的,必然是生命社会关系法律调节任务的更繁重、更艰巨。为此,未雨绸缪地先行探讨立法调节、司法调节、执法调节、守法调节的一体化,有重要的实践意义。由于"司法"一词也可涵盖"执法",为叙述简明,以下文立法、司法、守法调节的一体化代指立法、司法、执法、守法的一体化。

(一)生命社会关系法律调节的系统与立法调节、司法调节、守法调节的一体化

控制论的创始人维纳是对法的系统进行论述的先驱者。他认为,法律本质是一种信息通讯,是人的进行减熵努力的必要手段。他明确地把法律分为正义选择与技术处理两个方面。但他所谓"技术处理",是指在正义选择的前提下,解决道德原则的法律化,即依道德观念对语言进行控制,显然与司法、守法无关,充其量只是立法及其结果。布尔丁在《纠纷的一般理论》中也对法作了系统分析。他在研究"纠纷解决"的问题时,以完备的法律制度为背景,着重分析选择的条件和要素,不仅没有论及司法和守法过程,而且连立法过程也不加论列了。日本广濑和子在1970年出版的《纠纷与法——用系统分析方法研究国际法社会学的尝试》一书,已论及司法过程,如对苏伊士运河公司国有化纠纷的司法过程作了实例研究,从而把法的系统分析向前推进了一步。但是,将立法、司法、守法作为共存于法的系统中的要素进行具体研究的,仍然所见甚少。苏联学者 Л.Ъ 季乌诺娃《谈谈把系统方法用于法的问题》[①]一文中说:"不应当把法律系统的发展理解为外部干预(立法活动、司法实践等等)所引起的变化。"作者主张"把法本身的结构列入国家的整个法的系统,考虑法的系统性和立法分类之间的区别,在此基础上可能最终找到结束关于法律系统和立法系统的相互关系的争论的途径"。

诚然,可以把法律作为一个完整的系统看待、进行分析。正是通过这类分析,20世纪80年代我们找到过我国法律系统的一些空白,必须补充诸如科学技术法等子系统或要

[①] 《苏维埃国家与法》1986年第4期。

素。当把科学技术法作为一个系统看待时，即使仅从立法方面，也还可从中再找出更低一层次的子系统的缺失，例如找出生物技术立法的空白。马奎蒙在《关于我国基因工程应用法规之探索》[①]一文中，就指出了这样的空白。但是，"徒法不足以自行"。犹如徒有优美的曲谱而无灵巧的妙手和优良的琴，不可能弹拨出动听的音乐一样，法律文本即使再完备，如不付诸司法、守法行动，也不过是一纸空文。

立法调节、司法调节、守法调节共存于法律调节系统之中，同为法律调节这一系统的要素，结成了关系特别紧密的群体，互相制约、互相作用而共同发展。因此，必须从三者的一体化着眼，进行生命社会关系法律调节的研究。无论是生命社会关系法律调节的必要性、可行性，还是其有效性等的研究，都是如此。但是许多情况下，议论生命社会关系法律调节时，往往只涉及立法调节一端，甚至只涉及生命法律一隅，不仅把司法、守法排除于视野之外，连立法体制、立法活动也不予一顾，是十分不妥的。

生命社会关系法律调节的每一个系统，都要分别做深入研究。例如立法调节系统，就要动态地考察，因为它在不断地运动变化着。

作为生命社会关系立法调节成果的生命法，包括制定法与判例法，但大多为制定法。即便像美国、英国这些特别钟情于判例法制传统的普通法系国家，一涉及生命社会关系法律调节，也往往以制定法为依据。美国从 1820 年制定《美国药典》，经《药品进口法》(1848)、《生物制品管理法》(1902)、《药品和食品法》(1906)、《联邦食品、药品和化妆品法》(1938)，到《婴儿处方法案》(1980)、《罕见病药品法》(1983) 等等，都可见制定法地位上升。这种变化的动因、规律、技术、原则及发展趋势、趋向等等，都应具体研究，深入探讨。

前文所论生命社会关系司法调节与守法调节中的各方面问题，和立法调节的上述问题一样，在探讨"一体化"的问题时，也应予以关注。

（二）生命社会关系立法调节、司法调节、守法调节一体化的整体属性

"一体化"是事物系统性的要求，而事物系统有其整体属性。生命社会关系法律调节的"一体化"必须研究它的整体属性。

列宁曾指出："要真正地认识事物，就必须把握、研究它的一切方面、一切联系和'中介'。"[②] 许多文章引用列宁这句话时，往往只注意列宁关于"把握、研究"事物的"一切方面"的观点，而忽视他所说的要"把握、研究"事物的"一切联系和'中介'"的忠告。这样，是很容易把统一的事物加以肢解，最终认识不了事物的真相和全貌的。"把握、研究"事物的"一切联系"，要求我们认识事物的整体属性。系统方法的整体性原则，体

[①]《科技立法研究文献（二）》，科技文献出版社 1990 年版。
[②]《列宁选集》第 4 卷，人民出版社 1972 年版，第 453 页。

现了列宁的这一辩证法思想并使之具体化了。

奥地利生物学家、系统论的创始人 L.V. 贝塔朗菲指出，机械认识论的错误之一，就是把认识的对象作简单分解并简单相加的观点；在生物学上的表现，就是把生物体分解为各个组成部分，并以这些组成部分的简单相加来说明生物体的一切。贝塔朗菲提出了"整体大于各孤立部分的总和"的著名定律。美国系统论学者 E. 拉兹洛更清晰地表述了复杂事物的整体性原则，指出"越来越多的研究者开始把整体性原则用作方法论"[①]。

以上述观点来看生命社会关系立法调节、司法调节、守法调节一体化的整体属性，至少应把握以下几个基本点：

第一，离开"一体化"，无论是生命社会关系的立法调节，还是生命社会关系的司法、守法调节，都将失去意义或丧失可能。

首先，没有生命社会关系的立法调节，包括生命科技立法活动及其产生的结果即制定的生命法，生命司法与守法都无所依据、无从谈起。同样，仅有生命科技立法，生命科技司法跟不上或生命科技守法未实现，整个生命社会关系法律调节系统的社会调节功能就无法显现。现在全社会都在议论艾滋病的问题，各地区也纷纷尝试制定艾滋病防治条例。作为立法调节，应当说是一种积极态势。但是，如果不把它与司法调节的一系列有关的问题放在一起考虑，尤其是不对艾滋病防治的法律调节作整体性的考虑，就可能出现司法或守法脱节的问题。法的发展有其逻辑规律，在《法的逻辑发展与法学家的理性思索》[②]一文中，我对一度出现司法不公作了理论辩护与解析，但这是从法制发展的整体来看的。如果仅仅是某一方面的生命社会关系的法律调节，一般来说，就应力避而且也可能避免"一体化"中的整体失衡。正因如此，在我国科技立法之初，一些有识之士就不断呼吁"科技立法、司法应同步发展"，并吁请及早准备"科技普法"以推动科技守法的切实进步。这对生命社会关系的法律调节与对生命科技法制建设来说也是一样。但仅此而已，还只是看到三者"一体化"的表面现象、抓住表面问题。

其次，从本质上看，"生命社会关系的立法、司法、守法调节一体化"这一命题的含义是：其一，社会关系的立法调节本身就应从"一体化"要求出发，不仅研拟出法律文本来，而且研制之时就要认真细致地考虑司法调节与守法调节的可能性。因此，部分领域只有生命科技实体法而无相应的程序法立法，就不能看作是符合"一体化"要求的生命科技立法。其二，生命社会关系的司法调节也要从"一体化"要求出发，不仅忠实地"司"已立之法，而且把生命科技司法作为对生命科技立法效果的验证、为生命科技守法开辟道路的"一体化"的有机一环。其三，生命社会关系的守法调节同样要从"一体化"的要求出发，一方面，为生命科技立法效果的取得、生命科技司法工作的展开和生命科技司

[①] [美] E. 拉兹洛：《略评现代系统研究学派》，波兰《科学学问题》（季刊）第 8 卷，1972 年第 2 期。
[②] 《社会科学》1995 年第 1 期。

法任务的完成做出努力；另一方面，也要为生命科技立法和司法提供新的经验，开辟新的渠道。

第二，实现"一体化"，无论是生命社会关系的立法调节，还是生命社会关系的司法调节或者生命社会关系的守法调节，都将相得益彰而"超越自我"。因此，生命科技立法、司法、守法的一体化，作为调节生命社会关系的法律手段，将远远超出立法、司法、守法各行其是的力量相加的总和。

（三）生命社会关系立法、司法、守法调节的辩证互动

生命社会关系立法、司法、守法调节之间的关系，是互相制约、互相影响的互动关系，是辩证的互动而非机械的互动或单向的作用。

系统论认为，任何系统都必须保持动态平衡，才能够维持并发展。法的系统作为社会关系的调整工具，由于所调整的社会关系是不断运动变化的，因此，它也必须随之变化。这种运动变化中的法的系统，往往由于它所组成的各个部分、各个要素的发展不平衡，变得重心倾斜、关系失衡。这样，就必须特别注意立法、司法、守法调节之间的辩证互动，使法律调节系统保持动态的平衡，使可能出现的失衡得到有效防范，使已经出现的局部失衡迅速复衡，并求得新的动态平衡。

生命社会关系的立法、司法、守法调节一体化的整体属性，也是在三者的辩证互动中得到显现的。

韩国从 2005 年 1 月 1 日起开始实施《生命伦理法》。该法规定，禁止精子、卵子等生殖细胞的商业交易，设立生殖细胞检测机构须经保健福利部批准，每年要接受一次以上的审核，风险企业等其他机构组织不得参与生殖细胞的检测，同时禁止播放与生殖细胞检测有关的电视广告。违者将处以两年以下有期徒刑或 3 万美元以下罚款。生殖细胞检测机构事先要征得被检测者的同意，并向其详细说明检测目的、精子或卵子的保存和管理方式等。进行体外受精手术时，医院事先要向不孕夫妇说明胚胎生成过程，保存机构和保管方式等，并签订同意书。该法还规定，经批准可以进行以医疗为目的的人体胚胎研究。

韩国保健福利部有关负责人表示："对胚胎研究提供法律支持的同时，还将建立透明的胚胎研究管理机构，这将极大地推动胚胎干细胞的研究。"经韩国生命伦理委员会的审议后，福利部还计划进一步扩大目前只限于脊椎损伤、白血病、脑出血、老年性痴呆、视神经损伤和糖尿病等 18 种疑难病症的胚胎研究允许范围。

颁布《生命伦理法》，是韩国调节因人工生殖与克隆技术的发展所形成新的生命社会关系的开始。整个法律调节系统要求立法、司法、守法调节的一体化，要求三者互动。因此，"对胚胎研究提供法律支持的同时"，韩国还将"建立透明的胚胎研究管理机制"。这是从立法调节进入司法调节的层次了。2005 年 1 月 3 日此法实施后的第三天，于 2004 年 2 月利用克隆技术在世界上首次成功培育出人体胚胎干细胞的黄禹锡研究小组，就提出了

设立胚胎以及体细胞研究机构的登记申请,同时表示获得许可后,将重新启动对克隆胚胎干细胞的研究,继续进行针对疑难杂症的科学研究活动。黄禹锡研究小组从一度停止对克隆胚胎干细胞的研究,而今又"重新启动",为此还"提出设立胚胎及体细胞研究机构的登记申请",则又是进入守法调节一层了。立法、司法、守法三者的互动,使得韩国的干细胞研究得以大步向前推进。①

就生命社会关系立法调节与生命社会关系司法调节的辩证互动来看,主要表现在以下几点:其一,生命社会关系的立法指导生命社会关系的司法调节,决定生命社会关系的司法调节。这时司法之"法",是由立法提供的;司法调节的方向与内容,是由立法所指示与决定的;司法的程序,也是由立法文件所规定的。如上例所属,是《生命伦理法》"指示""决定"司法的方向与内容,规定司法的程序。其二,生命社会关系司法调节弥补立法、发展立法。立法的成果不可能永远"天衣无缝"地覆盖生命社会关系因运动变化而不断提出的新需求。切近生命社会活动最前沿的生命社会关系司法调节,将不断揭示新的矛盾、问题而要求立法的变动。韩国《生命伦理法》颁行后,一些法律专家和宗教界人士则指责,此法的实施意味着为胚胎研究、人体复制打开了方便之门,实际上是允许对人体进行试验研究,违反了尊重人类尊严的宪法精神和生命伦理道德;当然也完全有可能,从事干细胞研究的机构的组织钻法律的空子,从事有违生命伦理的活动。这就需要进一步作立法调节的变动了。这一方面,实行判例法制的普通法系国家占有一定的优势,其"法官立法"就是司法对立法的发展与补充。

就生命社会关系的立法调节与生命社会关系的守法调节的辩证互动来看,既可通过司法调节的中介发生,也可由立法调节与守法调节的直接"交往"而体现。不通过司法调节的生命社会关系立法与生命社会关系守法的辩证互动主要体现在:其一,生命社会关系的立法调节为生命社会关系的守法调节提供法律依据与行为准则。生命科技人员所"守"之"法"是立法活动的结果,无此结果便无"守法"可言。因此,在二者的辩证互动中,立法调节所起的是主导性的决定作用。上述《生命伦理法》的立法正是黄禹锡研究小组及其他小组活动的依据与准则。我国《科技进步法》不仅为守法调节包括生命社会关系守法调节提供法律依据与准则,而且为其他科技法包括生命法的制定提供法律依据。因此,《科技进步法》被称为"科技宪法"。其二,在这种情况下,一切生命科技法律的制定即生命科技立法本身,转化成了生命科技守法行为,即既是立法又是守法。如果生命科技法律的立法活动违背了宪法或科技进步法,就成了不守法的、违法的行为,所立之法,当自动失效。其三,生命社会关系的守法调节为生命社会关系的发展奠定基础。这里所说的"守法"包括正、负两面,即包括遵守与不遵守的两种情况。普遍的不守法,将导致贻误立法的发展,或者使之走入歧途;普遍的守法则可推动立法的良性发展。

---

① 《韩国立法:禁止精子卵子交易 允许人体胚胎研究》,《法制日报》2005年1月11日。

生命社会关系的司法调节与生命社会关系的守法调节的辩证互动是指：其一，妥善的生命科技司法有利于导致普遍的生命科技守法，而不妥的司法将导致或明或暗的故意违法。当然，这是以有一个良好的立法为前提的，如无良好的立法前提，司法与守法都会陷入无序的紊乱状态。在良好立法的前提下，妥善司法之所以有利于导致普遍的守法，是因为，对于能够自觉守法者来说，他将因妥善司法而得到实际的利益，感到欣慰；对于不能自觉守法者来说，他将因严格的司法而被迫就范，慑于法的威力而服从法律规定。不妥的司法之所以会导致或明或暗的故意违法，是因为，对于本就不愿守法者来说，有了可乘之机，因而故意违法以售其奸；对于本愿守法者来说，守法倒有可能损害自己的利益，不如暗中违法以逃避不妥司法的危害。其二，生命科技守法行为通过制约生命社会关系而直接制约生命科技活动。全社会普遍遵守生命法，必使司法机关可以集中力量对付极少数的违法犯罪活动；相反，如出现普遍的不守法，则司法机关必定疲于奔命，不得不集中力量对付重大的违法犯罪活动，如果进一步恶化，则连重大的违法犯罪也难以应付了。

（四）生命社会关系立法、司法、守法调节"一体化"的目标选择

在生命社会关系的立法、司法、守法调节三者的辩证互动中，为求"步伐整齐、步调一致"，不因"内耗"而使生命科技法制系统失去平衡，非常重要的是把握好三者一体化的目标选择。

系统论在分析和解决问题时，把目标选择放在极端重要的位置上，要求人们尽一切可能，从现实条件与社会需求出发，为系统确定最优目标。同样，为求生命社会关系立法、司法、守法一体化的最佳效果，也必须把最优目标的选择放在头等重要的位置上。同时，从我国生命科技法制建设的实际和生命法的特点来看，目标选择的视野似还可进一步拓展。例如，由于生命法的激励性比一般法律要强，如何更好地运用激励机制促使司法更顺畅、守法更自觉，就是值得关注的问题。我在《开发"法"的"新大陆"》一文中指出，我国社会生活之从政策调节向法律调节过渡，目前还只做了制止性规范这一半工作，还必须更多地关注激励性规范那另一半工作。只有当我们既注意了制止性规范的功能，又注意了激励性规范的功能，社会生活调节之向法律调节过渡，才是完整的。在这一方面，生命科技法制有其"天然"的有利条件，自可率先而行，做出榜样来。

前文的论述，止于从生命社会关系的立法、司法、守法调节一体化的系统中，抽取出两两成对的方面进行分析。如果同时观察三者的辩证互动，如果把三者放在生命社会关系不断发展变化的动态环境中加以考察，如果同时启动法的组织管理功能、惩戒功能与激励功能，那么，事情就将变得更加复杂，三者的辩证互动形态及结果，就将变得更加丰富多彩了。

（五）生命社会关系法律调节的要求

生命社会关系的法律调节，所调节的是生命社会关系，因此，有关要求是围绕着生命

社会关系问题而提出的,既有总体性的,又有与具体实际紧密相关的。从我国社会生活与广大公民的反映看,可以分为以下几个方面:

1. 生命社会关系法律调节的总体要求

生命社会关系法律调节的总体要求是:协调生命社会关系,包括传统生命社会关系与非传统生命社会关系,促进生命科技发展,保障公民的生存与健康。其中,协调生命社会关系是促进生命科技发展的途径与前提,促进生命科技发展是协调生命社会关系的目的与结果;它表现在"保障公民的生存与健康"上,既包括处理好医患关系,保证人的孕育、诞生、存在与健康长寿,也包括以非传统的方式实施人工生殖、堕胎、器官移植、安乐死等,总之是保障人类整体的生存与健康。

所谓"协调生命社会关系"是指生命社会关系井然有序的和谐存在,不断革新的动态发展。

生命社会关系混乱失序、矛盾冲突的表现是:权利义务关系不清;侵权行为得不到制止;医患纠纷不断;组织管理关系混乱;无计划或计划混乱的生命科研活动中产生了各种各样的矛盾,包括人际关系紧张,组织关系不顺;奖惩不明导致积极性下降等。

据报道,1984 年 12 月 18 日,浙江湖州婴儿潘辉 7 个月时摔了一跤,脸肿得很厉害。此后,只要一被碰破,潘辉立刻浑身肿胀。后经江苏苏州市第一人民医院确诊其患的是甲型血友病。医生对其父潘志祥说,患上这种病,要么输血治疗,要么使用"八因子"血液制品治疗。所谓"八因子",是指冻干人凝血因子浓制剂,是由人血作为基本原料的血液制品。血友病患者血液中天生缺少某种凝血因子,甲型血友病患者血液中天生缺少的是第八凝血因子,治疗手段即补充"八因子"。当时,国内只有上海生物制品研究所生产"八因子"制品。1994 年 4 月,潘志祥夫妇抱着儿子慕名来到上海第二医科大学附属新华医院。经诊断,潘辉的确得了血友病。医院为潘辉静脉注射了上海生物制品研究所生产的"八因子"制品,潘辉的症状很快好转。1995 年 4 月,潘辉再次发病。潘志祥抱着儿子再次赶到新华医院治疗,并为儿子配了五支"八因子"制品,以供儿子日后发病时备用。当年 11 月、12 月,潘志祥分别带着发病的儿子到南浔人民医院。医院用潘志祥从新华医院购买的"八因子"制品,为潘辉治疗。2002 年 8 月,潘辉再次发病,为输血治疗,在化验中潘辉被检测出患有艾滋病及丙肝。

潘志祥据此认为,儿子感染艾滋病的唯一途径,是使用了上海生物制品研究所生产的"八因子"制品。潘志祥遂到新华医院、上海生物制品研究所、南浔人民医院提出索赔,均被拒绝。

获悉此事的浙江正同律师事务所律师冯康年,决定为潘志祥提供法律援助。冯康年查阅大量资料后发现,国务院 1987 年发布的《艾滋病监测管理的若干规定》(1987 年 12 月 26 日)第二条将可能传播艾滋病的血液和血液制品列为艾滋病监测管理对象,第十一条还规定血液和血液制品必须进行艾滋病病毒抗体监测。1988 年 4 月 1 日,卫生部发布

《关于整顿血液制品生产管理的通知》，要求对血液制品的血源实施监测，对献血员进行艾滋病病毒抗体监测，并于同年9月1日发布《血液制品生产单位必备条件和验收检测》，予以再次强调。冯康年认为，上海生物制品研究所在生产"八因子"制品过程中，未按规定对血源进行监测，未对献血员进行艾滋病病毒抗体检测，导致其生产的血液制品"八因子"被艾滋病病毒和丙肝病毒污染，主观上存在过错。潘辉因使用该研究所生产的不符合卫生安全要求的"八因子"而被感染艾滋病病毒和丙肝病毒，两者之间具有因果关系。2004年11月，潘辉向南浔区人民法院提起诉讼，请求法院判决第一被告南浔人民医院、第二被告新华医院、第三被告上海生物制品研究所赔偿52.46万元，三被告承担其后续治疗艾滋病、丙肝的医疗费用及相关费用。①

在这个案例中，生命社会关系混乱失序、矛盾冲突达到了惊人的地步，艾滋病监测管理、血液制品生产管理、血液制品生产单位规范等，都没有被认真执行。卫生部的"严令"虽然对制止生产、销售有害药品有规范的作用，但对已售出的天文数量20万瓶"八因子"却未涉及，几家医院又都未自觉停止使用"八因子"，以致人命危亡的恶果凸显。更值得深思的是，那20万瓶"八因子"用在谁身上，起了什么作用，均不得而知，实在是太令人遗憾、感慨，也太值得引以为戒了！

生命社会关系如同一切社会关系一样，是当事者（包括个人与组织）正常存在、活动的基础，如果失序混乱，当事者就无法正常存在、展开活动。因此，"协调生命社会关系"的要求就具体化为使之井然有序地和谐存在了。

但是，如同沉淀凝结绝无波澜的一池死水就会发臭一样，生命社会关系的静止不变、保守固定，也会导致它的日益失衡以致危机四伏、矛盾迭出。为此，就必须以革新的精神求得它的动态发展，通过革新消除矛盾，在新的基础上达到新的平衡、新的和谐。计划经济体制下的生命科研工作及其所产生的生命社会关系也被计划化，指令成了一切关系的调节器，当转轨到市场经济体制时，原先的生命社会关系即使通过计划、指令被暂时地"理顺"了，在新的情况下，也应相应接轨，不仅在科技生命体制上做政策性的改革，而且通过以法律形式肯定成功的政策性改革来实行新的法律调节，以建立新的生命社会关系，或保护在改革中形成的新的生命社会关系。开放设立私人医院和允许外资入境合办医院，就是适应市场经济发展，满足广大群众提高医疗质量、及时就诊、保护健康的要求的重大体制改革，有利于理顺新情况下的医患关系和相应的其他生命社会关系。

以法律手段协调生命社会关系这一总体要求，可以见诸以下几个方面：

其一是以法律手段肯定现存的（既经形成的）有利于生命科技发展的生命社会关系；

其二是以法律手段排除现存的不利于生命科技发展的生命社会关系中的消极因素、致乱因素；

---

① 孔令泉：《治血友病得艾滋病？》，《人民日报》2004年12月31日。

其三是以法律手段扶持、培植新型的具体生命社会关系并使之与整个生命社会关系相协调。

2. 弱势群体与医患关系法律调节

无论是传统的生命社会关系，还是非传统的生命社会关系，都可能表现为生命科技劳动者（以及生命科技劳动组织等）之间的关系，或他们与其相对人之间的关系。后者的最普遍表现就是医生、医院与患者及其亲属的关系，简称医患关系。

据统计，近几年来，医患纠纷日益上升，成了社会普遍关注的热点问题。在一些地方，由于医患纠纷未妥善处理，导致患者或其家属静坐、拉横幅、烧纸钱甚至打、砸医院，杀死医生。

《温州商报》记者"阿福"曾以《医患冲突越演越烈》[①]为标题，报道了有关情况：

记者从温州医学会医疗事故技术鉴定工作办公室了解到，近几年来，病人或其家属向医务人员施暴的恶性事件在各地时有发生，且呈上升趋势。统计数字表明，2000年通过司法部门和行政部门委托该办公室鉴定的案件有107件，已经鉴定为医疗事故的案件为25件，正在鉴定或鉴定中止的案件有30件左右，其余的就是非医疗事故，也就是非医院的责任引起的。据该办公室徐主任介绍，医疗事故是过失，与后果存在直接关系，不能把医院有缺点或服务态度不好认定是事故。过失是操作失误，医生违反了诊疗常规，医院违反了卫生法规。医生不是万能的，不是凡病能治，还受着科学发展和医疗水平的种种限制。面对一些疑难杂症，有些时候，医生也只能是有心无力。

记者"阿福"试图分析医患冲突的原因：

"通过采访，记者试图找出医患关系紧张的症结所在。"他指出，"闹医院"，这是当前医疗纠纷中极具代表性的场景。在医院设灵堂、聚众大闹医院、殴打医务人员……大规模的医患冲突之所以发生，一般都是由病人的死亡引起的。曾经以为说话比较偏激的病人家属告诉记者，他们家××，去××医院看病，今年去的时候还好端端的，不到几天，怎么会死了呢？谁承受得了一个大活人竖着进去，却横着出来的事实呢？是医院没有把他们家属救过来，这当然是医院里的责任，不找医院他还去找谁？"阿福"写道："一位不想透露姓名的医院院长对殴打医务人员、破坏医院正常秩序的行为表示愤慨之余，也冷静地从医学、法律、社会等角度分析了当前医患关系紧张的原因。他说，医学领域充满着未知和变数，医务工作是一项高风险的工作。很多患者及其家属不了解医学工作的特殊性，对医疗效果期望过高，以为只要到医院，就必须治好病，治不好就是医院或医生有问题。这种现象在每个医院里都表现得十分突出。"对这位院长的讲法，"阿福"是惠予首肯的。他认为："疾病的治疗过程始终存在着成功与失败的两种可能。即使在医学飞速发展的今天，国内外一致承认，医疗确诊率仅为70%，各种急症抢救的成功率也只在70%—80%。

---

① 《温州商报》2005年1月26日。

病人对医疗效果期望过高,是造成医患关系紧张的重要原因。"虽然"阿福"同时也指出:"但不可忽视的是,如果医务人员对患者的病情进行周密的考虑,充分估计到可能发生的问题,并对患者进行准确交代的话,有些纠纷是可以避免的。"但通读全文,不难看出,他们的"板子"主要是打在患者及其家属的身上。这是有失公允的。

在医患关系中,患者方往往处于弱势地位,因为他们通常十分缺乏医疗知识;当赴院就诊后,化验、检查、诊断、处方、配药等都由医方进行,在中国目前的医疗体制下,病历卡以及化验、检查的报告单、处方单等,都由医院方收回、保管。这样,一旦发生医患纠纷、提起诉讼,患者方要充分举证就发生了重重困难。

处理好医患关系,现在已经成了立法、司法、执法、守法调节各个法律实践环节的重大问题。其处理原则的首要者,我认为应是依法保护弱势群体的利益。为此,在具体案例中,如何选用相关的法律,就成了关键。

在一系列具体案例中,医患双方往往分歧极大。即便是诉讼到法院,法院在审理过程中也很难断处。

为合理解决有关问题,举证责任制度和司法鉴定就被提到了议事日程上。

3. 弱势群体与精神卫生立法调节

目前,有精神疾病、心理障碍的人数正与日俱增。

据上海"唯尔福妇女儿童心理热线"的两份统计表明,在拨打热线电话求助的市民当中,具有明显的精神障碍现象的市民比例正在急速上升,2000年时还只占全部拨打电话人数的6.3%,而仅一年之隔,到了2001年升至15.7%。又据全国12个地区精神疾病流行病学调查,1982年各类严重精神疾病的终生患病率为12.96‰,到1993年上升为13.47‰。据估计,目前全国有严重精神疾病患者约1600万人,17岁以下的儿童、青少年中,约有3000万人受情绪障碍和心理行为问题的困扰。

童无忌先生在《领先一步的善举》[①] 一文中指出:"抽象的数字已然严峻,人们现实中的感触更有切肤之痛:独生子女的性格乖戾,大中小学生在学习压力下的异常行为,中年人受工作压力后的焦灼、抑郁,老年人的孤独、怪僻……一方面是种种心理障碍或精神疾病因认知或观念差异未得到及时治疗,有的'武疯子'流落社会而酿成惨祸。另一方面因传统观念作祟,歧视性的外部氛围不利于精神疾病患者的治愈及愈后如常人一般正常工作、学习和生活。"

精神疾病患者在实施危害自身、他人及社会的行为时,自己并无明晰的主观故意,也不会预估自己的行为性质及后果,他们大多"害人又害己"而又不能自我调整、自我克制、自我改正。在正常、健康的人群面前,他们是显而易见的弱势群体。对这类弱势人群的法律保护,便成了重要的生命法律与生命法学问题。

---

① 《上海法治报》2002年2月20日。

全国政协委员孙毓庆早在 2000 年就呼吁"大力发展精神卫生事业,早日出台精神卫生法"[①]。他认为:随着社会经济快速的发展,竞争压力的增加和社会变革,精神卫生问题越来越突出。据了解,我国精神疾病的发病率已由 20 世纪 50 年代的 2.7% 上升到目前的 13.5%,精神卫生问题已成为一个日趋严重的公共卫生和社会问题。

精神疾病的防治是一项长期而艰巨的任务。多年来尽管我们已取得了很大的进步,但与发达国家相比还有相当大的差距。目前存在的问题主要有以下几个方面:

一是精神卫生立法十分缺乏。开展精神卫生工作因为乏法可依而十分困难。

二是社会保障体系不健全。对精神病患者这个困难群体来说,社会保障还没有建立起来。

三是对精神卫生的宣传力度不够。由于宣传不够,大多数人对精神疾病认识不足,对病患缺乏应有的理解和同情,偏见与歧视现象较严重。由于精神卫生知识匮乏,多数患者宁可忍受痛苦,也不愿因患"精神病"而受歧视。结果延误治疗,使病情加重,导致严重的后果。

四是资金不足,精神病院设施和管理落后。国内绝大多数精神病院因为资金不足,困难重重,负债经营。以沈阳市精神卫生中心为例,该中心创建于 1958 年,有 584 人,离退 211 人,700 张病床,利用率 58.1%。从 1993 年开始拖欠职工工资,每月只能发 60% 的工资,资金严重不足。以 1999 年为例:市财政拨款 184 万元,医疗药品收入 1024 万元,实际支出 1655 万元,资金缺口 447 万元,住院患者拖欠款严重。因为精神患病者无能力去单位或从家属中筹措医疗费用,个别患者单位和家属对患者不负责任,用各种理由搪塞医疗费的交付。现住院病人欠款 325 万元。患者刘学俭,工人,其所在单位被个人承包后,拒不支付患者医疗费,家属也不接出院,吃、穿、住、治疗全由医院负担,现欠医院 2.4 万元。有的患者单位用酱油、大便器、洗发精等物品来顶替医疗费。

为此,孙毓庆先生建议:

第一,给精神病院定性定位为社会福利医院。《中华人民共和国残疾人保障法》中已把智力残疾人、精神残疾人列入残疾人的范围。世界上有不少国家把精神病医疗单位定性为社会福利单位。将精神病院定性为社会福利医院,由民政部门协调有关部门,密切配合,共同制定、落实安排精神病患者的治疗、康复、就业、收养和福利待遇等问题。

第二,早日出台我国的《精神卫生法》,法律保证精神卫生事业的开展。我国早已起草出了《精神卫生法》,现已十易其稿,但至今还没有出台。有关部门应抓紧时间,借鉴国外的经验,根据我国的实际,尽快制定出我国的《精神卫生法》。建议在立法中将精神病患者的医疗费用单列一章,用法律来保证对精神疾病治疗的经费来源。计划、财政部门

[①]《中华人民共和国精神卫生法》已由中华人民共和国第十一届全国人民代表大会常务委员会第二十九次会议于 2012 年 10 月 26 日通过,2013 年 5 月 1 日起施行。——编者注

要将精神卫生工作，特别是精神疾病的治疗工作纳入社会和经济发展总体规划之中，保障精神病患者和精神卫生工作者的合法权益。

第三，各级政府要采取各种措施大力支持精神卫生事业。在精神卫生没有立法之前，国务院应行文要求各级政府，在政策上给予精神卫生事业支持和优惠，在经费上给予精神卫生事业必要的投入和倾斜，把精神卫生工作列入政府议事日程，协调安排精神病患者的治疗、康复、就业和福利待遇等问题。①

现在，我国已出台了第一部地方性的精神卫生法，这就是《上海市精神卫生条例》，自 2002 年 4 月 7 日起施行。该法共有 7 章、49 条，对心理健康咨询、精神疾病预防、医疗看护、精神疾病的治疗、精神疾病的康复、法律责任等做了规定。这些规定，对保护精神疾病患者的权益、规范心理咨询、精神疾病治疗等都有重要的意义。在制定该《条例》时，曾发生过一些争议。世界各国都有对精神疾病患者实施非自愿入院的相关法律规定，以取得患者个人权益和公众权益之间适当的平衡。在起草条例草案过程中，有些法律专家认为，由于非自愿入院中的"强制入院"或"紧急入院"程序将严重限制患者的人身自由。所以，一方面，与上海原有的法规可能形成冲突；另一方面，这样的条款也可能超越地方立法的权限。经广泛征求有关各方意见后，大家达成共识：以"紧急住院观察"代替"强制"或"紧急"住院"治疗"，并严格规定了适用标准、程序以及时限等。该《条例》还在"附则"中增加了"特别对象的法律适用"，即"法律法规对精神疾病患者的强制医疗有特别规定的，从其规定"，从而既很好地与现行法律法规相衔接，又完善了作为精神卫生法规所必需的"住院程序"这一重要内容，这在我国的地方立法中是创设之举，对保护精神疾病患者的权益与公众利益的平衡，做了很好的处理。我国的精神卫生立法当然不能止步于这一"条例"，全国性的立法及相关的全面立法，应继续进行，努力使之健全、完善；生命法学对此的关注，也只是一个开始，还应做专题的深入研究。

4. 医患诉讼与举证责任

针对医患诉讼中处于弱势地位的患方举证困难问题，最高人民法院制定的《关于民事诉讼证据的若干规定》(2001 年 12 月 6 日)，将医患诉讼纳入举证责任倒置制度的范围内。该《规定》已于 2002 年 4 月 1 日开始实施。

根据该《规定》的举证责任倒置制度，当患者拟提起诉讼时，医疗事故鉴定将不再成为法院立案的前提；不构成医疗事故并不说明医疗过程中不存在过错，对于这种过错造成的侵权，院方也应承担侵权责任；而最为关键的是，医院作为具有生命科学知识和生命技术手段，掌握病历卡等证据材料，具有较强证据能力的机构，当进入医患诉讼程序时，院方必须举证自身无过错，否则将面临败诉而被追究法律责任的后果。

对《规定》的举证责任倒置制度的设立，患者普遍表示了欢迎的态度。

---

① 《大力发展精神卫生事业 早日出台精神卫生法》，《人民政协报》2000 年 4 月 17 日。

据新华社北京 2002 年 4 月 3 日电，记者朱玉等报道，普通工人郭恒说："新办法出来真是太好了，它对我们患者有利，我准备马上起诉那家医院。"原来，郭恒的妻子郑英在北京一家著名医院就医，大夫居然根据同一次检查开出了两张不同的诊断书。"在被确诊为宫颈腺癌后，医院又延误治疗。"郑英无法忍受痛苦，最终选择自杀结束自己的生命。新办法的实施，使郭恒看到了胜诉的希望，因为院方如无法举证自身诊治无误，必将败诉。① 像郭恒这样抱欢迎态度的比比皆是。

对该制度的实施，法律界人士也表示了肯定的态度。上海市康昕律师事务所张滨律师认为，它"有利于保护患者的合法权益，患者将不会再像以往那样因无法搜集证据而处于投诉无门的境地，同时对院方有一定的约束力，促使医疗机构严格医疗管理，提高医疗质量"。《人民法院报》还发表了题为《扩大了对患者的保护范围》的记者报道，指出"法律专家认为"《规定》所设立的举证责任倒置制度"体现了法律更好地保护受害人的立法宗旨"。②

但与此同时，医院、医生一方却产生了严重的忧虑。据新华社记者邹声文等报道，一位女大夫主动与记者联系，发泄类似的不满情绪："将来病人动不动就去告你，谁还敢当临床医生？"她自己就是一位临床内科大夫，新办法让她感到担心，甚至打算从目前的岗位提前退休回家，"我们犯不着承担那么大的风险"。

在中华医学管理学会、中国医师协会专门举行的座谈会上，专家们比较全面地表达了广大医务人员的担忧："倒置"在某些方面免除了患者的责任，可能会导致医疗诉讼剧增，医院难以招架；医学是在探索中不断前进的，对某些未知的疾病，医疗机构难以找到证据来免除自己的责任；一些患者不配合治疗，故意隐瞒病史或叙述不清，结果造成误诊，但医院却要承担责任；取证需要病人配合，而且不同条件的医院取证各有难度。③

《人民法院报》在《规定》实施的当天，还发表《举证责任倒置医院也有难处》的长篇文章，指出，"困难之一：医学上的未解之谜，如何举证？""困难之二：没有评判标准，如何举证？"关于"困难之三"，该文指出，在医疗纠纷案件审理中，如果由医院履行全部举证责任，"自卫性措施"无奈将抬头，"不得瞻前顾后、考虑自身凶吉，一心扑救"的传统医德受到挑战。

例如，江苏一位患者因腹痛被家人送往当地卫生院，经医生诊断为腹腔内大出血，需剖腹探查和输血。医生紧急向某中心血站要血 1200 毫升。但由于血源迟迟没有送到，病人出血量加大。此时除了紧急输血，已经没有更有效的抢救措施了。据患者家属说，这期间他们曾两次提出给患者献血的要求，但医生没有同意。最后，患者在血送到 5 分钟后心

---

① 《"蚂蚁"也能撼"大树"》，《人民法院报》2002 年 4 月 4 日。
② 《扩大了对患者的保护范围》，《人民法院报》2002 年 4 月 4 日。
③ 《医院忧对"医疗举证责任倒置"》，《人民法院报》2002 年 4 月 4 日。

跳停止，不久便死亡。死者家属以医生拒绝接受家属献血为由，状告医院见死不救。而医院的回答是，医院没有短时间内检查丙肝、艾滋病的条件，根本不能自采自供。很明显，卫生院的做法规避了法律责任，符合《献血法》和《职业医师法》的规定。然而在感情上却难以让人接受，医院和医生的形象也受到了损害。

有的医生面对病人首先想到的不是怎样把病治好，而是怎样防范病人状告自己，于是把每个患者都当成潜在的起诉者。为避免因疏忽遭到指控，医生往往采取"自卫性医疗"，给病人做所有可能的化验和检查，比如：让感冒病人做血生化全项化验，甚至做CT检查等，因为很多疾病的早期症状酷似感冒，如果有病而未查出来，就是漏诊，所以最昂贵的方案就是医生的最佳处置方案，结果导致医疗成本猛增。

这些事例也表明针对举证责任倒置的"防卫性措施"已经产生，医院这样做在医疗纠纷案件中或许可以十分出色地履行举证责任，把自己置有利地位，但最终受害的还是病人，医院和医生也失去了最为宝贵的东西——救死扶伤的传统医德。

显然，在医疗纠纷案件中完全实行举证责任倒置，医院也同样有难处，而且有的困难是目前无法克服的，以后在医疗实践中肯定还会出现更大的问题。当然，在医疗纠纷案件中，要求患方履行全部举证责任是有失公平的；而鉴于医疗行业的特殊性和医疗事故的复杂性，反过来又由医院履行全部举证责任而使医院面临的这些困难同样值得大家关注。

对一项法律制度，公众（这里是医、患双方）意见分歧如此之大，反应如此激烈，为我国立法史上所罕见。对该"公案"，笔者的意见主要如下：

其一，《规定》之设立举证责任倒置制度，有利于保护弱势群体的合法权益，有利于保护医疗诉讼中处于弱势地位的患者方的合法权益，其立法宗旨无可厚非，应予肯定。

其二，《规定》将医患诉讼纳入举证责任倒置制度的立法依据欠缺。我国《民事诉讼法》规定："当事人对自己提出的主张，有责任提供证据。"（第六十四条第一款）只有在特定情况下，才可根据我国《民法通则》对某些民事责任的特殊规定，实行举证责任倒置制度。根据《民法通则》的有关规定可引入举证责任倒置制度的是下列诉讼：（1）因产品制造方法发明专利引起的专利侵权诉讼；（2）高度危险作业致人损害的侵权诉讼；（3）因环境污染引起的损害赔偿诉讼；（4）建设物或者其他设施以及建筑物上的搁置物、悬挂物发生倒塌、脱落、坠落致人损害的侵权诉讼；（5）饲养动物致人损害的侵权诉讼。（第一百二十三、一百二十四、一百二十六、一百二十七条等）此次最高人民法院的《规定》将总共8类的侵权诉讼纳入举证责任倒置制度的范围，其他7类都可找到比较有力的立法依据，唯独医疗诉讼类难以找到，遂成欠缺。

其三，实行举证责任倒置制度，医院方所存在的困难很大，可能产生的负面影响也会很大。

其四，对策可从以下几个方面去寻找：

一是在规定医院负有举证责任的同时，也规定患者同样负有举证责任。《民事诉讼法》

规定的"当事人对自己提出的主张,有责任提供证据",其实已将医院纳入举证责任人的范围。因为一旦进入诉讼,如与患者主张相左,这"相左"的主张即为医院作为"当事人"的主张,医院(当事人)自应依法举证。但这不能视为"举证责任倒置"。现在有的传媒将《规定》做了偏颇的解释,如《人民法院报》以《医疗诉讼如何举证》的红字大标题刊出了一组8篇文章,在其所加的"编者按"中对《规定》的举证责任倒置简单化地解释曰:"如果加以通俗的解释,就是说只要患者起诉医院,医院就要举证说明自己清白,否则医院就有可能输掉官司。"① 这样的解释是容易引致医院方紧张、忧虑甚至不满的。

二是尽快健全和完善医疗事故技术鉴定制度,确切保证鉴定机构的权威性与公正性。这就要将医疗事故鉴定机构推向市场,与行政部门脱钩,杜绝医疗卫生行政管理部门设立与管理鉴定机构,以"老子"来鉴定"儿子"的作为所必然产生的弊端。

三是尽快将绝大部分医院推向市场,改变其单一的公立、公益、公共、公有的性质。与此同时,加强仍然必须保留的公立医院的建设。在医院性质配置合理化的同时,大力宣传生命社会关系依法契约化的必然性、必要性与合理性,使患者确立这样的观念:选择某一医院、某一医生诊治疾病,就是以交挂号费的形式与院方签订了第一份合同;在手术协议书上签字表示同意手术,就是签下了第二份合同;这两次"签订合同(契约)"都是民事合意的法律行为,从患者一方看,就是表示对医院方的信赖以致自愿把自己的健康与生命交由医生处理。因此,除非有证据表明医生故意或有明显的不该发生的过失造成损害,就不该去追究医院方的责任。

四是加强对医生的医德教育,加强对患者的法律与道德教育。

医患之间的生命社会关系的法律调节,是一个相当复杂的问题。我们相信,只要加强法治建设,努力以德育人,医患纠纷是可以减缓、减少的。

5. "农民工"、职业、职业病与法律调节

新中国成立以后,党和政府十分重视职工的职业病防治,职工们的健康状况已经有了很大的改善。这是举世公认,有口皆碑的。但是,改革开放的新时期以来,出现了一些新的问题。2亿左右农村进城镇务工的"农民工"作为面对雇佣他们的企业主,陷入了为职业病侵扰的困境。《法制日报》曾以通栏大标题《职业病因何纠缠两亿务工者》的宏大篇幅报道了有关情况。② 记者王永超在一个名为"时代"的小店前问一个修车的小伙子:"这么难闻怎么不戴个口罩?"他憨憨地笑笑:"习惯了。"据他讲,来这里当调漆工已经一年多了,店里加上他总共6个工人,口罩只有两个,谁戴谁不戴?跟老板提过,老板也没应这个茬儿。闻的时间长了,就不觉得了,也懒得费那个事儿。

"你知道不知道油漆中含有有毒成分苯,对人身体有害?"他不屑一顾地答道:"那怕

---

① 《人民法院报》2002年4月4日。
② 《法制日报》2005年5月31日。

啥，反正俺年轻，干两年挣点钱够回家娶媳妇就不干了。再说，老板挺仁义的，每月还多给我们5块钱'保健费'呢。"这位来自河南安阳农村的小伙子，对目前的工作现状相当满意，因为"钱比在老家时挣得多多了"。

"老板为你们做过体检吗？"听了笔者的问题，小伙子停下手中一直搅动的木棍，诧异地看着笔者，一脸茫然。

王永超写道：像这位小伙子一样，对职业病知之甚少或者根本不在乎的劳动者，全国不在少数。上海市卫生防疫站的老站长王耀祖介绍说，有一年他到浦东唐镇制刷厂去调查，那里专门生产外国人刮胡子抹肥皂用的刷子，往刷子把上涂油漆都是用手工，苯严重超标，而很多工人都是16岁到20岁的小姑娘，对此竟浑然不知。

广州一位目睹很多外来工受职业病伤害的叶医生说，他曾为一些鞋厂工人治过病，从这些患者嘴里得知，许多鞋厂因鞋面胶水粘不住，纷纷改用含苯较高的胶水，一天劳动下来，接触过胶水的手上皮肤一层层剥离。另外，职业病防治法中要求的劳动保护措施普遍缺乏，工人进厂前后根本没有受过职业培训。更可怕的是，部分有毒有害企业，私企老板故意不与外来工签订劳动合同，每隔几年就找借口解雇一批工人，以规避可能出现的职业病赔偿。由于具有隐蔽性和滞后性，很多工人都是在被老板赶出工厂后，才发现自己已患职业病的。

据湖南长沙市疾病预防与控制中心统计，仅长沙市目前就有13万接触有毒有害因素的职业人群。

来自卫生部门执法监督司的统计数据表明，我国是世界上职业病危害最严重的国家之一，目前全国涉及有毒有害品企业超过1600万家，接触职业病危害因素的人数超过2亿人，有两个职业病集中的重点人群：一是约1亿名在中小企业就业的农村进城务工的流动劳动者；二是1.36亿名在乡镇企业从事工业劳动的农村劳动力。在现阶段，这些人群既是我国的劳动力主体，也是职业卫生工作的重点人群。

农村务工者职业病的成因往往与"三资企业"有关。据王耀祖讲，欧美国家的法规比较健全，他们国家不能做的，往往就拿到我们国家来做，比如石棉，暴露于细小的石棉灰尘和纤维中的工人，容易患石棉肺、肺癌和间皮瘤，再怎么投资都无法解决石棉的危害，但是日本人和青浦武装部合作在青浦生产石棉，卫生部门也无法阻止。

又据《人民日报》记者白剑峰采访中国疾病预防控制中心职业卫生与中毒控制所所长的报道，李涛所长指出：目前我国法定职业病防治能力远远滞后于经济发展。其中"农民工"是一个社会保障的真空地带。在发达的工业化国家，职业卫生服务覆盖70%—90%的劳动力人群，而我国的覆盖面约为20%，可概括为东部沿海地区较好、中部地区较差、西部地区很差；大城市较好、小城市较差、农村没有；大企业较好、小企业较差、个体企业基本没有；正式职工较好、合同工较差、流动的"农民工"基本没有。据专家估计，用人单位进行建设项目职业病危害项预评价的大约只有10%。有的地方竞相降低招商引资门槛，使一些未经职业卫生审查的建设项目违法立项建设。譬如，在中西部地区，一些国家明令禁止或淘汰的落后工艺、技术和材料比比皆是。一些企业只顾自身利益，随意取消和削减配套防护设施预算，留下职业病危害隐患。尽管法律对违反规定的企业最高罚款可达50万元，但违法成本还是远远低于守法成本。①

仅这两篇报道所涉"农民工"的职业病，就相当触目惊心了。其特点，一是面广，全国各地都有，连法制与卫生条例比一般地方好得多的北京、上海这样的政治、经济、文化中心城市，也有大批"农民工"为职业病所侵扰；二是量大，"1 亿+1.36 亿=2.36 亿"的农村务工者受到了职业病的严重威胁；三是"病"情严重，不少地区的所谓"职业病"早已"病变"为"恶性"。这些"农民工"都是命运被黑心老板掌握的弱势群体。尽管我国职业病防治法的有关定义、规范是了了分明的，②但是立法调节与司法、执法、守法调节在很大程度上脱节了。有鉴于此，报道中广西职业病防治所所长所提的一系列建议，是很值得重视的。③他指出的"联动机制尚未形成"以及建议把地方职业病防治纳入政府年度考核指标体系，提高到理论上看，实际上就是要求实行立法、司法、执法、守法调节的一体化，就是要促进各个法律调节要素之间的辩证互动。

到此为止，本书总论了生命法学研究、生命社会关系及其法律调节的若干一般性问题。下文将较多地结合非传统生命社会关系法律调节的实例，从生命法定义、地位、特征、原则、体系和若干具体问题的一般理论，做进一步论述，以求对生命法学有更深入的了解。

---

① 白剑峰：《让农民工有尊严地工作》，《人民日报》2005 年 5 月 26 日。
② 我国《职业病防治法》（2001 年 10 月 27 日）的有关规定是："用人单位应当建立、健全职业病防治责任制……对本单位产生的职业病危害承担责任。"（第五条）"用人单位设有依法公布的职业病目录所列职业病的危害项目的，应当及时、如实向卫生行政部门申报，接受监督。"（第十四条）"用人单位必须采用有效的职业病防护设施，并为劳动者提供个人使用的职业病防护用品。"（第二十条）"用人单位与劳动者订立劳动合同时，应当将工作过程中可能产生的职业病危害及其后果、职业病防护措施和待遇等如实告知劳动者，并在劳动合同中写明，不得隐瞒或者欺骗……用人单位违反前两款规定的，劳动者有权拒绝从事存在职业病危害的作业，用人单位不得因此解除或者终止与劳动者所订立的劳动合同。"（第三十条）
③ 王永超在《职业病因何纠缠两亿务工者》一文中报道：广西职业病防治研究所所长葛宪民对记者说，职业病防治工作是一项复杂的社会系统工程，涉及多个部门，需要全社会参与。但职业病防治法施行后，部门间配合不够，职业病防治工作联动机制尚未形成。一个地方的职业病防治工作好坏直接反映当地政府的监管是否到位，如果地方政府监管不到位、行政不作为，那么该地区的职业病危害势必严重。葛宪民建议，加强职业病防治首先是政府应承担的职责，应从纳入政府年度考核目标等 6 个方面入手：突出各级政府行为，把职业病防治纳入各级政府年度考核指标；建立部门协作监管的长效机制，规定行政许可的职业卫生前置制度；加快建立职业卫生执法监督体系、职业卫生技术服务体系和职业病救治体系，并纳入公共卫生体系建设，同步实施，加大经费投入；建立省际职业病防治工作协作互动机制；建立专项救济基金落实职业病患者待遇；推行职业安全卫生管理体系认证，引导企业加强职业病防治工作，并将其纳入现代化企业管理制度之中。

第三章 生命法定义论

一、生命法的定义

"生命法"与"生命法学"这两个概念,最早出现在邓公平先生主编的《医药卫生法学》一书中。该书中有"现代科学技术与生命立法"一章,其中第二节为"生命法的原则",第三节为"生命法的若干发展"。他指出:"至今为止,有关生命科学的法律问题,人们总是把它纳入伦理的范畴。看来,这样的研究模式需要转变,因为它模糊了伦理与法律的界限,从而削弱了法律的权威性。生物技术的进步和新的法律关系的产生要求生命法律从伦理学母腹中分娩出来。"他还预见"现代科技对生命法学提出的问题很多,估计会越来越多"。[①] 这些篇目与判断表明,邓公平先生是"生命法"与"生命法学"概念的提出者。可惜的是,他仅仅提到了这两个概念而未加以定义,更未做详论。但提出这两个概念是一件很值得纪念的事。

同样十分可惜的是,迄今我们仍未见法学工作者精心着意于生命法与生命法学概念的界定。无论是业已发表的关于生命法学的文章,还是几次生命法学理论研讨会上的发言,都鲜见议及生命法定义的。

需要指出的是,有一些学者论述"生命法学"时,实际上是论述"生命法",为"生命法"下定义。例如,《现代生命法学的科学内核》一文认为:"生命法学是调整关于人体及其他各种生态体中各种生物活性物质的生存与死亡所产生的社会关系的法律规范的总称。"[②] 显然,将上列引文中的"生命法学"置换成"生命法"也许更妥当些。不过,称"生命法"是"调整关于人体及其他各种生态体中各种生物活性物质的生存与死亡所产生的社会关系的法律规范的总称"仍有严重的弊病,因为这实际上把调节一切动植物甚至微生物的关系也纳入其中了,但这是前文业已述及的另一方面的问题。

---

① 上海科学技术出版社1989年版,第48、59页。
② 《生命法学论丛》,文汇出版社1998年版,第9—16页。

与生命法定义接近的是一些学者为"医药卫生法""医学法""卫生法""医事法"所下的定义。

陈力行先生等主编的《医学法学概论》认为:"医学法是由国家机关制定或认可,并由国家强制力保证实施的有关医学方面的行为规范的总和,是掌握政权的统治阶级的意志和利益在医学领域的具体体现。"①

达庆东先生主编的《卫生法学纲要》认为:"卫生法是指由国家制定或认可,并由国家强制力保证实施的旨在调整保护人体健康活动中形成的各种社会关系的法律规范的总称。"他还认为卫生法有广义和狭义之分。狭义的卫生法仅指由全国人大及其常委会所制定的各种卫生法律;广义的卫生法则还包括被授权的其他国家机关制定颁布的从属于卫生法律的在其所辖范围内普遍有效的法规和规章,如卫生条例、规则、决定、标准、章程、办法等,还包括宪法和其他部门法律中有关卫生的内容。②

樊立华先生主编的《卫生法规与监督学》一书定义卫生法为:"……是指由国家制定或认可,并以国家强制力保证实施,在保护人体健康活动中具有普遍约束力的社会规范的总和。"③

杜昌维先生主编的《医院法律管理及权益维护》一书定义:"医事法是对调整诊疗护理活动及其监督管理和后勤保障的法律规范的统称。"④

上述定义沿用了流行的关于"法""法律"的定义的核心术语。第一个定义指出了医学法的特点是"有关医学方面的行为规范",从而使医学法与任何其他法相区别。这对定义"生命法"是有启迪意义的。第二个定义指出了卫生法的内涵是"旨在调整保护人体健康活动中形成的各种社会关系……",比较准确地抓住了生命法的根本点。不过,流行的法定义现在已有了很重要的修正,此其一;其二,我认为,一切关于部门法的定义都没有引述"法"定义的内涵的必要,只要点明该部门法的特点及其作为"法"的性质就可以了。

邓公平先生主编的《医药卫生法学》指出:"医药卫生法所反映的是维护和恢复人的生命健康这一特有领域内的人与自然,人与人之间的关系。"⑤

该判断点明了医药卫生法的主要内容,相当简明,略事修饰也可成为定义。至于其中提及"医药卫生法"有"维护和恢复人的生命健康这一特有领域内的人与自然……的关系"云云,前文我已述及,这是不妥当的。法只调整社会关系,不可能直接调节人与自然的关系。

杜昌维先生等的定义,只及"医事",且将"医事"仅仅看作医患关系,不但把新型

---

① 陈力行等主编:《医学法学概论》,南京大学出版社1988年版,第1页。
② 达庆东主编:《卫生法学纲要》,上海医科大学出版社2000年版,第12页。
③ 樊立华:《卫生法规与监督学》,人民卫生出版社2003年版,第1页。
④ 杜昌维主编:《医院法律管理及权益维护》,科学技术文献出版社2002年版,第4页。
⑤ 邓公平主编:《医药卫生法学》,上海科学技术出版社1989年版,第1页。

生命科技活动导致的新型社会关系排除在外,而且对"医事"技术的参与者——医学科技人员、医事劳动组织及管理机构的关系,似乎都忽略了。这不能不说是一种遗憾。樊立华先生的定义则与一、二两个定义大致相同,有其恰当与精要之处,但又不能涵盖非传统生命社会关系的法律调节,因而也有可改进之处。

谈大正先生最近出版的《生命法学导论》一书试图给出生命法的最新定义,其中写道:"一般说来,卫生法调整的范围较广,它涉及卫生组织管理关系,卫生资源和卫生经济关系,生命健康权益保障关系,生命与科学技术关系,以及卫生事业发展与服务活动中产生的横向社会关系,等等。生命法的调整对象虽然有时也涉及上述的社会关系,即与卫生法有一定的交叉,但它的调整重点是当代生命科学发展中出现的许多新型复杂关系。如:人工生殖中有关各方当事人的关系,脑死亡的法定标准及地位,安乐死和器官移植的法律规范,特别是人类基因组解密和克隆人实验、胚胎干细胞研究中产生的生命科技与人类伦理的关系。生命法涉及的这些新型复杂关系是现有卫生法难以全部包容的,其面临矛盾的深刻性和尖锐性也是现有卫生法很少遇到的。"又写道:"从某种意义上说,生命法可以看作是卫生法中的特殊部分。生命法与卫生法二者虽然可以互相替代,但它们在内容上却是互相补充、相辅相成的,二者的研究也是相互启发、相互推动的。"[1]这些议论,正确地指出了面对"新型复杂关系"时,卫生法之捉襟见肘、"难以全部包容"。但是把生命法看作是"卫生法中的特殊部分",却有值得商榷之处:其一,如果生命法是"卫生法中的特殊部分",那么,卫生法就是上位概念,而生命法则是下位概念,生命法是被包容在卫生法之中的。这样,"生命法学"就得被"卫生法学"取而代之了。这意味着回到20世纪80年代邓公平先生等的认识角度。当时,他们就是把器官移植、人工生殖技术引致的新型社会关系法律调节置于"医药卫生法"之下,同时认为,这些新的东西又比较"特殊"。其二,并未给生命法下定义。

从20世纪80年代到今天,时间流逝16个春夏秋冬,关于生命法的定义仍未了了,所以,还是要以相当的篇幅予以论述。

在《生命法学引论》一书中,我为"生命法"做如下定义:"生命法是调整生命社会关系的法律。"

这一定义包括两项内涵:

一为生命法是法律;

二为"生命法调整生命社会关系"[2]。这样表述,是为了将生命法与其他法律区别开来,如与宪法、刑法、民法、诉讼法等区别开来。也可将广义的"法律"用科技法加以置换。如置换之,就连其他科技法如专利法、半导体法、科技进步奖励法等也区别开来了。

---

[1] 谈大正:《生命法学导论》,上海人民出版社2005年版,第11、12页。
[2] 倪正茂、陆庆胜主编:《生命法学引论》,武汉大学出版社2005年版,第152页。

上述定义中的"生命社会关系"前文业已详尽阐述。作为"生命法"的定义,表述到"调整生命社会关系"也就足够了。

回溯关于"生命社会关系"的定义,最初我认为"生命社会关系,是指与人的生命存在、健康、长寿、永生相关的社会关系"。对此,我在《生命法学研究略论》一文中曾做如下解释:

"与人的生命存在相关的社会关系,是指血缘关系、血缘伦理关系、类血缘法定关系。这些关系早在古代就受思想家、道德家与法律学家的关注。思想家从国家、社会、经济、历史、政治等不同的角度加以论述;道德家设定种种道德戒条加以约束;法律学家则通过立法、释法及法理阐述加以规范。其中,类血缘法定关系,诸如监护关系、收养关系等,同样地受有关血缘关系的法律调节。

"与人的生命健康相关的社会关系,是指为保护人的生命健康,群体中的生命个体在处理自身尤其是对待与处理群体中的其他人的利益过程中所结成的社会关系。如医师与病人的关系、医药机构与公众的关系、环境管理中形成的关系等等。

"一般的长寿与健康关系更密切一些,但超长的长寿则接近与永生的关系更密切一些。这里,我在两种意义上使用'永生'这一概念:第一,人体器官的永生,指人体整体死亡前,某些器官的无疾保证、有疾必治、失而复得等等。断指再植已臻巧夺天工的境地,眼角膜、脏器的移植已有很高的成功率。因此,当人体未死亡时,可以视为这些器官有永生之能力。第二,人类个体的永生,指人的复制及一切器官均可复制并调换情况下,现存个体的永不消失。与人的生命超常长寿及永生相关的社会关系,是指因器官移植、复制及人体整体复制而发生的社会关系。"①

在《生命法学引论》一书中,我对生命社会关系的定义做了重要的修正:"生命社会关系是指由生命科技活动而发生,为着生命科技的发展而发展,可据以协调生命科技劳动者、生命科技劳动组织和生命科技劳动管理机构内部关系以及相互关系,并可据以协调上述各方面与相关的自然人、法人的关系的一种社会关系。"②

在本书中,我对生命社会关系的定义再次做了补充性修正,在定义的后面加上了"而对人的生命的孕育、产生、存在、健康发生影响的一种社会关系"。

这两次修正,是出于以下几点考虑:

首先,这一定义可与"科技社会关系"的定义相衔接。生命社会关系既是科技社会关系的下位概念,自然应与上位概念——科技社会关系保持一致。

其次,这一定义既涵盖了传统生命社会关系,又涵盖了非传统生命社会关系。而原先的定义较多地侧重于传统生命社会关系。实际上,安乐死及拟议中的人体克隆方面的法律

---

① 顾肖荣、倪正茂主编:《生命法学论丛》,文汇报出版社1998年版。
② 倪正茂、陆庆胜主编:《生命法学引论》,武汉大学出版社2005年版,第60页。

调节，与一般的孕育、生产、存在、健康等的关系已有很大的不同；而器官移植、人工授精等等，虽与人的生产、健康直接相关，但与传统医学科技所能引发的社会关系，也有重大的区别了。这样，以比较概括的语词加以表述，似是较为妥当的了。

最后，将生命社会关系存在的目的加以揭示。①

二、生命法定义的内涵与外延

我关于生命法的定义，内涵和外延显然与既成的关于医学法、医药卫生法、卫生法、医事法等概念定义的内涵与外延有所区别。

医学法被人们定义为"有关医学方面的行为规范"②，其内涵有二：一为"行为规范"；二为"医学方面（的行为规范）"。这样定义，从形式看，应当说主宾是相称的，符合形式逻辑关于定义相称的要求。但从内涵看，其外延却被局限在内涵所显示的"医学方面"这一狭小范围之内了。也许这里的"医学方面"既包括诊断与医疗，还包括用药，包括预防性的卫生工作方面等等。作者实际上还以专章分别论述了"福利保健法""卫生防疫法""食品卫生法""国境卫生检疫法"以及"药品管理法"，就是证明。既然如此，以"医学法"相名并加以定义，就有"削足适履"之弊。该书还另撰有"脑死亡、器官移植与法律""生命科学与法律"及"现代医学立法的难题及对策"三章，大大越出了"医学方面"的范围。因此，从实际内容看，用"医学法"的概念并加定义，是不妥的。当然，"医学方面……"也可被解析为涵盖"脑死亡、器官移植……"但若是将分别属于伦理基础大不相同的传统生命法与非传统生命法放在一起，还是以另行定义为妥。

邓公平先生主编的《医药卫生法》出版于《医学法学概论》之后，也许是已经窥见了"医学法"概念外延较窄之弊，因而做了补正，用"医药卫生法"取代"医学法"，把外延明确扩大到了"医学法""药事法""卫生法"。但"医药卫生法"同样涵盖不了"非传统的生命社会关系的法律调整"问题。

《卫生法学纲要》一书关于"卫生法"的定义，从抓住"法是调整社会关系的工具"这一要点来说，是相当成功的，但"生命社会关系"不仅只是"保护人体健康活动中形成的各种社会关系"。这样"窄化""生命社会关系"，有可能把诸如人工授精、器官移植、基因技术、克隆技术等引发的生命科技工作者之间的关系以及他们与试管婴儿等的关系排除在外了。

至于"医事法"定义中的内涵"调整诊疗护理及其监督管理和后勤保障"，同样"窄

---

① 一而再地修正生命社会关系的定义，是与人类认识发展规律相符的，也是与生命法学的不成熟密切相关的，笔者期待新的修正而使之"盖棺论定"。
② 陈力行等主编：《医学法学概论》，南京大学出版社1988年版，第1页。

化"了生命科技劳动者、劳动组织及其管理机构相互间的关系,从而使有关生命法(这里是以"医事法"表述的)外延被劈去了一大半。

与上述不同,"生命法"概念及其定义因其具有相当的广延性,不仅可以涵盖传统的"医学法""医疗法""医药法""卫生法"等传统生命法,而且可以涵盖非传统的生命社会关系的法律调节,如关于器官移植的法律调节、安乐死的法律调节、基因技术的法律调节、人类辅助生殖技术的法律调节。

但生命法定义外延的广阔性不能被理解为无限性。在生命法学的初步研究中,甚至在医药卫生法学的研究中,都出现了越出我们所说的"生命法"范围的情况。这主要可归纳为以下几个方面:

其一,有的同志将"食品卫生法""环境保护法"列入了医学法(即我们所称的生命法)的范畴。诚然,食品卫生、环境保护等,与人的生存、健康、长寿有着直接的关系,食品卫生法、环境保护法也调节生命社会关系的某些方面,但是,第一,生命法调节的是与生命科技相关的生命社会关系,如与医疗卫生科技、基因技术、器官移植技术等相关的生命社会关系,而食品卫生法、环境保护法主要涉及有关方面的管理问题,与保证人的生存、健康长寿的生命科学技术关系较远;第二,食品卫生法、环境保护法等已有既定的法学部门在做研究,生命法学不介入也无碍。因此,我意以不涉及食品卫生法、环境保护法等为好。

其二,甚至有人拟将刑法学、民法学中早已深入研究,并由刑法、民法直接调整的一些方面拉到生命法调节的范围中来,我以为这是不妥当的。例如,两人互殴致其中一人死亡,狱警渎职致囚犯死于监所;又如制造、贩卖、运输毒品,也被一些医药卫生法学工作者列入医药卫生法调节的范围。这些当然涉及人的生存问题,但它与生命科技无关,且早已由刑法加以规范,因而生命法不必涉足其间。又有同志拟将男女婚姻也纳入生命法的范畴,这同样不妥,因为这些方面早已有民法、婚姻法在调节了。

我以为,在谈到生命法及其定义时,必须把握以下几个基本点:

(1)生命法及其定义必须与生命科技、生命社会关系相关;

(2)生命法及其定义应与医疗、医药、卫生方面的生命社会关系紧密相连。

此外,一般地说,传统的行政法、民法、刑法业已介入的领域,生命法就不应重复介入了。当然,我国现行刑法特地做了一些新的专门规定,生命法可以涉及这些方面,但无论如何不能引为重点。

以上是虑及生命法的广延性时必须认真注意的两个方面,既不能过窄,也不能过宽。

三、动态发展的生命法定义

世间万事万物都以运动的状态存在着。运动是普遍的、绝对的、永恒的,无论客观世界还是主观世界，都是如此。因此，生命法定义必定也动态地发展着。随着生命科技的进步，生命社会关系会不断地演变，其内涵会不断地变化，其外延则随着内涵的变化而变化。有关部门的法律调节手段也会随之改变。

生命法定义的动态发展最初表现在从"卫生法"到"医药卫生法"等的变化上。这一变化反映了对当时既有的生命社会关系及其法律调节发展变化的动态性。其重要意义在于：卫生法侧重于卫生行政管理，表明最初形成的生命社会关系法律调节是以行政法律调节为主的，随后才是"医药"方面的科技发展引致生命社会关系的复杂化，从而调节手段也从行政向民事、刑事方面发展。但带有根本性质的、真正意义的是从"医药卫生法"等到"生命法"的发展及其定义的出现，因为后者划定了一个远比"医药卫生法"定义更宽的范围，即从调节传统生命社会关系，发展到了既调节传统的生命社会关系，也调节非传统的生命社会关系。这一变化是由生命科技的进步引起的，它引致生命社会关系变化，从而导致调节手段的变化，导致有关定义内涵及外延的变化。

生命法定义这一变化的本身，也包含着不同的阶段。从现有资料看，显然是人类辅助生殖技术的法律调节、器官移植的法律调节等发生在前，随后才发生基因技术法律调节问题，而"克隆人"的法律问题，更只是近几年的事情。

对生命法定义的动态发展，不仅应注意生命科技的最新发展和生命社会关系法律调节的最新需求，从而不失时机地了解、把握定义的内涵的最新发展，而且应注意随着社会的进步和历史的推进，某些原先为生命法调节的内容，逐渐被法律规范所舍弃，变成道德规范等一般性社会规范，或以其他部门法规范加以调节，生命法可以不再光顾。近缘血亲不得结婚曾是古代生命法"天字第一号"的内在要求和主要规范。行之既久，在许多国家里已经不再是生命法的内容，或为婚姻法规范所替代，生命法不再涵盖。

将来生命法定义如何发展，这是一个实践问题。当代生命科技日新月异，很难预见一二十年以后生命科技会有怎样的突破，生命社会关系会提出什么新的法制需求，有关的法律调节手段会发生怎样的变化。

据报道，早在1997年10月，英国巴斯理工大学就宣布培育出无头青蛙胚胎，在此之前，媒体还有无头苍蝇培育成功的报道。只是，苍蝇和青蛙都不是哺乳动物，而老鼠和人类的基因相近，又都是哺乳动物大家庭中的成员，所以，培育"无头老鼠"的实验备受关注。在此基础上，美国得克萨斯大学的研究人员在老鼠胚胎中发现了控制胚胎长出头部的基因，他们将这些基因从老鼠胚胎中去除，并将处理后的1000多个老鼠胚胎植入老鼠子宫中，最后有4只"无头老鼠"生了出来。由于没有头部和呼吸系统，这些"无头老鼠"立即死去了。无头低级动物的培育，为"无头人"的制造开拓了道路。2005年初，在印度新德里举行的一次世界外科医生会议上，印度医学专家P.B.德赛在一场名为《征服死亡》的演讲中，向来自世界各国的250多名医学专家们发出警告：20世纪末，美国得克萨斯大学的科学家已经在实验室中创造出"无头老鼠"，老鼠没有大脑，但身体其他部分仍然活着。德赛担心一些科学家很可能会走出令人惊恐但同时也令人兴奋的下一步——在实验室里炮制出"无头人"！美国科学家炮制无头动物的实验，无疑打开了"潘多拉魔盒"，并引发了一些科学家的惊慌——因为他们相信，人类对延长寿命的迫切要求，将会导致"无头人"实验的必然诞生。据德赛介绍，"无头人"与其说是人，倒不如说是一具没有任何大脑和思想的躯干，但"他"身躯中包括心脏、肺等的各个器官功能和普通人没有任何差异，"他"仅仅缺少头部和大脑，没有任何思想运作而已。尽管在实验室中制造的"无头人"让人感到厌恶，但问题在于世界上亟待移植器官以救一命的人数远远多于可供移植的器官。而"无头人"又能够挽救许多人的生命，"无头人"实验就必定发展起来。伦敦大学生物学教授路易斯·沃力佩特认为，"无头人"为器官移植开辟了一个更为广阔的空间。

诸如此类重大的生命科学技术进步必定引起生命社会关系的重大变化；生命立法必须紧步其后，适应新型生命社会关系的新的需求；整个生命法制也应随之有所变化。总之，生命法不会也不能停止其动态发展。这样，生命法定义之相机而变、动态发展，也就是必然的事情了。

第四章 生命法地位论

一方面，生命的孕育、生产、生存与健康，随着社会的发展和人们生活水平的提高越来越受到重视，因此，用以调节生命社会关系的生命法也越来越受到重视；另一方面，由于非传统生命社会关系的法律调节引起的法律、伦理争议此起彼伏、日益深入且往往十分尖锐，同样使得人们十分关注生命法的各方面问题，因此，必须深入探讨生命法的地位，以求作应有的学术推动，对进一步发展良性的生命社会关系，充分发挥生命法的作用。

生命法的地位，可以从以下几方面看：一是生命法在科技法体系中的地位；二是生命法在法律体系中的地位；三是生命法在社会规范体系中的地位。

一、科技法体系中的生命法

闹得沸沸扬扬的克隆技术问题，先是遭到世界上大多数国家的立法反对，连联合国也曾打算出台一份全面禁止克隆活动的决议草案。美国关于克隆技术的立法和联合国拟议中的决议，都把克隆技术作为生命科技的最新发展而执意以立法形式彻底消除其负面影响。但克隆技术不仅只有负面影响，作为"双刃剑"，它的另一"锋刃"是要切除危害人体健康与长寿的"病灶"，如提供严重短缺的可移植器官，治疗一些迄今为止仍被视为"绝症"的疾病等。因此，作为新型的生命科技，它的发展必然引致形成新型的、非传统的生命社会关系，这种关系同样需要加以法律调节。以下是世界上关于克隆技术发展的最新情况（截至2005年6月25日为止）：

据2005年5月25日《新华每日电讯》载：韩国科学家2005年5月19日宣布，他们成功克隆出世界上首批与病人基因相符的胚胎干细胞系。这一成果被视为人类胚胎干细胞研究的重大突破，为病人利用自身细胞或组织治疗传统方法无法治愈的疑难疾病迈出了重要一步。韩国汉城大学科学家黄禹锡领导的科研小组在韩国政府的支持下完成了这项研究。这项研究成果作为重要论文被发表在20日出版的《科学》杂志上。① 韩国科学家此次使用了克隆羊、牛和猪等动物的方法。他们从18名志愿者捐献的185个卵子中除去包括基因的细胞核。然后从11名患者的皮肤细胞中提取出DNA，注入卵子进行培育，用化学方式启动细胞分裂过程，克隆出31个胚泡，最后成功地培育出11个胚胎干细胞系。每个胚胎干细胞系都和患者的基因相吻合，每个胚胎干细胞系都可以培育成例如脑细胞和骨细胞等其他人体组织。科学家下一步将研究如何控制这些胚胎干细胞系的生长和分化。这些患者分别患有 I 型糖尿病、脊椎损伤和先天性免疫缺乏症等现代医学难以根治的疾病，他们的年龄在2至56岁之间，具有很大的代表性。黄禹锡领导的科研小组一年前曾成功克隆出世界上第一个胚胎干细胞，仅仅用了一年时间，他们就使提取胚胎干细胞的效率提高了10倍，并且使得这一技术应用于临床治疗获得了革命性突破。"我一直认为这需要几十年时间，没有想到在一年之内就实现了。"美国匹茨堡大学的研究人员杰拉尔德·沙滕说。他是黄禹锡领导的科研小组的顾问，帮助分析实验数据。

据《新华每日电讯》同日报道：英国纽卡尔大学当地时间19日宣布，该校通过细胞核转移技术成功克隆出人类胚胎。这一成功在世界上是第二次，但在欧洲尚属首次。纽卡斯尔大学拥有英国第一张克隆出人类胚胎的合法执照。这所大学的科学家说，研究人员提取人类体细胞，注入到抽空细胞核的卵细胞中，再经过人工培育，使卵细胞以类似于受精卵的方式分化发育，逐渐生长为胚胎。他们日前已成功获得一个卵泡。这是一个很小的中空细胞球，还属于人类胚胎的早期阶段。2004年8月，英国人类生物和胚胎学管理局向纽卡斯尔大学生命中心颁发克隆人类胚胎研究执照，有效期为一年，同意该中心科学家使用细胞核转移技术克隆人类胚胎，进行治疗性克隆研究，探求糖尿病、帕金森氏症和阿尔茨海默氏症等疾病的治疗方法。

针对韩国生命科学家的成功克隆，和他们将与英国克隆羊多利之"父"伊恩·魏默联手，利用治疗性克隆技术提取胚胎干细胞，以求攻克"卢伽雷氏病"的消息，北京大学干细胞研究中心主任、国家"973"干细胞重大项目首席科学家李凌松指出，这是治疗克隆领域一次强强联手合作，如能取得成功，将是治疗性克隆在医学领域的重大进步。李凌松教授接受新华社记者专访时介绍说，伊恩·魏默教授被称为"克隆羊之父"，而黄禹锡是世界上第一个用"体细胞移植技术"（治疗性克隆）制造出人的胚胎干细胞的科学家。此番两人合作颇引人注目，对于干细胞研究特别是胚胎干细胞的研究必将产生积极影响。两位科学家针对人类神经系统的"不治"之症——"卢伽雷氏病"（肌萎缩性脊髓侧索硬化症），尝试用治疗性克隆技术制造出患者自身的胚胎干细胞，诱导胚胎干细胞分化成神经细胞，然后再移植给患者进行治疗。"这具有重要的临床应用前景。"李凌松解释说，干细胞研究

---

① 韩国首尔大学调查委员会于2006年1月10日公布：黄禹锡研究小组2004年和2005年发表在美国《科学》杂志上的有关培育出胚胎干细胞的数据属伪造。——编者注

之所以引起人们极大关注，主要是人们对干细胞寄予厚望，即用干细胞作为"种子细胞"，移植到病人体内替代病变组织坏死细胞，从而治疗多种疑难病症，比如肌萎缩性脊髓侧索硬化症等。干细胞治疗疾病的一个技术难题就在于如何克服由于异体细胞移植引起的免疫排斥，而利用治疗性克隆技术可以制造出"患者自己的"胚胎细胞，用这样的细胞诱导分化神经细胞，然后再移植到患者自身体内，就可以避免免疫排斥。因此，韩、英两国科学家利用治疗性克隆技术制造出患者自身的干细胞，"可以说是治疗性克隆走向临床应用的尝试"①。

新华社记者姜岩在《韩领先治疗性克隆研究的启示》一文中指出：从世界第一个体细胞克隆动物多利羊1996年7月问世到今天不足9年的时间里，克隆技术领域取得的一系列突破反复证明，原始性创新是科技发展的关键，也是经济发展和社会进步的根本动力之一。克隆羊多利问世后，质疑声不断。这些质疑在其他克隆动物纷纷问世后，才销声匿迹。有的科学家还后悔就是当初因为观念上的束缚而与克隆技术的大突破擦肩而过。这充分说明，重大原始性创新在突破前往往被认为是"不可能的事情"，从事创新的科学家也会被指责"痴人说梦"。因此，要实现原始性创新的突破，从主观上科学家要破除迷信，解放思想；从客观上全社会要创造一个允许探索、允许失败、有利于创新的环境。克隆技术自问世起就带给人类一系列关于伦理道德的争论，有专家认为这种争论的意义不亚于克隆技术本身。简而言之，这一争论的核心是克隆人问题，具体而言是治疗性克隆与生殖性克隆的问题。进一步言之，这一争论实际上涉及科技发展的根本目的。对于那些有益人类的技术，无论难度有多大，来自传统观念的阻力有多大，我们都要支持。对于治疗性克隆的研究，世界各国的态度截然不同。由于世界头号科技大国美国反对包括治疗性克隆在内的一切涉及人类的克隆技术，世界生物技术格局，乃至世界科技格局，都可能重新"洗牌"。这对于发展中国家来说，是一次难得的机遇。韩国在治疗性克隆领域领先世界就充分说明了这一点。尽管克隆技术问世不足9年，但它取得的一系列重大进展已经开始影响人类社会。尽管多利羊已经离开我们2年多了，但它带来人类的一系列思考仍然需要我们给出令人满意的答案。②

韩国的成功，让美国科学界焦躁不已。美国媒体在报道这一消息的同时也不约而同地提到，黄禹锡的研究小组是在韩国政府的大力支持下开展胚胎干细胞研究的。而与韩国同行竞赛的美国科学家，却得不到联邦科研经费的支持，在国内不断"碰壁"而心情焦灼。在黄禹锡等人发布科研成果的第二天，美国总统布什就表示，他对这个世界能接受克隆技术"感到忧虑"，并再次申明，美国的联邦科研经费不能资助提取新的胚胎干细胞研究，哪怕国会支持，他也会动用否决权。这一表态，又给迫切盼望解除束缚的美国科学界一个

---

① 张忠霞：《治疗性克隆走向临床的尝试》，《新华每日电讯》2005年5月25日。
② 姜岩：《韩领先治疗性克隆研究的启示》，《新华每日电讯》2005年5月25日。

打击。日本、英国、韩国等许多国家的科研人员，都力争在这一领域率先取得突破。这些国家的政府，也在政策上予以全力支持。而在美国，胚胎干细胞研究引起的争议和矛盾前所未见。笃信宗教的保守团体称，为医疗而克隆胚胎相当于制造生命后再毁坏生命，如果让胚胎发育成克隆人就更可怕，所以应该坚决禁止。而科学界则认为，克隆人固然应该禁止，但治疗性克隆则应该放开研究。据媒体报道，美国目前已有7个州禁止任何克隆，11个州禁止干细胞研究。美国总统布什在2001年也颁布总统令，禁止用联邦科研经费资助提取新胚胎干细胞系的研究。① 正是在此种情势下，联合国191个成员国几乎一致反对人体克隆活动，但在细胞克隆及其他克隆研究问题上，却分成两派。比利时驻联合国官员马克·派克斯丁说，由于相持不下，双方2005年5月18日最终同意以一份言辞含糊、效力不大的草案，作为未来讨论克隆问题的基础。这实际意味着联合国放弃出台一份全面禁止克隆活动的决议草案。而美国当局也不得不迅速寻求法律对策，以求解禁人类胚胎克隆。《温州商报》2005年5月26日报道：美国众议院24日投票表决，通过了取消胚胎干细胞研究禁令法案。24日投票前，布什称这项法案是个错误，声称要否决它。但众议院投票结果为238票赞成对194票反对，没有达到三分之二以上多数赞成，所以，这项法案要受到总统否决的制约。布什说："这项法案要为破坏人类生命的行程创造新的诱因，会导致我们越过一个危险的伦理线。越过这条线将是一个巨大的错误。"

克隆技术作为科学技术的一个方面，是后者在生命科技领域的最新发展。它引致形成的科技社会关系，可精确表述作生命社会关系。对前者的法律调节是科技法，对后者的法律调节是科技法的分支生命法。因此，生命法在科技法中的地位就一清二楚了。

比较特殊的是，在科技法体系中，科技诉讼法并不占特别重要的地位，因为科技诉讼与一般诉讼并无太大的区别；但是，在生命法方面，生命科技诉讼的法律法规却比较多，这是因为医疗纠纷所涉及、所引起的法律问题比较复杂。上海市卫生局于1997年所编的《上海市卫生局规范性文件汇编（1979—1997）》中的"法规类"，共收入10项法规，其中7项法规都属于卫生行政诉讼方面的，如《上海市卫生行政处罚程序》《上海市卫生系统行政复议若干问题的意见》等。由于生命法是科技法的一个分支，因此，它在科技法体系中的地位可以从两个方面看：

一是生命法与科技基本法的关系。科技基本法如我国的《科学技术进步法》，规定了科学技术的地位、科技工作者的权利义务以及科技进步法的主要原则、主要制度和法律责任。它涵盖了生命科技工作中所产生的生命社会关系调节问题的方方面面，因此，生命法作为科技法的派生法、子法，其具体规范不能与科技基本法相抵触，若有抵触即自动无效。

二是生命法与其他科技部门法如高新科技园区法、原子能法、信息技术法等的关系。

---

① 陈勇：《坐看他国抢先机，美科学界焦躁》，《新华每日电讯》2005年5月24日。

实际上，生命法与其他科技部门法的关系，既因属于同一等级的法，所以在法律效力地位上是各自独立的，又在某些法律内容方面有所交叉因而相互制约。例如，在高新科技园区里的生命科技机构，其建设与运行无疑应当按高新技术园区法的规定进行；同时，又遵行有关的生命法，不得违越其具体规定。

二、法律体系中的生命法

生命法在法律体系中的地位，是指生命法作为科技法与行政法、民法、国际法、诉讼法、刑法等的关系。

生命法与行政法在各自所调整的社会关系类别上是有所区别的：生命法调整生命社会关系，行政法调整行政社会关系。二者在总体上是可以明显区分的法律，各有相对的独立性，不能互相混淆。生命法确有相当大一部分是调节生命行政关系的，于是有的人就把生命法视同行政法，这显然不妥，犯了以偏概全的逻辑错误。生命民事法、生命刑事法、生命国际法绝不是什么行政法。但生命法与行政法又是相互联系、有所交叉并相互制约的。其联系表现在：其一，二者都调节社会关系，二者中的任何一种法律如果在调节社会关系中失败，都可能引起社会不安定，从而波及影响另一种法律的实施环境。这表现了二者的共性与依存性。其二，二者在调节生命行政关系方面的作用是相容的，从而表现出了生命法与行政法内容的某些交叉重叠。这种交叉重叠，被有的著作表述为"兼容性"。[①] 其相互制约性表现在：其一，行政法的基本原则指导着生命行政法的制定，生命行政法的具体规定必须体现行政法的基本原则。其二，行政法体系中的生命科技行政法规，来自生命法；没有生命法整体的发展，就不会有行政法体系中的生命科技行政法规。杜昌维先生主编的《医院法律管理及权益维护》[②]，樊立华先生主编的《卫生法规与监督学》[③]等书，其内容几乎全是生命行政法。例如，前者第四章到第九章分别是"医院人事管理""医院医疗管理""医院科研管理""医院仪器设备管理""医院财务管理"。这些"管理"方面的法律规定，都属于行政法范畴，但又因全都是"医院……"的管理，又可置于生命法之下，为生命行政法。生命行政法与行政法的关系与区别，于此可见一斑。总之，生命行政法与行政法二者是相对独立，又相互联系、相互制约的。

生命法与民法的关系。民法是调整财产关系和人身关系的法律。这里所说的"财产关系"，最初是指物质财富方面的关系；而"人身关系"也与物质财富有关。因此，在民法的典范罗马法中，物权法、债法占了极大的比重。后来，当精神财富权利的保护问题被

---

① 《科技法手册》，光明日报出版社 1987 年版，第 9 页。
② 科学技术文献文版社 2002 年版。
③ 人民卫生出版社 2003 年版。

提出来时，移用了民法原则，把财产关系扩大适用到了精神财富关系的调整方法上去了；"人身权利"也随之与精神财富发生了联系。随着科学技术的发展，以一个统一的无所不包的民法形式，来调整以精神财富的法律保护为主要内容的科技社会关系包括生命社会关系，显得越来越困难了。于是科技法脱颖而出，成了挑起这副重担的主力。当然，由于历史的联系和精神财富的"财产"性质，科技法在调整科技民事关系时；同样，生命法在调整生命社会关系时，保护人身权利及其精神权利的民法原则，仍被作为重要的原则。现在，生命法——科技法与民法，也应被视为法律系统中同一层次的不同侧面，二者相对地独立，各自调整相应的社会关系；又相互联系、相互制约。随着生命科技突飞猛进的发展，以及生命社会关系的日益复杂化，生命法与民法的关系也将变得更为复杂、丰富多彩。

生命法与刑法的关系，主要是部分规范的交叉复叠。例如我国刑法中有关于侵犯知识产权罪的专节规定，共8条，还有关于危害公共卫生罪的专节规定，共8条，都已在或将在有关的生命法中以一定的形式体现。反之，生命法中的一些规定，也为刑法所支持：生命法中的一些法律责任条款，也是援用了刑事惩罚手段而作的规定。我国《刑法》（1979年7月1日）第三百三十五条规定："医务人员由于严重不负责任，造成就诊人死亡或者严重损害就诊人身体健康的，处三年以下有期徒刑或者拘役。"这一规定的精神，在许多具体的生命法中都有所体现。我国《中药品种保护条例》（1992年10月14日）的"罚则"有多处规定："……构成犯罪的，依法追究刑事责任。""上述构成犯罪的，由司法机关依法追究刑事责任。"这些规定是与刑法的规定相呼应的。

据《人民日报》2005年5月26日报道：陕西省以25条"铁规"规范医疗行为。根据规定，医院诊治病人的过程有了时间限制：院内紧急会诊到位时间不得超过10分钟；挂号、划价、收费、取药、采血等服务窗口等候时间不得超过10分钟；大型设备检查项目自开具检查报告申请单到出具检查结果时间不得超过48小时；检验、心电图、超声、影像常规检查项目自开始检查到出具结果时间不得超过30分钟；急诊留观时间不得超过48小时；平均住院日三级医院不得超过14天，二级医院不得超过10天。

25条"铁规"中还出现一系列数字标准：重大医疗过失行为和医疗事故报告率要达100%；医疗器械消毒灭菌合格率要达100%；急救物品完好率要达到100%；急危重症抢救成功率要超过80%；成功输血率要超过85%；一名护士负责的病房床位不得超过3个；危重患者护理合格率要大于90%；出院病人人均医疗费用中药费所占比例不得高于45%；药品收入占总收入比例三级医院要少于45%，二级医院要少于48%。

陕西省卫生厅还规定：严禁医院科室设立"小金库"；严禁将医疗服务收入直接与个人收入挂钩；严禁在国家规定之外擅自设立新的收费项目；严禁分解项目、比照项目收费和重复收费。医院要向社会公开收费项目和标准，及时向患者提供费用查询服务，主动接受社会和病人的监督。这些规定之作为"铁规"，是以刑事法律规范作为后盾的。《刑法》中的"严重不负责任"等比较抽象、原则的规定，在陕西省将因"铁规"而具体化。

生命法与国际法。国际法是调整国际公私关系的法律。生命法不参与调节一般意义上的国际公私关系；国际法一般也不参与调节具体国家内部的生命社会关系。因此，生命法与国际法，从总体上看是相互独立、平行发展的，是法律系统中同一层次的不同侧面。但是，随着国际生命科技转让、国际合作与交流的发展，生命法中调节国际生命社会关系的规范正日渐增多，而国际法中涉及卫生合作、医事交流以及生命科技合作、交流、转让的规范、条约也在与日俱增。因此，生命法与国际法的双向接近越来越频繁了。其内容的相互渗透变得越来越多、越来越明显了。生命法与国际法的关系还有一种特殊之处，即有的生命法就是国际法，有的国际法就是生命法，二者二而一，一而二，你我不分。例如，联合国《精神性药物公约》《麻醉药品单项公约》《护理人员公约》《消灭饥饿及营养不良的世界宣言》《残疾者的权利宣言》《日内瓦红十字公约》《关于医务人员、特别是医生在保护被监禁和拘留的人不受酷刑和其他残忍、不人道或有辱人格的待遇或处罚方面的任务的医疗道德原则》等，以及世界卫生大会制定的《国际卫生条约》等，就既是国际法也是生命法。例如，2005年5月23日，第58届世界卫生大会通过经修订的《国际卫生条例》，将在进一步促进全球卫生体系的建设，保护世界各国人民健康和生命等方面发挥重要作用。它就既是生命法，又是国际法。作为生命法，它以规范国际卫生事业、医事行为为特征；作为国际法，它以国际法的一系列准则，如尊重国家主权原则等为特征。当新华社记者针对该《条例》中纳入了"普遍适用原则"，而问及"这是否为台湾将来参与世界卫生组织活动奠定法理基础"时，外交部发言人孔泉指出：《条例》谈判过程中，各方同意纳入四项实施《条例》应遵循的原则，包括尊重人权、尊重各国主权、遵守《联合国宪章》和世界卫生组织《组织法》以及普遍适用原则。实施《条例》的四项原则同等重要并相互联系。《条例》指出，实施《条例》的主体是世界卫生组织的主权国家，并明确规定了成员国和卫生组织总干事的职责。中方希望今后各方能加强合作，共同促进《条例》的全面和有效实施。[①] 作为主权国家而承担实施主体，作为国际法而确认一系列公认的国际法原则，表明《国际卫生条例》的国际法性质；而作为"卫生条例"，又表明它的基本内容、调整对象是国际生命社会关系。

三、社会规范体系中的生命法

"社会规范体系"包括社会规范和技术规范两大部分。生命法在社会规范体系中的地位，也可见诸两个方面：一为社会性规范体系中的生命法；二为技术性规范体系中的生命法。

---

① 李萱：《中国外交部发言人说新国际卫生条例的实施主体仍是主权国家》，《新华每日电讯》2005年5月27日。

在社会性规范体系中，作为科技法的生命法占有特殊的地位。这一特殊地位反映在：其一，生命法同其他科技法一样，是联结生命技术规范和社会规范的纽带。生命技术规范的技术性、操作性及规范人在与自然、与物化智慧关系中的作用的狭窄性，与社会规范的非技术性及调节人际社会关系的复杂性，本来是互不相涉的。生命技术规范作为技术规范与社会规范的概念划分本身，就表明了各自的独立性。在人类社会发展的漫漫长途上，技术规范包括生命技术规范也曾仅仅是技术规范而已。但是，科技法包括生命法的出现，尤其是它在近代以来的长足、迅猛的发展，都使得大量的技术规范——生命技术规范变成了社会规范，成了社会规范日益丰富的重要源泉。这一方面，无论是民法、刑法还是行政法，都代替不了科技法–生命法的这种纽带作用。刘谦、朱鑫泉先生主编的《生物安全》①一书可以视为生命法将生命技术规范与社会规范联结纽带的最好说明。该书作为《生物高技术丛书》的一种，大量内容是生物安全的技术规范，涉及"转基因植物的生物安全性""抗除草剂转基因作物的安全性""植物用转基因、微生物及其生产的安全性""转基因动物及其产品的安全性""医药生物技术及其产品的生物安全性"等，而所涉技术规范又大多法律化了。所以该书的第二篇比较详尽地介绍了美国、欧盟、英国、印度、日本、澳大利亚等国和我国的生物安全法规。其二，同其他科技法一样，生命法是社会的规范体系中最积极、最活跃、最革命的规范。它不断汲取生命科技道德规范之精华，改造成为生命法规范；它转化生命技术规范为生命科技法规；它也不断吸取民法、行政法、刑法、国际法等实体法以及各种诉讼法——程序法的法律手段，作为自己调整生命社会关系的手段。其法规内容将越来越丰富而永不枯竭；其法规形式将越来越多样化而不断发展；其调节手段将越来越科学而更加有效。21世纪将是生物科学首先是生命科学世纪，生命科学的发展行将彻底改变人类社会的生活、面貌，生命社会关系将越出传统社会关系的轨道而变得无比复杂、"不可思议"，因此，生命法作为社会规范的使命也将变得更加重大、更加神圣。

对规范体系的考察，可以帮助我们进一步了解生命法的地位。这里所要考察的，有技术规范、道德规范、宗教规范和习惯风俗同生命法的关系。

关于技术规范与生命法的关系，必须强调指出的是，技术规范与生命法规范，存在着一种源与流的关系。一般地说，技术规范是指规定人们支配和使用自然力、劳动工具、劳动对象的行为规范。生命技术规范则是指规定人们在生命科技活动中使用自然力、劳动工具和劳动对象的行为规则。这里的"劳动对象"主要是指人体，即生命科技活动——医事活动所指向的对象——人体。在生产力水平低下，科技不发达，对生命的孕育、生产、生存、健康知识知之甚少、要求低下的情况下，人们只是在极有限的范围内使用自然力和生命科技——医疗工具，因而，简单的约定就可防止技术危险了。但当生命科技急剧发展、生命科技活动变得极端复杂的近现代，小小的技术操作错误，往往可能导致严重的不

---

① 刘谦、朱鑫泉主编：《生物安全》，科学出版社2001年版。

可弥补的损害。这样，以法律赋予技术规范以强制性，对违反技术规范给予重惩的预警，就变得十分重要了。于是大批大批的技术规范就源源不断地转化成了法律规范，技术规范与生命法就成了源与流的关系。

科技道德包括生命科技道德，是一般道德的重要组成部分，也是后者的新发展。生命法与道德规范的关系，既表现在它与生命科技道德的关系上，也表现在它与一般道德的关系上。生命科技道德与生命法之间存在着"双向流动"的关系：某些生命科技道德被赋予法律约束力从而成为生命法律义务，成为生命法律规范的一部分；而某些生命法律义务一旦成为人人能自觉遵守的行为规范，因而不再需要加以特别规定，不再需要以强制力为后盾时就会逐渐退出生命法的领地。一般道德与生命法的关系，则是一种"共变性"：一些生命法规对于诚实、信用、友爱、互助等一般道德规范的模范遵守，也有助于特定的生命法同类规范的贯彻实施。因此，一般道德规范与生命法规范之间，存在着互相制约、互相促进、相辅相成的共变关系。

生命法与宗教规范的关系。生命法规范建立在高度严格地尊重科学的基础上，有神论、男尊女卑、宗法关系、宗派关系等等，与之无缘，为其绝对排斥。生命法规范与宗教规范是互不相容的；而且，许多生命法规范的确立，往往是战胜宗教规范的结果。堕胎法、人工授精法、安乐死法的制定，都经历或还在经历着与宗教偏见的斗争。关于基因技术发展的法律促进，关于克隆技术发展的法律保障，现在正经受着宗教界陋习的顽固阻挠。关注生命法与宗教规范的关系，为生命法的发展而与宗教偏见、宗教陋习做坚持不懈的斗争，是生命法学工作者的永恒使命。

人类的风俗习惯精粗不一，良莠共存。封建迷信有碍生命社会关系的法律调节；诚实淳朴的民风，却有利于生命法的实施。"黄道吉日"的教条，男尊女卑的习俗，无疑对生命法规范的实施不利，对生命社会关系的合理调节有害。因此，生命法规范的实施，在排除不良习俗对合理调节生命社会关系的干扰方面，有重大的意义和重要的作用。生命法与习俗相比，前者无疑应占高级的起指导与规范作用的地位。习俗之于生命法，无疑应"顺之者存，逆之者亡"。当然，这有一个过程，不可操之过急。

第五章 生命法特征论

生命法的特征取决于以下几种因素：一为生命法的调整对象；二为生命法与生命科技发展的紧密联系；三为生命法伦理基础的动态演变；四为生命法的调节手段。在这些因素的共同影响下，生命法具有某些与一般法所不同的或不尽相同的特征，主要见诸以下几个方面：

一、生命法本质上的社会性

（一）关于法的本质

关于法的本质问题，在相当长的时间里，曾流行过极为一致的观点，即法以阶级性为本质特征，它是统治阶级意志和利益的反映，是为统治阶级维护其政治统治和经济剥削服务，并由统治阶级执掌的国家暴力机关所强制实施的。但这一观点在20世纪80年代初在我国受到了质疑。拙文《论法律的起源》[①]首先指出：人类创造法这一手段，并不是用来自戕的；法并不像传统观点认定的那样，起源于奴隶社会，而是起源于原始社会向奴隶社会过渡的时期；这一时期，原始共产主义制度日趋瓦解，私有制逐渐形成，战俘不再被大批杀食而豢养起来从事奴隶劳动；原始公社社员中的一部分人因债务也逐渐失去了平等成员的资格而为另一部分人所役使；这时还未形成奴隶制的国家政权，国家的地域性特征也未得到体现，但这时已产生了有强制力保障其实施的社会规范，这种规范一方面维护着奴隶主的经济利益，另一方面也维护着战俘奴隶的生存利益，没有这一点，新型的奴隶社会就不可能因为可以创造更多的社会财富而取代原始社会。也就是说，最初的法律倒是与战俘奴隶的利益密切相关的，同时也能促进社会生产力的发展。即使从仅仅维护奴隶主阶级的政治统治和经济利益这样的角度看，也由于奴隶制形成的初期、奴隶社会的上升时期中，奴隶主阶级也是革命的、进步的阶级。正如毛泽东所说的那样，它是代表革命和进步

---

① 《社会科学》1981年第1期。

的"铁老虎""真老虎"。① 连类而及,维护这一阶级的政治统治与经济利益,也就代表着维护社会进步的利益。这样,即使是在奴隶社会初期,奴隶制法律的本质也是社会性。② 奴隶制法律的社会性本质,是在奴隶主阶级沦为反动的、阻碍封建生产关系发展的阶段时,异化为奴隶主阶级的阶级性的。封建社会与资本主义社会走下坡路,封建地主阶级、资产阶级逐渐失去革命性、进步性而成为阻碍社会发展的反动阶级时,封建制法律和资本主义法律才浸透了异化的阶级性本质的。但即使是在这一阶段,法律也仍然具有社会性,是阶级性与社会性的对立统一体,而不是像人们说的那样,只有阶级性而无社会性。这是因为,社会并不是仅由剥削阶级构成,而被剥削阶级也并不是毫无力量的,且不说被剥削阶级总是在积极地进行反抗斗争,从而显示其力量;仅仅是这一阶级存在本身,就是一种制约剥削阶级的强大力量,剥削阶级的国家不能熟视无睹,法律也不能对这一阶级的利益毫不关心。

当然,毋庸讳言,在阶级社会里,因统治阶级运用其牢固掌握的暴力机器,利用法律来为其政治统治与经济剥削服务,因此法的阶级性是相当突出的。法的本质为阶级性论者之强调这些方面,也不无其正确的一面。但即便如此,也不能把法的社会性本质的一面一笔勾销。在阶级社会里,法是阶级性与社会性的对立统一体的观点必须坚持。但是,这并不等于可以一概而论法的一切部门。例如,不能把阶级社会的刑法与行政法、民法相提并论,尤其是不能把行政法、刑法与科学技术法等量齐观。原因在于,各种部门法所调整的并非同一社会关系。由于法所调节的社会关系的不同,法的本质属性也是有差异的。例如,科技法调节的是科技社会关系,而科技社会关系是在科技进步中形成的,"天生"地以社会性为本质。而科技法之调节科技社会关系,也必须顺应之;否则,科技不能继续进步。而行政法、刑法不一样,在阶级社会里,二者均以维护统治阶级为职责,其阶级性本质就比较突出。科技法如此,生命法当然也如此。因此,在考察生命法的本质特征时,就要从它所调节的社会关系出发。

(二)生命法本质属性之源

生命法本质属性之源,在于生命法的调整对象。

关于生命法的调整对象,论者多有异议。

邓公平先生主编的《医药卫生法学》未专论"医药卫生法"的调节对象,但他写道:"医药卫生法所反映的是维护和恢复人的生命健康这一特有领域内的人与自然,人与人之

---

① 《和美国记者安娜·路易斯·斯特朗的谈话》题注:"毛泽东一九五八年十二月一日在中共八届六中全会期间写的《关于帝国主义和一切反动派是不是真老虎的问题》一文中指出:'历史上奴隶主阶级、封建地主阶级和资产阶级,在它们取得统治权力以前和取得统治权力以后的一段时期内,它们是生气勃勃的,是革命者,是先进者,是真老虎。'"《毛泽东选集》第4卷。
② 倪正茂:《论法律的起源》,《社会科学》1981年第1期。

间的关系。"① 这段话实际上可作为该书对"医药卫生法"即我之谓"生命法"的调节对象的看法。

赵同刚先生主编的《卫生法》指出:"卫生法调整的对象是卫生社会关系。""既包括卫生行政关系,也包括卫生民事关系。"前者是指"具有行政意义上的权利义务内容的关系",后者是指"在卫生服务过程中发生的""具有民事意义上的权利义务内容的关系"。②

达庆东先生主编的《卫生法学纲要》认为:"卫生法的调整对象是国家卫生行政机关、医疗卫生组织因预防和治疗疾病,改善人们生产、学习和生活环境及卫生状况,保护和增进人体健康而产生的以及它们内部所发生的各种社会关系。"③

谈大正先生的新著《生命法学导论》则认为:"生命法的调整对象重点在于高新生命科技所产生的复杂新型社会关系","而从总体上说,凡与人类生命现象、生命活动直接间接有关,涉及当事各方权利义务的事都是生命法学研究与调整的范围。"④

樊立华先生主编的《卫生法规与监督学》认为:"卫生法的调整对象,是指各种卫生法律规范所调整的卫生社会关系。"⑤

以上关于生命法调整对象的代表性议论,在以下几个方面是值得商榷并不为笔者所苟同的:一是以"人与自然"的关系为调整对象,因为"人与自然"之间不可能发生"权利义务关系",生命法也不可能去"调节"自然,驱使自然如此这般地服从生命法律的规范。这在前文已经议及。二是"维护和恢复人的生命健康""卫生社会关系"都不能涵盖诸如堕胎、安乐死引致的人际关系。三是几乎都不能同时涵盖传统生命社会关系与非传统生命社会关系,而二者既为生命法所调节,那就必须全部涵盖。

我认为,简单地说,生命法的调整对象就是生命社会关系。至于生命社会关系的内容,前文已作详尽的分析。以"生命社会关系"为生命法的调整对象的优点是:其一,涵盖了传统与非传统的生命社会关系,因而在调整对象的表述上,已无所遗漏;其二,避开了"卫生社会关系"可能存在的"卫生行政"的"窄化"推测之虞,也避开了不正确排除安乐死法、堕胎法等所涉及的"卫死"问题而只及"卫生";其三,简明扼要。

生命法既以生命社会关系为调节对象,而生命社会关系本身并不存在什么"阶级性"而只有其社会性,因此,这就成了生命法本质属性之源了。

(三) 生命法的社会性本质

生命法作为科技法,是对在生命科技活动中产生、为生命科技发展服务的生命社会关

---

① 邓公平主编:《医药卫生法学》,上海科学技术出版社1989年版,第1页。
② 赵同刚主编:《卫生法》,人民卫生出版社2001年版,第11页。
③ 达庆东主编:《卫生法学纲要》,上海医科大学出版社2000年版,第12页。
④ 谈大正:《生命法学导论》,上海人民出版社2005年版,第12页。
⑤ 樊立华主编:《卫生法规与监督学》,人民卫生出版社2003年版,第2页。

系进行调节的法律规范，其使命是保障人体的孕育、生产、生存、健康的安全与愉悦，因此它的社会本性质显然是毋庸置疑的。

论者或谓：在剥削阶级占统治地位的社会里，统治阶级依仗其政治权力，使自己独享或厚享优裕的医疗、药品资源，因此，其时的生命法的本质不能不是它的阶级性。

对此，必须澄清这样几点认识：

其一，统治阶级厚享优裕医药资源的法律保障，并非是生命法的职掌。那是由诸如刑法、行政法和民法的某些规范综合调节的。

其二，生命法一视同仁地行使保障人体的孕育、生产、生存、健康的安全与愉悦的职责。即使是对"战俘"或"极为反动"的人，也要发扬人道主义，更遑论其他人。至于部分人以其权力剥夺他人的生命权、身体权与健康权，剥夺他人的医疗卫生权，这基本与生命法本身无涉。

其三，生命法对促进生命科技的发展有极其重要的作用，以器官移植法对器官移植技术发展的激励，以基因技术法对基因技术进步的促进，所得益的是整个社会，是全人类。

正因如此，生命法的本质在于它的社会性的观点，是无可怀疑的。

笔者曾在1987年发表的论文《重视科技法学的研究》[①]中这样判断："科学技术法本质上的社会性，正是资本主义国家的生产力仍以相当高的速度发展，国家的经济比较繁荣，人民的福利比较优裕的原因之一。"生命法作为科技法当然也起着同样的作用，即它对这些国家公众医疗卫生条件的改善，对其生命的孕育、生产、生存、健康起着积极的作用，是这些国家医疗卫生福利较为优裕、较有成效的重要原因。

承认生命法的社会性本质，有重要的立法上的、法学研究上的意义。毋庸讳言，西方发达国家的生命法，无论在立法还是在司法方面，都已取得了丰富的经验。只有承认生命法的社会性本质，我们才可能较为顺利地在立法上采取法律移植措施，才可能与西方国家的学者进行卓有成效的、有实际意义的交流，从而加快我国生命立法进程，为造福我国人民服务。

二、生命法立法上的预期性

所有的立法都带有某种预期性，都可说是在一定程度上的"超前立法"。但这里的"预期"与"超前"都已有了比较稳固的基础，也不意味"超前"的立法"预期"建立新的社会关系或准备调整可能出现的某种社会关系。正如马克思曾经指出过的那样："其实，只有毫无历史知识的人才不知道：君主们在任何时候都不得不服从经济条件，并且从来不能向经济条件发号施令。无论是政治的立法或市民的立法，都只是表明和记载经济的要求

[①]《法学》1987年第2期。

而已。"[1] 恩格斯赞成并更为具体地表述过马克思的上述观点，他在《论住宅问题》一文中写道："在社会发展某个很早的阶段，产生了这样一种需要：把每天重复着的生产、分配和交换产品的行为用一个共同的规则概括起来，设法使个人服从生产和交换的一般条件。这个规则首先表现为习惯，后来便成了法律。"[2] 也就是说，一般的法，都是对既成的社会关系包括经济关系的记录，是对这些久已形成行为规则的社会关系运行方式的肯定。这样，得到法律肯定的社会关系便成了规范人们调整这类社会关系的偏差的准则。奴隶社会末期，封建制的社会关系在奴隶社会的母腹内发展并逐渐成熟，导致封建地主阶级夺取政权，并凭借政权制定法律，肯定成熟了的封建制社会关系，使之成为调节封建社会关系的准则。这在封建制的行政法、民法、刑法、诉讼法等来说，东方与西方，外国与中国，都是如此。封建社会末期，资本主义社会关系在封建社会的母腹内发展并逐渐成熟。资产阶级夺取政权之后，仿效封建地主阶级的办法，立法以肯定资本主义社会关系，使之成为调节资本主义社会关系的行为准则，这同样在资本主义的行政法、民法、刑法、诉讼法等中得到明显地反映。由此可见，一般的法，都带有"滞后性"。

作为科技法的生命法的立法则不同。由于人的生命只有一次，因此，古往今来，各国人民无不把生命看作是最宝贵的，一切与生命孕育、生产、生存、健康相关的行为，都被审慎而又审慎地对待。因此，生命立法的预期性或者超前性，不但自然地成了它的重要特点之一，而且，其"预期"与"超前"是比一般立法更名副其实的，因为它的宗旨即是规范新型的、尚未成熟的甚至尚未出现过的社会关系。

生命立法的预期性意味着它不像一般立法那样是"把每天重复着的……行为用一个共同的规则概括起来……"。也就是说，往往不是生命科技行为在前而立法在后，而是立法在前、生命科技行为包括医事行为在后。这在非传统社会关系、非传统生命关系的立法来说，尤其是如此。生命法所调节的生命社会关系，是正在形成但尚未定型、已经产生一定法制需求但又往往不太明确的社会关系。当出现这类"不太明确的""尚未定型的"社会关系时，就以制定有关生命法的办法，使这种社会关系定型化，使它的法制需求明确化。也就是以生命法来促进新的生命社会关系的确立，并保障它正常发展；或者相反，以生命法来阻止新的生命社会关系的确立，禁止它的发展。后者如曾有一度到处风行的以克隆技术法来制止克隆技术发展，阻止克隆技术可能引致形成的人际关系的出现。

这里，最为关键的是，生命法所促进并保障其正常发展的生命社会关系，必须是有利于生命的孕育、生产、生存与健康发展的。

例如，基因技术正以相当高的速度发展着。基因工程作物培育成功，开辟了一条全新的创造新品种的快速途径，并跨越了物种间过去无法克服的屏障进行着任意的基因转移。

---

[1] 《马克思恩格斯全集》第4卷，第121—122页。
[2] 《马克思恩格斯选集》第2卷，第538—539页。

诱人的前景是人们还可以比较自由地根据需要赋予基因工程作物或家养动物一些新的品质，如高产、速长、抗寒、抗盐、低脂、富含原先食物中缺乏的营养物质以及作为口服疫苗等等。在不到5年的时间里，美国基因工程作物的种植面积已达到2000万公顷，几乎占美国耕地总面积的五分之一，种类超过43种。在大豆和玉米这两种作物中，基因工程品种的种植面积已分别占据二分之一和三分之一之多。目前在美国超市，60%的加工食品含有基因工程作物的成分。1999年全球基因工程作物种植面积达3200万公顷。基因工程作物所取得的显著经济效益和广阔的前景，令研究者趋之若鹜。据不完全统计，世界各国正在研究的基因工程作物与动物超过1000种。尽管如此，大部分发达国家如欧盟各国和日本，对基因技术的发展，对转基因食物，始终保持着十分冷静的态度，公众也普遍不欢迎这类基因工程食物。德国、奥地利等国政府干脆对基因工程作物的栽培明令禁止。他们在大规模推广应用基因工程作物上所以按兵不动，是在更为理智地推动这场革命，以期完全做到或者完全证实基因工程作物和动物对人体和环境没有任何危险。为此，几乎所有正在发展基因技术的国家，都事先立法规范基因重组实验。依据有关法律的规定，基因重组实验必须在"负压"实验室进行。在这里设立了各种登记的物理屏障以及生物屏障，以防止基因重组的生物（当时主要都还是些微生物）进入人体或逃逸到外界。虽然以后对非病原体基因工程实验的规定有所放宽，但有关生物安全的原则不变。对于基因重组实验，各国政府颁布有相应的操作规程，以防范重组生物进入人体或扩散到实验室外面。这种预期性的基因重组实验的立法，有一个从严到宽的演变过程，这一演变过程本身，也反映了它的预期性。

再如安乐死立法。"安乐死"无论如何"安乐"，都离不开"人为致死"这一事实。古往今来，各国举凡"人为致死"都是由刑法加以规范的。"杀人者死"几乎是千年不变的"铁律"。但"安乐死"却要为某种特殊的"人为致死"网开一面，保护促成"人为致死"的死者家属及"人为致死"的医生不受任何惩罚。这种需求显然早已存在、普遍存在，但实践中，"人为致死"却处处以"大刑伺候"，必受刑罚严惩。正因如此，根据安乐死的需求而制定的安乐死法，就是一种预期性立法了，因为在它之前，很难有"人为致死"而不受惩罚的记录。（当然，这是指一个法治的国家里；在人治国家里则是另一类情景，但同时，它也是与本文无涉的另一类问题。）

由于生命法是用以调节生命社会关系的，因此，它的预期性，在相当大的程度上表现为保守性，以保障生命的安全、健康为第一宗旨，任何危及生命安全与健康的可能，都会被立法所排除、所预防。例如卫生防疫法。

我国曾于1955年发布《传染病管理办法》，经20多年的实践，复于1978年修订为《中华人民共和国急性传染病管理条例》（1978年9月20日），其宗旨即为贯彻以预防为主的方针，积极预防、控制和消灭急性传染病的发生与流行，保障人民的生命安全和身体健康。其中列出了甲、乙两类25种传染病，规定发现甲类传染病及疑似病人时，应用最快的办法向卫生防疫站报告，城镇最迟不得超过6小时，农村最迟不得超过12小时。经过10多年的实践，总结了我国防治传染病工作多年积累的经验，为建立和完善防治传染病的法律机制，1989年2月21日，七届全国人大常委会第六次会议审议通过了《中华人民共和国传染病防治法》。根据十多年的实践，经修改后又于2004年8月28日以国家主席第17号令发布。其立法精神就在动员全社会的力量来共同预防、控制和消除传染病的发生与流行，保障人民的身体健康和生命安全。该法对传染病防治工作的基本原则，法定传染病的范围，各级人民政府、社会组织和公民个人在防治工作中的职责和义务，疫情的报告和公布，传染病的控制，传染病防治工作的监督管理以及法律责任等，都做了严格的规定。这些规定十分鲜明地体现了一个"严"字。该法对2003年春季以来我国城乡抗击非典型性肺炎的流行以及而后的防治各种传染病（包括当前的抗击禽流感），起了重大的作用。因此，它的积极意义是十分明显的。由此也可显见生命法的预期性、保守性与积极性是相互依存、相辅相成的。

生命法立法的预期性与保守性，在当代生命科技高速发展的情况下，显得更突出、更重要了。从当下来说，最明显的例证莫过于关于克隆技术的立法。由于克隆技术的发展必定导致生殖性克隆，即导致人体的复制，从而引起人类社会的"混乱"，引起固有伦理的颠覆，所以，举凡各国有关克隆技术的立法，无不以一个"禁"字当头。总之，基因技术、克隆技术的发展，一方面十分有利于疾病治疗；另一方面又可能带来巨大风险。为此，就必须制定相关的法律，极为审慎地控制基因技术、克隆技术的发展。其预期性与保守性也就不期然而然了。但是，预期性并不只是包含保守性，它也完全可以包含激励性，下文将展开论述。

三、生命法内容上的伦理性

一切法律在内容上都有一定的伦理性，无伦理便无法。生命法与一般法不同的是，它的伦理性有两个特点：一是它的伦理性特别强；二是从传统生命法到非传统生命法，其伦理基础起了质的变化。一般法的法则几乎是以某种伦理观为其永恒的支点。"杀人者死，伤人及盗抵罪"的伦理基础，从刘邦进咸阳"与秦民约，法三章"[①]起，至今而无所改就是明证。中国法律传统的一个重要特点便是伦理入法。但生命法立法，不仅中国、东方，而且西方各国，也无不以伦理入法为其内容上的重要特点。这种耦合，是值得详加研究的，但这不是本书的任务。

生命法内容上的伦理性，古来如此。《汉书》记载，汉代的淳于意有时故意不给病家治病而致病家怨恨，汉文帝曾下令押赴长安市曹处死。刑事法律不会对不加害者给予惩

---

① 《汉书·刑法志》。

处，民事法律也不会因拒绝交易而加惩处。但淳于意一未加害病家，二未收取病家金钱而不提供服务。因此，汉文帝之下令处死淳于意的依据，仅仅是从淳于意"见死（病）不救（治）"出发的，此一处死诏令，即是以伦理入法了。唐代曾严著医律以制庸医，规定凡医师处方用药须注明药物的主治、分量和冷热、迟速或针刺，如果处方用药及题疏针刺错误而致杀人者，处徒刑两年半。唐律还规定对医药不精的人采取严厉措施直至处死。

生命法内容上的伦理性，在当代的非传统生命社会关系法律调节问题上表现得最为突出。堕胎法方面的争论，在很大程度上是由堕胎问题上的伦理观分歧引起的。20世纪50年代以前，美国各州大多立法禁止堕胎，认为堕胎是犯罪行为。直至60年代，关于堕胎的伦理和法律的争论，在美国始终不断。1964年，美国发生了麻疹传染病的迅速流行，由于麻疹会影响胎儿的正常成长，于是堕胎自由又被公众热切关注。不久，美国的一些司法机构确认：如果一个持执照的医生认为继续妊娠有害母亲的身心健康，或者新生儿可能有严重身体缺陷，或者由强奸、乱伦等引致妊娠，即可经一个有关的委员会批准，在一个其认可的医院中实施人工流产。这些规定，尤其是"由强奸、乱伦等引致妊娠"而允许堕胎，是十分明显的伦理入法的结果。

人类辅助生殖技术——人工授精、借腹怀胎、代理母亲、"精子银行"以及如今争论得沸沸扬扬的"克隆人"问题，其争论的核心，都在于伦理与法律的冲突。有关的立法，基本上都是一定伦理观的体现或不同伦理观的妥协。"试管婴儿"及其他的辅助生殖技术方面的立法，都是不同伦理观妥协的结果。尽管如此，立法之后，往往还会在一些特殊问题上引发新的伦理争论。

英国《每日电讯报》2002年7月9日报道，英国一对白人夫妇要求实施辅助生殖，得到医院同意而成功地喜获宝宝，但万万没有想到的是：他们居然生出来一对黑人双胞胎！夫妇俩在震惊之余将悲愤的目光投向医院，是他们在试管授精的过程中张冠李戴，犯下了不可饶恕的错误。可是孩子已经呱呱坠地，谁是他们的真正父母呢？另外的受害者是一对黑人夫妇，同样朝思暮想着能有自己的宝宝。这两对夫妇在同一天来到医院，将自己的希望寄托于医院。可是，命运偏偏爱捉弄人，医院方面错误地使用了黑人提供的精子与白人妇女的卵子结合，或者把黑人夫妇的受精卵移植到这名白人妇女的子宫中。1990年出台的《人类受精和胚胎法案》明文告诉那些捐赠精子和卵子的男女们：生育孩子（接受试管授精）的母亲才是合法母亲，而不是提供卵子的生物妈妈（基因妈妈）。也就是说，精子或卵子捐献者需要放弃他们做父母的权利，生下来的宝宝与他们的基因爸爸妈妈没有任何法律关系。那么在这件事上，白人妈妈毋庸置疑是黑孩双胞胎的母亲，但是父亲的问题更为复杂：那个黑人爸爸应该是合法的父亲，而从法律角度，这对宝宝将有一个白人妈妈和一个黑人爸爸。[①]

---

① 张楠：《白人夫妇生黑孩，英国试管婴儿惹官司》，《人民法院报》2002年7月21日。

法律与伦理在这里发生了严重的碰撞。虽然这一案例起因于医方的疏失，而不是试管婴儿技术或有关法律的错误。但是，如果是自然生育，是绝不会发生此类奇事的。

另一个法律与伦理严重冲突的案例也发生在英国。据报道，在英国曼彻斯特圣玛丽医院降生的一对姐妹腹部相连，脑袋各朝一边，腿脚各享一半。姐姐茱迪体内有一套健全的心、肝和肺，而妹妹的这些器官却没有生理功能，甚至连大脑都"没有发育完全"，完全依赖姐姐的这套器官维系生命。妹妹完全是"寄生"在姐姐的身体上，"吮吸着姐姐的生命力"。如果不施行分离手术的话，那么两个人共享的一个心脏和一对肺将难以承受日益增大的压力，这对小生命最多只能活三至六个月。就算奇迹发生的话，也就是几年时间，绝对不可能长大成人。而如果进行分离手术，身体较为健壮的茱迪存活下来的希望很大，并有可能过上正常人的生活，而玛丽则必须被放弃。要么同归于尽，要么忍痛割爱。生与死，如这对姐妹一般，紧紧地纠缠在一起。

对此，茱迪、玛丽的父母感到万分为难，痛苦思索的结果是，他们态度十分明确地表示，不论从道义上还是从法理上来说，牺牲一个亲骨肉的生命来换另一个骨肉的生命是错误的，也是他们夫妇从感情上所无法接受的。这对夫妇在一份散发给英国媒体的书面声明中说："我们决不会接受牺牲其中一个孩子的生命换取另一个孩子的做法。那样做是在违背上帝的意愿！"夫妻俩的律师约翰·基钦曼表示，他们夫妻俩的意思很明白，那就是一切顺其自然，就算最终两个孩子全都失去也在所不惜。

媒体曝光此案后，英国民众分成了支持和反对两派，而以"救死扶伤"为职业铁律的医生则陷入了"是否在救茱迪一命的同时扮演了'刽子手'角色"的两难境地。此案最后是由法院判决解决的：英国最高法院于2000年8月25日做出了一审判决：同意手术；上诉法庭紧跟着做出了支持一审判决的决定。① 经过20小时的手术，茱迪和玛丽终于分开。从此一死一生，阴阳相隔。英国《医生道德通报》等指出，法律与道德的冲突及争论仍将继续，因为茱迪与一些相关的人将永远背上情感的重债。

如果说上述二例反映的是法律与伦理的冲突而最终是法律"战胜"了伦理的话，那么，关于脑死亡标准的立法，反映的却是法律与伦理的即时性冲突：谁胜谁负，还有待分晓。据《文汇报》记者钮怿报道：

中国脑死亡诊断标准，在日前武汉举行的全国器官移植学术会议上被专家首次披露。该诊断标准第一句开宗明义：脑死亡是包括脑干在内的全脑机能丧失的不可逆转的状态。

由国家卫生部脑死亡法起草小组制定的这一诊断标准为第三稿，共有四项，包括先决条件：一为昏迷原因明确，排除各种原因的可逆性昏迷；二为临床诊断：深昏迷，脑干反射全部消失，无自主呼吸（靠呼吸机维持，呼吸暂停试验阳性），以上三项必须全部具备；三为确认试验：脑电图平直，经颅脑多普勒超声检测呈脑死亡图形，体感诱发电位 P14 以

---

① 尤黎：《连体姐妹，生死抉择》，《文汇报》2001年11月9日。

上波形消失，以上三项有一项阳性；四为脑死亡观察时间：首次确诊后，经过12小时无变化，方可确认为脑死亡。

在关于脑死亡立法的研究中，医学界比较普遍地持赞成的态度，认为它"有益大众"。中国器官移植学会副主任委员、国际移植学会委员陈忠华教授以一名医生的身份特别指出，脑死亡不同于植物人。他说，绝大多数人在生命的尽头首先是呼吸、心跳停止，但也有5%的人因脑外伤、脑肿瘤、脑血管疾病等，首先出现的是包括脑干在内的全脑不可逆的器质性损坏，这就是脑死亡。脑死亡是永久的、不可逆的。英国曾有16位学者做了关于1036名临床诊断为脑死亡患者的研究报告，报告表明：虽经全力抢救，但这些病人无一生还，而抢救一名脑死亡患者一天所消耗的卫生资源十倍甚至百倍于普通病人所需的费用。因此，确认脑死亡观念和实施脑死亡法，可以适时地终止无效的医疗救治，减少无意义的卫生资源消耗。当然脑死亡立法不仅仅是为了节约资源，放弃明知无效的抢救；也是为了让人死得尊严些。他说，法律上承认脑死亡，还有助于推进器官移植医学发展，使成千上万器官终末期病人因此得到再生的机会。目前中国心、肝、肾等器官移植在临床上已达到相当高的水平，由于没有脑死亡立法，器官供体质量不如国外，器官来源的正常程序受到影响和干扰。但是，脑死亡立法绝不是为了便于获得质量好的移植器官，而是为了能把有限的医疗卫生资源用在更有效的地方，使广大的人民群众受益。

伦理学界的态度却与医学界有所不同，他们认为，现在主张"脑死亡"的原因主要为了"减负"：一是减少医疗资源的浪费，减少患者家属与社会的治疗压力；二是降低患者本人的痛苦，让患者"死"得有尊严；三是更多地为社会谋利，患者的身体器官在"脑死亡"后可作为他人治疗的替代器官。这些原因中最引起伦理学界争议的就是节省医疗费用和脑死亡者的器官利用价值问题。"什么样的生命是应该得到保护的""能不能以结束一个价值低的生命以维持另一个生命"成了伦理学界最为关心的问题。他们还认为，脑死亡概念的提出，颠覆了人们对死亡的经验判断，在人们还不能普遍接受以科学的而非经验的方式对生命进行判定时，科学问题和伦理问题无可避免地搅到了一起。因此，要推动脑死亡的立法，首先要有科学的脑死亡标准，然后就是要请医学界清晰地将科学问题与伦理问题剥离，以切实可靠与有效的证据和方法告诉人们：脑死亡就是死亡，进而让人们像接受以往对死亡的经验判断一样地接受脑死亡对生命的宣判。至于对死者的医疗费用或对死者的器官移植的讨论，在当前最好不要过多谈及，我们必须充分考虑到公众的心理感受，避免引起公众的伦理困惑。更重要的是，即将出台的法律也还有必要尊重公众的意愿——法律只是赋予亲人选择抢救还是放弃、同意或者拒绝器官移植的权利，而不是以法律的名义规定脑死亡者自动成为器官移植的"供体"。[①]

这样的争论还将持续。即使通过了脑死亡法，在实践中法律与伦理的冲突也不可避

---

① 钮怿：《脑死亡：伦理与科学的争辩》，《文汇报》2002年10月30日。

免,甚至有时还可能变得更加现实,更加尖锐。

这种争论,在安乐死立法中,表现得更加明显,以致时至今日,全球各国还只有荷兰和比利时两国通过了国家立法。它反映了伦理观的相对滞后性。当然,伦理观的变化还是在发生着。正因如此,精神卫生法、献血法等还是到处被制定出来,而且大体可说是通行无阻的。例如:1997年12月29日,八届全国人大第25次会议审议通过了《献血法》。这部法律于1998年10月1日起施行。献血法对我国的献血制度、法律适用范围、无偿献血者的权利和义务、采供血机构的设置和管理及临床用血管理等都做了明确规定。党中央总书记、国家主席胡锦涛同志曾带头献血。中国红十字会总会副会长孙柏秋也是一名无偿献血者,她已无偿献血2200毫升。北京市于1984年在全国率先开展无偿献血,但全年只有19个人响应,而到1997年底,已有34万人成为光荣的无偿献血者。《献血法》树起了一面无偿献血者的旗帜,它标志着人们的伦理观的重大变化。当然,也标志着先进伦理入法的时代正快速到来。

四、生命法功能上的激励性

生命法的法律功能,涵盖了组织管理功能、惩戒功能与激励功能三个方面。有关生命科技发展以及医疗卫生管理方面的生命法,以组织管理功能为其主要特点;有关毁损人的生命孕育、生产、生存、健康方面的生命法,突出了它的刑事制裁功能。但总体来看,生命法的功能,以其激励性为主要特点:激励以高尚的医德、高超的医术去解除病患者的痛苦;激励人们去攻克一个又一个生命科学技术的难题,从而为人的孕育、生产、生存、健康提供更加切实有效的助益与保障;等等。

法的激励功能,长期以来被法学界所漠视了。所以,美国斯坦福大学弗里德曼教授在《法律制度》一书中不无遗憾地慨叹"法学研究总的来说对奖赏注意不多"[1]。但时至今日,仍有不少法学界人士不以激励为法的功能,不认为有激励法。[2] 这只是从表面上看问题。诚如弗里德曼所指出的那样,"表面上看,法律制度似乎使用惩罚比奖赏多。从某种意义上说,惩罚似乎更有效。仅仅威胁要惩罚就有制止作用,而奖赏的希望则刺激很小"[3]。其实,奖赏与惩罚的"刺激"对个人的"作用力",是很难分出大小强弱的;而在人口总数中,善良者总比歹徒多,因此,把刺激力与人口量二者综合起来考量,奖赏比惩罚是更为重要的法律手段。"仅仅威胁要惩罚"固然"就有制止作用",但对绝大多数并不想违法犯

---

[1] [美]劳伦斯·M.弗里德曼:《法律制度》,李琼英等译,中国政法大学出版社1994年版,第97页。
[2] 如刘大生在《法律层次论》中对奖赏法就持否定其法的态度,天津人民出版社1993年版,第107—108页。
[3] [美]劳伦斯·M.弗里德曼:《法律制度》,李琼英等译,中国政法大学出版社1994年版,第93页。

罪而且其道德、习惯已养成不致违法犯罪的人来说,"惩罚"的"威胁"一般并不被他看作是针对自己,而是专为针对他之外的歹徒们的。许多人并不关心"普法"的某些内容,抱着"我绝不会犯罪,何必'普'什么'法'"的虚与委蛇态度,其认识上的根源盖出于此种心态。奖赏却不同,它对任何人都可构成刺激。即使是囚徒,一般也总是想以"立功"来抵罪,所以刑法中有"自首从轻""将功抵罪"之类的规定。监狱法中更有许多非常具体的激励规定,刺激囚徒认真悔过,努力改造。

法的历史发展过程证明,从法产生之日起即有激励性规定。而后绵绵亘亘的立法长途中,激励性的规定也绳绳继继,不绝如缕。直到近代,专利法、著作权法等的诞生,则是激励法发展的里程碑,因为这些法律是整体性的激励法。现在,激励法出现得越来越多了。法律史将逐渐走上以激励法占主导地位而发生伟大的转折。①

在法的大家族中,生命法尤其是非传统的生命法,对法的激励功能是情有独钟的。器官移植法就是对器官移植的激励。献血法是对无偿献血的激励。1907年美国颁布的《优生法》和1948年日本颁布的《优生保护法》等,都是对"优生"的激励。充分重视生命法的激励性特点,当促进生命科技的发展从而对保护人的孕育、生产、生存、健康起巨大的作用。

但是,生命法的立法激励必须有三个前提:一是所激励者是促进先进生产力、先进文化发展的;二是已有确切的保证,可以避免生命科技"双刃剑"负面"剑锋"危害人类的危险;三是伦理阻力已减弱到一定程度,足以排除所激励者的前进障碍。这些,我们可以韩国成功完成治疗性克隆一事为例略做说明。

韩国国立汉城大学教授、著名治疗性克隆科学家黄禹锡于2005年5月底表示,他"正考虑在韩国建立全球干细胞库"。这是黄禹锡继5月19日在伦敦宣布成功利用克隆技术培育出胚胎干细胞后,将要采取的又一新措施。

2004年2月,黄禹锡领导的科研小组在世界上首次成功克隆出人类胚胎。2005年,黄禹锡又用18名女性捐赠的185个卵细胞,克隆出31个胚泡,并从中成功提取了11个胚胎干细胞,成功率已从2004年的0.4%提高到2005年的6%。接着,科研小组又对男性、青春期前和闭经期以后的女性等不同人群,其中包括3名疑难病患者,进一步进行了胚胎克隆。他们利用患者自身的体细胞,成功提取了3个胚胎干细胞。医学界认为,从患者身上培育出来的干细胞,移植到患者自身体内用于治疗疾病,将有望解决免疫排斥反应问题。与病人基因相符的干细胞,可生长出自己的替代组织来治疗疾病。这一突破性的成果被誉为向临床治疗迈出了实质性一步,是"革命性的突破"。干细胞可以作为"种子细胞",移植到病人体内替代病变组织坏死细胞,从而治疗多种疑难病症。韩国成功地利用治疗性克隆技术,制造出病人自身的干细胞,是治疗性克隆走向临床应用的尝试,给全世

---

① 倪正茂:《科技法学原理》,上海社会科学出版社1998年版,第343—354页。

界的疑难病患者带来了福音。

他们还利用男性体细胞和女性卵子培育了"异性间"的胚胎干细胞，由于利用同一女性培育的胚胎干细胞，在临床治疗中存在应用范围。黄禹锡说："此次试验证明，试验中培育的细胞是染色体完全正常、可分解出多种细胞。这一干细胞可分解出皮肤、骨骼、胃肠器官、呼吸器官等。"

黄禹锡的科研成果举世瞩目，韩国更是为之欢欣鼓舞。2004年，政府提供的经费为65亿韩元（约合650万美元），2005年已猛增到265亿韩元。韩国政府已决定再为黄禹锡科研组增建三大研究基地，并配备最尖端装备和器材。韩国科技部有关负责人说，黄禹锡教授根据研究进展提出必要的金额，政府都将会给予积极支持。

韩国政府的大举增拨克隆研究经费一事，尚属于行政行为，还不是法律行为。行政行为既可受政策的支配，也可受法律的支配。行政政策缺乏权威性与稳定性，却带有随机性与多变性。因此，事态的进一步发展，也许会引起韩国或其他国家在立法激励发展克隆技术上有所突破。

第六章 生命法原则论

据 2005 年 6 月 7 日《上海科技报》报道，6 月 3 日举行的第六届国际临床肝脏移植研究会上，中国卫生部官员透露，即将出台的中国首部《人体器官移植条例》[①]将强调八大原则，包括自愿、知情同意、公平公正、技术准入、非商业化、自主决定等，其中尤其强调非商业化原则。1991 年世界卫生组织规定人体及各个部分均不应成为商业交易对象。我国《条例》也明确规定，在器官摘取、保存、运输等项目上可以收费，但器官本身绝对不能用作买卖。《条例》规定：具备一定技术、设备和专业人员的医疗机构，才能从事器官移植。这将纠偏近年来出现经济效益趋势下争供体、抢病人的混乱状态。据透露，将实行准入制度，以后乡镇卫生院不能开展器官移植，只允许有条件的医院做。行将出台的《人体器官移植条例》直接规定有关原则，对我们深入探析生命法原则，是很好的启迪。

此前出台的一些生命法包括传统和非传统的生命法，都有一些关于生命社会关系法律调节原则的规定。在此基础上，已有一些著作议及关于生命法的原则并做理论上的阐释。如《卫生法学纲要》一书议及"卫生法的基本原则"时认为，保护公民健康的原则、预防为主的原则、依靠科技进步的原则、中西医协调发展的原则、动员全社会参与的原则、国家卫生监督的原则和奖励与惩罚相结合的原则等都是卫生法特有的原则。[②]《药事管理与法规》[③]一书则略论了药品监督管理的原则：目的性原则、方针性原则、限制性原则与方法性原则。有意思的是，《医药卫生法学》一书将医药卫生法的基本原则与生命法的原则分开来加以论述。该书在论述"我国社会主义法的共同基本原则"（民主与群众路线原则，社会主义原则，实事求是，从实际出发，以政策为指导，以宪法为依据和法制统一原则）的基础上，论述了"医药卫生法的特定基本原则"。这些"特定基本原则"为：保护人民健康的原则，预防为主的原则，现代医药和传统医药并重的原则。该书随后论述的"生命

---

① 《人体器官移植条例》由国务院于 2007 年 3 月 31 日发布，自 2007 年 5 月 1 日起施行。——编者注
② 达庆东主编：《卫生法学纲要》，上海医科大学出版社 2000 年版，第 14—15 页。
③ 中国中医药出版社 2003 年版。

法的原则"则为以下几点：社会效益原则、尊重自愿原则、保守秘密原则和择优原则。①《卫生法规与监督学》一书也是将"我国社会主义法律的制定必须遵循的共同原则"与"卫生法的特殊原则"分开来论述的。关于后者，该书认为，有利于发展医疗卫生事业、保护公民健康权、预防为重、依靠科技进步、中西医协调发展、动员全社会参与和国家卫生监督等，是卫生法的特殊原则。②

其实，上述"医药卫生法原则"与"生命法原则"是大体互通的。例如，"保护人民健康""预防为主""现代医药和传统医药并重"等要求，在"生命法"中也应有所体现。反之，"社会效益原则""保守秘密原则"和"择优原则"在"医药卫生法"中也应贯彻。问题出在"医药卫生法"本就是"生命法"，二者是不可分的。因此，我们统一以"生命法的原则"展开论述。至于"社会主义法的共同基本原则"乃至一般法的"共同基本原则"，就不一一述及了。

一、社会效益第一原则

（一）似是而非的"社会效益"

1986年6月在广东省中山市召开的中国卫生经济学会技术效益研讨会上，与会者讨论了医药卫生工作的社会效益问题。会议发表的《综述》指出："卫生部门的社会效益，其主要内涵是：维护和增进人类健康，干扰和影响人类的繁衍、出生、疾病、衰老这一自然过程，保护和提高社会劳动力。其外延是指：包括民族的繁衍昌盛，人民生活的幸福以及两个文明的建设等。"这样论断社会效益原则的内涵和外延，是大致可以认同的。但要把这一原则贯彻到实际生活中去，又往往会发生一些认识上的偏差，实行的"社会效益原则"乃似是而非的东西。

"例如，就以安乐死来说，一些社会学家指出它的社会效益的好处是：结束病人的痛苦；使人在适当的时候死去；减少对家庭和医生的负担；加快由晚期病人占用的病床的周转；降低患病统计数字，减少护理晚期病人所用的开支。在这些没有希望痊愈的病人身上浪费资源，还不如将这些资源用到那些真正可以从中受益的人身上。这些可作为衡量生命价值时的参考标准。生命法必须以一定历史时期的政治、经济、社会和文化的效益为出发点。一个人的生命价值在于他有意识地使用现代社会的物质文明，也就是享有社会对个人的尊重和满足。同时，也在于对社会对人类的物质和文明进一步做出自己的贡献，亦即承担应该承担的责任，这是人区别于动物的社会属性。在法律关系上表现为享有权利和履行义务。只有具备社会性和生物性的生命才是完整的人，有些人如痴呆症、脑功能障碍、脊

---

① 邓公平主编：《医药卫生法学》，上海科学技术出版社1989年版，第40—55页。
② 樊立华主编：《卫生法规与监督学》，人民卫生出版社2003年版，第8—9页。

柱缺陷等先天性遗传病，即使运用现代科技延长寿命，也不过是一堆生物的'行尸走肉'，或者是个空的'躯壳'的生命。一些由于意外事故或严重疾病而引起的高度昏迷，即脑功能不可逆转的死亡，用人工方法维持其呼吸或心跳也是一个废人，因为他们失去了自我意识、时间观念和进行抽象思维的能力，不再是一个行使功能的人，他的生命价值失去了社会意义。对他们死亡日期的延长意味着卫生资源的浪费，给社会、家庭带来沉重的负担，给整个社会政治经济、文化和民族繁衍等方面带来的是无效益或负效益，这种负效益同科学发展社会进步背道而驰。从根本上看，这些人无益地消耗卫生资源就是对那些为社会做贡献的人们的权利的剥夺，也违背了社会主义原则。在严格标准的控制下，法律和司法机关应支持那些在一定历史条件的绝症病人或先天性畸形儿做出处理。当然积极的方法是'预防为主'。"①

我对安乐死是举双手赞成的。但安乐死必须立法，"在严格标准的控制下"依法进行，不能为"降低患病统计数字"而推动安乐死。上述看法中的一些提法，似是而非，有严重的问题。绝不能把患有痴呆症、脑功能障碍、脊柱缺陷等先天性遗传缺陷的人，当作"不过是一堆生物的'行尸走肉'，或者是个空的'躯壳'的生命"来对待；绝不能要求法律和司法机关"支持那些在一定历史条件的绝症病人或先天性畸形儿做出处理"。

上述关于安乐死的认识偏差，不仅无助于安乐死立法及全部有关的法律调节，而且与社会效益第一原则也是相悖的。社会效益第一原则的"社会"，是包括病患者及其家属亲朋在内的。实施一项严重违反其本人及家属亲朋的法律或政策，不可能成功，原因就在于把他们从"社会"中弃置不顾了。

最典型的似是而非，见诸苏联囿于可供器官的严重缺乏，对死亡者摘取其器官一事实行了"需要原则"。这"需要原则"的依据就是似是而非的"社会效益"。这样的"需要原则"已被公认为不人道的了。

据新华社记者刘为忠、郑天虹、王思海报道，②现在，"无论城乡，就医都成了'奢侈消费'"，因为无法承受巨额的医疗费用，生病不到医院治疗或者未痊愈就出院的现象，在全国各地都有。重庆市第三次国家卫生服务调查结果表明：52.5%的农村病人应住院而没有住院，应住院的城市病人也有37.9%没有住院治疗。此外，经住院治疗后自己要求出院的病人，大多数是因为经济困难，其中城市病人的比例是56.8%，农村病人因经济困难而中途放弃治疗的比例更是高达76.5%。北京市的一项调查表明，城乡低收入人群应住院而未住院的比例达41%。来自广东省卫生厅的统计数据显示，近5年来，广东城乡居民诊疗费用平均每年分别增长9.99%和11.3%，城乡居民人均住院费用平均每年分别增长12.30%和11.40%。一位姓陈的先生告诉记者："我以前是国企职工，享受公费医疗，现在

---

① 邓公平主编：《医药卫生法学》，上海科学技术出版社1989年版，第52页。
② 刘为忠等：《无论城乡，就医都成了"奢侈消费"》，《新华每日电讯》2005年5月21日。

进了医保体系,每年只有1000多元的医保费,一旦生了重病,哪付得起医疗费啊!"

医疗费用持续增长原因何在?

记者根据调查指出,除了社会发展的客观因素与群众需求的主观因素之外,医疗费用持续增长的重要原因是:国家政策调整或新的行业规范制度,让病人承担了更多的医疗费用。

"医疗服务市场化"是我国卫生事业改革的一个方向,政府把医疗机构推向市场,财政拨款由职工工资的60%转变为只负责退休职工工资之后,医疗机构需要自己养活自己,修建住院楼、改造门诊部、购设备、装空调,都要医院自己找钱,其发展成本最终必然转移到患者的身上。

取消公费医疗,推行医保制度,减轻了单位的负担,无疑增加了患者个人的负担。记者了解到,重庆市许多单位,以前每年要为职工的公费医疗"贴"几十万元,现在基本不用贴钱,但是职工自己承担的医疗费用大约增加了40%以上,尤其是住院病人,自己首先要支付880元。广东省卫生厅负责人介绍,广州市医保的"个人起付线"更高,三级医院为1897元,而且超出部分个人还须承担20%。

此外,推行"临床路径"和实行"举证倒置",也让患者就医时支付了更多的检查费。临床路径就是在治疗过程中必须按照固定规范的流程进行,即使经验较少的医生也能通过系统的运转来减少个人的误差,因此所有诊疗步骤一步都不能少,医疗成本自然就增加了。

医疗事故鉴定中"谁主张,谁举证"改变为现在由医院举证,即"举证责任倒置"。医生为了保护医院和自己,往往要求患者进行更多的检查,因此费用更高。

毫无疑问,国家政策调整或新的行业规范制度的出发点也在"社会效益"。但是,实际执行的结果已说明这是一些似是而非的"社会效益",到头来反而损害了病人及其家属的利益,造成了相当严重的社会问题,成了和谐社会建设的一个必须解决的矛盾。

(二)正确认识社会效益第一原则

社会效益第一原则的含义是:对社会进步有效、对人类福祉增进有益的一切先于、高于、大于、重于个人的利益。这里的"社会"是指整个人类社会,而不仅仅止于以国界划开的国别性社会;这里的"人类"是指人类的整体,而不仅仅止于以各种标准分列的人群。从基因技术立法来看,社会效益第一原则就意味着:举凡对社会进步有效、对人类福祉增进有益的基因技术,都应努力发展之;而如果因此而损及个别人的利益,也在所不惜。需加说明的是:这里的提法是"损及个别人的利益"而不是"损及个别人的权益"。只有法律化的,为法律所肯定、所维护的利益才成其为"权益"。后者是不可漠视、不可侵犯的。指明这一点的必要性在于:基因技术的发展不可能绝对不损及个别人的某些利益,但却绝不可损及其法定的权益。因此,事关基因技术,就必须立法,而绝不能允许无法而行。

当前各国关于基因技术立法的讨论是比较热烈的，其特点之一是直接切入基因技术发展所涉及的具体部门法问题、公民具体利益的保障问题，这诚然是必要的。但世界上的道理有大小之分，小道理要服从大道理。部门法之必须服从基本法，基本法之必须服从宪法的道理即在于此。由此而论，我以为首先必须在基因技术发展的带根本性的立法原则上达成共识。只有在此基础上，才可能得出有关具体部门法立法的正确结论。例如，只有从社会效益第一原则出发，才可能得出关于知情权、隐私权以及关于基因技术的专利权等的正确认识。

"多利羊"诞生之后，立即引致关于克隆技术问题的热烈争议、尖锐交锋，赞成大力发展克隆技术者有之，坚决反对者亦有之，甚至有几个国家的政府急急忙忙地宣布严禁进一步的克隆实验。上海市生命法学第一次研讨会上，与会学者却发表了截然对立的不同意见。[①] 笔者是属于赞成者行列的，原因如下：第一，一般地说，高新科技都有其造福人类与祸害生灵的双重性，是谓"双刃剑"。既然如此，极言其不利于人类的一面，就失之偏颇；进而竭力阻挠其发展，则有悖明智。我认为，首先应看到、应重视的是其造福人类的一面；其次才是其负面。而看其负面，仅只是为了找出对策，遏制负面的发展，控制负面发生作用的范围，创造条件消弭其作用。第二，任何一项科技成果，都是人类千百年来殚精竭虑艰辛探索的结晶，同时也是人类继续开拓前进、攀登新高的起点，我们不能戛然切断事物发展的因果链，不能无情打碎科技进步的中继环。如果断然喝令某某科技从此"立停"甚至"向后转"，除了扼杀科技发展以外，不会有任何其他的好处。第三，科学技术的发展实际上是不可遏制的。生产力是人类社会进步的推进器，是历史发展的"火车头"；而科学技术是第一生产力。生产力，尤其是作为第一生产力的科学技术，有其自身的发展逻辑，有不可移易的发展规律，任何外力都不可能打破之。既然如此，我们只应举双手欢呼科学技术的每一进步，赞誉为这一进步所做的努力。这里所体现的是社会效益第一的原则。

（三）社会效益第一原则与知情权、隐私权的相对性

公民对与其利益密切相关的事项，应有其知情权，这是公民人权的重要方面。但知情权往往被歪曲利用。《新华社每日电讯》2005年6月6日报道，上海某医院规定了患者在手术之前必须阅读、签字表示知情同意的《手术志愿书》：

---

① 顾肖荣、倪正茂主编的《生命法学论丛》中的《论人体克隆技术的法律选择》（刘华）、《人类的"克隆"与人类社会的理性与法治》（蒋晓伟）、《有关克隆技术的法律思考》（芦琦）、《克隆技术引发的社会风险和法律对策》（蔡航）、《关于"克隆人"问题的几点看法》（赵建平）以及《一些国家和地区有关克隆技术的立场和对策》（陈乃蔚、蔡航译）等文，文汇出版社1998年版。

由于目前医学科学技术水平的局限，尚难杜绝接受手术治疗的病人在术中和术后可能发生的下列意外和并发症：

一、术中

1. 麻醉过程中呼吸、心脏骤停、脑卒中、截瘫、肢体瘫痪。麻醉插管后声音嘶哑、喉部水肿等。

2. 病员年迈或伴心、脑、肺等疾病以及潜在的上述疾病，术中（包括术后）可能突发意外甚至死亡。

3. 难以控制的出血、渗血而危及生命。

4. 因解剖变异或病变侵袭周邻脏器发生难以预料的器官损伤而须部分或完全切除。

5. 因诊断不明而手术，但仍不能达到预期目的。

6. 其他种种原因（如病情危重、窒息）导致的术中死亡。

7. 术中发现其他病变须更换或增加手术，亦可能无法进行预期手术。

二、术后

8. 因脑水肿、颅内出血、其他并发症而短期或长期意识不清甚至死亡。

9. 高热、伤口感染或全身性感染如肺部或尿路感染、脑脊液漏、颅内感染。

10. 消化道出血。

11. 偏瘫、肢体肌力下降、失语、失认、失算、失谈、失用、癫痫、颅骨缺损，精神异常，智力障碍。

12. 截瘫或四肢瘫、感觉减退或消失，顽固性疼痛，大小便功能障碍，性功能障碍。

13. 行走不稳，共济失调。

14. 复视，视力下降或失明。

15. 面部麻木，听力下降或丧失。

16. 面瘫、咀嚼无力。

17. 进食咳呛、声音嘶哑。

18. 原有症状、体征加重以致不能恢复。

19. 颅内出血需再次手术止血或清除血凝块。

20. 病情复杂，诊断不明。

21. 肿瘤不能切除或术后复发。

22. 术后伤口感染，需手术清创，术后并发消化道应激性出血。

23. 术后出现全身并发症导致死亡。

24. 糖尿病患者，上述各项并发症发生可能性明显增加。

25. 目前医学科学尚不能解释和解决的意外。

26. 其他需要说明的事项。

三、一次性体内植入物术后因感染、松动、排异反应需再次手术去除。

手术同意书有没有必要列上如此之多的风险？医生是否应该和病人及家属充分说明病情和手术方案以消解不必要的担心？医院认为："现在病人对医生不信任，所以要把所有能想到的风险都写在纸面上，你不签我就不开刀，手术同意书就是保护医生的。""病人和家属都是外行，他们只要相信我们医生就可以了。""为了提防日益增多和激化的医患纠纷，医生只能保守从事。以神经外科告知的风险条款为例，过去我们医院只写五六条，现在已经写到27条了。"

《中华人民共和国执业医师法》和《医疗事故处理条例》都明确规定，患者对手术治疗有知情同意的权利，然而目前各医院普遍实行的沉甸甸的"风险告知"，这实际上是把患者的知情权歪曲了。

如此这般歪曲患者知情权，从本质上说，是对社会效益第一原则的背弃。如果千千万万的患者都为诸如上述《手术志愿书》所困，这就意味着他们的利益受到了损害。成千上万的、无数次地对个人知情权的侵犯，就不只是对"个人"了：量变引起了质变，成了对社会效益的否弃。

知情权必须得到保护，现在已经形成了共识。保护知情权的本质在于维护社会整体的利益。正是那些专制独裁不讲人权的社会，才轻忽个人所拥有的知情权。但这只是社会效益第一原则的一个方面，虽然这是它的主要方面。

另一个相当重要的方面是，从社会效益第一原则出发，个人对其个体的信息例如基因信息只有相对的知情权，而不能有绝对的知情权。美国隐私权法关于作为一个人信息存在的形式的记录必须对本人公开的规定，[①] 实际上是很难做到并经常被违反的。美国的安全情报部门、社会治安部门随时都在对美国公民做"记录"；美国的医疗部门对危重病人也形成着种种"记录"。这些"记录"对当事人多半是不予公开的。其原因就在于如予公开，不会产生良好的社会效益而只会引起相反的作用。个人对其基因信息的知情权，也只能是相对的而不是绝对的。因为一旦知情权绝对化，就可能带来危及自身从而危及社会的后果。

实际上，一般地来说，在国家还存在的历史时期里，任何人权都不可能是绝对的，包括知情权在内。国家之存在，就意味着把公民的一部分权利"收归国有"，由国家来支配。从公民的角度看，则是自愿地"交归国有"，以便换取国家政权对自身权益的维护与保障。不过，即使公民不情愿，在已经有国家存在的情况下，也无所逃避了，国家代表其他大多数人强迫个别人"交权"。否则，势必"国将不国"。从另外一个角度看也是如此，即国家具有组织社会生活的功能，由国家来掌握一部分人权可从总体上更好地促进人权的增长与发展。正因如此，由国家掌握公民基因的部分知情权，当有利于整个社会的基因信息利用，有利于个人人权之全面享用。当然，与此相关，公民所赖以存在、寄予希望、委以重

---

① 王名扬：《美国行政法》，中国法制出版社1997年版，第1058页。

任的国家,应是民主基础上的人民自己的国家,容不得专制与独裁,容不得贪污与腐败。但要做到这一点,是十分困难的。人类暂时还只能生活在还有专权与贪渎的远非十全十美的境界之中。但不能因为远未实现民主而否定把部分人权包括基因的部分知情权交给国家的必要性。社会的进步,只能在总体上不断提高社会效益的前提下,通过民主的增强与人权的扩展二者的互动而实现。

从社会效益第一原则出发,个人对自身信息包括基因信息的隐私权同样是相对的。首先,部分基因信息本就不在自己的掌握之中,而是在医生、医院的掌握之中,也就无绝对隐私可言;其次,即使是自己知情的基因信息,在某些情况下也不得"隐"而"私"有,必须适度公开。例如,一个基因组织解读了某甲的基因信息,而向公众认可的另一基因组织为发展基因技术的需要而依法提供该信息。这就是"适度公开"。"公开"的适度性是十分重要的,因而必须严格界定、严格管理。如国家所掌握的基因信息,不能为个别官员所随意获悉,更不许滥用之,只能由法律规定的机构掌握,由法律允准的机构获悉,在法定的条件下使用,如此等等。一句话,"公开"的适度性,得由法律规定。

(四) 社会效益第一原则与生物技术的专利权问题

从社会效益第一的原则出发,生物技术和基因技术的专利权等知识产权,也应与一般知识产权的法律保护有所区别。早在20世纪50年代,美国学术界对专利法的作用,就出现过两种截然对立的观点。其中一种观点认为,每项专利实际意味着批准一个垄断项目,因此,专利制度并非促进科技进步的有效手段。普林斯顿大学出版的F.马克卢普《美国知识的生产和传播》(1962)一书认为科技发展与专利立法无关,专利立法只能阻碍科技发展。[①] 此一观点未必正确,但也不无道理。从基因技术的发展需求来看,它更加需要的是科技开发的协同性,科技信息的互补性。专利权所必然具备的垄断性,如在基因技术上滥用,其后果是不堪设想的。正因如此,对基因技术的专利保护,应加以法律限制。从另一方面即积极的方面来看,21世纪将是基因技术世纪,人类有望在21世纪基因技术迅速发展的基础上,大大减轻病痛,大大增进健康,大大延长寿命,而这不仅需要全社会集中力量支持、支援基因技术专家们的辛勤劳作,而且更需要扩大基因技术队伍,拓展基因技术范畴。十分重要的是,充分将已获得的基因技术知识,交给最广大的科技群体进一步利用、开发。"专利"的垄断性,应适当予以限制。

杨晖同志在对知识产权法律制度激励功能异化问题的研究中,实际上从一个较新的角度,论述了社会效益第一原则与生物技术专利权的关系问题。她认为:

专利法是知识产权法律制度中最早诞生的,但是1623年的《垄断法规》并非真正为激励知识创新而制定,而是英国当时落后的技术状况决定了其以授予专利权(垄断经营

---

① 上海社会科学院法学所编:《科技立法研究文集(二)》,科学技术文献出版社1990年版,第67页。

权）为条件来换取先进生产技术的输入，以此来提高英国的竞争力。这表明，专利制度打娘胎就带来了"异化"倾向，加之适宜的外部环境便萌发，大有不可阻挡之势。

任何权利都有它的界限，不受限制的权利必然会蜕变为侵犯他人权利的工具。希腊先哲亚里士多德说过"过度就是邪恶"。专利制度的设置给权利人划定了利益界限，在界限之内行使权利、获取利益是激励功能的初衷，然而一旦超出法定范围或者规避法律，以合法之名行非法之实，便会偏离激励，走向异化。

首先，疯狂申请专利，建立专利高压网。在世界范围内，一些跨国公司早就下手开始布置"专利地雷阵"，悄无声息地展开"专利"防御网，在市场上形成专利高压态势，迫使同行业的小企业听命于他们的摆布，使得小企业无法研发新技术、新产品，从而削弱他们的市场竞争力。根据美国专利商标局（USPTO）近日披露的数据，2003年获得美国发明专利最多的10家企业中，排在首位的IBM取得的发明专利数目高达3415件，排在末尾的索尼公司也有1311件。[①] 在疯狂申请专利的同时，是大量"瑕疵专利"的出现，由于某些国家的专利法律制度的审核条件规定比较模糊，条件比较宽泛，审核人员的资历与专业知识的匮乏，使得一些权利要求过于宽泛，甚至是已经失效的专利顺利通过审核而获得授权。无论是"专利地雷阵""专利防御网"，还是"瑕疵专利"，其结果都是损害社会效益，与社会效益第一原则相悖。这种情况在生物技术专利方面尤为严重。

其次，在一项产品上申请数千项专利，人为造成其他竞争者使用该技术的专利屏障。一些小企业在做相关技术、产品的研发过程中即使"夹起尾巴"也可能稍不留意就会"触网"侵权。看似无形的专利网却比铜墙铁壁的威力还要强上百倍！

再次，大量申请专利而束之高阁，或者是大肆收购竞争对手的相关技术、产品专利，以达到阻碍他人申请专利，使用、发展专利技术，进而继续保持自身的市场优势。在1983年麦唐纳与强生（Mc Donald VS. Johnson & Johnson）的纠纷案中，强生被指控购买麦唐纳的专利技术但并不投入商业用途，从而限制市场竞争。在1991年的Alling公司与环球公司案中，环球制造公司购买了Alling公司的新产品专利，但是环球公司并没有使用这种新专利，而是继续使用老技术生产传统的产品，购买的专利技术被放置一边长达数年。同时，环球制造公司向其竞争者施加压力，如果它们开发出新的生产技术或新产品，环球公司就会把购买回来的专利技术投入生产。最终这两个案子的被告分别被判罚款1197.5万美元。[②] 可见这种专利策略非但没有促进知识创新，反而阻碍了技术进步，在这里专利制度的激励功能已经开始走向异化。

最后，捆绑销售专利产品（tying）。专利制度走出激励知识创新，势必会走向另一个目标，即获得不受限制的垄断权利。专利法就是垄断法的例外，国家为了实现促进社会福

[①] 王玲：《获美发明专利最多的10大公司评出》，《中国知识产权报》2004年2月21日。
[②] Http：//www.blogchina.com/new/display/？id=14552，2003年10月29日访问。

利的目标,激励发明,因而赋予专利权人有限的垄断权,而专利权人随着利益的膨胀而最终突破权利界限。捆绑销售就是滥用专利权的典型。所谓捆绑销售即指在专利许可中,许可人以受让人必须购买或使用与受让专利产品无关的产品或技术为条件。通常的捆绑销售可以表现为:失效专利与专利的捆绑,被捆绑的产品在没有捆绑产品的情况下可单独使用两种情况。许可人在捆绑或被捆绑的产品市场拥有市场支配力,被许可人并不需要被捆绑的产品。这种捆绑销售完全是出于专利人的经济利益考虑,尤其是专利权人在捆绑产品市场拥有支配力,并滥用这种支配力,以此来加强他在被捆绑产品市场的垄断权,这势必会破坏市场自由竞争的自然法则,专利的激励异化走得更远了,不但完全背离了激励知识创新的初衷,并走向了破坏自由竞争,阻碍知识创新的反面。而且捆绑销售的负面影响远不在于该专利产品领域的技术进步,而是牵涉到其他产品、技术领域的创新发展,从这一点来看,与前三种专利权的滥用相比,异化的范围在扩大,水平在深化。

另外,专利滥用还有其他一些表现。例如价格限制、专利期终止后的忠诚义务等。很显然这些现象已经超出了专利权激励知识创新的应有之意。

更有甚者,专利保护演变为技术标准围攻。"三流企业卖产品,二流企业卖商标,一流企业卖专利,超一流企业卖标准",生动地描绘了现代企业通过专利保护以至于技术标准的制定而获取巨额利润。一些财力雄厚的大企业尤其是跨国公司,通过不断细化的专利网络,进而形成所谓的"技术标准",在全球范围内大肆圈占相关商品市场的专利、技术制高点,硝烟弥漫的技术标准大战真有几分"一夫当关,万夫莫开"、"要从此路过,留下买路钱"的强盗逻辑意味。

其实专利与标准本是两个"风马牛不相及"的概念,二者怎么会搅在一起呢?"技术专利化、专利标准化、标准垄断化,从而实现利润最大化",这一语道出天机。在跨国公司的知识产权战略中,专利不再是激励知识创新的手段,而只不过是为了竞争中进行有效防御的战术,是在谈判中取得更有利地位的筹码,专利与技术标准结合,弥补专利网络的不足,设置"天衣无缝"的防御战线。

专利法对生物技术包括基因技术发展的激励作用是毋庸怀疑、不可轻忽的。但是"真理只要向前迈出半步,就会变成谬误","过度"的激励,带来的只能是垄断生物技术发展的"邪恶",只能是对社会进步的损害,只能是对社会效益第一原则的背叛。

关于基因资源的法律保护问题,当放在社会效益第一原则的前提下考虑时,必然要面对"社会效益"的"社会"含义问题。通常讲"社会效益"时,是指一个国家内的社会效益。按此理解,拥有丰富基因资源的发展中国家如果仅从本国社会效益考虑,而又不可能在较短的时期内掌握基因技术以及运用基因技术为本国人民谋福利,势必造成人类整体的基因技术进步的延缓。尽管发展中国家总有一天也会发展到掌握与运用基因技术的地步,但是,第一,毕竟是延宕了时间;第二,寿命有限的当代及一定时段的后代,都将因此丧失享用基因技术进步可能带来的巨大福利。也就是说,即使对发展中国家来说,这也是不利的。先哲有云："利中取小非取利也，乃取害也；害中取小，非取害也，乃取利也。"一切都是相比较而存在的。因此，当基因技术已在发达国家得到长足进步的今天，发达国家应与发展中国家精诚合作、携手共进了。发达国家不再掠夺发展中国家的基因资源以图独享其利；发展中国家在庄严享有、行使国家主权的前提下，放弃垄断资源的政策以求换取社会发展的必要资金与技术。互助则进，互虐则退。从社会效益第一出发，求人类的互助共进，是生物技术包括基因技术发展提出的要求，也应该成为生物技术包括基因技术立法的最高原则。

（五）克隆技术与社会效益第一原则

上述关于基因技术立法的社会效益第一原则的论述，与人类关于生命伦理的基本观点，是相吻合的。沈铭贤先生正确地指出："按照生命伦理学的观点，科学技术要从长远利益出发，造福整个人类。它必须遵循'行善、不伤害、自主和公正'这四项国际公认的伦理原则。"[①] 基因技术立法的社会效益第一原则正是为了整个人类的长远利益，正是为了在全人类、全人类社会的范围内"行善""不伤害"并求"自主"与"公正"。

如前所说，虽然生命伦理只能解决认识层面的问题而无实际操作的意义，但却是具有实际操作意义的法律手段的认识基础，后者不可稍稍疏离与违拗前者。但问题在于，原则性的伦理观点，一深入接触具体的基因技术问题，仍然可能歧见纷纭，仁智各现。因此，有必要结合具体的基因技术问题来审视正确合理的伦理观点是否被合理正确地具体运用，并得出科学的结论，达成科学的共识。否则，社会效益第一原则云云，还会流为法呆子的空言。认为"克隆人违背人类生命伦理"的一些具体看法包括：其一，就"克隆人"这一个体而言，他会生活在"我是一个死去的人的复制品"这样一个阴影中；其二，克隆人比经过200多次失败因而出现过畸形羊或夭折羊的多利羊克隆要复杂得多，无疑会遇到更多的失败，如果制造出不健康、畸形或短寿的人，将是对人权的一种侵犯；其三，即使是成功的克隆人，也将是同一基因的翻版，这就有可能减少基因的多样性，不利于人类本身的进化。对上述看法，我是持不同意见的，理由如下：

其一，上述看法综合一起，即企图彻底封杀人的克隆。这种封杀观点是否可取颇值怀疑。人工授精及其他辅助生殖技术开发之始，也曾引致甚嚣尘上的封杀议论。如果不是其时冲破这种封杀言论的艰辛努力，哪里还会有今天人工生殖技术的蓬勃发展与辉煌成就以造福万千不孕男女的丰功伟绩？按封杀观点思考问题并付诸行动，宇宙飞船别想上天，人类登月将永成神话。加加林之成为全球景仰、万民欢呼的航宇英雄，难道不是因为他甘冒生命危险毅然升天的无畏壮举吗？尽管此后又进行了数百次航宇实验，还有过数以百计的"加加林"成功上天又成功回归地球，但还是发生了美国7位宇航员包括一位女性不幸

[①] 邱德育、江世亮：《克隆人违背人类生命伦理》，《文汇报》2000年11月9日。

地一去不复返的灾难。只要有可能发生灾难性事件即予封杀，是可取抑不可取？按此逻辑，是连蟹都不应该吃的。我们称赞第一个吃蟹的人，是因为他冒了生命的危险，是勇敢者。难道我们可以搬起伦理学说教阻止这样的勇敢者赴死吃蟹吗？还有外科手术，外科大夫举起寒光闪闪的手术刀在人体上又切又割又钻又挖，孔老夫子的信徒一定会搬出"身体发肤，受之父母，损之不孝"予以阻止。不仅如此，"不孝"乃封建中国之头等大罪之一，法律有明文的规定，遑论伦理、《论语》？但这一切都被历史"检验"过后悄然隐退了。"手术刀"家族已经是有刀有剪有钳有镊等；蟹则有烧有炖有煲有"醉"地"生猛"有味得很；试管婴儿是接二连三成千上万蜂拥而出且茁壮成长；航天英雄是有生有死、虽死犹生、前赴后继，总体上处处凯歌入云。

其二，假定有克隆人诞生，他会生活在"我是一个死去的人的复制品"的阴影中吗？笔者闻此，不觉哑然失笑。首先，凭什么说他一定会生活在阴影中呢？我们为什么不设想，他将为"我是一个死去的人的复制品"而欢欣鼓舞、笑逐颜开呢？其次，他究竟"是一个死去的人的复制品"还是"一个曾经活着后来死去的人的复制品"呢？毫无疑问，后者的判断是全面一些的。既然如此，用以偏概全的前提能推出科学合理的结论吗？显然不能。再次，更准确的判断应是："我是某君的复制品"，完全不必强调"某君"的或生或死或存或亡。千百年来，无数亿万儿女何尝不是其父母的"复制品"呢？由父母养育则可，后来在试管里养出的由不可而可，现在是"克隆"之绝对不可。看来，人类伦理观的演进，也像马克思主义的发展一样，每前进一步，都得经过艰辛的战斗，付出血的代价的。又次，持"阴影"观的同志自己也承认，"阴影""对他的心理会产生什么样的影响，是否会感到幸福，这是一个问题"。既然"还是一个问题"，也就是未有定论，从没有定论出发，怎么就得出了不可克隆人的定论了呢？

其三，"如果制造出来不健康、畸形或短寿的人，将是对人权的一种侵犯"。这可算是不准克隆人的伦理学有力论据。不过，我们还是要商榷：这只是"如果"，而"如果"云云是不能作为论据的。如果有人指出，"只要克隆，人，就一定会制造出不健康、畸形或短寿的人"，那就只好偃旗息鼓、鸣金收兵、刀枪入库、马放南山了。但谁会这样武断呢？不会。如果只是"不健康"呢？例如"天生"肝病。按基因理论，即使不是克隆人，自然养出的人如果父母带有肝病基因也还是要患肝病的，难道要立法禁止结婚、禁止生育吗？何况，人类现已找到了解决许多"不健康"问题的办法，何惧之有？其实，如今活在世上的一切人，都是被动出生的，千千万万生而不健康或竟畸形者，何尝曾被告知将会不健康或畸形？难道因"人权"之可能被"侵犯"而严禁自然生育吗？要知道，当今中国已有数以千万计自然生育的低能儿、畸形儿、残障儿了。

其四，作为"同一基因的翻版"的"成功克隆人"，怎么就会减少基因的多样性而不利于人类本身的进化呢？"$X+Y+Z=X+Y+Z$""$X+X+Y+Y+Z+Z=2X+2Y+2Z$"，如此而已，丝毫也未改变基因的质，何来"减少基因的多样性"之说？何况，有目的、有计划、有组织、有领导、有序而又合法的人体克隆，决不会去干"X+X+X+……"的蠢事，完全可以期望创造出 XY、XZ、YZ 的新人来，这又何乐而不为呢？"人类的进化"，长期处于"自然进化"状态下，至今而无重大改变。我们已经可以创制疫苗，打预防针来防止疾病，我们还将进一步地改变纯属"自然进化"的状况。"人类的进化"，也许就指望基因技术的发展而超越纯自然进化，从而根本增进人类福祉了。

行文至此，必须严正声明：第一，笔者也反对目前就克隆人，因为基因技术的发展还只是处在它的"童年时代"，在如此重大的人体克隆问题上，是决不应该轻率行事的。第二，即使将来进入克隆人的现实性操作阶段，也绝对必须严密组织、严格论证、严肃从事、依法而行，决不可任意妄为，尤不可像自然生育那样生产出成千上万畸形儿来！之所以在上文中提出一系列与当前流行的伦理学观点商榷，主要意在：这些观点还缺乏足够的说服力，以致法学界难以从命进入"法场"从事立法。至于探讨基因技术立法所应遵循的主要原则，则可与伦理学界诸公互相切磋，互相启迪，以求相互促进、相得益彰。

非常有意思的是，笔者写下这些文字之后，在长达大约 8 年的时间内，国内法学界、伦理学界的许多人都声色俱厉地呵斥、阻止克隆技术的发展；而现在，当韩国黄禹锡研究组突破性地取得了克隆技术的重大成就时，美国科学界坐不住了。新华社记者陈勇的一篇报道断言：

事实表明，对治疗性克隆这样能造福人类健康的科学技术，即使美国反对，也会有其他国家支持。因为在这一领域的突破，不仅会赢得科学声誉，而且也将催生一个颇有前途的新兴医疗产业。如果像美国目前这样陷入无穷的争论之中，在政策、观念上不能解除束缚，那么只有坐视其他国家不断进步。这可能就是美国科学界心情焦灼的真正原因所在。[①]

不仅如此，新华社记者姜岩甚至写了一篇题为《生物技术格局面临洗牌？》的短文。这篇短文印证了笔者 8 年前关于克隆技术必将不可阻挡地发展的预言，证明了和此相关的社会效益第一原则的关系问题的论点。现将姜岩文引述如下：[②]

克隆技术自问世起就带给人类一系列关于伦理道德的争论，有关专家认为这种争论的意义不亚于克隆技术本身。简而言之，这一争论的核心是克隆人问题，具体而言是治疗性克隆与生殖性克隆的问题。进一步而言，这一争论实际上涉及科技发展的根本目的。科技发展应以人为本，其根本目的是造福人类。对于危害人类的技术，无论其多先进，多具创新性，都应当禁止，比如我们要坚决禁止利用生物技术培育出比非典病毒和艾滋病病毒危害更大的病毒。对于那些一时无法明确判断利弊的技术，要慎之又慎，交给实践和历史去判断。对于那些有益人类的技术，无论难度有多大、来自传统观念的阻力有多大，我们都

---

① 陈勇：《黄禹锡让美国科学界"嫉妒"》，《文汇报》2005 年 5 月 23 日。
② 姜岩：《生物技术格局面临洗牌？》，《文汇报》2005 年 5 月 23 日。

要支持。

与各国一致大力发展信息技术和纳米技术不同,对于生物技术中的核心技术之一治疗性克隆的研究,世界各国的态度截然不同。由于世界头号科技大国美国反对包括治疗性克隆在内的一切涉及人类的克隆技术,世界生物技术格局,乃至世界科技格局,都可能重新洗牌。这对于发展中国家来说,是一次难得的机遇,韩国在治疗性克隆领域领先世界就充分说明了这一点。

当然,山是山,水是水,有治疗性克隆与生殖性克隆的原则性区分。但山水相依,从治疗性克隆到生殖性克隆仅一步之遥。从人类社会进步的根本利益和必然趋势看,从社会效益第一原则来看,我们应举双手欢迎并投入克隆技术的全面研究。

(六) 尊重习俗与社会效益第一原则

尊重习俗是社会效益第一原则的一个特殊问题。社会效益的获取,必须顾及国情,没有不顾国情横行蛮干而取得最佳社会效益的。

中国国土辽阔,幅员广大,民族众多,习俗复杂。习俗当然不是法律,不可强行,但是必须尊重。在生命社会关系的法律调节方面,尤其如此。

日本法学家千叶正士先生认为,除官方法以外,还有民间法。他说:"事实上,欧洲人常常告诉我们,他们的传统惯行具有如此显著的效力,以至于它和国家制定的官方法一起起作用,甚至削弱着官方法,诸如草场和水域的公用权,宗教或种族上的少数派的自治,特殊职业和特殊地位的特权,以及其他一些惯行。国际人类学和人种学会民间法和法律多元委员会提出了'民间法'的术语,来概括与国家法一起构成法律多元局面的这种法律(无论它是西方的还是非西方的)。"① 虽然千叶正士先生《法律多元》一书所举的"民间法"实例无一涉及生命社会关系的调节,但几乎可以肯定,在世界各国的习俗中,近乎或等于"民间法"的所在多有。妇女生育,男子不得进入或窥视产房;天花病孩(及其家属)不得走亲串门;难产死、浮肿死、某些非常见病死,不许抬回家停丧;② 在风行天葬、水葬的藏族地区,如患传染病死,则行火葬。③ 这些就是涉及生命社会关系的习俗。它们是被视为"民间法"的。

这样,就产生了两种情况:一为像对待国家法或曰官方法那样对待"民间法";一为仍以习俗相视,但充分予以尊重,至少不是熟视无睹。

在我国大力加强"依法治国,建设社会主义法治国家"的今天,鉴于人治主义长期影响的恶果仍然相当严重,同时鉴于习俗的多种多样、极为繁杂,还是以不视习俗做"民间

---

① [日]千叶正士:《法律多元》,强世功等译,中国政法大学出版社1997年版,第5页。
② 高其才:《中国习惯法》,湖南出版社1995年版,第291页。
③ 同上书,第293页。

法"即不以有强制约束力的法对待为好。何况，从概念本身，从产生程序，从实际效力等方面看，法与习俗还是有本质区别的。但这不等于可以轻视甚至无视习俗。我们的意见是充分尊重习俗，而且将尊重习俗作为生命法的立法、司法、执法、守法的一项原则加以对待。

例如器官移植，我国目前的做法就是充分尊重习俗的。不少患者生前立下了捐赠遗体或部分器官的遗嘱，身体为其所有，其遗嘱只要是真实的，执行应无问题。但若家属坚决反对，鉴于我国的家庭关系方面的习俗，一般就不执行。一些犯了滔天大罪的死刑犯，如果其本人不要求捐赠器官，那么其遗体还是要交给家属去处理。按理，利用这些罪大恶极的人的器官以救助他人，是受广大群众拥护的，但考虑到习俗应予尊重，也不摘取其器官。

目前，器官移植方面最大的困难是供求矛盾上的供体不足。肾移植开展得较好的美国，每年死于肾功能衰竭者约3000人左右，而供肾来源只能满足四分之一等待移植的患者。如果充分利用犯罪处极刑者、事故死亡者以及志愿者的肾进行移植，大多数国家的肾移植供求即可达到平衡。但必须充分遵从习俗，生命法不能强制规定死刑犯、事故死亡者的肾必须供移植用。

正在各国开展的脑死亡立法，也可为解决供体不足的矛盾提供契机，因为按脑死亡标准处理，脑死亡患者的重要器官如心、肝、肾等大都还是好的、可供移植的。但脑死亡法仍不能规定凡脑死亡均可移摘其器官。这也是遵从习俗的原则在起作用。

即使是脑死亡立法本身，也不得不在充分尊重习俗原则面前徘徊、踟蹰不前。传统的习俗认定心脏停止跳动或者停止呼吸为死亡。其实，真正的死亡应是脑死，而脑死之后心脏仍可能在做惯性的运作，仍在跳动。习俗在阻碍着科学而合理的脑死亡立法，但不能越过习俗而强行立法，只能等待科学知识的普及、文化水平的提高从而使习俗有所改变。

安乐死立法，同样有充分尊重习俗的原则在起作用的因素，在阻碍它的早日制定与颁行。传统的"孝道"在安乐死问题上起着各种不同的作用：有的确乎出于子女的爱心、孝心，不忍心实施安乐死，总想还可找到什么抢救生命的办法，即使在当代医学已完全无能为力的情况下，仍抱有幻想；有的只是打着"孝心"的旗号，实施拖延患者生命的战术，多领若干时日患者的工薪；有的则是怕人指摘"不孝"，眼看亲人极为痛苦，却又无可奈何地拖延其生命，加剧其痛苦。"孝"是中国历史最为悠久、影响最为深广的习俗和伦理原则。"孝道"在各人身上的表现不同，各人背后的动机也了然不一。有真孝、有假孝，但往往无法立时辨明其真假。这样，这一顽固的"孝道"就起着阻碍安乐死立法的作用而又不得不予尊重，至少是不去触犯它。有感于此，我认为，目前的"舆论导向"在"孝道"的宣传上，应当有分寸，要合情合理，切莫过分，切莫将今人的思想觉悟"导向"古人的水平，将现代的习俗"导向"古代的水平。

政治、外交无不以巧妙的妥协求取最大的成功，所以有人认为政治、外交以妥协为艺术。法治也是如此。法律本身就是妥协的产物。因此，尊重习俗，做必要的妥协，是法治成功之必需。这时的妥协，根本目的是求取最大的社会效益。不过，充分尊重习俗原则，含有迁就习俗的意思，但不应作纯然消极的理解。抱纯然消极的态度，习俗将成为永恒不变的僵死之物。抱积极的态度，则在充分尊重、暂作迁就的同时准备改变它，因而要指出它内涵的弊病与不合理因素。

二、意愿自由原则

人的生命只有一次，没有任何东西的价值比生命更高贵。裴多菲所说"生命诚可贵，爱情价更高。若为自由故，两者皆可抛"，意谓自由的价值比生命更高。但"生命"是与生存自由、意志与精神的自由紧密相连的。自由即是生命的根本要求，有生命而无自由，生命的意义与价值即丧失殆尽。因此，生命法以意愿自由为原则，是"题中应有之义"。不仅如此，意愿自由原则即自愿原则，是生命法中最重要的原则之一。

（一）意愿自由原则的内涵

1984年召开的赫尔辛基第十八届世界医学大会通过了关于生物医学研究的宣言。该宣言指出，任何一项研究或实验或新技术的开展，其目标、方法、预期的好处、潜在的危险以及被实验者（他或她）可能承担的不舒服与困难，要充分说明，并需得到他（她）的慷慨签订的承诺，最好是书面形式的承诺，以充分体现自愿的原则。

赫尔辛基宣言的上述要求，主要涉及意愿自由原则的两方面内涵：

一为"充分说明"，即为尊重当事人的意愿自由，必须向当事人"充分说明"他所面对的与医疗相关，与其生命的存在、健康、长寿相关的"研究或实验或新技术"正面与负面的可能性影响，以使当事人做出自主的、自愿的抉择。这是实行意愿自由原则的前提条件。不能保证这一前提条件，便无真正的意愿自由可言。

二为"慷慨承诺"，即由当事人做出接受或拒绝的决定。虽经"充分说明"，但当事人并未表态，其意愿之取向仍然混沌不明，医疗方（研究、实验或技术开发方）就不得采取任何涉及该当事人的行动，否则即是违反了当事人的意愿自由，也为生命法所不允许。

在现实生活中，即使有法律对意愿自由做了规定，但往往会被忽视、歪曲，既无"充分说明"可言，也无"慷慨承诺"踪影。或者，"充分说明"与"慷慨承诺"都是被"强奸"了的。如今伊拉克兴起的人体器官黑市买卖，就是一个典型的例子。

报载，在如今安全局势恶化、失业率高达60%的伊拉克，许多健康的伊拉克人因无能力度日，只能出售器官。人体器官黑市已在巴格达悄然兴起。失去经济来源的哈米德在巴格达卡拉马医院一间破旧的病房里，经历了3个小时的手术，一个肾被摘除，换得1400美元。哈米德的肾被移植给了20岁的大学生阿马尔·穆罕默德。1400美元对于哈米德来说是一个"不错的交易价格"。在2001年，器官提供者通常可获得2000美元，但如今，一些擅长砍价的买家只需区区700美元，就能在伊拉克买到一个完好的肾。如果稍加留意，就能发现巴格达一些大医院旁边总转悠着像哈米德一样的伊拉克年轻人，他们通过附近咖啡馆中的中间人联系出售器官。

英国《每日电讯报》记者了解到，在土耳其人体器官黑市上，一个肾要价高达5000美元，在印度为3000美元。因此，虽然伊拉克境内安全状况堪忧，还是会有很多人来此购买器官。但他们面临的风险远不止于此。在伊拉克，肾移植手术的花费通常在2000美元，但由于医院大都污秽不堪，设备简陋，如果手术后病人出现感染或其他并发症，将无法得到有效的治疗。

虽然巴格达医院的许多医护人员并不赞同医院外的人体器官交易，但如果一名需要移植器官的病人自己找到提供者，他们通常不会过问。为哈米德摘除肾脏的胡塞姆·赛义迪医生说："许多失业的年轻人为了赚钱，来做这种手术（摘除器官）。我反对器官买卖，因此我坚持一条原则，只给为亲属捐献器官的人做手术。但私人医院可不管他们是从谁身上摘下器官的。"在卡拉马医院，这条原则并没有被严格执行。阿马尔·穆罕默德表示，他和哈米德并没有血亲关系或法律上的亲属关系，只是"朋友"。而在通常情况下，"朋友"一词意味着此人与器官提供者之间的关系；不会被医院接受。

哈米德之卖肾，似乎是"自愿"的。但他实际上是被占领他的国家的入侵者、本国的黑暗势力和不法商人所强迫、不得已而为之的。他失去了生存的自由，只得卖自己的器官。如果一定要说有什么"自愿"的话，那么，这是带血的"自愿"，是充满血泪的"慷慨承诺"。对买家，也并没有实行自愿原则，因为他们是受器官价格低廉的诱惑而来，他们也不会被事先告诫（"充分说明"）医院"污秽不堪""设备简陋"因而风险极大。医生、医院之"不会过问"出售器官一事，"不管他们是从谁身上摘下器官"，或坚持"只给亲属捐献器官的人做手术"，实际上也都违背了"充分说明""慷慨承诺"的要求，彻底背弃了赫尔辛基宣言的"自愿原则"。

（二）意愿自由原则的辩证处断

在具体的医事行为中，患者的意愿自由至少应在以下两个方面得到尊重：

其一，患者有拒绝或接受这一或那一医院、这一或那一医生为其治疗疾病的自由。

法国是一个崇尚自由的国家。该国建立的医疗保障制度，赋予病人以自由择医权，病人可以充分自由地"选择由哪一位医生看，无论是全科医生还是专科医生"[①]。

选择医院或医生是必须有一定的客观条件作为基础的。在"缺医少药"的情况下，客观条件决定了患者极少有选择的余地。我国改革开放以来，随着社会经济的发展、医疗条

---

① 金彩虹：《透视法国医疗保障制度的价值观》，《社会科学报》2005年6月16日。

件的改善，患者治病不再被限制在某地、某一医院甚至必须在指定的医生那里就诊。现在只要付费，患者已可易地、易院就诊，而在同一医院里，患者还可自行选择就诊的医生。这说明，我国医疗卫生事业的发展，正在为实现医疗上的意愿自由创造出越来越良好的条件。

其二，患者有使用或拒绝使用某一药物、某一医疗技术的自由。

关于药物问题，情况比较简单。在我国，有传统的中医疗法，使用的是中药草药；近代以来，从西方传入了"西医西药"。现在，当然应尊重任何患者在中医西医、中药西药间做出选择。

关于医疗技术，情况就变得复杂得多了。某一药物的药品性能、使用方法、使用效果，经长期使用的检验，可信与否容易认定。而医疗技术与医生临床手术时的精神状态、心理状态有密切的关系。即使精神状态、心理状态很好，也难免有失误。也就是说，即使是最好的医生，手术失败的可能性也是存在的。尤其是当患者有多种疾病交织，多脏器功能衰竭而又必须抢救，否则必死无疑的情况下，抢救是有相当大的风险的。正因如此，手术之前，尤其是高难度手术之前，医生都会向患者或其家属说明病情、病况、手术的风险等，要求患者或其家属慎重考虑是否同意接受手术进行抢救。患者或其家属完全可以拒绝手术、拒绝抢救。这体现了尊重意愿自由原则。

2002年3月25日《文汇报》曾报道过这样一则消息："浙江二院采用显微外科技术，成功移植卵巢输卵管——这是继'试管婴儿'后生殖学技术又一突破。"这是浙江省首例同种异体卵巢、输卵管联合腹腔内原位移植术。据医学情报研究部门的查新检索显示，目前国际上未见同类手术报道，因而也属世界首例。

34岁的汤女士因患卵巢肿瘤，先后切除了双侧卵巢和输卵管。之后，出现了闭经和更年期症状。为了维持体内的激素平衡，她不得不依靠药物，但每天又因此而恶心、头痛，正常的生活和工作都受到影响。为此她四处求医，但均无功而返。不久之后，因不能忍受长期服用雌激素的种种不适并希望依照政策能再次生育的汤女士，向浙医二院妇科主任、医学博士郑伟教授透露了自己的苦恼。郑伟教授提出如果能找到合适的供体施行卵巢、输卵管联合移植手术，可以解决因缺少雌激素而过早出现的更年期症状，并重新获得生育机会。

汤女士32岁的妹妹得知这一情况后，毅然决定把自己的一侧卵巢和输卵管捐献给姐姐。经浙医二院检测，汤女士姐妹俩的血型和HCA（人类组织相容性抗原）完全吻合，这种一般在双胞胎姐妹中才能出现的幸运情况进一步增加了她们进行手术的决心。

2002年3月上旬，由郑伟教授主刀的手术小组，为汤女士姐妹施行了卵巢、输卵管腹腔内联合移植手术。由于卵巢血管非常纤细而且位置较深，输卵管峡部管径狭窄，手术具有相当的难度。专家们采用显微外科手术，用了8个小时，成功地完成了右侧卵巢动静脉和输卵管的吻合连接。

上引消息中汤女士姐妹的捐赠与移植卵巢输卵管手术,是在双方自愿的基础上完成的。良好的愿望成就了良好的效果。

但尊重意愿自由原则、恪守法律规定与习惯医例,也不能走过了头而作茧自缚,对一切患者不加区别,把意愿自由原则绝对化。忆及近年有人倡行的"医疗公证",就有"走过了头"之嫌。

上海某医院为解决医患纠纷,试行了"医疗公证",即对高难度的手术和有较大风险的诊断与治疗,在医生向患者及其家属说明全部情况并由医患双方签字(医方表达进行手术的意愿,患方表达同意手术的意愿)后,再到公证处进行公证。据说,这一做法很成功。[1] 有的同志为此建议立法肯定并推行"医疗公证"。

陈爱和先生在《医疗公证,仁者见仁智者见智》[2] 一文中指出,对于医疗公证,人们还存在着种种疑虑:

首先,医疗公证是否侵犯了患者的权益?赞成医疗公证者认为,通过公证,可以督促医生尽职尽责,拿出最佳的治疗方案,预测出可能的风险并及时采取措施,这是医院对病人的一种"服务承诺",让患者和家属通过公证对患者的病情及医院的治疗方案等享受到"知情权"。如果医院由于渎职导致医疗事故,患者及其家属可依据公证文书进行起诉。而反对者则认为,公证证明的只是申请人的法律行为或有法律意义的文书的真实性与合法性。对于治疗方案和手术中的意外情况,因其专业性很强,公证难以证明其是否合理,因此医院方始终占有主动地位,病人及其家属只能是在紧迫或缺乏经验的情况下签订这种"城下之盟"。如此,公证的可信度就值得怀疑。另外,医院的职责是救死扶伤、以人为本,如果在救死扶伤之外另附加一些条件,在病人及其家属最危急的时候,医院要求手术前进行公证,难免会给人留下"乘人之危"的嫌疑,也会被认为是侵害了患者的权益。

其次,对于医疗公证这一举措是否合法,也存在争议。有人认为,医疗公证是公证机关根据医方或患方的申请,为划清医患双方的风险与责任,避免不必要的医患纠纷,依照法定程序,对医疗协议进行公证。这项新的公证业务保护了医患双方的权益,特别是将患者在接受医疗行为中可能出现的行业作风问题、医疗质量问题、医疗纠纷的处理与解决等都置于法律的保护之下,避免因产生医疗纠纷而牵扯双方太多的精力。从这个意义上讲,这项业务不仅合法,而且是具有积极意义的。也有人认为,医院与患者或家属签订医疗协议并公证,实质上是以"合法"的形式,掩盖了一种凌驾于法律之上的行为。因为患者及其家属对医院的治疗方案是否"正确",治疗过程是否规范,有权提出质疑,即使患者及其家属因出于无知而对医院正确的医疗方案提出异议,医院也不能因有医疗公证而剥夺人家说话的权利。再说,公证书不是一个判决,出了事故,纠纷还是难免。而且,公证必须

---

[1] 《文汇报》2001 年 11 月 16 日。
[2] 《上海法制报》2002 年 3 月 20 日。

是自愿的，如果医院要求凡是病危的或是重大的手术都必须公证，否则就不给做手术，那么这种以行规来强制患者公证的行为是有违法律的。

如此看来，避免医疗纠纷仅仅靠订一份同意手术的"生死协议"并做个公证还远远不够，医疗公证中所涉及的诸多问题还需要进一步研究解决，而当前最迫切的是应树立更为合理、人道的责任意识，建立更为科学的医疗服务监督机制，完善医疗事故鉴定和赔偿机制，以维护好医患双方的合法权益。

我以为，若要立法肯定"医疗公证"从而推广实行，还会遇到以下几个难点：

第一，无法确定公证范围。倡议者认为，高难度的手术、较大风险的诊断与治疗都可公证。但何为"高难度""较大风险"？不确定明确具体的标准，就无法决定是否要办公证，而"明确具体的标准"估计是提不出来的。倡议者又认为，病人自身条件不同，多种疾病交织患者、多脏器功能衰竭者可办公证。但这本身就需诊断，显然会陷入先诊断还是先公证的怪圈。

第二，公证并无裁决的司法效力。倡议者认为公证的好处是"一旦发生意外，医患双方产生矛盾，有具有法律效力的第三者站在法律公正的立场上进行裁决……"殊不知公证并无"裁决"的司法效力，它只是一种证明，进入诉讼程序时可作为证据，但本身不是"裁决"，一切裁决只能由法院审理做出。这样一来，公证书所起的作用还不如医疗（事故）鉴定书的作用大，因为后者还可"鉴定"医疗过程本身的种种问题，而公证书仅与医患（及患者家属）所签订的"同意手术"作用相同。

实际上，患者付费进某医院看病，医院接受患者，这已是一次"合约"；在遇到危重病情，医院方要采取有风险的抢救措施时，医患双方签订协议，患者及家属签字"同意手术"，是再一次"合约"。此"合约"一签，医生是全力抢救，患者是"置生死于度外"。患者及其家属的签字，所表明的是"即使死亡，也请求医生动手术"的明确意愿。这一意愿，包含着"不管医生水平如何也请求该医生（医院）抢救"的意思。只有在签字后又赖账，或医生故意（包括不负责任）而把手术做失败，才会发生笔迹鉴定或医疗事故鉴定一类问题。而这，又与公证无关。所以，搞"医疗公证"也许只会横生枝节，增加医事麻烦。

我认为，解决医患纠纷的重要环节是：加强进医院时的教育，使医患双方都明确，这是一次民事行为的开始，医生必须尽心竭力，患者必须承担风险；加强手术前医患签订手术协议的教育，实现患者的知情权；加强医德教育；严肃处理医患纠纷，尤其是应严厉惩处借故闹事、扰乱医疗秩序的患者家属；加强医疗事故鉴定。

总之，具体医事行为中如何贯彻意愿自由原则问题，应做辩证处断。这在安乐死与器官移植方面尤应注意。

（三）安乐死、器官移植与意愿自由原则

联系到一些具体的生命社会关系的法律调节问题和医事关系问题时，意愿自由原则还

可进一步深化、具体化。例如，关于安乐死与器官移植。

上海大学法学院龚琳在上海市第五届生命法学理论研讨会上发表的论文《生与死的选择》中，倡言将人对自己生而有之的"生命权"理解为"选择权"。她指出："如果将生命权理解为人拥有选择自身生存与否的权利，事实上就是将生命权理解为'选择生存权'与'选择死亡权'。（这）与先前所述的生命权相比，内涵的转变可谓天壤之别。最初的生命权是绝对化的，作为具体的个人，在他出生之前这项权利就存在着，一旦出生立即被这项权利包裹着……他所拥有的生存权不容放弃，就连剥夺自己生命的自杀行为也被视为一种犯罪。而若将生命权作为选择权来理解，那生命权就是相对灵活的，因为此时的权利掌控在人自己的手中，他拥有了决定自身命运的主动权。在出生前和出生时，生命权利的获得是不容本人选择的，但在出生以后，在拥有自己成熟的思想、完整的意志以后，本人就可以在一定的条件下选择自己的生存与死亡。"将"生存权"理解为"选择权"是一种很好的创意，其实质就是将生命法的意愿自由原则贯彻到底。依据主观意愿而自由地选择了放弃生命，就应得到尊重，安乐死自不成问题。

器官移植实际上也是主观意愿自由是否能贯彻到对自身器官的处理上的问题。在笔者看来，既然器官为主体所有，依据他的所有权，就可派生出占有权、使用权、处分权等。如果主体无处分自身器官的权利，那么，他的所有权是不完整的；如果主体有处分自身器官的权利，那么，他要将器官的一部分或大部分、次要器官或主要器官赠与、移植给他人，是他的自由，是他行使所有权的表现。这是建立在意愿自由原则基础上的。如果他不愿意，那么即使是死刑犯，也有权拒绝器官捐赠、移植。当然，不能由此推论器官可以买卖，因为这是有违社会公德的。

与此相关的是，主体以外的任何其他人，包括医生、家属都没有权力设置障碍以破坏主体关于是否安乐死、是否移赠器官的决定；否则，即为对主体自由意愿的侵犯。医生、亲属等也有其意愿自由权，可以自由决定是否配合行动，对主体实施安乐死、实施器官移植。而这样一来，就须立法协调各方的关系了。

但意愿自由原则也不可绝对化。绝对化，是永远要认真避免的形而上学思维方式。不加区别地对待一切患者而把意愿自由原则绝对化，就是这样一种应加否弃的形而上学思维方式。我们在生命科技实践中，在医疗事务中，能毫不考虑实际情况而一味强调意愿自由原则吗？

这里，我们先来看一看2005年发生的一个案例：

2005年4月14日，江苏省南通市南通儿童福利院的女孩兰兰和琳琳（均为化名，前者14岁，后者13岁）被送上了手术台。她们是福利院捡来的遗弃孤儿，没有人知道她们的父母身在何方。她们和所有这个年龄段的女孩一样，不久以前来了月经。稍有特殊的是，她们痛经。而她们和别人最大的不同之处在于，她们是智障。除了知道疼，疼得满地打滚，什么也不懂，会把月经带拿出来玩，把经血涂得到处都是，连福利院的其他智障儿童都嘲笑她们了。麻烦的事情还不止这些,这两个女孩生活不能自理,处理月经的事情怎么也教不会她们。于是,儿童福利院领导做出了"集体决定":找个合适而稳妥的地方切除她们的子宫。4月14日的手术非常顺利。王晨毅医术不凡,手起刀落,子宫切除,两个女孩恢复"正常"。但是术后第二天,一个网名叫"青年医生"的人就把事情捅到了网上。网络上的反应超出了人们的想象。"人不是猫狗,岂能随意阉割?何况是未成年少女。如果智障女孩不是孤儿,而是他们自己的骨肉,能下这种毒手吗?"一位叫 franklong 的网友留言说:"类似的手术我只听过养鸡场和宠物医院有,南通儿童福利院……一定不是人开的!"网友"老总就是脑壳肿"说:"以前德国纳粹在挪威也是这么干的!"网友"一路拔剑"说:"这不是什么对不对的问题,这是有没有把人当人看的问题。"3天的时间,数万网友跟帖,舆论呈现一边倒,大多数的网友痛斥福利院和医生。4月21日这天,事态急转直下。媒体介入了。一家上海的报纸率先报道了此事,更多的媒体开始跟进,所有矛头指向福利院和医生。在媒体的紧迫不舍下,更多的"黑幕"被揭露出来。一位福利院的职工告诉媒体,早在兰兰和琳琳之前,在前任院长贾桂林手上,至少还有7名女童被送去做了子宫切除手术,其中一些女童并非生活不能自理。网络上的责骂越来越激烈。一个叫"卯是卯"的网友说:"这可是中国公民,怎么要这样对待自己的人民,这些人干了什么,他们干了敌人想干却干不成的事情。衣冠禽兽!"

但是也有人开始发出不同声音。一位叫"秋风拂面"的网友提出疑问:"如果智障者的亲生父母让医院为她做切除手术,大家是什么想法呢?"一位名叫"张为平"的网友对福利院表示了支持,他说:"我的儿子是精神疾病患者。如果是女儿,是应该考虑切除生殖器官的。由于精神方面的疾病,在青春期及以后,女性患者对于男性的性交一般不知道拒绝。这个问题应该由智障女子的父母来选择。"平衡逐渐显现。在网易,有一半网友对福利院和医生的行为表示理解。一个网友说:"虽然我也是女人,我也不盲目地批评,其实福利院这么做真没什么错,智障人虽然有生育权,可是她如何去实现?她会知道她应该跟谁去结婚吗?真要是结婚生了孩子,可不是坑苦了她的下一代?仁慈不应该是盲目的。智障人的出生是一种不幸,可不是她自己的错,社会能做的只能是让她这一生平安生活,但肯定不可能完全和正常人一样。这种先天的不足不可能因为人的善良愿望而改变。我认为大家不必对福利院这么大吐口水。"另一位网友说:"我怎么也想不出来子宫对这两个重度智障的孩子有什么意义,除了让她们定期剧烈腹痛、惊恐尖叫和到处血污。但是希望福利院能吸取教训,通过家属签字(有的话)或报主管部门审批等程序,减少本不需要承担的风险。不过现状恐怕是没人来管,出了问题自己负责。所以更希望卫生部门、社会保障部门等体察下情,给基层一线工作者有规可循的工作环境,让他们少一点后顾之忧,少一点明哲保身。有规章制度也利于民众理解监督,减少无事生非的闹剧。"甚至有一位网友开始祝福这两位智障女童,他写道:"这是一种无奈的选择,也是文明的选择。祝福这些弱智女子。"

就在这个时候，残联表态了。4月28日，中国残疾人联合会办公厅向江苏省残疾人联合会发出《关于请高度关注南通市福利院弱智女童被伤害案的函》。中国残联在函中称："中国残联党组、理事会高度关注此事，认为这是一起严重伤害残疾人的恶性事件。请江苏省残联并协调南通市残联予以高度重视，从切实维护残疾人合法权益出发，积极配合当地政府、有关部门做好事件善后处理，依法追究、惩处事件相关责任人，维护受害女童合法权益。"

"切除智障少女子宫案"进入司法程序后，4名被告是否有罪成为公众关注的话题。司法界的意见是公众关注的首选。在崇川区检察院看来，王晨毅们的行为是故意伤害，因为这种做法是不人道的。起诉书中说，被告人缪开荣、陈晓燕、王晨毅、苏韵华非法损害他人身体健康，导致两人重伤，其行为已经触犯了《刑法》第二百三十四条第二款、第二十五条第一款的规定，并且是共同犯罪，应以故意伤害罪追究其刑事责任。

《南方周末》记者鞠靖就此采访了4位刑法学专家（贾宇、韩玉胜、游伟、田文昌）。他们对当事的福利院领导及主刀医生是否有罪、负有何罪、如何处理展开了激烈的辩论。国内伦理学界人士也纷纷发表意见。一部分伦理学家表示支持检察院的公诉理由。中国社会科学院应用伦理研究中心常务副主任王延光研究员说："两个女孩虽然是智障，但是将来还有生育权，他们（福利院和医生）这样做是不对的，不人道的。即使是重度智障也不能这样做。他们就是为了推卸责任，觉得这样照顾起来比较麻烦。痛经不是不可以治，不是非要切除子宫。切除子宫不是这两个女孩的最大利益，不论她们是什么人，都有结婚生育的权利，基本的人身权利是应当受到保护的。"王延光还认为，不是说智障人生出来的孩子就一定是智障，有些孩子生出来也是正常的，绝对不能"一刀切"。即使是父母，也一样要经过伦理委员会的讨论才能做出这样的决定，无论如何，做这种手术的动机一定要是良好的，要出于这两个女童的利益考虑，不能从福利院的任何角度去考虑，因为福利院的责任本来就是把她们养大成人。

但是，另一些医学专家和另一些伦理学家意见却与前者相左。他们的理由是，这两名儿童均属重度智障，日常生活完全不能自理，无法进行语言交流，常识和判断能力均属极差，甚至没有性别意识。在这种情况下，如果我们承认生育是人类性行为的结果，而人类性行为又是一种有意识的、自愿的行为的话，那么，生育能力不仅对本案中的两名重度智障儿童已经没有实际意义，而且还可能对其构成伤害，因此，生育权在其人身权利中已经不具有重要性。相反，身体健康状况和生活质量的提高对她们具有更为重要的意义，成为其人身权利中更为重要的部分。

亚洲生命伦理学协会会长邱仁宗教授认为，南通儿童福利院的这两名女童同时满足了几个条件：孤儿、智障、痛经、月经不能自理、易受性侵害，所以，福利院作为监护人可以做出这样的决定。邱仁宗坚持认为这种手术不是不可以做，但是要衡量风险收益比例，并且中间要经过医学伦理委员会的论证程序。

邱仁宗所谓的风险在于"不清楚 13 岁的女孩切掉子宫后发育会不会受影响",会不会影响内分泌。如果经过专家论证,确实这样做孩子的收益大大超过伤害,就可以考虑。"但是无论如何,这件事情追究刑事责任总是不妥的。"①

上述形形色色的意见、理由都站得住脚吗?

不妨先看一看,遇到类似的情况,国外的法律是如何对待的:

在美国,有关 Secretary, Department of Health and Community Services V. J. W. B and S. M. B 一案的资料说明,法律认可智障人的监护人有就非常规需要而切除重度智障人子宫提出请求的权利,但同时将审查此种请求的权力赋予法院。该案法官认为,如果法庭和(智障人的)父母都认为对智障人实施绝育手术是符合智障人最佳利益的,法庭将给予许可;如果法庭认为不符合智障人的最佳利益,将会下令禁止实施手术;如果法庭认为符合智障人最佳利益而其父母反对,法庭会取消其父母担任其医疗代理人的资格。

在澳大利亚,已经出现了关于智障女童手术的经典案例。北领地高等法院认为对先天智障女童玛里恩实施绝育手术符合玛里恩的最佳利益,法庭同意她的父母提出的请求,允许其父母作为玛里恩医疗决定的代理人,同意给玛丽恩实施子宫和卵巢切除术。

在南非,1975 年出台了《堕胎绝育法》,其中规定:"严重智力低下的妇女可以在国立医院进行绝育手术。"

据《欧洲精神病学》2004 年第 19 期发表的一项研究报告,在比利时瓦隆-布拉班特(Walloon Brabant)省一级首都布鲁塞尔地区的政府慈善机构中,年龄在 18—46 岁的智障女性中已有 22.2% 施行了绝育术,比整个比利时的女性绝育术的比例要高出 7%。

我们认为,所有的争议,如果移用在健康人身上,都不可能发生。因为健康的人有正常的思维,可以自由表达自己的意愿。如果他们得到了"充分说明"并做出了"慷慨承诺",医生随后摘除其器官也就无可非议,更不会因此而罹罪待刑。问题在于此案中的两位被切去子宫者是重度智障患者,而她们是没有正常思维、根本不可能正确表达其意愿的。因此,她们需要监护人。既然有法定的监护人,监护人从被监护人的利益出发做出的意愿表达,就应视同后者自身表达的自由意愿,虽然,法律并未如此规定,并未明确授权前者为后者做诸如切除器官的代言。但也正因"法无明文规定",前者也不必因为后者代言而受法律惩处。

这里有一个如何辩证理解生命法的自由原则的问题。

应当确认,意愿自由是生命法的最重要原则之一,此其一;其二,意愿自由原则也不可绝对化,不可脱离"可表达自由意愿"这一隐含的前提条件。至于涉案的两位高度智障女孩是否"可表达自由意愿",争议的任何一方都没有异议。既然如此,结论曰"意愿自由原则不能僵死地实行于智障患者",就是应当接受的判断。美国、澳大利亚、南非、比

---

① 《福利院切智障少女子宫之人道伦理争议》,《南方周末》2005 年 6 月 9 日。

利时等国的有关立法及法律实践，早已证明了此论不错。

关于此案的争论还将继续下去。但在法律未做明确规定之前，只能是"公说公有理，婆说婆有理"。所以，争议的最重要成果一定是推动相关的立法。而且完全可以预料的是：我国的立法，一定会步美、澳等国之后，肯定监护人代行智障患者的意愿表达权利。由此而倒推，也可以证明我们的观点之正确性。

（四）遗体捐献与意愿自由原则

器官移植已经走过了50年。50年前，罗纳德·赫里克怎么也没想到他创造的医学历史有朝一日会挽救无数生命。他本来只是想挽救一个人：他的兄弟。他说自己决定将一个肾捐给他生命垂危的双胞胎兄弟理查德时根本就没多想。1954年12月23日那场持续了5个半小时的手术救了理查德的命。手术在圣诞前夕进行，在当时的美国社会引起了不小的轰动。手术成功了。此后，理查德还与照顾他的护士结了婚，他愉快而健康地又活了8年。手术不仅挽救了理查德，更重要的是，它开创了器官移植的先河。在他之后，又有数以千计的人接受了肾移植，并且从心脏到肝脏的其他器官移植也出现了。理查德的医生因此获得了诺贝尔奖。自第一例器官移植手术获得成功以来，50年间，在美国进行的器官手术已经达到了40多万例。

器官移植术的成功，催生了遗体捐献的发展。自上海市红十字会1982年开展遗体捐献工作以来，至2003年2月底，该市遗体捐献、角膜捐献累计登记人数已达15685人，遗体捐献累计实现人数达2448人，角膜捐献累计实现人数31人，使17位眼疾患者告别黑暗重见光明。特别是全国第一部有关遗体捐献的地方性法规《上海市遗体捐献条例》（2000年12月15日）实施两年来，遗体捐献、角膜捐献登记人数达3748人，实现遗体、角膜捐献的人为540人，其中年龄最长的捐献者，是110岁的原上海市文史馆员、该市最后一位清末秀才苏局仙老人，年龄最小的是刚出世2个月的婴儿。

在遗体捐献者中，有许多感人至深的生动事迹。例如，一位76岁的遗体捐献者，10多年前发现肝脏有占位性病变，医生确诊为晚期肝癌。当时医生对家属说因肿瘤太大，无法手术，估计患者的生存期不会超过一年。之后，老人和家属寻遍了各种民间偏方，一年又一年，谁知老人竟又活了17年。在被视为"捡来的"17年间，细心的老人将其寻医服药的点滴感受一一记下。临终时，老人嘱咐家人，将自己的遗体连同那17年的自制病史一同捐献给医学事业。后经尸体解剖发现，老人患的是较为罕见的肝脏弥漫性海绵状血管瘤。这一信息迅速在原上海医科大学附属医院的病理讨论会上得到交流。说来也巧，没过多久，中山医院就遇到一例病情类似的病人。由于有了这位遗体捐献老人的最后贡献，医生很快做出了正确的诊断，患者的病也因此得到了有效的治疗。

据2003年3月16日新华社重庆电，重庆市一批遗体捐献者的事迹十分感人：

3月7日，重庆市颐养院的9名平均年龄在70岁左右的老人和两名工作人员一道，约请重庆医科大学遗体捐献接收站的工作人员,集体办理了遗体捐献的登记手续。

"填表登记了,一点后顾之忧都没有了。"83岁的赵化玉老人拉着记者的手说:"我一辈子很幸福,所以也一直乐意把自己奉献给社会,哪怕人不在了也想有点贡献。"老人以前跟儿子在安徽住,儿子去世后,又搬回了重庆。一进颐养院,老人就多次向院里表示要捐献遗体。没办手续前,她一直闷闷不乐。前几天办了手续后,精神好多了。

86岁的岳玉林老人退休前是东风船厂子弟学校的老师。她说:"解放前我从师范毕业,一直没事干,解放后在国家的帮助下,才有了工作。我受党的恩德太大,而做的贡献太小,所以要把遗体捐献出去,也算是为国家做贡献。"老人特意补充说,这次是"全身体捐献"。

"将器官捐献给需要的人,自己的生命就延长了。"57岁的李伯寿接过话说。为了遗体捐献的事,李伯寿多次做儿子的工作。他笑着告诉记者:"我就跟我儿子讲,你把我烧了还不如给那些医院里需要的人。"

颐养院50岁的李朝英院长和47岁的办公室主任陈静是院方最早决定捐献自己遗体的。有些发胖的李院长笑声爽朗:"我身体好,眼睛以后可以捐献给人家,唯一的不足就是胖。我跟我爱人、儿子讲,以后就让医院工作人员研究一下为什么我会这么胖。"

但是,细心的读者会发现,登记捐献的人数与实现捐献的人数是不成比例的。上海1982年以来的遗体捐献、角膜捐献登记数为15 685人,实现数为2497人。重庆现在登记在册的有五六百人,实现的只有几十人。据重医遗体接收站负责人左饶彬介绍,这个学校自20世纪90年代中期开始正式办理遗体捐献登记注册手续,最初来的人极少。这两年逐渐多起来,但也只是登记量增加,最后的实现量很少。其原因,当然与不少登记者还活着有关,但还有其他原因。登记捐献者去世后,家属不通知遗体接收站,是登记者多实现者少的直接原因。左饶彬分析说,家属不通知接收站,很重要的一点就是担心周围的舆论压力。据说,也有一些人登记之后又反悔了。①

对此,我以为,按照意愿自由原则,当登记人后来反悔时,还是应当按照他后来的意愿,不强求其捐献。这与民事遗嘱按最后一次遗嘱处理的原则是一致的。有人建议,一旦登记捐献,就具有法律效力。这恐怕是不妥当的。

"遗体捐献与意愿自由原则"还有一个相当特殊的问题,即死刑犯是否可以按此原则捐献其遗体。

2005年3月28日晚,关押在濮阳市看守所的死刑犯王继辉偶然看到河南省濮阳市一位18岁的高三学生张红伟突患肾衰竭的报道,第二天即向看守所申请捐肾。不久,另一名在押死刑犯张玉海也向所里提出了捐肾的申请。

4月13日,负责肾移植手术的濮阳市第一医院的专家对王继辉、张玉海分别进行了

---

① 《遗体捐献,离我们有多远?》,《文汇报》2003年3月17日。

配型化验。配型结果表明，王继辉的血型和抗原、抗体与张红伟的完全相同，基本具备肾移植的条件。该院决定为张红伟实施肾移植手术。

然而，由于国内尚无二审期间死刑犯捐肾的先例，尽管手术前工作准备就绪，但没有得到法院批准的死刑犯王继辉无法出监实施手术，原定于4月26日进行的手术不得不一拖再拖。

无独有偶，2005年5月19日，一个多次申请捐献遗体以赎前愆的死刑犯徐智华未能如愿而在江西省九江市伏法。2004年9月29日凌晨，因家庭纠纷而对岳母及其家人怀恨在心的徐智华携铁锤潜入岳母家中，将岳母杀害。九江市中级人民法院一审以故意杀人罪判处徐智华死刑，徐智华不服提出上诉，二审法院经审理后维持原判。徐智华的辩护律师在接受记者采访时说，在看守所关押期间，徐智华对自己一时冲动犯下的罪行后悔不已。在等待二审判决的日子里，徐智华多次对律师表示，他已经做好了法院维持原判的思想准备，只是希望死后能将遗体捐出，以弥补自己的罪行。他对律师说："我不要任何经费，如果判极刑，争取卖一个肾脏，其他器官无偿捐献。如果不同意卖，就无偿将所有器官捐献。"徐智华的父亲对记者说："儿子有这种捐赠器官和遗体的愿望，也是修善积德，因为医院里还有很多人正等着肾脏和角膜等器官移植，儿子身后把这些器官捐出来，也算是对曾给社会造成危害的一点补偿。儿子是在经过反复思考后，才做出这个决定的。但没想到，这个向善的最后一点请求没被接受，也成为一种遗憾。"死刑犯到底能不能捐献器官？江西省高级人民法院有关人士在接受记者采访时说，死刑犯愿意捐献器官甚至遗体，无论从医学研究角度还是从治病救人的角度来看，都是积极的。从道义上讲，法院也希望满足死刑犯忏悔向善的愿望，但按现行法律规定，法院无权处理遗体的善后事宜。目前，国家并没有相关的规范性规定，所以也就无章可循。死刑犯器官捐献将会涉及一系列棘手的问题。如在手术中死刑犯的安全如何保障？假如出现犯人逃离、自杀、自残、伤人或意外死亡事件，责任该由谁承担？中国刑法研究会理事刘德法教授认为，法院的担心不是没有道理，但作为有行为能力的犯人有权处置自己的器官。当他的生命和政治权利被剥夺后，他应当受到的惩罚已经全部领受，他的其他民事权利，包括遗体的处分权，与自然人毫无区别，也应受到法律的保护。①

北京市知名律师、法学博士许兰亭主张，死刑犯捐献器官应当允许、提倡、鼓励。一是符合立法精神，《刑事诉讼法》（1996年3月17日）第二百一十二条规定，指挥执行（死刑）的审判人员，对罪犯应当验明正身，询问有无遗言、信札，然后交付执行人员执行死刑。这里的"遗言"，实际上就是死刑犯临刑前对身后事的交代与安排。死刑犯捐献器官实际上也可以视为"遗言"。一般财物可以安排，那么对自己的身体器官做出安排又有什么不可以呢？二是既满足了死刑犯的愿望——不管是其真诚悔罪，为社会做贡献，还是

---

① 李青、黄辉：《死刑犯捐器官为何难如愿？》，《法制日报》2005年5月30日。

其想为家里做点贡献,缓解家庭经济困难,又满足了需更换身体器官的病人的需要,挽救了他人的生命。三是强调尊重和保护人权,实际上,允许并满足死刑犯捐献器官的愿望,也是最大限度地尊重和保护其人权的具体体现,既符合立法精神,也符合人权保障的国际潮流。

但是,还有不少法学界人士持不同意见。例如中国政法大学刑法学教授曲新久呼吁,有关部门应当禁止利用死刑犯的人体器官。他的主要理由如下:首先,我国目前的羁押制度和刑事诉讼程序没有为死刑犯活体器官捐献预留空间。其次,死刑犯的身份与其自由决定之间存在着不可克服的矛盾。再次,犯罪人——特别是死刑犯是道德生活失败的一群,其自愿捐献比例不大可能超过正常之人群。所以,死刑犯自愿捐献器官,只能导致更多的人被期待判处死刑。最后,也是最重要的是,利用死刑犯的器官,即使死刑犯同意,即使可以挽救我们的生命,也是不道德、不仁义的。

那么,究竟如何对待死刑犯的遗体捐献要求呢?

据全球移植中心名录统计,目前全球已有70余万身患绝症者通过器官移植获得第二次生命。全球每年大约有近7万人接受器官移植,许多人的生命在垂危之际因此而得以重生。一些患者因为换了新的移植器官,不仅成功延长了生命,而且生活质量也大大提高。仅在我国,目前肾器官移植已超过2.5万例。

据了解,我国器官移植工作始于20世纪50年代末期,比国外晚起步10年。但是,我国器官移植规模远远不能满足日益增长的医疗需求。我国目前每年进行肾移植大约为3000余例,而需求者达30余万人;在全国500万盲人中,有近3万人可通过角膜移植重见光明,但因供体缺乏,每年只有不到1200名病人能接受角膜移植;我国目前有150万名尿毒症患者,每年却仅能做3000例左右肾脏移植手术;我国有400万名白血病患者在等待骨髓移植,而全国骨髓库的资料才3万多份;我国约有1亿肝病患者,30%的肝病患者最后会发展成为肝硬化,而对于大多数晚期肝病患者,肝移植是唯一的治疗手段,肝脏的供给比肾脏还紧俏。一方面是人体器官移植的供体严重缺乏,另一方面是死刑犯捐献人体器官被叫停,这似乎是非常矛盾的一个问题。

有关死刑犯器官移植问题,卫生部有关负责人在接受一家中央媒体采访时说:"在(20世纪)80年代,最高人民法院、卫生部等部委就联合发文明确规定,为了救死扶伤的目的,只有在死刑罪犯自愿并签名同意,或经其家属同意,并经有关卫生行政部门和司法部门严格审查批准,医疗和科研部门才可利用死刑罪犯的尸体或尸体器官。这与其他公民自愿在去世时捐献遗体或遗体器官是一样的。"[①]

必须指出:在法学家们喋喋不休地争议时,急需移植器官以救一命的,仅肾病、盲人、尿毒症患者、白血病和肝病患者就有3583万人。也就是说,每争议1天,就可能导

---

① 郭恒忠:《人体器官移植法律缺失 法学专家呼吁尽快立法》,《法制日报》2005年6月1日。

致10万人因延宕移植而死亡或继续失明。当然,绝对不可因此而把希望全部寄托在自愿捐献遗体的死刑犯身上,但"救人一命,胜造七级浮屠",哪怕只有王继辉、徐智华二人,能救两条性命,也是"胜造七级浮屠"的盛事。何况,最高人民法院、卫生部早在20世纪80年代就已有明文规定,须知这是有法律效力的文件。

我们认为,死刑犯也罢,非死刑犯也罢,只要是其真实意愿的自由表达,没有理由拒绝其临终前的善举。至于"导致更多的人被期待判处死刑",问题不在于襄赞死刑犯捐献遗体,而在于对此是否严密立法与严格执法,以及对"期待者"是否严明立法惩处。至于"不道德、不仁义"云云,是否从另一个方面,即从既不孚死刑犯的最后善愿,又错失了救人一命的良机是否"道德""仁义"进行考虑,或可比较容易达成共识。

(五)实现意愿自由的前提:主体的知情同意与知情选择

生命法意愿自由原则的实现,有两个重要的前提:一是知情同意,一是知情选择。

在医患关系以及生命科技发展所引起的一般生命社会关系中,尤其是在人体实验中,举凡所涉意愿自由,都以知情同意为条件;举凡实践意愿自由原则,都应以有关方面知情选择为前提。

早在1947年8月,针对德国法西斯通过各种手段秘密攫取许多人体和生理信息的罪恶做法,国际纽伦堡军事法庭就颁布了《纽伦堡法典》,作为全世界各国政府、科学家和医生进行人体研究必须遵循的原则。其中最基本的一条便是知情同意和知情选择,即一切治疗或实验都必须向病人或受试者说明情况,包括所施程序的目的、方法以及可能的副作用;然后,在没有威胁利诱的条件下获得病人的同意,或在可能的多种选择办法中做出自由的选择。

尽管有《纽伦堡法典》制定在前,尽管美国是《纽伦堡法典》的发起国与签字国之一,美国的一些生命科研机构还是明里暗里故意违反,从而在医学史上留下黑暗的一页。在1972年前的整整40年中,美国政府公共卫生署有些医生为了研究性病的发展,在病人不知情的情况下,故意不给被感染梅毒的黑人治病。原子弹时代开始之后,美国的一些机构也在研究对象不知情的情况下进行了一些研究,以判定原子弹发射对人体的影响。这些研究被揭露后曾引起轩然大波。因此,30年前美国卫生部不得不发布关于保护研究对象的法律,规定要建立有效的监督机制,以便确保以人体为对象的相关研究的知情同意原则得以实现。

但是,在其国内有所收敛的同时,美国的一些生命科技研究机构却把黑手伸向了国外。据报道,美国联邦政府调查机构"人类研究保护办公室"2004年3月底致函哈佛大学公共卫生学院,谴责该机构在中国安徽农村进行的包括15项人体研究内容的庞大计划,"在生命伦理、监督管理和确保参与者的安全"等方面"存在广泛的违规行为"和"严重的道义问题"。与此同时,哈佛大学公共卫生学院也承认他们的这项实验确有"改进的必要"，并决定暂停这次研究，对之重新审查。

这一始于 1995 年的研究计划是以哈佛大学公共卫生学院和安徽有关大学合作的名义进行的，对象是安徽大别山区岳西县的农民。这里数以万计的农民合家参加了"体检"，先后被抽了两次甚至多次血样，但他们根本不知道自己和家人的血样被送到了何处以及派了何种用途。"人类研究保护办公室"的调查报告中列举了多处此类行为，并特别指出了其中的违规之处：研究前未详细告知参与者在接受检查中可能出现的不舒服症状；签订合同使用了令中国农民理解困难的复杂语言，侵犯了参与者的知情权。[①]

据《文汇报》报道，大别山区的岳西县就这样成了严重的受害地区。岳西县地处大别山区，头陀镇又位于岳西的西北角，交通十分不便。全镇 1.08 万人，每人仅有耕地 0.7 亩，2001 年人均收入才 1400 元。恰恰是由于地理偏远和经济贫困的原因，这里有大量人群具有同质遗传构造。从现代医学的角度，这一条件可以为寻找基因与疾病的关系提供难得的样本。也正是出于这个原因，头陀镇的上千农民和岳西县的成万农民一起，成了该研究计划的首批研究对象。其中不少人在 1996 年、1997 年间全家参加"体检"，被采集了一次或两次的血样。他们中的大多数人曾在一份材料上签了"同意"。但是，据镇领导介绍，许多农民其实根本不认得字，他们不知道自己的"同意"究竟意味着什么。而对于他们身上的血被抽了多少、这些血将会被派什么用处，更是一无所知。

有关这些血的流向问题的答案，出现在美国的新闻媒介中。据 2000 年 12 月 20 日《华盛顿邮报》一篇题为《挖掘农村基因富矿》的消息报道：中国安徽大别山附近数以万计的百姓为哈佛大学与中国的合作项目贡献了血样。这些血样进了哈佛基因库。而据另外的报道，这个项目的美方负责人、华人科学家徐希平博士自己承认，有 1.64 万份 DNA 样本被带到了美国。至于这些血样，或者说是基因载体的最终用途，哈佛大学公共卫生学院公关负责人介绍说是"用于对哮喘病、糖尿病和高血压等疾病的研究"。而美国报纸的报道则更坦率地说，这些经过精选的血样，对研究和开发未来的新药物"具有弥足珍贵的价值"。

美国媒体还披露了另两个足以说明这项研究的价值的数据：徐锡平博士的研究小组获得了美国千年制药公司数百万美元的研究经费；徐博士本人并于 2000 年度获得美国国家卫生研究所的 8 个资助项目。

安徽山区的农民又得到了什么？头陀镇卫生院的医生反映，除了采样组留赠的几台旧国产血压计外，他们至今没有从这个项目中得到过其他任何资助或支持。该镇松山村的农民储勉斋则说，他们一家四口人曾两次参加体检抽血，获得一份生物医学环境报告单，还有两瓶降血压的药。然而，这位 61 岁的老实农民至今仍闹不明白另一个至关重要的问题：我们的血究竟被弄到哪里、弄去干什么了？[②]

---

① 《文汇报》2002 年 4 月 11 日。
② 《文汇报》2002 年 4 月 11 日。

知情同意是意愿自由的前提，也是人权的具体体现。经过进步人士的长期斗争，现在在国际上，"知情同意"已经成为生命科学研究领域公认的一项原则。国际人类基因组织伦理委员会认为，在收集、存储和使用人类DNA中，尊重自由的知情同意和选择以及尊重隐私，是医学伦理学的核心概念，也是一切基因研究不可动摇的基石。联合国教科文组织在1997年发表的《人类基因组宣言》中指出，任何有关人类基因组及其应用方面的研究，尤其是生物学、遗传学和医学方面的研究，都必须以尊重个人或在某种情况下尊重有关群体的人权、基本自由和人的尊严为前提。

但仅仅知情同意还不够。生命科技在实践中还应保证当事人在知情基础上的自由选择权。假定有捐肾者已被告知捐肾的种种有关利弊得失并得到了他的同意，而在具体的捐肾对象（左肾还是右肾），捐肾手术的地点，捐肾的实践，做肾脏摘取手术的医生，摘肾时以西药麻醉还是中药麻醉等问题上，既有选择的可能，就应保证捐肾者在知情基础上的自由选择权。

这种知情同意权与自由选择权，在涉及健康的问题上，是会时时处处表现出来的。2005年以来闹得沸沸扬扬的转基因食品和雀巢奶、光明奶不孚食品安全标准事件，就是影响很大的例子。

据《法制日报》2005年5月23日报道，目前北京市销售的色拉油几乎全部是使用国外进口的转基因大豆作为原料加工而成的。其他地方也大致如此。而这，涉及公众的安全与人体的健康。目前，国内很多老百姓并不知道"转基因"到底是怎么回事，不知道转基因有多少好处，更不清楚可能带来哪些问题。再加上，转基因色拉油价格低于花生油近30元，因此，许多消费者单是从价格上就会选择色拉油，对于其他一概不了解。

对于转基因食品的安全问题，中国科学院植物所研究员钱迎倩教授说，据他查证的资料显示，美国农业部宣布，对于转基因食品他们开发了已有十年，还从未出现吃死的例证。但是，美国方面也还没有最后肯定转基因食品一点儿问题都没有。转基因食品到底安全不安全，现在没有结论。但是，有过因吃转基因食品而过敏的记录和报道。

据了解，世界各国对转基因食品大多非常谨慎，如欧盟及其他一些欧洲国家，态度非常坚决，严禁转基因食品进入市场。即使是在对转基因食品持积极态度的美国也对转基因食品做了严格规定。

2001年5月23日，国务院颁布《农业转基因安全管理条例》，首次提到了转基因标识问题。2002年1月7日，农业部颁布条例的三个细则，其中一个细则就是：《农业转基因生物标识管理办法》，对农业转基因食品加强了管理。2002年4月8日，卫生部发布了一个专门针对转基因加工食品的标识办法，即《转基因食品卫生管理办法》（以下简称《办法》）。这个《办法》规定：从2002年7月1日后，对"以转基因动植物、微生物或者其直接加工品为原料生产的食品和食品添加剂"必须进行标识。在这部包括6个章节26条的法规中，清楚地写道：食品产品中（包括原料及其加工的食品），含有基因修饰有机体或（和）表达产物的，要标注"转基因××食品"或"以转基因××食品为原料"。转基因食品来自潜在致敏食物的，还要标注"本品转××食物基因，对××食物过敏者注意"。这是针对百姓有"知情权"的一项重大措施。①

显然，转基因食品在中国的发展还有一段相当长的路要走，真正负责任的做法是在明确标示并告知利害的前提下，把选择权交给公众自己，让消费者通过产品上明确的标示区分转基因食品与非转基因食品，凭他们自己的选择购买商品；而监管部门则应加强执法力度，充分保障转基因食品市场的公开、公正、公平，保证意愿自由原则所要求的知情同意与知情选择权的实现。

（六）医疗实务中的患者知情权

医疗实务中患者的知情权，涉及医生必须告知患者拟行手术、手术风险以及拟用药物及药物的副作用。

这是一个涉及手术引起诉讼的案例：

1999年10月26日，原告因腹部胀痛被送入被告医院内科住院治疗，经初步诊断为后腹腔巨大囊肿、腹腔包块，性待定。同月29日转入外科治疗，经诊断有手术指征，拟行剖腹探查手术。经术前准备及与原告家属交谈，由原告之妻在手术操作协议书、术前总结书上签字。这些文书的主要内容为：患者腹部囊肿，拟行腹部探查术。手术/操作：(1)有生命危险；(2)手术/操作中可能发生意外（麻醉意外、心搏骤停、呼吸骤停、大出血等）；(3)手术后操作可能发生各种病症后遗症（感染、休克、败血症、昏迷、致残等）；(4)输血并发症及反应；(5)术中对粘连的邻近器官行邻近器官的切除；(6)据术中情况作相应手术方式。同年11月12日进行手术，手术中发现包块为不规则巨型畸脂瘤，因瘤体和脾脏粘连甚紧，在未再告知患者家属的情况下，切除瘤体时将脾脏一并予以切除。术后也未将切除的脾脏送检，只是将瘤体送医学院进行病理检查，结果为腹腔囊性淋巴管瘤。原告出院时，院方出院小结并未记载切除脾脏。同年12月，原告在得知脾脏被切除后即向当地卫生局反映，后经县、市、省三级医疗事故技术鉴定委员会进行医疗鉴定，结论为脾脏切除有手术指征，不属于手术医疗过失，不属于医疗事故。省医疗事故技术鉴定委员会的鉴定结论同时说明：院方在该医疗行为中存在一定缺陷，术中发现肿块巨大和脾脏粘连需要切除脾脏时最好能告知家属并说明情况；切除的脾脏不管肉眼观察有无病变，均应按常规送病检，出院小结中未说明脾脏切除是工作中的缺点，但不是切除脾脏实质问题。

法院审理认为：被告未履行充分告知义务，侵犯了原告享有的充分的知情权，被告在履行充分告知义务方面存在过错，应当给原告酌情适当赔偿。遂判决被告向原告赔偿人民币1万元。

---

① 郄建荣：《转基因食品：消费者知情权不到位》。

对此案，我国最高人民法院法研所杨鸿逵先生"点评"曰：2002 年 4 月 4 日公布，自 2002 年 9 月 1 日起施行的《医疗事故处理条例》第十一条已明确肯定了患者在治疗过程中的知情权，该条规定："在医疗活动中，医疗机构及其医务人员应当将患者的病情、医疗措施、医疗风险如实告知患者，及时解答其咨询；但是，应当避免对患者产生不利后果。"本案在新的《医疗事故处理条例》实施之前，认可患者的知情权，且认可医疗机构不履行告知义务而应承担一定的赔偿责任，是有积极意义的。但是，在承认知情权的情况下，知情权如何保护并不是一个简单且容易操作的问题。首先，在很多情况下，具有告知义务的主体不履行告知义务所导致的后果，不仅仅侵犯知情权主体的知情权，同时还会侵犯其其他权利，如构成医疗事故而侵害患者的身体、生命。此种情况下，对权利主体其他权利的保护，也同时保护了其知情权，或者说其知情权的保护已被其他权利的保护所吸收，权利主体事实上已不能再单独提出知情权的保护问题。其次，按照新的《医疗事故处理条例》的规定，侵犯患者知情权的，医疗机构所承担的是行政责任（第五十六条第一项）；只要没有同时发生构成医疗事故的损害的，医疗机构不承担赔偿责任（第四十九条）。这就奇怪了，知情权应是患者所享有的一项民事权利，怎么能够以行政责任了之？侵犯民事权利的行为，可能同时也触犯行政管理法规，甚至触犯刑法。按照《民法通则》第一百一十条的规定，此时发生责任聚合的问题，行为人应同时承担民事责任、行政责任及刑事责任，只要具有可追究的条件且被追究。同时，医疗事故以侵害患者的身体、生命权为标准，即"根据对患者人身造成的损害程度"而确定和划分的，所以，"不属于医疗事故的，医疗机构不承担赔偿责任"应限于患者的身体、生命损害范围内，不应将其解释为还包括侵犯患者的其他民事权利。由此可见，新的《医疗事故处理条例》仍然存在重大缺陷，且仍会在适用上引起重大争议，这必须引起我们的充分重视。再次，侵犯知情权最直接的影响是对权利主体据实做出某种决定的选择权的妨碍，而权利主体的某种决定又与其是否应当付出某种对价、是否愿意保留身体的某种器官等有密切的联系，因此，侵犯知情权的补救措施是与后续结果相连的。一般来说，无论是否发生了后续结果，都应责令义务主体如实告知真实情况。有后续结果的，应根据后续结果来确定义务主体所应承担的恢复原状、返还或赔偿责任。总之，知情权的保护是值得深入研究的一个问题。①

改进《医疗事故处理条例》，使之更加有力地保护患者的知情权，从而使意愿自由原则、使患者的其他权益得到更好的保护，这是生命法学的重要研究课题。

还有一个涉及用药的案例：

在保守治疗无效的情况下，1999 年 8 月下旬，孙先生在上海市第九人民医院做了"右人工全髋关节置换术合作股骨头髓芯减压术"，对两腿"伤筋动骨"大置换。仅换髋关节手术就花去了 2.5 万元。孙先生曾因"皮肤瘙痒、起红色丘疹"前往上海浦东塘桥地段医

---

① 《人民法院报》2003 年 3 月 15 日。

院就诊,被诊断为"过敏性皮炎"。根据医生处方,他从1996年9月开始注射地塞米松。因病情反复,孙先生在近两年里间歇使用地塞米松有门诊记录15次,注射该药针剂43支。瘙痒病症减轻了,但却招来了更"凶猛"的疾病:有一天,当时47岁的孙先生突然感到双腿无力,紧接着就经常感到髋关节疼痛不止,后来发展到离不开拐杖,几近瘫痪。经上海长征医院、市第九人民医院检查诊治,孙先生患了"双侧股骨头上无菌性坏死"。于是,孙先生艰难地来到塘桥地段医院交涉。但医院认为,在治疗孙先生皮肤瘙痒症过程中所注射的地塞米松注射液,其剂量和药品均符合标准,医院不承担任何过错责任。

2001年4月9日,孙先生将地塞米松的制造厂家推上了被告席。理由是,地塞米松的说明书在"作用和用途"一栏内,说明该药是"肾上腺皮质激素类药",但作为"肾上腺皮质激素类药"的一些不良反应和禁忌并未在说明书中出现。孙先生引用了我国最具权威的外科学专著《黄家驷外科学》"皮质类固醇性骨坏死"一节中"长期大量使用或滥用肾上腺皮质激素……常引起骨的缺血性坏死,它已成为医源性疾病的重要原因之一,常发生于股骨头,可单侧或双侧",以佐证自己使用地塞米松注射液所带来的致残的因果关系。

2001年10月4日,上海市静安区人民法院开庭审理此案,地塞米松生产厂家原则上接受调解,补偿原告孙先生1万元,此案了结。

据悉,我国每年5000多万入院病人中至少有250万人入院治疗是与药物不良反应有关的,其中50万人属于严重不良反应,因此致死的人数每年约有19.2万人,比传染病致死的人数高出数倍。因此,于2001年1月1日实施的新的《药品包装、标签和说明书管理规定(暂行)》第十二条指出,药品说明书应列有以下内容:药品名称(通用名、英文名、汉语拼音、化学名称、分子式、分子量、结构式、复方制剂、生物制品应注明成分)、性状、药理毒理、药代动力学、适应、用法用量、不良反应、禁忌症、注意事项(孕妇及哺乳期妇女用药、儿童用药、药物相互作用和其他类型的相互作用,如烟、酒等)、药物过量(包括症状、急救措施、解毒药)、有效期、贮藏、批准文号、生产企业(包括地址及联系电话)等内容。如某一项目尚不明确,应注明"尚不明确"字样;如明确无影响,应注明"无"。

损害知情权可能引致的恶果,有时是极为严重的。因此,一则,有关法规必须严格遵行;再则,还应进一步具体化、细致化、周密化,以便更好地保护患者用药上的知情权。

当然,作为保护患者对药物的知情权的基础,首先在于法律规定的有无。如果立法上还有缺失,那就从源头上影响患者的知情权了。《人民日报》2005年6月23日报道:3月30日,孙涛因牙病在自己工作的武功县人民医院就医,随后凭医生处方在医院旁边的一家药房购买了重庆科瑞制药有限责任公司生产的"甲硝唑芬布芬胶囊",按药品说明书的规定和医嘱服用3次后,次日下午便出现了上腹部痉挛疼痛,当天上午到武功县人民医院就诊,门诊诊断为"药物性急性胃炎"。4月1日晚10点左右,孙涛大量便血,病情危急,紧急住院治疗。武功县人民医院对其病情诊断为"上消化道出血、急性药物性胃黏膜损害"。经过 10 多天的住院治疗后，孙涛病情逐渐稳定，但将近 3 个月过去了，他还不能正常进食，只能吃稀饭等流质食物，而且胃部经常疼痛，体重减轻了 10 多公斤。通过查病史、服药过程以及住院后的查体和对症治疗，可以判断孙涛的病症为药物引起的上消化道损害。在病情稍有好转后，孙涛便开始了自己的维权历程。在 3 个多月的时间里，孙涛的笔记本上密密麻麻地记载了许多相关的电话和联系人——从武功县消费者协会、县药监局到中国消费者协会、国家食品药品监督管理总局；从药品生产厂家到厂家所在的重庆市政府的有关部门；从省内的各媒体到中央级各家媒体……但是，对于药品不良反应引起的医疗纠纷应当如何处理，国家目前没有相关的法律法规，虽有《药品不良反应报告和监测管理办法》，但这一关于药品不良反应报告和监测的管理办法，缺乏对药厂的处理规定和对受害者的赔偿规定。孙涛的一切努力，至今仍一无回报。

针对孙涛事件，国家食品药品监督管理总局药品评价中心孙忠实接受《人民日报》记者采访时表示，药品不良反应是指合格药品在正常用法用量下出现的与用药目的无关的或意外的有害反应。如果实际被认定为药品不良反应，那么从法律上讲医院和药厂不存在违法现象，对患者造成的伤害是可以不承担责任的。这是因为根据 2004 年 3 月 4 日施行的《药品不良反应报告和监测管理办法》第三十条规定，"药品不良反应报告的内容和统计资料是加强药品监督管理、指导合理用药的依据，不作为医疗事故、医疗诉讼和处理药品质量事故的依据"。

法律的缺位，导致孙涛这位受害者处于极为尴尬的境地。对此，国外相关的经验可以借鉴。比如，许多国家都有发现药品不良反应后的药品召回制度，以及制定药品不良反应赔偿的专门法律，确定由各药品生产、进口企业，按年利润的一定比例提取药品不良反应基金，用于受害者的救济、不良反应监测、促进人类健康；或者建立健全相关的社会保障救济制度，一旦发生药品不良反应的伤害行为，迅速启动相应的救济机制。然而，我们相应的机制建设长期一片空白，受害者群体的权益长期受到忽视。

总之，从机制与法制的设计上，我们还要加倍努力，庶几才能避免"孙涛"式的尴尬，才能确保患者用药的知情权，才能确保人民的安全与健康。

三、权利平等与义务必行原则

多少有点浪漫的古典自然法学代表们，无不宣传"人人生而平等"的"天赋人权"观点，但是，一个生在达官富贾家庭的孩子与一个生在穷乡僻壤、清贫人家的孩子，既定的生活条件宛如天壤之别，哪有什么"生而平等"可言！即使是同一经济条件下，父母之是否慈祥，本人之是否康健，也往往极大地影响其享有"平等的权利"。所以"人人"不是"生而平等"而是"生而不平等"。精确地表述权利平等原则，应为"法定权利平等原则"。也就是说正确地表述以及所能争取的，只是"不平等前提下"的"法定权利的平等"。如果前提条件已经很不平等,再加上法律又偏袒一些人、忽视另一些人,那这些被忽视者可就雪上加霜,而这个世界可就真是可恶了。但是,由于已经约定俗成地将"法定权利平等"简化表达作"权利平等",所以我们还是"从众""从俗"。只是在这样表达时,务必不能忘记其真实含义。

探悉生命法的权利平等原则,我们不得不尖锐地提出以下几个问题:

(一)权利平等:拷问"法律效力"

权利平等原则得以载入宪法、法律,是千百万人抛头颅、洒热血的斗争换来的。但这还只是法律文本上的东西,还只有法律的"效力",而不是"实效"。这一原则实行起来无疑还会难上加难。例如:医药资源分配的不公,几乎是当今世界各国普遍存在的现实状况,而法律实际上维护着这种不公。城乡劳动者同样向国家纳税,国家以其部分收入兴办医院,但城乡医院设备之好坏、医护人员水平之高低甚至人均医院、医生占有之多寡,差别十分巨大。即使是同在城市里,政要及其家属享有的医、药资源往往也大大高于普通民众。尤其是在计划经济体制下、高度集权的社会里,高官的生活环境、医疗条件、用药状况,远非平民百姓所能想象。某地一位市长因车祸已经死亡,但当地党政机关一致下令医院全力抢救,前后3天,花费了30多万元。对已死的人进行"抢救",实为荒唐。但由于他是当地高官,医院方不得抗命弃医,虽然明知绝无希望,还是得装模作样奋力"抢救"。所花30多万元,当然绝不会让其家属"自费""埋单"。

我国宪法及有关法律规定,医疗卫生事业以保护人民健康为根本原则。《宪法》第二十一条规定:"国家发展医疗卫生事业,发展现代医药和我国传统医药,鼓励和支持农村集体经济组织、国家企业事业组织和街道组织举办各种医疗卫生设施,开展群众性的卫生活动,保护人民健康……"这从根本上为改善全国人民的医疗卫生条件提供了宪法的保证。

值得指出的是,目前尚存的城乡差别仍然比较巨大,严重地影响着城乡人民的法定权利平等原则的实现。我国《宪法》第四十五条规定:"中华人民共和国公民在年老、疾病或丧失劳动能力的情况下,有从国家和社会获得物质帮助的权利。国家发展为公民享受这些权利所需要的社会保险、社会救济和医疗卫生事业……"这是应然态的宪法规定。实然态与之仍有较大的距离。《人民法院报》2001年11月28日发表高德然先生《农民老了,国家管不管?》一文,对有关问题做了尖锐的剖析。该文指出:"中国70%的老人在农村……现实告诉他们,不挖空心思生儿子不行,老了没人管……农村的老年人尤其是那些高龄老人辛辛苦苦一辈子,以前是为生产队为大集体起早贪黑,以后又为自留地、责任田没日没夜地干,他们为社会的发展做出过贡献,理当安享晚年,但现在这些老人不得不强撑弱体,直干到死亡的那一天。""市民有最低生活费,而农民只能靠天吃饭;城市有日趋完善的社会保障体系,而农村则没有。""国家对农村养老保险虽然给予组织、道义上的支持，但是，财政部并不拨款。"该文还特地评价了我国在富裕农村试行养老保险的个案："1992年，中国在富裕农村试行养老保险制度，比如在山东烟台、江苏南通等地，想仿效城市养老保险体制，施行个人账户制——由农民交纳部分保险费，村、镇财政再予以适度补贴，积累起来后进入个人账户；等农民老了返还。当时由农民缴纳的保险费分为10个档次，从2元到20元不等，据计算，如果一名农民从20岁开始缴纳养老保险到60岁，每月交20元，在他60岁后每月可以领到700元的养老保险金，这是最高的一档保险。就算每个参保的农民都按最高的金额交纳保险费，40年后每月能拿到700元，可那时的700元能值多少钱？能买一件衣服？即便40年后的700元还是700元，可是现在每月的20元上哪儿找？不当家不知柴米贵，不当农民不知道穷是什么滋味。"

为什么权利平等原则实行起来会有这样那样的困难呢？人们往往归咎于"观念"。但"观念"是不可能因此挺身而出负起责任来的。窃以为，难就难在法律上的权利平等原则只是法的应然态。应然态的法律规范有点像寓言中的"画饼"，可以勾起你的幻想，但不能解决胃的痉挛，兑现不了"充饥"的许诺。从法哲学观审视人类的法律世界，提出应然态的法，有其重大的社会进步意义。但现实生活更需要的，是实然态的法律规定。因此，诸如权利平等之类应然态法律原则，都只有在以具体、健全、周密的实然态规范细化之、辅翼之、充实之，才是真正意义的法律效力。

行文及此，我们不妨进一步深入探讨一下法律文本的法律效力问题。所有的法律在制定出来时，都不会忘记"本法自……时起生效"，也就是宣告了"本法"的法律效力。但既然"所有的法律"都是如此宣告的，而"所有的法律"又大致可以分为"真的"和"假的"或"不骗人的"和"骗人的"两大类，那么，"所有的法律"的"法律效力"也就大致可以分为"非画饼式的"和"画饼式"的。由此，就可以找到许多法律的法律效力之无法转化为法律实效的根本原因。不过，造成"画饼式"法律效力的原因又是多种多样的，主要有两种：一是根本上就是想骗人，慈禧太后的立法、北洋军阀时期的一系列立法，都是如此；二是认识上有误差，也就是效力虽无，主观愿望却是期求其成，原是良好的、无可指责的。我们的一些生命立法及其所体现的权利平等原则等等，属于后者。因此，结论只能是：一定要以具体、健全、周密的生命立法来保证法定权利平等原则能够从法律效力转化为法律实效。

只有在上述条件具备的情况下，我们才能把追究法律效力之难以转化为法律实效的原因的眼光，转而投向司法、执法人员的素养以及广大公民的法治观念、道德水平方面去。而这一"转"，我们确乎可以发现现存的一些问题。

据新华社记者王茜报道，病人赵琳（化名）因高烧不退，颈部结核病灶复发，从绥化"慕名"来到哈尔滨医科大学第二临床医院。该医院急诊医生怀疑是血液病，当晚病人住进血液病房。第二天中午，在没被告知任何原因的情况下，已高烧昏迷的患者又被转到普四介入病房。患者丈夫冯雷（化名）对流行性疾病调查人员说："要不是你们来，我还不知道她得了艾滋病。从中午到晚上6点,我妻子没有得到任何诊治。我理解医生、护士的恐惧,可换换药根本不会传染,这我都知道。只恳求他们给换换药,别让她再这么遭罪了!"在场的一位戴眼镜的值班医生,一边摆弄着手机,一边解释这个病人不是他负责,主治医生已经下班了,说着拿起手机走了。见此情景,红着眼圈的冯雷无奈地说:"这还是三级甲等医院,算了,我们不治了。"在流行性疾病调查人员的劝阻下,冯雷没让妻子出院。然而,接下来的遭遇让他彻底寒心了。当天晚上,赵琳一直持续高烧,冯雷找到医生,但值班医生漠然地告诉他:"我们没办法,你们自己想办法。"冯雷失望地告诉记者,在以后的几天时间里,类似这样的事情经常发生,就连妻子用的氧气瓶医护人员都不敢碰,得自己搬运。在黑龙江省肿瘤医院,流调人员被告知,病人朱洪发因为HIV检测呈阳性已被"建议"出院。接诊医生张丽杰紧张地请教:"哎呀!我这两天心里一直没底,给他做了腰椎穿刺,能不能传染啊?"那为啥"赶"病人出院?这位女医生似乎很诧异:"那当然,我们得对其他病人负责。要是知道我们这儿收治了艾滋病患者,患者都不来了咋办?"黑龙江省疾病预防控制中心病毒所副所长吴玉华介绍,2004年,通过医院筛选发现的HIV呈阳性例数约占同期全省病例总数五分之一。显然,通过医院筛查方式发现的艾滋病病毒感染者正在增加,面对这种情况,医院有些措手不及,病人正在令人担忧地流失着。吴玉华忧心地告诉记者,这些艾滋病患者如不能正确认识自己的病情,即使接受系统治疗,也无疑会加速死亡。病痛和歧视极易扭曲患者心理,导致他们可能采取极端行动。更令人担心的是,艾滋病患者在这种状态下流失到社会上,会成为匿名状态下散在感染源。[①]

这些实际例子告诉我们,仅有相关立法,即便是实然态的,也还不够。立法、司法、执法、守法一体化的必要性,在这里进一步凸显出来了。权利平等所拷问的"法律效力",还需道德水平的提高、医疗知识的普及等的"合力",才能真正转化为法律实效。

(二)权利平等:拷问生命权的含义

生命是生命社会关系的客体。关于生命的定义,至今未达成共识。《大不列颠百科全书》提出了生理学定义、生物进化学定义、遗传学定义及热力学定义等。其中生理学定义为"具有进食、代谢、排泄、吸收、运动、生长、生殖和反应性功能的系统"。但是这并非理想的定义,也只好留待医学界继续探讨。撇开这些不谈,在现实生活中,往往会出现如何对待生命权利平等原则的难题,从而不得不拷问生命权的含义。例如:

火车倾覆现场,抢救出来的人中有濒临死亡的干部和群众,如果只有一辆驶往急救点的救护车,先送什么人去抢救?实际处理时通常往往是先送干部。而如果同时有几个干部,则先送职级高的。医院临床抢救几个高危病人,急需输血而血液不够,或者急需特效

[①] 《医生惊闻艾滋病 病人被晾手术台》,《人民日报》2005年1月25日。

药而药品缺少,先给谁输血、用药?按生命权利平等原则,谁相对最急需,或谁最有抢救生还之可能先给谁输血、用药。总之是以统一的标准对待。但实际处理时往往也不是这样,或者以职级分别对待,或者依"关系"分别对待。

由于人口过多,我国实行了计划生育制度。而且,计划生育制度是列为基本国策、上了宪法的,我们无疑坚决拥护。但各地关于堕胎的规定却不尽相同。有的地方3个月以上不得做人工流产,有的则为4个月、5个月。国际上通行的生命形成时间定为卵子与精子结合后14天,那么,如果"与国际接轨"的话,生命权利平等则应从受精14天即开始计算。

生命权利平等问题还涉及生育权。据2001年12月29日九届全国人大常委会第25次会议通过的《人口与计划生育法》规定,公民不分性别均有生育权。这意味着我国法律首次明文规定了男人的生育权。该法从2002年9月1日起已付诸实施,但仅此规定,并不能圆满解决男人的生育权问题。生育权是夫妻相关、相互依存的生命权利,法理无法单独界定某一方权利的大小,在遇到实际的具体问题时,上述规定往往显得苍白无力、捉襟见肘。2001年2月,南京市八旬老翁孙先生状告其妻侵犯其生育权。在给法院的离婚诉状中称,从1962年开始的3年时间内,老伴竟背着他3次堕胎,致使他没有亲生子女承欢膝下,晚景凄凉,剥夺了他的生育权,给他造成了无法弥补的缺憾,因此他坚决要求与她离婚。此后,四川、北京等地也陆续受理了一批生育权案件,由于当时男性生育权在法律中还是个空白,法院在审理中只能根据婚姻法或民法进行裁定。而即使有了新的法律规定,可一方如果坚持不要生育,又该咋办呢?仍然不得而知。

这不仅只是自然生育中遇到的难题。在人类辅助生殖技术高度发达的情况下,一方如要实现其生育权,同时又遭到另一方的反对,究竟何所适从呢?生命法学对诸如此类的难题,理应加以研究,并在生命法的制定中得到反映。

现实生活中的种种问题已经告诉我们,从权利平等原则出发,生命权至少应包含以下几个方面:

其一,生命权无区别。即不分种族、民族,不分男女老幼,不分职级上的上下高低,不分收入、文化、语言、宗教信仰……总之,只要是一国之公民,其生命权应是完全平等的,其生命之存在以及保护生命继续存在的一切措施,都应是完全平等的,不能厚此薄彼,不能抑此扬彼。前文所引案例,现实生活中多有发生,而且处置往往很不公平。按生命权无区别的要求对待,则应以统一标准处置,例如统一安排谁伤得最重先送谁,或谁伤得较轻而最有生还希望先送谁,或按谁最接近救护车先送谁,如此等等。

其二,生育权无区别。即男子与女子同样享有生育权,无论是自然生殖,还是人工辅助生殖,都应照此办理。

对生命权含义的拷问,实质上是拷问"法律面前人人平等"这一法治原则在实施中的真实性问题。如果我们的法律做了"法律面前人人平等"的原则规定,而在现实生活中实施时做的又是另一套，同时法律又不对这"另一套"做法采取预防性对策，那么，所谓"法律面前人人平等"的真实性、有效性及其法律价值，就大打折扣了。

（三）权利平等：拷问中国"医改"

2005年6月26日的《新华每日电讯》以《医改"会诊"做出明确结论：不成功》的通栏大标题，整版地报道了国务院发展研究中心和世界卫生组织的一份合作研究报告，指出中国的医疗卫生体制改革，"从总体上讲是不成功的"。

报道援引中美大都会人寿的寿险规划师蔡剑晖的话说，"改革开放以来的医疗卫生体制改革，高收入人群觉得自己有钱却难以得到高质量服务，中等收入的人群抱怨医疗保险、医疗服务不足、不便，低收入人群甚至悲惨到没钱就医、在家等死——这样一个几乎招致各个阶层不满的改革，你能说它是成功的吗？"中国政府在20世纪80年代后期做出过战略规划，并为之拟定了实施策略。政府将其作为2000年建设小康社会的目标，纳入了国家社会经济发展规划。2000年，中国提前实现了GDP翻两番的"总体小康"目标，但贫困县"安全饮用水"普及率达到60%，集资医疗保障覆盖率达到50%，婴儿死亡率每5年递减20%，孕产妇死亡率每5年递减30%等以及"2000年人人享有卫生保健"的最低限度标准却均未完成。如果说没有完成既定任务，没有达到既定目标，还可能这样那样解释的话，那么，由于不公平而导致问题的大量存在，就不可解释、不可谅解了。但人们指出的恰恰是到处存在的不公平：卫生改革的主要矛盾并不是"看病难、看病贵"，而是公平性差。课题组认为公平性差有三大表现：一是筹资公平性差；二是城乡社会医疗保障的覆盖人口只占少数且范围不断缩小；三是卫生服务利用的公平性差。

中国卫生总费用的增长主要由个人负担，难怪老百姓觉得不堪重负。根据卫生部公布的"2005年中国卫生统计提要"的数据，我国的卫生总费用从1980年143.2亿元急速上涨到2003年的6623.3亿元，但在这飞涨的卫生费用构成中，政府卫生支出从36.2%下降至17.2%，社会卫生支出从42.6%下降至27.3%，个人卫生支出却从21.2%剧增至55.5%，甚至在2001年一度达到60.0%。香港中文大学政治与公共行政系王绍光教授研究发现，2000年，发达国家的政府负担了卫生总费用的73%，转型国家的政府负担了70%，最不发达国家的政府负担了57.2%，中国则只负担了39.4%。如果医疗卫生费用主要由个人负担，收入和财富的分配便在很大程度上决定了人们是否能获取必要的医疗保健服务。除非收入和财富在社会各阶层的分配相当平等，否则经济上的不平等必然转化为医疗卫生上的不平等。如果医疗卫生费用主要由政府负担，即使是穷人也能够享受起码的医疗卫生服务，从而有利于提高全民族的健康水平。

卫生事业费用主要出自地方财政而非中央财政，因此与地方政府的财政实力密切相关，筹资公平性的问题由此而生。例如，2001年全国卫生事业费总额为546亿元，其中中央部分只有35.43亿元，占总额的6.5%，其余510多亿元来自各省地方财政。故而，

1998年，各省人均卫生事业费最高的上海达到90元，最低的河南只有8.5元，两者相差10倍之多。20多年前也有地区差距，但没有现在这么大。如今医疗条件最好的北京，每千人口医院卫生院床位数为6.31张，条件最差的贵州只有1.52张，两者相差4.2倍；而在1982年，条件最好的上海与条件最差的广西相差不过3.1倍。

城乡社会医疗保障的覆盖人口只占少数且范围不断缩小。第三次国家卫生服务调查主要结果称：城市享有城镇职工基本医疗保险的人口比例为30.2%、公费医疗为4.0%、劳保医疗为4.6%、购买商业医疗保险的占5.6%，没有任何医疗保险的占44.8%；农村参加合作医疗的人口比例为9.5%，各种社会医疗保险的占3.1%，购买商业医疗保险的占8.3%，没有任何医疗保险的占79.1%。换言之，近八成农村人口和近五成城市人口——亦即全国近四分之三的人口在遭遇疾病风险的时候无法得到政府的扶助。如果我们综合比较三次全国卫生服务调查的资料就会发现：城市医疗保障（含城镇职工基本医疗保险、公费医疗和劳保医疗制度）覆盖的城镇人口从1993年的70.9%下降到1998年的49.8%和2003年的43.0%；农村社会保障（农村合作医疗制度）的覆盖率从1993年的5.8%下降到1998年的4.7%和2003年的3.1%。同时，城乡不同人群之间卫生服务利用的差异也在扩大。从患者未就诊的比例来看，从1993年到2003年，城乡居民未就诊、未住院率呈逐步上升的趋势，收入越低，未就诊比例越高，未就诊增加的幅度越高。也就是说，无论是在城市，还是在农村，都存在着一个规模日益扩大的群体，他们陷入了生不起病、看不起病的境地。如果把他们放在今日医疗水平日趋先进的大背景下考察，或许我们才能真正体会"小病扛、大病拖""不怕穷，就怕病"的心酸。

卫生部副部长朱庆生在2004年11月的新闻发布会上公开承认一般农民看不起病。"第三次国家卫生服务调查主要结果"也显示，城乡低收入人群应住院而未住院的比例已经达到41%。一个出租车司机就曾告诉记者："饭可以少吃，觉可以少睡，高档场所可以不去，有病却不能不看吧？可现在的医院简直就是一个无底洞，黑着呢，老百姓能不骂吗？"

一个13亿的人口大国需要为社会的和谐支付必要的成本。如果近四分之三的群体进入不了医疗保障的覆盖范围，只能依靠自己和家庭来抵御疾病的风险，那么国民健康、经济发展和社会稳定的隐患将是巨大的。中国的现实还不可能满足所有人的所有医疗需求，并在此基础上，尽可能地满足更多人的更多医疗需求。在这个问题上，蔡剑晖非常坦率："政府不能先考虑钱，而要先考虑这是政府的责任。"

一个发展中的人口大国很难在短时间内大幅度增加对卫生的公共投入。但印度的例子说明，社会公正、公平的价值观至少与公共投入同等重要。2001年，印度的公共投入只占卫生总费用的17.9%，但是，按照世界卫生组织的评估排位，印度的筹资公平性在全球居第43位。我国的公共投入在2001年占卫生总费用的37.2%，但在这个排行榜中却位列第188位，居倒数第四位。至于发达国家，由于经济发展水平较高，而价值观又重视权利平等，在医疗保障制度上，确有值得我们学习的地方。如法国，平等一直是法国在完善其医疗保障体制时考虑的重要方面。主要体现在保证不同人群获得平等的医疗服务上。当统计数据表明法国不同人群的死亡率和医疗服务可及性方面存在不平等现象时,如体力劳动者和高级管理人员之间期望寿命的差距在拉大,弱势人群获得的牙科和专科服务水平低等,医疗服务制度公平性的改革就开始了。2000年1月1日,普惠制健康保险法案将基本健康保险覆盖到所有合法的法国居民。此法案的主要目的是促进低收入人群获得医疗服务,规定每年税前收入低于6600欧元的个人可以免缴保险费,自动获得法定健康保险。在法国,平等观还体现在法定健康保险的筹资机制上。在1996年朱佩政府改革前,健康保险的筹资完全依赖于雇员和雇主以工资为基数的缴费。1992—1997年,缴费率基本保持在雇主缴纳雇员收入的12.8%,雇员自己缴纳收入的6.8%。1998年以后,雇员基于工资的缴费从6.8%下降为0.75%,同时增加了一项基于总收入的"一般社会缴费",费率根据收入来源的不同而不同,为工资、资本收入、赌博收入的5.25%,受益收益(即养老金和补贴)的3.95%。至此,健康保险基金收入部分地与工资脱钩,更多地与财富相关。与此同时,政府还采取其他一些措施保证筹资的公平性,如降低低收入工人的雇主缴费,减少工资收入处于最低阶层者的缴费费率,等等。①

生命法权利平等原则对中国"医改"的拷问既然找出了问题所在,就应当改弦更张、对症下药,在"公平"二字上认真做文章,做足文章,一做到底,做出成绩,不达目的,绝不罢休。为此,生命法就不能止步于权利平等原则的提出,还应细化为操作性强的种种法律规范,包括政府责任方面的规范。

(四)权利平等:拷问公民的健康权

健康权问题也拷问着权利平等原则。权利平等原则是抽象的,但权利却是具体的,健康权利也是具体的。健康权一经具体化,现实生活就会借健康权对权利平等原则做出责问。

世界卫生组织欧洲地区办事处委托苏格兰前内政和卫生政务次官James Hogarth先生所编著的《公共卫生术语汇编》②定义"健康"为:身体、心理与社会的完全美满状态,不仅仅是无疾病或残弱。身体健康与心理健康,同样都是"健康权利平等"原则所关注的对象。

健康权利平等原则要求实行划一的健康标准。诸如白细胞数、红细胞数、血压、心率以及基础代谢率、肺泡通气量、甲状腺单位时间吸碘率等的正常值,应是"标准面前人人平等"的。那种对不同级别干部或干部与群众分别使用不同标准检测或衡量其健康状况的做法,是有悖健康权利平等原则的。

---

① 金彩虹:《透视法国医疗保障制度的价值观》,《社会科学报》2005年6月16日。
② 王敬诚、梅广海译,人民卫生出版社1986年版。

在健康权问题上，尤应提出的是食品安全问题。食品安全本是全民性的，但由于对不同的人（主要是对不同职级的人）所采取的食品安全保护标准不一，就衍生出了健康权的严重不平等。

当前，我国食品安全问题的严重性，以"岌岌可危""天怒人怨"来形容，亦不为过。有调查显示，目前中国生产大米、小麦粉、肉制品、饮料、罐头等15大类食品企业中，60%不具备基本生产条件；300多万家食品经营企业有60%不具备基本安全生产经营条件，约70%没有食品检验能力。

据报道，2004年1至12月份，全国共查处有关食品违法行为39万起，货值14.6亿元。其中立案查处12.8万起，移送司法机关1585起，涉案人数5640人，逮捕270人，货值金额15万元以上的988起。据国家食品监管部门的最新资料，2004年"食品安全状况得到一定程度改善"的仅有"蔬菜、水果、奶制品、豆制品"等几大类；而奶制品在2005年却几乎成了"重灾区"，连上海的"光明奶"都被查出了问题。

据食品行业的业内人士说："目前食品添加剂已经成为食品安全的最大威胁。"资料显示，我国批准使用的食品添加剂有22个品类1500多种，正确使用这些添加剂可以改进产品的色香味等。但是一些企业在生产过程中，超量使用添加剂，甚至将化工用品用在食品生产中。2005年初以来出现的苏丹红事件，之所以波及英国419种食品以及在我国蔓延到多个省市，就是因为两国食品行业位于生产链条前端的调味品商家各自滥用工业原料作为食品添加剂的结果。

一方面是食品安全问题重重，另一方面是我国检验力量薄弱。不仅检验标准的制定严重滞后，而且检验机构的资源配置失衡和关键检测技术与设备落后。美国FDA的多残留方法一次可检测360多种农药，德国一次可检测325种农药，加拿大一次可检测251种农药，而我国缺乏同时测定上百种农药的多残留分析技术。

对食品安全，政协委员的关注在逐年升温。全国政协十届一次会议上，涉及食品问题的提案有125件，直接提及食品安全问题的提案有31件；在十届二次会议上，这两个数字分别是152件和45件；2005年"两会"期间，全国政协委员提交的4508件提案中，包括食品安全和医药卫生在内的提案共有400件。此外，围绕食品安全、检验检疫、标准制定、认证认可、质量监督等问题，对国家质量监督检验工作提出意见和建议的提案也有47件。许多政协委员对我国食品安全现状忧心忡忡，正像全国政协委员李森恺在接受记者采访时所说："食品安全问题不仅关系到我们和我们子孙后代的健康，更关系着我们民族的昌盛。"

但必须指出，他们的关注是"全民性"的。而食品安全问题，对不同职级的人们，感受并不完全相同，因为他们在这一方面的待遇并不完全相同。我们的法律包括生命法，应当为追求健康权的平等，而对食品安全标准的一致化、平等化采取必要的法律措施。有鉴于此，德国、日本、韩国的食品安全监管措施倒是很值得我们研究、借鉴和效仿：

在日本的食品店，最让人意外和赞赏的莫过于各种"复杂"的食品标签。内容包括商品名称、保质期、保存方法、食用方法、生产或包装设施的所在地、生产或包装者的姓名（或公司法人代表姓名）、原产地、养鸡场的名称和地址。从"怎么吃"到"吃的是谁的"，一目了然。有了严格的全程质量监控，在日本，即使发现食品有问题，只要你留着包装和收费单，都能拿到店里退换。如果出现中毒等症状，也可以立刻找到直接生产者和包装者。

德国维护食品安全的召回制度分为"重、中、轻"三个等级：重级主要针对可能导致难以治疗甚至死亡的产品，中级主要针对可能对健康产生暂时但可以治愈的影响的产品，轻级则主要针对不会产生健康威胁，但内容与说明书不符的产品。德国食品安全局和联邦消费者协会等部门联合成立了"食品召回委员会"。如果食品出了问题需要召回，那么通常会先由企业在24小时之内向该委员会提交报告。委员会拿出评估报告后，召回计划即正式开始实施。

韩国的食品安全法规加重了对制造和销售有害食品的惩罚力度。首先，加大对假冒名牌食品的处罚，没收非法所得和罚款。其次，制作、销售劣质食品的个人会被定为"保健犯罪"，所处刑期最高可到10年，罚款2亿韩元（约合143万元人民币）。对违反食品安全法的公司，除吊销营业执照以外，10年内禁止再重新营业。

当然，除这些强硬措施外，也还需要不分职级、不分"贵贱"的食品安全划一标准与实际操作。

与平等对待男、女的生育权一样，也存在平等对待男、女的健康权利问题。实际上，长期以来，我国的男子健康问题是被忽视了。2001年2月27日全国政协与《人民政协报》联合召开的"关注男子健康促进我国男子健康事业发展"研讨会上，孙隆椿先生的发言指出："男子健康存在许多问题。如男子的预期寿命要比女性平均短5至7年！男子的生命质量通常比女性低。男子的耐受力和抗病力也比女性差。目前世界男性生殖健康的状况则更堪忧。国际中医男科学会一项数据表明，各种男科疾病每年以15%的速度增长。另据专家统计，20世纪60年代起，死于前列腺癌的人数上升了17%。困扰男子生殖健康的两大危害——勃起功能障碍（ED）和生育障碍（男子不育），发病率近几年来也呈增长之势。"

"目前我国对男子健康问题的认识仍不足。其中也包括男子自身健康意识的淡漠。社会调查研究表明，较女性而言，男性去看医生的频率要低28%。中国40岁以上的男性中，约50%患有不同程度的勃起功能障碍（ED），由于害羞，不知道到哪里就诊，而只有10%的患者求助于医生的帮助。除传统文化的因素外，男性健康意识的淡漠是最主要的原因。另有一项数据表明，20%的男性从不做任何形式的体育锻炼；80%的重病患者承认，自己就是因为长期不去医院，小病没有发现，酿成大病，贻误了最佳治疗时机。"全国人大常委会副委员长吴阶平指出：我们有妇科，可是没有男科，作为一个部门来讲，我很赞成医院有男科门诊，"男科""妇科"应该是对立的。现在能把"男子健康"注意起来，具有重要意义。过去我们推广计划生育,我从来就赞成男子要多负担,原因是输精管结扎,比输卵管结扎要容易得多。我们一直在努力,使妇女得到保护,对于男的,还没有人关注。所以很多问题很不容易解决。很多问题都需要研究。[①]

这样的研讨会,无疑对重视男子的健康权利有重要的促进意义,但真正要落实,还有待于做出法律的强制性规定,给予促进,给予保障,否则,仍会成为空言。

(五) 残疾人权利与权利平等原则

残疾人因其先天或后天残疾,本已落入比较悲惨的境地,处于弱势群体的地位上。社会对他们给予特殊的照顾与优惠待遇,才是正常的。但现实生活中却往往颠倒之,使残疾人在生命社会关系中处于更加不利的地位。这在心理健康方面的反映尤为明显与突出。由于对残疾人的歧视,就业、就学以至衣、食、住、行与社会生活的方方面面,往往对残疾人提出不合理的高要求、高标准,导致造成高不可攀环境氛围下的残疾人的严重自卑。

据报道,我国目前有各类精神疾病患者1600万人,年发病率约千分之三十。与此同时,我国还存在着精神卫生机构的业务功能不能满足需要、精神卫生从业人员缺乏、精神卫生知识普及不够、无业精神病人的医疗费用无从解决以及精神病人遭到歧视、侮辱、遗弃等诸多现实的问题。怎样为患者提供良好的医疗环境,消除社会偏见,不仅对患者本人及其家属来说是极其重要的,对于整个社会安定的影响也不容忽视。

精神病人或住院治疗,或因条件所限而不住院。有人提出这样一系列问题:这些人总得有人照顾,那么,谁陪同他们看病?谁来督促他们坚持治疗?谁来帮助他们直至康复、回归社会?如果家属故意推诿、逃避责任,或者没有能力负责,谁来保障这些精神病患者最基本的就医权?这些问题,都必须靠法律来回答。早在1800年,英国便颁布了《精神错乱者法》。1940年以来,已经有100多个国家制定了自己的精神卫生法。我国在精神卫生方面的相关立法明显滞后。上海于2002年4月7日颁布了《上海市精神卫生条例》,可谓走在了全国的前列。但全国仅上海制定,且它只是上海市的地方性法规。全国有1600万各类精神病患者,全面、专业的精神卫生法却迟迟不能出台。这种情况造成的后果是,很多地方都不能保证精神病人的基本医疗条件,不能提供良好的社保体系,致使他们不能得到及时有效的治疗,或弃置社会任其发展,或长期滞留精神病院,造成了社会的不安定和生产力的损失。这与为健康人服务的医院比比皆是,是一个极大的反差,显然是一种生命健康权利上的不平等。按平等原则相衡量,这种情况是应迅速改变的。

现实生活中非常可悲而令人震惊的是,不仅残疾人,而且早已康复的病人,其权利往往也是与一般的健康人很不平等的。

据《新华每日电讯》报道,坐落在海拔1800米左右的大营盘,是四川省凉山彝族自

[①] 《关注男子健康 促进我国男子健康事业发展》,《人民政协报》2001年3月5日。

治州离县城最近的麻风村。凉山州疾控中心主任张建华介绍说,凉山州1959年在16个县里建立了17个麻风村,多在山高谷深人迹罕至的地方。而大营盘距离越西县城只有11公里,距县城通往火车站的公路,不到4公里,距离最近的村庄,不到3公里。3月中旬,记者到这个"和正常社会近在咫尺"的麻风村采访时发现,大营盘所在乡的派出所里,根本查不到大营盘的人口资料。麻风村有自己的"村长"(村内统一称谓)、书记和村民小组,从行政建制上来说,具备一个行政村完整的组织构架,但在越西县288个行政村名录上,也看不到这个村庄的存在。

关于大营盘,传说总是多于数据。连麻风村的确切人数,虽经多番探访,也仍不得而知。"村长"阿尔哈布说,村里共有1034人。这是记者得到的大营盘的人口数中,唯一精确到个位的数字。大营盘行政隶属的高桥行政村,没有人知道大营盘的人口数字。大营盘的村民都说村里有1000多人,但只是出于"估计"。在大营盘和高桥村所属的新民镇,派出所里没有大营盘的人口和户籍资料。派出所里留守的警察回忆了很久,又打了几通电话,最后给出的数字是:大营盘有127户,800多人。这个数字和"村长"阿尔哈布提供的数字有不小的出入。按照惯例,麻风村的人口和户政管理归口在县民政局。"村长"也说,县民政局每年底要来麻风村统计一次人口。但越西县委宣传部部长说,越西县委和政府专门开会讨论,要将大营盘居民的人口和户政管理正常化,因此,2004年12月底,民政局就将手头的资料移交到了新民镇派出所。新民镇派出所提供的数字,正来源于此。派出所所长在电话中说,从县民政局移交到他们手上的,是一份不完整的人口资料。姓名、性别和年龄等人口资料,许多登记不全,无法作为录入电脑存档的依据。因此,派出所已将大营盘的资料打回了县民政局,要求民政局补充登记。派出所警员说,本来派出所也可以入户调查,但是只有7名警员的新民镇派出所,所属警区下辖27个行政村,112个自然村。麻风村的事,实在管不过来。新民镇派出所的警员说,大营盘有几十个"麻风病人",大多数是老人。

凉山州疾控中心的工作人员不止一次地纠正这个说法的错误:大营盘没有"麻风病人",只有"麻风病康复者"。然而,这样的纠正显然效果不佳。

特约撰稿人汪伟在《大营盘:一个麻风村的梦想与现实》这组文字中,附有一篇短文《"理性时代"隔绝之痛》,兹录如下:

> 在中世纪结束的时候,麻风病从西方世界消失了。在社会群落的边缘,在各个城市的入口,展现着一片片废墟旷野。这些地方已不再流行疾病,但却荒无人烟,多少世纪以来,这些地方就属于"非人世界"。
>
> 福柯的名著《疯癫与文明》汉译本的副标题叫作《理性时代的疯癫史》,第一章中回顾了西方麻风病消失的历史。这位特异的思想家说:"麻风病的奇异消失,无疑不是长期以来简陋的医疗实践的结果,而是实现隔离,以及在十字军东征后切断了东方病

源的结果。"

大营盘的孩子,却被隔离在"医疗实践"完全能够检测、治疗和治愈麻风病的"理性时代"。

医学证明,药物作用能够有效防止麻风病菌的传染,而《全国麻风病防治管理条例》(1988年9月20日)规定:"对麻风病人的家属,在入学、就业、参军、婚姻等方面不得为难和歧视。"(第十六条)医疗科学和法律已经允许麻风病人和康复者生活在正常社会之中,遑论他们身心健康的后代。

大营盘的隔离不是医学甚至恐惧心理的实际需要,毋宁说,虽健康却被隔离的麻风后代,是科学尚未昌明时代的遗留景观,社会转型时代未曾剪断的残酷尾巴。历史的列车转弯,惯性和离心力常将社会结构的一部分甩出窗外。列车滚滚向前,唯有那甩出车外的部分,像是为时间所隔绝和遗忘。

1959年大营盘成为麻风村的时候,儿童们未曾出生,命运却像是残酷的玩笑,坚持把他们遗留在这被麻风烙印过的土地上。隔绝和遗忘之痛,如此痛得麻木,却常不为列车上的人们所明了。不是大营盘前的层峦叠嶂遮住我们的视线,而是理性时代的视线惯于永远向前:遥远的地方,可怕的疾病,少数人的命运,与这时代的列车何干?

可是,要警惕福柯的话:

"在麻风病院被闲置多年之后,有些东西无疑比麻风病留存得更长久,而且还将延续存在。这就是附着于麻风病人形象上的价值观和意象,排斥麻风病人的意义,即那种触目惊心的可怕形象的社会意义。"

死于艾滋病的思想家担心的是:当有一天麻风病消失了,麻风病人也从人们的记忆中消失了,但麻风院(村)代表的结构性文化和心理力量,却仍长存。

他引用陀思妥耶夫斯基在《作家日记》中的话,悲悯地说:"人们不能用禁闭自己的邻人来确认自己神智健全。"①

(六)义务必行:生命社会关系平衡的基础

权利与义务是两两相对的平衡性社会关系的概念。有权利而无义务,或者有义务而无权利,就是失衡的社会关系。社会矛盾由此而起,社会秩序因此破坏,社会安宁从此不存,社会和谐化为乌有。为维持失衡了的社会关系,使一部分人独享(或多享)权利,另一部分人只尽(或多尽)义务,就必须使用暴力压制一部分人的反抗。剥削阶级占统治地位的社会里,统治者使用国家暴力机器的目的就在于维护其剥削与压迫占人口大多数的劳

---

① 《新华每日电讯》2005年5月23日。

动人民的特权,这反映在生命社会关系上,就是统治阶级凭仗手中的暴力机器,攫夺医药资源以为己用,毁损广大劳动人民理应享有的医药卫生保健权利。社会主义制度的建立,为平衡性社会关系包括生命社会关系的形成创造了前提,奠定了基础。宪法与法律赋予广大公民以政治的、经济的、文化教育的和社会生活各个方面的权利;同时规定了公民应尽的种种义务。权利平等尽享,义务相应必行,这是社会主义制度下处理权利义务关系的两条相互对应的原则。因此,义务必行也应该成为生命社会关系平衡的基础,成为生命社会关系法律调节的要求,一句话,成为生命法的原则。

义务必行原则的实行主体有三:一为政权机关;二为公共团体;三为个人(包括家庭)。以往那种把履行义务看作仅仅是个人、家庭的观点,是片面的。

政权机关及机关工作人员由纳税公民所供养,公民是他们的"衣食父母",他们是公民的"仆人"。宪法和法律所规定的政府机关、工作人员的职责,就是他们的主要义务。不履行职责或履行得欠佳,都有悖义务必行原则。我国《宪法》规定:"国家发展医疗卫生事业,发展现代医药和我国传统医药,鼓励和支持农村集体经济组织、国家企业事业组织和街道组织举办各种医疗卫生设施,开展群众性的卫生活动,保护人民健康。""国家发展体育事业,开展群众性的体育活动,增强人民体质。"(第二十一条)"国家推行计划生育,使人口的增长同经济和社会发展计划相适应。"(第二十五条)"国家保护和改善生活环境和生态环境,防治污染和其他公害。"(第二十六条第一款)这些宪法条款所提及的内容,都是国家和政府机关的必行性义务,履行得好与不好,都是可以检查,有目共睹的。政府机关在生命社会关系法律调节方面的其他可以检查的法定义务,都源自上述宪法义务。如上海市卫生局于1993年10月29日发布《关于进一步加强农村基层卫生工作的若干意见》,规定要"进一步加强村卫生室规范化建设","切实落实农村初级卫生保健规划提出的每个村都要建立卫生室的要求和85%的村卫生室达到'甲级村卫生室'标准";"乡镇卫生院必须做到按照每万人口至少配备3名专职防保人员,做到人员落实,任务落实"。这些都是有关政府机关的责任和义务,都是可以检查的。履行得不好,就不应享受相应的权利,上级机关就应该给予处分。但在现实生活中,往往不对政府机关及其工作人员履行职责、义务的情况进行检查,或者虽经检查发现问题也不作处理或处理极轻。生命法的义务必行原则,在这一方面极易受到破坏。因此,对此有所强调,是十分必要的。生命社会关系的法律调节,也应将重心放到这一类问题上来。

个人、家庭当然也应奉行义务必行原则。这里的"个人"可分为医、患两方。医生尽医生的义务,患者尽患者的义务,各自义务必行,方可保证对应权利得以充分享受。从医生这一方面来说,"救死扶伤、发扬革命的人道主义精神"是纲领性的义务。在这一纲领性义务之下,还有许许多多具体的义务。例如,关于"坐堂行医"的管理规定有:行医人员不能应诊时,须事先请假,不得请人代诊,亦不得用各种诊疗仪器设备代诊、代治。据此规定,亲诊就是"坐堂行医"者的义务,必须忠实履行。从患者这一方面来说,报告真实病情,按时如数交纳医药费用等,就是他们必须履行的义务。从患者家属这一方面来说,遵从医院的有关规定,配合医生的诊疗,按规定签署医疗协议、手术协议等,都是其必须履行的义务。如果脑死亡法出台,法律规定要实行脑死亡标准,那么,接受这一标准也成了患者家属的义务,不能根据自己的意愿以别的死亡标准对待医院、医生。

实行计划生育和防止劣生是极为重要的义务,既涉及国家政府机关,也涉及公共团体,更须由家庭、个人予以落实。现代科学实验证明,人类的疾病除偶然因素外,都是遗传原因和环境因素造成的。我国1950年婚姻法禁止直系血亲、同胞兄弟姐妹、同父异母或同母异父兄弟姐妹结婚,新婚姻法又明确规定禁止三代以内的旁系血亲结婚,目的都是为了遏制遗传病。我国20世纪60至70年代儿童遗传病发病率呈急剧上升趋势。为遏止这一趋势,党和国家做了大量工作。防止劣生,今后仍应列为家庭、个人的必行义务。

随着高新生命科技的发展,生命社会关系在急剧地新型化、复杂化,有关的权利义务关系也会相应地新型化、复杂化。有鉴于此,积极处理法定的权利义务关系,既求权利平等,也求义务必行,唯其如此才可能达成生命社会关系的平衡性发展,才可使生命法得到卓有成效的实施。

四、隐私保密原则

隐私保密从古到今都是生命法的重大原则。从现在上溯2500年,古希腊名医希波克拉底就在《誓言》中说过:"不管与我的职业有无关系,我所耳闻目睹的关于人们的私生活,我绝不到处宣扬,我绝不泄露作为应当保密的一切细节。"希波克拉底的这一著名"誓言",后来成了许多国家保守医疗秘密的生命立法的重要原则。1949年的《日内瓦会议章程》、1953年的《护士伦理学的国际章程》、1971年的《苏联医师誓言》等,都有相应的规定。芬兰于1983年颁行的《病人权利条例》第二条"医疗保健权"规定,在医疗保健活动中,医院和医生应尊重病人的人格、尊严和自信,并为其保守秘密。现在,保守患者的隐私秘密已经成为各国通行的生命法原则。我国的《执业医师法》对此也做了相应的规定:"(三)关心、爱护、尊重患者,保护患者的隐私。"(第二十二条)

随着非传统生命社会关系的形成,在隐私保密方面提出了一些新的要求。这主要涉及以下几个领域:

(一)人类辅助生殖与隐私保密

人类辅助生殖技术带来的生命社会关系,作为非传统的生命社会关系,其伦理基础与传统生命社会关系的伦理基础完全相反。如果传统生命社会关系尚需"隐私保密"的话,那么,彻底动摇乃至破坏了血缘家庭关系稳态存在这一伦理基础的新型的、非传统的生命社会关系,就更需要隐私保密了。有鉴于此,调节非传统生命社会关系的人类辅助生殖法，必须更加强调隐私保密，更加坚定遵行隐私保密原则。

人类辅助生殖领域的隐私保密，涉及以下几个方面的人：（1）供精、供腹、供卵者及其相对人；（2）实施人类辅助生殖技术的医生和其他人员；（3）人类辅助生殖的产儿及其关系人。

由于人类辅助生殖技术是一项新生事物，所有有关各方的身份与传统生殖方式下的有关各方都有区别。如供精者的精子不是供给妻子而是另一个或多个女性，而其相对人即受精者所受的也不是自己丈夫的精子；实施人类生殖技术的医生和其他人员与传统意义上的接生婆、助产士的性质完全不同；人类辅助生殖的产儿也非传统的自然生殖产儿。所有这些人都会与其他关系人结成非传统意义上的人际关系，都可能造成权利义务关系上的冲突与纷争。美国一位50多岁的绝经妇女复发重温生儿育女之旧梦，经医生的精心策划与鼎力相助，取得了她女儿的卵子并与其继任丈夫的精子进行体外受精，然后植入老妇人的子宫，经十月怀胎，生下一子，圆了美梦。此事带来的人际关系难题是：老妇人算新生儿的外婆还是母亲？其丈夫是孩子的外公还是父亲？老妇之女是孩子的母亲还是姐姐？医生又是什么身份？孩子与老妇人的其他子女是何关系？所有这些人的权利义务关系如何？

分析产生于上述事件中的难题，我认为必须坚守的是隐私保密原则，凡与隐私保密原则相悖的，概以保守隐私为第一原则。据此，一切要求保密的隐私主体的隐私权，都应充分予以尊重；一切泄密都应负法律后果。我国《人类精子库管理办法》（2001年2月20日）规定："人类精子库应当建立供精者档案，对供精者的详细资料和精子使用情况进行计算机管理并永久保存。"（第二十一条第一款）有人认为从该法条的意图看，捐赠者是不享有匿名权的。这是一种误解。由国家或公众信赖的机构，如依法设立的"人类精子库"掌握并保存供精者的有关资料，并不意味着这些资料可供公众查阅。正如我国的安全部门所掌握与管理着的一些涉及公民隐私的资料一样，这些资料只要不允许公众查阅，即可视为对隐私的尊重与保护。而社会必须有组织、有秩序，国家必须严格管理，这是公众的共同要求，是公众将自己的部分权利包括隐私权向所信赖的政府机关的让与，因而是与公众的意愿相一致的，不存在诸如"不享有匿名权"一类问题。该办法同条第二款的规定，就证明了隐私权保护包括匿名权的实际存在。该款规定："人类精子库应当为供精者和受精者保密，未经供精者和受精者同意不得泄露有关信息。"

上海市第一妇婴保健院是国内采行人类辅助生殖技术比较成功的单位。该院1999年曾助一位绝经3年的57岁老妇依靠赠卵的技术育成了一个健康的婴儿，孕妇年龄创亚太地区之最，轰动了海内外。该院在赠卵试管婴儿的工作方面有10项具体规定，其五为"受卵者夫妇和赠卵者夫妇必须分别到指定律师事务所见证，明确双方的责任和义务，并永久性保留资料"；其六为"若非亲属关系，受者与赠送者夫妇避免见面"；其十为"参与操作的医务人员依法严格为不孕症夫妇保守隐私"。这些规定都是体现隐私权保护的。

为确保隐私权的兑现，邓公平先生建议："供精、供卵者，在他们的精卵供出之后，即与其精、卵失去法律上的联系,即法律不再承认亲种关系;通过合法手术进行人工授精而孕育的下一代,除特殊情况外,一般不得作亲子关系的科学鉴定,司法机关在接受此类案件时,首先要查清是否为人工授精,如确系人工授精,法院可以拒绝受理。"① 这是一些很好的建议,在生命法立法时应加以认真考虑。

但隐私权有时会和知情权相冲突。如新生儿略谙世事后可能会提出"谁是我的供精父亲"之类的要求。在这种情况下,显然必须考虑到:如果不告知,则侵犯了他的知情权;如果告知,则可能导致他与供精父亲、养父母之间的不良关系。我认为,从社会效益第一原则出发,只能牺牲他的这一知情权。实际上,当人类辅助生殖技术比较普及以后,靠辅助技术生殖的人将越来越多,是否知晓此情,意义并不大;而养父母从孕育开始至其长大成人(如18—20岁)所付出的劳动,不知比供精、供腹或供卵者大多少倍,因此,无疑应牺牲有关新生儿的知情权。不过,在此情况下,隐私权除属于供精(腹或卵)者外,还含有分属于社会的意思了。

谈大正先生在《生命法学导论》中指出:"法律的一些具体规定常常取决于一个国家大多数人的意见。关于试管婴儿本人对身世的知情权及其捐献精、卵者隐私权的保护,各国法律并不一致,而且一个国家的规定也会随时代的前进而有所变化。"②

谈大正先生的上述意见,给我们以十分有益的启迪:其一,各国法律在人类辅助生殖法中关于隐私权保护的规定并不一致,这启迪我们应去比较研究这些各不相同的法律规定,以便从中找出最合理的、最适合中国国情的东西,供我国有关立法参考。其二,隐私权保护的规定与时俱进。这启迪我们适时修改有关生命法,保证时代变迁情势下生命法关于隐私保护规定的合法性、合理性与合情性。某书法家似乎这样说过:"师法先师无定律,转法多师是吾师。"在人类辅助生殖法的隐私权保护问题上,我们也应抱"转法多师是吾师"的态度。

(二)基因技术与隐私保密

基因技术的发展,使得基因隐私的保密问题变得越来越明朗、越来越具体、越来越迫切,也越来越复杂了。

人体细胞中所占比重极小的基因,作用却极大,因为它规定了生命的物质合成、代谢、能量产生、复制等。人类的大多数疾病都可从基因中找到根源。因此利用基因技术,可为人类治疗疾病、增进健康、延长寿命创造很好的条件。这样,也就产生了基因和基因技术领域隐私权保护的法律问题。

基因隐私权与现代社会中人际关系的处理、权益的享有甚至正常生活的延续,都有密

---

① 邓公平主编:《医药卫生法学》,上海科学技术出版社1989年版,第54页。
② 谈大正:《生命法学导论》,上海人民出版社2005年版,第82页。

切的关系。例如：1986 年，美国一家收养代理处准备安置 1 名两个月大的女婴。收养者提出，由于该女婴的生母患有一种进行性的不可逆转的神经疾病（Huntington），所以要求代理处请基因专家检查女婴的基因，以判断她是否迟早也会患与生母相同的疾病，如果是则不拟收养。收养者的要求当然是合理的，他有权了解实情；但若证实女婴的基因必使其得此遗传病，她就可能遭社会遗弃。这使基因专家陷入了两难境地，也向社会提出了权利保护问题：在该女婴无法自我决定是否揭示自己的基因之前，其隐私权如何体现？是否可任由他人操纵？

每个人的基因都有差异，各有其"不利基因""缺陷基因"，都可成为其本人的隐私，一旦为他人所知或向社会公开，就可能影响其结婚、升学、就业以及申请保险等，还可能造成"基因歧视"。这些，都会带来不平等待遇。但从另一个角度来看，又会有新的问题。用人单位当然希望录用身体健康者，如果录用了有先天缺陷的人，以后就会带来巨额医疗费用支出等问题。又如保险公司，如果投保者中多有"基因缺陷"者，日后保险公司就可能无力理赔，因为投保的客户与保险公司都并不知情。

但两相权衡，目前法学界都倾向于保护基因隐私权。2000 年底，美国总统克林顿签署了一项行政命令，要求一切非军事单位和个人都不得把遗传信息作为雇用人员的标准。日本科学技术会议生命伦理委员会于 2001 年公布了人类染色体研究的 27 项原则，其中包括：必须对遗传信息进行严格的保管；对泄露个人遗传信息者要给予处罚。虽然美、日两国的上述规定并未明确提及保护基因隐私权，但已向该目标大大跨进了一步。

谈大正先生对基因隐私权做了以下区分：

一为基因隐私知情权与拒绝知情权。每个人都有知晓自己基因信息及其影响自己生、老、病、死功能的权利。反之，有的人为了不增加自己的精神负担，他也有权拒绝获得这些资料，即享有拒绝知情权。

二为基因隐私隐瞒权。权利主体有权隐瞒个人基因信息不被他人知晓。

三为基因隐私所有权。权利主体对个人基因信息享有不可侵犯的所有权，包括占有、使用、收益、处分的权利。有的人具有优势的基因，他可以在招聘时自愿展示相关信息，让雇主知晓，增加录取的机会。有的病人具有特殊的"致病基因"，有科学研究和开发新药的价值，他可以根据知情同意的基本原则，利用合同形式与科研机构合作，许可对方检测自己的致病基因，并要求为自己保密，而治疗"致病基因"的药物开发后，他可以以优惠的条件购买使用此药。

四为基因隐私维护权。权利主体的基因隐私有不可侵犯性，在受到侵害时享有寻求司法救济的权利。如果他人非法刺探、搜集权利主体的基因信息，非法泄露、传播权利主体的基因信息，非法提取含有权利主体基因信息的组织、血液或骨髓，甚至非法加以利用，受害人有权寻求司法救济，以维护自己的合法权益。

关于基因隐私权的保护，谈大正先生把世界各国的具体保护方法分为两类：一类是美国和多数大陆法系国家（如德国、法国）为代表，将隐私作为一项独立的人身权利，个人隐私如受到侵害，可直接以侵犯隐私权作为独立的诉因请求法律的直接保护；另一类是以英国和多数英美法系国家（如澳大利亚）为代表，它们不把隐私作为一项独立的权利，无单独的法律条文明确规定保护个人的隐私权，个人隐私权如受到侵害，只能将它纳入其他侵权范畴，如纳入侵害名誉权的范畴，给予隐私权以间接的法律保护。他认为："直接的法律保护更有利于对隐私权损害进行补救。随着现代科技的飞速发展和社会的不断进步，隐私权所涉及的范围越来越广，基因隐私概念的出现和反对基因歧视诉求的提出本身就是典型的例子。人类保护自身隐私的意识也越来越强。对公民基因隐私权采用直接保护的方法也成为各国隐私权法律保护的趋势。"[①]

我国《民法通则》第一百零一条规定："公民、法人享有名誉权，公民的人格尊严受法律保护。"司法解释中对隐私权的保护包含在名誉权的保护之中，即对权利人的名誉（精神）造成损害的可以得到赔偿。《民法通则》正在修改之中，如果增加基因隐私权保护的条款，将是最理想的解决方法。

五、生命安全原则

无论是传统生命法还是非传统生命法，无论是以维护血缘家庭关系的绝对稳定为其伦理基础，还是从实际上损害甚至颠覆血缘家庭关系稳定性的伦理基础，总之，一切生命法，都必须以生命安全为原则。堕胎法虽然肯定堕胎为合法亦即使胎儿死亡为合法，但一般都以此胎儿不具备人类生命意义为前提；同时，必须保证孕妇的生命安全。安乐死法虽然"致人死亡"，但是，第一，身罹绝症已到晚期且受无法减轻并迅速加重的剧烈痛苦摧残，因而自愿要求摆脱遭受严重折磨的困境，这虽然是"死"，但却是理得心安的"死"与欢欣快乐的"死"，所以称为"安乐死"；第二，实施安乐死的方式、方法与整个过程，也必须是安全的。器官移植法无论是对器官捐赠者（这里指的是活人），还是对移植器官者，都要求以生命安全为前提。其他所有的生命法以生命安全为原则，则是没有争议的。但是，在现实生活中，与生命科技发展或应用相关的各方，往往还是处在不安全的境况之中。因此，提出以下问题进行探讨，是十分必要的。

（一）生物安全管理与生命安全原则

广义的"生物安全"是指在一个特定的时空范围内，由于自然或人类活动引起的外来物种迁入，并由此对当地其他物种和生态系统造成改变和危害；人为造成环境的剧烈变化而对生物的多样性产生影响和威胁；在科学研究、开发、生产和应用中造成对人类健康、

---

① 谈大正：《生命法学导论》，上海人民出版社 2005 年版，第 134、135、137、138 页。

生存环境和社会生活有害的影响。① 随着基因生物的不断出现和大规模应用，一些新的风险因素也不断被引入，所以生物安全性问题越来越引起人们的关注。人们之所以关注生物安全性问题，是由于它与人类生命的安全休戚相关。

近年来，全球转基因作物种植面积发展迅速，从1996年的170万公顷增加到2002年的5870万公顷，7年间增长了近35倍。10多年来，中国的现代生物技术也有了较快发展。中国目前已经研究开发转基因植物50多种，转基因动物20多种，转基因微生物30多种，涉及目的基因200个左右。到2001年，已批准环境释放的转基因生物达100多项，批准商品化生产59项，属6个类型，其中转基因抗虫棉花种植面积已达200万公顷。

现代生物技术的研究、开发和应用可能会对生物多样性、生态环境和人体健康产生潜在的不利影响，特别是各类转基因活生物体大面积释放到环境中，可能对生物多样性构成潜在风险。这些潜在风险，在在都指向人类的生命安全，其破坏力完全可能使成百上千万人死于非命。

现在，生物安全已经成为世界普遍关注的重大问题，也成了我国党和政府以及广大公众尤其是科学界高度关注的问题。专家建议，要根据我国生物技术发展及产品产业化的需要，借鉴国际经验，制定我国生物安全的总体战略。要切实加强研究开发，大力推动医药生物技术产品产业化，积极稳妥地发展农业生物技术产业，确保生物安全。建立和完善生物安全以及生物技术引发的伦理道德等有关政策和法规；建立健全国家农业、环保、食品、进出口检疫等领域生物安全的技术评价标准与评估体系，建立专门的生物安全监测机构；积极开展生物安全知识的普及和教育工作，提高公众生物安全意识和判断能力，确保生命安全。为了预防和控制生物技术发展的负面影响，在联合国环境规划署和《生物多样性公约》秘书处的组织协调下，国际社会达成了《生物安全议定书》，该议定书已于2003年9月11日生效。中国政府于2000年8月签署了《生物安全议定书》。中国生物安全管理的主要原则为：(1)研究开发与安全防范并重，即在确实保护生物多样性、生态环境和人体健康的前提下，促进现代生物技术的研究、开发和产业化发展；(2)预防为主，即在现代生物技术发展的各个阶段严格管理，避免或将风险降低到最低程度；(3)国家统一监管与部门分工管理相结合；(4)加强生物安全的科学研究和监测，将转基因生物及其产品的风险评估和风险管理建立在充分的科学基础之上；(5)加强生物安全的教育和宣传，使公众成为生物安全监督的重要力量；(6)积极参与国际性生物安全事务，加强生物安全的国际合作。

一些法律专家认为，发达国家生物安全立法的模式主要有两种，一是基于产品管理的美国模式，二是基于技术管理的欧盟模式。中国目前虽然尚未建立起生物安全法的完整体系，但已经有了一些生物安全的立法，包括专门性的生物安全立法和相关性的生物

---

① 刘谦、朱鑫泉主编：《生物安全》，科学出版社2001年版，第21页。

安全立法。中国生物安全立法目前存在的主要问题是：缺乏一部牵头的生物安全管理法律，缺乏一套健全的法规体系，缺乏有效的管理制度，尚未建立起协调统一的管理程序。目前亟待解决的是制定一部《生物安全法》。在这部法中，应当对生物安全管理的原则、目标、基本管理制度和措施、实施程序、监督管理体制、违法责任、损害赔偿等做出明确的规定。①

（二）虚假医疗广告与生命安全原则

虚假医疗广告是对生命安全原则的根本否定和恶劣破坏。

这是《人民日报》记者曲哲涵的一篇关于虚假医疗广告如何伤害患者的报道梗概：

北京某医院"基因疗法治乙肝"的广告短篇称："因人而异，辨证施治，确保患者短期内明显见效。肝炎病毒逐渐转阴。"乙肝病毒携带者杨女士去挂号室有人告诉她，出诊的都是老专家、老教授。候诊时又听说，已经有人"转阴（乙肝澳抗阳性转阴）"了！希望，开始在她心中升腾。

"只要积极配合，一定能治愈。"大夫告诉杨女士。

此后每次复诊，化验结果都显示：病毒减少了。也不断从大夫口中传来某某已进入大量注射疫苗"冲刺阶段"的好消息。这令杨女士对"基因疗法"深信不疑，让女儿也来就诊。母女俩每月药费4000多元，杨家并不富裕，但还是咬牙撑着。

大约半年后，杨女士误了一次例行检查。谁料隔月再去化验，情况竟比最初就诊时还糟糕！到别的医院再查，结果也不好。"我怀疑以往的化验单是做过手脚的。也许因为中间耽误了一次，化验员没注意到我的记录，所以病情就又变得'严重'了！"

"可能上当了。"冷静下来的杨女士慢慢回忆起很多细节：

——所谓基因疗法，不过是在验血时，检测乙肝病毒的复制情况，看病毒的DNA是阴性还是阳性。这是目前一般国家二类以上医院都能做到的。"'基因检测'和'基因疗法'相去甚远，这是拿高科技的概念蒙人。"她说。

——除了那台基因检测设备，该院其他医疗设备似乎并不先进，连彩色超声波都没有。

——服药后，虽然化验结果一次比一次乐观，但倦怠、恶心等症状并未明显好转。主治大夫的解释是：属服药后正常反应。

——每次候诊总听见有人议论：谁谁"转阴"了。可杨女士找病友们打听，竟无一例。"那些在走廊里讲故事的人，是不是'托儿'？"

——大夫说的那两三种"特效药"，都产自不知名小厂，有种药的生产批号竟是1995年。"说因人施治，为什么凡是我所认识的病友，都服用同样的成品药呢？说是最新疗法，为什么让我们服用10年前研制的药物呢！"她拿出一盒这家医院开的药对记者说：这家

---

① 王娅：《加强生物安全管理迫在眉睫》，《中国环境报》2003年11月11日。

医院狡猾在并不采用假药,而是用这些疗效差、价格便宜的药,冒充特效药高价售出。乙肝本来就是慢性病,这些药虽差,但"治不好也治不死"。再加上花言巧语、假化验结果,患者就会误以为有疗效,一个月接一个月地往里扔钱。结果杨女士的病拖了半年多,花了6万元。

北京的这家医院,"医"是假的,"疗"是假的,"药"也是假的。与这家医院联手的媒体广告、"医托"说辞以及医生吹嘘,全都可纳入"虚假广告"之列。记者曲哲涵报道的标题使用了杨女士的话"虚假医疗广告'黑'了我6万元"。其实,又何止是6万元的经济损失?她和她女儿的肝病治疗因此而被贻误,虚假医疗广告害人之深,怎么形容都不为过。在这个案例中,被欺骗的人们有什么"生命安全"可言?他(她)们的生命安全早被扔到了九霄云外。①

又据《人民日报》报道,2004年在山东省卫生监督部门监控的3536条广告中,合格的仅46条,占被监测广告数的1.3%。②又据报道,2004年1月11日,国家食品药品监督管理局监测检查了45 424次省级和省级以下电视台发布的药品广告,违法发布率为62.3%;2004年6月至11月,监测检查了159份都市类、晚报类和广播电视类报纸发布的10 498个药品广告,违法发布率为95%。这是何等触目惊心!

尽管各地执法部门多次采取专项行动打击违法医疗广告,但在短暂收敛之后,违法医疗广告往往又卷土重来。《人民日报》记者许志峰所撰一则报道披露:

"只需20分钟即可快速治疗颈椎病""糖尿病保证治愈,想吃啥就吃啥"……这些江湖游医的吆喝,不时堂而皇之地出现在正规媒体的广告上。在今天,只要一打开电视、报纸、互联网,眼花缭乱的医疗广告便会扑面而来。更令人不安的是,这些广告中有相当一部分都不是"货真价实"。

根据国家工商总局2005年第一季度对全国部分媒体广告的检查,医疗服务广告的主要违法表现是:宣称治愈乙肝、牛皮癣、癌症、白癜风等疑难病症;使用患者、医生、医学权威机构的名义和形象进行宣传等。

在工商总局公布的典型违法案例中,《青岛早报》以《俺真服了海生素》为题,发布青岛海生肿瘤医院医疗服务广告,称"对肾、肺肿瘤患者临床可以治愈";《都市时报》以《治愈肝病病毒阳转阴》为题,发布昆明医学院附属康复医院肝病研究治疗中心医疗服务广告;中国教育电视台(一套)发布的新兴医院不孕不育治疗中心"新兴妈妈回娘家"医疗服务广告。

在现实生活中,一些钻法律空子、打"擦边球"的医疗广告也不鲜见。2003年初有关部门出台规定,暂停就乙型肝炎、癌症(恶性肿瘤)等11种疾病发布医疗广告,但并未

---

① 《虚假医疗广告"黑"了我6万元》,《人民日报》2005年6月6日。
② 《山东卫生监督部门监测表明:近99%的医疗广告违法》,《人民日报》2005年2月1日。

对"肝病医疗广告"和"肿瘤医疗广告"做出明确规定。很多广告就把"乙肝"广告改头换面包装成肝病广告,换汤不换药,诱导消费者。①

诸如此类虚假医疗广告,无疑是对患者生命安全的根本否定和恶劣破坏,应列在严厉打击之列。生命刑事法对虚假医疗广告之类严重破坏患者生命安全,严重侵害其基本人权,因而必然造成恶劣后果的行为,应加强立法与司法惩处。

据新华社报道,中共中央政治局常委吴官正2005年6月在国家食品药品监督管理局调研时指出,食品药品安全关系人民群众的切身利益,要认真解决食品药品领域中损害群众利益的问题。他强调,制售假冒伪劣食品药品本质上就是谋财害人,都是可恶缺德的人,群众非常痛恨,要让他们成为"过街老鼠,人人喊打",绝不能手软。造成严重恶果的要依法严惩,使他们身败名裂、倾家荡产、后悔莫及。他指出:一定要按照党中央、国务院的要求,综合运用经济、法律和必要的行政手段,加大对食品药品监督和管理力度,推进体制制度创新,切实解决食品药品领域中损害群众利益的突出问题。一是继续开展食品药品安全专项整治工作,整顿和规范市场秩序。解决食品药品领域中损害群众利益的问题,今年务必要取得重大进展。二是严肃查处违纪违法案件,坚决惩治损害群众利益的行为。要严肃查处对人民群众危害严重的大案、要案和恶性事故,严厉打击不法之徒,千方百计杜绝重大案件和恶性事故的发生,切实增强人民群众的安全感。三是深化改革,创新制度,建立健全解决食品药品领域中损害群众利益问题的长效机制。②

(三)医药检测规范与生命安全原则

医疗器械、药品不良反应的监测,对保证公众的生命安全有密切的关系与重大的影响。2005年初发生的一些事件告诫我们,必须加强医疗器械、药品不良反应的监测,建立和完善警示机制,在源头上确保生命安全原则的实行。

2005年4月11日,美国食品与药品监督管理局(FDA)向美国强生公司"稳豪"和"稳灵"两款血糖仪发出"一级召回"通告。从4月21日起强生公司开始向包括中国在内的全世界用户发出通告,展开"血糖仪更换计划"。但时隔一个多月,强生公司尚未在中国公开发布更换信息。

面对这种全球召回唯独漏掉中国的事件,强生公司方面和药监部门都没有正式表态,直到6月1日,强生公司才正式宣布,在华全面展开"血糖仪更换计划"。对于医疗器械不良事件监测的漏洞因此而暴露出来。受此影响,以强制性要求生产企业第一时间通报不

---

① 许志峰:《违法医疗广告钻了什么空子》,《人民日报》2005年6月7日。
② 《制售假冒伪劣食品药品本质上就是谋财害人》,《人民日报》2005年6月9日。

良事件的《医疗器械不良事件监测和再评价管理办法》[①]将于年内出台。

上海市食品药品监督管理局医疗器械注册处处长严棵称,从2003年开始,北京、上海、广州作为不良事件监测的试点,此前仅对须植入人体的9种医疗器械进行监测。而从2005年开始,所有的医疗器械将全部被纳入监测范围。他说:"从今年开始,所有类别的医疗器械一旦发生类似'强生血糖仪'问题都必须及时做出处理。"上海市药品不良反应检验中心常务副主任杜文民指出,与药品必须服用后有副作用才叫不良反应不同,医疗器械只要有可能造成风险就成为不良事件。而国内生产企业往往为了销量,瞒报不良事件,甚至出现类似强生这样的事件。"目前上海一年中有几十例医疗器械不良事件上报,数量很少。"

《办法》将强制性规定生产单位必须第一时间上报不良事件,就算不确定是否为质量问题也要上报,而后再进一步做出补充报告。同时,与此次强生事件一样,不良事件上报后的一系列处理程序将以企业为核心。最终处理将分为:公众警示、修改说明书、召回等不同层次。如发现没有第一时间上报不良事件,相关生产、经营单位将被处以罚款及没收生产、经营许可证等处罚。

据报道,2005年4月7日,美国食品与药品监管局(FDA)发出公告,警示21种非甾体类抗炎药,如常见的芬必得、扶他林、西乐葆等均有潜在的导致心血管疾病的风险。4月12日,国家食品药品监督管理局表示密切关注在我国生产、销售和使用的所有非甾体类抗炎药物的安全性问题。

非甾体类抗炎药物是对症药物,一般医生都会指导患者必需时才用,剂量能小则小,连续服用时间能短则短,以最大的限度减少不良反应发生率。及时告知药品不良反应的前提是发现,而发现药品的不良反应要依托雄厚的科研能力进行大量临床跟踪研究。我国的药品不良反应监测始自1989年,但和国际先进水平比还有很大的差距。按照规定,我国13亿人口每年应该收到不良反应报告40万份左右,但2004年仅为7万份。更大的差距在于病例报告的质量不高不全面,新的、严重的不良反应少。

打开进口、合资药厂生产的药品包装,说明书很长、内容也很多,尤其是不良反应提示很详细;而国产的药品说明书往往不过三言两语。这正是我国企业与国外企业最大的差距所在。"是药三分毒。"一般来说,越是有不良反应提示,说明药物的研制和临床应用水平越高,针对不同个体的指导性越强。而少量甚至没有药品不良反应提示,只能说明药品的临床应用还不够广泛,缺少第一手用药结果的跟踪和监测。

企业的药品不良反应提示能力差的根源在于我国制药企业研发能力太弱,要求企业做不良反应监测勉为其难。国际著名的制药企业都不惜花费巨资进行新药研制开发,其间反

[①] 《医疗器械不良事件监测和再评价管理办法》于2018年8月13日公布,自2019年1月1日起施行。——编者注

复进行的动物试验和临床试验中，能够发现药物的很多毒副作用和不良反应。而我国企业基本没有独立自主的新药研发能力，监测药品不良反应的能力自然高不了。在国外，如果医生发现了药物不良反应而没有及时报告，就会影响到职业资格的晋升。而在我国，由于相关制度缺失，医生常常对药物不良反应避之唯恐不及。这也是我国药品不良反应病例报告少的主要原因之一。同样，约束企业的相关制度也很欠缺，导致企业责任意识缺失。在国外，如果有资料证明企业能够进行不良反应提示而没有在说明书中提示，患者服用后发生严重不良反应的，企业要依法承担高额赔偿。

有鉴于我国药物不良反应警示机制的缺失，自2001年11月起，我国开始不定期出版《药品不良反应信息通报》，2004年创办季刊《中国药物警戒》，2005年3月又开始出版《药物警戒快讯》，此外还有国家药品不良反应监测网站。但仅仅如此还远远不符合确保有效警示、确保生命安全的需要。因此，制定相关的生命安全法，如"药品不良反应监测办法"等，已成为急迫的立法要求了。[1]

---

[1] 富子梅：《药物不良反应：警示机制待完善》，《人民日报》2005年6月5日。

第七章 生命法体系论

生命法体系的探析,对加强我国生命法立法,从而为在我国妥善调节生命社会关系,保障与促进生命科技的发展,维护和提高我国人民的健康水平和生活质量,有极其重要的意义。

一、生命法体系概述

生命法体系的上位概念是科技法体系;科技法体系的上位概念是法律体系。尽管生命法体系在法律体系中层级很低,但历史发展到当代,生命社会关系及其法律调节已变得相当丰富、繁杂,繁多的生命法业已蔚为大观。虽然它还在继续丰富、完善的动态发展过程中,但是生命法现在已自成完整的体系。不过,这是从全球范围而言的。

我们可以从两个角度来看生命法体系:

(一)从广义生命法的角度上看

同任何法律法规一样,当代国家的法都以宪法为母法,因此,任何广义的部门性法律体系,都以相关的宪法规范为纲、为统、为帅。在中国,《宪法》的下列规定,都是生命法体系中最高层级的纲领性、统帅性的组成部分:"国家发展自然科学和社会科学事业,普及科学和技术知识,奖励科学研究成果和技术发明创造。"(第二十条)"国家发展医疗卫生事业,发展现代医药和我国传统医药,鼓励和支持农村集体经济组织、国家企业事业组织和街道组织举办各种医疗卫生设施,开展群众性的卫生活动,保护人民健康。"(第二十一条第一款)"国家推行计划生育,使人口的增长同经济和社会发展计划相适应。"(第二十五条)"国家保护和改善生活环境和生态环境,防治污染和其他公害。"(第二十六条第一款)"中华人民共和国公民有进行科学研究、文学艺术创作和其他文化活动的自由。国家对于从事教育、科学、技术、文学、艺术和其他文化事业的公民的有益于人民的创造性工作,给以鼓励和帮助。"(第四十七条)这是一些与生命科技发展、与生命社会关系的法律调节直接相关的宪法规定，是广义生命法体系最重要、最根本的组成部分。

在宪法规范之下，我国的科技进步基本法《中华人民共和国科学技术进步法》，是广义生命法体系的基础。该法的立法宗旨、基本原则、主要制度（如开放技术市场的制度，加速科技成果推广应用的制度，促进社会发展的制度，推动企业技术创新的制度，高技术研究和高技术产业的制度，基础研究和应用基础研究的制度，研究开发机构的制度，科技工作者制度，科学技术奖励制度，科学技术投入制度，建立和健全科学技术保密制度，生物种质资源出境控制制度等）以及关于法律责任、关于该法的实施的一系列规定，都是我国生命法立法、司法、执法、守法的基础性规定。这些规定当然是我国广义生命法的重要组成部分。

在科技进步基本法之下，是直接用以调节生命社会关系的各个部门生命法，如医疗法、卫生法、医药法；医师法、护士法、药剂师法；医疗行政管理机构法、医药卫生机构法；堕胎法、安乐死法、器官移植法、脑死亡法、人类辅助生殖技术法、基因技术法。这些是生命法的基本内容。

但在我国，部门生命法的立法还是很不完善的。在这一方面，我们完全有必要研究、学习、借鉴先进国家的经验。这些经验概括起来大致可以分为两个方面：

一是立法的齐全

这从美国食品和药品法律发展的历史沿革可见一斑。1820年，11位医师在华盛顿特区召开会议，共同制定《美国药典》。这是美国第一部标准药品的纲要。1848年，美国国会通过《药品进口法》，要求美国海关通过检查防止海外掺假药物的进入。1902年，通过《生物制品管制法》以保证血清、疫苗及用于预防和治疗人类疾病的类似产品的纯度和安全性。1906年6月30日，首部《食品和药品法》由美国国会通过，并由罗斯福总统签署。该法禁止冒牌和掺假的食品、饮料和药品的州间贸易。《肉类检查法》也在同一天通过。1911年，在"美国对Johnson诉讼案"中，最高法院判决：1906年《食品和药品法》并不禁止错误的治疗主张，但是禁止有关药品的成分或同一性的错误和误导的说明。1924年，在"美国对95桶苹果酒声称为醋的诉讼案"中，最高法院做出如下判决：《食品和药品法》处罚在产品标签上可能误导或欺骗的任何声明、设计或图案，即使技术上是真实的。1933年，FDA建议彻底修正已过时的1906年《食品和药品法》。从将第一项议案提交给参议院开始，开始了一场为期5年的立法之战。1938年，国会通过《联邦食品、药品和化妆品法》。该法包含以下新条款：(1) 管理范围扩大至化妆品和医疗器械。(2) 要求新药上市前被证明是安全的。此项规定开创了药品管理的新体制。(3) 取消《Sherley 修正案》在药品冒牌案件中要求证明欺骗意图的条件。(4) 规定对于不可避免的有毒物质，要定出安全耐受性限度。(5) 授权对食品同一性、质量和容器装填标准。(6) 授权对工厂检查。(7) 对先前的浸收和起诉的处罚，增加法院禁令的补救办法。1941年，《胰岛素修正案》要求FDA对此种糖尿病人的救命药进行检验并保证其纯度和效力。1945年，《青霉素修正案》要求

FDA检查并保证有青霉素制品的安全性和有效性。后来,修正案将该要求扩展到所有抗生素。直到1983年,发现此种控制已无必要,于是该法案被废除。1948年,《Miller修正案》确认《联邦食品、药品和化妆品法》适用于由法定机构管理的货物,这些货物已由一州运至另一州并已交与消费者。1962年通过《Kefauver-Harris药品修正案》以保证药品功效和更好的药品安全性。在肯尼迪总统给国会的咨文中宣布了《消费者权利议案》,包括安全性权利、被告知的权利、选择的权利以及听证的权利。1965年,制定《药物滥用控制修正案》以处理滥用抑制药、兴奋剂和致幻剂所引起的问题。1966年,《儿童保护法》扩大《联邦危险物质标签法》的管理范围,禁止危险的玩具以及其他如此危险以至于没有足够的标签警告可以标明的物品。1966年通过《正确包装盒标签法》,与FDA对食品、药品、化妆品和医疗器械的强制执行条款一起,要求州贸易中的所有消费品有诚实和详细的标签。1973年,美国最高法院支持1962年药效法律,并对FDA的行动表示赞许,即按照法规管理各类产品,而不是仅仅依赖费时的诉讼。1976年,《维生素和矿物质修正案》,又称《Proxmire修正案》,停止FDA建立标准限制食品补充剂中的维生素和矿物质的效力,或不再把它们像药品那样仅仅根据效力管理。1980年,通过《婴儿处方法案》,规定FDA的特殊管理,以保证必要的营养含量和安全性。1982年,FDA颁布《反故意破坏包装法规》,以防止诸如在Tylenol(扑热息痛,通用名为对乙酰氨基酚)胶囊中放置氰化物致死的中毒事件。1983年通过的《联邦反故意破坏法》,明确把干涉已包装的消费品看作是一种犯罪行为。1983年,通过《罕见病药品法》使FDA能鼓励治疗罕见病需要的药品的研究和上市。1984年,《药品价格竞争和专利期恢复法》通过允许FDA不重复证明其安全和有效的研究就批准创新药物的仿制药物的上市申请,加快低成本的仿制药物的上市。1986年,《儿童疫苗法》规定对患者提供疫苗的信息,并授权FDA撤回生物制品及行使民事处罚的权力。1987年,研究用药法规修订,对于患有严重疾病而无其他治疗方法的病人而言,增加了使用试验用药品的机会。1988年通过《仿制兽药和专利期恢复法》,将依据1984年《药品价格竞争和专利期恢复法》给予人用药品的优惠政策扩展至兽药的产品。1992年,《仿制药品强制执行法》对包括简要药品申请在内的违法行为给予阻止和其他处罚;通过《处方药使用者费用法》,要求药品和生物制品制造商为产品申请和补充以及其他服务,支付费用。该法还要求FDA使用这些资金雇佣更多的审评者以评定药品申请;通过《乳房X射线造影质量标准法》,要求在美国的所有乳房X射线造影设施经过认证并由联邦许可,以符合1994年10月1日生效的质量标准。1994年,通过《饮食补充剂健康和教育法》,规定特殊的标签要求,提供法规框架,并授权FDA颁布饮食补充剂的良好制造规范法规。1996年,《食品质量保护法》修正《食品、药品和化妆品法》,废除对杀虫剂的Delaney条款申请。1997年,《食品和药品管理局现代化法》重新批准1992年的《处方药使用者费用法》,要求进行自1938年以来机构活动的罪犯范围的改革。条款包括加速医疗器械审评,管理已批准的药品和医疗器械的未批准的使用的广告,以及管理对食品健康声称的办法。

美国属普通法系国家，其法律制度以判例法为主，杂以制定法。但生命法事涉人命，以更为审慎缜密的制定法规范生命科技行为为妥，因此，从其食品和药品的法律的历史沿革中可以看到大量的制定法。关系生命社会关系的食品药品法律，只是生命法的一个极小部分，其数量已如此之多，涉及生命社会关系的法律规范如此细致，这是足可引以师法的。

二是与立法配套的司法、执法机构建设的齐备

为了实施法律、履行准则，需要建立相应的机构。如按重组 DNA 的研究、生产、释放不同阶段建立相应的安全规程和控制体系，通过这些机构的管理和相关工作人员对法规的自觉遵守，达到对重组 DNA 操作和应用安全的目的。例如印度有关 DNA 的管理机构主要有：

1. 重组 DNA 咨询委员会。主要职责是关注国内外生物技术的发展水平和重组 DNA 的研究与应用的安全管理。具体负责如下方面的工作：(1) 提出重组 DNA 研究、开发的长期政策；(2) 制定印度重组 DNA 安全法规；(3) 从事重组 DNA 工作人员的安全培训。

2. 单位生物安全委员会。单位生物安全委员会（IBSC）由从事基因工程研究或生产机构的法人、三位以上科学家、一位健康安全专家及 DBT（生物技术部）指定的一名人员所组成，主要的任务是指导上述研究、生产机构执行本准则。任何研究、开发计划如果涉及产生潜在危害的微生物或生物分子，都需要事先通报单位生物安全委员会，单位生物安全委员会将按准则的条款审查这类活动，确定生物安全水平，培训人员和卫生检查，制定应急措施等，使重组 DNA 工作能够安全进行。

3. 遗传操作审查委员会。由生物技术部、印度医学研究理事会、印度农业研究理事会、科学与工业理事会、科学技术部及三名独立专家组成的遗传操作审查委员会，主要职责如下：(1) 制定标准的操作准则、手册，管理重组 DNA 的研究、生产和应用；(2) 审查已同意进行的高风险研究活动和环境释放的报告，确保规则的执行；(3) 为某些试验建议控制设备的类型；(4) 建议海关对进口生物制品的控制及关税；(5) 协助工业发展机构、银行在设立生物技术产业时进行决策；(6) 协助印度标准局制定重组 DNA 制品的标准；(7) 提供有关重组 DNA 知识产权问题的咨询。

4. 基因工程授权委员会。基因工程授权委员会（GEAC）将作为环境与林业部授权的执法机关，审查并决定是否同意转基因生物（GMO）及其产品的工业化生产、环境释放和田间应用。由环境与林业部的副秘书长任主席，生物技术部指定的专家为副主席，来自环境与林业部的官员任秘书，组成人员有相关政府部门的代表及专家成员。

所有这些机构都是依法建立的。没有依法建立的这些机构以及它们的依法运行，DNA 实验的成果无由取得，风险难以排除。因此，把有关法律法规纳入广义生命法体系之中，是必要的，也是可行的。

（二）从狭义生命法的意义上看

广义生命法涵盖一切与生命社会关系法律调节直接或间接相关而又不属于其他部门法调节范围的法律法规；狭义生命法则专指直接调节生命社会关系的法律法规。本书所要讨论的是狭义生命法体系。

二、狭义生命法体系的构成

综观今日世界的狭义生命法体系（以下简称生命法体系），可以认为，它由两大部分组成：一是调节传统生命社会关系的法律法规；二是调节非传统生命社会关系的法律法规。

为行文与理解的方便，以下我们简称调节传统生命社会关系的法律法规为医事生命法或传统生命法，它包括人们习惯称谓的医药法、医药卫生法、医疗法、医疗卫生法、卫生法等；简称调节非传统生命社会关系的法律法规为新型生命法或非传统生命法，它包括人类辅助生殖技术法、堕胎法（人工流产法）、安乐死法、人体实验法、脑死（判定）法、器官移植法、器官捐赠法、基因技术法、克隆人法（或禁止克隆人法）等。

医事生命法与新型生命法有其交叉的部分。如器官移植的目的在于医疗，因此，器官移植法与医事生命法是不能截然划分为完全独立、互不联系的法律的。但总体来说，新型生命法在所调节的生命社会关系方面，与医事生命法所调节的生命社会关系确有极大的不同。这是不言自明、一目了然的。

除在所调整的生命社会关系方面有重大区别外，医事生命法与新型生命法还有如下不同：其一，医事生命法较之新型生命法，在较大的程度上是滞后性立法，而新型生命法是预期性立法。一般来说，是先有某些医事行为，包括医事管理行为、医事侵权行为和业已流行的规范这些行为的习惯性办法包括试办的管理机构等，而后立法肯定其中的成功经验，从而形成一些具体的医事生命法。而新型生命法则基本上属于预计会形成某种从未有过的生命社会关系并预计到可能出现的法制需求，从而作预期性的立法，或肯定或否定这些社会关系及法制需求。其目的，在相当大的程度上是"未雨绸缪""以防万一"。其二，医事生命法大多为对运用业已成熟的医药科技于医事的行为进行规范；新型生命法则大多为对发展新型生命科技并运用于改善生命的孕育、生产、生存、健康的工作进行规范。这些工作包括两个方面：一为发展生命科技；二为运用新型生命科技于改善生命的孕育、生产、生存与健康。

医事生命法与新型生命法之所以共同组成了狭义的生命法体系，是由于二者有一些基本的共同点，主要是：其一，二者都是用以调节生命社会关系的；其二，其最终目的都在于造福人类的孕育、生产、生存与健康；其三，在社会关系调节、立法宗旨等方面，都有别于民法、刑法、行政法、诉讼法、国际法，也有别于其他科技部门法，虽然二者与这些法都有某些方面的交叉。

医事生命法主要包括医疗法、医药法、卫生法等；医师法、护士法、药师法、营养师法等；医事纠纷法、药害救济法等；医政管理机构法、药政管理机构法、卫生组织和管理法、医药机构法等；其他如生育和人口政策法、健康保险与卫生保险法、医卫教育法、医卫统计法、医卫档案法等。

在上述各医事生命法之下，还有层次更低的部门法。如医师法包括医师资格法、医师执业法、医师惩戒法等，牙医法、物理治疗师法、职能治疗师法、医事放射师法等；[①] 卫生法有公共卫生法、初级卫生保健法、妇婴保健法、家庭卫生法、老年人保健法、口腔保健法、精神卫生法、优生保健法、全民健康法等。

新型生命法主要包括人类辅助生殖技术法、人体实验法、堕胎法（人工流产法）、脑死法、安乐死法、器官移植法、器官捐赠法、基因技术法、克隆人法等。

上述各部门新型生命法还可细分为层级更低的生命法，如人类辅助生殖技术法即可分为试管婴儿法、人工授精法、人工授卵法、代理母亲法、人类辅助生殖技术促进法、人类辅助生殖技术管理法等。由于新型生命法问世不久，而其前途却还有很长的路要走，也就是要不断面对新出现的法制需求予以立法处理，因此，新的分支还会不断出现。

以上是按照传统与非传统的标准对生命法作划分从而探讨生命法体系的结果，但还可按其他的标准来划分生命法。实际上，生命法还有其他许多形式，这些其他形式的生命法是很难按传统与非传统的标准进行划分的。例如，可把全部生命新科技的基础性立法按其功能划分为生命科技评估法、生命科技奖励法、生命科技劳动法、生命科技标准法、生命科技机构法、生命科技管理机构法等；按生命法所调节的不同生命社会关系为标准划分为生命行政法、生命民事法、生命刑事法、生命诉讼法、生命国际法等。此外，还可列入关系性生命法，如合同法、专利法、税法、科技转让法、科技引进法等。这些部门法都不专属于生命法，但它的许多条款与生命社会关系的法律调节关系十分密切，为生命法实施所不可或缺，所以也应十分重视。

关于生命法体系问题，还应注意以下几点：

其一，迄今为止，我们还只能大体确定一个生命法的框架，不可能将它的全部细枝末节都详尽地描述出来。

其二，生命法体系是一个动态的复杂系统，它随着生命科技日新月异的发展，随着生命社会关系的日益复杂化而动态有序地发展变化。大约50年前，新型生命科技及相伴形成的新型生命社会关系大体了无影迹，因而其时以传统的生命法即医事生命法即可应对调节传统生命社会关系的需求；现在则完全不同了。尤其应注意的是，生命科技正以加速度飞跃发展，一日千里的进步常常令人眼花缭乱；它所引起的生命社会关系的变化也常出人

---

① 如我国台湾地区有专门的"物理治疗师法""职能治疗师法"及"医事放射师法"的立法。

意料,因此,生命法的演变也应当加快速度以求适应。而这对我们完整详尽地勾画生命法体系的企图却会成为障碍。

其三,生命法体系应是立体的网状结构,而不是平面式的树状纵剖结构。具体来说,在生命法体系中,具体的生命法部门可能是关系重叠、功能多重、联系广泛的生命法体系之网上的某个关节点,而不是树状纵剖平面图上的与其他枝叶不相干的一枝。例如,卫生法可看成是一种独立的部门生命法,但它又包含许多分支,其中有的用来调节卫生行政关系,有的用来调节卫生民事关系,有的用来调节卫生国际关系;有的属于卫生标准法,有的属于卫生财务法,有的属于卫生激励法等。因此,卫生法既可单独列为生命法体系的一支,又可与其他生命部门法交叉地成为生命法体系之网中的一个点。这网中之点,四通八达地与其他各点都有紧密的形式联系和密切的内在关系。

其四,公共卫生体系的法制化将逐渐成为狭义生命法体系的一个重要组成部分。

经历了2003年抗击"非典"的斗争,我国政府对公共卫生体系法制化建设的重视,提到了一个新的高度。据新华社报道,2004年全国疾病预防控制体系建设共有2425个项目,主要改、扩建省、市、县级疾病预防控制中心,其中纳入国家建设1589个项目,地方自建项目836个,总投资116亿元。到2004年8月底,已有2147个项目开工建设,占项目总数的88.5%。突发公共卫生事件医疗救治体系建设共安排2360个项目,主要建设各级急救中心、传染病医院和病区,用于土建总投资60.85亿元。到8月底,已有1037个项目开工,占44%。在抓好基础建设的同时,全国卫生系统狠抓突发公共卫生事件应急处置机制建设。各地成立了卫生应急处理协调机构,明确职责,建章立制,组织协调,规范应急处理工作。为了及时掌握重大传染病疫情动态,卫生部门定期组织专家分析疫情,探索建立突发公共卫生事件监测预警系统。根据《中华人民共和国传染病防治法》和《突发公共卫生事件应急条例》等法律法规,卫生部会同有关部门拟定了《国家突发公共卫生事件应急预案》和《国家突发公共事件医疗卫生救援应急预案》,各地也组织制定了各类应急预案。为了提高应对突发公共卫生事件能力,加强公共卫生体系建设,各地抓住机遇,全面推进卫生监督体制改革,把卫生执法监督体系建设纳入政府公共卫生体系建设整体考虑、统筹规划,一年来,卫生监督体制改革取得了阶段性进展。截至2004年底,全国31个省、自治区、直辖市都已建立了省级卫生监督机构,全国超过80%的地(市)和超过50%的县(区)成立了卫生监督机构,为加强卫生执法监督体系建设奠定了基础。①

成绩是巨大的,但公共卫生体系法制建设方面存在的困难和问题仍然不少。我国正面临艾滋病防治的严峻形势,但艾滋病防治的法律法规还不健全;公众对虚假医疗广告、假冒伪劣食品药品泛滥成灾极为愤慨,但直至目前,对策还停留在政府要员的言辞痛斥和人大代表、政协委员关于要求制定食品安全法等的紧急呼求上。

---

① 《2004年发展报告:公共卫生体系建设和疾病预防控制获重大进展》,《人民日报》2005年1月10日。

我们一定要站在重视整个生命法制体系建设的高度上，发展生命法学，力求尽快、尽早、尽善、尽美地实现生命社会关系的法律调节！

三、生命法体系的特点

前文已略述生命法体系的动态发展的特点，除此以外，生命法体系的特点主要还有：

（一）生命法体系的二元结构

生命法体系的二元结构，是生命法体系不同于其他部门法体系的一个主要特点。生命法体系的二元结构主要见诸：

其一，整个生命法体系可以比较明显地划分为传统生命法与非传统生命法两大部分。但在非传统生命法勃然诞生以后，传统生命法非但没有萎缩，而仍然在发展，其中包括运用先进生命科技于医事，用以更好地保障人类的孕育安全、生产（这里指的是人的生产）安全、健康和长寿。也就是说，传统生命法还不断地"侵入"非传统生命法的领域，但特征鲜明的非传统生命法又有其独特的领地——独特的调整对象（非传统的生命社会关系）。

其二，无论是传统生命法还是非传统生命法，所调整的生命社会关系都包含医患关系和一般科技社会关系这两个方面。

当然，传统生命法以调节表现为医患关系的生命社会关系为主，但也还有一般科技社会关系的成分。这是因为，任何医疗科学技术以及与之密切相关的制药科学技术，在其发展的过程中，同电机制造、汽车制造等的科学技术一样，都会形成一定的科技社会关系；这一部分科技社会关系及其法律调整，与表现为医患关系的生命社会关系虽有联系，却截然不同。

非传统生命法也调节一般科技社会关系。因为新型的生命科技与一般科技的发展一样，也会形成一定的科技社会关系，如生命科技劳动者之间及其与生命科技劳动机构、管理机构的关系等。但非传统生命法所调节的一般科技社会关系本身，与生命社会关系的联系特别紧密。一位美国生命科学家与一位意大利生命科学家扬言要到公海上去进行人体克隆实验。消息传开，举世震惊。其原因就在于这两位科学家的实验，他们在实验中结成的关系，可能极大地影响人体克隆试验的进展，从而严重地危及人类繁衍中的一系列重大问题。

非传统生命法同时调节非传统的生命社会关系，但又与传统生命法调节生命社会关系主要表现为医患关系大不相同。即非传统生命法之调节非传统生命社会关系，也呈现某种二元性。

非传统生命法之调节非传统生命社会关系，既表现为调节医患关系，也表现为调节生命科技专家包括医生与健康人的关系。前者如器官移植法有关器官移植的规定，大多与病患者器官之残疾有关。后者如人工授精法既可能用以规范医生与不孕症患者之间的关系，也可能用以规范医生与可孕而又渴求高质量精子者的关系，即用以规范"优生"行为。

（二）生命法体系的内容综合性

《科技法律手册》一书指出，"法律内容的综合性"是科技法律的一大特征："科技法律从内容上看是综合性的。它不仅有大量的行政法规，而且还包括适用于科技领域的民事法律制度，比如合同制度、法人制度、专利制度、商标制度等"①。在《科技法学导论》②一书中，我引录这段话并予以肯定。现在看来，应做重要修正。"科技法律"与"科技法体系"是两个内涵不同的概念。"科技法体系"通常指由一个国家的全部现行科技法律规范分类组合为不同的法律部门而形成的有机联系的统一整体；但也可以指一个国家计划制定的科技法律规范分类组合为不同的科技法律部门而形成的有机联系的统一整体。"科技法律"则指具体的科技部门法，如原子能法、专利法、科技合同法，而不是指"全部科技法律规范……的统一整体"。这样，"内容的综合性"的特点，就只能为"科技法体系"所具有；"科技法律"则一般不具有"内容综合性"的特点。

作为科技法律的分支，生命法律一般也无"内容综合性"的特点。这一特点，是属于生命法体系的。生命法体系所具有的内容综合性特点，在行政法、民法、刑法、诉讼法中是不存在的。生命法体系的内容综合性特点，来自生命科技活动所涉及的生命社会关系十分复杂、十分广泛；而广泛、复杂的生命社会关系，需要多种多样的生命法加以调整，其中包括生命行政法、生命民事法、生命刑事法、生命国际法等。

生命法体系的内容综合性，又使其具有功能综合性的特点。生命行政法负有组织与管理生命科技活动的使命，这是一种公权调节；生命民事法负有调节生命科技活动中的生命民事关系的使命，这是一种私权调节；生命刑事法负有惩处破坏生命社会关系行为的使命；生命国际法负有调节生命国际关系的使命。生命行政法与生命民事法的公权或私权调节，都包括有激励性的调节。这样，生命法体系就同时具有法的组织（与管理）功能、惩戒功能与激励功能这样一种功能综合性的特点。

（三）生命法体系的规范形式齐全性

生命法体系"规范形式的齐全性"，表现在既包括强制性规范，又包括任意性规范；既包括授权性规范，又包括义务性规范；既包括委任性规范，又包括准用性规范。

凡规定人们必须做出某种行为的规范，称命令性规范；凡禁止人们为某种行为的规范，称禁止性规范。命令性规范与禁止性规范都是强制性规范。生命法规中，有大量强制

---

① 武树臣等编著：《科技法律手册》，光明日报出版社1987年版，第3页。
② 倪正茂：《科技法学导论》，四川人民出版社1990年版。

性规范。例如我国台湾地区的"药事法",第五章"药物之贩卖及制造",从第四十九条到第五十八条,条条皆为强制性规范。如第四十九条规定:"药商不得买卖来源不明或无药商许可执照者之药品或医疗器材。"第五十一条规定:"西药贩卖业者,不得兼售中药;中药贩卖业者,不得兼售西药。但成药不在此限。"

任意性规范所规定的权利和义务的内容,允许法律关系主体双方在法律规定的范围内自行商定。如我国《药品管理法》(1984年9月20日)第十五条第一款规定:"城乡集市贸易市场可以出售中药材,国家另有规定的除外。"第二十四条规定:"国务院卫生行政部门和省、自治区、直辖市卫生行政部门可以成立药品审评委员会,对新药进行审评,对已经生产的药品进行再评价。"

授权性规范指规定人们有权做出某种行为的法律规范。如上海市《关于医院会诊收费的暂行规定》(1985年6月21日)第五条规定:"为简化会诊手术,除中央交办的保健医疗会诊外,其他会诊各医院可根据情况自行安排。"

义务性规范指规定人们应该做出或不应做出一定行为的法律规范。如我国《药品管理法》第二十三条第三款规定:"国务院卫生行政部门的药典委员会,负责组织国家药品标准的制定和修订。"又如我国《药品行政保护条例实施细则》(1992年12月30日)第十五条规定:"在获得药品行政保护证书之前,申请人要求撤回行政保护申请的,应当通过代理机构向药品行政保护办公室递交书面声明,写明申请人的姓名或者名称和药品名称。"

委任性规范指未确定行为规则的具体内容而委托某一专门机关加以确定的规范。如我国《基因工程安全管理办法》(1993年12月24日)第三十一条规定的,"国务院有关行政主管部门按照本办法的规定,在各自的职责范围内制定实施细则",即委托"国务院有关行政主管部门"确定某些具体的行为规范。关于委任性规范,还有两点值得注意:一是它往往同时又是义务性规范,如前引《药品管理法》第二十三条第三款的规定,既可视为规定了"药典委员会"的义务,又可视为对"药典委员会"的委托。二是以法律形式自我委托确定本法未能详揭的行为规范。如我国《生物制品管理规定》于1993年7月26日由卫生部制定、发布,该《规定》第九条规定:"生物制品标准由卫生部制订、颁发,各级地方和部队不得自行制订标准。"

准用性规范指法规的某一部分准许引用其他法规的法律规定。如我国《药品行政保护条例》(1992年12月19日)第九条规定:"外国药品独占权人在申请药品保护之前或者之后,应当依照《中华人民共和国药品管理法》的规定,向国务院卫生行政部门申请办理该药品在中国境内制造或者销售许可的手续。"我国卫生部于1985年7月1日颁布的《新药审批办法》第二十条规定:"预防用血清、疫苗、血液制品的新制品按《新生物制品审批办法》办理。"

四、加强生命法制建设，完善生命法制体系

（一）加强生命法制建设的必要性

加强生命法制建设，完善生命法制体系，已成为当务之急。从其必要性看，主要为以下几点：

其一，生命科技迅速发展，生命社会关系日新月异、日益复杂，现有的生命法不足以有效调节，不少生命法还是一个空白。业已引发新的生命社会关系的产生，或已提出了新的调节新型生命社会关系的需求，但现行生命法无法予以有效调节。例如，人类辅助生殖技术在我国已得到长足发展，它已导致形成诸如手术医生与求子父母的关系，手术医生与供精供卵借腹者的关系，新生儿与手术医生、供精供卵供腹者、父母乃至兄弟姊妹的关系等新型的生命社会关系；人体器官移植技术在我国也得到了长足的发展，业已臻于世界先进水平，它已导致形成器官捐赠者与家属、受赠者、手术医生的关系，手术医生与社会其他成员的关系等新型生命社会关系；器官移植要求实施脑死标准，从而导致形成手术医生与脑死者及其家属的特殊关系，也导致形成家属与脑死者前所未有的关系；基因技术、克隆技术的发展，必将导致这些技术发展所引起的相关者的知情权、隐私权、所有权、处分权等的新型权利义务关系的重大变化。所有这一切，都要求立法调节。但我国至今仍无系统、完善的人类辅助生殖技术法、器官移植法、脑死标准法以及与基因技术、克隆技术引致产生新型生命社会关系的调节法。

其二，21世纪将是"生命科学世纪"，至少是生命科技将发展得更快，生命社会关系的变化也将更快。因此，加强生命法的立法预测，以便为适时立法、完善立法做好充分准备，免得临事张皇。

其三，现有生命法未能全面、妥善地应对现有的传统的与非传统的生命社会关系的法律调节。尤其是在处理医患关系方面，现有的立法早已捉襟见肘、不孚实用，但其修改工作仍处在观望不前的状态，以致引起医患纠纷事件大幅增加。仅此一端，已可见非加紧强化生命法制建设、完善生命法制体系不可了。

（二）社会各界对生命法制建设的意见与建议

2002年初举行的全国政协九届五次会议上，政协委员们提出了许多宝贵的建议，同时反映了社会各界的种种意见。这些意见与建议对加强生命法制建设有重要的启迪意义。

据黄静先生综述，①全国政协委员就理顺医患关系、完善医疗体制提出了12份大会发言，可概括为以下3个方面：

---

① 《人民政协报》2002年4月3日。

1. 完善立法，规范双方行为

我国医疗服务立法滞后，没有一部合适的法律来调整医患关系，而医疗风险责任保险的机制又尚未建立，医患双方的权利义务无法从法律上规范，出现医疗纠纷时得不到合理的处理和补偿，从而造成医患对立、矛盾激化。首先是现有法律法规不尽适用于调整医患关系。占我国医疗卫生事业主体的各级各类医疗卫生单位是不纳税的非营利性机构，这就决定了医疗服务的"福利性"和"社会公益性"，是"单向性"的管理型服务。不能将适用于调整民事性服务的《消费者权益保护法》套用于属于管理性服务的医疗服务；在医疗服务的实施过程中医疗机构和病人（家属）的关系既有消费关系（病床租赁、药品和医疗器材的购买），但更多的是委托关系（或准委托关系，如检查、诊断、治疗、手术等服务）。因此，医患关系既不是一般的合同关系，也不是一般意义上的经营者和消费者的关系，所以不能为《合同法》和《消费者权益保护法》所涵盖；医疗服务的对象是有复杂的生理、心理活动，同时又是千差万别、不断变化的病人，同一种药物，同一种疗法，其治疗结果有时会有很大的不同。因此，医疗服务无法像购买商品和消费性服务那样，对服务的结果完全能事先预知，"做出真实的说明和明确的警示"；正由于治疗结果的不确定性，对医疗服务的评价在医疗机构、医务人员和病人（及其家属）之间很难像其他服务行业一样，有完全一致的对满意度的衡量标准。其次是现有的法律法规之间存在矛盾和冲突。发生在医疗服务过程中的医疗事件究竟适用何种法律法规处理？1987年国务院颁布的《医疗事故处理办法》(1987年6月29日)是处理医疗损害赔偿的主要依据，但仍然属于行政法范畴，且与其他法律法规有严重的冲突，比如关于起诉和受理。《办法》规定必须经事故鉴定后，法院才可受理，鉴定是必经的前置程序。而最高人民法院已突破这一认定，认为事故鉴定不是必经程序。目前已有不少未经医疗事故鉴定就直接进入司法程序的案例。再比如关于医疗事故鉴定委员会出具的鉴定结论的证据效力。《办法》认为应完全尊重鉴定结论，而《民事诉讼法》认为任何鉴定结论只是七种证据中的一种，只有综合其他证据方可认定。委员们建议根据我国的现实国情，针对我国的医患关系特点，尽早尽快制定《中华人民共和国医疗服务法》[①]，以法律形式保障医患双方的权利和义务，规范医患双方的就医行为，公正合理地处理医疗纠纷，这也有利于整个社会的安定团结。

2. 进行价格调整，解决一高一低问题

解决老百姓看病贵的问题关键在于降低成本费用，努力扩大、规范医疗器械和药品集中招标采购工作的规模和力度；另外，还要最大限度地降低医疗费用，努力改善和提高医疗技术和设备。因为，科学技术是第一生产力。新技术利用得越多，就意味着风险降低，手术质量相应得到提高，病人花费也就会越少。同时开展"医风医德"教育，全面提高医

---

① 《中华人民共和国基本医疗卫生与健康促进法》于2019年12月28日经全国人大常委会第十五次会议审议通过，2020年6月1日起施行。——编者注

务人员的素质，控制不必要的检查和可用可不用的仪器，以及杜绝开进口药、开大处方和拿回扣的现象。

同时，也有委员说，现行的医疗收费标准中，与技术劳务相关的价格过低，而且各级医院间价格差距不大。以收费标准较高的北京市为例，不管哪一级的医院，普通门诊挂号费几乎都只是1元，阑尾切除手术费一、二、三级医院的收费分别是180元、216元和234元，只有几十元的差价。这就造成大医院门庭若市，医生疲于应付，80%—90%病人的常发病、多发病实际上并非需要在三级医院就诊。由于技术劳务项目的定价过低，价格和价值严重偏离，医护人员的技术性的劳动价值得不到体现，阻碍了医学科学和医疗技术的发展。由此可见，医疗服务价格的不合理成了医院体制改革的最大障碍，如果我们能够突破医疗价格改革的难关，理顺医院收费标准，必将一通百通，医疗服务体制中的种种痼疾就可迎刃而解。如何平衡？委员们给出了自己的建议：(1)价格调整有升有降，调高偏低的技术劳务项目的价格，调低高于成本的大型检查项目；(2)严格坚持医院经营药品收支两条线，最终实现医生处方行为与医院和个人收入脱钩；(3)按照"总量控制，结构调整"原则，循序渐进，既要防止医疗服务价格调高后药品收入仍居高不下的"两头翘"，也要防止药品收益下调医疗服务费不增而引起的"两头掉"。加强内部管理，深化医疗机构人事制度改革，把"公家人"变成"社会人"。委员们建议，一是医疗机构的人事制度要实施全员聘用合同制。将医疗卫生单位全体员工的人事关系和人事档案全部转入卫生人才交流中心，实行人事代理制度。员工与单位之间不存在人事隶属关系，有的只是劳动契约关系，全系统员工进行双向择优选择，用人单位不再为人员的出路有后顾之忧，使人才使用真正步入市场化。在聘用工作中，对不同层次的人员，采取不同的考核方式，择优聘用，签订聘用合同。二是改革医疗机构内部分配制度。结合卫生行业的特点，将现行的档案工资与实际工资分离，进一步扩大事业单位的分配自主权。实行专家特殊津贴，建立起重实绩、重贡献，向优秀人才和关键岗位倾斜，充分体现按岗位定酬、按任务定酬的自主灵活的分配机制，实现一流人才、一流业绩，得到一流的报酬，真正回到让人感到医生难做的正常轨道上来。三是加强内部经济管理。医院要在市场竞争中取胜，必须走优质、高效、低耗之路，引进企业成本核算管理方法，要建立健全成本核算管理组织和监督制度，全面推行成本核算，提高效率，增收节支，降低医疗成本，减轻病人负担。把成本核算改革作为现代化医院的重要管理手段，促进医院管理，提高医院的综合效益。四是加强医疗服务质量管理。医院要奉行"以人为本"的宗旨，牢固树立"质量第一，服务第一"的观念，加强全员教育，提高全员服务意识，让所有的医务人员都成为沟通者、宣传者和病患者意见的反映者。全心全意为病患者着想，把病人方便不方便、舒服不舒服、满意不满意作为医院全部问题的出发点和落脚点。

3. 打破垄断，发挥民营医院作用

民营医院是我国医疗服务体系中重要的组成部分。相对于国有公立医院而言，尽管目

前它的规模、数量、实力、医疗水平尚不能与公立医院分庭抗礼,还构不成什么威胁,但它毕竟打破了医疗市场公立医院垄断的局面,给医疗市场注入了新的活力,与公立医院形成了"逐鹿"医疗市场的竞争态势,使老百姓看病多了一种选择。

目前,全国具有一定规模的民营医院(具有稳定的专业人员队伍,20张以上病床,有一定医疗设备、业务用房)不少于400家。委员们认为,很多民营医院的创办宗旨都是想为老百姓办点事。但有的省对社会办医者不论规模与水平,一律按最低收费标准,社会医疗保险定点也因是民营医院,一律没份;民营医院人员的职称晋升无人解决,国内、外学习无人解决。我们支持了民营医院,也就支持了医疗体制改革。这一切都将为缓解医患矛盾起到非凡的作用。

(三)加强生命法制建设之我见

对于全国政协委员们的上述意见和建议,有几点似可提出来加以探讨:

1. 医疗服务的性质问题

我国的医疗服务正处在转轨过程中,是从计划经济时代的单纯"福利性""社会公益性"和"单向性",向改革开放以来与市场经济适应的民事性服务的转轨。鉴于近年来加大了"医保"改革的力度,医疗服务的"福利性""社会公益性"和"单向性"已经基本消失;消费型的民事性服务已经成为医疗服务的主体和主流。原来享受"劳保"和"公费医疗"的人,虽然继续享受着国家提供的部分医疗费用,但它所体现的"福利性""社会公益性"与"单向性",反映于他们与国家的关系上,而不是反映在他们与医院的关系上。他们与医院的关系,基本上已转轨为市场型,即一方付挂号费、检查化验诊断费、手术费、医药费;另一方提供诊断、检查化验、手术等服务,提供药品。患者在使用完国家提供的医疗费用后,则完全要自己掏钱。消费型民事性服务的格局十分显明。至于部分干部尤其是高级干部的高级医疗服务和巨额医疗费用,实际上也不是由医院负担,而是由国家负担。因此,就医院与患者之间的医疗服务的性质而言,基本上就是消费型民事性服务。这就决定了医患关系是合同关系,应为《合同法》与《消费者权益保护法》所调节。

但是,我国的医疗服务又具有处于转轨过程中的某些特点,主要为医院收费很低。解决这个问题的办法,绝不是借此而人为地改变医疗服务的性质。我说"医院收费过低",是做了与国外收费的比较之后而言,此其一;其二,目前情况下也不能大幅提高收费标准。唯一的出路是发展经济,增加收入,逐步提高医疗收费。作为过渡,只能由国家加大"医保"力度,从税收中较多返还老百姓,从而提供老百姓较为充分的医疗费用。而所有这一切,都不改变医疗服务的消费型民事性服务性质。

2. 医疗服务评价的法律化问题

诚如政协委员们所说的那样,患者心理、生理不同且处于动态变化之中,医生看病也为知识、技术所局限,因此,治疗结果会有很大的不同,存在着很强的"不确定性"和严重的风险性。对此,必须使患者从一开始就有思想准备。选择某医院、某医生都是你自愿决定的,并且你以付挂号费、签字同意手术等合同行为表示了这种自愿。因此,除非医生故意或严重失职因而未能避免本可避免的恶果,患者都应接受医疗结果,包括死亡的结局。按理,患者赴医院就诊时付挂号费、签同意手术书,本是明显的合同行为,但迄今为止,不仅患者方,甚至连医院方和部分法律工作者都对此不甚了了。有鉴于此,有必要制定医疗服务评价法之类的法律,以便规范发生医疗纠纷情况下各方的行为,也为法院判案提供明确的法律依据。

3. 医疗服务发展方向问题

国有公立医院早已弊端丛生,难以支撑;民营医院则如雨后春笋,生机勃勃。如果不是人为的行政上的歧视性对待,民营医院本可发展得更快更好。毫无疑问,实践已经证明,大力发展民营医院是我国医疗服务发展的方向。此外,从摒弃计划经济体制、建立社会主义市场经济体制的改革方向来看,也只有大力发展民营医院才能与整个国民经济的发展方向相适应、相协调。为此,以法律规定医疗服务的发展方向,为民营医院的发展"保驾护航",就成了生命社会关系法律调节的必然要求,成了生命法制建设的重要方面。

安乐死法研究

题　记

《安乐死法研究》[1]为《生命法学丛书》中的一本。由于绝大多数篇章为本人作品，为保持论述安乐死法的完整性，现征得合作者的同意，其余章节一起录入，各人所撰篇章则予注明。

倪正茂

---

[1] 法律出版社2005年版。

导　言

2005年1月20日美国总统布什发表的《国情咨文》并没有引起多大反响，而从传媒上获悉，此前此后的美国民众把关注焦点投向了靠生命维持系统存活了15年之久的特丽·夏沃。她的生死存亡在美国引起了激烈的争议。

特丽是一个植物人，也就是医学上所说的持续性植物状态（Persistent Vegetative Status，简称PVS）患者。PVS病人的临床特征是：有自主的呼吸和心跳，脉搏、血压、体温可以正常；他们有睡眠和觉醒的周期，可以有哭和笑的表情，眼球也能随着光点的移动而转动。在特丽父母拍摄的录像里，特丽能睁开眼睛，会眨眼，甚至会露出笑容。千百万善良的美国民众无法接受对特丽实施安乐死的建议，他们强烈地有时则以极其激烈的行动表达了反对让特丽安乐死的态度，曾有一度甚至连主张应该实施安乐死的法院法官和医生们都在一片反对的声浪中狼狈不堪地四散逃窜。但更多的美国人懂得，"植物化"15年之久的特丽的生命现象是机体内部的自然反射，并不是一种有意识的反应，她对于自我和周围环境，已经没有任何认知能力。对她实施安乐死，是理性的决定。

3月31日，特丽·夏沃，终于在法院批准对其实行安乐死、医生将其进食管撤除后的第13天，画上了生命的句号。

特丽离去了，但纷纷议论仍然热火朝天，不仅在美国，而且波及全世界。中国公众当然也不例外。上海的《文汇报》于4月3日在《科技文摘专刊》上以整版的篇幅做了相关报道，其中一篇导述文章的标题是《安乐死：世界关注的热门话题》。该文指出：安乐死是否正当的问题，不仅在法学界、司法界、医学界是一个争论不休的问题，就是在社会上也是一个热门话题。目前，我国法律尚未接受这一概念，就是说，按照上述条件致人死亡，在我国是违法的，要被追究刑事责任。事实上，就是在法律上接受并承认安乐死的国家，其安乐死标准和范围也是不易确定的。

目前，世界上承认安乐死的国家和人数都在增加。75%的加拿大人支持安乐死。68%的瑞典人持赞成态度，反对者仅占19%，13%的人未表态。爱尔兰从1996年6月有了第一例"被批准的死亡"。在德国，安乐死协会的会员1994年已达4.4万人；1999年，德国外科学会首次把在一定情况下限制和终止治疗作为医疗护理原则的一项内容。以色列1998年也实行了首例经法院批准的安乐死,耶路撒冷一家医院的医生给一名49岁身患绝症的男性病人注射了致命剂量的麻醉剂。1996年5月25日,澳大利亚北部地区议会通过了《晚期病人权利法》,从而使安乐死在该地区合法化。但就澳大利亚全国而言,至今仍无安乐死的国家立法。

另一方面,反对安乐死的也还是"人多势众"。例如在波兰,据波兰《共和国报》2002年刊登的一篇社会调查结果表明,波兰近一半人不赞成实行安乐死。被调查者中表示赞成的人占总数的45%,而反对的则占49%,反对者占微弱多数。调查结果还表明,年龄越大,反对者越多;信教者中的反对者多于不信教的人。

在全球第一个通过了安乐死国家立法的荷兰,反对安乐死的声浪也还是此起彼伏。反对者认为:这一法案是反人道的,如果允许安乐死合法,有可能导致病人更加随意地放弃希望,选择死亡,以减轻家庭负担。一些宗教团体指出,生命是神圣不可侵犯的,任何法律都不应承认摧毁生命的权利。反对者还特别担心如何防止医生滥用权力。反对者多伦博斯说,如果医生想杀人,他会毫不犹豫地取消病人不喜欢的医疗手段而听凭病情恶化。

诸如上述的争论,同样发生在我国。全国人大代表、中国妇产医学和儿科专业的泰斗严仁英、胡亚美两人在1988年七届全国人大一次会议上向大会递交了关于在我国立法实施安乐死的议案,言简意赅地指出:"生老病死是自然规律,但与其让一些绝症病人痛苦地受折磨,还不如让他们合法地、安宁地结束他们的生命。"这是一份最早在全国人大提出的有关安乐死的议案。这个议案虽然没有被通过,却导致了有关议论的进一步热烈化。初期的争论中,反对者的声音占了上风,以致后来造成了这样的结果:广东省人大以安乐死有违《宪法》为由否决了安乐死的议案。围绕安乐死是否违宪的争议,很快越出了广东的范围,引起了全国各地各界的关注,情况大致如下:

广东省人大教科文卫委员会表示,我国《宪法》第四十五条规定:"中华人民共和国公民在年老、疾病或者丧失劳动能力的情况下,有从国家和社会获得物质帮助的权利。国家发展为公民享受这些权利所需要的社会保障、社会救济和医疗卫生事业。"若立法实行安乐死,牵涉到法学、医学、伦理、道德等领域的相关问题,关键还在于违背了《宪法》的规定。因此,对任何未经法律处死的生命,人为地加以结束,不管实行安乐死是否自愿,实际上都是对生存权的剥夺,而生存权是《宪法》直接保护的权利。安乐死的立法权属于专属立法权,地方不能就此立法。

同时,还有论者认为,实施安乐死在《刑法》中是"帮助自杀"行为,涉嫌故意杀人罪,此其一。其二,安乐死如果以法律形式确定下来,可能会被一些人利用来非法剥夺他人的生命。另外,在人类对疾病的认识还十分有限的情况下,未经法律许可而结束他人生命,有悖于生存权利的道德准则。

与上述反对安乐死并指其为"违宪"的观点相反,也有另一些人积极支持安乐死与安乐死立法并做了论证。他们认为，《宪法》规定公民人身自由与人格尊严不受侵犯，是有特定含义的。公民个人有权选择生存的方式，在特定条件下也有权选择死亡的方式。安乐死是一种在特殊情况下，即不违背国家、社会和他人利益的情况下所采取的一种对生命的特殊处理方式，这种处理是有严格的条件与程序的。现在欧洲一些国家所实行的安乐死立法都是在传统道德与现代法律之间所做的选择。因此，认为安乐死有悖《宪法》，缺乏基本的构成要件。《宪法》的规定旨在国家保障公民的私权利，并没有限制公民安乐死的自由。而且，就公民的私权利而言，"法不禁止即自由"，公民选择安乐死是他们的自由。随着社会的进步，当"优生"的生存观已经得到广泛的认同之后，"优死"的权利也应得到同样的尊重，无可救治的绝症患者应当有权利选择有尊严地死去。北京大学法律系宪法学博士江晓阳认为，《宪法》有关对公民在年老、疾病或者丧失劳动能力的情况下有从国家和社会获得物质帮助的条款，仅仅体现了国家有帮助公民延续生命的责任，但这一点既不意味着国家可以强制公民延续自己的生命，也不意味着在安乐死的法律框架内不能帮助公民结束自己的生命。任何国家的法律都无权禁止公民行使结束自己生命的权利，无论是自杀还是安乐死。在公民遭遇非常的、不可逆的身体疾病痛苦，且在公民自愿要求结束自己生命的条件下实施安乐死，本身也是合乎道德的。

还有学者指出，一个人无法决定自己的出生，但可以决定自己的死亡。法律应当允许除了自然死亡与依法剥夺生命外，还有第三种死亡方式——安乐死。法律应当尊重公民安乐死的权利。此外，还有一个幸福的观念问题。在公民遭遇非同寻常的、不可逆的身体疾病痛苦时，延续生命非但不是延续幸福，而是延续痛苦。而法律的出发点是为公民谋求幸福结束痛苦，否则就是恶法。生与死是每个人生命中的必然现象，人既享有生存的权利，自然也应当拥有选择安逸死亡的权利。对一个已经完全丧失自由活动能力且已回天乏术的病危患者，他们能做的仅仅是忍受病痛的折磨，等待死亡的来临，这样的生命质量是毫无意义和价值的。在这种情况下，明知治愈无望还采取人工的方法延长其痛苦的生命历程，与其说是尊重人的生命，不如说是对人类尊严的无视。这与宪法精神是相违背的。当生命垂危者面对极其低劣的生存环境时，他们应当有权选择体面而有尊严地死去，赋予其选择安乐死以维持生命尊严的权利，才是真正的人道，也才是对生命真正的尊重。

谨慎的学者则指出，立法者应当在大量的调查研究和广泛、深入的理论探讨基础上，借鉴国外的研究成果和立法、司法经验，尽快总结我国的安乐死情况，防止滥用，将重病患者的安乐死权利落到实处。

关于安乐死的争议，从最初之"公说公有理，婆说婆有理"地围绕是否"违宪"，逐渐深入地发展为对安乐死的合理性、安乐死的定义、实施安乐死的条件、安乐死与人道主义的关系等有关问题的理性讨论。

关于安乐死的合理性问题。有人认为，在严格的条件下实行安乐死应当予以肯定，而不应以犯罪来处理。当然，在承认安乐死的合理化的同时，也不应予以鼓励，更不能大张旗鼓地加以宣传，要真正严格地控制其发生的范围，并将可能带来的弊端减小到最低程度。有人认为，实行安乐死会造成对个人生命分等论价，对干部特别是高级干部与对农民的不同处置。这对医生的职业道德是一个冲击。就我国目前医疗水平不平衡的状态而言，还不宜过早地实施安乐死。有人认为，"安乐死"这个词本身就自相矛盾。生老病死虽然是任何人都难以逃避的必然规律，但死亡却往往是件令人恐惧和害怕的事情。通过安乐死即使能解除肉体上的痛苦，人精神上的痛苦却无论如何也摆脱不了。同时，死时能否得到肉体上的安乐，这除了死者之外，谁也不知道。即使安乐死时肉体极为痛苦，他后悔也来不及了。不可能寻求一种十全十美的结果，而只能选择相对合理的一种结果。得了不治之症，有时痛得死去活来，这时，寻求一种相对合理的安乐死，就是一种可取的死亡方式。与此相反的观点是，有人认为，安乐死不仅是科学的、必要的，也是符合伦理道德、对人类有价值的。从社会意义上看，一方面，人们可以真正掌握自己的生命主动权，摆脱无法避免的痛苦，结束低质量的生命，维护自己的尊严；另一方面，可以减轻家属负担，把他们从尴尬的局面里解脱出来，同时也有利于社会稀有资源的公正分配。从伦理意义上看，它充实了生命的质量和价值，是现阶段医学不能挽救的一些生命的理想归宿方式，它为人生全过程保持愉快、和谐提供了可能。

有人认为，安乐死的时代已经来到，因为它是人道的、唯物的，因而是合理的、进步的。有不少资料和消息说明安乐死实际上已经在施行，群众的积极性相对要比专家们来得高。有人认为，提议将安乐死改为"优死"不无道理。"优死"即意味着符合我国的人口政策，其目的和"优生"一样，不失为一项良好的"国策"。

关于安乐死的定义。有人认为，安乐死是在不违反晚期绝症患者的意愿、受其委托的前提下，出于对患者的同情和帮助以及对其死亡权利和个人尊严的尊重，用仁慈的方法提前结束其生命的一种行为。他们认为，这是安乐死的本体论定义，其操作定义可归纳为：(1)患者的疾病在当时的条件下确实无法治愈而且已到晚期，痛苦不堪；(2)出于对患者的同情和帮助；(3)不违反患者的意愿；(4)有别于其他死亡方式；(5)致死手段必须符合"安乐"的原则。有人认为，安乐死是指，患不治之症并处危重濒死状态的病人由于精神和躯体的极端痛苦，本人(或家属)提出合理要求，经医生的鉴定认可而用医学方法使病人在无痛苦状态下度过死亡阶段的全过程。有人认为，对于现代医学无法挽救的行将死亡的病人，当其为了解脱难以忍受的极度痛苦，而自愿要求提前结束自己的生命时，经有权威的专家机构鉴定确认，在符合法律规定的前提下，医生可以采取措施，提前无痛苦地结束该病人的生命。

关于实施安乐死的条件。有人认为：(1)可以实行安乐死的只能是那些身患绝症、临近死期的病患者。(2)病患者必须是极端痛苦，且已达到不堪忍受的程度。(3)安乐死必须基于患者真诚的愿望和明确地表示才能实施。也有人认为：(1)可以实行安乐死的必须是身患现代医学无法挽救的濒死"绝症"病人。(2)必须是病人完全自愿地提出安乐死要求。(3)必须经过有权威的专家机构确认。(4)必须符合法律的规定。还有人认为:(1)病人所患病症确实是现代医学理论和技术所绝对不能医治。尽管经过认真检查,正确诊断和竭力治疗,病情却仍在不断恶化,已无治疗的必要和希望。(2)疾病给病人带来的痛苦是极难忍受的,病人确实已经受不了疾病的痛苦和煎熬。(3)病人唯一目的或希望就是以死来解除疾病之苦。(4)在病人意识清楚、能表明意愿时,其安乐死的遗嘱确实来自病人自己的真心实意。(5)安乐死的实施,必须由医生执行,必须让病人无痛苦地、安详地死去,必须是无损伤的,必须严格遵守医学伦理原则。(6)为了确保上述条件和安乐死的正确执行,应组成安乐死鉴定小组或委员会,由市级以上5至7名医学专家组成,对临床各科的安乐死进行会诊、研究、鉴定,并责成有关医生执行安乐死措施。(7)以上各点必须完全具备,缺一不可,而且应有立法保证。

关于安乐死与人道主义关系。有人认为,允许安乐死在一定范围内存在,体现了人道主义的精神。人的尊严的维护也是人道主义的重要方面。一旦有人濒临死亡,且不可救治,在对其生命的保护已失去任何实际意义的情况下,其愿望的实现和尊严的维护就成为主要的方面,因此,按其愿望对其施以安乐死,不但是对其愿望的实现,而且也使其至死保持了人格的尊严,这对于一个即将死亡的人来说,是符合人道主义的。有人认为,安乐死不仅是"医者,仁也"这一传统观念合理部分的延续,而且是社会发展、新时代要求在医学道德价值观上的变革。病人在目前的客观条件下已"无可救药"时,满足病人及其亲属的要求,不仅符合医学人道主义精神,也不违背仁义传统的合理继承,反之,才是残忍的、不道德的。但也有人认为,安乐死乃"落井下石",同我国尊老爱幼的美德背道而驰,与当今提倡的社会主义精神文明不相符,也不符合我国现行法律保护自然人的规定。

以上仅是成百上千、形形色色议论中的一鳞半爪,但已足以反映人们对安乐死的认识反差何其之大,臧否对立何其鲜明,是之者讴歌高扬云天,否之者唾之唯恐不及。显然,要求得认识上的大体统一,创造出良好的理论、舆论和法律、科技前提,在我国,还有一个为时不短的过程。这对我们这些积极赞成安乐死的人来说,一则不免焦急,一则倒可有余裕时间,就安乐死问题的方方面面做比较深入的探讨,从而为安乐死的实现及安乐死立法创造理论性的前提条件。因此,本书将尽可能地结合现实争议中业已提出的种种问题,按安乐死所涉及的认识、操作、立法、司法等方面,展开讨论。虽然我们将尽可能把自己的观点打造、梳理、表述得合理、公允、科学一些,但仍只是一家之言,仍不免失之偏颇,仍要祈求方家不吝指教。

第一章　生、死、人权与安乐死

安乐死问题与人们对生、死及人权的认识息息相关。因此，对安乐死及安乐死立法的认识，首先必须解开关于生、死及人权的一系列纷纭歧见的症结。而这，又取决于廓清对人的认识中的一些模糊观念。

一、人

人类几乎与生俱来地对自己提出的第一个问题就是：我是谁？人是什么？许多著名的思想家都曾对此做出过回答。

柏拉图曾说，人是不长羽毛的两脚动物。他的一个学生把一只拔光了毛的鸡扔在他的面前，揶揄道："这就是你的'人'。"

柏拉图的老师与朋友苏格拉底把人定义为：人是一个对理性问题能给予理性回答的存在物。但这样的定义是经不起寻根究底的追问的：谁提出"理性问题"呢？不能对理性问题给予理性回答的存在物就不是人了吗？"存在物"是否外延太广，因而这个定义有属种不当的逻辑错误，以致如今可以据此说电脑、机器人就是"人"？对第一个问题的任何肯定性回答只能推导出"上帝"的存在；对第二个问题的合乎定义的回答则只能导致毁灭一部分人类，"开除其球籍"；"机器人"概念本身，因为用"机器"来限定"人"，就把它的非人性质昭示于世了。

20世纪西方哲学名著、德国哲学家恩斯特·卡西尔的《人论》，是专门论"人"的。这本书里有许多极为精彩、精当、精深的论述，但在"始初性"的问题——"什么是人"的问题上，卡西尔却陷入了迷茫。他关于"人"的答案是："人之为人的特性就在于他的本性的丰富性、微妙性、多样性和多面性。"[①] "我们应当把人定义为符号的动物（animal symbolism）来取代把人定义为理性的动物。"这里的两个定义，前者重复颇多（"丰富

---

① ［德］恩斯特·卡西尔：《人论》，甘阳译，上海译文出版社1985年版，第15页。

性""多样性""多面性"几乎是同语反复），而本性的"丰富性"与"微妙性"恐怕也可以适用于描述诸如蚊蚋蛆蝇、狮虎象豹、猪马牛羊等任何一种动物，甚至可以适用于绘评诸如梅竹松柏、瓜果桃李、花草树木等任何一种植物；① 后者突出了人之为人的"文化"特性，但仍然没有能够揭示人的最本质的特征。

十分有趣的是，许多重要的辞典上都没有关于"人"的定义。《简明不列颠百科全书》上没有，《现代科学技术词典》上没有，连《辞海》上也没有。《辞海》上有的只是把"人"释义为"人类"的极简说明，而这样的释义不能视为"定义"，也是经不起深究的。《辞源》略好，在把"人"释义为"人类"之后，加了一句"能创造并使用工具进行劳动、改造自然的动物"。中国科学院语言研究所编的《现代汉语词典》算是最好的了，直接定义"人"是"能制造工具并使用工具进行劳动的高等动物"。说"最好"，是相对而言的，它把"创造"改为"制造"，"动物"限定为"高等动物"。日本学者祖父江孝男的《简明文化人类学》也提到了人的制造与使用工具的特性："能够使用手的人类，可以说不久就学会了一个重要技术，'制造工具''使用工具'。""人类被称为'使用火的动物''制造工具的动物'。"② 众所周知，关于"人"的这些真理性的揭示者不是别人，而是马克思和恩格斯。马克思的《雇佣劳动与资本》《〈政治经济学批判〉导言》，恩格斯的《卡尔·马克思》《反杜林论》以及两位导师的合著《德意志意识形态》《共产党宣言》，都从不同侧面论述过人是能制造并使用劳动工具的高等动物的理论。其实，马克思、恩格斯关于人的论述还有两点值得我们特别重视：

其一，人不仅能制造和使用劳动工具，而且能从事抽象思维活动，从而创造文学、艺术、音乐、绘画、雕塑、舞蹈、戏剧乃至哲学、宗教、法律、科学等。后者当然不是"制造和使用劳动工具"的简单的、直接的产物，同时也绝非任何其他高等动物所能为的。

其二，对人的考察，包括给"人"下定义，必须把人放在人类关系的整体中去，从而揭示人的本质。马克思在《关于费尔巴哈的提纲》中指出："人的本质并不是单个人所固有的抽象物。在其现实性上，它是一切社会关系的总和。"③

综合以上论述，似应给"人"下这样一个定义：人是能够制造并使用劳动工具从事劳动和进行抽象思维的高等动物，其本质是一切社会关系的总和。

在论述了人的本质"是一切社会关系的总和"的同时，马克思在《关于费尔巴哈的提纲》中特地强调指出："社会生活在本质上是实践的。凡是把理论导致神秘主义方面去的神秘东西，都能从人的实践中以及对这个实践的理解中得到合理的解决。"④

---

① 近日赴新疆考察，在吐鲁番的葡萄沟博物馆知悉，仅仅葡萄，吐鲁番一地即有600多个品种。葡萄的"本性"何其"丰富、微妙、多样、多面"也！
② ［日］祖父江孝男：《简明文化人类学》，季红真译，作家出版社1987年版，第3页。
③ 《马克思恩格斯选集》第1卷，人民出版社1972年版，第18页。
④ 同上。

把人、人的"社会生活"以及作为人的本质的"一切社会关系的总和"置于"实践"中去考察是极为重要的。否则我们既不能科学地认识不同时代的人们的生死观和人权观，更不能科学地对待我们正在进步的新的时代。这些，从研究安乐死及安乐死法的角度看，也是如此。

人类至今还只是处在它的童年时代。固守童年时代或童年时代前期的观念而不能与时俱进，是无法找到诸如人的生、死、人权以及安乐死、安乐死立法等问题的科学答案的，也是无法达成共识的。

二、人之生与死

对人的生与死的看法即生死观，古往今来与时俱变。

中国古代，老子首倡"四大"，即"道大，天大，地大，人亦大"之说，认为"域中有四大，而人居其一焉"，[①]对人之生给予了高度的重视。基于此，他进而认为，只有珍惜自己的身体超过爱护天下的人，才可托之以治理天下的重任："贵以身为天下，若可寄天下；爱以身为天下，若可托天下。"[②]与老子并称道家鼻祖的庄子，视人生为天地所赋予，因而必须"重人贵生"，他说："身非汝有，是天地之委形也；生非汝有，是天地之委和也；性命非汝有，是天地之委顺也；子孙非汝有，是天地之委蜕也。"[③]庄子较诸老子，对生死观的认识有了重大的提高，即揭示了生与死的辩证关系，他指出："生也死之结，死也生之始。"[④]对死，他坦然、泰然相视，并不恐惧。其妻死去，他鼓盆当歌。毛泽东提起这件事时加了一句话，高度赞扬庄子"庆祝辩证法的胜利"。而庄子对自己将死时弟子欲厚葬之的态度是"吾以天地为棺椁，以日月为连璧，星辰为珠玑，万物为赍送"而拒绝厚葬。[⑤]这种生死观是至今也值得深深称道的。

较之老、庄，儒家更重人生。孔子教诲曾参道："夫孝，德之本也，教之所由生也。身体发肤，受之父母，不敢毁伤，孝之始也；立身行道，扬名于后世，以显父母，孝之终也。"[⑥]曾子则曰："天之所生，地之所养，人之大矣。父母全而生之，子全而归之，可谓孝矣。不亏其体，可谓全矣。"[⑦]《吕氏春秋》也谓："父母全而生子，子全而归之，不亏其身，

---

① 《道德经·二十五章》。
② 《道德经·十三章》。
③ 《庄子·知北游》。
④ 同上。
⑤ 《列御寇》。
⑥ 《孝经·开宗明义第一》。
⑦ 《大戴礼记·曾子大孝篇》。

不损其形，可谓孝矣。"①"全身""全归"而毫发不损，可谓儒家生死观的精髓。由于历代统治者都把孔孟创始的儒家学说抬到"正统"思想的崇高地位，视孔子为"至圣先师"，因此，其生死观的影响特别巨大。时至今日，器官移植、安乐死以及堕胎、克隆等，都笼罩着儒家生死观的浓荫密影。但儒家的生死观也有其积极的方面。孔子说："志士仁人，无求生以害仁，有杀身以成仁。"②孟子说："生亦我所欲也，义亦我所欲也；二者不可得兼，舍生而取义者也。"③为"成仁""取义"，可以舍生赴死。然而，儒家生死观的这种积极、进步的方面并未得到应有的弘扬，这是极可遗憾的。

在西方，古希腊的赫拉克里特把人的生死看成是符合客观规律的自然现象，它并不神秘也无法抗拒。亚里士多德同样认为，人的生命与一切生命一样，有生有灭，不可逃脱必然死亡的命运。亚里士多德将为正义而赴死的勇气视为崇高的美德，并赞赏勇敢者以高尚的快乐为人生的追求。④这种比较积极的生死观，在西方社会中逐渐形成为一种文化传统，虽然其间经托马斯·阿奎那、叔本华、尼采、萨特等人从各个不同方面做过攻击或修正，但其基本精神都一脉相承地流传下来，成了西方人文精神的一个重要方面。而非传统生命科学技术的发展创新和非传统生命社会关系的法律调整，其阻力，在西方比东方包括中国为轻、为小，与这种人文精神是有密切关系的。

当我们把人孤立起来看时，其生、其死当然是无可比拟地高于一切、重于一切、大于一切。这是因为"万物皆备于我"⑤，因为"死去原知万事空"。然而任何一个"我"都存在于"万物"之中，任何一个人"死去"而"万事"照旧存在，地球照转不误。人是一切社会关系的总和，其生、其死都必须与他所处的整个社会环境联结起来考察；而且，这里所说的"整个社会关系"是"实践"着的，是运动、变化、发展着的社会关系。

孤立的人，其"身体发肤"当然不可轻损。但当把他放在社会关系中去考察时，在古代，是"成仁""取义"而可捐躯、献身、舍生忘死；在当代，则对人体实验、捐献遗体、移植器官等很理性地持赞许的态度。何况这里的"实践"着的"社会关系"，在近代以来，尤其是在当代，当生命科学前所未有地高度发达起来之后，器官移植已非简单的损伤"身体发肤"，人体实验已有足够可靠的安全保障而非残忍地置人于死地，安乐死已非一个"死"字了得，而是依据法律的规定做了全面的、妥当的安排。

正是根据对人之生与死的科学认识，当代人类已把"生命质量"作为处理一些非常事件的关键性准则。现代医学已初步摆脱了传统的以维护和延长人的生命为终极目的的指导

---

① 《吕氏春秋·孝行览》。
② 《论语·卫灵公》。
③ 《孟子·告子上》。
④ 陈村富：《古希腊名著精要》，浙江人民出版社1989年版，第277页。
⑤ 这里借用孟子"万物皆备于我"一语，用以夸张言说人与"万物"关系的一个侧面，即"万物"因人的存在而为人所感知，从而显现其存在。

观念。"一味强调'活'而不考虑生命质量的治疗观点在道德上是不全面的。例如将有限的医疗资源大量运用于严重先天畸形、生命质量十分低下的婴儿的抢救就不是明智的选择。同样,对于一个严重的脑外伤病人,以切除大部分损伤脑组织来换取他的植物生存状态,不仅对病人本身并无太大意义,而且加重了家庭和社会的负担。所以一个临床医生在考虑治疗方案时,除了首先要考虑保全病人生命的同时,还必须注意生命质量问题,并力争最好的生命质量。只有既能维护病人生命,同时又有益于提高病人生命质量的医疗方案才是最好的方案。"①

在人对生与死的认识中引入"生命质量"的概念,对安乐死的探析与处理有十分重要的意义。泛泛而论生死,无论从个人的求生欲望出发,还是从家庭成员的感情联系出发,所选择的必定只是生而非死。引入"仁""义"等价值取向方面的概念,把人作为社会关系的总和来考察,确立了在特殊情况下,即在或舍生取义或背义求生的严格的二者择一的情况下,可以做出宁死勿生的社会性选择。但仅此还不足以取得最大多数人的共识。只有进而引入"生命质量"的概念,把"社会关系"作为"实践"着的事物来看待,才可能更好地取得生者及与其关系密切者对生、死的正确抉择,即在特定情况下,以死为最好的选择,而非一味求生、苟延残喘。

三、生、死与人权

人权是一个内涵丰富、外延宽广的概念。其中,人的生、死是最为引人注目、与人的关系最密切的问题。生的权利,是人的最基本的权利。那么,人有死的权利吗?或者反过来说,人权包括死的权利吗?这个问题,牵涉到人类对死亡的认识。

人类的始祖,鉴于在自然力量面前几乎是完全无能为力的,鉴于认识水平十分低下,因而在相当长的时期内,处于对生存并无大欢喜、对死亡亦无大悲哀的状态下,听其自然、漠然处之。甚至,由于生产力水平十分低下,根本无所谓医疗条件,老弱病残者不仅对部落整体是巨大的累赘,对其自身也是极大的痛苦,因此,自杀往往是自觉的行为,他杀(由部落整体决定遗弃或杀死老弱病残者)也司空见惯。他杀不仅不受惩罚,甚至还被认为是仁慈的行为。这种认识及相应的举措,在日本,直到19世纪中叶还可找到实例。当时,贫穷的日本人往往把老弱的长辈背到山野之中任其饿死。

原始社会末期,生产力有了长足的发展,生产产品有了剩余,奴隶主可过花天酒地的生活,奴隶则被强迫劳动而食不果腹、衣不蔽体。生存状况的反差影响到人们对死亡的深思。原始宗教开始了对死亡的猜测性解说。"随着历史的推移,到了欧洲中世纪时代,当时宗教盛行,对人的命运包括死亡的解释都带有浓厚的宗教色彩:基督教的'原罪说'认

---

① 曹开宾、邱世昌、樊民胜主编:《医学伦理学教程》,上海医科大学出版社1998年版,第148页。

为，死亡是神和上帝的意旨；伊斯兰教的'今世说''后世说'认为，人今世死后还有来世；佛教的'因果报应说'认为，人们不行善必然得到死亡的报应等等。"[1] 这样，人类对死亡的认识，精确地说，人类对死亡权的认识，从忽视、无视，演化到了把死亡权赋予了外界，由神仙、上帝来主宰人的死亡。

当然，这只是一种迷信的观念。随着科学技术的日益发达，尤其是近代以来生命科学的长足发展，人类逐渐步入自我主宰自身命运的阶段，开始了对"死亡权"的思考。这种思考往往会由于一些名人的自杀而引致争议、形成热潮。中国近代的史学与文学大家王国维先生在50岁时投河自尽，当代著名中国作家三毛、徐迟，日本作家三岛由纪夫等，也以不同方式自杀。他们的自杀都曾引起过热议。著名史学大师陈寅恪先生赞扬王国维之自杀是崇仰了思想的自由独立的精神："思想而不自由，毋宁死尔……先生以一死见其独立自由之意志，非所论于一人之恩怨，一姓之兴亡……此独立之精神，自由之思想，历千万祀，与天壤而同久，共三光而永光。"[2]

对崇仰思想自由独立而自杀表示肯定甚至赞许，现在已很难予以非议而且不大会有人去非议了。对一般的因病痛或不堪生活重压、困苦或百无聊赖而厌世轻生、实施了自杀的人，人们也多认为这是他的权利，不予非议了。总之，就"死亡权"的"自杀"部分，总的趋向是，肯定人们有自杀的权利，即死的权利。

但还有一部分人，他们甚至失去了自杀的能力，如瘫痪病人且毫无动手能力者、纯然依靠鼻饲而不能动弹的患者等。如果他们需要别人的帮助才能终结自己的生命，那么，他们是否有权把生命托付他人以完成自杀呢？我们暂时把这里的"他人"搁置起来，不讨论"他们"是否有权利或者有义务帮助他人终结生命以及如果予以帮助是否合乎伦理道德准则，我们只讨论不想活下去且确乎难以活下去的人，是否有权请人代理完成自杀行为。窃以为，当撇开助杀者的问题，要求终结自己生命的人是否有自杀权，实际上也就是简单的"人有无死亡的权利"的问题了。

这牵涉到"人权"究竟是什么的问题。

流行的"人权"是泛指人身权利和民主权利。被马克思称为"第一人权宣言"的美国1776年《独立宣言》宣称：人人生而平等，生命权、自由权和追求幸福权是"造物主"赋予他们的不可转让的权利。联合国大会于1948年12月10日通过《世界人权宣言》，宣告世界各地所有男女毫无区别地有权享有多种基本权利和自由，其中包括生命、自由、人身安全等。

这些关于"人权"的定义或界说，对人权的主要内容，如生命权、自由权、平等权等，都做了准确的也是正确的揭示。但它们都有这样一些不足：

---

[1] 卢启华主编：《医学伦理学》，华中理工大学出版社1997年版，第235页。
[2] 许志伟、徐宇良：《中西文化中的生死观》，上海医科大学出版社2000年版，第169页。

第一,对"人权"的主体性强调不够。应当突出人的人权主体性,即人权的主体是一个一个具体的人。突出人的人权主体性,就赋予了人以保有、保护或放弃生命权、自由权、财产权、平等权等的基本权利。自杀或授权他人帮助完成自杀,当然就成为他的"人权"的一个有机组成部分。

第二,对人作为"社会关系总和"的本质特征揭示不够,因而把"人权"绝对化,而这正是马克思主义人权观与其他形形色色人权观的一个重要区别点。如果不把"人权的阶级性"引向极端,从而否定人权的共性,那么,"在阶级社会里不可能有统一的人权标准、统一的人权观念"之类的理论,还是有它真理性的一面的。人的本质既是"社会关系总和","人权"就不仅仅关涉人皆有之的共性,还有其特殊性。这种特殊性决定了人类在不同的历史时期有不尽相同的人权内涵、人权标准、人权观念和争取人权斗争的价值取向。

第三,几乎完全忽视了"人权"的实践性。人的本质是一切社会关系的总和,而一切社会关系都是变动不居的,都是在实践中发展着的。认识这一点十分重要。对此,我们略事展开论述。

从类人猿开始,高等动物中的一部分逐渐变爬行为直立行走。直立行走至今仍为绝大部分人类引为自豪。曾有一度,甚至把人之能够直立行走视作与其他动物的根本性区别。但是实际上直立行走有很多弊端。18世纪的解剖学早已证明,直立行走并没有什么好处,伊马努埃尔·康德在1771年译介意大利解剖学家皮特·莫斯卡蒂的《论动物与人在身体构造上的重大差别》时转述并评论道:"莫斯卡蒂博士证明,人的直立行走是迫不得已的,而且是违反自然的……于是他的内脏,特别是怀孕者的胎儿便处于一种下垂的状态和半翻转的位置……久而久之便会形成畸形和很多疾病的原因……因此而产生动脉瘤、心悸、胸部狭窄、胸膜积水等等不可避免的倾向。"[①] 库尔特·拜尔茨在《基因伦理学》一书中指出:"就人类和他的进化而言,我们必须从下面这一点出发:从生物学上看,这还是一个非常年轻的种类。"他引述朱里安·赫胥黎的话说,"所有占据统治地位的种类在开始它们的历程时都是很粗糙和不完善的,需要经过彻底地进化和改进,直到把它的全部可能性发挥殆尽并取得种系发展可能达到的完满结果。人类也不会处于这一规律之外。这不仅是因为他还格外年轻,而且因为他还格外地不完善,还是一个未完成的、往往是粗制滥造的种系发育史上的即兴作品"。他援引了杜布占斯基对人类的如下评述:"从生物学上看,他(人类)还未曾经过抛光——未曾通过自然选择进行长期的、逐步的适应性改进。"[②]

人类这一"造物主"的"精美作品"被一些睿智之士称作"粗制滥造的即兴作品",这也许是许多人从未想到过的。但这是事实。不仅如此,我们甚至还可畅想,在生命科技愈益加速发达的情况下,人类将来完全有可能发展为多眼、多手的动物,其外形与内体完全

---

① [德]库尔特·拜尔茨:《基因伦理学》,马怀琪译,华夏出版社2000年版,第219页。
② 同上书,第217—218页。

有可能不同于今天的人类；其神经系统、消化与呼吸系统、生殖系统也完全可能在生命科技的帮助下改进、"变异"得与今人大不相同甚至了不相同；其各个部件完全有可能可拆可装，甚至不少"部件"可以是极为耐用的工业产品，如此等等。

不仅人的自然性方面，而且人的社会性方面，人类同样还只是处在它的童年时期。今天的道德准则、法律规范以及其他社会规范，今天的各种社会团体及其相互关系、社会制度及其相应机构、这些机构的组织结构与运行方式，今天的各种观念、意识、习俗、心理、学说等，都可能变得"面目全非"。人类所不可能离开的自然生存环境与社会生存环境，也一定会发生巨大的变化并还将不断变化。

有鉴于此，"人权"的概念就绝不应是僵死的、固定不变的，其定义应充分关注到它的实践性。人是实践中的人；人的社会关系是实践中的社会关系；同样，人权也只能是实践中的人权。因此，我们就应该这样界说人权：人权是实践中的作为以一切社会关系总和为本质的人的主体性权利。

这一定义的主要之点在于：

第一，人权是主体性权利。因此，未经授权，他人不可剥夺。死作为人权的一个重大方面，是人的主体性权利，未经授权，他人不可剥夺。既不能以"作为"方式剥夺，也不能以"不作为"方式剥夺。由此，就产生了在人权主体做出明确授权的情况下，相关的他人必须帮助坚决要求终结生命者去终结生命的义务。这是因为，只有诸如亲属、当事医生这些"相关的他人"才有可能在实施终结生命上有所作为，从而法律将赋予他们实施终结生命的权利，而这种权利的实现，是以履行义务的方式成就的，当然，这一切都必须依据相关的法律。

第二，人权是以一切社会关系的总和为本质特征的人的权利，因此，在考虑人权问题时，必须把人放在一切社会关系的总和中去研究，庶几才可能得出正确的结论。对于人的死亡的权利，也应作如是观。只有这样，才能理解为什么在从前人们对安乐死几乎是众口一词地持否定态度，而现在对安乐死持肯定态度的人数却与日俱增。

许志伟先生等对古今中外人们的生死观作了相当详尽的考察，写了一本题为《中西文化中的生死观》的精彩小册子。其中谈道："我们看见一种趋势，生命科学技术不断获得进步与突破之时，人类生命的价值与意义却不断地向下滑坡……深切治疗、心肺机器、器官移植等尖端科学技术延长了人类寿命，提高了生命素质。但与此同时，鼓吹死亡权利、安乐死与医者协助自杀等运动却风靡一时，更值得注意的是，大部分赞成安乐死的都不是垂死的病人，而是体力强壮的中年人或年轻人。"[①] 显然，许先生等是反对安乐死且斥之为道德滑坡的产物的。其实，当把人作为一切社会关系的总和且与生命科学技术的发展联系起来进行考察时，对赞成安乐死，在当代是不难理解的事。首先，安乐死要以"死"

---

① [加]许志伟等主编：《中西文化中的生死观》，上海医科大学出版社2000年版，第212页。

得"安乐"为前提。"安"是"危"的对立面。平平安安地赴死与在危乱惊恐中处死,绝不能相提并论;快快乐乐地赴死与痛苦万分地惨死更不可等量齐观。其次,安乐死者之死不仅关涉死者本人,而且关涉他的亲属乃至整个社会。不存在强制性的安乐死,安乐死都须以自愿为前提,在当前的社会环境下还必须以亲属等至亲的同意为前提。再次,当代的人际社会关系(在安乐死方面主要是医生与患者的关系)在一些国家中,已发展到可以依法妥善对待与处理患者安乐死请求的地步。此外,还应当看到,所谓"人类生命的价值与意义"并不会因为实施或主张实施安乐死而"滑坡"。恰恰相反,主张实施安乐死正是尊重了人权、尊重了人的死的权利、尊重了人类生命的价值与意义;不是道德滑坡,而是道德升华。如果我们尊重人的主体性权利,我们还可以同时去否定人的安乐死要求吗?

吕国强先生在《生与死:法律探索》一书中列举了一系列判例后,对肯定与主张安乐死者的理由做了如下归纳:"(1)个人的生命属于个人,个人有权处理自己,包括选择结束自己的生命。(2)'人类尊严'是高价值的,它存在于人类选择控制生与死的理性能力之中。(3)人类对自己的最大愿望是生活得好,就是生命的质量问题,因此毫无必要以人性或人道的任何代价去换取仅仅具有生物学意义的生命。(4)死亡并不都是坏事。死亡是事物发展过程中自然秩序的一部分,既然死亡已经不可避免,就应促其实现。(5)既然生命力可以控制,为什么死亡不可以控制?为什么死亡不可以自己主动设计?为什么不可以使之具有某种独创性?(6)当一个垂危的病人已经注定必死,主动结束其生命,不仅可以使其免受死亡前的痛苦挣扎,而且有利于医药资源的节省,有利于亲属、朋友甚至医务人员。"① 上述理由未必精当,但它基本上说明了这样的问题:死亡的权利作为人权的一个方面,是应当得到尊重的。

人类应当像对待生那样,泰然地对待死。

生的权利与死的权利,应当得到同样的尊重。

四、权利的选择性与人权

权利与义务的最根本区别在于,主体在既定的法律关系中对法定权利有选择权而对法定义务无选择权。即主体可以选择享用权利或放弃权利(包括享用部分权利与放弃部分权利)而不受限制,但必须履行法定义务,不履行就将被强制履行甚至惩戒。

对权利的选择权,是人权的"题中应有之义",是人权的逻辑性内涵。但长期以来,法理学界对此的研究却有所轻忽,而实践中甚至还出现过"倒行逆施"。前者的证据是,几乎在任何一本法理学著作中,都未论及权利的主体选择权;后者的证据是对放弃选举权

---

① 吕国强:《生与死:法律探索》,上海社会科学院出版社1991年版,第179—180页。

的惩罚。① 其实，弃权本身即可视为行使权利。在资本主义国家的选举中，弃权是司空见惯的现象，弃权甚至还被合法地用作一种斗争手段，乃至发展出了所谓"弃权主义"。在特定的条件下，弃权并不是一种消极行为，而是一种积极行为。

权利按其本性，属于人际的社会关系。享用权利，是特定社会关系下无损于人的应得而可为之事；退而求其次，即选择权利中的一部分享用之，或竟递而进之全然放弃一切权利，都无损于人，而且，一般地说都有利于人，总之是维护那特定的社会关系。有鉴于此，必然的结论是：权利包括人权，从享有与否方面看可以分为：第一，享用；第二，部分享用（等于部分放弃）；第三，全部放弃。

用学术化语言来分类的话就是：权利内涵包括享用权、择用权与弃用权。

如果承认权利的上述"三分法"的话，那么，对于反对人有死亡权利的人，我们可以说：即使人只有"生"的权利，但作为一种"权利"，人可以享用之、择用之或弃用之；而放弃生的权利，实际等同于拥有死的权利。

也就是说，死的权利与生的权利同为人权的有机组成部分。以上属于对生存权的法理考察。

龚琳在《生与死的选择》② 一文中对生存权做了历史的考察，她指出：说到人的首要权利生命权时，多数人的唯一理解是"人拥有生存的权利"。确实，从原始社会发展到今天的市场经济时代，从原始部落野蛮的吃人，经历奴隶制社会奴隶主对奴隶的任意摆布与杀戮，封建社会的草菅人命、哀鸿遍野，发展到今天将人的生命权推崇到首要人权、基本人权的法律地位，不得不承认这是人类用血汗走出的解放自身的历史，逐步走向文明的历史，为获得平等、自由和尊重而勇敢抗争的历史。生命权最初的提出，旨在对无视生命的旧社会、旧统治的控诉，所以其内涵自然地被确定为"生存的权利"。然而，随着时间的推移、人类社会的继续发展，今天的时代已不再是向旧社会控诉的时代，许多事物、许多观念需要得到发展与更新，需要被赋予新的历史内涵。安乐死的提出作为一根导火线，将人类生命权的主题重新推向人们注视的前台——生命权发展到今天是否应当得到重新的审视呢？生命权可否容许被理解为选择生存与否的权利呢？如果将生命权理解为人拥有选择自身生存与否的权利，事实上就是将生命权理解为"选择生存权"与"选择死亡权"。与先前所述的生命权相比，内涵的转变可谓天壤之别。最初的生命权是绝对化的，作为具体的个人，在他出生之前这项权利就存在着，一旦出生立即被这项权利包裹着；他所拥有的权利不容放弃，就连自己剥夺自己生命的自杀行为也被视为一种犯罪。而若将生命权作

---

① 强迫选民参选是司空见惯的事。笔者20世纪80年代在山东调查时，曾听到这样一件"趣事"：某村在某小学进行选举，规定村民"必须"参加。某农民想利用此时间做点小买卖而逃选，但村中无人（都去选举了），做不成小买卖，又听说参选能加2个工分，不参选则扣2个工分，于是又去参选。但其时校门已关闭，遂爬墙进入。结果被作为"破坏选举"处理。
② 发表于上海市第五届生命法学理论研讨会。

为选择权来理解，那生命权就是相对灵活的，因为此时的权利掌握在人自己手中，他拥有了决定自身命运的主动权。在出生前和出生时，生命权利的获得是不容本人选择的，但在出生以后，拥有自己成熟的思想、完整的意志以后，本人就可以在一定条件下选择自己的生存与死亡。

对生存权的历史的考察，得出了与法理考察完全相同的结论：权利包括生存的权利，是可选择享用与否的。

五、权利、义务与安乐死

2002年3月22日，随着伦敦高等法院法官伊丽莎白·巴特勒·斯洛斯女士手中的法槌落下，英国法院做出了一个破天荒的裁决：一个从颈部以下全部瘫痪的患者B女士有权要求关闭她的生命维持系统"宁静并且有尊严地"结束自己痛苦的生命。这是英国法院首次为神志清醒的患者索要死亡权利的要求做出裁决。

43岁的B女士是一位单身者，患病前是一位社会工作者。2001年4月，她颈部一个动脉血管突然爆裂，三天后造成她颈部以下全部瘫痪，从此以后就一直只能躺在医院特护病房的病床上，连自主呼吸都没法进行，只能依靠一个生命维持系统来维持生命，医生已经宣布她的康复概率不到1%。在这种情况下，B女士觉得与其这样痛苦地生活下去，还不如痛快地死去，于是她从2001年开始就向医院提出了关闭生命维持系统结束生命的请求。但是，医院方面认为，这么做是违背道德规范的，如果再给他们多一些时间，也许有希望通过康复治疗改善她的生活质量。双方为此发生了争执。B女士无奈之下向伦敦高等法院提起了诉讼，要求法院允许她结束生命。由于这一案件的特殊性，伦敦高等法院在2002年3月6日破例把法庭搬到了医院的病房内，就B女士的请求进行听证调查。当事人枕着枕头躺在病床上，在病床的远端那一头，弓着腰坐在一张护理架子上的是伦敦高等法院家庭案件审判庭庭长伊丽莎白·巴特勒·斯洛斯夫人。挤在病床另一头一个角落里的是三位王室法律顾问，一人是B女士的律师，一人是代表政府的律师，还有一人是代表伦敦医院管理基金会的律师。在此之前，伦敦医院管理基金会多次以人道主义的理由拒绝了B女士提出的关闭她的人工呼吸器让她结束生命的请求，但是她却指控该基金会侵犯了她的权利，因为一位心理医生在2001年8月就宣布她能够对自己的命运做出决定。因此，医院管理基金会最后不得不把法院请进了医院，把这位妇女是否能死的裁决大权交到法官手中，而这一特殊法庭的开庭也就意味着这位B女士成了英国历史上第一位请求法院批准关闭维持生命机器的患者。在医院的临时法庭举行的听证会上，B女士面对代表她自己、医院和政府的律师以及法官的面，以简短而坚决的口气表示了她希望关闭生命维持系统结束生命的愿望。在法院裁定法院无权过问她的生死问题，一切都应该由她自己拿主意之后，B女士没有放弃自己的要求而是请求法庭再次开庭。在22日的庭审中，伦敦高等法院家庭案件审判庭庭长伊丽莎白·巴特勒·斯洛斯夫人裁决说，B女士完全有行为能力决定平静地而且是有尊严地结束自己的生命。伊丽莎白法官在裁决中同时裁定医院的做法存在问题，因为从2001年8月起，两位精神病医生在进行一番检查后认定B女士有行为能力就自己的治疗和生死做出决定，但是医院方面却涉嫌强迫B女士通过呼吸机器来维持生命。为此，法官以"违法侵权"为由象征性地判决医院赔偿B女士100英镑的损失。伊丽莎白法官说："我们必须考虑到像B女士一样的严重残疾的情况，生存已经比死亡还要难受和痛苦。"①

这一涉及死亡权利的特殊案例给人们留下了许多思考。要为安乐死立法，必然要涉及有关安乐死的权利的一系列问题：患者有没有选择安乐死的权利？安乐死的权利是什么？安乐死的权利由谁来行使？行使安乐死的权利有哪些前提性条件？等等。

安乐死在理论上最大的障碍之一是它与传统意义上的生命权以公民对自己生命所拥有的权利为根本，是以公民的生命安全利益为内容的权利，其中包括生命安全维护权、司法保护救济权和生命利益支配权。对于生命安全维护权、司法保护救济权，人们的看法基本相同。对于生命利益支配权却存在许多争论，这一内容与安乐死密切相关。生命权是否包括生命利益支配权实际上意味着生命权人是否可以处分自己的生命。这是安乐死在理论上的最大障碍之一。黑格尔说："法定的权利不论是私人的或是国家、市镇等公共的，原先就称之为自由……每一个真正的权利就是一种自由。"②"权利即自由"，意味着权利人有意志自由和行动自由。但自由本身并不是目的，而是手段、工具，自由的目的是要获得或满足某种利益需求或求得某种利益平衡。法律的制定与运作都必须以尊重和保障人的基本权利为主旨并最终使主体获得自由与平等。生命权作为一项基本的人权，其权利人自然应具有对其生命利益的自由权即支配权，包括处分权。当然，法律最初确立生命权，其第一位的权利内容是维护生命安全、延续生命。然而，随着时代的发展和社会的进步，生命权的要求不仅仅是生命的安全与延续，还应当包括生命的结束与尊严。这就在法律上提出了新的权利要求，生命权还应包括对生命利益的处分权，这种处分权包括：(1)生命安全的处分——自愿承受生命危险，如人体器官的捐献与转让；(2)生命本身的处分——自愿放弃生命，如安乐死、舍己救人等。③

生命既是一种权利，也是一种义务。任何权利都以义务为界限，任何权利人既是自身利益的权利享有者，又是他人利益的义务承担者。生命权专属于权利人，但该权利人的生命中同时还承担着他人的利益，即对他人和社会的义务，并且该义务是以该权利人的生命

---

① 《环球时报》2002年3月28日。
② 周辅成：《从文艺复兴到十九世纪资产阶级哲学家》，《政治思想家有关人道主义人性议论选辑》，商务印书馆1966年版，第681页。
③ 李明华：《安乐死：生命的尊严》，《西南民族学院学报》2000年第10期。

存续为条件的,如对老人的赡养,对爱人的呵护,对子女的抚养等。义务是不可放弃的。当人有可能生存下去,能继续履行生命义务时,他应该生存下去,不得放弃生命。同时,生命权也表现在当其生命受到侵犯时有权进行继续生存的努力。因此,生命权中的处分权不能任意行使。然而,作为一个在当前医疗条件下已无法治愈其疾病并正在遭受难以忍受痛苦的濒死患者,其生命丧失了履行义务的任何条件,即对他人和社会的义务要么已经履行完毕,要么客观上履行生命义务已没有可能或没有意义。这时,该患者应当有权行使生命利益处分权,即他可以对生命的存续与否做出选择,安乐死只是他的选择之一。

安乐死所涉及的权利是什么?我们认为安乐死所涉及的权利是生命权的重要内容,是生命权人行使对生命利益处分权的表现。安乐死的权利包括两个方面:

一是选择死亡的权利。临终患者尽管有不治之症,并且濒临死亡,但其生命仍在延续着,他选择安乐死实则是选择加快生命的结束,这是对死亡的一种选择。当然,这种对死亡的选择是由安乐死的适用对象所做出的决定,它不同于一般普通人的选择。

二是选择理想的死亡状态的权利。从某种意义上说,这是一种更为重要的权利,是反映安乐死本质的一种权利。安乐死虽是致人于死,但它的本质却是授死者以安乐;不是解决是生还是死的问题,而是要保证死的质量;不是简单地实现从"生"向"死"的转化,而是从"痛苦"向"安乐"的转化。它是要通过科学的方法对人的死亡过程进行优化调节,使人在死亡过程中减轻精神和肉体痛苦的折磨,优化死亡状态,使死亡安乐化、平静化、尊严化。安乐死的对立面不是"痛苦地生",而是"痛苦地死",①人不但应当有追求幸福和美满生活的权利,也应当有要求在死亡时没有恐惧和痛苦的权利。对于一个身患绝症、无法治愈、临近死亡的病人,与其让他备受折磨、极尽痛苦而死,不如按其愿望实施安乐死,让他怀着高雅与尊严度过生命的最后一刻。这是对其选择理想死亡状态的权利的尊重。

安乐死的权利由谁来行使?在这个问题上必须明确三点:第一,从根本上说,安乐死的权利属于安乐死的适用对象本人。有人提出,要给医疗单位或医生以决定和实施安乐死的权利,这是不可取的。基于对生命权的尊重,除了本人以外的其他任何个人和单位都不能提出对濒死患者实施安乐死。安乐死的权利属于安乐死的适用对象,任何单位或个人都不能侵害或剥夺其这种权利。在特殊情况下,安乐死的适用对象的这种权利可依法代理,但其条件和程序必须有明确的法律规定。也有人认为,安乐死的权利属于公民。这种观点也不甚妥当。并非所有的公民都可以拥有或行使这种权利,应该把这种权利的主体限制为安乐死的适用对象。任何权利都是以一定义务为界限的。在现代社会中,生命属于自己,也属于他人,包含着他人的利益,任意行使安乐死的权利会导致人们轻视生命,甚至将其作为逃避责任的一种手段,对此,法律是绝对不能认可的。我们使用了"从

---

① 祝世讷、冯秀云、梁中天:《安乐死论纲》,《医学与哲学》1998年第7期。

根本上说"的提法，原因在于，在中国传统文化的大背景下，人们不得不尊重家庭、家族的意见。因此，后文将有安乐死的"尊重习俗原则"的详论。应当说，这既反映了在安乐死问题上的一种妥协，也反映了在这一问题上的一种困境。第二，安乐死权利的行使必须出自安乐死的适用对象的自愿。安乐死的适用对象拥有安乐死的权利，但是否行使这种权利，必须由其本人做出决定。安乐死的适用对象并不都会要求安乐死，有的不愿意或不要求安乐死，只有那些自愿行使安乐死权利的患者，才能对其实施安乐死。荷兰在2001年通过的安乐死合法化的法案明确规定：病人必须是成年人，申请安乐死的病人必须自愿，而且必须是病人深思熟虑之后所做的坚定不移的决定。第三，安乐死的适用对象选择安乐死并不是一种义务，不选择安乐死不是什么不道德的行为。实施必要的安乐死，确实可以适当减轻患者家属及其他亲属的精神负担和经济负担，也能减少社会财富的无谓消耗。但是，我们必须充分地认识到，实施安乐死的首要目的是为了消除患者难以忍受的痛苦，而不是为了社会利益和减轻他人的负担。安乐死不是一种道德观念。如果肯定一个人病了、老了，现在没有价值了，为了减轻家庭负担，为了社会的发展，就有义务实施安乐死的话，那就隐藏着强迫性安乐死的危险，这是一种错误的观念和理论，对正确实施安乐死是有很大害处的。"义务论的观念也是十分危险的，它会使那些衰弱的老人、患者和残疾人承受着一种无形的压力，使他们被迫同意安乐死，从而使安乐死的权利变成了死亡的义务，个人的选择变成了社会的责任，这就势必打开一条危险的通道，产生不可遏制的道德滑坡。"① 只有排除了利他主义和义务论，安乐死才能真正建立在自愿原则的基础上。

有人从患者的角度把安乐死分为自愿安乐死和非自愿安乐死。自愿安乐死是指患者本人要求，或者有过愿望，或者表示过同意而采取的安乐死。非自愿安乐死是指对那些无行为能力的患者，即无法表示本人要求、愿望或同意与否的患者实施的安乐死，如对有严重畸形的婴儿、脑死亡病人、昏迷不醒病人、精神病人、智力严重低下者实施安乐死。② 我们认为，安乐死只能仅仅为自愿安乐死，所谓的"非自愿安乐死"不应该被列入安乐死的范畴。从法律的角度来看，"自愿"是安乐死的必要条件，安乐死的权利必须由对象本人自愿行使，因此，我们提出：患者必须在意识清醒的状态下自愿提出安乐死的请求，并需多次提出相关请求。国外的相关法案均有如此规定。如果认为只要方式相同，无痛苦就是安乐死，那么有些自杀、甚至对罪犯执行死刑也可被叫作安乐死了，这显然是极端荒谬的。所谓"非自愿安乐死"的对象确实会给家庭和社会带来沉重的负担，但不能因此而将其列入安乐死的对象予以解决，否则，将会给安乐死的立法造成混乱，更会在实践中造成严重的后果。

---

① 呼满红、张晖：《"安乐死"离我们有多远》，《民主与法制》2001年第11期。
② 楚东平：《安乐死》，上海人民出版社1988年版，第53页。

六、坦然面对安乐死

研究安乐死的部分同志竭尽所能地回避"死"、忌言"死"。最有意思的是，在反反复复地倡言"死亡文明"、创建"中国式的安乐死"的同时，又力主安乐死"不是从'生'到'死'的转化""安乐死权不是死亡权""安乐死不具有任何的'致死'目的"等。[①]

其实，不仅安乐死是从"生"到"死"的转化，人的整个生命历程的分分秒秒都是从"生"到"死"的转化。笔者每写下一个字，同样，读者每浏览过本书的一个字，都是处在从"生"到"死"的转化过程中。极而言之，每一个人从其生命存在开始，就一直是向死亡进军；每分每秒都向坟墓逼近。从哲学上看，"生"与"死"是对立统一体，"生"就包含着"死"，"生"是时时刻刻地向"死"的转化。

正因如此，安乐死学者们使用的"在死"概念是值得分析的。"在死"这个概念有广、狭二义。从狭义看，"在死"与"濒死"相同。直白地说，即是"临终"，"咽最后一口气"。从广义看，则是如前所说的与"生"的对立统一体，是"生"的负面过程。因此，完全不必讳言"死"、忌言"死"。一句话，安乐死的指向、结果就是"死"，而绝不是"生"。

这样，说"安乐死不具有任何的'致死'目的"，就不攻自破了。安乐死的指向与结果既是死，而又力主"不具有任何的'致死'目的"，就难免有"掩耳盗铃""自欺欺人"之讥了。当然，可以辩解说安乐死的目的全在于使人"安乐"而非痛苦。但"安乐"到再也不能复生，再也见不到亲人，再也与明媚的春光、夏日的骄阳、灿烂的秋花、洁白的冬雪无缘，那是谁也不愿接受的。与其做无力的辩白，不如坦然地面对。

安乐死的目的就是安详地、尊严地、自主地、平静地赴死与致死，死得自主，死得尊严，死得平静，死得安乐。

关键不在于回避与忌言"死"字。这是无可回避、忌言的自然规律。正确的、科学的态度是承认"死"是"生"的必然结果，是"生"的对立统一体，也即"生"的存在状态。承认的目的在于积极努力地寻求延长寿命的方法；在不得已的情况下，则寻求安乐地死亡的方法。

这就要坦然面对死，认准并阐明安乐死权就是死亡权，这种死亡权就是人权的一个有机组成部分，不可剥夺，不可轻忽，不可亵渎，不必害怕，不必回避，不必忌讳。只有把对安乐死的认识建立在这种实事求是的基础上，建立在坦然、泰然、决然地自我觉悟的基础上，我们才能有说服力地去阐明有关安乐死的种种问题，才能有效地建设安乐死法制。

[①] 祝世讷等：《安乐死论纲》，《医学与哲学》1998年第7期。

第二章　安乐死与相关概念的区别

在探讨安乐死与相关概念的区别时,我们必须先弄清楚安乐死的概念。

一、安乐死的词源

"安乐死"一词最早出自哪儿?学界众说纷纭,并无定论。香港浸会大学罗秉祥先生在其《儒家的生死价值观与安乐死》一文中认为中国安乐死最早出于《孟子·告子上》里的一句话:"然后知生于忧患,而死于安乐也。"[①]

而根据我们检索的资料来看,大部分学者主张安乐死一词源自希腊语"euthanasia",意思是无痛苦的死亡,"快乐的死亡"或"尊严的死亡"。

对罗先生的说法,我们不敢苟同,因为不仅断章取义,完全割裂了该句与全文的中心思想,而且也斩断了该文与当时时代背景、社会现实之间的关系。况且,"死于安乐"和"安乐死"单就词语分析,也是不应该随意等同的。

那么,"安乐死"一词的词源应采用何种解说呢?《辞源》中没有"安乐死"这一词条。《改革开放以来新词新语辞典》和《新时期新名词大辞典》中倒是有"安乐死"的相关解释的。就现有的资料分析,我们倾向于认为"安乐死"是一新词,从希腊语"euthanatos"翻译过来,"eu—"即"good"之义,"thanatos"取"death"之义,合起来即"a good death",中文意思便是"好死",意译为"安乐死"。在没有发现更多的资料推翻这一观点前,此种解释还是可以接受的。

[①] 罗秉祥:《儒家的生死价值观与安乐死》,《中外医学哲学》(Chinese & International Philosophy of Medicine, Swets & Zeitlinger Publishers, 1998, Hong Kong)第1卷第1期,第35—73页。

二、安乐死思想源流考辨

(一) 关于国外安乐死的"思想源流"

有人认为,据资料记载,最早选择安乐死的民族属古代的斯巴达人。古代斯巴达人为了本民族的强盛,有条不成文的规定:对部落的新生儿要送到长老那里去检查鉴定,凡是认定畸形或残废的婴儿要弃入山谷,任何人不得喂养。① 古印度习俗里可以把老人丢进恒河淹死。萨丁尼亚人还可乱棒打死自己年老的父亲。如果说安乐死思想的形成与上述案例有关,那大致不成问题。但它不属于安乐死,否则,今人仿而行之是非遭法律严惩不可的。

但是社会发展是一个曲折的过程。一切依时间、地点、条件而变化。在远古时期,人们对生命的珍惜远不如今天。所以,古希腊哲学家亚里士多德也主张立法允许安乐致死畸形儿。在亚里士多德之前,柏拉图认为医生延长那些最终仍不免死亡的危重病人的痛苦是不合伦理的,并赞同不堪忍受病痛折磨的病人自己结束生命。生活在17世纪的培根也表示,为了减轻病人的痛苦与悲伤,可以在他需要时"使他安逸地死去",安乐死是医学技术的必要领域。莫尔在《乌托邦》中则提出"有组织的安乐死"。尽管上述种种议论与正确意义上的安乐死相去甚远,但是,从最广泛的意义上讲,这些议论表明,安乐死的理论和实践早已为人们所关注了。

启蒙时代的到来宣告了传统社会走向式微,对于生命和自由的尊崇迅速扩及社会生活各个层面,于是自17世纪起,具有现代意义的安乐死思想便应运而生了。与此同时,由于现代生物医学技术的迅速发展,一部分濒危病人的生命在人工干预下长时间地、极其痛苦地得以延长。这极大地激化了医学伦理中的一对固有矛盾——延长病人的生命与解除病人的痛苦之间的矛盾。有关安乐死的病例和讨论不断涌现,终于使安乐死合法化运动在20世纪初叶与人权运动结合在一起,正式走上了社会生活舞台。1935年在英国出现了第一个"安乐死合法化委员会",其后美国、法国、丹麦、瑞典、荷兰等国也陆续出现了类似的组织。二战期间,安乐死被希特勒演化成"合法"杀死那些身患不治之症、年老或身体严重畸形者、犹太民族、南斯拉夫民族和其他民族的政策和手段。② 这些倒行逆施导致安乐死声名狼藉,关于安乐死的讨论也几近销声匿迹。

从20世纪60年代起,在工业革命掀起的第三次浪潮中,医学革命得到复苏,关于安乐死合法化的讨论再度兴起。1969年,英国国会辩论的一项安乐死法案声明:"医生给一

---

① 宋爱珍:《安乐死及安乐死立法在国外》,《山东医科大学学报》(社会科学版)1999年第4期。
② 念九州:《价值冲突:安乐死合法化的根本障碍》,《西北民族学院学报》(哲学社会科学版)2000年第1期。

个做出宣布的合格病人实行安乐死是合法的。"类似的法案也曾被美国爱达荷州、俄勒冈州等地立法机构提出，但最终均未获通过。1976 年，美国加利福尼亚州通过了《自然死亡法》(Natural Death Act)，首次从法律上承认了"死的权利"。1993 年，荷兰议会通过的一项安乐死法案，提出了安乐死的 25 项条件，规定如果医生按照这项法案的准则实施安乐死就不是违法，不会受到法律的追究。1995 年 5 月，澳大利亚北部地区在经过长期的争论之后，率先通过了首部承认安乐死的法律，并于 1996 年 7 月 1 日开始生效。尽管争议仍存，反对者大有人在，但它的出现无疑使安乐死合法化运动的进程迈上了新的台阶。该法律规定：一个成年病人可以要求用死来结束其痛苦，可以是注射毒针或服用毒药水，但条件是必须身患绝症并经过病人所患疾病的专家和精神科医生鉴定。经过 7 天冷静期后，如果病人仍坚持安乐死，须再签一份申请，再等 2 天后方可实施。不过这只是地区的立法，不属于澳大利亚的国家立法。

（二）关于我国安乐死的"思想源流"

有相当一部分学者认为：安乐死无论从观念还是从行为上讲均起源于我国。兰州医学院副院长赵健雄认为"安乐"一词最早见于中国佛教流派之一的"净土宗"。唐代道绰（562—645）所著《安乐集》称，"安乐"即西方极乐净土之别名，而人按照佛教规定修行则死后可进安乐世界。事实上，在中唐时期（781—847）人年老后就有自行去往坟墓安乐而死的人（不吃不喝等待死亡），这在《大正藏》里有所记载："人命将终，自然行诣冢间而死。时世安乐……人常慈心恭敬和顺。"与这种安乐死观念相吻合的是敦煌石窟榆林窟第 25 窟北壁西侧的"自行诣冢"壁画。这是一位银须白发的耄耋老人与八位家人告别，端坐坟茔口。老人神志安详宁静，拉着老伴之手付托后事，而老伴一只手掩面，有悲戚之色。学者们认为，这表明在我国安乐死的思想和行为源远流长。①

变法维新领袖人物康有为在《大同书》里有"去苦界至极乐"一节，专门对所提安乐死作了表述："若其（指病重而承受极度痛苦者）气尽，呻吟太苦，众医脉之，上医脉之，知其无效，则以电气尽之，俾其免临死呻吟之奇苦焉。"从这段记载可知，康有为提倡安乐死，有其基本前提：一是患者处于"气尽"的生命终末期；二是病人长时间被疾病剧痛奇苦折磨；三是经过有经验的高明医生和众医会诊医治均无挽救其生命之良策者。符合上述三种情况的患者，康有为认为适于施行安乐死。而他提出"以电气尽之"的安乐死措施，则是他接受了西方近代科技知识的结果。②

关于现代含义的安乐死，在我国 20 世纪 80 年代才有这方面的文章见诸报端。1984 年出版的《中国大百科全书》法学分册中对安乐死做了权威性的界定，即：对于现代医学

---

① 张田勘：《对安乐死立法难的思考》，《山东医科大学学报》（社会科学版）1998 年第 1 期。
② 傅维康：《康有为曾倡"安乐死"》，《医古文知识》2002 年第 2 期。

无可挽救的、逼近死亡的病人，医生在患者本人真诚委托的前提下，为减轻病人难以忍受的剧烈痛苦，而采取措施提前结束病人生命。①

安乐死的全民启蒙和思想理论大探讨要追溯到1987年。当时中国社会科学院哲学研究所、中国自然辩证法研究会、中国伦理学研究会和北京医院等单位在12月24日联合举办了一次全国范围的安乐死问题大讨论。此后中央人民广播电台、《健康报》等媒体也参与并组织读者、听众讨论。国家领导人邓颖超以一个普通听众的身份致电中央人民广播电台，道出许多人的心声："你们勇敢地播出关于安乐死问题……我很赞成。我在几年前已留下遗嘱，当我的生命结束，用不着用人工和药物延长寿命的时候，千万不要用抢救的办法。这是我作为一个听众参加你们讨论的一点意见。"②

其后，全国的"两会"上不断有代表（多为发达地区如广东、上海等地的代表）联名提出有关安乐死的提案；山东的一所大学甚至受其地方立法机关的委托起草出一份安乐死立法草案。

（三）关于"安乐死源流"的考辨

不管是古斯巴达克人还是古萨丁尼亚人、古印度人，其所谓的安乐死都不是我们现今意义上谈论的安乐死。有人认为"这大概是世界上最早实施的'安乐死'"③一说，我们并不赞同。从这些例子我们看到的是在当时极其恶劣的条件下为了生存的需要而弱肉强食的血腥，这跟现代意义上的安乐死的旨趣截然不同。现代的、真正意义上的安乐死，并非有些学者所认为的"源远流长"，在启蒙运动没有开始、人本主义人权观念没有普及、社会医疗水平没有长足发展之前，真正意义上的安乐死是不可能诞生的。而希特勒式的安乐死则更为我们所不齿，它只不过是假安乐死之名，行"种族屠杀"之实。

至于认为安乐死的思想和行为在我国源远流长，源自佛教，亦有敦煌壁画相印证一说，我们亦持谨慎态度。因为"安乐"加"死"和安乐死从严格意义上讲是不一样的。佛教中的"圆寂""坐化"也应排除在安乐死之外。"圆寂""坐化"实施的主体是本人，而安乐死实施的主体是医生。不过，我们认为，康有为除了没有提到患者自愿这一问题外，其余看法倒是接近于现代意义上的安乐死思想的。

不管是国内还是国外，所谓的赞成"安乐死源远流长"的观点都面临着一个共同的缺陷：它们总是试图从"故纸堆"里寻找现代事物的影子，以说服自己、吓倒别人。这并不是说我们排斥"源与流"的考察，相反，我们认为这种推导更应该做到谨慎稳妥，因为并不是所有新生事物都能在浩瀚的历史长河中找到对应物的。而如果超越时间、空间进行对

---

① 周启华：《我国"安乐死"大事纪要》，《中国医学伦理学》1999年第1期。
② 张田勘：《对安乐死立法难的思考》，《山东医科大学学报》（社会科学版）1998年第1期。
③ 宋爱珍：《安乐死及安乐死立法在国外》，《山东医科大学学报》（社会科学版）1999年第4期。

比，硬要在古代事物和现代事物之间架起桥梁，其结果往往会造成对古代文献的误解，很多时候则更是徒劳无益的。在严谨的学术面前，我们应该尽量摒弃对古代文明的一厢情愿，还事物于本真，承认现代意义上的安乐死不会、也不应该滥觞于此。这并不会愧对祖先，而是对古老文明的尊重。我们认为现代意义的安乐死是现代文明高度发展、医疗水平相当进步的产物，是与现代文明相伴相生的。学术界应该为安乐死正本清源，来一番浪里淘沙、沙里淘金的功夫，真正搞清何为安乐死。从而为安乐死及其相关科学的研究奠定坚实的基础。

三、关于安乐死概念的讨论

20世纪80年代以来，对安乐死概念的分析层出不穷，仁者见仁，智者见智。现介绍其中几种主要观点及论者的评述。

（一）安乐死观点种种

一种观点认为，所谓安乐死，是指对于身患绝症、濒临死亡的病人，由于难以忍受的痛苦，出于本人神志清醒时的真诚嘱托或其近亲属的同意（病人是植物人时），医生为减少病人难以忍受的痛苦，采取措施提前结束病人的生命，使其安然死去的行为。①

另有学者主张，安乐死是指病人患有痛苦不堪的疾病而无法治疗，且濒临死亡，为了减轻其死亡前的痛苦，基于患者本人的请求或同意，采用适当的方法，促其提早死亡的行为。②

还有学者认为，安乐死是指当身患绝症或严重伤残者处于危重濒死状态时，由于精神和躯体上遭受着极端痛苦，在本人或其亲友愿意的前提下，他人出于同情和帮助其免受病痛折磨的目的，用仁慈的方式提前结束患者生命的一种行为。③

上海社会科学院金子桐先生则认为，所谓安乐死，是指身患绝症、生存无望，在濒临死亡之前，为解脱难以忍受之病痛而萌自杀之决意，而又缺自杀之能力或勇气，乃嘱托他人帮助杀害自己，以达其自杀之目的的行为。④

此外还有人认为，安乐死意指对于死期迫在眼前而有难忍的、剧烈的身体痛苦而又患有不治之症的病人，应其真挚而恳切的要求，为了使其摆脱痛苦而采取人道的方法让其安然死去的行为。⑤

---

① 肖良平：《对安乐死的法律思考》，《江西教育学院学报》（社会科学）2003年第2期。
② 刘晓莉、孙咏梅、王强：《安乐死探究》，《内蒙古民族师院学报》（哲社版）1998年第4期。
③ 朱沛智：《安乐死及其立法思考》，《科学·经济·社会》2002年第1期。
④ 金子桐：《情理与法的大决斗——介绍国外有关"安乐死"的争论》，《政治与法律》1997年第5期。
⑤ 夏强：《安乐死合法化探究》，《中国刑事法杂志》2001年第5期。

其他较有影响的观点是：

有人认为，现代意义上的安乐死，是指取得有关机关授权的医生，应病人真诚的、自愿的要求，为减少身患绝症、濒临死亡的病人难以承受的肉体上的痛苦，依照法定程序采取适当的措施，提前结束患者生命的行为。①

熊新文先生认为，现代医学不可挽救的濒临死亡或无法医治的绝症患者，由于精神和躯体受疾病折磨而极度痛苦，在本人和家属的强烈要求下，经过医生鉴定及有关部门认可，采用医学的方法，使患者无痛苦地、安逸地快速死亡，这个过程称为安乐死。②

王红漫在比较了多国法律后指出，通常所讲的安乐死，在英语中又叫作"怜悯杀人"，即某人以所谓不痛苦的方式，将身患不治之症、即将死亡而又希望死亡的垂危病人立即处死的积极行为。③

完成全国首个《安乐死暂行条例（草案·建议稿）》的祝世讷教授等则认为安乐死的定义是"安乐死即安乐地死亡"。它所揭示的安乐死的内涵是死亡的优化状态，即用科学的方法对人的死亡过程进行优化调节，减轻或消除痛苦，使死亡呈安乐态。安乐死的对立面不是"痛苦地生"，而是"痛苦地死"。④

邱仁宗认为，安乐死指引致一个人死亡作为提供他的医疗服务的一部分。⑤

张赞宁认为，安乐死现代含义是指："对于患有现阶段医学科学技术所不能救治而又极端痛苦的病人，在不违背其本人意愿的前提下，为了解除其痛苦，由医务人员所提供的使病人在无痛苦状态下加快结束或不再延长死亡过程的医疗性服务。"⑥

翟晓梅博士则分析安乐死的对象是那些当前医学条件下毫无救治可能的、正在遭受着不可忍受痛苦的、有行为能力的成人患者；患者的死亡是根据患者真诚的请求，目的（首要理由）在于终止临终患者的痛苦而由另外一个人，即医生作为一种特殊的、别无选择的医疗手段而有意引起的。所以，实际上，安乐死行为是一种在临终患者的明确请求下，为解除其无可忍受的痛苦而由医生实施的、对临终患者的死亡过程进行主动的医疗干预的行为。⑦

作为概括性的论述，一些较有权威的辞典的解释是最为大众瞩目的。《中国大百科全

---

① 陆敏：《安乐死的立法思考》，《海南大学学报》（人文社会科学版）2002年第1期。
② 熊新文：《浅谈安乐死立法》，《法律与医学杂志》1996年第3期。
③ 王红漫：《安乐死问题立法进展比较》，《现代法学》2001年第4期。
④ 祝世讷、冯秀云、梁中天：《关于〈安乐死暂行条例（草案·建议稿）〉的若干说明》，《医学与哲学》第20卷，1999年第10期。
⑤ 邱仁宗：《生命伦理学》，上海人民出版社1987年版，第192页。
⑥ 张赞宁：《关于安乐死的几个问题》，《法律科学》1991年第2期。转引自周莉华：《安乐死的法律思考》，《安徽大学学报》（哲学社会科学版）1996年第1期。
⑦ 翟晓梅：《安乐死的概念问题》，《自然辩证法通讯》2000年第3期。

书·法学》卷谓：安乐死，是指对于现代医术无法挽救、临近死亡的病人，医生在患者本人真诚委托的前提下，为减少病人难以忍受的剧烈痛苦，而采取措施提前结束病人生命的一种死亡方式。

《布莱克法律词典》认为，安乐死是从怜悯出发，把身患不治之症和极端痛苦的人处死的行为或做法。

《牛津法律指南》将安乐死定义为"在不可救药的或病危患者自己的要求下，所采取的引起或加速死亡的措施"。美国医学会认为安乐死的通常定义应当是："出于仁慈的原因以相对迅速并且无痛的方式造成不治之症和病痛患者死亡的行为。"

《韦伯新国际词典》第3版则定义，安乐死是"使病人脱离不治之症的无痛致死的行为"。

《新哥伦比亚百科全书》1975年版把安乐死定义为"无痛致死或不阻止晚期疾病患者的自然死亡"。

根据《牛津法律大词典》定义，安乐死是指在"不可救药的患者或病危患者自己的要求下所采取的引起或加速其死亡的措施"。

（二）分歧点概括

上述观点看似相同，但就细节而言都或多或少有一些区别。综合对比考察这些概念，我们发现其中的主要分歧点有：

1. 安乐死的对象是否仅限于身患绝症、濒临死亡的病人？
2. 没有提出安乐死请求，能否对其实行安乐死？
3. 安乐死是否包括主动安乐死和被动安乐死？
4. 安乐死的实施者是否仅限于医生？
5. 安乐死是否必须经法定程序？
6. 医生是否必须取得有关机关的授权？
7. 如何衡量"痛苦"？"痛苦"是指精神痛苦或肉体痛苦还是两者皆有？
8. 病人亲属是否有权提出安乐死？亲友呢？
9. 提出安乐死的意愿需要符合哪些条件？
10. 安乐死是一种行为、一种过程还是一种服务？
11. 安乐死是基于人道、基于同情还是基于解除病人痛苦？
12. 采用的方式有哪些？何为"适当的方式"？
13. 安乐死是死亡原因还是死亡方式？

（三）分歧点试析

针对这些分歧，我们试做如下分析：

1. 有学者主张安乐死的对象不仅可以是身患绝症、濒临死亡的病人,而且也可以是"无生存价值"的人,即脑死亡者;已经没有感觉、自我意识完全丧失和陷入不可逆转昏迷状态的病人,如植物人;严重畸形或患有严重先天性疾病的新生儿,如无脑儿、重度脑积水、严重内脏缺损的新生儿。我们认为:

(1)安乐死的对象应仅限于身患绝症、濒临死亡的病人,并且在当前医学条件下没有救治的可能;该患者应是完全行为能力人,能够独立享有权利、承担义务,能够对自己做出决定的事情承担责任,也就是具有意思表示之能力,具有独立作出安乐死意思表示之可能,而不应是无行为能力人或限制行为能力人。

(2)对于脑死亡者,在尚未规定以脑死亡作为死亡标准的情况下,仍应将其视为"活人",即使死亡将不可逆地发生,由于脑死亡者没有也不可能提出安乐死请求,也就不应对其实行安乐死。在法律规定将脑死亡作为死亡标准以后,即不存在对脑死亡者实行安乐死的问题了,因为其在脑死亡时已经死亡。

(3)对于已经没有感觉、自我意识完全丧失和陷入不可逆转昏迷状态的病人,如植物人,由于其没有、也不可能提出安乐死请求,也不应对其实行安乐死。

(4)前述两类人,即脑死亡者和已经没有感觉、自我意识完全丧失和陷入不可逆转昏迷状态的病人,在其意志清醒时,能否订立"生前遗嘱"(living will)呢?所谓"生前遗嘱",又称"活遗嘱",美国的"安乐死教育基金会"(Euthanasia Educational Fund)给出的样本是:"如果我不能参加决定自己未来的这时刻的来临,我愿让我这一声明作为表达我的愿望和遗嘱。如果不存在使我从身体疾病和精神疾病中恢复的合理期望,那么我要求死亡,不要求用人工的方式和极端的方式,维持我的生命。死亡与出生、成长、成熟、年老一样是一种现实——一种必然,我害怕因每况愈下、依赖和毫无希望的痛苦所带来的屈辱胜过害怕死亡。我请求从怜悯出发为我的晚期痛苦用药,即使这些药物会加快死亡的到来。"我们认为,采用"生前遗嘱"具有一定的合理性与可操作性,所以,上述情况又可作相应修正,即对脑死亡者和已经没有感觉、自我意识完全丧失和不可逆转昏迷状态的病人不能实行安乐死,但其订立了"生前遗嘱"的除外。不过,对"生前遗嘱"还有待进一步论证,比如,如何判定其有效性,是否有期限限制等,因为此时的意思表示可能与彼时的意思表示截然相反,实践证明,很多人在此时请求安乐死,而真正患绝症时,又撤销安乐死申请。

(5)对于严重畸形或患有严重先天性疾病的新生儿,如无脑儿、重度脑积水、严重内脏缺损的新生儿等,由于其是无行为能力人或限制行为能力人,在法律上不具有单独做出意思表示的资格,不可以为一般意义上的法律行为,只能由其监护人实行代理。这里涉及监护和代理的概念。监护是原生性的,而代理是派生性的,代理行为之行使是由于监护权之存在。我们知道,从民法原理出发,监护人不得为损害被监护人利益之行为;那么如果允许监护人代替被监护人做出安乐死之决定,便从根本上违背了这一法理。我国的《民法通则》第十八条也规定:"监护人应当履行监护职责,保护被监护人的人身、财产及其他合法权益,除为被监护人的利益外,不得处理被监护人的财产。"《最高人民法院关于贯彻执行〈中华人民共和国民法通则〉若干问题的意见(试行)》(1988年1月26日)第十条则明确规定:"监护人的监护职责包括:保护被监护人的身体健康,照顾被监护人的生活,管理和保护被监护人的财产,代理被监护人进行民事活动,对被监护人进行管理和教育,在被监护人合法权益受到侵害或者与人发生争议时,代理其进行诉讼。"可见,法律并没有赋予严重畸形或患有严重先天性疾病的新生儿的监护人代理其做出安乐死的决定的权利。如果该监护人可以替其做出安乐死决定,便是侵犯了其权益,因为当一个人死了,便没有利益可言,所以对其实行安乐死,必然带来利益之减损。

(6)针对这些脑死亡者,已经没有感觉、自我意识完全丧失和陷于不可逆转昏迷状态的病人,如植物人;严重畸形或患有严重先天性疾病的新生儿,如无脑儿,重度脑积水、严重内脏缺损的新生儿,有人提出了"准生命"的概念,认为他们不是严格意义上的"生命",应以"非人"的方式对待之。我们对该观点持谨慎态度,在法律规定"公民的权利能力自出生时开始"这一底线未被突破前,任何出生的公民都自始地、当然地具有"人"的资格。在这一条底线上,人人都是平等的,一个理性的社会不应该随意突破形式的平等而去追求所谓的实质的正义。

(7)我们反对用所谓的"价值"来衡量生命的存在,须知这是非常危险的。因为如果认为"人之为人乃因人之有价值",就会推导出当一个人没有所谓的"价值",便不称其为人了。那么,接下来的一个问题便是由谁来判断"价值"呢?由谁来制定衡量"价值"的标准呢?再往下去,我们便看到了希特勒的影子。

2. 在患者没有提出安乐死请求时,可否对其实行安乐死?也即安乐死是否包括非自愿安乐死?其实,在看完前文时,读者应该就已经有答案了。安乐死不应包括非自愿安乐死。任何人都没有权利未经他人同意而结束他人生命;即使经他人同意而结束他人生命,未经法定程序,该行为仍是不合法的,因为法律对被害人承诺事件所采取的态度并不一致。非自愿安乐死排除患者的意愿,带来的一个可怕结果就是决定实施非自愿安乐死时考虑的是谁的意愿?谁有权表示该意愿?患者的监护人?上文已经否定了这种可能;所谓的"社会"能否做出这个决定?一个正常社会的运转必定需要付出其成本,如果以社会价值来对个体生存做出取舍,那么从中凸显出来的功利主义和实用主义将会使整个社会越发向畸形发展。个人的事务只能由个人决定,谁也无权"越俎代庖"。我们认为,患者的意愿是实行安乐死的必要条件。从这一角度出发,我们就可以发现所谓的"中国安乐死第一案"——陕西省汉中市居民夏素文(女,59岁)因长期患肝癌于1986年6月23日入住汉中市传染病医院,在夏的儿子再三要求下,该医院医生蒲连升于6月29日给夏注射大剂量冬眠灵(氯丙嗪)致其身亡。7月3日汉中市公安局以致人死亡立案,蒲两次被收审,两次取保候审,直至 1992 年 6 月 25 日结案,被宣告无罪①——无论是定性,还是处理的方式,都不是十分妥当。其实,此案并不构成安乐死案例。该案中体现的是患者儿子的"再三要求",医生依据的也是患者儿子的"再三要求",而并没有关注患者自身的意愿。

3. 安乐死是否包括主动安乐死和被动安乐死?主动安乐死又称积极安乐死,是指实施者采取作为的方式,如注射药物使患者无痛死亡;被动安乐死又称消极安乐死,是指实施者采取不作为的方式,如中止维持生命的措施让患者无痛死亡。②很多学者对该问题进行了较深入的讨论,观点也是针锋相对的。主张安乐死仅指主动安乐死的,理由如下:

(1)"现在人们越来越多地强调患者对自己的治疗做出决定的权利。"③患者应该有权决定接受或拒绝某种治疗手段,法律也只能界定每个人是自己利益最大化的判断者,并在该前提下做出具有普适性的规定,而不可能对具体某个人的某个具体事务做出决策。事实也是这样的,除非患者做出的决定违法(比如"非典"时期 SARS 患者逃避限制其行动或进行强制性治疗的要求),医院是不能对患者进行强制治疗的。在医患关系当中,患者和医院订立的是一种契约,需要意思合致。由于我国尚未实行全民免费医疗,现实中很多贫穷地区的患者在得知其患上绝症后,只是拿几包药回家等死,而如果把这也当成其在践行安乐死是不科学的,也就是说,所谓的被动安乐死和自然死亡是无法分清的。而且很多文章在提到美国加利福尼亚州《自然死亡法》时,习惯性地将其认为是安乐死法,我们认为这是不严谨的,分析描述问题应该实事求是,而轻易地等同替代则可能产生谬误。

(2)患者可以拒绝治疗,但只要法律没有认可,其要求别人致其死亡就不应得到支持。也就是说,在这一关系中,患者可以"不要",但"要"却应满足相应的条件。"不要"涉及对自己行为的处分,"要"却是要求别人做出某种行为。别人是否应该答应其要求则又是另一回事,这种情况就是我们所说的安乐死请求,而当法律认可了这一做法时,根据患者要求,医生主动结束患者生命或协助患者结束生命便构成了主动安乐死亦即安乐死。

4. 安乐死的实施者只能是医生。上述概念有的提到了安乐死的实施者应是医生,有的则只字未提。我们认为,安乐死是严肃的医疗事务,必须而且也只能由医生来执行,即病人的家属或亲友不具有安乐死的实施资格。

5. 安乐死必须经法定程序,非经法定程序便是故意杀人或协助自杀。荷兰安乐死法的规定是有借鉴意义的,荷兰安乐死法并没有承认所有的医生依请求终止生命或协助自杀行为都是合法的,而是一开始就推定该行为是非法的,除非满足一系列法律规定的条件。

6. 具有实施安乐死资格的医生应该具有一定的资质,取得实施安乐死的相关执业证书,并且建立一整套的管理、监督和资质评审制度。

---

① 周启华:《我国"安乐死"大事纪要》,《中国医学伦理学》1999 年第 1 期。
② [英]尼古拉斯·布宁、余纪元:《西方哲学英汉对照辞典》,人民出版社 2001 年版,第 336 页。
③ [美] P. 辛格:《生死决策中的伦理学变化》,《国外社会科学》2001 年第 6 期。

7. 如何衡量"痛苦"的程度？我们认为主观性因素太多，的确很难掌握。符合实施安乐死的痛苦标准必须存在肉体上的痛苦，也就是说应当排斥从医学理论上讲客观上能够证实并没有肉体痛苦的患者申请安乐死，即反对对精神极度抑郁而无肉体痛苦折磨的病人施行安乐死。单纯的精神痛苦不应构成安乐死的理由。那如果只有单纯的肉体痛苦呢？当一个人面临肉体极度痛苦而精神却很愉悦或至少不以为苦的情况是不多见的。这样的人往往意志极度坚强，连常人难以想象的痛苦都能忍受，理论上讲一般不存在申请安乐死的可能。最常规的情况是肉体上的巨大痛苦引发精神上的极度痛苦。这要求肉体痛苦是第一位的、原生性的、占决定因素的，而反对医学上认为轻微的或不显著的肉体疼痛但精神极度痛苦者申请安乐死。归根结底，不能用消灭肉体的方法来消除精神痛苦，心理疾病的治愈不能以个体的不存在为代价。肉体痛苦比较客观，容易用医学标准来判断衡量，而精神痛苦则主观性太强，是非曲直难以判断。所以，在鉴定其是否符合安乐死的条件时，应当考察核实的是患者是否具有极大的、难以忍受的肉体痛苦，而一般不问其精神状态如何。如果不符合医学上的肉体极度疼痛条件，那便不应该实行安乐死，而是由心理医生或临终关怀人员进行辅导。

8. 只有患者本人才能提出安乐死的请求，其他亲属或朋友一概不能代替患者提出该要求。法谚有云："权利不及于他人人身。"个体不能跨越这条线来主宰他人人身，决定他人的生死。衡量某一安乐死行为是否合法，必须也只能考察本人是否愿意，这一意愿的表达是否真实明确，在这一过程中，他人无权置喙。有时也可能有患者的亲属帮助患者提出安乐死请求，但其成立的前提也应基于患者本人真实的意思表示。国外有一点做得很好，就是当在考察患者的请求时，必须经过一个独立的单独与患者交谈的程序，以避免患者受他人的左右而提出安乐死。

9. 提出安乐死的意愿必须是明确真实的，必须至少具备意思表示的三个要件，即"效果意思""目的意思""表示行为"。"效果意思"是指意思表示中须含有设立、变更或终止法律关系的意图，即该行为人必须意识到并且追求其行为的设权效果。"目的意思"是指意思表示必须完整明确地指明所欲设立的法律关系的必要内容，即具备明确无矛盾的法律行为基本内容。而"表示行为"是指行为人的内在法律意思必须通过一定的方式表示出来，并足以为外界客观识别。

10. 安乐死究竟应被归结为"行为""过程"还是"服务"呢？在这三者的选择中，我们倾向于认为应归结为"行为"。因为无论是"过程"也好，"服务"也好，说到底其实都是"行为"的延伸，抓住了"行为"，便抓住了问题的本质。

11. 不排除安乐死有人道主义、同情思想的因素，但最本质的是解除病人痛苦，除此之外别无旁骛。很多文章在谈到这一问题时，总是不断地强调安乐死有利于节约有限的医疗资源、有利于社会的整体利益、减轻患者及其家属的经济负担等，想以此来论证应该实行安乐死。不应否认安乐死实行后或合法化后会有如此这般的功能或效果，但是必须严肃地指出，这一逻辑推导是错误的，它颠倒了因果关系，试图用结果来论证原因。安乐死可以实施的原因只能也只有是它能解除病人痛苦。

12. 在安乐死问题上只能采用医学上的方式结束病人的痛苦，而且应当尽量采用无痛苦的方式结束病人的生命。其他方式都不应作合法评价。

13. 至于安乐死是死亡原因还是死亡方式这个问题，争议还是有的。多数学者赞同安乐死不构成独立的死亡原因，而仅是一种死亡方式。起草《安乐死暂行条例（草案·建议稿）》的作者认为安乐死的本质不是授人以死，而是授濒死者以安乐；所解决的矛盾是从"痛苦"向"安乐"的转变，不是从"生"向"死"的转变；所回答的是"死得如何"，不是"为什么死"。目前一般把死亡方式分为三种：因生理衰老而发生的生理死亡或自然死亡；因各种疾病造成的病理死亡；因肌体受机械的、化学的或其他因素所造成的意外死亡。安乐死只是对这三种死亡方式的死亡状态进行优化调节，并不在这三种死亡方式之外构成另一单独的死亡方式。而我们赞同翟晓梅博士主张的医生的行动与患者的死亡有着直接因果性关系一说。因为认为安乐死的本质是安乐而不是死亡的逻辑让我们难以苟同，这样一个很简单的"前偏后正"词语不应被解释成"前正后偏"，施与了安乐客观上也造成了死亡，所以不应抹杀安乐死行为与死亡之间的因果关系。

通过前述13项的分析，我们对安乐死的概念有了初步的认识。在给出安乐死定义前，我们想要指出"安乐死"这一概念真的有如某些学者所说"扑朔迷离"，所以有些学者提出用更为清晰、更少歧义的三个短语——听任死亡、仁慈助死和仁慈杀人——代替之，这也不失为一个办法。在使用安乐死这一术语时，国外学者是比较谨慎的，同样是问卷调查，他们"回避使用像'安乐死'这样的术语，因为在医学实践中这个术语还远未得到一致通过"。

其实我们本不想给安乐死下一明确定义，但是为了下文更好地论证安乐死与其他相关概念的区别，我们只能不得已而为之了。我们认为，安乐死是指濒临死亡的患者因无法忍受肉体痛苦而由医生依其请求按照法定的程序尽可能无痛地结束其生命。主动自愿才能构成安乐死。

四、安乐死的法律界定

我们认为，从法律的角度说，安乐死具有以下特有属性：

第一，安乐死的适用对象必须是在当前医学条件下无法挽救并且正在遭受难以忍受痛苦的临近死亡的患者。

第二，实施安乐死措施的首要目的必须是减轻和解除患者不堪忍受的事实痛苦。如果有人为了能从一个身患不治之症，并且正在遭受着极大痛苦的患者的死亡中获取某种好处，采取措施导致患者死亡，这只能是谋杀。例如，亲属为了获得继承权、高额保险费，医生为了赚取暴利,等。换言之,实施安乐死的动机必须是纯洁的、道德的。

第三,患者必须在意识清醒的状态下自愿提出接受安乐死的请求,并需多次提出相关请求。也就是说,实施安乐死必须经过患者的诚恳请求,或者做出明白无疑的委托,并且患者是在知情的情况下经过深思熟虑做出决定的。

第四,实施安乐死的方式必须是仁慈和尽可能无痛的。实施安乐死的方式必须符合社会伦理道德和人道主义原则,能够达到使患者安然无痛苦地离开人世的基本要求。实施安乐死的措施应包括:为解除濒死者精神痛苦而进行正确的生死观教育和医学心理指导;为解除濒死者精神和肌体痛苦而使用药物和非药物的医学手段;缩短濒死者进入不可逆死亡过程后所持续的时间等。曾有报道,在江苏省阜宁县和河南省宁陵县的两个案例中,两名患者都濒临死期并且痛苦难忍,一再请求结束生命,家属也希望解除其痛苦,但是他们采用了非常手段,一个是用棉被闷死患者,另一个是用农药毒死患者。[①]这两个案例尽管符合了安乐死的前三个特有属性,但实施的方式却不是仁慈的和尽可能无痛的,不符合社会伦理道德和人道主义原则,因此,这不能称为安乐死实例。

以上四大特有属性构成了安乐死的必要条件,必须全部具备。

五、安乐死与自杀

(一)自杀的演进

古希腊和古罗马时期,自杀现象相当突出。自杀身亡、名垂史册的重要人物有苏格拉底、卡托、塞涅卡、德莫塞尼斯、罗古修斯等。在雅典,如果事先向元老院提出申请,陈述不能忍受生活的原因并得到批准,自杀即为合法。"任何想死的人都应向元老院陈述理由,得到允许就可结束生命,如果你觉得生活不愉快,你可以死。如果你运气不好,可服毒芹汁自尽。如果你痛不欲生,就弃世而去,不幸的人应向法官陈述他的不幸,法官给他们'治病妙方',他们的苦难也就结束了。"[②] 这种法律被希腊移民带到马赛城,法官备有毒药,向获准自杀的人提供必要剂量的毒药。这一时期宗教哲学主要流派斯多噶学派(公元前4世纪创立)具有强烈的厌世主义倾向,认为死亡使人摆脱了肉体生活的纠缠而进入纯粹的灵魂生活之中。他们赞美自杀,其代表人物第欧根尼认为"只有随时准备死的人才是真正的自由人"[③];另一代表人物埃皮克提特则说:"对于那些不能忍受人生痛苦和肉体羁绊的人而言,自杀是完全合理的,自杀之门是开着的,死亡是所有人的避难所,一旦你选

---

① 翟晓梅:《安乐死的概念问题》,《自然辩证法通讯》2000年第3期。
② 里巴聂斯叙述雅典法律条款。转引自[法]爱米尔·杜尔凯姆:《自杀论》,钟旭辉等译,浙江人民出版社1988年版,第285页。
③ 黄应全:《死亡与解脱》,作家出版社1997年版,第42页。

择了,就走出了屋子。"斯多噶学派对自杀的哲学、道德评价,无疑影响了当时对自杀的法律评价。只有未经官方允许的自杀才被视为非法。在雅典,未经允许的自杀者被视为背叛了城邦,要处以"阿迪米亚刑"——不能享受荣誉和葬礼,尸体要被切下一只手异处埋葬。《十二铜表法》第六百零三条中提及不能为自缢者举行葬礼。希腊各城邦大都制定了对"非法"自杀的惩罚条款。在后来的罗马帝国时代,法律大多循希腊先例。恺撒斯·赫米纳撰写的一部编年史曾记载大祭司将自杀者鞭尸后钉上十字架,任鸟兽啄食。但罗马法律中也有缓和性条款,想自杀的市民须向元老院申请,元老院审议决定是否允许及以何种方式自杀。企图以自杀逃避兵役的士兵将被处以死刑;如因违反军纪而自杀,遗嘱无效、财产没收;而若自杀的理由充分则至多被开除军籍了事。[①] 在罗马,无论是在法律的或是道德的裁判中,对自杀动机的分析和认定都起着决定性的作用。罗马法律中有关特殊情况下自杀行为的"合法性"成为与自杀相关的法律的基础。爱米尔·杜尔凯姆认为,"合法的"理由越来越多,因而禁止自杀的法律就名存实亡了。

随着欧洲的文艺复兴、启蒙运动和资产阶级革命的蓬勃开展,教会的绝对权力瓦解,判定自杀是渎神罪行的宗教戒律就逐渐失去了权威。哲学家首先向神学家提出了挑战,为自杀行为正名的著名的哲学家有蒙田、伏尔泰、卢梭,他们主张自杀是人的合法权利;继之有更为激进的休谟、叔本华等;其间法学家孟德斯鸠也从法律角度抨击了教会的观点。18 世纪以后,现代的自杀观念已经形成——自杀并不是对上帝的冒犯,而纯属个人的自由选择。[②]

1749 年法国国民议会通过禁止自杀的相关法案,对自杀者没收其财产、剥夺其荣誉。不过相比中世纪而言,该法案要缓和得多。1789 年法国大革命引起了法国社会的深刻变化,法国开风气之先,率先废除了自杀罪,"人有结束自己生命的权利"逐渐成为法国人的共识。但按流行的法学观点,唆使、协助他人自杀者仍按谋杀罪论处。法国的宗教界此时仍然禁止自杀。现代法国,自杀行为已"纯属个人自由意志",并且得到广泛的同情。

以上对自杀历史的考察,反映了自杀从非法到合法的过程,体现了人权意识的不断觉醒,"人有结束自己生命的权利"的观念逐渐深入人心。以此来思考安乐死问题时,我们会发现某些契合之处。

对自杀的宽容是否预示着对安乐死的宽容呢?

(二)安乐死与自杀的共同点

第一,虽然有本质的不同,但安乐死和自杀都是以追求死亡为目的。在要求尽早地结

[①] [法]爱米尔·杜尔凯姆:《自杀论》,钟旭辉等译,浙江人民出版社 1988 年版,第 285 页。
[②] Brauch A, Brody(ed.). Suicide and Euthanasia-Historical and Contemporary Themes. Kluwar Academic Publishers, 1989:155.

束自己生命这个实际操作性问题上,对安乐死者和自杀者的要求是一样的。最早对安乐死进行的宣传,也曾以争取自杀的权利为口号。甚至有人还是将安乐死归于自杀者一类,认为这只不过是一类可以而且应该得到对其行为进行帮助的自杀。

第二,安乐死者与自杀者在心理障碍方面也有某些相似之处。虽然我们现在知道这是种误解,但它的确对推动安乐死运动起到一定作用。

第三,安乐死和自杀在很大程度上都是源于某种痛苦,前者是病痛,后者则多数是精神方面的痛苦。

第四,在追求死亡方面,两者都体现了个人的意愿。

自杀在现代社会仅关乎个人的意志,法律不可能做禁止性规定,只能"无所作为"。在安乐死法律关系中,患者在提出安乐死请求时也应表达其明确的个人意志。

(三) 安乐死与自杀的不同点

第一,自杀是自己结束自己的生命。自杀体现为死者在杀死他自己的过程中起决定性的作用,通常是由自杀者个人单独实施的;而在安乐死中,死亡主体与死亡实施者是分离的。自杀的实施者是其本人,而安乐死的实施者必须是医生。

第二,安乐死和自杀的具体动机可能不同。安乐死是源于无法忍受病痛的折磨;而自杀的动机则可能多种多样,或悲观厌世,或不堪重负,或寻求刺激等。

第三,安乐死者仅指患绝症濒临死亡、没有救治希望的患者;而自杀则没有这一主体限制。

第四,安乐死必须依照法定的程序;而自杀不需要履行法定程序,自杀导致的死亡往往是不可预测、突如其来的。

第五,安乐死要求采用尽可能无痛的方式结束病人的生命;而自杀的手段多种多样,没有"无痛"这一要求,很多时候甚至充满血腥。

第六,请求安乐死的意愿必须具备一定的条件并且必须经过审查;而自杀的想法则无法对其进行规制。

第七,以我国为例,自杀是合法的,因为"无法禁止即自由";而安乐死却是非法的,只要法律没有规定,对病人实施安乐死都将得到法律的制裁。

六、安乐死与故意杀人

(一) 相同点

安乐死介于自杀与他杀之间,其具有自杀的目的,而行为却往往表现为他杀。二者有以下几个共同点:

第一,安乐死与故意杀人在实施者与死亡主体相分离方面是一致的;实施者有相同的主观心理，都能预见到死亡这一行为后果，都积极地追求这种后果的发生。

第二，故意杀人罪的客体是他人的生命权利，犯罪的对象是有生命的自然人；至于被害人的身份、年龄和健康状况如何均不影响本罪的构成。安乐死的对象绝大部分是身患绝症、濒临死亡且痛苦不堪的病人，但他们都是有生命的自然人，他们的生命权并不因病情或其他原因而灭失。从这方面看，安乐死与故意杀人的客体特征是一样的。

第三，故意杀人罪的客观方面表现为非法剥夺他人生命的行为，包括作为和不作为两种方式。在此用"非法"这两个字来排除合法杀人（如法警对死刑犯依法执行死刑）和符合正当防卫条件的杀人。安乐死也是一种剥夺他人生命的行为。只有当法律明确规定安乐死是一种排除犯罪性的行为，安乐死才不应被视为非法。

第四，故意杀人行为的主观表现为明知道自己的行为会造成或可能造成他人死亡，并且希望或放任死亡结果的发生。而安乐死的实施者在实施安乐死行为时，也意识到了自己的行为会造成病人死亡，并追求这种死亡的发生。

（二）不同点

安乐死与故意杀人的不同点主要是：

第一，安乐死与故意杀人最显著的区别是在安乐死死亡实例中的患者有明确的加速死亡的请求；而故意杀人案中的被杀者一般无此类意愿。

第二，安乐死与故意杀人两者的动机是截然不同的。实施安乐死的动机是善意的，是为了解除临终患者不可忍受的痛苦，尊重患者的自主权，一句话，是完全出于对患者利益的考虑；而故意杀人则是恶意追求或放任死亡结果的发生。

第三，安乐死实施的主体只能是医生；而故意杀人则没有这一主体限定。

第四，故意杀人中行为人的手段可以是各种各样的，很多时候甚至是以暴力的、残忍的手段非法剥夺他人生命，使他人身体受到不同程度的损害，遭受很大的痛苦；而安乐死则是采取一些平和的、令病人无痛苦的医学方式来终结其生命，这种行为为病人大大减轻了痛苦。

第五，在法律规定安乐死不构成犯罪时，便排除了安乐死的社会危害性；而故意杀人却具有极大的社会危害性。

第六，请求实行安乐死的主体必须是身患绝症、濒临死亡且没有救治希望的患者；而故意杀人行为中的受害者则没有此限制。

第七，安乐死的实施过程必须遵守一系列的法定程序；而故意杀人则不可能有法定程序的要求。

第八，在安乐死得到法律的认可后，其所产生的患者和医院之间的关系具有民法性质；而故意杀人则是从刑法意义上进行讨论的。

七、安乐死与临终关怀

(一) 临终关怀

"临终关怀"（Hospice Care）是在20世纪60年代于英国首先兴起的，世界上第一所临终关怀医院是英国的桑德斯1967年创建的圣克里斯多费临终关怀医院。目前临终关怀机构在英国已发展到273所，在美国已发展到2000余所。法国、加拿大、澳大利亚、芬兰、日本等60多个国家和我国也已开展了这项工作。它主要是针对现代医学无望治愈的病人，缓解其极端痛苦，维护其濒死尊严，增强人们对临终生理、心理状态的积极适应能力，帮助临终者安宁地走完生命的最后旅程并对临终者的家属提供居丧期在内的生理、心理关怀的立体化社会化服务。其本质是一种照护方案，与医生或社区中巡回医护协会互相配合，为垂死的病人及家属提供缓和性和支持性的照顾。

临终关怀给病人提供的服务是综合性的姑息性服务，主要体现在：

第一，给临终者提供心理治疗和服务：临终病人的心理发展是极其复杂的。据有关学者研究，临终病人心理要经过5个发展时期，即否认期、愤怒期、协议期、忧郁期和接受期。通过心理治疗，使病人接受即将到来的死亡的现实，从而缓解或消除病人的焦虑和痛苦，使临终者安然接受死亡的到来。国外学者提出过一个"闸门学说"，认为焦虑、抑郁和疼痛是相互起作用的，既可相互加强也可相互减弱。解除临终病人的焦虑和抑郁，可关闭和减少疼痛传入大脑的闸门，减少其向中枢神经的传递，而达到减轻病人疼痛的目的，提高临终者战胜疼痛的勇气，使其能安详、平静、达观地等待死亡的来临。

第二，给临终者提供生理治疗：解除病人的极端痛苦和疼痛程度。在临终的病人中，疼痛是非常普遍的一个症状，那么缓解和控制疼痛就成为临终关怀中一项非常重要甚至是核心的内容。据WHO（世界卫生组织）的一项预测，在今后25年间，慢性疼痛病人的数量要比过去翻一番，可见疼痛问题不仅只是临终关怀的研究问题。因此，包括临终关怀在内的社会综合性、姑息性、照顾性服务的数量将是很大的。解除疼痛的一般方法是用药物来控制疼痛。医药科技的发展已达到了用药物控制疼痛的目的，但所有的药物都有副作用，这可能给临终病人带来某些不良反应，甚至加速临终者的死亡。临终关怀不仅仅是用药物来控制疼痛，而更多的是采取精神的、心理的、社会的、生理的、宗教的等方法，如为临终者提供家庭式的生活服务，利用精神疗法、饮食疗法、环境疗法等。因此从事临终关怀的工作者不仅仅只是医生、护士，还应有心理学、社会学、宗教工作者等参加。

第三，给临终者家属提供综合性服务：对于一个不久将有亲人死去的家庭来说，这个沉重的打击会使家庭和亲友比临终者更为悲痛和不能接受，这就会使临终者家属和亲友，处于悲痛、不安、困惑、抑郁的心理状态，给其身心带来严重不良影响，以致生病和死亡，这就是人们常说的"祸不单行"的真正原因所在。因此，做好临终者家属的思想工作,为临终者家属提供包括居丧期在内的心理、生理关怀,也是临终关怀的重要工作。

目前,我国已有几个大城市开展了临终关怀工作,北京海淀区松堂医院、天津肺科医院、西安怡和医院等开设了"临终关怀病房",开展了大量的工作,受到了社会各界的好评和临终者家属的欢迎。据北京松堂医院统计,自1991年建院以来,其先后照顾了3000多位老人,其中30%的患者恢复了生活自理能力,70%的患者是在紧紧握住医护人员的手的情况下安静地走过了人生的最后旅程。前卫生部部长陈敏章曾说:"临终关怀是有百利而无一害的善举,它为人们幸福的人生画上了完美的句号。"临终关怀这一新学科的发展,正如国内外专家所预见的:其前景方兴未艾。

(二)安乐死与临终关怀的关系

1. 概念

临终关怀是为生命即将结束的病人及其家属提供全面的身心照护与支持。在生理上解除肉体的痛苦,在心理上缓和对死亡的恐惧和不安,在社会角度使其具有社会成员的自觉感,在社会伦理学方面提高生命的质量和人的尊严,使临终者平静、安然地度过人生的最后历程。临终关怀强调活得有尊严,安乐死强调死得有尊严。

2. 解除痛苦的手段

临终关怀与安乐死都是为了达到解除临终者疼痛和不适的目的。临终关怀是为临终者提供姑息治疗性服务、解除痛苦直至生命自行结束。对临终者实施全面的整体护理,满足临终者的各种需要,用治疗或护理方法解除躯体上的痛苦,在心理上给予关怀和支持,以延长生命,提高生命质量,使临终者舒适地告别病痛、人生。安乐死是为临终者提供致死手段,终止病人生命,使其彻底摆脱疾病的折磨,从容而安详地故去。

3. 对待死亡的态度

临终关怀是积极、主动地为病人创造一个安静、舒适的环境,病人在临终之际得到社会的尊重、医护人员的精心照护、亲友的爱恋,在充满人情的气氛中,与家人共度有限时光,再现人与人之间的温情,从而使临终者看到自身价值和生命意义,使死者及家属均得到心理平衡。安乐死者死后,会给家属亲友心理上或多或少留下阴影。同时,安乐死尽管在理论上被大多数人接受,但在实践上仍面临重重障碍,由于目前许多国家没有立法,常引起医疗上、法律上的纠纷。因此,临终关怀目前还不失为一种对垂死者的有益措施。

4. 临终照护模式

安乐死因医疗、宗教、法律、实践等尚有争议,受到法律的肯定和允许尚有一个漫长的过程。在疾病的末期,持续治疗是医疗资源的浪费,实施安乐死又难于被大多数人接受。在持续治疗和宣布放弃之间,临终关怀是最恰当的选择,它既能解除临终病人的痛苦,又使家属亲友在感情上得到慰藉。在安乐死未付诸实践之前,临终关怀是一种理想的、容易被多方面接受的临终照护模式。①

5. 临终关怀和安乐死都是医学道德在生命终末期的具体体现

两者目标是一致的，不同的是偏重活还是偏重死的尊严。临终关怀既延长生命的量，亦提高生命的质；安乐死是终止生命。临床经验表明，当末期疾病患者得到良好的姑息护理，且症状得到很好控制及护理环境符合其愿望和需要时，他们很少请求安乐死。

以上我们比较详尽地讨论了与安乐死相关的一些概念问题。这一讨论，为安乐死法的研究奠定了必要的学术话语基础。需加强调的是，虽然不时地提及安乐死的法律问题（这是无法避免的），但安乐死与"安乐死法"是不同的概念，论域也不同。下文我们将进入对安乐死法的直接论述了。

---

① 刘月霞:《临终关怀与安乐死之异同》,《护理学杂志》1994年第5期。

第三章 安乐死实践与部分国家的安乐死立法

安乐死立法的历程充满着艰难险阻,至今还只有荷兰与比利时两国以国家立法的形式通过了安乐死法。但是回顾已经走过的历程,可以从中看出安乐死立法的困难所在,从而为以后的安乐死立法开拓一条比较平坦、比较畅通的道路。

一、安乐死实践的曲折道路

(一) 安乐死实践的前奏

如前所述,有的人认为,早在史前时代就有过安乐死的实践,"如游牧部落在迁移时常常把病人、老人留下来,加速他们的死亡"①。对此,前文已略分析这算不算安乐死的"实践"是大成问题的。郭自力先生所著《生物医学的伦理和法律问题》中的说法是:"早在史前时代,游牧部落转换营地时,就常常将年老体弱和伤残病人留在原来的区域或水草丰足的地方,使其自生自灭,免受部落迁移的种种艰难困苦。"②郭的说法进了一步,似乎较能自圆其安乐死之说,但显然是对前引"……加速他们的死亡"的一种主观臆断性的"协释"(姑妄名之),经不起推敲。首先,如果仅仅是"年老体弱"或"伤残病人",即使是"留在原来……水草丰足的地方",也只能算是"遗弃"而已,不能说是安乐死,至少与今天所说安乐死相去甚远,与 euthanasia 所说的"愉快地死亡"也不相契合。其次,古代游牧部落的迁徙,是以有无水草为权衡标准的,"水草丰足"而致迁徙,恐怕不合情理。所以,上引史前"游牧部落……"云云,如无史料可证,是不足为信的。郭著接着又说:"古代希腊和罗马,人们对安乐死有宽容、赞美和反对的不同,国家则允许病人结束自己的生命。"③此说除"国家则允许病人结束自己的生命"未见有史料的确证外,我们从前文

---

① [日] 千叶正士:《法律多元》,强世功等译,中国政法大学出版社1997年版,第215页。
② 郭自力:《生物医学的伦理和法律问题》,北京大学出版社2002年版,第32页。
③ 同上书,第32页。

苏格拉底等古希腊罗马先哲关于生与死的言论中,已了解一二。①

较为可信而近乎安乐死的前奏的,有以下例子:

其一,据 E.M. 迈耶所著《爱斯基摩》一书所载,一个叫"韦尔"的人记载了这样"一件沉痛的事例":一个生活在底欧米德岛上的猎手谈到最后是在怎样的情况下杀死他父亲的,他的父亲已值暮年,一日不如一日,再不能像其他成员那样对团体有所贡献了。所以,他要求儿子杀死自己。他叫一个十二三岁的小男孩使劲地将他的一把大猎刀磨快,随后指着他胸部容易刺进的部位,让他儿子来刺。第一次儿子将刀插得不太准,没有起到应有的效果。老父亲带着严厉和忍耐的情感说:"孩子,再高一点。"第二刀很准,可怜的父亲就去见上帝了。②

这个例子有几点与安乐死具有共同性。老父亲认为被儿子杀死比活下去更好,所以就这样做了。提出要求的是父亲,显示"自愿";一刀不行,指导儿子再来一刀,显示坚决要死去;原因则是"暮年"已至,"一日不如一日",可以理解为病痛缠身,生不如死。而这个受命杀死老父的孩子,估计不会受到惩处,否则其父决计不会对他提出助杀的要求。其时的习惯或习惯法允许此类行为。

其二,拉斯将森的《理智的文化》一书记载了这样一个例子:在切斯特菲尔群岛,一位女婿帮助他的岳母赴死。由于她患了肺结核病,所以决定上吊。"她感到自己老了,并且已经开始出现了血液外流的情况。她希望快点死去,并且我也同意。我仅仅在房梁上很快系上一根绳子,其余的事就由她自己干了。"③

其三,G. 霍尔姆在《阿哥马沙利克的爱斯基摩的人类学素描》一书中记述了这样一件事:在格陵兰东部,一个妇女领着一位瞎了眼的邻居去当地自杀的悬崖处,以便其能跳崖结束自己的生命。跳崖的邻居不是那位妇女的亲属,但是是她的朋友;因为领路,她还接受了邻居提供的服务费。④

第二、三两例与安乐死有更多的相似之处。上吊与跳崖的方式在今日当然不足取,但在当时,也只能如此,比例一之以刀刺杀"文明"多了。

除以上外,曹开宾先生等主编的《医学伦理学教程》用以下文字作为古代即有安乐死的证明。一为:"有人认为,安乐死在古老的神殿可以找到它的原型。二千五百多年前,释迦牟尼创立的佛教就宣扬'涅槃'。'坐化'是'涅'的最后形式,许多佛门高僧,在行

---

① 《生、死与人权》。
② 见该书第 138 页。转引自 [美] E. 霍贝尔:《原始人的法》,严存生等译,贵州人民出版社 1992 年版,第 67—68 页。
③ 见该书第 96 页。转引自 [美] E. 霍贝尔:《原始人的法》,严存生等译,贵州人民出版社 1992 年版,第 68 页。
④ 见该书第 74 页。转引自 [美] E. 霍贝尔:《原始人的法》,严存生等译,贵州人民出版社 1992 年版,第 68 页。

将逝世之时，更衣沐浴，盘坐合十，用意念控制肉体，达到'无我'的境界，无痛苦地安详死去。"二为："历史小说记载唐太宗的大将尉迟恭见偏将马三力被敌兵断去四肢，虽目光仍在流动，但已气息奄奄，口不能言。他不忍爱将惨受痛苦，遂刺其胸而死，唐太宗并未对尉迟恭降罪。"① 这两个例子与前三个例子略有不同。佛教僧人的"涅槃"相传已久，至今依然；战场上的那类例子，所在多有。虽然没有什么法律明文规定如何处置，但习惯已对此做了认可；虽然与安乐死的目的、条件、方式不尽相同甚至大相径庭，但与安乐死还是有相同之处的，即以人为的方式协助结束苦难的生命。

正是由于类似于安乐死的事例所在多有而且日渐增多，对安乐死的议论乃至研究就逐渐增多了。

17世纪前后，不少理论家对安乐死发表了议论。被马克思誉为"英国唯物主义和整个现代实践科学的真正始祖"的弗兰西斯·培根认为"长寿是生物医学的最神圣目的，安乐死是医学技术的重要领域"。他把长寿和安乐死协调起来：使长寿摆脱年老体衰，使临终摆脱痛苦。他多次提出"无痛致死术"，解除痛苦的方法可以包括中止临终医护以及医生采取措施加速死亡。科尔纳罗是西方历史上主张被动安乐死的第一人，他提出对待绝症患者应"任其死亡"。以后，早期空想社会主义者莫尔在《乌托邦》一书中提出有组织地实施安乐死的主张，对患有痛苦而无望治愈的疾病患者，可以根据一组传教士和法官的建议，通过本人自杀或由当局采取医疗上的人道措施来加速其死亡。

议论与实践互相推动，"水涨船高"地导致安乐死的真正出现。比较接近现代意义上的安乐死始于19世纪，那时安乐死被看作一种减轻患者不幸的特殊医护措施，并逐步开始运用于临床实践。1912年派克提出，死亡是一门科学，安乐死有益于提高生命的质量。著名心理学家、精神病学者弗洛伊德晚年患了下颚癌，动了30多次手术，由于无法忍受病痛的折磨，要求医生给他注射了吗啡，在安静中去世。从20世纪30年代开始，人们要求在法律上允许安乐死。1934年，英国布朗希尔夫人在经受了一次大手术后，由于担忧自己31岁低能儿子的将来，就用煤气毒死了他。为此，布朗希尔夫人受到了审判，起初她被判处死刑，两个月后改为缓刑，三个月后最终被赦免。英国议会从此开始讨论安乐死立法。1935年，英国率先成立了自愿安乐死协会，当时参加的主要是一些社会名流，他们发起和组织活动，谋求安乐死得到法律的许可。他们向上议院提出法案，要求在严格的控制下，允许医生帮助病人实施安乐死术，但是此立法建议未获通过。此后，美国、法国、丹麦、挪威等国也相继成立了同样的委员会，旨在使安乐死合法化。1937年，瑞士做出了可以帮助自愿安乐死的人的法律规定：一个医生出于怜悯，给一个正遭受痛苦、注定要死亡的病人以致死的药丸可以不受惩罚。

---

① 曹开宾主编：《医学伦理学教程》，上海医科大学出版社1998年版，第170页。

(二）安乐死与希特勒的倒行逆施

正当安乐死沿着平稳的轨道向前发展之时，法西斯魁首希特勒故意混淆安乐死的概念，鼓吹"国家供养那些无法医治的患者对国家是不利的，那就应该赋予他们安乐死，也就是无痛苦地使其死亡"。1938年，希特勒收到一位畸形儿的父亲来信，要求杀死他的儿子，希特勒就此创立了一个强迫安乐死的纲领。1939年7月，希特勒更疯狂地把安乐死的范围扩大到精神不正常的成人，纳粹党人以安乐死的名义制定出消灭精神病患者的计划。同年9月，希特勒下达特殊命令，授权纳粹医生从所谓的"人道主义"出发，对无法医治的病人保障其"轻松死亡或速死"。希特勒还建立了一个安乐死的专门机构，并最终使安乐死演变为种族灭绝的惨无人道的手段。

美国记者威廉·夏伊勒曾记载了这样的惨剧：党卫军刽子手以洗澡为由把一批囚犯骗进毒气室。毒气从上面的气孔冒出来，赤身裸体的囚犯们都吓慌了，一齐向离气孔远一点的地方拥去，最后挤到巨大的铁门旁。在那里，他们堆成一个金字塔，人人身上发青，个个血迹斑斑，到处湿漉漉的，他们互相抓着、掐着想爬过去，一直到死都不松手。二三十分钟后，这一大堆裸露的肉体都不动弹了，抽气机把毒气抽掉，铁门打开，一批戴着防毒面具、穿着胶皮靴、手拿着水龙头的"特别队"人员进去接手工作。这些"特别队"人员是另一批被囚禁的犹太男子，营部答应他们免于一死，并提供足够的食物，作为他们做这种令人毛骨悚然的工作的报酬。他们先是冲洗血迹和便污，然后再用绳索和铁钩把缠作一团的死尸分开来，搜寻德国人所需要的黄金和死者的牙齿与头发。接着用电梯或轨道车将尸体运往焚尸炉，再将骨渣运到工厂磨成灰末。最后，用卡车把它们运到索拉河边，撒入河中。而这些被允诺免于一死的"特别队"的人最后还是照例在毒气室里被处死。[①] 据文献资料不完全统计，1938年至1942年，纳粹党徒以安乐死的名义杀死了慢性病、遗传病、精神病患者以及犹太人等达500万人。

希特勒的暴行致使安乐死蒙上了恐怖的阴影，使得许多人对安乐死一词心有余悸。

1938年，美国波特尔牧师组织了自愿安乐死协会，并提出了一个议案要求改变有关安乐死的法律，结果在州众议院会议上遭到强烈反对。1946年，美国将近2000名医师在纽约集会申请安乐死的合法化，结果以失败而告终。1947年，世界医学协会根据希波克拉底誓言与医学方面的其他道德原则，制定了著名的《日内瓦宣言》，明确提出："我将保护人类生命（从胎儿时起）的最高尊严，我甚至在受到威胁的情况下，也绝不利用我的医生知识去反对人道主义的法律。"正由于纳粹主义对安乐死的歪曲性的滥用，使得安乐死声名狼藉，安乐死运动及其立法沉默了许多年。

---

① 楚东平：《安乐死》，上海人民出版社1988年版，第22页。

(三) 二战以来的安乐死实践及安乐死立法的兴起

第二次世界大战以后,随着时代的发展、科技的进步和观念的更新,人们越来越关心自己生命的最后环节——死亡问题。从20世纪60年代起,安乐死逐渐再次成为人们普遍关注的一个热点,有关安乐死的运动和立法活动日益增多。

20世纪60至70年代,美国举行各种民意测验,广泛征集社会各界对安乐死的意见。1950年,美国盖洛普民意测验结果显示,36%的人支持不分类别的安乐死;1972年,美国《生活》杂志进行民意测验,有41000人投票,90%的人认为临床病人有权拒绝延长生命的人工手段;1973年,支持安乐死的人数已经上升到53%;1977年,美国医学会调查结果显示,59%的医生接受被动安乐死观点,只有5%的医生不愿探讨这个问题。为什么有的医生赞成安乐死而不愿执行呢?据调查,有三分之二的医生是担心被诉诸法庭;50岁以下的医生对临床病人近在眼前的死亡问题十分感兴趣,但50岁以上者则没有兴趣。[①]这些调查表明,美国支持安乐死的人在逐年增多。1967年,美国建立了安乐死教育基金协会,出于对危重病人无法表述或措辞不当的考虑,基金会起草了一份"生前遗嘱"的参考样本:"我的家庭,我的医生,我的律师,我的牧师,给碰巧照顾我的任何医疗机构,给负责我健康的任何人。如果我不能参加决定自己未来的这个时刻的来临,我愿让我这一声明作为表述我的愿望和遗嘱。如果不存在使我从身体疾病和精神疾病中恢复的合理期望,那么我要求死亡,不要求用人工的方式和极端的方式,维持我的生命。死亡与出生、成长、成熟和年老一样是一种现实——一种必然,我害怕因每况愈下、依赖和毫无希望的痛苦所带来的屈辱胜过害怕死亡。我请求从怜悯出发为我的晚期痛苦用药,即使这些药物会加快死亡的到来。"1998年11月22日,美国哥伦比亚广播公司播放了美国医生克沃科录制的他为绝症病人实施积极安乐死的全过程,他不惜以身试法,以期"引发一场全国性针对安乐死的大辩论,促使政府承认它的合法性"。

主张安乐死的队伍在西方社会不断扩大,安乐死运动重新兴起。1974年在澳大利亚和南非,1976年以后在丹麦、瑞典、瑞士、挪威、比利时、意大利、法国、西班牙等国相继成立了安乐死协会,并印制了宣言,公开宣称个人对自己的生命拥有主宰权。1976年,在日本东京举行了首届"国际安乐死讨论会",澳大利亚、日本、荷兰、英国和美国等国的代表共同签署了"东京宣言"。该宣言将死亡提升到与生存同等重要的地位上来讨论,会议宣称要尊重人的"生的意义"和"尊严的死"的权利,这标志着人类对生命意义的认识上升到一个新的阶段。当今,"自愿安乐死"团体在世界上大量出现,已遍及欧美20多个国家,并且,这些团体的会员正在迅速增加。荷兰的"自愿安乐死亡协会"已拥有24万名会员,其中大约10万名会员还签署了"生死遗嘱"。遗嘱上写明,当他们患有

---

① 王红漫:《安乐死问题立法进展比较》,《现代法学》2002年第1期。

致命的疾病时，他们授权医生不再利用异乎寻常的治疗方法去延长他们的生命。1982年瑞士成立了为选择安乐死者提供主动的"间接死亡帮助"的"Exit"会员制协会，现有会员6万余人，其中大部分为绝症病人和老年人。其宗旨是帮助那些"饱受病痛煎熬""生不如死"的人们摆脱痛苦。按照该组织章程，当某会员提出有关"死亡帮助"申请后，该协会则派有关人员对病人进行探访，并向医生了解病情及治疗情况，以确认患者是否符合提供"死亡帮助"的条件。一旦申请被接受之后，患者应向医生要求开具处方并自行购买"戊基比巴妥纳"强力安眠药类的有关药物；如果医生拒绝开药，协会也可提供帮助。一切准备就绪后，患者将在自己选定的日期内，在协会代表及亲友陪伴下走完人生最后一程。

在法国，安乐死话题也受到了重视。2000年的一场交通事故彻底改变了原本生龙活虎的消防队员樊尚·安贝尔的人生。他在医院度过了3年的痛苦时光，而在最初的9个月，他一直处于昏迷状态。好不容易醒来后，他发现自己全身瘫痪，也不能说话，唯一能活动的是左手拇指。樊尚不愿忍受这样的折磨，几次都想结束生命。2002年12月，樊尚委托母亲玛丽·安贝尔给法国总统希拉克写信，要求在禁止安乐死的法国破个例，允许别人给他实施安乐死。樊尚的请求引起社会广泛关注，当时进行的一次民意调查显示，88%的法国人希望修改法律允许安乐死。希拉克总统给樊尚写了信，还给医院打了电话，但始终没有答应樊尚的请求。在这种情况下，玛丽决定冒着触犯法律的风险亲手为儿子实施安乐死。她坦言："与看着儿子受三年罪的痛苦相比，坐牢根本不算什么。"2003年9月24日，在22岁的樊尚·安贝尔遭遇车祸3周年那天，48岁的母亲玛丽·安贝尔在给儿子滴注的药液中加入了过量镇静剂，樊尚随后陷入昏迷状态，医生未坚持对樊尚进行抢救，樊尚两日后撒手人寰。事后，负责樊尚治疗工作的医疗小组发表声明，表示放弃抢救是"一个集体做出的非常艰难的决定"。小组的主任医师肖苏瓦宣布愿对放弃抢救樊尚的后果负责。当致命的药物注入樊尚体内时，玛丽不禁潸然泪下，但樊尚的脸上却露出了久违的笑容。随后，玛丽被闻讯赶到的警察逮捕。饱尝痛苦折磨的樊尚终于如愿离开了人世，但是其母亲以及樊尚所在医院的医生却面临着司法诉讼。这桩案件在法国掀起轩然大波，各大报纸连续数日将此事作为头条新闻并发表评论，阐述对安乐死的看法。2003年10月初，法国议会成立了一个特别委员会来调查协助他人自杀的问题。樊尚的不幸遭遇牵动了众多法国人的心，并在法国引发了新一轮有关安乐死的大讨论。[①] 安乐死运动正发展成为一项新的人权运动。

如果说"理论是灰色的，生活之树常青"的话，那么，以理论为基础的法律则更显沉滞，安乐死立法之灰暗的"滞后性"更为明显。尽管如此，在社会实际生活中到处都出现了被动乃至主动的安乐死，从而推动安乐死立法的发展。2000年前后，世界各国主张实行安乐死的人比10多年前已成倍地增加。据波兰《共和国报》报道，社会调查的结果表

[①] 欧飒：《是爱还是罪？》，《新民环球》2003年10月17日。

明,波兰已有45%的民众表示赞成实行安乐死。《瑞典日报》的最新民意调查结果显示,瑞典支持安乐死的民众已达68%,反对者仅占19%。其中,15岁至29岁的年轻人中有74%支持安乐死。现在,美国、英国、日本、丹麦、瑞士、瑞典、比利时、意大利、法国、西班牙、荷兰、澳大利亚等国,都纷纷成立了"安乐死协会"一类的组织,推动着安乐死事业包括安乐死立法的发展。

二、英国的安乐死立法历程

英国至今未有安乐死立法,但英国在世界各国中是最早成立安乐死组织的国家。早在1932年,英国人基利克·米勒尔便创立了"自愿安乐死合法化协会",开展组织性活动,谋求对安乐死的法律认可。1980年以来,英国法院对实际生活中发生的安乐死行为已变得相当宽大。例如,1984年,一位名叫海伦的社会工作者出于同情心而帮助了一个背部严重疼痛的失明老人自杀,仅被判处10个月的监禁。

1987年以来,据英国的民意测验显示,赞成在某些特定情况下实施安乐死的英国公民达到了总人口的72%。其中,半数以上的医生认为,如果安乐死合法化,他们都愿意对病人实施安乐死。这与以下两件事密切相关:一是当年19名医生联名发表公开信,呼吁对患有初期艾滋病者实施安乐死;二是新闻界披露的一则消息说,英王乔治五世的医生曾于1936年对他加大了吗啡注射量从而加速了他的死亡,使其摆脱剧烈的病痛。

1992年英国医师协会宣布支持病患者的自主权。这一宣告,很可能促成了英国法律史上的一次安乐死合法的判决。这就是1993年2月4日,英国最高法院裁定的英国第一例安乐死案件,同意一位年仅21岁患者的父母和医生的申请,停止给该患者输入营养液。事情的经过是这样的:一位叫托尼·布兰德的青年在1989年的一场足球场冲突中受伤后一直昏迷不醒,只能靠鼻饲维持生命。他的父母在1992年即惨案发生后三年要求医生实施安乐死。出于同情,医生停止了对昏迷青年的鼻饲,于是该青年死亡。1992年11月19日路透社报道,在检察机关为此对医生提出"杀人罪"的起诉后,初审法院的法官判决医院、医生所为为合法。于是检方提起了上诉。英国上诉法院的5位法官于1993年2月4日驳回了上诉。在判决后,马斯蒂尔法官说:"法院曾不得不在道德和法律的迷宫里寻找一条路。撤掉使一个人艰难地维持生命的支持措施,同采取以结束一个人的生命为目的的积极措施有重大的区别,后者仍然是谋杀。"[①] 尽管如此,谋杀与人道性的安乐死仍存模糊不清的界限。检方人员对布兰德案的一审判决很不满意,他们认为,当死亡是一种有意引起的结果时,导致死亡的行为可能是根本不合法的。医生可能根本不能合法地采取行动来

---

① 德国《世界报》1993年2月15日。

"切断生命线"。① 与检方相呼应,反安乐死组织也群起抨击。女医生佩吉·诺里斯担心判决会引起"医学清洗"的浪潮,因为确有一大批像布兰德那样的病人,他们得向医院支付高昂的医药费用。

从1993年的这项判决直到今天,英国关于安乐死的立法问题,始终存在两种尖锐对立的观点。一方面,不断发现有人悄悄地实施安乐死。据英国2000年的一项调查,仅1998年一年,英国就有2.7万人在医生的"帮助"下被撤走部分医疗设备、停止使用某些治疗药物或停止供水、供食而告别了人世。另一方面,不时有一些引起英伦三岛轰动的与安乐死相关的案件发生。其中最有影响、争议最烈的要算戴安娜·普雷蒂诉英国政府一案。

戴安娜·普雷蒂是一名社会服务工作者。1999年由于一根脊椎血管破裂而导致颈下全部瘫痪,要靠呼吸机维持生命。她不胜其苦,经过反复思考后向法院郑重要求允许其丈夫帮助她安乐死而能免予刑事处罚。对于这一请求,英国各级法官与舆论不得不面对此案涉及的人类拥有的最基本的两种权利,即对生存权和对自己身体的处置权之间的矛盾和冲突。英国的检察官们认为,如果拒绝她的这一请求,将违反《欧洲人权公约》(以下简称《公约》)。但法官们认为,检察官无权提前要求她被免予起诉,因为英国1688年的《权利法案》规定,任何人未经议院批准,无权推迟法律的执行。但是,普雷蒂太太的律师根据《公约》的规定指出,该条款保护的生命权,并非仅指保护生命,生命的必然结果是死亡,因此对于生命权的终极而言,便是自主选择死亡时间和死亡方式的权利。该《公约》的第二、三、八、九章和第十四章中都含有帮助自杀的权利。对此,法官们认为,该《公约》第二章的规定是"保护生命神圣不可侵犯",不能解释为赋予死亡权利或者谋取他人帮助而使人死亡。他们认为,戴安娜·普雷蒂太太还应进一步论证如果英国不批准原告的这种请求就违反了《公约》。普雷蒂太太的律师进而批驳法院不批准她要求帮助自杀的请求,就是英国给予她不人道待遇的境地,而这是有悖于《公约》第三章的规定。法官则认为《公约》第三章仅仅补充了第二章,第三章中不含有个人选择生或死的权利。第三章中的"待遇"同第二章一样,不可随意扩大,防止非人道待遇不是绝对的,在很大程度上因各国情况的不同而异。条款中规定的义务,并没有允准英国的晚期癌症患者有权请求他人帮助他自杀。《公约》在第八章中规定的尊重隐私和家庭生活是指保护个人意思自治,并非指保护终止生命的选择。法官们认为,英国禁止帮助自杀是同"世界绝大多数舆论"相一致的,其中包括医学伦理司法议员特别委员会和欧洲议会。虽然,《公约》规定公民享有权利和自由,第十四章中有禁止歧视的规定,而普雷蒂太太指责禁止像她这类无能力自杀者有权要求他人帮助其自杀,就是歧视。法官们认为该规定太抽象,无实际操作性,除非普雷蒂太太能证明法院不批准她的请求还违反了另一章的规定。至于禁止帮助残疾人自杀就是歧视残疾人自杀的权利,这种说法有偏差。自杀法案使自杀合法时并不涉及自杀的

---

① 美国《侨报》1992年11月20日。

权利。① 但是十分有意思的是，欧洲人权法院认为，根据第八章第一节之规定，涉及个人选择死亡时间和方式的问题属于尊重个人私生活的一个方面。欧洲人权法院的法官们不同意英国法官的观点，即第八章"是指个人生活中保护其个人意思自治，并没有可以选择终止生活的含义"。他们强调：根据第八章的规定，尊重个人私生活的权利，生活的质量才具有意义。在一个医学不断进步、寿命有望延长的时代，许多人都认为在其年老时或在高龄痴呆的情况下，还被迫延缓生命有悖于个人意思自治的观点。不过，他们又认为，如果在道德上允许安乐死合法化，在事实上会导致道德上不允许的安乐死实施。因此，从道德而言，就不应使安乐死合法化。道德、伦理、法律、习俗、情感、传统……多种多样的因素被搅成了一团，至今仍使英国各个社会阶层的人们在安乐死立法上徘徊不前。

这就是英国安乐死立法的历程，精确地说，是安乐死立法的酝酿期。

一般地说，除荷兰和比利时之外，其他国家的安乐死立法都只能说是处于预备期。下面我们来看一看美国的情况。

三、美国的安乐死立法历程

一向以立法处于前沿而著称的美国，在安乐死立法上却是比较保守的。1939年1月25日，美国安乐死协会起草了安乐死立法建议，并递交纽约和内布拉斯加两个州的议会，均遭到否决。自1969年以后，在美国至少有35个有关安乐死的法案递交22个州立法机构审议。1976年9月30日，加利福尼亚州颁布了《自然死亡法》。这是一个消极安乐死法，是美国第一个关于消极安乐死的立法，也是人类历史上第一个有关消极安乐死的法案。该法由加利福尼亚州州长小布朗在该州《死亡权利法》上签字，1977年1月1日生效。该项法律规定：只要根据医生的判断，该病人已经毫无疑问即将死去，以及生命维持系统的唯一作用只是在延缓死亡的到来时刻，成年病人可以制定"生前遗嘱"，授权医生关掉维持生命的人工设备；"生前遗嘱"的生效，必须至少有两名见证人，充当见证人角色的不能是当事医生或病人家属，而且，近亲家属并不拥有对于安乐死的申请权；在符合以上规定的前提下，医生可以根据病人的"生前遗嘱"取下病人的生命维持系统，对导致病人死亡不负任何责任；病人授权医生摘下人工生命维持系统而死亡，不被看作是自杀，并且不影响其家属领取人身保险费。

美国这部消极安乐死立法是受到当时一些著名个案影响的，其中最引人注意的是一个发生在新泽西州的案件：1975年4月14日，凯林·昆兰小姐在无意中将巴比妥酸盐（一种毒剂）加在酒中作为饮料饮用后导致昏迷，经医院抢救后，依靠人工呼吸器长期处于昏迷状态达7个月之久。作为监护人，昆兰小姐的父母在确信她再也无法康复之后，请示医

---

① 1961年英国曾通过《自杀法案》，从而使自杀合法化。

生撤除人工呼吸器，恢复其"自然状态"，但是遭到医生的拒绝。随后昆兰小姐的父母向法院起诉又被法院驳回，继而提出上诉。1976年3月14日，美国新泽西州最高法院做出了对昆兰父母有利的判决："如果医生和医院道德委员会认为其绝无恢复的可能，那么挂在昆兰小姐身上长达11个月之久的机械呼吸设备可以摘除；而且，摘除人工生命辅助系统与非法杀人之间存在着真实而绝对的区别。任何参加者，无论监护人、医生、医院其他人，都不因此而负任何民事和刑事责任。"法院同意取走病人呼吸器，这在美国历史上从未有过，因而此案被称为美国"生命伦理学"发展的重要里程碑。[1]

时隔半年之后，美国第一部消极安乐死法在加利福尼亚州诞生。此后，美国又有35个州和哥伦比亚特区制定了类似的自然死亡法。然而，各州对自然死亡法的规定并不一致，这种不一致主要存在于拟制"生前遗嘱"的时间和某些细节上。于是，为了统一各州的自然死亡法，1985年8月，美国统一州法委员会通过了一项《统一重危病人权利法》。根据美国宪法第十条修正案，"美国宪法中未做出规定，亦未予以禁止的，留予各州由其公民决定"。1994年11月在美国俄勒冈州的一次全民公决中，通过了一项议案：安乐死在有限制的条件下不是非法的。1997年1月8日，美国最高法院在华盛顿联邦法院内进行有关"临终的危重病人是否有权向医生提出'安乐死'，而这种医生辅助的自杀行为是否应该受到宪法的保护"的一场高级别大辩论听证会，引起了全美各界的关注。由于听证会支持和反对双方各执一词，最高法院最终未能做出裁决。[2] 1999年10月27日，美国众议院以271票对156票通过一项法案，明确规定协助病人自杀的医生将会受到处罚。这使得积极安乐死在美国成为非法。美国众议院司法委员会主席海德如解释："自杀是失望的终极行为，并助长有目的地扼杀生命，与治疗的初衷相反。"这样，即使病人有明确的安乐死的自愿，并且从医学上可以证明病人患不治之症，医生协助病人安乐死仍是非法的。

四、日本的安乐死立法历程

日本可以说是亚洲第一个在法律上有条件承认安乐死的国家。

1950年4月14日，日本东京地方法院在一个安乐死案件判决中指出，为了解除患者躯体上的剧烈痛苦不得已侵害其生命的行为，属于刑法中的紧急避险行为，不应受到惩罚。这样，通过法院对刑法所规定的"正当行为和紧急避险行为"的司法解释，安乐死在日本得到有条件的法律认可。

1962年12月22日，名古屋高等法院在一例安乐死案件的判决中指出了在日本合法安乐死的六大要件：(1)根据现代医学知识和技术判断，病人已患有不治之症，并且死期

---

[1] 楚东平：《安乐死》，上海人民出版社1988年版，第51页。
[2] 董军：《美最高法院辩论："安乐死"》，《法制日报》1997年1月13日。

已经迫近;(2)病人痛苦异常,令人惨不忍睹;(3)夺去病人生命的唯一目的是减轻病人死亡的痛苦;(4)如果病人神志清醒,并有表达自己意思的能力则需要本人的真诚委托和同意;(5)夺去病人生命原则上应由医师去做,如果不能由医生去做则必须有足以说服人的理由;(6)夺去病人生命的方法在伦理上应该是适当的。这一判例更加明确地承认了有条件的安乐死的合法性。法院的判决逐步形成了日本的安乐死判例法。但日本迄今为止尚无有关安乐死的成文法。

五、澳大利亚的安乐死立法历程

1996年5月,澳大利亚北部地区议会经过6个月的辩论之后,通过了《晚期病人权利法案》,并于1996年7月1日正式生效。这是世界上第一部积极安乐死法。这部法律是由时任北部地区首席部长的马歇尔·佩隆提出的。他曾亲眼看到一位亲密政友患癌症死亡时的情景,感受到生命垂危之际的极度痛苦。因此,他建议北部地区议会通过关于安乐死的法律,以便让无法治愈的晚期患者安然离世。这部法律的宗旨在于:确认晚期病人有权要求合格的医务人员以人道主义的方法结束自己的生命;确认医务人员在规定的条件下经被请求后可以提供这一协助而不为法律所阻碍;制定程序以防止对这一权利及法律的滥用。该法第一条规定了医务人员可以接受患者请求安乐死的要求并因此而提供协助的条件:病人已年满18岁;医务人员从合理的角度分析,可以相信在不使用特殊措施的情况下病人将会死去;从合理的医学判断,不存在能为病人所接受的治疗方法,能为病人提供的治疗办法仅仅是减轻病人的痛苦而使人舒服地死去;两名合格的专科医生做出审查和确认;一名合格的精神病专家确诊病人没有因病而产生的压抑症;病人正感受极度的疼痛和痛苦;病人已被告知病情和任何可能的治疗措施和方法,包括任何缓和痛苦的办法;病人在对各种可能进行认真考虑后,在意识清醒的情况下自愿做出经慎重考虑希望结束自己生命的决定,并签署正式的请求证书;在此后48小时内病人没有改变要求,医生才能提供所要求的帮助。该法第四条规定,如果晚期病人正感受超过他们所能承受的疼痛、痛苦或悲伤,该晚期病人可以要求他的医务人员协助他结束自己的生命。该规定显然赋予了晚期病人要求安乐死的权利,但不存在医生在这方面的义务。该法第五条、第六条规定了医生的权利:医务人员能以任何理由在任何时候拒绝接受病人的安乐死要求,他人不得以许诺、好处、威胁或其他不合格的手段来迫使医生同意协助病人的要求。这两条规定给了医务人员决定是否同意协助病人安乐死的权利。①

《晚期病人权利法案》生效后两个月,即1996年9月22日,在澳大利亚北部达尔文市的医生菲利普·尼切克的帮助下,66岁的建筑工人鲍勃·邓特接受由一台电脑控制下注

---

① 陈建福:《世界上第一部安乐死法律的诞生与死亡》,《国外法制信息》1998年第3期。

射致命的戊巴比妥钠药液后,平静地走完了生命的最后里程,从而成为世界上第一位依据安乐死法离开人世的患者。1991年,61岁的鲍勃被诊断患了前列腺癌,先后在布里斯班、柏斯和达尔文市做过多次手术。1996年6月,鲍勃的病情骤然恶化,体重迅速减轻了25公斤,经检查发现,癌细胞已经转移到骨髓。腹部剧烈的疼痛使他难以忍受,只有靠不断增加止痛药的剂量来缓解。因为同时服用大量的多种止痛药物,又引起了一系列毒副作用,更加使之痛苦不堪。在这样的情况下,由妻子朱迪记录,鲍勃口述了一封长信作为遗嘱:"这几个月我一直处在剧烈的疼痛之中。假如我有枪,我真想对着自己的脑袋开枪。我本来是一个很活跃、精力充沛的人,然而现在我几乎什么也不能做,我需要他人24小时的护理……当我看着我的妻子为我受罪时,我的痛苦就更加重了。"所以,他决定要选择安乐死的方法来减轻自己和家人的精神负担,减轻痛苦。其妻子朱迪也理解他的心情,对他的选择表示支持。尼切克医生也愿意作为其家庭医生签字。在几经艰难的周折之后,一直到1996年9月7日,鲍勃才征得另两位医生的签字:一位是要求保密的前列腺科医生,一位是澳大利亚著名的精神病学权威约翰·艾勒德。1996年9月22日是星期天,下午2点30分,鲍勃冷静地对医生说:"你到这儿来,是完成一项工作,我们开始吧!"鲍勃本人按下了指令键。几分钟后,在妻子和医生的注视下,这位受前列腺癌折磨整整5年之久的患者安详地合上了双眼。在他之后,又有3位晚期病人接受了安乐死。

鲍勃死后,澳大利亚对《晚期病人权利法案》的争议更加激烈。澳大利亚众议院保守派议员凯文·安德鲁向联邦议会提交议案,要求废除这部法律。1996年12月,澳大利亚众议院以88票对33票的结果,通过要求中止《晚期病人权利法案》的提案;1997年3月25日凌晨,澳大利亚参议院以38票对33票的表决结果宣布废除这部安乐死法。这部安乐死法自1996年7月1日生效到1997年3月25日被废除,总共实行了8个月。如果减去1996年12月众议院通过中止法案后的3个月时间,那么,其真正生效时间还不到半年,其间实施合法安乐死者为4人。此部法律的夭折表明:安乐死合法化的历程是艰难曲折的。

六、荷兰和比利时的安乐死立法历程

荷兰的安乐死立法经历了以个案判决到法律确认的过程。1973年,荷兰一名叫吉尔特鲁达·玻斯特玛的医生为她耳聋且偏瘫的78岁母亲施行了安乐死,被法院认定为谋杀,但最终只判处玻斯特玛一周刑期且缓刑一年,这其实是判医生无罪。就此判决,法官作了特别的情况说明:必须在规定的条件下实施安乐死。这可以说是荷兰第一次默许了安乐死。1981年,荷兰法院与皇家医学会达成共识,对履行《安乐死实施管理条例》而对患者施行安乐死的医生不予起诉。1982年,荷兰成立了国家安乐死委员会具体检查《条例》的执行情况。1984年,荷兰最高法院判决在极其严格的定义下,自愿安乐死将被接受。

1990年，荷兰皇家医学会与司法部就安乐死事件报告程序达成协议，该程序于1994年正式写入荷兰《安葬法》。按照该程序，如果医生按法律规定的程序进行，并依法律规定的程序向荷兰司法部所属机构报告，司法部所属机构将对实施安乐死的医生免除法律指控。1993年2月9日，荷兰上院通过了一项《没有希望治愈的病人有权要求结束自己的生命》的法案，事实上默许了安乐死的合法。该法案规定了严格实施安乐死的条件及有关限制性的规定，总共达20项之多，必须全部符合才允许执行。这些先决条件严谨、周密，可以防止误杀或致人枉死之弊端。因此，它引起西欧和美国司法、医学、社会学者的普遍关注。该法案的出台，推动了安乐死合法化运动进一步发展。1999年8月10日又一项修正案得到了通过，规定凡16岁以上的人，若患绝症到生命末期，均可自行决定是否接受安乐死；12岁至15岁的青少年，有此要求必须经其父母同意。值得载入史册的是：2000年11月28日，荷兰议会下院以104票对40票通过了一项安乐死法案；2001年4月10日，荷兰议会上院以46赞成、28票反对的表决结果通过了这项法案，荷兰女王贝娅特丽克丝签字后，该项法案正式生效。这项法案的生效结束了荷兰历史上长达30年有关安乐死是否合法化的争论，荷兰因此而成为世界上第一个正式通过法律将安乐死合法化的国家。为了避免人们滥用安乐死权利，这项法案规定了非常严格的条件：首先，病人必须是成人，申请安乐死的病人必须自愿，而且必须是病人深思熟虑之后所做的坚定不移的决定；其次，病人必须在无法忍受病痛的情况下才能申请安乐死；再次，病人所患的疾病必须是无法治愈的，病人除安乐死外已无其他选择；最后，为慎重起见，申请安乐死的病人必须要经过两名医生的诊断，慎重地确定安乐死的方式。该项法案没有规定只有本国国籍的人才能适用这条法律。法案只是表明，只要在荷兰就可以按照安乐死的法案来操作。因此，一些国家的医生和病人，特别是来自欧洲其他国家、美国以及加拿大的患者也会考虑前往荷兰接受安乐死。

继荷兰之后，2001年10月比利时参议院批准了安乐死法案：允许医生在特殊情况下，可以帮助患绝症的病人实施安乐死。2002年5月16日，比利时正式公布了该法案，根据立法程序法案在3个月后生效。至此，比利时成为继荷兰之后第二个使安乐死合法化的国家。

该法案对实施安乐死有非常严格的条件规定：

1. 实施安乐死的前提是病人的病情已经无法挽回，并遭受着持续的和难以忍受的生理、心理痛苦；

2. 要求安乐死者必须是成年、意识正常的病人在没有外界压力的情况下经过深思熟虑后自己提出来的；

3. 不允许未成年人（16岁以下者）申请安乐死。

七、安乐死在中国

尽管我国古代早已出现了类似安乐死的行为及议论"安乐地赴死"的思想，但是受几千年来儒家思想的严重影响，生命神圣并与"孝"捆绑在一起的观念深深地植根于传统文化之中，以无形的方式影响着社会舆论、伦理道德和生活方式。因此，安乐死与人们头脑中长期形成的传统观念极易发生冲突。中国传统文化虽然也强调舍生取义、杀身成仁，但在不涉及"义"与生死之辩时，中国传统观念一般是乐生恶死，避讳死亡，特别是用人为的方式结束生命，更为人们所不能接受。

时代在发展，社会在变化。我国现代关于安乐死讨论与研究始于20世纪70年代后期，随着改革开放的大潮，安乐死之风自西方吹入我国。首先，在医学界开始出现关于安乐死的翻译文章及文献摘要，从而引起了医学伦理界开展专栏性讨论。1980年在上海召开的全国首届医学伦理学学术讨论会上，有些专家提出了有关安乐死的学术见解，由此正式引起我国学术界的关注。1982年，在大连召开的全国第二次医学伦理学术讨论会上，天津、山东的代表发表了有关安乐死的论文，引起大会瞩目和较大的社会反响。一些大众性的刊物和具有权威性的报纸登载或摘登了这方面的专题文章。

1986年，陕西省汉中市发生了我国首例安乐死医生被诉案件。这一年6月23日，陕西汉中54岁的妇女夏素文因患肝硬化、脑肝综合征而住进了汉中市传染病医院。6月27日晚，患者出现了烦躁不安症状，时发惊叫，经安定处理后入睡。第二天，夏素文的儿子王明成在得知母亲已经再也无法康复后，向该院院长请求早点让其母亲咽气，以免除其母亲的痛苦，但遭到了院长的拒绝。随后，王明成与夏素文的小女儿又转向住院部肝炎部主任蒲连升医生提出同样的请求。蒲连升开始也不同意，后来王明成跪倒在地，苦苦哀求，蒲连升同意了，但是要王明成签名，表示后果与医院、医生无关才可以去做。王明成表示愿意承担一切责任。蒲连升开具处方，给患者注射了两支"复方冬眠灵"（氯丙嗪），6月29日凌晨5时，患者在昏睡中平静死于汉中传染病院抢救室。此后，患者家属因遗产而起争端，此事被提出，夏素文的长女、次女向院方要求惩办凶手。1986年9月，汉中市公安局以故意杀人罪将两位直接责任医生及夏某的儿子和小女儿收容审查。之后，检察机关介入，逮捕了处方医生蒲连升和患者的儿子王明成。检察机关在审查此案时，对医生的行为形成了三种不同看法：(1)认为其行为构成故意杀人罪；(2)认为其行为构成过失杀人罪；(3)认为其行为没有构成犯罪。12月20日，因蒲连升生病，被取保就医。1988年4月，汉中市人民法院受理此案。这是我国首例安乐死诉讼案件，引起了世人的极大关注。经媒体披露后，在我国引燃了关于安乐死大讨论的导火线，全国各界人士就此进行了全方位的讨论。

1987年12月24日，中国社会科学院哲学所、北京医学哲学研究会、中国自然辩证法研究会联合邀请了30多位医学界和哲学界人士座谈讨论关于安乐死的问题。多数与会者倾向于安乐死在我国可行,但对此必须持非常慎重的态度。1988年1月22日,中央人民广播电台在《午间半小时》节目中播出了讨论的全部录音。收到了350多封来信,其中90%的人赞成在我国实施安乐死。老一辈无产阶级革命家邓颖超同志公开致信电台:"你们勇敢地播出关于安乐死问题,……我很赞成。我在几年前已留下遗嘱,当我的生命结束,用不着用人工和药物延长寿命的时候,千万不要用抢救的办法。这是我作为一个听众参加你们讨论的一点意见。"[①] 1988年4月至8月,北京《健康报》开设《我谈安乐死》专栏,组织公众进行讨论,90%的读者支持安乐死。1988年7月,来自全国17个省市伦理学界、法学界、哲学界、医学界的近百名专家和学者参加了在上海医科大学举行的第一次全国安乐死学术讨论会,拉开了这一跨学科及医学伦理问题研究的序幕,许多学者纷纷撰文发表自己的见解。1994年,又召开了由各界专家学者参加的第二次全国安乐死学术研讨会。多数代表支持安乐死,同时也形成一些共识:安乐死既是一个极为复杂的医学、法学问题,又是一门极为敏感的社会、伦理学问;安乐死立法犹如一把横在医生和病人面前的"双刃剑":用得好,就可以真正解除病人的痛苦,有利社会进步;用得不好,就可能被不法、不义之徒滥用,成为剥夺病人选择生命权利的借口,因此应该对之持慎重态度。关于安乐死的大讨论并没有像某些人士预言的那样将淹没在我国几千年的传统道德伦理观念之中;相反,对于安乐死的讨论参与之广泛、反响之热烈、持续时间之长久令人始料未及。人们对生命和死亡进行了深入的思索。

1990年3月,已经历时4年之久的我国首例安乐死案——蒲连升案正式开庭,控辩双方辩论激烈。1991年5月17日,汉中市人民法院对此案做出了一审判决:被告王明成在其母病危难愈的情况下,再三请求医生为其母注射药物,让其母亲无痛苦地死亡,其行为属于故意剥夺他人生命,但其情节显著轻微,危害不大,不构成犯罪。被告蒲连升在王明成的再三请求下,同其他医生先后向危重病人注射促进死亡的药物,对病人的死亡有促进作用,但用药量属正常范围,不是病人死亡的直接原因;其行为亦属剥夺公民生命权利的故意行为,但情节显著轻微,危害不大,不构成犯罪。原告不服判决,认为蒲、王两人的行为构成了犯罪,因而依法提起上诉。1992年6月25日,汉中市人民法院依法驳回上诉,维持原判,宣告蒲、王两被告无罪。至此,我国首例安乐死案从1986年7月3日立案,经过了6年的漫长审理而终于画上了句号。但是,这并不意味着安乐死是合法的,判决书中仍然认为他们的行为属于剥夺他人生命权利的故意行为,只不过蒲连升给病人开具的药物不是使病人死亡的直接原因,情节显著轻微,危害不大,才不构成犯罪。

1994年9月8日,河南宁陵县发生了另一起安乐死案。当事人刘河波的妻子吴秀云因患肝癌疼痛难禁,再三要求刘河波协助她安乐死并写下了遗嘱。刘河波拗不过妻子的请

---

① 张田勘:《对安乐死立法难的思考》,《山东医科大学学报》(社会科学版) 1998年第1期,第37页。

求,不忍看着妻子继续受病魔的折磨,于是给吴秀云喝了半杯"1605"农药,致使吴死亡。然而,吴的娘家人怀疑是刘谋杀了吴,于是将刘告上法庭。法庭经过调查确认刘是出于安乐死的动机帮助妻子自杀的。但是按照我国现行法律,接受他人委托并帮助其自杀的,仍按故意杀人罪论处,因而判处刘河波有期徒刑三年。

诸如此类的案例表明,在按照有关法律对安乐死实施者指控"谋杀"的情况下,有可能在实务上给予安乐死实施者以同情和宽大的处理。这种判例无疑给中国的安乐死司法实践造成重要的影响。

第八届全国人民代表大会第四次会议期间,北京、上海的60多位代表曾提出两个议案,要求结合我国国情,尽快制定安乐死法。以后,在每年的全国人民代表大会上,提案组都会收到有关安乐死的提案,要求为安乐死立法,使安乐死合法化。天津医科大学党委书记崔以泰教授和北京儿童医院名誉院长胡亚美教授都是安乐死议案的提案人。他们不仅在为安乐死的合法化进行努力,而且都表示,自己在必要时也要实行安乐死。1998年10月,山东中医药大学祝世讷教授领导的安乐死课题组进行了长期的研究,在吸收了国外的成功经验和国内多年理论研究成果的基础上,提出了《安乐死暂行条例(草案·建议稿)》及其《说明》。作为我国第一份关于安乐死立法的建议稿,它结合中国的具体国情,开创性地提出了许多新的建议和观点,具有重要的参考价值和积极意义。它提出建立"申请、受理、审定、施行"的基本程序,主张设立专门的受理和施行机构,配备人员,进行分级管理。这些都具有可取之处,但对一些复杂情况的处理还需要再作更深入的研究和更恰当的规定。

北京、上海、天津、河北等地都对安乐死问题进行过民意调查,均有半数以上的人持赞同意见。据报道,上海曾以问卷形式对200例老人进行安乐死意愿调查,赞成者达72.56%;北京调查500人,支持率高达79.8%;而据《健康报》报道,有关部门对北京地区从事各种职业的近千人问卷调查表明,91%以上的人赞成安乐死,85%的人认为国内目前应该对安乐死立法;天津医学院对92名临终患者家属进行调查,其中56名对安乐死持赞同态度,占总人数的56%。调查还表明,知识层次较高的民众赞成安乐死的要明显高于知识层次较低的;城市的赞成比例要高于乡村的;病情较重的赞成比例要高于病情较轻的。2001年4月,西安市9名年龄不一、职业不同、经历各异的尿毒症患者因不堪忍受长期的病痛折磨和经济压力,商议欲安乐死,让自己平静地离开这个世界,并将遗体捐献给医疗单位。但他们不知道国家对此有没有相关法律规定。经过痛苦地思考,他们联名向当地媒体写求助信要求安乐死。

根据卫生部和国家计生委的有关统计,我国每年死亡人数近1000万,其中100多万人是在极度痛苦(如癌症晚期的剧烈疼痛)中离开人世的。这100多万死亡者中又有相当多的人曾要求过安乐死,但因无法律根据和保护而被拒绝,因此他们只能"含痛死去"。当然有相当一部分人是悄悄地选择消极安乐死而结束生命的。事实上不少医院都在患者的要求下和家属达成默契，悄悄地在暗中实施消极安乐死。更为普遍的是对无望生还的患者采取消极治疗的方法，停止治疗或少用药，以达到安乐死的目的。这些做法在目前都不被公开认可。

2002年3月，在全国政协九届五次会议上，田世宜委员提交了一份关于安乐死的提案。他认为，在病人重病不治的情况下，为减轻病人的痛苦和病人家属的沉重负担，安乐死可以是病人和家属的一种自主选择。他建议，国家有关部门应着手研究与安乐死相关的法律和立法。首先允许公民在严格界定的条件下有权选择安乐死；然后再在操作上做出具体的规定；并运用高科技开发临终关怀服务产业，使人类创造的法律和高科技手段能够有效地服务人自生至死的全过程。

2000年1月13日，香港医学界争议多年的安乐死问题有了突破性进展。中国香港特别行政区医务委员会通过了《被动安乐死守则》，从2002年2月正式生效。《守则》规定，医生只能在病人长期昏迷或变为所谓的"植物人"、须靠仪器维持生命且无法令病人恢复知觉的情况下，才可考虑执行该类安乐死；且执行之前必须得到主诊医生、病人家属及医院院长的一致同意。不过，医务委员会强调，这项《被动安乐死守则》只是医生的一项处理病人的守则，并不代表法律的立场已经改变。

2000年6月，中国台湾当局通过了"安宁缓和医疗条例"，规定临终病人可选择缓和医疗的尊严死亡。该"条例"规定：病人临终前只应接受缓解性、支持性的安宁照顾，而非插管、电击等心肺复苏术的人工急救；20岁以上的成年人即可预立意愿书，选择在临终时采取安宁缓和医疗。末期病人须在两名成年人见证下，订立意愿书选择安宁缓和医疗及内容；如果病人在临终时不实施心肺复苏术，应由两位医师诊断为"不可治愈且医学上之证据表明，近期内病程进行至死亡已不可避免者"，方可实施安宁缓和医疗。如果末期病人意识昏迷，意愿书可由最近亲属出具代替，意思表达的优先为配偶、直系血亲亲属、父母、兄弟姐妹、祖父母或三亲等旁系血亲、一亲等直系血亲；意愿人或代理人可以随时反悔，撤回安宁缓和医疗的要求。

生是人之向往，但是死是不可避免的。人类文明已经跨入了21世纪，对于生与死，人们在不断地寻找新的注释和解答，相信我们的理性和良知能帮助我们寻找适合每个人的最完美的答案。

虽然当今世界各国只有荷兰与比利时两个国家正式制定并施行了安乐死法，但如前所述，其他国家包括中国的生命法学界、医学界乃至社会各界，对安乐死及其立法问题，久已进行比较详尽、细致的研究，制定与实施安乐死法只是一个时间问题而已。因此，总结各国对安乐死立法各个细节的研究成果，可为迫在眉睫的立法提供依据。下文将对安乐死法所应包括的内容，逐一展开探讨。

第四章 安乐死的申请与审定

安乐死的申请作为安乐死的法定启动程序,是必经的、绝对不允许违越的程序。不经当事病人的申请而擅行安乐死,无疑会被认定为杀人。电击老母而致其死亡从而使老母彻底摆脱极度痛苦的梁万山,经多方调查,确为孝子,但最终还是被判了5年徒刑。在我国尚无安乐死法的情况下,法官尽管也十分同情这位恪尽孝道的淳朴忠厚的老工人,但因于法无据而不能豁免其罪,倒是刑法有杀人罪的规定,不得不判刑。安乐死法即使制定了,未经审定的申请,也不得付诸实施。因此,对安乐死的申请与审定必须详加讨论。在尚未有我国安乐死法的情况下,我们的讨论只能限于实际生活中可能出现的情况和荷兰、比利时安乐死法的有关规定以及学界对安乐死申请与审定问题的一些见解。

一、安乐死的申请人

安乐死的申请人可能是形形色色、情况极为复杂多样的。总体上,可以大略将其分为这样两类:

一为本人具有申请能力。这里的申请能力包括这样几个必要因素:一是能确切认知本人的病况为已处于绝症的晚期,生命已走到了尽头,且在目前的医疗水平下,在相当长的时间里不可能起死回生;二是能自行确切表达安乐死的迫切愿望。需要注意的是,所谓"申请能力"不是指"申请条件"。

所谓"绝症",应当承认其只是一个模糊概念,而且是一个相对概念、动态概念。"此一时,彼一时",随着时代的变迁和医学科技水平的提高,"绝症"的内涵与外延都会发生变化。上一世纪前半叶,肺病被视为绝症,人们谈肺病则色变。鲁迅先生就是死于肺病的。但现在肺病已较易于治愈了。癌症、艾滋病等现在被视为绝症,因为尚未找到有效的对症之药。相信不久的将来癌症与艾滋病都有救治的良策。实际上部分癌症也已可治愈了。需要注意的是"绝症的晚期"的措辞。即便是癌症或艾滋病,当今也已经有了一些救治的措施以延缓其"夺命"的时日,如使用各种治癌药物和针对艾滋病患者实施的"鸡尾酒疗法"。只要有可能挽救，就应施加救治以延长病人的生存时间。"绝症的晚期"，是"绝对无可挽救"的同义语，所以其后还用"生命已走到了尽头"加以强调。只有此时的申请，才可考虑批准。

"在目前的医疗条件下，相当长的时间里不可能起死回生"一语，有两点应予强调：其一，一般来说，应在严格意义上对这段话加以阐释，即是指受当今世界或本国医疗科技水平的局限，从医疗科技发展的条件与规律看，在5至10年内根本不可能或基本无望找到所患绝症的解救办法。这就是说，短期内根本不可能起死回生。这里强调的是客观条件。其二，但十分无奈的是，还不得不在非严格意义上加以阐释，它是指虽然所患的是高级尖端的医学科技已有望救治的严重疾病，却由于患者本身的经济条件根本无法应对，因而作为"在目前的医疗条件下，相当长的时间里不可能起死回生"处理。这里指的是主观条件。有些严重疾病需要几十万元、几百万元的治疗经费，在贫困的乡村里，极少有人可以自如支付这笔昂贵的费用，这种情况也就落入了"在目前的医疗条件下，相当长的时间里不可能起死回生"的困境。承认、允许作非严格意义的阐释并实施安乐死，可能是一个永远会存在的难题，但我们不得不面对的现实是，人类社会在近几百年之内，可能倾社会全力去救治的只能是极个别的人，而不可能包括大多数绝症晚期病人。因此，这虽然是一种残酷的阐释，却也只能咬紧牙关接受。

此外，还有两个"确切"必须注意，即"确切认知"与"确切表达"，绝不允许申请安乐死的当事病人处于未对有关事项包括病情"确切认知"的情况下，承认其具有申请能力。所谓"确切表达"，一般要求当事人以书面明确地、一而再地、不反悔地提出安乐死申请。如果因属文盲而口头申请，则必须有亲属加上其他人的旁证并予以公证。

二为本人不具备申请能力或申请能力不充分。这一类人大致有这样几种情况：一是年老而近乎痴呆；二是年幼而无认知病况能力。

荷兰安乐死法第二条第二款规定中有"如果16岁以上的病人不能够表达自己的意愿……"的措辞，指的就是"不具备申请能力或申请能力不充分"的情况。对于不具备或未充分具备申请能力的人，究竟如何处理，法律应当做出明确的规定。荷兰安乐死法第二条第二款规定："如果16岁以上的病人不能够表达自己的意愿，但先前对其利益有合理认知并且书面陈述请求终止生命，医生可支持该请求。"这表明，在目前病人不能够表达自己意愿的情况下，必须是"先前"曾"书面陈述请求终止生命"的。祝世讷等的建议稿第十二条规定："在特殊情况下，公民要求安乐死的申请可以以书面委托的形式委托代理人代为提出。丧失或部分丧失意愿表达能力者，可由其委托代理人，无委托代理人的可由其法定代理人依其有据可查的安乐死志愿，代为提出安乐死的申请；没有本人有据可查的安乐死志愿，任何人代为提出安乐死申请均无效。"

比利时安乐死法第二章有关于"条件和程序"的规定。但其规范的对象是医生的行为。该章第三条第一款规定："如果医生满足以下条件，帮助实施了安乐死，不认为是犯罪……"从医生的必须"满足"的"以下条件"中，才能析出"安乐死的申请人"的申请条件。这些条件是：其一，"病人已经达到法定成年或自立的未成年人，且在提出安乐死请求时有能力和正常的意识"；其二，"安乐死的请求应该是自愿的，经过仔细考虑和反复要求的，不是屈从于外在压力的结果"；其三，"病人处于一种医治无效的状况下，经受着经常的和难以忍受的身体上与精神上的痛苦，这种痛苦不能减轻，因而导致由疾病或其他事件带来的严重的无法忍受的错乱"。

比利时安乐死法关于安乐死申请人年龄的规定有二：一是法定成年人；二是自立的未成年人。关于前者，在各国的宪法、刑法、民法和诉讼法中，大多有类似的规定，仅因不同民族体质状况或民族传统的不同而致法定年龄有高有低而已，而必须达到"法定年龄"从而可依法认定其具有行为能力这一点，则是完全一致的。规定安乐死申请人之必须达到法定年龄因而可依法认定其具有完全的行为能力，可以对自己的安乐死申请负责，是完全必要的，也是十分自然的。关于后者，即规定安乐死的申请人也可以是"自立的未成年人"，就有点令人费解了。虽然比利时安乐死法同时做出了限定："且在做出安乐死请求时有能力和正常的意识"，但似乎仍然有疏漏之处：首先，"自立的未成年人"并不是一个含义明确的具体的、可以计量因而精确恒定的概念，而是一个模糊的概念。中国民间有"穷人的孩子早当家"的说法，事实正是如此，而其中之"早"，可以是10岁，也可以是14岁、15岁，因人而异，因家庭条件、遭际而异。其次，"做出安乐死请求时有能力和正常的意识"，也是另需权衡的模糊概念。法律用语一般来说都应是明晰、具体、精确的，而不应是模糊的。毫无疑问，医生在接到了一个未成年人的安乐死申请时，一定会因对其是否为"自立"者、是否"有能力"、是否有"正常的意识"而大伤脑筋。为此，必然要求另有专家乃至特设的专门机构进行调查研究并做出结论。但认真思索可以发现，这样的规定是必要的。作为一国范围内统一施行的法律，划一地规定"法定年龄"不但必要，而且也有其科学的客观性依据。但是客观世界的万事万物毕竟还有其各个相异的特殊性。既顾及事物的共性，又顾及事物的个性；既顾及事物的普遍性，又顾及事物的特殊性，这才真正符合唯物主义辩证法的要求。具体到安乐死申请问题上来看就是，划一地规定申请人必须"已经达到法定年龄"是必要的，反映了对事物的共性、普遍性的肯定；同时又留了一个口子，允许在特殊情况下已达到"自立"程度的未成年人也可提出安乐死申请，并视同"法定成年（人）"提出的申请，从而反映了对事物的个性、特殊性的肯定。因此，我们认为，比利时安乐死法做这样的规定，似有疏漏，实则严密。当然，这会因对"自立""能力""正常"概念内涵的确切认定有重大的困难而使事情变得十分复杂。但是，像在安乐死这样的问题上，承认并面对复杂的世界，多做一些"自我麻烦"的工作，还是十分必要的。

以上关于安乐死申请人的规定，都强调必须由病员本人提出。也就是说，安乐死申请人必须是其本人。但这在实际生活中会遇到一些难题。曾有学者提出，根据民法通则，对具有完全行为能力者、丧失行为能力者、限制行为能力者和无行为能力者的代理，应分别做出规定。但另一些学者认为，目前以做"更原则的规定"比较切实。① 但所谓"更原则的规定"其实是相当具体而带刚性的。这对解决以下问题十分不利：

一是大多数身患绝症而到了晚期且处于极度痛苦状态的无表达意愿能力的农村病员，尤其是老年病员，他们在罹病之前，大多不会、不懂得因而也没有留下过书面的终止生命的请求。

二是年幼的患者，他在"先前"更不可能明确表达终止生命的愿望。如果一味强调必须是申请者"本人"的意愿表达，我们就可能遇到这样的麻烦：一些像梁万山那样的孝子，只能眼看着母亲受尽极度痛苦的煎熬，而许许多多父母只能眼看着濒危的子女在极度痛苦中无望地挣扎。

法律究竟是否应当赋予病员亲人以代行安乐死申请的权力呢？

一些学者的观点是：可以而且应当授权一定范围的人代理申请安乐死。当然，授权的范围、代理者的资格认定以及核查、申请及审定的程序，尤其是对病员情况（是否为无可救药的绝症，是否极度痛苦而又无法缓解，是否还将加剧等）的认定，应作为法定的条件而规定得十分具体明确以便遵行。甚至有学者认为，"有些人如痴呆症、脑功能障碍、脊柱缺陷等先天性遗传病，即使运用现代科技延长寿命，也不过是一堆生物的'行尸走肉'，或者是个空的'躯壳'的生命。一些由于意外事故或严重疾病而引起的高度昏迷，即脑功能不可逆转的死亡，用人工方法维持其呼吸或心跳也是一个废人……对他们死亡日期的延长意味着卫生资源的浪费"②。他们主张对这些绝症病人应"做出处理"，虽然没有明言，但显然与"处死"同义。这些学者的上述意见不能说毫无道理，但在医学科技日新月异的今天，似乎不近人情、不太人道，因而要做深入的调查研究而后定论。

多数学者不同意代理植物人进行安乐死申请，这是有一定道理的。长期病卧的植物人虽然可能永无康复的希望，但这仅只是一种可能，还存在着另一种可能，因为医疗科学技术毕竟在日日进步。同时，植物人并不存在肉体上与精神上的痛苦，予以人道主义的救助，是完全应该的。

如上所说，仁智各异，分歧显然不小。而这，正是暂无安乐死立法的原因之一：既然如此，从目前来说，还是把它搁置起来，不做任何有关的法律规定为好。

二、安乐死申请的条件

荷兰安乐死法关于安乐死申请的条件，大致可以归纳为以下几点：

---

① 祝世讷等：《关于〈安乐死暂行条例（草案·建议稿）〉的若干说明》，《医学与哲学》第20卷，1999年第10期。
② 邓公平主编：《医药卫生法学》，上海科学技术出版社1989年版，第52页。

第一,"病人提出的要求是自愿并经慎重考虑过的。"这里不但有"自愿"这一条件,而且还有"经慎重考虑"的附加条件。这比一些国内学者提出的仅只"自愿"要严密得多。完全可以想见,面对生死抉择而剧痛又不时发作,病人的申请要求是可能不断变化的,时而坚决,时而犹豫,时而否决。在这种情况下提出的安乐死申请,不能认为是符合条件的。所以,荷兰安乐死法之规定"自愿并经慎重考虑过的",很有必要。可惜的是,该法没有进而具体界定"经慎重考虑"的含义。我们以为,"经慎重考虑"这几个字,至少应从以下几个方面进行鉴定:一是病人自己表达了已"慎重考虑"而非一时冲动的意见;二是提出安乐死申请后的1周(或2周)内没有表达过相反的意见,也没有表示过犹豫;三是在剧痛发作的间隙即痛苦稍轻时段里仍然坚持申请安乐死。

第二,"病人的痛苦是持续性的、无法忍受的"。这样规定,比祝世讷等的建议稿之仅仅规定"存在痛苦",要明确、具体、合理得多。荷兰安乐死法所说的"痛苦"有两项限定性条件:一是"持续性的";二是"无法忍受的"。做这样的限定十分重要。但也存在无法量化、精确恒定的遗憾。直至目前为止,还没有发明出"测痛仪"之类的医学仪器来。可以断言,肉体的疼痛会在血压、脉搏、心电图、脑电图以及肌肉抽搐程度等方面表现出来,也可能在泪腺以及其他腺体、汗液等的排泄状况上表现出来。是否为"持续性的""无法忍受的"痛苦,应作精确量化。对那些没有达到"无法忍受"程度的痛苦的病人,还是应当做心理辅导,使之放弃轻生之念,顽强地与病痛做斗争。

第三,医生"已经告知病人其所处的困境以及其以后的前景"。这是一种比较含蓄的措辞,其实是指病人处于死亡的过程中而且为时已经不多。按理,法律用语应该非常明确,之所以采用比较含蓄的措辞,是因为直接写明"死亡",毕竟与社会心理和习惯相悖。因此,它较祝世讷建议稿之"在死"措辞来得较有人情味。

第四,病人也"确信没有其他合理方法用以解决其所处的困境"。这一个条件十分重要。在这类条件下病人提出安乐死申请,就会是比较理性、比较坚定的。我们所见到的其他安乐死法建议稿,都没有"病人也确信"这一条件。相对而言,这正是荷兰安乐死法的高明和合理之处。它体现了病人申请安乐死的理性化,也体现了病人的权利主体性。

第五,"至少已经和一名独立医生会诊过,该医生诊断过该病人并且签署有关适当关心要求的意见"。不用说,当事医生本人也诊断并确认病人处于持续性的、无法忍受痛苦的状态,确认申请人的疾病无法治愈且处于即将死亡的"困境"。这一条件的设定,对排除个别医生的主观独断乃至误断,有十分重要的作用。

十分重要的是,荷兰安乐死法关于病人申请安乐死的条件,重点不是放在病人身上,而是放在医生身上。关于"病人提出的要求是自愿并经慎重考虑过的"的条件,是医生予以"确信",医生的"确信"是关键,病人的"自愿"等只是医生"确信"的内容。其他各项似乎是病人方面的条件,也以医生的"确信""告知"为前提,仍把"条件"的中心放在医生一边。这是因为,对安乐死真正要负法律责任的只是医生,一旦施行了安乐死,病人既已死去，不该负也是负不了任何责任的。

比利时安乐死法关于安乐死申请条件的规定，有以下几点值得注意：

第一，安乐死申请人生理意识的正常性。比利时安乐死法要求申请安乐死在提出安乐死申请时，其意识处于正常状态。正常人的意识通常是处于正常状态的，但偶尔也会失常，尤其是在遭受特殊刺激时。一个人罹患严重疾病，到了生命的晚期，又处于肉体的剧痛状态之中，除非特别豁达、意志力特别坚强，否则精神上就难免出现非正常的状态。在意识非正常状态下做出的任何决定，其有效性、可信性都应存疑。而从安乐死申请这个角度看，则不但应予存疑，而且应予否定。也就是说，安乐死申请必须是申请人处于意识清醒、正常的状态下做出的。在判断申请人的意识是否正常时，应细察细析影响其意识状态的多种主客观因素，尤其是外来的、客观的因素。家属的、亲友的、医务人员的以及与申请人朝夕相处的病友的影响，有时会造成申请人情绪上的极大波动，以致意识的正常性遭到破坏。比利时安乐死法实际上关注到了这些方面，这较诸荷兰安乐死法无疑有其更加严谨、高明和缜密之处。

第二，安乐死请求的完全自愿性。比利时安乐死法在这一方面的规定，比荷兰安乐死法的有关规定又进了一步，它在规定"安乐死的请求应该是自愿的"之后，紧接着加了这样一些限制性、加强性的说明。这种自愿应是"经过仔细考虑和反复要求的"，"不是屈从于外力压迫的结果"。一是"经过仔细考虑"，而不是一时冲动；二是"反复要求"而不是一两次的要求；三是无"外力压迫"，纯粹就是自主、自愿地放弃生命权的决定。这些限制性、加强性的说明是完全必要的，因为只有"经过仔细考虑的"才是慎重的；只有"反复要求的"才是"自愿"的可信证明；只有排除了"外力压迫"才是真正的自主决定。

第三，安乐死申请人病况的严重性。比利时安乐死法有关规定的措辞是"病人处于一种医治无效的情况下，经受着经常的和难以忍受的身体与精神上的痛苦，这种痛苦不能减轻，因而导致由疾病或其他事件带来的严重的无法忍受的错乱"。这里，关于病况的严重性可以细析为四个方面：一是"医疗无效"，这是指已经认真地、持续地经过医疗，但已被明确认定为既有的医疗水平与医疗手段失去效用；二是经常处于难以忍受的身心剧痛状态之中；三是对此种剧痛目前还没有减轻之术；四是由于上述原因致使申请人处于"严重的无法忍受的错乱"状态。

综观比利时安乐死法关于安乐死申请条件的规定，显然比荷兰安乐死法更全面、更具体、更严谨了。这些规定对我国的安乐死立法，当是十分有益的启示。

三、安乐死申请的审定

安乐死申请的审定，涉及以下几个方面：

1. 审定的机构及其人员组成

荷兰安乐死法规定建立"地方审查委员会""以审查应请求终止生命和协助自杀事

件"。委员会的组成，有以下几项主要原则：一为必须有法律专家、医生和伦理或哲学专家参加；二为必须由法律专家担任委员会主席；三为必须是奇数；四为主席、委员及其副职均由司法部部长、卫生福利体育部部长任命；五为任期6年，可以连任一届。

依据上述原则建立的审查委员会是可以信赖的。首先，该委员会是由法律专家把关的。这一点特别重要。国内不少学者议及安乐死申请的审查时，大多把注意力集中在掌握医学知识的医学专家身上。这实际上步入了安乐死法知识的误区。一切法律，包括安乐死法都是用以调节社会关系的，主要是用以规范权利的行使、权利的授予和义务的交付及履行。如果赋予医生以审定安乐死申请之大权，而实际上医生又掌有对申请人病情的判断（是否不可挽救的绝症晚期、是否极度疼痛），还负有实施安乐死的重责，这就存在着医生"大权独揽""一手遮天"、无所制约从而故意或过失不当实施安乐死的危险。由以法律专家为首的委员会来把关，准确地认同了安乐死乃调整生命社会关系的性质，把安乐死申请正确地作为法律问题来处理。对此，无论病人还是家属，都会比较放心。其次，关于任期制的设定，关于必须由有关部长任命的规定，都保证了委员会的有效性与可靠性。

但是，该法关于"委员会组成人员必须是奇数"的规定，意味着审定安乐死申请另有"少数服从多数"的多数通过制。该法第十二条还专门规定"决定以简单多数票表决通过"。这是值得商榷的。安乐死申请的审定不同于任何其他事件的评审，它涉及的是人的生死。个别或少数委员之反对意见，只要不是蛮横无理的武断，就特别应当引起重视，进行讨论，或予认同，或予说理使这少数人放弃反对意见。总之，在这样的问题上，必须采取一票否决制，不能实行多数票决定制。当然，在一票否决之后，并不就此搁置起来，使申请人长期继续在极度的痛苦中无望地挣扎，而应当就分歧意见在更大的范围内展开讨论、研究，或交与上一级审定机构讨论、评审，以求统一意见。如果经公众公决或上一级审定机构讨论认为否定者无理取闹，可径行否定原先的"一票否决"，或另行聘请委员。不过，这些都得以法律规定与法定程序进行，绝不允许以权废法、以言代法。

比利时安乐死法规定，建立"国家控制与评价委员会"作为安乐死申请的审定机构。该法第五章"国家控制与评价委员会"第六条第二款规定，该委员会由16名成员组成，成员的任命以他们对委员会管辖问题的专业知识和经验为基础。8名成员是医生，其中至少4名是比利时大学中的教授。4名成员是比利时大学中的法律教授，或者职业律师。另4名成员来自专门处理不可治愈病人问题的团体。成员不得在立法机构、联邦政府、地方政府或社会管理机构兼职。这些规定有以下几点值得注意：其一，委员会的人数必须超过三分之二，有关规定以三分之二多数通过方为有效。因此，无论奇数还是偶数都无关宗旨。由此可以看出，荷兰安乐死法规定的奇数要求是多余的。其二，指明了委员会成员的一般资格是具有相关的"专业知识和经验"，特殊资格成员则为三类人：医生、法学教授或执业律师，"专门处理不可治愈病人问题的团体"的成员。其三，16人中大致有8人是比利时大学中的教授。其四，委员会成员不得在政权机构兼职。这四点都是意在保证对安乐死申请的审定具有公正性、科学性与正当性。

除上述外，还有两点。一是，比利时安乐死法还规定，国家控制与评价委员会还可举行专家听证会，批准专家参加听证会。这一规定较之荷兰安乐死法又有了进一步的发展。当委员会发生意见分歧时，举行专家听证会广泛听取专家的意见，当然有极大的好处。可以增强委员会决定的科学性与正当性。二是，该法规定，"为了更好地执行委员会功能"，比利时国王"在（国家控制与评价）委员会的组成中任命一个委员会"。该行政机构性的委员会，其"结构和语言依据皇家法令决定，遵从部长会议的意见，听从卫生部和司法部部长的建议"（第十条）。这些规定表明比利时安乐死法对安乐死申请之审定机构的组织、管理、运作极为审慎的态度，因此作了这些严密的规定。

2. 审定的程序

国内一些学者建议的安乐死法未有审定程序的设计，这是不科学的。荷兰安乐死法的安乐死申请审定程序大致为：首先，医生向地方审查委员会提出"应（病人之）请求终止（病人之）生命或者协助（其）自杀"的报告；其次，委员会认为必要时可以向地方验尸官、会诊医生或有关的治疗提供者询问；以便对该医生的行为做出正确的评价，亦即决定是否批准实施安乐死；最后，委员会向检察官提供是否批准实施安乐死的报告。

从荷兰安乐死法审定程序的规定中可以明显看出，审定的对象不是病员及其申请报告，而是医生及其报告。这样规定是科学、合理的。作为安乐死申请者的病人，由于已经到了绝症的晚期，而且处于持续性的和不可忍受的痛苦状态，更由于一旦被实施安乐死而丧失生命，即不可能对任何事情负有实际意义的责任，所以，对他的申请要求进行审查已无必要。必要的是对医生的报告进行审查。当然，审查医生的报告时，也会连类而及地审查病人的申请，但审查病人的申请仍是围绕对医生报告的审查而进行的。

比利时安乐死法关于审定程序的规定相当具体、相当详尽。其完整程序如下（图2）：

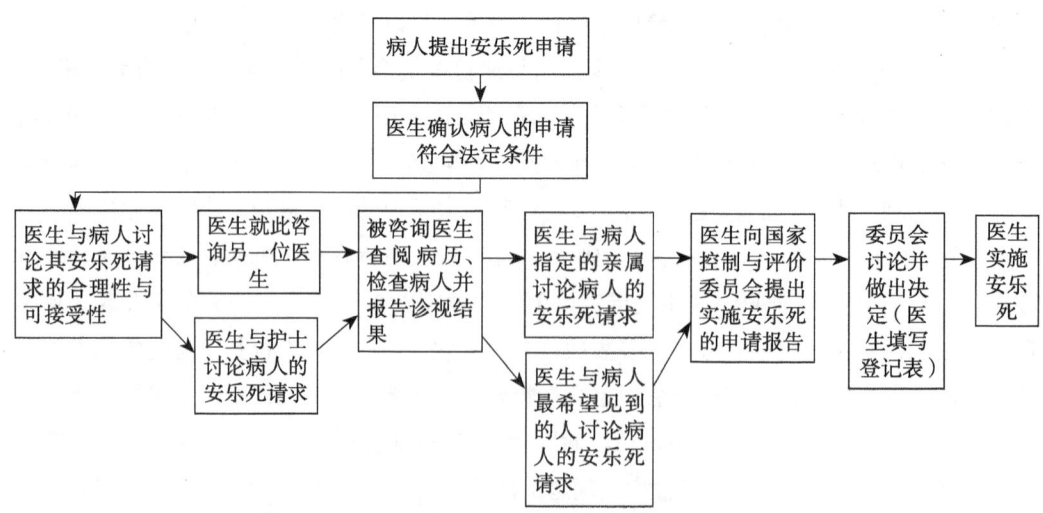

图2　比利时安乐死审定程序

在上述比利时安乐死法关于实施安乐死的程序的规定中特别值得注意的是，医生必须与病人、其亲属、好友讨论，向另一医生、护士咨询讨论。这样做，无疑可以大大增强安乐死申请的必要性、可信性与合法性，也可大大减轻医生因实施安乐死而可能承担的风险。这些规定是值得我国安乐死立法时借鉴的。

许多安乐死法建议稿都把审查的对象仅仅确定为病人及其安乐死申请，这是不科学的。诚然，客观上，审查机构必须审查病人的病况，其申请的理由等，但更重要的是审查医生对病人病况的判断，医生对病人安乐死申请的有关条件的认定以及家属的意见等。

安乐死申请的审定，还应包括一些后续的程序，如医生报告（连同病人的申请）委员会审理过程的记录、决定等文件的归档、保管等。一旦发生争议，这些档案就会是十分重要的书证了。

祝世讷先生等的建议稿，在审定与施行安乐死方面有一些关于暂缓审定或施行的规定。如第二十二条规定：属于下列情况之一者，暂缓施行或停止施行，或不得施行安乐死：①

（1）公民在提出安乐死申请之后尚未施行之前，又提出撤回申请者，应停止审定或施行，准予撤回申请；要求暂缓施行者，应予暂缓施行。

（2）申请者的主管医师反对施行安乐死者，其申请不能受理；申请受理后主管医师提出反对意见者，应停止或暂缓该申请的审定和施行。

（3）申请者因涉及与执法有关的事项，检察、公安、法院等司法部门要求停止或暂缓其安乐死的施行时，应停止或暂缓施行。

（4）由司法部门管制的劳动教养人员、犯罪嫌疑人、在押和服刑犯人，未经主管司法部门批准而申请安乐死者，不得受理和施行。

以上规定中，（1）是属于病人处于犹豫状态，所谓"自愿"就成了问题，不但不能施行安乐死，而且也不应进入审理申请的程序。所以，荷兰安乐死法只审理医生确信申请者的申请是"经慎重考虑过的"，是完全正确的。（2）是把当事医师的反对意见作为停止或暂停审理的依据，我以为不妥当。这样规定使医生负有"越权代庖"而无法真正承担得起的责任。荷兰安乐死法规定医生只要"确信"病人的要求是自愿并经慎重考虑过的，其痛苦是持续性并无法忍受的，"已经告知"病人"所处的困境及其以后的前景"，而病人也已"确信"自己无药可救，在上述情况下，医生就可以提出报告。那么，如果医生持反对意见呢？该法对此未做具体规定；但也因已有其他的一系列限制而不必做规定，因为在医生反对安乐死的情况下，又要"病人也已确信没有其他合理方案用以解决其所处的困境"，是做不到的。同时，医生必须依据具体情况承担违反"适当关心要求"的道义责任，是不会无缘无故地表示反对或赞成的意见的。（3）（4）的规定，实际上意味着在一定情况下剥夺了病危者的安乐死权利，是否妥当，还应做深入的研究。

---

① 这里虽仅提到"暂缓施行"，但实际上包括有"暂缓审定"。这可见下文的该条条款。

第五章 安乐死的实施与监督

对于安乐死问题来说，它的实施与监督是整个安乐死事件的最后程序，是安乐死的实质性步骤，因为一旦实施了安乐死，也就"万事皆休"，再也不可能重新考虑了。因此，对安乐死实施的理念、方法、技术与步骤应作审慎的研究与规定；而作为科学、合理实施安乐死的保证，事先规定有关的监督措施，也是十分必要的。

一、实施安乐死的理念

论者提出，实施安乐死应遵循"科学""文明""人道"的理念。祝世讷先生等的建议稿第二十一条规定"用于安乐死的安乐技术和方法必须是科学的、文明的、人道的"，就是基于上述实施安乐死的理念的考虑。

关于实施安乐死应该具有的"科学"的理念，较少被人们论及。"科学"是"愚昧"的反对概念。在愚昧的观念下，人之死亡是由"天""神""上帝"等决定的，而"天""神"等决定人之生死取决于是否崇奉"天""神"等的权威，是否曾经"造孽"，等等。按照这种观念，如果人工实施安乐死，那么就与"天""神""上帝"的旨意及其决定相悖，于是亲属们就要反对，至少要伴之以多种迷信仪式，弄得不伦不类。在科学的理念下，人之生死是自然规律使然；作为自然存在物，人是必然要经历死亡、完结生命的存在的；死亡之迟速，是由人类机体的内在矛盾决定的。因此应当坦然地对待死亡。庄子死了妻子，"鼓盆当歌"，毛泽东说庄子这一举措内涵"庆祝辩证法的胜利"的科学理念。既然是自然规律及人体内在矛盾决定的，就不必在临终之时以种种形式鼓噪喧哗，而应让病人笑对死亡、泰然告别亲朋好友。当然，在"科学"的理念下，还包括在实施安乐死时采用科学的技术与方法。

关于实施安乐死应该具有"文明"的理念，是被议论得较多的。王炳福、公培华等认为："安乐死不是纯医学问题，而是社会文明问题，是人类自身生产文明化的一个重要环节，要作为社会主义文明的一项重要内容来建设。"[①] 安乐死作为社会文明问题，实施安乐死时的"文明"要求，既是对病人的，也是对医生的，还是对病人家属的。但实施安乐死的主体是当事医生，因此，他是否具有"文明"理念，成了关键。祝世讷先生等的建议稿规定，实施安乐死的"安乐师"应"由责任心强、有良好医德和医术的医师担任或兼任"（第二十条），这是对"文明"理念在安乐死实施中得到体现的一种具体保证。在"文明"理念的指引下，一旦安乐死申请得到审定批准，就应尽快、妥善地实施安乐死，而不再"听其自然"或继续采取人为措施延长死亡过程即延长病人痛苦的时间，使其继续遭受本可避免的折磨。

关于实施安乐死应该具有"人道"的理念，前文已较多论及。这里必须强调的是实施安乐死时具体的技术措施的人道化问题。安乐死是由医生来实施的，因此，必须有相应的医术高明的医生来负责。担任安乐死实施任务的医生应经专门培训，能熟练掌握安乐死的技术和方法，能随机应对可能出现的各种复杂情况，并经严格考核才可持证上岗实施安乐死。有关的安乐死技术和方法至少应包括这样两点：一是可以消除至少是减轻临终痛苦的技术和方法；二是可以缩短死亡过程的技术和方法。

二、实施安乐死的程序

在安乐死申请得到审定、批准之后，在规定的日期实施安乐死时，还应遵守一定的程序。有关程序是：（1）验明安乐死申请人正身。验明正身的工作应由医生、病人亲属、律师或公证人员以及安乐死申请的审定机构代表共同进行。验明正身的工作程序是：目测；对照相关资料加以确认；各方在验测文件上签字。（2）核对实施安乐死的医生的身份。此项工作由医院方代表、律师或公证人员及审定机构的代表共同进行。其程序是：目测；对照医生的身份证进行检查核实；各方在医生的验测文件上签字。（3）医生向律师或公证人员以及审定机构代表报告该次安乐死的实施准备工作、拟采用的技术与药物；然后出示书面报告，展示有关手术器材与药物。在律师或公证人员及审定机构代表认可报告、不提异议的情况下，由医师及其助手实施安乐死。（4）实施安乐死。实施过程应摄像、录音。

祝世讷等的建议稿规定"安乐师施行安乐死以安乐科下达的书面通知为唯一根据，此外不接受任何个人和部门的要求、指令、影响"（第二十条）。这样规定诚然有其理由，但有两个问题还需探讨：

其一，安乐死审定机构是依病人的申请和医生的确认来审定的，审定过程未涉及也不可能涉及实施过程的详情细节，而实施过程还是可能出现种种特殊情况的。"以安乐科下达的书面通知为唯一依据"，就是对这些特殊情况不予置理，那就仍然可能出问题。所以，

[①] 王炳福、公培华：《安乐死立法研究的重要进展》，《医学与哲学》第21卷第7期。

我们认为，在实施过程中，还应设计制约措施。当然，这些措施必须有严格、周密的规定；同时规定，对安乐死的实施所提出的新的要求、指令及施加的影响，主其事者（如律师）必须负法律责任。例如，因律师的阻挠而推迟或停止实施安乐死，病员及其家属或主事医生提出反对意见，该律师就必须因此而承担法律责任。

其二，临实施安乐死时，病人的家属提出了强烈的反对意见甚至采取了具体的阻挠性行动。在这种情况下，究竟还实施安乐死与否呢？中国是一个礼仪社会、人情社会，习俗中亲属的态度会极大地影响病人；同时医生的行为也会受其制约。此外，还不得不考虑可能造成的后果，即一旦"以安乐科下达的通知为唯一依据"而实施安乐死，可能引致严重的医患冲突。究竟如何解决此类问题，除事先做好病人家属工作一途外，其他方面的对策似应进一步做研究。

三、实施安乐死的监督

实施安乐死的监督可分为两个方面：

一为实施过程中的监督。这一点在上文中实际上已经述及。

二为实施后的监督。这是指安乐死实施后，由安乐死申请的审定机关或另设的监督机关发动的监督程序。如果是由审定机关进行监督的话，那么，需加审监核验的，仅涉安乐死实施过程所留下的书面记录和摄像、录音记录，包括核验病员正身、主事医生等的记录，实施过程的预拟方案报告以及实施过程的录音、录像记录等。

对实施安乐死实行监督的权威性、有效性，源于关于安乐死法上的法律责任的规定。

祝世讷等的建议稿规定："不符合安乐死的条件而施行安乐死的下列情况，追究责任者的行政或民事、刑事责任：公民没有在死而对其施行安乐死的；公民虽然在死但没有痛苦而对其施行安乐死的；公民本人没有自愿，诱惑、欺骗、胁迫或强制其施行安乐死的；公民虽有志愿但没有主动提出要求，强迫施行安乐死的；其他不符合本条例的规定而施行安乐死的。"（第二十五条）

这些规定显然可对实施安乐死过程中的违法行为造成有力的威慑，从而有利于依法实施安乐死。但综观该建议稿的这些规定，至少有以下几个问题必须提出来加以讨论：

"追究责任者的行政或民事、刑事责任"的"责任者"是指谁？我们以为，这个"责任者"应是下达安乐死书面通知的审定机构，主持安乐死的医生只是在虚假报告病人病情从而误导了审定机构的情况下，才负相应的责任。此外，实施过程中的监督者、证人等，如有不实情况，也应负一定的法律责任。

从前文的分析出发，可能被追究法律责任的是以下几种人：

一为医生。当医生提供虚假信息，实施安乐死时使用不正当方法等，就应给予处罚直至追究刑事责任。

二为安乐死审定机构。在医生提供正确信息或在医生提供虚假信息而未加审查的情况下，审定机构如做出错误的决定，或不能及时做决定从而延长了申请人的痛苦时间，该机构及其负责人应受处罚。

三为实施过程中的一干监督人员，如律师、公证人员、审定机构派出的代表等。如果他们未对实施安乐死的各项准备工作做如实的证明，如果疏于职守、马虎从事而导致实施有误，或虽然未发生错误但有关的证明材料未经规定做出等等，也应受一定的处罚。

即便做了以上的规定，从与荷兰安乐死法的规定做比较来看，仍然是不够的。荷兰安乐死法不仅规定了何种情况下、何人（或机构）应负何法律责任，而且还具体规定了刑期等，从而产生了更大的权威性和法律威慑力。该法在第四章"其他法律的修正案"中规定了一系列不同情况下的不同处罚办法。如第二十条规定《刑法》应做如下修正"：

A

第二百九十三条应改为：

1.应他人的表示和真诚的请求而终止他人生命的人，将被判处12年以下的监禁或第5类罚金。

……

B

第二百九十四条应改为：

1.故意诱使他人自杀，导致自杀成功的，将被判处3年以下监禁或者第4类罚金。

这里的"应他人……""故意诱使他人……"都是违反安乐死法的行为，所以让《刑法》做与安乐死法相应的修改，使得两个法律互相呼应，因为违反了安乐死法关于安乐死申请必须被医生确信申请人处在极度痛苦且无法忍受的状态的规定。我们认为，荷兰安乐死法这样详尽明确而且十分具体地规定处刑的刑期等，是值得我国安乐死立法时借鉴的。

第六章 安乐死法基础理论探析

本章旨在对安乐死法做理论探讨与分析。实际上,上文的部分内容已涉及若干安乐死法的理论问题,但与安乐死及安乐死立法的实践与发展等具体问题联系较为紧密。进一步加以抽象,做比较纯粹的理论分析,对深入了解安乐死法仍是十分必要的。下文集中论述以下几个方面:

1. 传统与非传统生命社会关系;
2. 传统与非传统生命法(以上是安乐死法"安身立命"的基础);
3. 安乐死法与生命法(这涉及安乐死法这一系统与它所依存的大系统的关系)。

一、安乐死:传统与非传统生命社会关系

安乐死虽然是近代以来才成为人们关注的问题,但有遥远的孕育安乐死的渊源可以追溯;即便是在当代,它也与传统的生命社会关系和非传统的生命社会关系相联系。因此,我们先来考察安乐死与传统的、非传统的生命社会关系的联系。

(一)社会关系与生命社会关系

1. 社会关系

生命社会关系是人类丰富多彩、错综复杂的社会关系中的一种。

社会关系是人们在共同的社会实践活动中所结成的相互关系的总称。在现实社会中,由现实生活的主体、主体的需要、主体需要所指向的对象以及主体行为"四个要素所具有的属性决定了它们的结合形式必然表现为社会关系,而且也只有通过社会关系的形式,它们才能结合起来"[①]。马克思、恩格斯指出:"在任何情况下,个人总是'从自己出发的',但由于从他们彼此不需要发生任何联系这个意义上来说他们不是唯一的,由于他们的需

---

① 黄建武:《法的实现》,中国人民大学出版社1997年版,第57页。

要即他们的本性,以及他们求得满足的方式,把他们联系起来(两性关系、交换、分工),所以他们必然要发生相互关系。"① 只要社会存在着,社会关系就无时不在,无处不在。"社会存在构成了人们利益存在和社会实现的形式,即使一些看来好像与他人无关的需要与满足关系,例如新鲜空气的自由吸取,实际上也处在一定的社会关系中,即主体依赖于空气不被污染和自由不受限制。"② 人类的物质资料的生产是人类社会赖以存在和发展的基础,所以,人在社会生产中结成的相互关系即生产关系,是一切社会关系的基础。人类的实践活动发生在诸多领域;除物质资料生产的领域外,还发生在政治活动领域、经济生活领域、宗教活动领域、家庭活动领域等之中,从而结成政治社会关系、经济社会关系、军事社会关系、宗教社会关系与家庭社会关系等。此外,从国家与国家、民族与民族因交往活动所形成的关系看,还有国际社会关系和民族社会关系。这些社会关系是有所交叉、重叠或包容的。如家庭社会关系中包容着经济社会关系的成分;民族社会关系与国际社会关系有所交叉;军事社会关系与政治社会关系有所重叠。社会关系的分门别类的存在及其相互之间的形形色色、多姿多彩的关系,构成了人类社会大千世界无限繁复的生活场景。正是在这种种关系中,人们才得以发挥或被抑制其作用。

在一切社会关系中,生命社会关系是最基本的社会关系。没有了生命也就没有了人;没有了人,一切政治的、经济的、军事的、宗教的、家庭的社会关系便不复存在。但有趣的是,恰恰是生命社会关系最不为学界所重视,当然也无所谓研究及成果。值得高兴的是,"生命社会关系"这一概念是在1997年首先提出来的,虽然迄今为止对它的研究还只是幼儿水平。那么,什么是生命社会关系呢?

2. 生命社会关系

在诸多社会关系中,随着科学技术包括生命科技的发展,独立形成了科技社会关系包括生命科技社会关系。后者,我们简称之为"生命社会关系"。

我们先来看一个讨论安乐死问题时经常被引用的著名案例:1981年8月24日,病人赫伯特(Hebert)住进凯塞·帕尔曼特医院。他要做一个手术摘除结肠造口术的囊,这个囊是在数月前为解决肠梗阻问题时植入的。8月26日,奈伊德尔医生为他做了手术。然而,在赫伯特在恢复室的第一个小时,他因脑缺氧成为昏迷病人,被置于呼吸器上。8月27日,医院神经病学家弗里曼医生诊断其为由于缺氧所致的严重的脑伤。第二天,巴博尔医生与赫伯特夫人商议,赫伯特夫人被告知说,她的丈夫的脑已经死了,于是她同意取走她丈夫的呼吸器。但赫伯特的脑当时并没有死,仍有低等的脑功能。8月29日,巴博尔从赫伯特那里取走了呼吸器。加利福尼亚州的脑死法明确批准可以取走脑功能终止的病人的呼吸器。然而,呼吸器取走后,赫伯特没有死,出乎意料地自己开始呼吸。第二

---

① 《马克思恩格斯全集》第3卷,人民出版社1960年版,第514页。
② 黄建武:《法的实现》,中国人民大学出版社1997年版,第58页。

天，赫伯特夫人和家庭其他成员共同签署了一份同意书，说家庭要"取走维持生命的所有机器"。8月31日上午8时，巴博尔命令中止所有的静脉喂饲；不久，奈伊德尔命令取走鼻饲管，把赫伯特从加强医疗病房转入普通病房。9月6日，赫伯特死于脱水和肺炎。为此，奈伊德尔和巴博尔医生被告上了法院。原告认为这不同于仅仅取走持久昏迷病人的呼吸器，当取走静脉点滴管时赫伯特并不是持久昏迷病人，如果静脉滴管不取走，他也许会恢复。原告控告说，在这个案例中，取走呼吸器也应视为谋杀，因为它是谋杀赫伯特以掩盖医疗事故的一部分。1983年3月9日，地方法院法官克拉汉在预审会上驳回了这些指控，认为没有邪恶意图的证据，因而没有谋杀指控的证据。克拉汉的驳回提示了这一点：当病人处于不可逆昏迷状态时，医生在病人家属的同意下，可以取走病人所有的生命支持系统而不必害怕被控告有罪。然而，原告上诉。5月5日，高级法院法官司曼克恢复了谋杀指控。最后，加利福尼亚州上诉法院宣告，对巴博尔和奈伊德尔的指控无效。上诉法院认为，人工供应营养应该与任何其他形式的医疗一样对待，当人工喂饲对病人提供的好处与强加的负担不成比例时，可以根据代理决定者的指令即赫伯特家属的指令而中止喂饲。①

在这个案例中，一些相识的、不相识的人之间以及他们与医生、医疗机构、法院等机构相互之间至少形成了以下一些关系：

（1）赫伯特与凯塞·帕尔曼特医院的关系；

（2）赫伯特与奈伊德尔医生的关系；

（3）赫伯特与弗里曼医生的关系；

（4）赫伯特与巴博尔医生的关系；

（5）赫伯特与夫人和家庭其他成员的关系；

（6）赫伯特夫人和家庭其他成员与巴博尔医生、奈伊德尔医生的关系；

（7）赫伯特夫人等与凯塞·帕尔曼特医院的关系；

（8）赫伯特夫人等与地方法院的关系；

（9）赫伯特夫人等与高级法院的关系；

（10）赫伯特夫人与上诉法院的关系；

（11）医生、医院与各级法院的关系。

这些关系在相对低级的医疗技术条件下往往难以形成。该案例中，"脑死亡""呼吸器""静脉喂饲""鼻饲"等概念或医疗器械、医疗方法，都是在生命科技发展到近现代的高水平阶段才锥显颖现的。也只有这时，才可能形成上述种种复杂的生命社会关系，而不是以往的一般性医患关系。

但是，一定的医疗技术在其出现之时，往往就是体现了当时最高的或相当高的生命科技水平。"神农尝百草"在今天看来是极为低下的药物发现方法，用以治病当然也是如此。

---

① 吕国强：《生与死：法律探索》，上海社会科学院出版社1991年版，第176—177页。

但在"神农"所处的时代就是当时的最高水平,所以也为今人节节赞叹,慕名景仰。不管是低水平还是高水平,举凡生命科技的发展,都可能引致一些新的生命社会关系的形成。《生命社会关系的法律调节》一文,曾这样定义生命社会关系:"所谓生命社会关系,是指因生命科技活动而发生,为促进生命科技的发展并保障人类生命的存在、健康与长寿而形成的社会关系。"[①]

现在看来,上述定义还应进一步修改为:生命社会关系是指由生命科技活动而发生、为着生命科技的发展、可据以协调生命科技劳动者、生命科技劳动组织和生命科技劳动管理机构内部关系以及相互关系,并可据以协调上述各方面与相关的自然人、法人的关系,并直接与人类生命的孕育、产生、存在和健康相互联系的一种社会关系。

之所以这样修改,是考虑到以下因素:

第一,生命社会关系当然与生命相关,而国际社会达成共识的人类生命从受精卵时起14天后开始计算。对这一已开始被承认存在的生命,其孕育方式,却有自然怀孕与在人类辅助生殖技术帮助下怀孕的区分。后者的孕育与前者的孕育是极大地不同的。前者的孕育,是长期以来人类家庭存在的基础,它以血缘关系为纽带。而后者的孕育,却是一种"异化",其中大部分形式下,都与"家庭"相联系的血缘关系无关。这是人类辅助生殖技术成熟以后形成的生命社会关系。原定义未涉及这一点,所以,新的定义做了相应的修改。

第二,原定义强调了"长寿"问题,新定义删去了此点。这是因为:如果一个人的生命质量由于生病而变得极低,即使年龄不大也辗转反侧于极度的病痛之中,简直是"生不如死",于是产生了安乐死的要求。根据安乐死法,他可以要求亦即实现"死的权利"。这时,运用一定的医学技术手段,帮助患者实现安乐死,就不是"保障……长寿",而是在一定的前提下依法"促使其加速死亡"。只要赞同安乐死,就不可能是促进"保障……长寿"。因此,新的生命社会关系应是促进"保障……健康"的,而不是无前提、无原则的"保障……长寿"。

第三,略为详尽具体地在定义中指明形成新的生命社会关系的目的与新型的生命社会关系的功能等,有助于理解生命社会关系的内涵。

第四,略为详尽具体地概括指出了生命社会关系的两个方面:一为生命科技劳动者、劳动组织、劳动管理机构各自的内部关系及相互关系;二为他们(它们)与自然人、法人的关系。指明这些,可以把与生命科技活动有关的两方面主体都加以揭示,既涵盖了医患关系,也涵盖了生命科技工作者、机构、管理机构之间的关系。

到目前为止,我们以为这可算是一个比较明确具体而适用的定义。也许今后会出现更好的定义,这要靠生命法学工作者做不懈的共同努力。

[①] 顾肖荣、倪正茂主编:《生命法学论丛》,文汇报出版社1998年版,第40页。

(二) 生命社会关系的核心

1. 生命社会关系的核心是人的生命

生命科技的发展,都关涉人的生命:生命的孕育、生命的诞生、生命的存在、生命的健康、生命的延长等等。

生命科技劳动的发展所引起的社会关系,最终都指向对人的生命(孕育、诞生、存在、健康、延长)的影响,或利或害或损或益。有利于人的生命的则为良性的生命社会关系;不利于人的生命的则为恶性的(或曰劣性)的生命社会关系。

人的生命当然属于他(或她)个人。但数千年来的社会发展,推演出了家庭——以血缘关系为纽带的个人集合体。小至"丁克家庭"——仅有夫妻二人的袖珍型小家庭,大至"四世同堂""五世同堂"的大家庭,其中的每一个个人,其生命状况都与其他成员的利益息息相关,休戚与共。

以上为泛泛之论,如果结合生命科技发展的实际状况,结合个人在家庭中的关系,结合科技劳动、科技劳动组织、科技劳动管理机关内部和相互关系以及三者与自然人、法人的关系做分析,我们会发现,"生命"作为生命社会关系的核心问题,近代以来大大地变得复杂化了。

2. 生命社会关系的发展与人的生命

生命社会关系的定义告诉我们,它是因生命科技的发展而引起演变的。没有生命科技活动,就没有生命社会关系;没有生命科技活动发展,就没有生命社会关系的发展与变化。同时,生命社会关系的定义还告诉我们,生命社会关系是为着生命科技的发展而存在,它的良性发展是有利于生命科技发展的;反之,生命社会关系的恶性发展,当然不利于生命科技的进步。

在上述种种关系中,人的生命始终占据核心地位:生命科技的发展,生命社会关系的良性循环,都与人的生命(的孕育、产生、存在、健康与延长)紧密相关。

但是,生命科技在近现代的迅速发展,使得它与人的生命的关系呈现出了与此前不相同的变化。

从人的生命的孕育方面来看,生命科技在近代以前的任务与成果,几乎全然是为着助孕、助产:一切药物、一切生物技术都是为着帮助交媾的男女容易怀孕,所怀的胎儿能够健康发育,生产时能够减轻痛苦,母亲子女安然无恙。近代以来,生命科技的发展却增加了一个新的任务,即在保证安全的同时,当必要时,还可保证阻止怀孕,如阻止不成功,怀孕之后能够安全地、及时地堕胎。

为此,生命科技工作者发明了避孕套、子宫帽、节育环、外用阴道硅橡胶避孕器等避孕工具;开发出了各种口服长效与短效避孕药(如0号、1号、2号口服避孕药,甲醚抗孕含膜,复方孕素1号片,复方18号甲炔诺酮,复方炔雌醚等),避孕针,外用避孕药等;

还发明了输卵管堵塞、结扎，输精管堵塞、结扎等绝育方法。

生命科技工作者并不满足于上述成就，因为所有的上述方法都与失去生殖能力的夫妻无关。他们的继续努力，使得"人类辅助生殖技术"在当代有了长足的发展。人类辅助生殖技术现在至少在以下11个方面已经取得了巨大的成功：

(1) 配偶和非配偶的人工授精；

(2) 体外受精和胚胎移植；

(3) 控制超排卵技术；

(4) 胚胎和卵子冷冻保存技术；

(5) 显微辅助授精技术；

(6) 植入前遗传学诊断；

(7) 胚胎共培养技术；

(8) 胚胎辅助孵化技术；

(9) 未成熟卵母细胞体外的培养；

(10) 卵细胞核移植技术；

(11) 模拟构建人类子宫技术。

上述种种技术——近代以前的与近代以来的，助孕的与阻孕的技术，不管是指向生命的"生"还是"死"，都围绕着人的生命这一生命社会关系的核心，而非其他。

再从人的生命的存在与健康来看，生命科技在近代以前的任务与成果，几乎全然是为着肢体齐全与生命的延续：一切药物、一切生物技术，都是为了救助患病的肢体使之痊愈，为了减轻患病时的痛苦而竭力保存生命，使之延长。近代以来，生命科技的发展却增加了一些新的任务，即在保证生命的存在与健康的同时，当必要时，还可切除某一患病的器官，把甲的器官移植到乙的身体上去，为此可以捐赠器官；还可否弃生命而使绝症患者不再受病痛的折磨。为此，生命科技工作者发明了成千上万种的药物与技术。仅仅诊疗技术一个方面，就有药物试验如青霉素过敏试验、普鲁卡因过敏试验、破伤风抗毒素过敏试验、结核菌素过敏试验等等，穿刺检验如胸腔穿刺、腹腔穿刺、肝脏穿刺、腰椎穿刺、关节穿刺、淋巴结核穿刺等等，不一而足。至于帮助绝症病人放弃生命即实行安乐死，更有许许多多的药物、技术可供使用，林林总总，难计其数。

所有这一切，同样都指向人的生命——或使之"生"，或使之"死"——这一生命社会关系的核心。

尽管一切生命科技的发展同样都围绕着人的生命，但它对生命社会关系所造成的影响，却不是古往今来所可同日而语、相提并论的。大略而分，生命科技在近代以来的迅速发展，使得以生命为核心的生命社会关系，分成了传统的和非传统的两大类。

（三）传统的生命社会关系

近代以前的生命科技基本上不触及人类生命的孕育。当时，人类生命的孕育是完全依赖男女两性的性爱自然（怀）孕（生）育过程。

近代以前生命科技的基本任务，一致指向人类生命的延长与肢体的健全。当自然人的身体组织器官、生理机能和心理状态面临疾病侵袭时，生命科技工作者力求通过对本体加以治疗（如打针吃药等）而消除病患、减轻病痛、延长生命。[①]

人类生命孕育、肢体健全、生命延长的上述自然的或人工的手段（方式）所引致产生的生命社会关系的定义，我们可以认定为"传统的生命社会关系"。传统的生命社会关系是指由自然生育活动和由传统生命科技活动所发生、为着生命科技的发展、可据以协调自然人相互关系，据以协调生命科技劳动者、劳动组织和劳动管理机构内部关系以及相互关系，并可据以协调上述各个方面与自然人、法人而直接与人类生命的孕育、产生、存在和健康相联系的一种社会关系。

传统的生命社会关系有如下一些主要特点：

1. 以血缘关系为纽带

传统的生命社会关系的第一个特点是以血缘关系为纽带。

社会关系是一种人际关系。人际关系可以经济利益、政治目标、宗教信仰、组织制度、地域从属、民族特征等的不同纽带，自然或非自然地结成。血缘关系是结成人际关系的一种最基础的、最普遍、最强劲的纽带。"血浓于水""血肉相连""血亲""血统""血脉相承"等词语的含义，都说明了这一点。

男女两性基于性爱所生的孩子，上下代之间有血型和基因上的直接联系。法医学上的"亲子鉴定"，就奠基于血缘关系的人类遗传学理论基础上。人的遗传性状，是由基因决定的：子代的一切基因都来自亲代；每个亲代都给子代提供等位基因中的任何一个，至少有一个亲体存在这种基因，子女中才可能存在该基因；如果一个亲体携有纯合子等位基因，则他所有的子女都一定携有该种基因。

当然，这些理论知识只是近几十年来的发现与阐断，但血缘关系（上例为亲子关系）下的基因承传关系，却是客观地存在了几百万年的，只是以前人尚未认识到罢了。尽管以前还未认识，但人们凭经验，如从"亲子酷肖"等现象中，已经略有了解，而且早已经做了大胆的推测，形成了"龙生龙，凤生凤，老鼠生儿打地洞"等十分形象的谚语。

血缘关系又生发了血缘上的亲、疏关系，可以按亲疏程度分成直系亲属、近亲、远亲与无（非）亲关系。在直系亲属中，又可分列出不同的亲等关系，或上下辈关系（如父母

[①] 张小红：《生命法调整对象初探》，顾肖荣、倪正茂主编《生命法学论丛》，文汇报出版社1998年版，第17、19页。

与子女、祖父母与孙子女），或平辈关系（如兄弟姐妹）。据此又"辐射"到近亲、远亲而产生相应的上下辈关系与平辈关系。

以血缘为纽带的传统生命社会关系，因血缘的"亲、疏"及由此而来的"辈分"，千百年来对伦理产生了决定性的影响。

由"亲、疏"所产生的影响是，关系越亲近，生死联系就越密切，"杀父之仇，不共戴天"，就是基于"杀父"等同于杀己的观念。孔子所说"父母唯其疾之忧"①，《孝经》所云"身体发肤，受之父母，不敢毁伤，孝之始也"②，都是基于最紧密的血亲关系所产生的认识。由于血缘越为亲近生死联系就越为密切，因此，传统伦理很自然地把亲属的生死问题首先交由血亲最近的父母子女来处理。其极端如古代所谓"父要子亡，子不得不亡"等。在这种伦理观的影响下，即使到了当代，一些人还认为，死亡权利的主张、器官之捐赠与移植的意愿，不仅仅取决于当事者本人，还必须得到他的父母（或子女）的首肯，否则即为逆伦悖理。

由"辈分"所产生的影响是，"尊"（即高辈分）、"卑"（即低辈分）关系不可颠倒，不同辈分者之间的等级高下不可淆乱。传统伦理对"辈分"关系也是高度重视的。封建制社会里那种森严的宗法等级制度，其"客观依据"，就是血缘上的"辈分"。尽管封建宗法等级制度已经被做了严厉的批判，但每当论及人工生殖、克隆人等问题时，传统伦理的卫道士便会毫无顾忌地借口"辈分"的打乱如何如何不道德，而竭力反对人工生殖、反对人体克隆。

2. 以家庭关系为纽带

传统的生命社会关系的第二个特点，是以家庭关系为纽带。

虽然父母与子女之间、兄弟姐妹之间的关系以血缘为纽带，并以此决定了传统生命社会关系的基础，但是传统的生命社会关系不仅仅只有血缘关系这一纽带。另一纽带是家庭关系。家庭关系实际上可分为两种血缘关系的组合：一为直接的血缘关系，如父母与子女，兄弟姐妹，等等；一为间接的血缘关系，这就是夫妻。没有夫妻，不成其为传统意义上的"家"。但夫与妻之间并无直接的血缘关系，而且，如有直接的血缘关系，倒是不被习俗及法律允准结婚的。夫妻之间间接的血缘关系见诸以下两点：一是夫妻交媾孕育了子女，夫与妻各与子女有了直接的血缘关系，于是通过子女（或曰表现在子女上），夫妻之间也就有了间接的血缘关系；二是男女之结为夫妻，从生物学意义上，就是为了生儿育女、"传宗接代"，因此，结婚之初尚无子息之时，就被视同为相互之间具有血亲关系，当然，这只能是间接的而不是直接的血亲关系。

传统生命社会关系之以血缘为纽带与以家庭为纽带，还是有重大区别的。血缘纽带是

---

① 《论语·为政篇第二》。
② 《开宗明义章》。

生物学纽带；家庭纽带是社会学纽带。

作为传统生命社会关系另一重要基础的家庭关系纽带，以财产、名誉等物质的和精神的利益为基础。家庭是具有血缘关系的人们的利益共同体。这种利益共同体在生命社会关系的核心——人的生命问题上，当然十分敏感。因为家庭成员生命的存在与否（延伸开来，"家庭成员"之是否生育，是否健康，是否长寿，总之，其生、老、病、死），时时都与家庭的其他成员的利益相关。由此，产生了传统生命社会关系的第三个特点。

3. 以稳定不变为第一要义

传统的生命社会关系的第三个特点，是以稳定不变为第一要义。

作为传统生命社会关系纽带的血缘关系与家庭关系，由于以下主要原因，数千年来一直处于几近"绝对"的稳定状态。

一是社会稳定的需要。家庭是社会的细胞。家庭关系混乱、不稳，社会也就容易失衡、不稳，统治者也就难于维持其政治统治与社会安宁。为求得家庭的稳定，统治者甚至提倡"父为子隐""子为父隐"，即当人们犯罪时，为父者可以隐瞒、包庇其子之罪行，其子也可以隐瞒、包庇其父之罪行。这种隐瞒、包庇行为为法律所允准，不认其为犯罪，不可处以刑罚。

二是生命科技水平的低下。近代以前的生命科技，总体上只能一般地保障人的生命的孕育、产生与健康，不可能改变其基因，不可能把器官移来植去。这决定了血缘关系之不被改变，从而也带来了家庭的稳态存在。

生命社会关系以外的其他社会关系，大多经历过巨大的变化。如经济社会关系从奴隶制、封建制、资本主义制直到社会主义制，其间的经济关系都发生过翻天覆地的变化，先后形成了用以调节的不同法律手段——奴隶制法、封建制法、资本主义法和社会主义法。从另一角度看，则有商品经济关系、计划经济关系、小农经济关系等的不同变化。同样，不同历史时期出现过不同的政治社会关系、军事社会关系、民族社会关系、国际社会关系，也导致形成了性质不同的行政法、军事法、民族法和国际法，影响到刑法、诉讼法的重大变化。唯独以血缘、家庭为纽带的生命社会关系，数千年来却了无变化，相沿相继，几成止水。

正因如此，反映这种以稳定不变为第一要义的生命社会关系要求的生命伦理，对任何危及血缘混淆、家庭稳定的东西，都严加排拒。

相当典型的是，在中国医学中发展出了"牵线搭脉"这样的医疗诊断绝技。中医诊断，以"望、闻、问、切"为术。"切"即诊（搭）脉，从脉搏跳动的缓急强弱来判断病情。但男中医如把手（指）搭在妇女的手臂上，有可能使双方"触电"产生感情，终至闹出影响家庭关系的绯闻。为此，中医通过"牵线"而"切"知患病妇女脉搏跳动的情况，从而做出病情诊断。这当然有极高的难度，几近不可思议。但久经历练，也还是有少数佼佼者能够身怀此类绝技而终成"杏林高手"。这一典型例子说明，传统生命社会关系为维护其稳定不变的第一要义，达到了何种可惊可叹的程度。

虽然传统伦理现在未必再坚持中医非"牵线搭脉"不可，但是，如果要触动以致打乱血缘关系、家庭关系，从而触动、打乱传统的生命社会关系，那么它是一定要全力抗争的。然而，"沉舟侧畔千帆过，病树前头万木春"，非传统的生命社会关系，还是随着非传统的生命科技的发展而呱呱坠地，应运而生了。

（四）非传统的生命社会关系

近代以来，生命科技发生了一场又一场惊天动地的革命：人类辅助生殖技术方面令人眼花缭乱的发展，使得不孕夫妇不仅可借精生育，而且可借精又借卵生育，还可既借精又借卵又借腹生育。器官移植技术的发展，使人不仅可移植自己的发、肤、肢体，还可移植异体的发、肤、肢体；不仅可移植这些比较简单、"低级"的器官，而且可移植构造、机理、功能极为复杂、"高级"的器官，如胃、肝、心、肺、胆、肾等，只剩下正在攻关的大脑移植了。基因技术的发展，更深入到人体遗传基因的改造问题上，DNA重组可使人的某些致病基因消除、有益基因强化，从而不仅改善人的健康状况等外在性状，而且改变人的性格特点等方面的内在性状；基因技术发展的最新进展则为人体克隆；无性繁殖人体、创造人的生命，批量化地生产出一代又一代新人来，已经不是神话，而是可以预期的现实；等等。

与此相关，生命科技的视野像以往那样，不仅仅停留在人类生命的孕育、生产、存在、健康与延长上，而且扩展到了阻孕、堕胎和安乐致死上。

在这种情况下，与传统生命社会关系继续存在的同时，出现了一种新型的生命社会关系，可称之为"非传统（的）生命社会关系"。

非传统生命社会关系是指由在人类辅助生殖技术的前提下进行孕育和由非传统生命科技活动而发生、为着生命科技的发展、可据以协调自然人相互关系，据以协调生命科技劳动者、劳动组织和劳动管理机构内部关系以及相互关系，并可据以协调上述各方面与自然人、法人，而直接与人类生命的孕育、产生、存在和健康相联系的一种社会关系。

非传统的生命社会关系有如下一些主要特点：

1. 对非血缘家庭关系的兼容性

在血缘家庭关系还普遍存在的客观社会环境下，非传统生命科技的发展，势必造成一系列问题。这些问题都指向是否容忍非血缘家庭关系的同时存在。

《生命法学的伦理问题》[①]一文曾指出：近代以来，生命科技的发展常常要触动家庭社会关系的稳性存在状态；而当代的生命科技发展中，人类辅助生殖技术中的异源人工授精即为一个显例。由于异源人工授精（AID）中与女性的卵子结合的是第三人的精子，势必

[①] 倪正茂：《生命法学的伦理问题》，《科学导报》2000年9月。

会产生严重影响既定家庭关系的问题。首先，这种方式下的精卵结合，客观上与婚外致孕下的精卵结合几无二致。其次，新生儿与母亲丈夫的关系，应认定为不是父子，但却又因为他是母亲的丈夫，又要认其为父亲。几层关系均相悖，而且由此还会引起一系列其他影响家庭关系的问题，如：新生儿与兄弟姐妹的关系；新生儿的继承权问题；父亲与新生儿的权利义务关系问题（包括供精者与他的权利义务关系）；等等。显然，所有这些"关系"和问题，都是先前的既有家庭社会关系所不存在的。人类其他的一些生殖技术，则会引致产生更复杂的社会关系问题，如夫妻除借卵（或借精）外，还请了"代理母亲"，就几乎把原先的以血缘为纽带形成的家庭社会关系模式彻底搅乱了。

血缘家庭关系的普遍存在并仍然得到了人们的认同，这是一种客观现实。人类社会距离家庭的解体尚需时日。① 但人们面对新生命科技的发展，鉴于自身的需要（如不孕夫妇急迫需要孩子），又逐渐认同了人工生殖方式下出现的事实：新的以非血缘家庭关系为纽带的生命社会关系。这样，非传统的生命社会关系与传统生命社会关系相比，就具有对非血缘家庭关系的兼容性的特点。

既然非传统生命社会关系具有对非血缘家庭关系的兼容性，从事人类辅助生殖技术的生命科技劳动者、劳动组织和劳动管理机构的一切有关的活动，就与非传统生命社会关系一起得到了认可。

2. 对人类生命关爱的科学性

传统的生命社会关系反映了对人类生命的关爱。因此，良性的传统生命社会关系总体上有利于人类生命的孕育、产生、存在、健康与延长。但是，传统的生命社会关系对人类生命的关爱，有时并不科学。

在传统的生命社会关系下，"身体发肤，受之于父母，不敢毁伤"的说教，很容易被视为"放之四海而皆准"的普遍真理。此类"孝经"在中国流传了数千年之久，至今还严重地禁锢着不少人的头脑，因而他们对捐赠遗体、捐赠器官很不理解、拒不支持。不少立了捐献遗体的遗嘱的老人死亡以后，家属宁可冒不遵遗嘱的批评，而毁弃遗嘱，否定老人的生前意愿，拒绝赠献遗体。

在传统的生命社会关系下，一切为着人的"生"，堕胎是不可想象的事，甚至被视同杀人。这诚然是对生命关爱的反映，但同样并不科学。在子女过多因而父母无力抚养，勉力而为则严重影响整个家庭生计的情况下，拒绝计划生育，拒绝依法堕胎，实际上是对其他生命的残酷的"迫害"。

非传统的生命社会关系是随着高新生命科技的发展而形成的，它认同器官之捐赠与移

---

① 笔者认为，如同一切事都有其产生、发展、消亡的过程一样，家庭也有其消亡的必然性。在不太遥远的将来，家庭会因其对人性自由的束缚、对人权实现的扼制、对生产力发展的阻碍而最终普遍解体；普遍的同居制将取代一夫一妻制度。

植，认同必要的堕胎，因而表现了对人类生命关爱的科学性。这种科学的关爱，是从人类的整体利益（在小范围内则是结成了生命社会关系包括血缘家庭关系的人们的群体利益）出发的。从根本上说，它丝毫不意味着对生者的伤害。

3. 对人权关爱的全面性

生命社会关系蕴涵着人类在生命方面的权利义务关系。人类在生命方面的权利包括生的权利和死的权利。后者也可看作是对生的权利的放弃，因为放弃生命与死亡是一个概念、一回事情。

传统的生命社会关系同样蕴涵着人类在生命方面的权利义务关系。但它对人的死的权利持否定态度。"救死扶伤"作为人道主义精神的体现是值得颂扬的。在传统生命社会关系下发扬医务人员和一切生命科技劳动者的"救死扶伤"精神，完全无可非议。而且，今后还应继续发扬光大之。但凡事均有其度；真理再向前跨出一步，就会变成谬误。因要发扬"救死扶伤"精神，即使面对的是一个身患绝症而不可逆转的病人，且病痛严重，几不欲生，也还坚持"救死扶伤"，施救不已，不能不说是对人权的片面理解。在这种情况下继续施救，无异于延长其受折磨的时间，这又何来"人道主义"呢？我们发扬的"救死扶伤"精神，是在"人道主义"的基础上才能正确论定的。必须把"救死扶伤"与发扬人道主义精神结合在一起加以理解。

非传统的生命社会关系所蕴含的人类在生命方面的权利义务关系，表现了对人权关爱的全面性。首先，它关爱的不仅是人的"生"的权利，还关爱、尊重人的"死"的权利；不仅维护人的"生"的权利，而且维护人放弃"生"的权利。因此，在非传统的生命社会关系下，安乐死被认为是合理的、明智的选择。其次，它还兼及重视人类在生命问题上的义务。因此，不仅自主放弃生命、选择尊严而安乐的死亡是合理的、明智的，而且帮助别人在一定的前提下依法结束生命，也是合理的、明智的和道德的。

4. 对人类生命社会关系的革命性

传统的生命社会关系以维护建立在血缘关系基础上的家庭的绝对稳定为标志、为职志、为依归，任何动摇家庭关系、淆乱血缘关系之举者都为它所不容。非传统的生命社会关系却以其兼容非血缘家庭关系而显现出它对传统生命社会关系的"大革命"。

不仅如此，传统的生命社会关系因建立在血缘家庭关系的基础上，"辈分"之分被视为生命社会关系的常态与正统；而非传统生命社会关系却可能同时无视"辈分"。将来一旦克隆出新人来，本体既然非父子关系，亦非兄弟关系；既可称父子关系，也可称兄弟关系。这就有点儿像"此亦一是非，彼亦一是非，唯无是非观，庶几免是非"那样，从根本上就摒弃了"辈分"关系。人类为什么一定要把相互之间的关系纳入"辈分"关系的樊篱之中呢？古人早就有过的"四海之内皆兄弟也"[①]的教诲，连基督教徒们相互之间也都称呼"兄弟""姐妹"而不管年龄、辈分。在非传统生命社会关系的"革命行动"下，才化为现实，因此，我们不必坚执己见，故步自封。

其实，即使永远没有克隆人，异源人工授精等人类辅助生殖技术，也早已把"辈分"关系隐隐地摒弃了。"精子银行"里的精子所有人，谁知道是与受精者从而与新生婴儿有无血缘上的远亲关系呢？如果有，那么同时也就存在精子所有人的"辈分"远低于新生儿的可能。又，如果一个人患病之后，接受了儿孙辈这样那样的捐赠器官而做成了移植手术，或者，在输血时大量接受了儿孙辈的供血，要了了分明、截然划一地说清此后双方的"辈分"关系，实在也不是非常科学的，至少不是严格的。总之，非传统生命社会关系对传统生命社会关系，对传统的血缘关系、家庭关系，对传统的伦理准则、伦理观念，都造成了巨大的冲击，表现了它的革命性。陶渊明诗有云："落地为兄弟，何必骨肉亲。"[②]"何必骨肉亲"就是对"唯有骨肉亲"的一种挑战和革命。

（五）非传统的生命社会关系与传统生命社会关系的联系与耦合

安乐死虽然被作为非传统生命社会关系法律调节范畴的问题被提出、被研究，但它与人类辅助生殖技术、基因技术、克隆技术、器官移植技术等高新生命科技引起的非传统生命社会关系的产生及有关的法律调节一样；仍然和传统的生命社会关系及其法律调节存在着千丝万缕的"剪不断、理还乱"的关系；不仅如此，而且安乐死比上述任何一个方面都更如胶似漆般地关系着非传统的生命社会关系及其法律调节。

首先，安乐死之"死"，与传统生命社会关系设计的"死"，并无根本的不同，因为它同样不能越出传统生命社会关系的主要特点：一是它不会悖逆传统生命社会关系的"以血缘关系为纽带"的特点。人之将死，意味着血缘关系这一纽带的断裂。但也就是在将死之时，血缘关系的纽带骤然绷紧、大大强化了。正因血缘关系纽带的骤然绷紧、大大强化，使得安乐死比"自然的"（这里包括因病而致的）死亡，更易激起亲友的抵触情绪直至反对。对"自然的"死亡，人们除痛苦以外只有无奈；安乐死则因同样得到"死"的结果却又因是非"自然的"、人为的，而可能大大加剧痛苦直至愤怒。二是安乐死也与传统生命社会关系之"以家庭关系为纽带"的特点紧密相关联。一般来说，每一个安乐死者都是某一家庭的成员。因此，他不可能越出家庭社会关系纽带，而与之对立。这样，处理安乐死问题，就必须特别重视申请安乐死者之"死"与其家庭的关系；家庭成员是持支持态度还是反对态度；有无家庭成员的特殊利益与之牵涉；等等。三是安乐死与传统生命社会关系之

[①]《论语·颜渊》："君子敬而无失，与人恭而有礼，四海之内皆兄弟也。"明人无心子《金雀记·守贞》曰："此公有趣，四海之内，皆兄弟也。"《英烈传》第六回："四海之内皆兄弟也，便收了罢。"

[②]《陶渊明集·杂诗十二首》。

"以稳定不变为第一要义"的特点并不相悖。

其次,安乐死之"安乐"与传统生命社会关系之讲求和谐相处、人情伦常,从根本上来说是完全一致的。传统生命社会关系的基点是以血缘为纽带的具体的绝对稳态,后者的维系离不开与其他人、其他家庭的和睦相处,离不开传统的伦常、道德与人情网。安乐死之追求安乐,与这些并无矛盾。

正是由于以上原因,安乐死的申请、审定、实施、监察,必须顾及传统生命社会关系的多方面要求。例如对安乐死的申请与审定,不仅医生、有关的审定机构,而且申请者本人都要顾及有关的要求。

二、传统与非传统的生命法

(一)法与生命法

法是用以调节社会关系的行为规范。法与其他社会规范的主要区别在于,法是以政治暴力作为后盾在社会中加以有效实施的,其他社会规范则不以政治暴力而推行。例如,道德规范的背后,并无政治暴力的支撑,它的推行主要依靠个人内心的自省与社会舆论的臧否。宗教规范的背后一般也无暴力的支撑,它的推行主要依靠个人的信仰与教友之间的督察、勉励或教会的惩戒。只有在政教合一的社会里,教规才得以依政治暴力为后盾,而这时的教规与法已同化为一物了。

生命法是法的一个分支,可以定义生命法为调节生命社会关系的法。如果更为精确一些,则可定义生命法为调节生命社会关系的科技法。这样定义,不仅可以将生命法与行政法、民法、刑法、国际法、诉讼法等区别开来,而且可以将生命法与其他科学技术法如原子能法、专利法等区别开来。

生命法的最重要特点就在于调节生命社会关系,一切调节其他社会关系的法都不是生命法。

生命法古已有之。早在我国的奴隶制时代,就有了事涉人的孕育、健康、长寿方面的立法与司法。现存典籍,以《周礼》记载为上限。《周礼》篇首之《天官》即详细规定了医官的分工、职责、权利与义务。医官有医师、食医、疾医、疡医及兽医之分。医师"掌医之政令",食医"掌和王之六食、六饮、六膳、百羞、百酱、八珍之奇";疾医"掌养万民之疾病";疡医"掌肿病、溃疡、金疡、折疡之祝药劀杀之齐"。《周礼》规定医官得依实绩予以奖惩,"岁终则稽其医事,以制其食。十全为上,十失一次之,十失二次之,十失三次之,十失四为下"。封建时代的生命立法与司法有了长足的发展。秦有太医令丞主事医政。秦始皇焚书坑儒,但《焚书令》规定"所不去者,医药、卜筮、植树之书"[①]。《晋

---

① 《史记·秦始皇本纪第六》。

书》载:"暴秦燔书,六经残灭,天宫星占,存而不毁。"这里的"天宫……不毁"就包括医官医书之类。秦律还规定"同母异父相与奸弃市",即近亲不得"相奸"(包括婚姻),以维护种族之生存健康。自汉至清,封建时代的生命社会关系立法、司法不断发展。汉代淳于意医术高明,但他有时十分任性而不给病人治病,造成"民怨",汉文帝得悉之后曾下令将其押赴长安准备处予极刑。唐代的生命社会关系法律调节已经相当发达,医官有详尽分工,用药有严格规定,庸医要严厉惩处。清代则集历代之大成,不仅以法详细规定了对生命社会关系的法律调节,而且承继明代的判例制度,以大量的判例法甚至破法律而行。

生命法不仅我国古代早就诞生,而且"广亦有之",世界各国古代同样早就有了生命法;而随着时代的发展,越往近代,生命法越发达,越加繁多。例如英国早在1601年就制定了《伊丽莎白济贫法》,它被誉为资产阶级卫生生活立法,施行达300余年,影响久远。而后其比较著名的立法有1832年的《贫困法》、1848年的《卫生法》、1875年的《公共卫生法》、1859年的《药品食品卫生法》、1878年的《全国检疫法》以及《助产士法》《妇幼保健法》《精神缺陷法》《国家卫生服务法》《卫生和安全法》等。又如日本,早在明治七年(1874)即颁行了"医制",规定了设立医院的批准手续等。而后其立法主要有1897年的《传染病预防法》,1907年的《麻风预防法》,1937年的《国民医疗法》,1940年的《医师法》,1947年的《食品卫生法》,1949年的《农药取缔法》《公共浴场法》,1965年的《防止公害事业法》,1968年的《防止大气污染法》,1972年的《自然环境保护法》,1973年的《公害健康被害补偿法》,1983年的《老年保护法》以及《保健所法》《精神卫生法》《健康保险法》《关于角膜及肾脏移植法律》等。据不完全统计,日本现有的卫生法规即有100多种。

现在,世界各国有关生命的立法,至少已经涉及以下20多个方面:(1)初级卫生保健立法;(2)卫生管理立法(包括组织和管理、卫生经济、卫生教育等方面的立法);(3)公共卫生、职业卫生、劳动卫生立法;(4)卫生服务与卫生资源包括卫生人力、医院和有关机构的卫生服务方面的立法;(5)疾病控制包括传染性和非传染性疾病的控制和药物治疗等的立法;(6)口腔保健立法;(7)家庭卫生法;(8)生育和人口政策立法;(9)老年人保健与康复方面的立法;(10)精神卫生立法;(11)控制吸烟、饮食和吸毒包括麻醉剂、精神药物和滥用药物等方面的立法;(12)死亡和有关问题(包括尸体解剖、处理)和安乐死方面的立法;(13)营养和食品安全方面的立法;(14)药品及医疗器械管理方面的立法;(15)环境保护法;(16)放射安全立法;(17)医疗事故预防立法;(18)卫生统计方面的立法;(19)卫生保险方面的立法;(20)器官移植方面的立法;(21)堕胎方面的立法;(22)性病防治方面的立法;(23)人工授精方面的立法等。那么,所有这些生命法所调整的生命社会关系都是一个类型的吗?我们前文中已经将生命社会关系划分为传统的生命社会关系与非传统的生命社会关系两大类,这里所说的生命法是否同时对不同的生命社会关系做有效的调节呢?

实际上，与生命社会关系之划分为传统与非传统两大类相适应，生命法也应划分为传统生命法与非传统生命法两大类。

（二）传统生命法

"生命法"这个概念，是邓公平先生在他主编的《医药卫生法学》一书中首次提出来的。该书有"生命法的原则"一节，还有"生命法的若干进展"一节。他指出："生物技术的进步和新的法律关系的产生要求生命法律从伦理学母腹中分娩出来。"还指出："现代科技对生命法学提出的问题很多，估计会越来越多。"[①]

提出"生命法""生命法学"这样的概念，是十分有意义的事。但邓公平先生等之提出这些概念，有两大缺憾：首先是仅仅提出这两个概念，而未做任何进一步的分析，如给出它的定义，提示它的内涵，指出它的特征、地位、作用等；其次是隐含着它不包括既成的"医药卫生法""医学法""卫生法"等概念，似乎"医药法"是"医药法"，"生命法"是"生命法"，二者无相通之处，无重大的共性。其实不然，医药卫生法等也是生命法，我名之曰"传统生命法"。

1. 传统生命法的定义

传统生命法是调整传统生命社会关系的生命法。既成的"医药卫生法""医药法""卫生法"等，都是传统生命法。

有人认为，"传统方式下人类的产生是基于男女两性性爱的自然生育过程，其形成的社会关系已由婚姻法、民法等传统法律部门加以调整"[②]。这一论断，有其正确的方面：与人类传统的生育方式及由生育所形成的社会关系，确有一部分已由婚姻法、家庭法、民法等做有效调整。但这一论断也还有欠缺的一面，即婚姻法、家庭法、民法等并不能包罗无遗地调整人类自然生育过程中所联系的一切社会关系。例如，孕妇与医生、护士的关系就不是婚姻法、家庭法所能调节得了的，民法同样不能完美地加以调节。在母婴保健方面，我国卫生部发布的《全国城市围产保健管理办法（试行）》(1987)，《女职工保健工作规定》(1993)，《城乡儿童保健工作要求》(1986)、《小儿四病防治方案》(1986) 等母婴保健法，就与婚姻法、家庭法、民法有所区别。《卫生法》一书给母婴保健法下的定义是："母婴保健法是调整保障母亲和婴儿健康、提高人口素质活动中产生的各种社会关系的法律规范的总称。"[③] 与"传统方式下人类的产生"相关的，除母婴保健法之类外，还有人口与计划生育法。《卫生法》一书定义"人口与计划生育法是实现人口与经济、社会、资源、环境的协

[①] 上海科学技术出版社 1989 年版，第 52—59 页。
[②] 张小红：《生命法调整对象初探》，顾肖荣、倪正茂主编《生命法学论丛》，文汇报出版社 1998 年版，第 17 页。
[③] 赵同刚主编：《卫生法》，人民卫生出版社 2001 年版，第 168 页。

调发展,保障公民计划生育的合法权益,促进家庭幸福,民族繁荣与社会进步活动中产生的各种社会关系的法律规范的总称"[①]。无论是母婴保健方面的各种法律法规,还是计划生育方面的各种法律法规,都不同于婚姻法、家庭法以及民法等。因此,不能认为传统的生命社会关系都可由婚姻法、家庭法和民法加以调节。

人们还认为,"传统方式下人类生命的延长是指自然人身体组织器官、生理机能和心理状态面临疾病或事故侵袭时,能通过对本体加以治疗的方式延长生命。其形成的社会关系已由行政法、民法和刑法等加以调整"[②]。这诚然是不错的。但是,调节传统生命科技活动所形成的生命社会关系的法律法规,业已发展成为庞大的、繁杂的、有机的整体,它带有自身的特殊性,任何一类单一的民法或行政法或刑法,都不可能有效而圆满地加以调节了;应运而生的是许许多多兼具民法、行政法、刑法特点的医药卫生法或曰卫生法或曰医学法,正是这一类法律法规,承担着调整传统生命社会关系的任务。

从上文中,我们已经看到,对调节传统生命社会关系的法律法规,人们给定的名称是不同的,谓为"医药卫生法"[③]者有之,谓为"医学法"[④]者有之,谓为"卫生法"[⑤]者亦有之;而其内容都大致一样,"卫生法"者也涉笔医疗法、药品法,"医学法"也涉笔药品法、卫生法。

由于"医药卫生法""医学法""卫生法"等都指向生命社会关系的法律调节,因此,我们完全可以概称之为"生命法"。又由于这一类生命法调整的都是传统的生命社会关系,因此,我们进而概称之为"传统生命法"。

2. 传统生命法的普遍性伦理原则

传统生命法的普遍性伦理原则,主要有以下几个方面:

第一,救死扶伤,发扬医学人道主义。

由于传统生命法以医疗卫生法为主体,而医疗卫生法所涉及的多为医患关系,因此,医生对处于生命危急中的患者抱何态度、负何责任,就不但要以法律加以规范,而且要有建立在高尚伦理道德上的舆论制约。在这里,法律规定与伦理要求是一致的。也就是说,有关的生命法律规范是以包括人道主义在内的伦理道德的支持为坚实基础的。

医学人道主义形成已久,中外皆然。作为以关心、同情病人痛楚,并愿为之消除减缓病痛为宗旨的人道主义,是古今中外皆有的。这在古希腊希波克拉底的《誓言》、我国唐

---

① 赵同刚主编:《卫生法》,人民卫生出版社2001年版,第175页。
② 张小红:《生命法调整对象初探》,顾肖荣、倪正茂主编《生命法学论丛》,文汇报出版社1998年版,第19页。
③ 邓公平主编:《医药卫生法学》,上海科学技术出版社1989年版。
④ 陈力行、姜玲、赵芃主编:《医学法学概论》,南京大学出版社1988年版。
⑤ 达庆东主编:《卫生法学纲要》,上海医科大学出版社2000年版;赵同刚主编:《卫生法》,人民卫生出版社2001年版。

代孙思邈的《千金要方》以及其他东西方许多著名的医德文献中，都有充分的体现。①时至当代，救死扶伤，发扬医学人道主义被提到了更高的地位，几乎所有国家，当然包括我国，均有关于医师执业的法律，并且都将上述内容列为最重要规范之一。

第二，"博施普济""普救含灵"。

这与"救死扶伤，发扬医学人道主义"有相通之处，但后者侧重于病，前者侧重于人，指的是以博爱的精神对待一切患病的人，而不计患者的一切条件，不分尊卑贵贱、贫富亲疏，一律真心救助。孙思邈在《千金要方》的"大医精诚"和"大医习业"中都强调"人命至重，有贵千金，一方济之，德逾于此"，对病人应"普同一等"，"持恻隐之心，誓愿普救含灵之苦"；"若有疾厄来求救者，不得问其贵贱贫富，长幼妍蚩，怨亲善友，华夷愚智，普同一等，皆如至亲之想"。晋代名医杨泉，元代名医朱丹虚，明代名医龚廷贤、闵自成等，都在这一方面身体力行，留下了千古美名。

以博爱的精神对待一切病患者的精神，现代则在联合国大会1982年12月18日通过的《关于医务人员特别是医生在保护被监禁和拘留的人不受酷刑和其他残忍、不人道或有辱人格的待遇或处罚方面的任务的医疗道德原则》中得到了最明显的体现。"被监禁和拘留的人"本都很可能是触法者，有些甚至是异己敌对者，根据联合国的这项原则及其附件，对这些人尚且"有责任保护他们的身心健康"，要"向他们提供同于未被监禁或拘留的人同样质量和标准的疾病治疗"，那么，对于其他的人该采取何种态度、措施，就是不言自明的了。

第三，廉洁清正，作风正派。

医家不能不食人间烟火，收取一定的医药费用乃在情理之中，但是应廉洁清正，不可贪图钱财。这已被古代中国医家列为重要的道德戒律之一。一些廉洁清正的医家事迹，早已被广泛传颂并视为医界佳话。如三国时江西的名医董奉，为人治病不收钱财，凡重病愈者以栽杏五棵为酬，轻者一棵，如此数载，竟得十万余棵的连片大杏林；他又将每年所收之杏，资助求医的穷人，遂留下了"杏林春暖"的历史佳话。现在不时还能见以"杏林"称谓医生、医家的，可见廉洁清正、不贪钱财始终是医界的基本道德守则。

医事常要触及人体，因此医风正派，不得淫邪，就成了对医生的道德要求。我国古代医典《医家五戒十要》《小儿卫生总微论方》等，对此都有论及。明代陈实功的《医家五戒十要》中规定的"凡视妇女及孀妇尼僧等人，必候侍者在旁，方入房视诊，倘旁无伴，不得自看"，虽然从今天来看不免过于"封建"，但其中透露出的作风严谨的自律精神，至今仍有其积极的、重要的意义。

第四，精益求精，不断提高医疗水平。

没有高超的医技，任凭你如何博爱仁慈、清正廉洁，也将蹙眉束手"无奈小虫何"。

---

① 卢启华主编：《医学伦理学》，华中理工大学出版社1997年版，第56页。

因此，不倦地学习，精益求精，不断地提高医疗水平，就成了医家的道德自律，也成了公众对医家的道德要求。明代医家徐春甫在《古今医统》中指出："医本治人，学之不精，反为夭折。"他十分简明地阐述了提高医术之所以应该成为道德规范的理由。这一点，孙思邈在《千金要方》中的"大医精诚"篇中也曾指出过："学者必须博及医源，精勤不倦，不得道听途说，而言医道已了，深自误哉！"我国民间口头指责那些医术低下、医德不良的走方庸医为"江湖医生"，就是社会公众对医生医术的一种道德裁判。

我国现行的《执业医师法》已将"努力钻研业务，更新知识，提高专业技术水平"（第二十二条）列为医师必须履行的义务；而我国台湾地区现行的"医师法""助产士法""护理人员法""营养师法"及"药师法"等，尚无这方面的规定。

第五，保护患者的隐私。

古希腊名医希波克拉底在《誓言》中表示："不管与我们职业有无关系，我所耳闻目睹的人们的私生活，我决不泄露应当保密的一切细节。"1953年的《护士伦理学的国际章程》规定"护士对病人的个人情况保密"。我国《执业医师法》规定："关心、爱护尊重患者，保护患者的隐私。"我国台湾地区的"医师法"规定，医师"对于因业务而知悉的他人秘密，不得无故泄露"。这一规定还载于"助产士法""护理人员法"中，表明了对患者隐私要予以尊重与保护的道德原则与法律要求。

以上各项普遍性伦理原则，都与稳态家庭社会关系不相抵触，其中有的还直接、间接地有利于维持或加强家庭社会关系的稳态长存。医生的救死扶伤、博施济众、精益求精，使患病者的健康得到保障或除病去疾，这些法规性的医德要求当然对家庭社会关系稳态的维护十分有利。而清廉正派、保护隐私则更直接地关系到对家庭社会稳态的维护。明代陈功实的"五戒十要"虽然有失之封建之处，但在当时乃至整个封建制时代，都被视为维护家庭社会关系的绝对必要的道德戒律。在此基础上，甚至发展出了"牵线搭脉"的诊断之术，可见这一戒律在实际医疗工作中的严格性与严肃性。

（三）非传统生命法

近代以来生命科技的快速发展，导致形成了与传统生命社会关系大不相同的新型的社会关系，如前文所说，我们称之为非传统的生命社会关系。传统生命法总体来说已不孚调节非传统生命社会关系之用。

《生命法调整对象初探》[①] 一文如同屈子的《天问》那样，就生命科技新发展所引起的生命社会关系变化，提出了一长串传统法律部门不能解释的困惑与问题：在同质授精的情况下，丈夫死亡后再婚妻子能否使用已故丈夫贮藏下来的精子人工授精？如果能使用，其

[①] 张小红：《生命法调整对象初探》，顾肖荣、倪正茂主编《生命法学论丛》，文汇报出版社1998年版，第17—20页。

所生女子的父亲是谁？在异质授精的情况下，丈夫同意是否为必备条件？妻子如未征得丈夫同意私自实施异质人工授精，该子女是否算非婚生子女？独身妇女能否采用人工授精生育子女？异质授精所生子女的父亲是谁？所生子女是否有权知道他们的自然父亲？如果精子是匿名提供，如何避免同一供者的精液被多次重复使用所产生的近亲婚配的危险？现代医学技术已使得卵子可以在试管内受精，形成的胚胎可移入子宫妊娠，也可将其冷藏，以备后用。这种试管授精技术的应用也形成了许多传统法律部门无法解决的难题：胚胎的法律地位是什么？将体外受精中多余的胚胎毁坏或丢弃是否构成犯罪？冷藏的"孤儿胚胎"是否享有继承权？不能产生卵子的妇女利用其他妇女的卵子在体外授精后植入自己子宫，其所生孩子的父亲是对夫妻用自身精子和卵子在试管内授精，并通过代生协议将胚胎移入另一妇女（代生母亲）子宫内，若这对夫妻与代生母亲之间的相互争夺对出生孩子的监护权，法律该支持谁？假如一个分别借助分阶段卵子和子宫怀孕的妇女采用异质授精办法生育了孩子，该孩子与相关的六个当事人（申请采用这种生育措施的妇女、卵子提供者、子宫提供者、精子提供者、子宫提供者的丈夫、申请采取这种生育措施的妇女的丈夫）之间的父母子女关系该如何界定？

在人工器官移植的情况下，由于机械装置磨损、出现故障而影响人工器官受体的整体健康以致生命，责任应由谁承担，是移植人工器官的医生还是人工器官的制造者？在自然人体器官移植情况下，活人能否捐献器官？如能，对捐献的客体作如何限定？如捐献者的健康因为摘除手术受到损害，由谁承担责任？受损害的捐献者能获得何种法律保障？是否有权在手术前的最后关头撤销其决定？因此而造成的损失由谁承担？买卖人体器官是否合法？对死人器官的捐献有什么法定程序？"死亡"的标准是什么？法律是否接受"脑死亡"（指当心脏还继续跳动，大脑的功能由于原发于脑组织严重外伤或脑的原发性疾病而不可逆的全部丧失，最终导致人体死亡）？如不承认"脑死亡"，那么对失去脑机能的人在心脏还在跳动时取出其新鲜器官移植于他人的行为是否构成杀人罪？如何推定死者生前是否同意其死后器官的捐献？如果死者生前未明确表示不愿意死后捐献器官，是否可推定其同意？死者的继承人对死者器官的捐献有无决定权？法律是否允许异种（动物）器官移植于人体？在施行过程中，如何避免触犯珍稀野生动物保护法？对性器官的变更手术，在何种情况下才能被允许实施？谁有资格执行这种特殊手术？因性器官变更手术而引起的一系列社会关系如何重新定位？

所有这些问题都表明，非传统的生命社会关系，已不是传统生命法所能调节的了。于是，一系列非传统生命法便呱呱坠地，应运而生。

1. 非传统生命法的定义

非传统生命法是调整非传统生命社会关系的生命法。已经出现的堕胎法、安乐死法、人类辅助生殖技术法、器官移植法、人体实验法、脑死标准法、与人的生命相关的基因技术法等，大致都可列为非传统的生命法。形成中的克隆技术法，也属非传统的生命法。未来高新生命科技发展所引致形成的需要法律加以调节的新型生命社会关系，还会呼唤并引致产生新的生命法。

非传统生命法的上述定义，包含以下两层含义：

其一，非传统生命法属于生命法的范畴。

和传统生命法一样，它所调节的生命社会关系，是传统的法律部门如民法、刑法、行政法等所不能全面调节的。

它在一定范围内同样受传统生命法的普遍性伦理原则的约束。诸如隐私保密原则，精益求精、不断提高医疗水平的原则，廉洁清正、作风正派的原则，"博施济众""普救含灵"的原则以及救死扶伤、发扬医学人道主义原则等，在非传统生命法中仍然得到贯彻。

其二，非传统生命法的调整对象主要是非传统的生命社会关系。

这是非传统生命法与传统生命法最根本的区别，后者调整的是传统的生命社会关系。

非传统生命法即要调整非传统生命社会关系，就要有一个肯定还是否定非传统生命社会关系的关键性问题必须回答。对此，非传统生命法无疑是采取肯定非传统生命社会关系的立场的。而这，就会遇到一些棘手的矛盾。其中之一是，直至目前为止，甚至在可以预见的几十年之内，以血缘关系为纽带的稳态家庭关系——传统生命社会关系的基础是不可动摇、不会改变的；而新型的非传统的生命社会关系却在许多方面、许多场合下，与传统的生命社会关系背道而驰。异源授精的人工生殖技术就破坏血缘家庭关系的稳定存在。矛盾在于：血缘关系被破坏了，而家庭关系还存在。因此，原先以血缘为纽带、以家庭为载体的人们之间的权利义务关系，发生了或显或隐的重大变化。

非传统生命法承认、肯定这一重大变化，并在此基础上进行法律调节。由此，就产生了非传统生命法的一些新的特点。

2. 非传统生命法的新发展

非传统生命法一方面继承了传统生命法所蕴含的基本伦理道德原则，另一方面又有了创新性的变化。这些创新性的变化有时与传统伦理观完全相悖，因而在其确立过程中往往历经激烈的争论，某些争论至今未停。主要表现在以下几个方面：

其一，堕胎法所体现的医学道德的变化。近代以前，世界各国尤其是我国都把"人丁兴旺""多子多孙"看成是家庭、家族兴旺发达的重要标志。传统生命法当然也以此规范医事行为，保障生命的安全孕育与生产。有关的医德如救死扶伤、博施济众、精益求精等，也围绕此宗旨发挥作用。但近代以来由于人口的激增，使得人们在生育问题上的价值观念发生了重大变化。医学技术的发展，不仅大大降低了婴儿死亡率，同时也使堕胎成了简便安全的事。此外，伴随着妇女走出家庭，参加社会经济、政治和文化活动，以及女权运动兴起，也提出了减少生育、计划生育的普遍需求。这样，堕胎法（人工流产法）也就应运而生了。

但堕胎法中所蕴含的伦理道德观却是"史无前例"的。这至少表现在以下几点上：一是该法实质上护卫的不是胎儿的生,而是他(她)的死;二是该法对家庭的影响不是"儿孙满堂",而是少生少育。此外,各国的堕胎法大多还为婚外孕、未婚先孕以及少女怀孕等严重影响家庭社会关系的事件作了严格保密的规定,这虽然与原先的尊重与保护隐私传统有某种相符和呼应,但与原来的保护坦荡磊落的家庭社会关系却南辕北辙了。

其二,安乐死法所体现的医学道德变化。传统生命法最重要的伦理基础是救死扶伤、发扬人道主义。"救人一命,胜造七级浮屠"的教条和"救人生命是医生的最高天职"的传统生命伦理规范,及博施济众、普救含灵等道德要求,均如出一辙。总之,在任何情况下,挽救人命是高于一切的。但安乐死法却对在特殊情况下可以"赐人以死"给予了法律上的肯定和支持。这似乎已与传统伦理观、宗教教条、传统生命法的规定彻底背道而驰了。大概正是因此,迄今为止,全世界还只有荷兰、比利时两个国家通过了安乐死的国家立法。虽然美国加利福尼亚州于1957年制定了《自然死亡法》,到1984年已有35个州和哥伦比亚特区都通过了死的权利法案;我国台湾地区于2000年制定了"安宁缓和医疗条例",规定"为减轻或免除末期病人之痛苦……不施行心肺复苏术",实则支持了安乐死,但这些都不属"国家立法",而是地区立法。

在安乐死问题上,出现了一种相当奇特的现象:安乐死立法在荷兰、比利时以外的所有国家,虽然都迟迟未能通过,但社会调查都证明,它是得到大多数公众支持的。例如,早在1987年,北京有关方面作了500例的问卷调查,其中399人认为我国可实行安乐死,占78.9%;同年2月,中央人民广播电台收到了350多封听众来信,有90%的人赞同实施安乐死;而在2001年底的一次有10000多名网友参加的网上调查表明,其中83.39%的人赞同安乐死,不赞同的仅11.9%,其余5.42%说不清。[①] 英国、美国、日本等国的调查结果,如前所述,也大致如此。

邱仁宗先生在《生命伦理学》中谈到安乐死的伦理根据时指出了可以对安乐死首肯的三条理由:一是安乐死的对象仅局限于脑死或不可逆昏迷的病人或死亡已不可避免、治疗甚至饮食都使之痛苦的病人;二是安乐死有利于死者家属,可把他们从勉为其难地维持一个已无意义的生命的极大的感情困境中与经济压力下解脱出来;三是可使社会的有限资源使用于急需之处,救治鳏寡孤独、残疾人、年老体弱者等。公众大体上也赞同这些观点,但伦理道德上的习惯势力至今仍使安乐死法未能在世界各国通过。

不过,可以预期的是,势所必立的安乐死法,终究会在越来越多的国家被制定、实施。支持安乐死立法的医学伦理道德观点的巨变,已成为不争的事实。

其三,器官移植法所体现的医学道德变化。"身体发肤,受之父母,损之不孝",这是中国千年流传的古训。传统生命法也以保护人们的肢体健全为要。加之在宗教文化影响下不少民众还相信有"来世",甚至指望死后复活。这些导致了传统伦理道德对肌肤肢体完

---

① 《安乐死离我们有多远》,《人民法院报》2001年12月28日。

整性的崇尚，以及对器官移植的否定。而器官移植恰恰反其道而行之，允准在一定的前提下从活体或尸体上摘取器官，移植到另一人的身体上以救治病人。

法律对器官移植的首肯，同样历经了与传统伦理道德的反复抗争。较早论证器官移植合乎道德的是美国学者肯宁罕。他在《器官移植的道德》一文中针对器官移植的反对者问道："一个人仅仅为了邻居的安危，尚可不惜牺牲自己的生命，而为了同样的目的，而且不是直接牺牲生命，为何就不行了呢？"① 还有学者以"整体性"的原则论证器官移植的道德可允性，认为一个人舍弃了一个脏器而成全了另一个人的整体生命，乃是道德高尚的表现，社会不仅不应反对，还应赞许之。有意思的是，天主教从基督的仁爱精神出发，对器官移植也持赞同的态度。在经过漫长的反反复复的论争之后，许多国家现在终于制定通过了器官捐赠与器官移植法。

器官捐赠法与器官移植法一般都以自愿为前提，即捐赠者生前表示同意，或其最近亲属在其死后表示同意。此外还有一些国家的有关立法，同时还采用了"推定同意"的原则，即凡器官所有者本人或其亲属未做特殊申明或登记表示不愿意捐献者，则以愿意捐献论定。苏联甚至还实行"需要决定"原则，即根据拯救生命的实际需要和死者的具体情况，不必考虑死者或其家属的意见而决定是否摘取其器官。"推定同意"尤其是"需要决定"原则，在对传统医学道德的悖逆上走得很远，极少得到社会的同情与支持；而以自愿为前提的器官捐献与移植，则得到了广泛的赞同，这表明医学伦理观在社会整体层面上的重大转变。

其四，人类辅助生殖技术法体现出的医学道德变化。人类辅助生殖技术法如人工授精法、代理母亲法等，如前所说，严重地触动、改变了既定的家庭社会关系，比前面所说各项非传统生命法更严重地挑战了传统的医学道德。传统医学道德的使命是保证人体健康、维护家庭和社会关系的稳定，但人类辅助生殖技术法的实施有可能破坏这种家庭社会关系。如"代理母亲"的出现就是其中之一。一个单身男子聘用"代理母亲"，与单身女子使用 AID（异源人工授精），都会从本质上破坏一夫一妻制的家庭形式。"代理母亲"供卵、受精、怀孕、生产，往往仅仅是为了以此收取报酬，但却不抚养孩子。这种商业化的行为以及非传统生命科技、非传统生命法对此种行为的一定程度的支持，也是与传统医学道德中原有的相关原则不可同日而语的。

现今，全球试管婴儿已多达 30 余万人，许多国家的人工授精法等也施行已久，但关于人类辅助生殖技术法的伦理问题还在不休的争论中。一方面，有不少人持赞成态度，认为这对社会的发展是积极有利的，可以解决一些人不宜生育的问题，可以提高人口素质，还可以为家庭计划生育提供生殖保险；另一方面，人们又提出了一系列值得疑虑的伦理学问题。这些问题主要有：非传统生命法所允许的人工生殖技术，对传统的婚姻、家庭、亲

---

① 卢启华主编:《医学伦理学》，华中理工大学出版社 1997 年版，第 221 页。

子、亲属关系造成的巨大冲击，会引致一系列社会问题；人口过剩会因此加剧；精子、卵子的商品化可能带来各种难断的问题和道德危机；单亲家庭的大量出现，可能会带来家庭瓦解和社会混乱；等等。

此外，人体克隆技术正在日益迅速地发展，也提出了一系列法制需求，更形成了对传统伦理道德观的巨大冲击。

综上所述，非传统生命法与传统生命法相比较，在伦理基础上有以下巨大变化：

第一，传统生命法极端重视人的生存，一切均以唯生为上；非传统生命法在重视人的生存的同时，也尊重人的选择死亡的权利。

第二，传统生命法以保护每个人的肌肤肢体完整为旨，即使对死人也不例外；非传统生命法则首肯器官捐赠与移植，以保护人的整体生命安全与健康为重。

第三，传统生命法对家庭的血缘关系高度重视，不允许血缘关系的丝毫混淆；非传统生命法则在一定的条件下首肯血缘关系的改变，对非血缘关系家庭的建立持肯定态度。

第四，传统生命法高度重视家庭社会关系的稳态，不允许任何动摇家庭社会关系的举措，不允许在辈分之间"伦常"问题上动摇家庭社会关系；非传统生命法则在一定的情况下首肯家庭模式、辈分关系和家庭社会关系的人为改变。

三、安乐死法与生命法

安乐死法是生命法，属于生命法中的非传统生命法的范畴。因此，安乐死法在尊重、肯定生命法的普遍性伦理原则及其他一般原则的同时，又带有非传统生命法的特点。

（一）生命法系统中的安乐死法

安乐死法作为生命法大系统的子系统，具有生命法大系统的主要特点。

生命法的一大特点是本质上的社会性。生命法作为科学技术法，是对在生命科技活动中产生、为生命科技发展服务的生命社会关系进行调节的法律规范，其使命是保障人体的孕育、生产、生存、健康的安全与愉悦。因此，它的社会性本质，是昭然若揭的。生命法一视同仁地行使保障人体的孕育、生产、存在、健康的安全与愉悦的职责，并不因人的贫富、权势地位的高低而异。在剥削阶级占统治地位的社会里，统治阶级依仗权势，使自己独享或厚享优裕的医疗药品资源，似乎其时的生命法是以阶级性为本质的。但是，实际上，统治阶级之厚享医疗药品资源的法律保障，并非生命法，而是行政法、民法或刑法的某些规范；就生命法而言，即使是对战俘或"极为反动"的人，也要发扬人道主义，更遑论其他人。此外，生命法对生命科技事业的促进，得益的是全社会、全人类。因此，生命法的社会性本质是毋庸置疑的。

安乐死法作为生命法，同样具有本质上的社会性特点。安乐死法对生与死的尊严，对死的权利的尊重,是人皆如此、一视同仁的。安乐死法所保障与促进的有关生命科技成果的获取,同样受益于全社会、全人类。

承认生命法的社会性本质并从而承认安乐死法的社会性本质,有助于我们借鉴与移植荷兰、比利时的安乐死立法经验与司法措施,有助于我们更快更好地融入全球性的安乐死法讨论中去,为救助濒危而又无法逆转生命厄运的人们摆脱极端性的痛苦,做出卓有成效的努力。

生命法的第二个重要特点是立法上的预期性。一般的法,大多是对既成的社会关系包括经济关系的记录,是对这些久已形成的社会关系的肯定。但生命法则不同。对任何人来说都一样:生命只有一次。因此,古往今来各国人民都无比珍惜生命,一切与生命相关的事物,都被极为审慎地对待。这样,生命法立法的预期性自然地成了它必具的特点。

生命法立法的预期性意味着它不像一般的法那样"把每天重复着的生产、分配和交换产品的行为用一个共同规则概括起来,设法使个人服从生产和交换的一般条件"①。也就是说,往往不是医事行为在先而立法在后,而是立法在先而医事行为在后,生命法所调节的生命社会关系,是正在形成但尚未定型,已经产生一定的法制需求但又往往不太明确的社会关系。当出现这类"不太明确""尚未定型"的社会关系时,就以制定有关的生命法,恢复这种社会关系使之定型化,使它的法制需求明确化,也就是以生命法来促进新的生命社会关系的确立,并保障它的正常发展。

作为生命法的安乐死法,也许是最好地体现了预期性立法这一生命法特点的。所有其他的生命法都是为了人类的"生",只有安乐死法和堕胎法所指向的是"死"。人为致死是要抵命的,古往今来的法律都做这样的规定。"杀人者死",在刘邦进咸阳之前、之后直至如今都几乎可称"铁律"。但安乐死法却要为某种"人为致死"作肯定,作保护。安乐死法所确立的患者与家属的关系,患者与医生的关系,这种以"人为致死"为目标、为基础的社会关系,显然不是现实生活中已存在的,而只为安乐死法所预期。也正因如此,安乐死立法特别困难,至今全世界只有荷兰、比利时两国以国家立法的形式加以首肯。

生命法的第三个特点是其内容的伦理性。救死扶伤、"博施济众"、清廉正派、保护隐私等带有原则性质的要求,是生命法所恪守的原则。安乐死法当然也体现了这些伦理性特点。尽管安乐死法的目标指向是"人为致死",似乎与"救死扶伤"南辕北辙、背道而驰,但这是一种形而上学的机械的理解。安乐死法所处处防范的,是对救死扶伤原则的轻忽与背弃;它所首先要保证的不是人的"死",而是人的"生"。正因为如此,它才设定种种实施安乐死的前提条件,如必须是身患绝症,死亡已不可逆转,必须是患者为病痛折磨而极端痛苦且无法救助,还必须有患者对安乐死的强烈要求,等等。只有充分给定了这些前提条件,安乐死法才肯定与保护"人为致死"的合理性与合法性。因此,如果仅从伦理方面

---

① 《马克思恩格斯选集》第 2 卷,人民出版社 1972 年版,第 538—539 页。

看,恰恰是安乐死法最符合伦理要求,最讲人道,也最"仁慈"。某些伦理学者振振有词的"伦理",不过是假道学的"伦理",十分虚伪,也十分凶残。

生命法第四个特点是它在功能上的激励性:激励以高尚的医德、高超的医术去解除病患者的痛苦;激励人们去攻克生命科技难题,从而为人类的孕育、生产、生存、健康提供更加切实有效的助益与保障;等等。安乐死法作为生命法也体现了这种特点。安乐死法对高尚医德的激励是显而易见的。由于该法的指向是"死",无高尚医德或医德不够高尚,都可能引致最严重的恶果。因此,即使安乐死法被通过,实施安乐死与否,对医生都是一场灵魂的拷问,都激励医生弘扬高尚的医德。同时,安乐死法还在两个方面激励医生和有关的生命科技工作者不断提高医术:其一是实施安乐死以前以最好的医术拯救患者;其二是面对必须致人死而又束手无策、救人无术,而产生的对心灵的严重刺激。

(二)非传统生命法系统中的安乐死法

安乐死法是生命法,属于生命法中非传统生命法的范畴。因此,它又具有非传统生命法的一些特点。

非传统生命法的首要特点是对生命社会关系的全面合理调节。传统生命法是在生命科技水平比较低下的基础上,为调节比较简单的生命社会关系而发展起来的。因此,它在很大的程度上,调节的是医患(及其家属)的关系。客观事实正是如此:以前连"生命法"这样的概念都没有形成,有的只是"医疗法""药品法"与"卫生法"等。非传统生命法不仅是医疗法、药品法与卫生法,不仅仅调节医患关系,而且调节生命科技劳动者之间、他们与生命科技劳动组织之间的关系,调节他们(它们)与一切自然人、法人的关系。这可以说,非传统生命法所调节的社会关系面更广了,传统生命法的使命是维护人的"生",维护血缘关系基础的家庭关系的绝对稳定性,非传统生命法却同时还维护人的尊严的"死",维护人的"死的权利",维护必要的非血缘关系的合法性。这可以说非传统生命法所调节的社会关系是更深、更新层次的生命社会关系。总之,非传统生命法在更广、更新、更深的层面上更全面地调节生命社会关系,是传统生命法的一次飞跃发展。

安乐死法体现了非传统生命法的这一特点。一个人的死亡,意味着他与其他人的社会关系的终止。如果这个人是"丁克家庭"(仅有夫妻二人的家庭)的成员,那么,他的死亡就意味着家庭的解体、不复存在。安乐死法从肯定安乐死的合法性这一方面(这是安乐死法的主要方面、带根本性的方面)来说,表现为对终止某些生命社会关系的肯定,赋予其合法性。这是传统生命法所不具备的特点。理性地看待安乐死法的这种特点,我们应当为它以及整个非传统生命法在调节生命社会关系上的发展而欢欣鼓舞,而不是皱眉蹙额摇头指责横加反对。

非传统生命法的另一重要特点是突出调节生命社会关系时的社会效益第一的原则。传统生命法对生命社会关系的调节,由于主要是出于对生命个体的维护,强调的往往是生命个体的效益，非传统生命法则有所不同。器官移植的前提是器官捐献，如不是将社会效益放在"第一"的重要位置上，割舍与捐赠器官是不可想象的事情、不可接受的要求。但器官捐献与移植法，恰恰把"不可想象""不可接受"转化成了"可以想象""可以接受"，而且激励志愿捐献器官，激励医患双方精诚合作做好器官移植手术。器官移植法维护的是整体利益，也是维护人类生命安全的整体效益，而不仅仅是病患者的个体利益。

非传统生命法的这一特点，在安乐死法上体现得十分突出。安乐死之实施，当然首先考虑的是患者，但毋庸讳言，也考虑到了患者家属的利益与社会整体的利益。一个身患绝症而又不可逆转、被病痛折磨得难以忍受的患者，不仅仅在经济上、精力上为其严重拖累，而且在精神上同样受着沉重的折磨；同时，社会还得毫无效益、毫无结果地不断为其支出大量的医药资源，这对另一些急需医药资源而医药资源又不很丰富、不能充分顾及的患者来说，也是不公平的。在这样的情况下，立法肯定安乐死，无疑是立法肯定了调节生命社会关系时的社会效益第一原则。

非传统生命法的第三个特点是对新型、科学、理性的伦理观的积极态度。传统生命法的突出特点是对传统伦理观的维护。在维护以血缘家庭关系为基础的传统生命社会关系方面，传统生命法无疑是坚定不移的。也正是由于传统生命法及其所维护的传统理性观久已深入人心，因此，任何动摇传统伦理观的新型生命法，几乎都遭到强烈的抵制。堕胎法、人工授精法、器官移植法、基因技术法、安乐死法等非传统生命法的诞生，每一步都要经过"激烈的战斗"。非传统生命法则一反传统，对新型的理性的生命伦理，都持积极的赞许态度。人类辅助生殖技术的应用，无疑会彻底改变人类几千年来代代相传的以血缘为根本性基础的家庭的稳态，传统伦理坚决反对，非传统生命法则予以肯定，赋予它所体现的新型的法律权威。

安乐死法也是对新型、科学、理性的伦理观的积极肯定。2003年8月3日，上海电视台播出了一套讨论安乐死的节目。该节目播报了极力主张安乐死的王明成先生的遭遇。王明成在1986年与一位医生合作，对身患绝症、痛苦不堪的母亲实施了所谓的安乐死，为此，他与医生都被判过刑。但他对安乐死仍然矢志不改。近几年来，他自己又身患绝症。为此，他在生命之火行将熄灭时，以最后的忠诚呼吁加紧安乐死立法。电视台播出这套节目时，王先生已于三天前在绝望痛苦中死去。显然，在王明成先生那里，安乐死只是"避免痛苦延续的死亡"的同义语，这样理解安乐死是十分不妥的。但这并不能否定他对真正科学意义上的安乐死的渴望与追求，他的加紧安乐死立法的吁求也是真诚的，反映了他的伦理观的积极一面。节目的最后，一位伦理学教授发表意见，反对安乐死；本人则发表了支持安乐死、加紧安乐死立法的意见。我坚信，安乐死法这一非传统生命法对新型、科学、理性伦理观的积极态度，最终必将成为进步人类伦理观抉择时的首选态度。

第七章 安乐死法渊源论

安乐死法如前所说总体上还只是处于襁褓之中。但是,它的特殊性决定了它完全可以单列为一种部门法。同时,以下因素也决定了我们有必要探讨安乐死法的渊源问题:其一,从发展趋势来看,安乐死法普及各国,将是不可逆转的必然结果。只有两种情况出现时,才可能不再需要安乐死法:一种情况是,生物医学发达到足以治愈一切疾病;第二种情况是,生物学能够提供有效的免除病痛的医疗技术或医治药品,使得重症病人虽然不能治愈,却还可略享生存的乐趣,至少不被病痛折磨得死去活来,生不如死。但从目前的生物医学发展水平看,在可以预见的将来,还无治愈一切疾病或免除病痛的办法。因此,安乐死必行,安乐死法必有。也因此,事先探究安乐死法的渊源是必要的。其二,一些国家在医疗实践中业已与法律部门结合,探索规范安乐死行为的法律手段,试行过一些具体的措施,对我国的安乐死立法有重要的借鉴意义。探究安乐死法的渊源,可为我国安乐死法奠定基础。

一、法的渊源与法律规范的表现形式

研究安乐死的渊源必须了解法的渊源的一般知识。

法的渊源(sources of law)简称法源。其语源为罗马法的 *Fon-tesjuyts*,意思即法的源泉。法的渊源这一术语在法学中的使用,主要有两种:一为在法的本质意义上使用,即指法形成的力量从何而来,如说法是出于神的意志,法是出于君主的意志,法是出于人民的"公意志"等;一为在法的形式意义上的使用,指这样那样的法的形式的创立的来源途径。后者被称为法的形式渊源,前者则被称为法的本质渊源。

关于法的创立方式,有的著作解释为"即由何种国家机关,通过何种方式创立的,表现为何种法律文件的形式,抑或是被国家认可的习惯"[①] 这一说法,对成文法、不成文法

[①] 《中国大百科全书·法学》,中国大百科全书出版社1984年版,第86页。

都是适用的,然而对法理却不适用。同一著作作者同时将法理列为法的渊源,但法理却不是"由何种国家机关,通过何种方式创立的"。法理不过是法学家的理论思维结晶。因此,上述两个方面是自相矛盾的。

有人认为法律渊源一词"在法学上一般指法律规范的各种表现形式"[①]。这里产生了一些难以解答的问题:究竟法律规范的各种表现形式反映了法律渊源呢还是法律规范即为法的渊源?先有法的渊源即法的渊源呢还是先有法律规范的表现形式而以后才有"法的渊源"?既成的法律规范,总是这样那样地源于法的渊源,那么,怎么可以把法的渊源又倒转过来认作是既成的法律规范呢?如果是法律规范的各种表现形式反映了法的渊源,那么,其所说"在法律渊源的分类中……尚有国家政策、法理等类别"中的"国家政策"与"法理"是以什么样的"法律规范"、以怎样的方式来反映法的渊源的呢?"国家政策""法理"难道也是"法律规范的各种表现形式"之一吗?如果法律规范即为法的渊源,那么,法律规范的渊源又是什么呢?这里不会产生循环往复无法理喻的连环哑谜吗?如此等等。

我以为,法的渊源中的"形式渊源"一解,即法的形式的创立方式和来源途径,是最好的注解。鉴于此,可以把"法律规范的表现方式"改为"法律规范的创立方式和来源途径"。

二、法的本质渊源与安乐死法

如前文所说,关于法的渊源有神的意志说,有君主意志说,有民众意志说。神的意志说只不过是一种想象,一种虚构,因为上帝及神根本就不存在。但曾在相当长的历史时期里,神的意志说几成占统治地位的、压倒一切的思潮。其原因开始时是由于认识水平的局限,后来则加上统治阶级及其御用思想家的有意歪曲。如属想象,则多半出于认识水平的局限;如为虚构,则属故意的捏造。西方有"捏造一个上帝出来"解释"自然法"的合理性的理论。但既称"捏造",已足见不过是一种托词罢了。至于早期社会的想象与虚构,却与后来公然宣称要"捏造"者大相径庭。总之,在法的渊源问题上,神的意志说可以存而不论。君主意志说有其合理的依据。因为奴隶社会与封建社会里,君主意志与国家意志是二而一、一而二的,密不可分,难以拆解。当然,君主意志说又有其很不科学的根本弊病,因为此说很容易被理解为君主个人的恣意决断就可成为全部法律的根本来源与终极的决定因素。但是我们知道,"君主意志"只不过是他所代表的阶级的意志,而这个阶级的意志,又是由社会物质条件、社会生产方式决定的,一句话,是由社会经济基础决定的。民众意志说在剥削阶级占统治地位的社会里不过是一种梦想的理论阐释。这个梦想就是,民众可以成为法律的主人。但在那样的社会制度下,民众不可能成为法律的主人;法律的

---

① 赵震江主编:《科技法学》,北京大学出版社1991年版,第48页。

主人是民众的统治者。不过,这并不排斥以下两点:其一,民众通过声势浩大的、坚持不懈的斗争而显示其不可轻侮的伟力,从而对立法、司法、执法产生一定的影响;其二,在与社会进步关系密切的某些法律部门,如生命法包括安乐死法的立法问题上,统治阶级与民众的意志殊途同归地在很大的程度上并无二致。因此,有关立法既是统治阶级意志的反映,也是民众意志的反映。由此,生命法包括安乐死法的本质渊源,如果采用君主意志说或民众意志说,也不必大加挞伐,而应做具体分析。从马克思主义的法学观点来看,法是社会发展到一定阶段上的产物,是由于经济发展、阶级矛盾不可调和而产生的,是统治阶级通过国家政权表现出来的自己的意志。根据此说,生命法包括安乐死法的本质渊源是:当社会生产力与科学技术发展到一定的水平时,由于生命社会关系调整的客观需求,统治阶级通过国家政权表现出来的以法律手段调整生命社会关系的意志。

但是,关于法的渊源的学说,现在多半不采用本质渊源说而采用形式渊源说了。我在《科技法学导论》中也曾指出过:在比较了法学界关于法的渊源的多种观点后,我们认为,采用"法律形式渊源论"比较恰当。[①]

三、法的形式渊源与安乐死法

由于安乐死法直至目前还极罕见,因此,论述安乐死法的形式渊源无疑是个困难、棘手的问题。但如前所说,此类论述还是必要的。

法的形式渊源大致可以分为成文法与非成文法两大类。

1. 成文法渊源

成文法是法的直接形式渊源,即由一定的国家机关按一定程序制定的、以规范性文件的形式公布的法。成文法渊源直接具有法律效力,是法的形式渊源的最基本、最主要部分。作为法的形式渊源的成文法,可以分为以下8类:

(1)宪法规范

有的法学著作将"宪法"列为法的第一形式渊源,这不无道理,却又有失偏颇。说"不无道理",是因为现代一切具体的部门法律规范都来源于宪法的有关规定,如无这些规定,现代部门法就难以制定,也不可能发展。说"有失偏颇",是因为仅仅只是宪法的部分规定才是法的渊源。因此,我认为以提"宪法规范"为妥。宪法规范是国家权力机关制定的具有最高法律效力的规范。任何其他法律包括安乐死法的制定,都必须以宪法规定为依据,不得与之抵触。

从我国现行宪法看,以下宪法规范当成为未来安乐死法的形式渊源:"国家发展卫生事业……"(第二十一条第一款);"中华人民共和国公民的人身自由不受侵犯"(第三十七

[①] 倪正茂:《科技法学导论》,四川人民出版社1990年版,第178页。

条第一款)；"中华人民共和国公民的人格尊严不受侵犯……"(第三十八条)；"中华人民共和国公民在年老、疾病……"(第四十五条第一款)；"中华人民共和国公民有进行科学研究……"(第四十七条)。根据上述宪法规定，我国生命科技人员研究与安乐死相关的医疗技术与医药用品是自由的，并得到支持与鼓励；病患者同健康者一样拥有人身权，包括生命的享用权与放弃权；安乐死所维护的人格尊严作为中国公民的人格权，不受侵犯；公民在疾病的情况下有从国家和社会获得实行安乐死帮助的权利。

(2) 法律

从法的形式渊源看，法律是成文法渊源中最重要、最基本的部分。在世界各国的法律体系中，法律通常规定社会政治、经济以及其他社会生活中最基本的社会关系和行为准则，由国家最高权力机关制定，其法律效力仅次于宪法。由于各国法律体制不同，有的国家的法律还有基本法与非基本法的区分；基本法的法律效力大于非基本法；非基本法的规定必须与基本法相一致，如有抵触，则自动失效。

从生命法与安乐死法来看，作为法的形式渊源，第一层次是生命科技基本法；第二层次是安乐死法；第三层次是属于安乐死法的各种具体法律规定。

(3) 行政法规

行政法规泛指国家行政管理机关制定和发布的法律规范性文件。国家行政机关为执行宪法和法律而颁布具有普遍约束力的行为规则，是行使其职权的需要。各国的行政法规的名称有"法""法令""决定""命令""条例""章程""办法"等。在我国则为"条例""章程""办法"等。行政法规以宪法和法律为依据而制定，不能与之抵触，否则即为无效。

一国如果制定了安乐死法，一般来说，医疗卫生行政主管部门应该制定一些行政法规，来规范安乐死的实施条件、实施程序等。如实施程序，就有请求程序、审查程序、操作程序之分，都必须详加规定，以便有效规范。

(4) 地方性法规

地方性法规泛指地方国家机关依照法定职权制定和发布的、实行于本地区具有法律效力的规范性文件。法律体系的完整性，体现在中央立法与地方立法的综合配套、同步发展上。没有地方立法的配合，全国性立法将难以贯彻，尤其是在联邦制国家和像中国、印度等幅员广大、情况复杂、发展不平衡的国家里更是如此。我国城市与乡村的文化教育水平、医疗卫生条件有较大的差距；不同地区、不同民族对生死权利的认识与观念也有巨大差异。在这种情况下，安乐死的地方立法就有很大的空间。将来在一定条件下，某些地方性的安乐死法规会成为我国安乐死法的重要形式渊源。

(5) 自治法规

自治法规指自治机关或自治团体依照法定的自治权制定的规范性法律文件。一般属于地区性和局部性的法规，其法律效力仅限于自治权管辖的范围，并不得与宪法和全国性法律相抵触。采取地方自治管理制度的国家，其宪法规定自治地方的自治机关有制定自治法规的职权。意大利宪法规定："遵照宪法所规定的原则，省为具有自己权利和职能的自治单位。"（第五章第一百一十五条）"在国家法律所规定的基本原则的范围内，省得颁布立法性规范。"（第一百一十七条）日本国宪法规定："地方公共团体有管理财产、处理事务以及执行行政的权能，得在法律范围内制定条例。"（"地方自治部分"第九十四条）

自治法规因其自治范围与自治权限，对生命社会关系包括涉及生死权利的法律调整也有重要意义，是安乐死法的重要形式渊源。在中国，由于幅员广大，不但有新疆维吾尔自治区、内蒙古自治区、西藏自治区等大自治区，而且有各省辖区内的自治州、自治县，各拥有不同权限的制定自治法规的立法权力。有朝一日，在安乐死理念扩及这些地方并依法产生相关的自治法规时，这些自治法规无疑将成为安乐死法的重要渊源。

（6）中央政府下辖各部的部门性行政规章

各国中央政府一般都下设行政权力较小的部门（日本称"省"，我国和其他一些国家都有"委员会"或"部"的名称）。部门政府机关依据宪法与法律规定的权限，可以制定与发布与其权限相称的行政规章。部门政府机关制定的安乐死法规，也是安乐死法的形式渊源之一。

（7）医疗机构按法定程序通过的章程、规则等规范性文件

这些章程、规则，虽然是针对本机构的，但行之有效者也可为其他同类机构所借鉴，甚至上升为同类机构的有普遍约束力的章程、规则。这样，它就成了法的一种形式渊源了。安乐死法也可以这样不断地从机构的章程、规则中吸取"源头活水"，而形成"汩汩清泉"，汇成"滔滔江河"，流入安乐死法体系的"浩瀚海洋"。

（8）国际条约

国际条约是国际法主体间依据公认的国际关系基本准则所缔结的据以确定其相互权利与义务的协议。按照缔约国的数目，可分为双边条约与多边条约。此外还有联合国通过的公约，其覆盖面最广，几乎涉及一切国家。根据国际实践，国际条约的名称主要有条约、公约、专约、宪章、协定、议定书、换文、宣言、联合公报、联合声明等等，其法律性质与法律效力是一样的。国际的双边、多边包括集团性的生命科技条约，有生命科技合作、生命科技交流、生命科技进口或出口方面的条约、协议；联合国关于生命科技合作与交流、环境保护方面的公约等，都是生命科技法的重要的形式渊源。由于国际交流的日益频繁，由于生命科技进步引起的国际生命科技合作的日见重要，生命科技国际条约也越来越成为生命科技法的重要形式渊源了。这对安乐死法的未来发展，也会产生重要的影响。

1976年，美、英、日、荷等国在东京召开了第一次国际安乐死会议，签署了安乐死的《东京宣言》，要求尊重"生的意志"和"尊严的死"的权利。《东京宣言》就是安乐死法的国际法渊源。

2. 非成文法渊源

非成文法又称间接渊源，即虽然未经国家制定，但经国家认可和保障的调整人与人

之间关系的行为规则，如习惯、判例、政策、法理等。这些法源本身不具有法律效力，经国家认可后才具法律效力。由此可见，成文法源与不成文法源的形式区别在于有无文字表达，而本质区别则在于是否经过国家机关按法定程序加以确认与公布。非成文法渊源主要有以下几类：

（1）习惯法

习惯法由习惯而来。习惯是在社会生活中经过长期实践而自然地成为人们共同信守的行为准则。习惯大多为道德规范，不具法律约束力，其约束力来自社会舆论。当具备一定条件时，习惯可能转化成为习惯法。这些条件是：相当长时期来确有人们惯于遵行的事实；其内容有比较明确的规范性；现行法没有该项行为的规定，且与现行法基本原则无抵触；经国家认可并由国家强制力保证实施。由于生死问题比任何其他问题都更为人们所重视，是人类生活中最重大的至高无上的问题，所以，当代世界有的国家可能有被动安乐死的习惯，但一般不会有主动安乐死的习惯，更不会有主动安乐死的习惯法。但是在诸如晚期绝症病人制作志愿安乐死文件的证人人数、请求程序、审查程序、操作程序、操作时举行的仪式等比较具体的方面，不同国家、不同民族，在实践过程中可能会形成不同的习惯和习惯法。而这些，就可能成为该国安乐死法的主要渊源。

（2）判例

判例是指法院可以援引，并作为审理同类案件的法律依据的判决和裁定。它具有拘束本法院和下级法院的法律效力，是法的形式渊源。判例在现代都是成文的，但它不具备法律的条款结构形态，仍被当作"非成文法"来对待。

判例是在法律无具体明文规定的情况下，根据法律的精神，对有关案件做出的判决实例，其判决不能与现行法律抵触，却又对法律未规定的事项做出富有新意的裁决。因此，判例又被有的学者叫作"法院立法""法官立法"。这种"立法"在英美法系国家，尤其是在美国、英国等国是十分流行的。

判例作为生命法的形式渊源，有着特别重要的意义，因为生命科技的迅猛发展引起了生命社会关系的急剧变动，以成文法来应对调节生命社会关系，必有程序方面引起的时间问题，即"立法的滞后性"。而判例却是"立竿见影""立等可取"的。

日本是以判例为安乐死法渊源的一个比较典型的国家。日本是通过法院判例给安乐死以有条件的认可，并逐渐形成了日本安乐死判例法。是否属于安乐死，必须具备以下条件：①根据现代医学知识和技术判断，病人已患不治之症且死亡已经迫近；②病人痛苦剧烈，且令人惨不忍睹；③实行的唯一目的是为了减轻病人死亡前的痛苦；④如果病人神志清醒，并能表达自己的意志，则需要本人的真诚委托或同意；⑤原则上由医生执行，如果不能必须有足够说服人的理由；⑥实行的方法在伦理上被认为是正当的。上述条件全部具备，则夺去病人生命的行为属于日本刑法规定的"正当行为"。为消除病人肉体痛苦不得已而侵害生命的行为，可被认为相当于日本刑法规定的"紧急避难行为"。执行安乐死而不追究法律责任,其依据是作为正当行为的违法性阻却和紧急避难的违法性阻却,即通常构成违法的行为,由于特殊理由可不认为是违法。①

(3)法理

法理是指形成某一个国家全部法律或某一部门法律的基本精神和学理。法理作为法律的形式渊源,目的在于弥补法律规范的空隙。但许多国家,尤其是现代国家,对弥补法律空隙更愿意采取成文立法或判例的方式去解决,因为法理往往有较大的主观随意性。对同样一种学说、原理,理解起来也见仁见智、大相径庭。法理作为法的形式渊源带有间接的性质,它一般不能作为直接的判案根据,而是依据法理做出的判决,才成为以后判案的根据,而这已是"判例"了。

法理之作为间接的法的形式渊源,主要有两种情况:一为如古罗马以盖尤斯、保罗等五大法学家的著作为判案依据,汉代的以儒家经典为判案依据(如董仲舒的"经义折狱"等)。这种情况,是为当时的国家政权所公开允许的。二为司法人员擅自征求法学家的意见(包括从法学著作、论文中吸取法律学理)并据以断案。这种情况,并不为国家政权所公然允许,然而在现实中却时有发生,尤其是在法制不健全的国家里。后者当然不能作为典型的、规范的、合理的法的形式渊源来看待,但现实生活中却客观存在着,因而又不能充耳不闻,熟视无睹。

法理之作为法的形式渊源,有两种形式:一为不成文的思潮形式;一为成文的著作物形式。但法理的思潮形式或著作物形式,都不是经过国家政权依据法定程序制定出来的,所以被归类到"不成文法"一类的形式渊源中去。在我国,法理不能作为法的形式渊源。但是,科技法学家的意见,其著作中所阐明的学理,受到司法界的高度重视,会对司法实践产生很大的影响。近年来国内到处都出现了这样的情况:办案的律师主动邀集法学教授、研究员举办案例研讨会,把研讨会的发言整理出来,作为"关于某案的意见书"提交给法院,来影响法官的判决。这当然很不规范,但却真实地反映了法理在司法实践中的作用。

我国现在还没有为安乐死立法,但现实生活中大量出现了安乐死的要求。在这种情况下,媒体约请法学家发表的意见,往往会对法官判案产生重大的影响。可以预期,在今后的安乐死立法中,法学界的理论探讨,会在事实上成为我国安乐死法的非正规的形式渊源。

---

① 赵同刚:《卫生法》,人民卫生出版社2001年版,第253—254页。

第八章 安乐死法结构论

这里所论的不是安乐死法体系的结构,而是安乐死法的结构。安乐死法的有效样本目前还只有荷兰和比利时的安乐死法两件,因此,只能就荷兰安乐死法与比利时安乐死法的结构做一些探讨。但这样的探讨还是有意义的,可为我国今后的相关立法提供理论参考。

一、法律的结构

法律的结构又称法律的内部结构。法律结构的完善化、严密化,既有利于法律效力之转变为实效,也是立法技术进步本身的要求。

法律结构有一个漫长的历史发展过程,现代法律作为这一漫长过程的结晶,其结构可谓比较完整了。当然,不同的法律,因不同的立法要求,结构也不尽相同。通常,现代成文法都包括三个方面的要件。沈宗灵先生主编的《法理学研究》一书指出了这三个方面:一是法律的名称。二是法律的内容,其中包括规范性内容和非规范性内容。规范性内容即通常所说的法律规范,它规定人们行为模式及人们行为的法律后果。非规范性内容即关于立法依据、宗旨和原则的说明,关于专门概念和术语的解释,关于通过机关和通过时间、批准机关和批准时间、公布机关和公布时间的标记,关于法律适用范围和生效或施行时间,关于授权有关机关制定变通、补充规定或制定实施细则的规定,关于废止有关法律的规定,以及其他有关内容。三是表现法律内容的符号,其中主要包括名称下方的括号,目录,各部分的标题,序言,卷、编、章、节、条、款、项、目、附则,有关人员的签署,附录和语言文字。①

在法律内部结构的具体成分中,显然,法律的名称、法律规范、通过机关和通过时间、公布机关和公布时间以及生效时间等,都是不可或缺的必备成分。比较严密的立法,通常都有关于该法的主要概念的定义。但也有不少国家采取立法机关另行说明(解释)的

---

① 沈宗灵主编:《法理学研究》,上海人民出版社1990年版,第176—177页。

办法来为概念作界定。鉴于法律内部结构具体成分的多寡繁简的不同，人们又将其分为两大类：

一为简单的法律结构，包括以下要件：(1)法律名称；(2)法律规范；(3)有关说明和解释；(4)立法机关和立法时间；(5)公布机关和公布时间；(6)生效时间。

一为复杂的法律结构，包括以下要件：(1)法律名称；(2)法律规范；(3)有关说明和解释；(4)立法机关和立法时间；(5)公布机关和公布时间；(6)生效或施行时间；(7)目录；(8)章节标题；(9)条文概括；①(10)序言；(11)附则；(12)附录；(13)有关人员的签署；等等。

当然，简单或复杂的法律结构只是相对的，复杂的法律结构未必样样齐全，如许多法律相当细密复杂，但并无序言。

安乐死立法鉴于安乐死的复杂性和所涉问题的严重性，当以复杂结构相要求为好。但结构复杂的目的并不在于别的，仅在于有效规范安乐死行为。因此，同别的任何立法一样，必须从实效要求出发。

二、荷兰安乐死法的结构

荷兰安乐死法是作为"《依请求终止生命和协助自杀（程序审查）》以及《刑法》和《殡葬法》修正案"而制定的。该法的第二十四条以"本法定名为《依请求终止生命和协助自杀（程序审查）法》的规定"，来为荷兰安乐死法定名。这样定名相当罕见，反映了荷兰安乐死立法艰巨过程的一个方面。

荷兰《依请求终止生命和协助自杀（程序审查）法》(以下仍简称为"荷兰安乐死法")，共5章24条。

第一章标题为"定义"，仅1条，包括7项定义，依法分别对该法中重要的概念"部长""协助自杀""医生""会诊医生""治疗的提供者""委员会"和"地方检察官"做出了界定。其中十分重要的一个概念"协助自杀"的定义是："指故意协助他人自杀或者《刑法》第二百九十四条第二款所规定的为他人自杀创造条件。"

第二章标题为"适当关心要求"，源自荷兰《刑法》第二百九十三条第二款中"涉及的适当关心要求"。这一章也只有1条，但内容相当重要、丰富，是荷兰安乐死法的关键性条款。

这里的"适当关心要求"，是对医生提出来的；而这里的"医生"，在该法第一条第C项中规定特指"根据本法应他人要求中止他人生命或协助他人自杀的医生"。

---

① 日本的法律大多有"条文概括"。如日本《国会法》每一条都有概括语，且用黑体字标出，十分醒目，便于查找，有利于提示。

该章第二条，共4款，可分为两个部分：第一部分由第一款构成，是对医生关于一般安乐死申请者的条件认定的规定。有关规定可分为3个方面：一是安乐死申请者的条件；二是医生对这些条件的确定；三是医生确认安乐死申请者条件后的行为。关于病人申请实施安乐死的条件是："自愿并经慎重考虑"；"（病人的）痛苦是持续性的、无法忍受的"；"（病人）确信没有其他合理方案用以解决其所处的困境"。关于医生必须确认的事项为：安乐死申请者的情况与上述条件相符。关于医生确认安乐死申请者条件后的行为是："告知病人其所处的困境以及以后的前景"；"至少（已经）和一名独立医生会诊过，该医生诊断过该病人并且书面签署有关适当关心要求的意见"；"终止病人生命或者协助病人自杀"。第二部分为对特殊年龄段病人申请安乐死的3款规定。

非常值得注意的是：通常，拟议中的安乐死法草案，都把安乐死申请者应具备的条件放在第一位；而荷兰安乐死法却将医生对这些条件的"确信"放在第一位。荷兰安乐死法做这样的规定，显然比较合理：绝症晚期且处于极度痛苦状态的病人，很难对自己的申请条件负责任，尤其是一旦被施行了安乐死术则根本不能负任何责任；而医生是清醒的，有法律上的行为能力，是否对申请人实施安乐死的决定权实质上操诸其手，因而产生了对他的"确信……"要求，赋予其应有的义务，从而使其负有重大的法律责任。

荷兰安乐死法第三章题为"设立地方审查委员会以审查应请求终止生命和协助自杀事件"。该章共17条，分7节，分别对"地方审查委员会"的"建立、组成和任免""报酬""职责和权力""工作方法""保密和免责"以及"报告"等重大问题做出相当详尽的规定。

第四章标题为"其他法律的修正案"，包括对《刑法》《殡葬法》和《普通行政法》相关条款的修正。荷兰安乐死法的这一部分十分重要而且对我国的立法有很重要的启迪意义。新法之立，往往会对其他法律发生影响或产生龃龉。通常，这种矛盾得在别的法律修正案中另行宣告消解之法，加以修正，从而使全部立法保持协调。荷兰安乐死法之立，直接规定了对其他法律的修改，"把两件事合并在一起做了"，从而一开始就避免了法律冲突。

第五章标题为"结语"，对"生效"和该法的名称做了规定。之所以在末条规定了该法的名称，是由该法制定的特点决定的。在该法之前，《刑法》《殡葬法》和《普通行政法》在与安乐死有关的一些问题上，曾做出了一些规定。这些规定，有的明显不合理，有的与安乐死法制需求不相符。因此，在制定安乐死法的过程中，经通盘考虑而同时修改其他法律，就可获法律体系整体和谐之利。

综上所述，荷兰安乐死法的结构介于简单结构与复杂结构之间，其特色主要为以下几点：

第一，结构之形式重在为立法事项的核心内容服务。

荷兰安乐死法的核心内容并不是一般所认为的安乐死申请者的条件、安乐死的实施等，而是当事医生的责任和免予追究其刑事责任的条件。该法的前言中有这样的措辞："这一法律是为遵守了法定适当关心要求的医生应病人要求终止其生命或协助其自杀创造免予追究刑事责任的条件……"正是围绕这一核心内容，才有第一章的"定义"，第二章的医生对安乐死申请条件的"确信"规定等，第三章的地方审查委员会，以及第四章对其他相关法律的修改。

第二，结构的形式完全不拘一格。

该法有"章""节""条"以及"款""项"之分。通常都要照顾各章节内容的平衡，但该法的第一、二两章都各只有1条，当然也不分节；而第三章却有17条之多，占全部24条的71%。

该法以"《依请求终止生命和协助自杀（程序审查）法》以及《刑法》和《殡葬法》修正案"的名义颁布，又以括号标明这是《依请求终止生命和协助自杀（程序审查）法》，并在末条（第二十四条）规定"本法定名为……"。显然是完全别出心裁、不拘一格的结构形式。由此可见，法律结构并无定规。复杂也罢，简单也罢，按常规结构也罢，不拘一格也罢，只要可用以调整相关的社会关系，能解决实际问题，有利于实现立法目的就可以。日本的《水户原子能研究所法》总共只有2条，同样有力地说明了法律结构的形式可以完全不拘一格的道理。

三、比利时安乐死法的结构

比利时安乐死法共6章16条。其第一章前面的第一条指明"本法调整由宪法第七十八条所规定的内容"。据此可以认为，比利时安乐死法第一条相当于立法依据，内容也涉及了立法宗旨、立法目的，而且以立法的目的为其核心内容。

第一章"总则"只有很简单的一条："从本法的目的来看，安乐死应该定义为在被实施安乐死的人的请求下，由其他人来有目的地终结请求人生命的行为。"这是一个相当简洁的定义，指明安乐死是一种法律行为，该行为指结束人的生命，行为的关系人为请求安乐死者与实施安乐死者。

第二章为"条件与程序"，也只有一条。该条共有5款，内容涉及安乐死的条件与程序。值得注意的有以下几点：一是不少条款兼及"条件"与"程序"。例如第二款规定，在不损害由医生本人设定的其他条件的情况下，每次实施安乐死之前，医生必须做到：

1. 通知病人关于他的健康状况和生命预期，与病人讨论他的安乐死请求和可能的治疗与缓解病痛的办法及后果。与病人一样，医生必须确信已经没有更合理的选择，病人的安乐死请求是完全自愿的。

2. 确认病人经常的身体与精神痛苦和他／她的安乐死请求的可接受性。之后，医生应该与病人有几次交流，使安乐死的时间有一个合理的延缓，来进一步观察病人的病况发展。

3. 向另一位医生咨询有关病人严重和难以忍受的病痛的情况，并告知其咨询理由。被咨询医生应该查阅病历，检查病人，确定病人经常的和难以忍受的病痛不可减轻，之后，被咨询医生报告自己的诊视结果。

被咨询医生必须是独立于病人和主治医生的人,且具有回答疑问的资格。主治医生应该把咨询结果告知病人。

4. 如果有护士组与病人定期接触,医生应该与护士们讨论有关病人的安乐死请求。

5. 如果病人的请求特别强烈,医生应该与病人指定的亲属讨论病人的请求。

6. 确定病人已有机会与他/她最希望见到的人讨论过安乐死请求。

不难看出,第二款下的6项,对实施安乐死的医生来说都是"条件",而且同时层层递进的也是医生在实施安乐死之前为达成这些条件而程序性地展开的工作:先是医生对病人的工作,然后是向另一医生咨询,然后与护士讨论,接着与病人的亲属讨论,最后是与病人的朋友讨论。作为"条件",是医生必须满足的;作为"程序",在实施执行过程中可能并不严格,先与病人亲属、密友交换意见,并不影响与护士等的讨论。

第三章标题为"预先指示"。这是特别重要的一章。安乐死的申请,可以因申请人的生理意识分为两类状况:一类为意识清楚者,一类为没有清楚的意识者。意识清楚者可以自行表达自己的意愿包括安乐死意愿。这一章是专为后者设立的。由于有无"清楚的意识"是一种需加判断而又难于精确判断的问题,而安乐死之结果是死亡,因而不能有丝毫的差错,所以,以该章作具体、详尽、周密的特别规定,是审慎、郑重、可鉴、可取的。

这一章也只有1条,下分2款。第一款规定起草"预先指示"的条件、程序,"预先指示"的时效与撤销等内容。第二款规定在何种条件下医生根据"预先指示"实施安乐死而不被认为是犯罪。

第四章标题为"通告",其下仅有1条:"任何医生实施安乐死必须填写登记表,并在4个工作日之内向国家控制与评价委员会提交该登记表。登记表由国家控制与评价委员会依据本法第六条制定。"

第五章是比利时安乐死法条款最多的一章,内容为关于安乐死管理、审定、核查、裁决是否违法的机构——"国家控制与评价委员会"的一系列具体规定,下分8条,分别规定"国家控制与评价委员会"的组织(第六条)、职责(第七、八、九条)、支持机构的组建(第十条)、财务(第十一条)、义务(第十二条)与监察(第十三条)。

这是自成系统的一章,又与其他各章有机联系。从该章内部来看,只是解决"国家控制与评价委员会"的组成,然后是其职责、义务,为使得该机构作用的有效发挥,工作的顺利开展和必要监察,插入了有关支持机构、财务和议会监察的规定。这些规定对"国家控制与评价委员会"的正常运作是必要的。所有这些规定同时又与该法的其他多章有机联系着,共同为实施安乐死提供法律依据。

第六章是一些"特殊规定",包括第十四、十五、十六条。其中第十四条特别强调了实施安乐死的意愿自由原则:

本法第三条和第四条有关请求和预先指示的规定不是强制的。

任何医生不可被强迫实施安乐死。

任何人不可被强迫协助实施安乐死。

如果被咨询医生拒绝实施安乐死，那么他/她必须通知病人和因信任而被选择的人，如果可能的话，应该及时通知，并且解释他/她拒绝的原因。如果拒绝是基于医疗原因，那么这些原因应该被记录在病历中。

在病人或因信任而被选择的人请求实施安乐死时，拒绝实施安乐死的医生必须将病历提供给由病人或因信任而被选择的人所选定的医生。

与荷兰安乐死法相比，比利时安乐死法的结构比较复杂，可列入复杂结构一类。其特点是结构有序、层次清楚，章、条、款、项有机联系，相互呼应，层层推进。不仅总体上如此，而且比较复杂的一章或一条之内容，亦体现这种有序性、有机性、层次性与递进性。如前所说第二章第三条第二款下的6项内容，其有序性、有机性、层次性、递进性，不仅给人结构缜密、内容完整之感，而且给人条理清晰、形式优美之感。章、条、款、项该详则详、该简则简，无冗文，无赘语，因而显得结构紧凑。第一、二、三、四章都各仅一条，第一条中译文仅19个字。第一章仅含第一条，仅51个字。第二章虽仅1条，但有5款，仅第二款即包括6项；如此等等。总之是结构形式服从于内容、服务于内容。一切从实际出发，这在任何事情上都应如此。日本《水户原子能研究所法》只有2条，一条是关于研究所设置时间的规定，一条是研究所设置地点的规定。这大概是世界上最短的法律，但它达成了该法的立法目的。这已足矣，没有必要也不应当以任何其他理由使得立法的内容或形式复杂化起来。立法内容或形式（包括结构形式）脱离立法需求的复杂化、烦琐化，是立法的大忌。

四、安乐死法结构论

安乐死法结构，总体来说与一般立法并无区别；或者说，不必追求安乐死法的什么特殊结构。因为作为法律的外在形式的结构是为内容服务的，所以，只要能达到为内容服务的要求，采取何种结构，并不重要。

祝世讷先生等写的《安乐死暂行条例（草案·建议稿）》采用的是一般立法的通行结构，分7章，依次为"总则""安乐死的条件""安乐死的申请""安乐死申请的受理""安乐死的施行""安乐死的法律责任"和"附则"，共30条。通观该建议稿，重在申请安乐死的条件问题，在"条件"章后则是关于如何申请、审理、批准、实施及法律责任等的规定。条理清晰，层层递进，结构有序，互相呼应，这些是该建议稿见长于荷兰安乐死法结构的地方。

该建议稿与荷兰、比利时安乐死法相比较的另一个重要特点是有一个"总则",提出了"死亡文明"原则、"人道原则"并对安乐死给出了定义:"安乐死即安乐地死亡。"虽然,对什么是"死亡文明",与安乐死相关的"人道原则"到底是什么以及安乐死的定义能否简化为同语反复式的"……即安乐地死亡"等大可商榷,但就结构完整而言,有这样一个"总则"比没有要好。

实际上,安乐死所涉主体有三个方面:一为安乐死申请人;二为医生;三为主管其事的机关。因此,安乐死法的结构最好是与此三方面主体的法律地位、行为规范相应分而叙列,加上前面的"总则"及后面的"法律责任",大体就可以了。

我们注意到,荷兰安乐死法的审查批准权不属于医生而属于另行设立的"地方审查委员会",法律规定该委员会"至少包括一名法律专家、一名医生和一名伦理或哲学问题方面的专家",并规定"由法律专家担任委员会主席"(第三条)。同时我们注意到,祝世讷先生等的建议稿规定"主治医师……有权受理、审定……A 型和 B 型安乐死……",而 C 型安乐死由"安乐科"受理。A、B、C 型的区别,主要是对"痛苦"的认定,而何为"痛苦"又是不确定的。因此,A、B、C 型的划分本身就存在问题,依此而确定受理、审定权,当然也成了问题。与此相关,法律结构上也就出现了一些弊病。

我们认为,安乐死申请的受理、审定权,还是像荷兰安乐死法规定的那样,交给另行设立的"审查委员会"为好。这种以法律专家担任主席而与病人无利害关系的委员会,不易引致病员及关系亲属的责疑,可以比较超脱地做出公正的审定。当事医生则不同,他们或者可能因利害关系或可能被怀疑因利害关系,而处于很不超脱的地位。因此,不能授权他们来审定安乐死申请。由此而言,荷兰安乐死法的相关规定是比较妥善的。做这样的比较说明,安乐死法律结构的形式与内容相比,内容更重要。从形式看,祝世讷先生的建议稿比荷兰安乐死法的结构好一些;但从内容看,荷兰安乐死法更科学一些。也就是说,安乐死法律的结构要服从内容、服务内容。

第九章 安乐死法原则论

安乐死法原则的确立是一个实践的过程。这个过程，从全球范围来看，还仅仅是开始。即使像荷兰、比利时这样已经颁行了安乐死法的国家，安乐死法的一系列原则暂时也只体现在法律文本上，而实践中的争议仍在继续着，有时还会爆发一些激烈的冲突。因此，在中国这样传统文化影响根深蒂固的国家里，关于安乐死的观念冲突，无疑将是十分尖锐的。但是，也只有面对这些观念冲突，在不断的实践过程中，才可能较好地确立起安乐死法的原则来。因此我们现在讨论安乐死法的原则，正是实践过程的一个部分。毫无疑问，这是十分重要的一个实践部分、实践阶段。下文我们先考察安乐死对传统观念的冲击，从中略议为实行安乐死所应确立的现代观念，然后进一步概略地一一分论安乐死法应有的各项原则。

一、安乐死与传统观念的冲突

一位在北京天坛医院治疗的身患绝症的老教授，卧床整整一年，后期呼吸困难，咽一口饭得歇半天，疼痛难忍，只能靠打麻醉药艰难度日。医生明确地告诉家属，没有别的办法，只能维持现状拖日子了。老教授生病前身材魁梧、风度翩翩，如今却骨瘦如柴，惨不忍睹。他最怕朋友同事来探视，说自己这样的形象生不如死。他曾经多次拔掉输液管，都被抢救了过来。一帮儿女片刻不离左右，生怕他再次轻生。老教授在清醒的时候流着泪对儿女们说："我的病已经没希望治好了，活着遭罪，就让我痛痛快快地死吧！"其儿女们哪能同意，他们骗父亲说医生正在制定新的治疗方案，准备使用进口新药。老教授生气地说："你们别骗我了，我什么都知道。"他开始拒绝用药。儿女们跪在病床旁，苦苦地哀求："爸，你要为我们着想一下呵，我们现在如果对你放弃治疗，人们会怎么看我们，我们今后还怎么做人。爸，你要听话啊……"

老教授再也不说话了。又折腾了几个月，临终前，他说了一句话："你们倒是讲道德了，我的罪可受够了！"

随着人类社会的进步，越来越多的人对安乐死持积极的态度，但是真正实施起来又困难重重。其原因是传统的伦理道德观念在起着很大的作用。传统观念是人类文化的积淀，它以无形的方式影响着人们的伦理道德、社会舆论和生活方式。安乐死作为一个新的时代课题，与人们的头脑中长期形成的传统观念发生了冲突。

这些冲突可以见诸人们的以下言论：

第一，保障人的生命是人道主义最基本的原则。人的生命是高贵而神圣的。传统伦理观念认为："身体发肤受之父母，不敢毁损"，"好死不如赖活"，要求人们热爱生命，珍惜生命，保护生命，尽可能延长生命。这些构成了传统伦理道德的基础和核心，是人道主义生命伦理规范的价值追求。传统道德规范对人的生命的确认和保护抓住了生命问题的本质，是一项社会整体性和基础性的制度，这一地位和作用，即使在崇尚法治的今天，仍然动摇不得。安乐死人为地终止生命不符合保障人生存权利的准则，既违背了传统伦理道德，也与人道主义的最基本原则相悖。

第二，救死扶伤是医务工作者的职业道德。著名的希波克拉底医生曾公开宣誓："我绝对不会对要求我的任何人给予死亡的药物，也不会给任何人指出同样死亡的阴谋途径。"① 成立于1947年的世界医学协会充分肯定了该誓言，在其汇编的日内瓦法规中严格规定："一个医生必须始终记住保护人类生命的职责，一个医生对他的病人应完全忠诚和贡献他的全部科学知识。"② 延续了几千年的传统医学伦理学坚持一条不可违背的原则：救死扶伤、治病救人是医务人员的天职。医务人员要千方百计地抢救生命、为患者减轻痛苦、提供有益的医疗措施，即使对那些明知无法治愈的疾病，也应该不惜人力、物力、财力去抢救，完全不用去考虑治疗的效果和患者的意愿，只要尽力医治，就是对患者负责，就是人道的。传统医学伦理学不允许在一个人死亡前采取任何人为的、缩短其生命的行为，否则就是"仁慈杀人"。医务人员对患者实施安乐死，既违背了医务人员的职业道德，也不符合医务人员的职业要求。

第三，无法救治就不去救治，无益于医学的发展。安乐死的适用对象是在当前医学条件下无法挽救的并且正在遭受难以忍受的痛苦的临近死亡的患者。然而，不治之症并没有明确的界定，当今世界，现代科技突飞猛进，医学技术不断提高创新，今天的不治之症明天就可能是可治的，谁能肯定当前无法救治的顽症在近期不会被攻克呢？其次，医学理论博大精深，无法用西医理论解释或救治的病症，难道用中医理论也一定无法征服吗？反之亦然。再次，正确无误地诊断病情，需要高超的医疗技术水平和现代化的医疗检测手段。而目前世界各国的医院，即使是第一流的大医院，也难免因上述两个条件不全会发生误诊的病例，刘海若在英国被误诊为脑死亡就是典型一例。最后，医学技术在实践中产生，也

---

① 念九州：《价值冲突：安乐死合法化的根本障碍》，《西北民族学院学报》2000年第1期。
② 楚东平：《安乐死》，上海人民出版社1988年版，第23页。

在实践中不断得到提高。医学上的成功是建立在失败的基础上，只有不断追求，医学才会发展，医学史上，医学技术的发展总是在冲破一个又一个疑难杂症中实现的。如果遇到难题就退缩，放弃攻关和追求高境界，这不利于现代医学的发展。安乐死把患有不治之症、又临近死亡的患者作为适用对象，就可能会阻碍医学技术向更高水平进军的步伐。

第四，安乐死是一种消极对待人生的态度。传统伦理道德认为，人的生命至高无上，即使生命享有者本人也不能随意处置，强调个人对社会的责任和义务。"人生不仅是个人的事情。它包含着过去、现在、未来和他人，包含着对社会的参与和义务的复合体，保护自身生命以及消灭它的权利并非绝对权利，这个权利应鼓舞人去过美好的人生，而不是用来判定个人生命的终结"①，从而否定人有自由选择死亡的权利。中国的传统思想是重视生命的，只有在国家命运危机时才将生命看作"轻如鸿毛"，只有在大义不可违时才"舍生取义""杀身成仁"。人的生命是美好的，每个人只有一次，人活着总比死了的强。人们应该勇敢地向病魔挑战，而不应该向病魔低头，选择安乐死就是懦夫的行为，是没有胆量的表现。另外，安乐死是一种自私的行为，提前结束生命自己是解脱了，但非自然死亡及不孝的社会舆论会给亲友带来沉重的负担，使他们的感情受到挫伤。实施安乐死是一种消极对待人生的态度，实际上是对人类自身存在的蔑视，是悲观失望的生命观，是对人类生命神圣性的践踏，是文明的倒退。

第五，安乐死会引起不良的社会后果。安乐死并不单纯是一个理论问题，它还是一个有较强的社会实践性的事情。如果安乐死被合法化，就有可能纵容那些不愿承担照顾之责的家属放弃对重病患者的救治，家庭成员间的相互扶助责任可能变得淡薄，并且殃及残疾患者、智力有缺陷者的生命保障以及对高龄老人的保护等。如果安乐死被合法化，就会对社会风气产生不良影响，一个人，特别是老年人，一生对社会做出许多贡献，当他需要照顾时，社会就以种种理由加以排斥，甚至施以安乐死，这会使暂时没有得病的老人为之寒心，从而助长社会滋生"人不为己、天诛地灭""及时行乐"的思想。如果安乐死被合法化，就可能对为医务人员谋私利大开方便之门，他们可能见利忘义，借机滥用，使病人生命权受到肆意侵害，造成难以弥补的恶劣后果。

上述言论显然表明，安乐死与传统观念的冲突是安乐死合法化的重大障碍。然而，在现代社会中，随着科学发展和社会进步，人们的道德观念不断发生变化，评价安乐死的社会价值和道德标准也不能僵死不变。我们应当重新审视传统伦理道德和人道主义，摒弃其中不适合时代要求的陈腐内容，吸收顺应时代发展的合理因素。

---

① 何光沪：《人，生还是死？人，还是非人？》，《读书》1992年第9期。

二、安乐死对传统观念的反拨

对上述阻碍实施安乐死、反对安乐死合法化的言论，人们已纷纷提出了相反的意见，从而造成了对传统观念做有力反拨的态势。人们提出：

第一，实行安乐死符合现代人道主义。现代人道主义原则应建立在"生命神圣论"与"生命质量论"相统一的观念基础之上。人类希望优化自身，不仅需要"优生"，也需要"优死"。安乐死不是单纯地从"生"向"死"的转化，而是死亡时由"痛苦"向"安乐"的转化，是解决死亡的质量问题；即便不实施安乐死，该对象也即将死亡，并且是痛苦地死亡。所以，安乐死的本质是驾驭消除痛苦的机制和规律，对人的死亡过程进行科学调节，消除痛苦，使死者死得安乐，是优死。优死，是人类死亡方式的文明与进步的象征，是理性的觉醒，是可喜的理论升华。[①] 对于一个身患绝症、无法治愈且正在遭受难以忍受的痛苦的临死患者，其生命价值与生命意义即将不存在，他要求解脱临终前的巨大痛苦，与其让他备受折磨、受尽痛苦而死，不如按其愿望实施安乐死，让他怀着高雅与尊严笑着告别人世。这是对他要求死亡权利的尊重，是对"好死不如赖活"传统观念的否定，更符合现代人道主义。

第二，实行安乐死是对患者的尊重，是为患者着想。传统的医德认为医生的医德是救死扶伤，对于垂危病人，不管其情况如何，都要想方设法抢救，这样医生才尽职尽责。然而这样做的后果常常是忽视了患者本人的意愿，忽视了患者备受病痛折磨的现实。随着社会文明的进步，人们的价值观念发生了很大变化，从人们对生活数量的要求向对生活质量的追求发生变化。这种变化也给传统医学价值观带来了巨大冲击。英国唯物主义者培根在《新大西洋》一文中说："医生的职责不但要治愈病人，而且还要减轻他的痛苦和悲伤。这样做，不但会有利于他健康的恢复，而且也可能当他需要时使他安逸地死去。"[②] 传统的医德只讲义务，而现代医德则更注重价值，注重病人的尊严和权利。美国一位92岁高龄的女病人需做胃溃疡手术，但病人拒绝手术，医生仍坚持手术，结果病人手术后吃尽苦头，中风而亡。实施手术的医生自责："我战胜了胃溃疡，但打败了人道地照顾临终病人的一仗。"[③]

在近代的伦理道德发展中，人们通常把爱护人、关心人、尊重人的价值、保护人的权利作为人道主义的要求。一个人的生命固然应当受到保护，这是无可非议的。但是，对于一个患有绝症且痛苦万分的濒临死亡的患者来说，道德的做法应是解除其痛苦，而不是采

---

① 王莲花、杨萱、高永平：《安乐死的伦理及法律问题》，《河北职工大学学报》2000年第2期。
② 楚东平：《安乐死》，上海人民出版社1988年版，第15页。
③ 潘力：《死亡医生"自投罗网"》，《环球时报》1998年12月20日。

取徒劳的办法来增加患者的痛苦。"尽管我们有了越来越多的精密仪器用于诊病治病,可仍有许许多多的所谓绝症,如癌症等无法治愈,而那些维生设备又可以延长绝症患者的生命时限。在这段既无生的希望又不可能自然死亡的过程中,人们一方面受到恐惧的精神折磨,从而痛苦万分;另一方面还因那无法治愈的病痛而使肉体上也苦不堪言。双重的痛苦使人产生犹如生活在地狱般的感受,对这样一个病人而言,怎不有'生不如死之叹'呢?又怎能不愿意采取一种合适的无痛苦的方式早早地安息呢?"[①]死是人生不可抗拒的必然现象。一些身患绝症而无法忍受病痛的临死患者选择安乐死是其愿望和权利,医生按其愿望和权利帮助他实施安乐死,符合"关心人、尊重人"的人权和人道主义原则,也是社会关心和人道的体现。如果违背其意愿,竭尽全力维持和延长其奄奄一息的生命,实际上是在延长其痛苦,这是残酷的和极不人道的。

第三,实行安乐死并不影响现代医学的发展。(1)现代医学的发展,不是仅靠抢救重病患者才得到发展的。医学的发展和临床研究是有一定联系的,但这种联系并不是绝对的,很多医学上的成果是先在实验室中研究出来,然后再适用到临床的。如果为了所谓的"医学进步",而忽视患者不愿忍受的万分痛苦的客观事实,把患者作为研究对象以期发现救命良方,这并不人道。(2)即使安乐死合法化了,也并不意味着每个绝症患者都会选择或者必然选择安乐死,让安乐死合法化,只是让绝症患者多一种选择,医生仍然可以继续观察其他绝症患者的病情变化。实行安乐死也并没有否定人们救助生命,没有否定为积极挽救生命所做出的种种努力及其成果,这些努力及其成果对于延长人的生命,提高生命的质量起到了巨大的推动作用,同时也拓展了患者选择的范围与空间。(3)随着公民文明素质的提高,越来越多请求安乐死的患者愿意将遗体捐献给医疗科研单位,这无疑会为医学研究提供更多的在疾病不同发展阶段的实物标本,从而更有利于对同一种疾病的不同发展阶段进行针对性的研究,得出有价值的科学结论,促进医学发展。(4)医疗科技水平确实日益进步,但是不可否认,迄今为止,无法救治的疾病仍与人类同在,医学的进步也没有阻止更为可怕的疾病出现,而且还不能从根本上解除顽疾带给患者的巨大痛苦。艾滋病肆虐多年尚未被降服,非洲一些地区又出现了原因还不知晓的埃博拉病毒。因此,承认现有医疗水平的不足,赋予绝症患者选择安乐死的权利,不仅尊重绝症患者的个人意愿,减轻病人不必要的痛苦,维护其人格尊严,而且能使我们更加清醒地正视医学的局限,加强医学研究,提高疾病防治水平。(5)严肃对待安乐死,并不等于从根本上摒弃安乐死。目前,限于医疗技术水平和检测手段,会出现一些误诊病例,但这并不应该影响一般的安乐死。安乐死的原则是严肃的而非轻率的,必然要有权威的、科学的会诊与确诊,必然要有严格的、受到监督的法律程序和技术程序来保证其正确实施。即使偶见个别误诊病例,也不能成为反对安乐死的理由。登山、攀崖、赛车甚至足球、排球运动,都免不了会死人,为什

---

① 郑晓江:《穿透死亡》,江西教育出版社2000年版,第35页。

么这些活动不被禁止反而深受人们热爱呢？

第四，实行安乐死并不是对社会责任的否认。任何权利都是以一定义务为界限的。在现代社会中，生命属于自己，也包含着他人的利益和社会责任，比如，对子女的抚育、对老人的赡养、对爱人的呵护等，没有生命的存续，这些义务难以履行。任意处分自己的生命会导致人们轻视生命，甚至将其作为逃避责任的一种手段，对此，法律是绝对不能认可的。但是，一个病人膏肓、痛不欲生的安乐死适用对象，已根本无力承担原有的社会责任，甚至反而会给他人带来更大的不幸、苦难和损害，如巨大的经济负担、沉重的精神压力、疲惫的体力消耗。此时，他选择安乐死就谈不上对他人利益的侵害，更不是对社会责任的逃避，而是停止对他人利益的侵害或尽量降低给他人和社会带来的损害。"从法律上讲，请求安乐死的人，他们的生命中包含着他人的利益，即对他人的义务，要么这些义务已经履行完毕，要么义务人在客观上不可能或无力履行这些义务。"①显然，在这种情况下放弃生命比延续生命更有利于本人、他人和社会利益。因此，安乐死的适用对象选择安乐死没有侵犯他人的利益，也不构成对其社会责任的否认。

第五，实行安乐死具有现代社会价值。在现代社会中，社会价值也应该是道德评价的标准之一。具有社会价值的死亡是符合道德的，不具有社会价值的死亡，是不道德的。对身患绝症且病痛难忍的临死患者不遵照其意愿实行安乐死，而是进行毫无效果的抢救，不但是无谓地增加患者及其亲属精神上的痛苦和经济上的负担；也是无谓地增加社会负担，造成社会财富的极大浪费，这不具社会价值。当患者亲属出于爱心、良知，以巨大的精神、经济负担为代价，换来患者痛苦生命的延续，无疑是与理智背道而驰的。安乐死让人类的理智与良知的激烈冲突达到了前所未有的程度，然而，这种良知不仅毫无意义，而且因其给患者和其亲属带来更多的痛苦而从根本上背离了人道。由于人类认识的局限，地球资源的贫乏，使我们的医药资源处于珍贵而有限的状态。安乐死的施行，会促使人们更注重疾病的早期防治与研究。如果能把维持无望治愈者暂时存活的人力、物力，用于早期患者的防治上，效果肯定会更好。实行安乐死，让患者减轻病痛的折磨，让亲属得以解脱，减少不必要的社会财富的消耗和浪费，具有一定的社会价值，这完全符合社会道德要求。

现代医德也融进了社会价值的成分。这就要求现代医学伦理学系统全面地审视传统和现代的道德观念，不仅要承认价值在医生做出决定中的重要作用，而且要证明作为选择和决定基础的价值的合理性和正确性。②例如，传统医德不允许堕胎，但是随着人口爆炸和女权运动的兴起，产生了医生的社会责任和尊重妇女的自主权问题。医生在做出人工流产的决定时，显然已从传统医德转向胎儿、母亲和社会各方面的价值利益。一旦把计划生育列为一项基本国策，颁布了计划生育法规，那么，计划外的怀孕就被视为不合法、不合

---

① 李明华：《安乐死：生命的尊严》，《西南民族学院学报》2000年第10期。
② 楚东平：《安乐死》，上海人民出版社1988年版，第72页。

道德，对其施行人工流产就是法定的、合乎道德的。传统医德只讲义务，而现代医德更注重价值，注重尊重患者的尊严和权利。用价值尺度去衡量医生对身患绝症患者施行安乐死时也是如此。因为，在医疗资源有限的情况下，让一个无希望的患者耗用过多的医疗资源后死去，而使更多可以挽救的患者失去治疗机会，这样的死亡，对前者来说虽然合乎传统道德，对后者来说却是不道德的。同样，推迟患者死亡的到来，对患者似乎是道德的，但因而延长了患者的痛苦，还增加了社会的负担，这又是不道德的。因此，根据现代社会价值，实行安乐死也符合现代医德。

新旧观念在安乐死问题上的冲突还将在相当长的时期里继续。但总的趋势是先进的、科学的、现代性的观念越来越为广大民众所理解、所接受。在这样的前提下，我们预拟中国安乐死法的基本原则，是"题中应有之义"。

安乐死法作为生命法体系的部门法，既有与生命法共同的原则，又有其带有自身特点的一些原则，而最突出的是人道主义原则。

三、安乐死法的人道主义原则

安乐死法的纲领性的总体原则——人道主义原则，既贯彻于它的所有其他原则中，如贯彻于社会效益原则、义务必行原则、意愿自由原则、隐私保密原则等之中，又具有自身的特点与特殊要求。

（一）人道主义原则的一般要求

在人类历史上，人道主义源远流长，在社会生活的各个方面都产生了巨大的影响。有人认为，"可以说，除马克思主义之外，它是最具影响的一种社会学说"[①]。

人道主义的本意，是针对非人道、非人性的道德伦理原则。人道主义者以人、人性为尺度，从人的尊严、人的权利、人的情感为出发点去衡量人际关系，举凡尊重别人的人格、权利与情感的，都是合乎人道的，否则即为不人道。人道主义有其漫长的历史发展过程。资产阶级在反对封建主义的斗争中大大弘扬了人道主义精神。马克思主义继承了人道主义发展史上一切有价值的成果，尤其是对资产阶级人道主义的积极成果予以肯定。关心、爱护人，尊重人格的尊严，重视人的价值与全面发展，反对一切不合理、不平等、不道德的行为等，被视为当今人道主义原则的基本要求。

（二）安乐死法与人道主义原则

安乐死法似乎与人道主义原则是背道而驰的。古往今来的人道主义原则在医疗卫生

---

① 靳辉明：《论人道主义的历史演进和基本内涵》，《学海》2002年2期。

事业方面都表现为"救死扶伤"。因此,对于垂危的病人,医生都竭力抢救,用尽一切办法力图把病人的生命从死神那里夺回来。但安乐死法所保护的却是病人的死亡请求和医生之帮助病人实现死亡的愿望。因此,谓安乐死法与人道主义原则背道而驰,似乎是言之有理,甚至是不言自明的。

问题在于,安乐死法所保护的要求安乐死的"病人"是怎样的病人。

如果是一般的病人,那么,首先,他自己不会提出放弃生命的坚决请求;其次,医生也会劝告他积极配合治疗,并鼓励他勇于面对疾病、战胜疾病;再次,病人的家属一般也绝不会同意他的放弃生命的请求,而要极为耐心细致地做规劝工作。安乐死法所保护的坚决请求安乐死的病人,至少要具备这样几个条件:一是罹患绝症,即在当时的医药条件下无法治愈;二是在可以预见的时日一般也不可能找到治愈该绝症之方、之药;三是所患绝症已到了垂危的晚期,即使全力抢救也不可能拖延多少时间;四是患者因此绝症而经历着难以承受的肉体痛楚。当然还要加上病人自己安乐死的坚决请求;一般还有家属的同意。在具备这些条件的情况下,安乐死法首肯安乐死,又怎能说得上与人道主义背道而驰呢?

恰恰相反,如果拒绝病人的安乐死请求,立法对这种请求不予保护,倒是与人道主义原则完全悖逆的。首先,它是对病人固有的放弃生命权利的蔑视;其次,它延长了病人极度痛苦的时间,一般来说,由于病况会不断恶化,还不断加剧了病人的痛苦;再次,晚期的绝症病人,由于剧烈的痛苦与生不如死,往往完全丧失了健康人的种种尊严,拒绝其安乐死申请,无异于对他的尊严的极度蔑视。

(三)安乐死法人道主义原则的具体要求

贯彻安乐死法的人道主义原则,必须达到以下主要要求:

其一,必须确切查明安乐死是申请人的坚决的真实的意愿。毕竟人一死去即告"万事皆空",永远不能复活,因此,务须避免病人因一时冲动而提出了安乐死的请求。同时,社会是复杂的,处于复杂人际关系中的病员,可能由于各种因素错综交加而提出了安乐死申请,而不仅仅是由于疾病晚期造成的极度肉体痛苦。因此,查明安乐死申请的意愿真实性是十分重要的。

其二,必须确切判断安乐死申请人所患之疾病确为当时医药条件下无法治愈的绝症;而且已经到了晚期,即使抢救也只能苟活不多的时日;并且病人肉体处于极为痛苦的状态,而无法以医疗方法或药品使之恒久地缓解,更不可能彻底解除。

其三,所实施的安乐死方式、程序,所使用的医学技术、医疗药品,所产生的死亡后果(病人躯体状况、肤色状况等),都合乎病员的意愿,也能保持病员的尊严。

其四,必须保证病员不会在更加痛苦的状态中死去,要名副其实地体现安乐死的平平安安与快快乐乐,使病人在"视死如归"的状态下结束生命。

其五,必须预设多种方案,在出现特殊情况而不能实现预定的某一安乐死方案时,要有补救方案,以求圆满地达到安乐死申请人得以在人格尊严受到充分尊重而又无痛苦的状态下离开人世。

其六,应当满足申请安乐死的病人关于是否需要亲属在场实施安乐死的要求。对实施安乐死时的现场氛围等,如果申请人有什么请求,只要能够做到,都应一一满足。

四、安乐死法的社会效益原则

1986年6月在广东省中山市召开的中国卫生经济学会技术效益研讨会上,与会者讨论了医药卫生工作的社会效益问题。会议发表的《综述》指出:"卫生部门的社会效益,其主要内涵是:维护和增进人类健康,干扰和影响人类的繁衍、出生、疾病、衰老这一过程,保护和提高社会劳动力。其外延的意义是指:包括民族的繁衍昌盛,人民生活的幸福以及两个文明的建设等。"

生命法的社会效益原则当然不仅仅囿于上述分析。但人们在做出上述分析的同时,还进而以安乐死为例来述说医药卫生工作的社会效益问题,而这些述说是大可商榷的。对此,我们应略事分析。这个会议上有人认为:就以安乐死来说,一些社会学家指出它的社会效益的好处是:结束病人的痛苦;使人在适当的时候死去;减少对家庭和医生的负担;加快由晚期病人占用的病床的周转;降低患病统计数字,减少护理晚期病人所用的开支。在这些没有希望痊愈的病人身上浪费资源,还不如将这些资源用到那些真正可以从中受益的人身上。这些可作为衡量生命价值时的参考标准。生命法必须以一定历史时期的政治、经济、社会和文化的效益为出发点。一个人的生命价值在于他有意识地使用现代社会的物质文明,也就是享有社会对个人的尊重和满足。同时,也在于对社会、对人类的物质和文明的进步做出自己的贡献,亦即承担应该承担的责任,这是人区别于动物的社会属性。在法律关系上表现为享有权利和履行义务。只有具备社会性和生物性的生命才是完整的人,有些人如痴呆症、脑功能障碍、脊柱缺陷等先天性遗传病,即使运用现代科技延长寿命,也不过是一堆生物的"行尸走肉",或者是个空的"躯壳"的生命。一些由于意外事故或严重疾病而引起的高度昏迷,即脑功能不可逆转的死亡,用人工方法维护其呼吸或心跳也是一个"废人",因为他(她)们失去了自我意识、时间观念和进行抽象思维的能力,不再是一个行使功能的人,他(她)的生命价值失去了社会意义。对他们死亡日期的延长意味着卫生资源的浪费,给社会、家庭带来沉重的负担,给整个社会政治经济、文化和民族繁衍等方面带来的是无效益或负效益,这种负效益同科学发展社会进步背道而驰。从根本上看,这些人无益地消耗卫生资源就是对那些为社会做贡献的人们的权利的剥夺,也违背了社会主义原则。在严格标准的控制下,法律和司法机关应支持那些在一定历史条件的绝症病人或先天性畸形儿做出"处理"。当然积极的方法是"预防为主"。①

上述看法中的一些提法，是有严重问题的。绝不能为"降低患病统计数字"而推动安乐死；绝不能把患有痴呆症、脑功能障碍、脊柱缺陷等先天性遗传缺陷的人，当作"不过是一堆生物的'行尸走肉'""或者是个空的'躯壳'的生命"来对待；绝不能在无法律依据的情况下要求法律和司法机关"支持那些在一定历史条件下对绝症病人或先天性畸形作处理"。

《文汇报》曾以《本市首例实施"安乐死"案判决》②为题，报道了上海市闵行区法院判决的一个案例：这是上海市首例实施安乐死案件的判决——2001年10月8日，闵行区法院以故意杀人罪判决梁万山有期徒刑5年。已被羁押的梁万山，男，67岁，单身无子女，凭借两年前一笔3万元的辞退费，与守寡多年的老母相依为命。2001年4月8日，92岁的老母突然摔倒在地不省人事，经医院确诊为脑出血深度昏迷瘫痪且治愈无望。5月30日，梁万山将大小便失禁、只能靠葡萄糖水维持生命的母亲接回家中。5月31日，梁万山经过激烈的思想斗争，用电击的方式为母亲实施了安乐死，让母亲永远"脱离苦海"。当晚他向公安机关投案自首。经过上海市精神卫生中心的鉴定，梁万山无"精神病"，"对其作案行为的性质和后果具有完整的辨认和控制能力"，"具有完全责任能力"。据闵行区法院有关人士介绍，之所以做出有期徒刑5年的判处，除了考虑到梁有自首情节外，还因为办案人员到医院调查后证实梁在其母住院期间确乎尽孝道，对母亲照顾得无微不至。

对孝子梁万山，谁都会寄以深深的同情。但在安乐死未立法的情况下，谁都不能擅行安乐死，司法机关也不会"支持那些在一定历史条件的绝症病人或先天性畸形儿做出处理"③。

上述关于安乐死的认识偏差，不仅无助于安乐死立法及全部有关的法律调节，而且与社会效益第一原则也是相悖的。社会效益第一原则的"社会"，是包括病患者及其家属朋友在内的。实行一项严重违反其本人及家属亲朋的法律或政策，不可能成功，原因就在于把他们从"社会"中弃置不顾了。

（一）社会效益第一原则的含义

"多利羊"诞生之后，立即引起关于克隆技术问题的热烈争论、尖锐交锋，赞成大力发展克隆技术者有之，坚决反对者亦有之，甚至有几个国家的政府急急忙忙地宣布严禁进

---

① 邓公平：《医药卫生法学》，上海科学技术出版社1989年版，第52页。
② 《文汇报》2001年10月11日。
③ 此句不通，原文如此。

一步的克隆实验。在上海市生命法学第一次研讨会上，也有截然对立的不同意见。① 笔者是属于赞成者行列的，原因如下：第一，一般地说，高新科技都有其造福人类与祸害生灵的双重性，是谓"双刃剑"。既然如此，极言其不利于人类的一面，就失之偏颇；进而竭力阻挠其发展，则有悖明智。首先应看到、应重视的是其造福人类的一面；其次才是其负面。而看其负面，仅只是为了找出对策，遏制负面的发展，控制负面发生作用的范围，创造条件消弭其作用。第二，任何一项科技成果，都是人类千百年来殚精竭虑艰苦探索的结晶，同时也是人类继续开拓前进、攀登新高的起点，我们不能戛然切断事物发展的因果链，不能无情打碎科技进步的中继环。如果断然喝令某某科技从此"立停"甚至"向后转"，除了扼杀科技发展以外，不会有任何的好处。第三，科学技术的发展实际上是不可遏止的。生产力是人类社会进步的推动器，是历史发展的"火车头"；而科学技术是第一生产力。生产力，尤其是作为第一生产力的科学技术，有其自身的发展逻辑与不可移易的发展规律，任何外力都不可能打破之。既然如此，我们只应举双手欢呼科学技术的每一进步，赞誉为这一进步所做的努力。这里所体现的是社会效益第一的原则。

　　社会效益第一原则的含义是：对社会进步有效、对人类福祉增进有益的一切，先于、高于、大于、重于个人的利益。这里的"社会"是指整个人类社会，而不仅仅止于以国界划开的国别性社会；这里的"人类"是指人类的整体，而不仅仅止于以各种标准分列的人群。从安乐死立法来看，社会效益第一原则就意味着：凡对社会进步有效、对人类福祉增进有益的生命科技，都应努力发展之；而如果因此而损及个别人的利益，也在所不惜。须加说明的是：这里的提法是"损及个别人的利益"而不是"损及个别人的权益"。只有法律化的，为法律所肯定、所维护的利益才成其为"权益"。后者是不可漠视、不可侵犯的。指明这一点的必要性在于：安乐死事业在其发展过程中不可能绝对不损及个别人的某些利益，但却决不可损及其法定的权益。因此，事关安乐死，就必须立法，而绝不能允许无法而行。其实，即使为安乐死立了法，在良好愿望的前提下仍有可能在个别场合损及个别人的利益。当然不能因此而勒令安乐死事业"立停""向后转"。这与正义战争的道理是一样的。正义战争也是战争，一发炮弹打出去，目标是炸敌人，但仍有可能伤及平民，尽管如此，还是得把炮弹打出去。

　　世界上的道理有大小之分，小道理要服从大道理。在讨论安乐死法的社会效益原则问题时，同样要坚持小道理服从大道理的原则。

　　那么，什么是安乐死法的社会效益原则的"大道理""小道理"呢？

----

① 顾肖荣、倪正茂主编的《生命法学论丛》中的《论人体克隆技术的法律选择》（刘华）、《人类的"克隆"与人类社会的理性与法治》（蒋晓伟）、《有关克隆技术的法律思考》（芦琦）、《克隆技术引发的社会风险和法律对策》（蔡航）、《关于"克隆人"问题的几点看法》（赵建平）以及《一些国家和地区有关克隆技术的立场和对策》（陈乃蔚、蔡航译）等文，文汇报出版社1998年版。

（二）安乐死法社会效益原则的"大道理"与"小道理"

安乐死法社会效益原则的"大道理"首先是人权作为社会和人类的崇高原则的神圣不可侵犯性。

"社会效益"不能窄化为经济效益。人权所体现的人的价值、人的尊严和社会的公平、正义，是不能用金钱来衡量的。人权的存在，就是幸福的前提，就是幸福的存在；人权的丧失，就意味着幸福的丧失。

如前所说，人权既包含人的生存权，也包含死亡权或者放弃生存权。赋予人以生存权的同时，却强调主体不得放弃这一权利，无疑是专制的、野蛮的。尊重人权的神圣不可侵犯性，当然内含尊重人的生命权与死亡权。安乐死法所体现的社会效益原则，就具体表现在尊重人的死亡权利上。不尊重人的死亡权利而侈谈人权，是最大的社会无效益。

安乐死法社会效益原则的"大道理"其次是由依法安乐死被社会普遍认同所反映的社会文明程度。一个文明水平高度发达的社会，其成员对生命的价值、生命的质量的认识，自然不同于文明水平较低的社会；其成员对事物发展规律的认识，自然高于文明水平较低的社会。为什么千万年来人们对庄子丧妻而"鼓盆当歌"表示赞许呢？就是因为庄子对生命价值、生命质量及事物发展规律的认识，远远高于同时代的以及后来的许多人。安乐死法所体现的社会效益原则，就具体表现在对人的生命价值、生命质量及事物发展规律的辩证认识上，一句话，具体表现在社会的文明程度上。

安乐死法社会效益原则的"大道理"再次是社会成员之认同安乐死并自觉依法实施安乐死，这表现了他们人道主义精神的发扬。当一个绝症病人处于极端痛苦的境地而迫切要求放弃生命，任何一个真正具有人道主义精神而不为私利所左右、不怕风言风语的人，都会出于同情而勇于帮助他放弃生命。因为怕别人的闲言碎语而在可能的情况下对痛苦至极的绝症病人袖手旁观，只能被视作"冷血动物"。

综上所述，安乐死法社会效益原则的"大道理"就是尊重人权、提倡文明、发扬人道主义精神。

安乐死法社会效益原则的"小道理"，人们已经提及的大致如下："减少对家庭和医生的负担"；"加快由晚期病人占用的病床的周转"；避免"卫生资源的浪费"；等等。因此，如果仅仅是从这些"小道理"出发而实施或拒绝实施安乐死，都不符合社会效益原则的本意，因为这些"小道理"是不能与前述"大道理"相提并论的。

在讨论社会效益原则时，往往会遇到这样一个反对理由：从社会效益原则出发实施安乐死而不为病人家属所理解、所接受，甚至病人家属极为反感、极为抵触，从而造成极坏的社会影响，"效益"又从何而来呢？

对此，必须分这样两个方面来看：

一个方面是，从具体实施的角度看，如果家属坚决反对，那么，强制安乐死，的确会造成很不好的社会影响。我们在下文还将谈到安乐死法的尊重习俗原则,从尊重习俗出发,当面临家属坚决反对的局面时,实际上是不可能实施安乐死的,因为立法本身就会规定在这种情况下的安乐死不被允许进行。

另一个方面是,从安乐死法社会效益原则的角度来看,即从尊重人权、提倡文明、发扬人道主义精神的角度看,不应赞成因为可能存在家属反对的情况就放弃推进安乐死立法的努力。

在讨论安乐死法社会效益原则时,往往还会遇到这样一个反对理由:如果允许安乐死,一些品德恶劣的医生或病员家属,就有了为牟取私利而把不该安乐死的病人送上"断头台"的危险。这种担心不无根据,人们的道德水准总是参差不齐的。但是第一,有关的安乐死法当严密规定实施安乐死的程序,从申请、审查、核准到实施,都应是"步步为营""严密设防"的,绝不会随随便便轻轻易易地就致人死地;第二,即使在此前提下,仍有可能发生有意或无意的失误,从而把不该死的病员置于安乐死的境地。但是,能因存在这种危险就取消一切需要安乐死的人的死亡权利吗?当然不能。"害中取小,非取害也,乃取利也。"为了社会的整体利益,为了人类的总体利益,依法实施安乐死,是生命法包括安乐死法社会效益第一原则的体现,是生命科技发展的必然结果,是生命社会关系法律调节的必然需求。当探析安乐死法,探讨安乐死问题时,这是应当时时牢记在心的。

五、安乐死法的意愿自由原则

一切所谓幸福、快乐、理想、志趣,一切创造,一切追求,其本质都不过"自由"二字。孟郊《赠别崔纯亮》诗曰:"出门即有碍,谁谓天地宽?"[①] 柳宗元《酬曹侍御过象县见寄》诗曰:"春风无限潇湘意,欲采蘋花不自由。"[②] 鲍照《拟行路难》曰:"心非木石岂无感?吞声踯躅不敢言。"[③] 无名氏《读曲歌》曰:"石阙生口中,啣碑不得语。"[④] 韩愈《送灵师》曰:"别语不许出,行裾动遭牵。"[⑤] 陶潜《归田园居》曰:"相间无杂言,但道桑麻长。"[⑥] 这些都是诗人在特定情境中对不自由的怨艾与激愤的表示。匈牙利诗人裴多菲的名诗"生命诚可贵,爱情价更高。若为自由故,两者皆可抛";文天祥的名句"君传南海长生药,我爱西山《饿死歌》"[⑦]。万千仁人志士革命家为追求自由宁可抛头颅、洒热血、捐

---

① 《全唐诗》,第 4229 页。
② 《唐诗选注》,第 332 页。
③ 《汉魏六朝诗选》,第 227 页。
④ 《汉魏六朝诗选》,第 238 页。
⑤ 《全唐诗》,第 3775 页。
⑥ 《汉魏六朝诗选》,第 184 页。
⑦ 〔南宋〕文天祥:《庚辰四十五》,《文山集》第 15 卷,第 12 页。

性命、走他乡。"千淘万漉虽辛苦,吹尽狂沙始到金。"① 这"金",实即自由。

自由,是生命的根本要求。有生命而无自由,生命的意义与价值即丧失殆尽。因此,生命法包括安乐死法以意愿自由为重大原则,是"题中应有之义"。

(一)赫尔辛基宣言的意愿自由原则与安乐死

1984年在赫尔辛基召开的第18届世界医学大会通过了关于生物医学研究的宣言,即《赫尔辛基宣言》。该宣言昭告,生物医学研究的目标、方法、预期的好处、潜在的危险以及研究对象可能承担的不舒服与困难,要充分说明,并需得到他(她)的慷慨签订的承诺,最好是书面形式的承诺,以充分体现自愿的原则。

赫尔辛基宣言的上述要求,主要涉及意愿自由原则的两个方面:

第一,"充分说明",即为尊重当事人的意愿自由,必须向当事人"充分说明"他所面对的与医疗相关、与其生命的存亡相关的生物医学研究的可能性后果,以使当事人做出自主的自愿的选择。这是实行意愿自由原则的前提性条件。不能保证这一前提性条件,便无真正的意愿自由可言。

第二,"慷慨承诺",即当事人做出接受或拒绝的决定。虽经"充分说明",但未经当事人"慷慨承诺",就不得采取任何涉及该当事人的行动,否则即为违反当事人的意愿自由。

赫尔辛基宣言的上述意愿自由原则虽然是对一般的生物医学研究而言的,但同样适用于安乐死。首先是,必须向病患者"充分说明"实施安乐死的程序、后果;其次是,必须得到病患者的"慷慨承诺"。

需加说明的是:安乐死的要求一般总是由身罹绝症,暂时完全不可能求助医药而继续生存且处于极度痛苦状态的病人自己提出来的,因此,似乎不存在"充分说明"与"慷慨承诺"的问题。其实不然,这可见诸以下几端:

其一,一般的病人并不具备足够充分的医学知识,因而对医疗技术、医药水平等并不十分了解,对他所患之病,在短期内是否可以找到解救办法并不十分了解。这只能求助于医生。一个SARS患者与一个艾滋病患者同时都提出了安乐死的要求,对此,医生的"充分说明"就应包括:对SARS,虽未找到可靠的有效的医疗技术与药品,但已经有可能缓解病情,也有可能治愈;而对艾滋病患者,只能告之以"目前还没有找到有把握治愈的方法和药品",并告之以"在短时间内,也无找到治愈艾滋病的方法与药物的把握"。

其二,这"充分说明"是包括安乐死申请的方式、审核的程序、核准的手续,包括实施安乐死的过程、监督,还包括实施安乐死的方法——某种技术或某种药物,使用该技术或药物的可能性反应等。对具体对象来说,还应告知实施安乐死的医护人员的名字,以便病员提出回避要求。

---

① 〔唐〕刘禹锡:《浪淘沙》,《刘禹锡集》,第252页。

其三，在比较特殊的情况下，如病员神志模糊或语言含糊而只有通过其亲友中的某人才可以在他与医生间传递信息的情况下，这"充分说明"就应是经过极为严格、严密的审查，以明确证明有关的"充分说明"已被充分传递并被病员充分接受、充分了解。

其四，不能完全排除这样的情况：病员本人并未坚决请求安乐死，其安乐死请求是在他人（如医生、亲属）的诱使或胁迫下提出的。这当然是违反意愿自由的。许多反对安乐死的人，也正是担心到处出现这种情况。因此依法实施的安乐死，必须在"充分说明"的过程中，廓清实际情况，了解病员的真实意愿。

其五，"慷慨承诺"之"慷慨"是大可玩味的。就拿安乐死来说，这"慷慨"应是"视死如归""以死为安乐"的同义语。病员的安乐死请求应是一种坚决的、不动摇的请求。因为生命只有一次，死而不能复生，难免出现有的病员思想反复的情况。对这些有过犹豫、存过反复的安乐死申请者，尤要彻底查明其现时的"意愿自由"状态与程度。总之，必须设立严密的"防火墙"以排除任何非自由意愿的情况，确保安乐死的意愿自由。

（二）安乐死法意愿自由原则的贯彻

安乐死法意愿自由原则的贯彻，必须注意以下问题：

第一，确保安乐死的意愿自由。

绝症病人依法提出安乐死的申请，不应受到任何阻挠、延宕。病人家属不应出于私利（例如延缓病人的生存时日以延长领取其工薪的时间；为遗产争纷之未决而延缓病人生命以图修改遗嘱；等）、感情（由于长期较多相处而产生浓厚的感情，不忍从此诀别；或者由于相互仇恨而以折磨患者为乐；等等）或其他因素而阻止病人表达自己的安乐死意愿。

绝症患者晚期，多有语言困难者，也多有无力运笔者（或为文盲）。为确保其安乐死的意愿自由，应由医生或家属或延请律师（在中国的情况下也可委托患者所在单位的同事）等，代其以书面形式表达其安乐死的意愿。这是从为患者提供方便，使之可以自由地表达安乐死意愿的角度提出的。

第二，确证安乐死的意愿自由。

作为严防以外的手段，应采取严格的、严密的措施，确证绝症患者提出了安乐死的坚决请求。需要确证的有这样的几个方面：

1. 确证有关申请是患者本人的意愿；

2. 确证有关申请是患者在意志自由的情况下提出的；

3. 确证有关申请所表达的是患者坚定不移、矢志不改的自由意愿。对曾经申请安乐死，后来又反悔、又提出……那么，在这种情况下，必须特别慎重地确证患者最近的安乐死请求是否为最后请求。当患者反反复复地表达不同意愿时，必须有最大的耐心，表示最大的同情与理解。这对最终确证患者的安乐死请求也是十分必要的；否则，就容易产生差错。

第三，确证安乐死申请者表达了接受医生实施安乐死方案的自由意愿。

实施安乐死的方案，当因人（医生和患者）而异，采用不同的医学技术和不同的药物。如前所说，这在实施安乐死之前，必须向安乐死申请人作"充分说明"。在"充分说明"之后，申请人表达了坚决要求安乐死之时，仍要确证其业已表达了接受医生实施安乐死的具体方案。

以上两个方面的"确证"，最好是由医生（两名以上）、病员家属、公证人员（公证员、律师或同事等）联合组成的小组进行；如果条件不允许，那么，至少应有两名以上的医生加以认证。认证人应当书面表达对所认证的事项负法律责任。

"人命关天"，无论从生命的不可重复性或从道义上看，都必须极为严格、审慎地实行监督，保证安乐死法意愿自由原则的贯彻。

（三）意愿自由原则的全面贯彻

在议论安乐死问题以及生命社会关系法律调整的其他问题时，人们的注意力往往仅及一点，即申请安乐死的绝症晚期病人（在其他的生命社会关系法律调节中则仅及一般的病人或生命科技的受众）。毫无疑问，这是片面的。在一切生命法中，意愿自由原则都必须被全面贯彻，安乐死法尤应如此。

在安乐死问题上，直接关联安乐死的，是申请人与实施人两类主体。因为涉及"死"，而且"死"者不是别人，正是申请人，所以人们很自然地把注意力集中到申请人一方。可是安乐死的实施者是医生，虽然医生不会因实施安乐死而丧命，但非法实施，就要受惩罚，惩罚之轻重可与杀人罪比照。所以，安乐死法要规范医生的行为，不允许医生有意或无意（故意或过失）实施安乐死。但人们往往只关注规范医生的行为，而忘却了医生的意愿，表现在安乐死立法建议上就是只规定安乐死的申请条件，强调安乐死申请人的意愿自由，而忘却申请人的医生的意愿自由。

比利时安乐死法为赋予医生以意愿自由的权利，做出了"特殊规定"："任何医生不可被强迫实施安乐死"（第十四条第二款）；"任何人不可被强迫协助实施安乐死"（第十四条第三款）。除此以外，该法还规定：

> 如果被咨询医生拒绝实施安乐死，那么他／她必须通知病人和因信任而被选择的人，如果可能的话，应该及时通知，并且解释他／她拒绝的原因。如果拒绝是基于医疗原因，那么这些原因应该被记录在病历中。
>
> 在病人或因信任而被选择的人请求实施安乐死时，拒绝实施安乐死的医生必须将病历提供给由病人或因信任而被选择的人所选定的医生。

这些规定有条件地赋予了"被咨询医生"拒绝实施安乐死的权利，实质性地尊重与保障了他们的意愿自由。

只有既赋予申请人又赋予实施人以自由权利，才是真正全面地贯彻了意愿自由这一生命法的重要原则。就安乐死法而言，强调这一点则是特别重要的。

与荷兰及比利时安乐死法相比较，祝世讷先生等的建议稿似乎疏忽了其他人在拒绝实施安乐死方面的意愿自由，这不能不使人感到十分遗憾。不仅如此，祝稿的一些条文似有对安乐死等的意愿自由不尊重之疑。例如该建议稿有如下规定："安乐科派安乐师施行安乐死要下达书面通知，安乐师施行安乐死以安乐科下达的书面通知为唯一根据……"（第二十条）据此，"安乐师"是被安乐科"派"赴施行安乐死处所去的；"安乐师"所"唯一根据"的是"安乐科下达的书面通知"，总之，"安乐师"是被动者、一定程度上也是被强制者，无法拒绝施行安乐死的自由权利。其实，"安乐师"职务之设本身就意味着他一旦接受此任，就别无选择地只能按照"唯一根据"去实施安乐死了。这不禁使人联想起"刽子手"或"杀手"这样的职业来。

当然，我们也注意到了祝稿的如下建议：

其一，第十五条："公民申请 C 型安乐死必须没有主管医师的反对意见，施行时主管医师可以回避。"

其二，第十九条："A 型、B 型安乐死由负责受理的主管医师施行或负责组织施行；C 型安乐死由安乐科指派安乐师施行。"

其三，第二十条："在乡镇及乡镇以上医院或基层卫生保健网配备安乐师。安乐师由责任心强、有良好医德和医术的医师担任或兼任，经过专门培训，懂得安乐死的理论和法律，熟练地掌握安乐死的技术和方法，考核合格，由安乐科聘任上岗，划片管理，执行所属安乐科下达的施行安乐死指令。安乐科派安乐师施行安乐死要下达书面通知，安乐师施行安乐死以安乐科下达的书面通知为唯一根据，此外不接受任何个人和部门的要求、指令、影响。"

以上的第十五条的规定表面上看，是对"主管医师"意愿自由的尊重，但这样的规定与尊重意愿自由原则还是有距离。比利时安乐死法之"任何医生不可被强迫实施安乐死"的规定，没有任何前提，即不管申请人是否符合安乐死条件，国家控制与评价委员会是否审定批准实施安乐死，医生都可拒绝实施。医生完全可以仅仅从传统的诸如"恻隐之心"之类的人类情感出发拒绝施行安乐死，而不受任何约束。从第十九、二十条看，医师处于"下达……通知"的对象的地位上，亦无其本人的意愿自由可言，与荷兰、比利时安乐死法所规定的医师的意愿自由，不可同日而语。

六、安乐死法的尊重习俗原则

直至目前为止，全世界还只有荷兰、比利时两个国家以国家法的形式为安乐死立法。

尽管绝大多数国家都曾热烈议论过安乐死问题,其中不少国家的大多数被调查者也表达了首肯安乐死立法的意见,但是,这些国家的安乐死法,不是在立法过程中胎死腹内,就是因为反对者声势过于凶猛而压根就没有进入立法程序。究其原因,十分关键的一点就是安乐死与救死扶伤的习俗鸿沟太宽了。

人死之后,永远不能再复活。朝夕厮守、甘苦与共而形成的情感依恋又是那么连心连肺,一旦死去,亲人的痛苦又是那么摧肝裂胆、痛彻五内。所以,千百年来形成的习俗之一,就是千方百计地挽留死者的生命。

但安乐死却与此习俗了不相同,它几乎就像把活人加以处死。这样,安乐死法就不得不面对既要尊重绝症晚期病人的安乐死要求,又要尊重习俗之千方百计挽留病人的生命这样一种两难的矛盾。

如果要截然地划清界限,或只尊重安乐死申请人的意愿,或只尊重习俗,那么,安乐死立法将永远在意见与观点了不相同的两群人的争执中被搁置起来,一步也不能前进。为了走出安乐死立法的困境,提出尊重习俗的原则虽然没有妥当的程序,但也许还是有意义的、可行的对策。

(一)法律多元与安乐死法的尊重习俗原则

日本的千叶正士先生著有《法律多元》[①]一书,提出了著名的"法律多元"的观点。他认为,几乎所有的国家,不管是属于什么法系,都有国家法和民间法等多元法律在实际生活中发挥调节社会关系的作用。他的这一贯穿《法律多元》全书的观点,现在已为中外法学界所普遍接受,当然也在对各国法律的检视中被证明屡试不爽、"放之四海而皆准"。

我国一方面在推进全国统一的社会主义立法;另一方面,也客观地承认法律多元的实际,因而在执法与司法中表现出了灵活性。例如,我国实行的是一夫一妻制,但少数民族地区的习俗与此不同,因此,司法实践中并不刻板地按一夫一妻的婚姻制度处理非一夫一妻的问题。1953年4月,中共茂县委员会转发的自治区关于处理婚姻纠纷的《几点意见》中有:"对于一夫一妻、一夫两妻者,不告不理。如有一个告到法庭(政府)要求离婚者,若男女均是少数民族,则坚决不予判决,令其经过他们的上层人物调处之。"现行《婚姻法》在阿坝藏族自治州的补充规定(1983年7月12日)是:"实行一夫一妻制,禁止重婚。实施本规定前形成的一夫多妻和一妻多夫婚姻关系,当事人不提出解除的,不予处理。"(第三条)即从1984年1月1日起禁止一夫多妻,此前的一夫多妻关系不告不理。[②] 这是民间法在起作用,与国家法的有关规定是不一致的。

[①] [日]千叶正士:《法律多元——从日本法律文化迈向一般理论》,强世功等译,中国政法大学出版社1997年版。
[②] 俞荣根主编:《羌族习惯法》,重庆出版社2000年版,第95—96页。

法律一般地说总是妥协的产物。国家法与民间法的并存，也是妥协的一种表现。"法律多元"首先是一种法律事实，然后才是一种法学理论。

从安乐死法的角度看"法律多元"，至少应在尊重安乐死申请人意愿自由与尊重习俗两者间，找到一个平衡点。但是，这首先必须承认尊重习俗也应是安乐死法的一项必要的原则。

（二）安乐死与中国的民间习俗

同安乐死有关的中国民间的习俗，主要表现在以下几个方面：

第一，家族（或家庭）的共同决定权，高于家族（或家庭）成员单独的决定权。

根据这一习俗，当家族（或家庭）成员做出一项决定时，家族（或家庭）的共同决定可以推翻前者单独做出的决定。这样，如果前者申请实行安乐死，而后者共同决定予以否决时，就不得不在两者间作一抉择。为此，首先应由家族（或家庭）全体（或全体的代表）与申请安乐死者自行商讨，力求做出一致的决定。其次，如果仍然不能达成一致，医生（医院）一方不得不向申请人说明自己无权遵从他的意愿主动实施安乐死；同时向反对安乐死的家族（或家属）宣布，他必须尊重申请人的意愿。因此，在双方意见不一的情况下，他将采取不予救治以延长生命的措施，亦即实施被动安乐死的措施。

在申请人做出申请之后即处于昏迷状态，不能再表达自己的意愿，而家族（或家庭）共同决定推翻其申请的情况下，以遵从后者的意见为尚。也就是说，这时如果家族（或家庭）共同决定要求救治病人，医生也应从尊重习俗出发继续救治。

根据这一习俗，在绝症病人无法表达自己的意愿（如植物人、长期昏迷而暂时无苏醒可能的病人）的情况下，家族（或家庭）的共同决定——或共同申请实施安乐死，或共同要求继续施治，都应得到医生方的响应。

当然，所有上述这些措施，都应是在严格的监督下并形成书面决定的前提下进行的。

第二，族长（或家长）的决定权高于其他成员的决定权。与此相关，可能出现两种情况：一是族长（或家长）本人就是安乐死申请人；二是安乐死申请人只是族内（或家庭内）的一般成员。

在族长（或家长）本人就是安乐死申请人的情况下，依法实施安乐死应无问题，因为这时尊重当事人意愿自由与尊重习俗相一致，两项原则基本无冲突。

在族长（或家长）本人不是安乐死申请人的情况下，也有两种可能：一是族长（或家长）赞同当事人的安乐死要求；一是族长（或家长）反对。两者都是以其他成员基本持反对意见为前提的。当出现前一可能情况时，可以认为并依照既尊重当事人的自由意愿，又尊重习俗这两项原则而实施安乐死；至于第二种情况则与家族（或家庭）共同决定权高于其成员的决定权相符，因而以尊重习俗而不主动实施安乐死为尚。当然，也可能出现族长（或家长）反对，而与其族内（或家庭内）大多数成员赞同实施安乐死的第三种情况。这时，务必审慎地对所有的人宣传生命的价值、生命质量、安乐死法以及尊重当事人意愿自由等道理，以求取得比较一致的意见。

综上所述，在安乐死法的所有原则中，尊重习俗原则是最为复杂、最难把握的。但是因其最为复杂，所以尤须谨慎对待；因其最难把握，则尤须把握妥当。在对待人的生死存亡的问题上，无论如何小心谨慎，都只是有百利而无一害的。

本来，对唯物主义者来说，安乐死是一个并不复杂的问题，但是唯心主义的影响是十分强烈的，千百年来的习俗极难在一朝一夕之间改变，亲人间的亲情关系又极为细腻复杂，因此，以极为细致的思想工作，极为审慎地对待安乐死法的实施，还是极其必要的。我们相信，安乐死法行之既久，即可形成新的习俗。届时，旧的习俗会自动退出历史舞台。当然，这是一个极其缓慢的渐变、渐进过程。但只要假以时日，随着人们认识水平与觉悟水平的提高，难可入易，安乐死会成为全社会的共识与共愿。

除以上四项原则外，安乐死法还遵行生命法的权利平等原则、义务必行原则与隐私保密原则。这些原则的一般意义与内涵外延，已为公众所大体了解，这里就不一一赘述了。

第十章 安乐死法体系论

理论的价值在于它对实践的指导意义。这种指导大致可以分为"立竿见影"式与"储水消防"式的两大类。俗语有云"远水救不了近火"。但未雨绸缪、"储水救火"却理所当然。安乐死法虽然在中国还很遥远,即使制定了安乐死法,有了调节积极安乐死行为的基本法律规范,架构完整的安乐死法体系,也是更为遥远将来的事。但是,从理论上早做探讨,也不失为加快安乐死立法进程的一件要事。所以,在这样一本专论安乐死法的著作里,无论从指导实践的需要出发,还是从理论体系的完整性出发,都有必要略论安乐死法的体系问题。

鉴于人们对安乐死、从而对安乐死法还存在大相径庭的歧见,与一般部门法的体系不同,安乐死法体系可能有理论形态与实践形态的区别。

一、实践形态的安乐死法体系

可以预见,今后各国大多首先建立的是实践形态的安乐死法体系。这有点像"骑驴看唱本——走着瞧":为应对安乐死法的实际需求和部分民众的坚决反对,把与安乐死的法律需求相关的事,成熟的先做起来,分歧大的推迟到以后去做。其结果,一定是逐渐形成实践形态的安乐死法体系。

我们先来看看一些先行安乐死的国家或地区的实际情况:

1. 日本

通过法院判例给安乐死以有条件的认可,已经成为日本举国皆然的情况。其判例是通过法院对刑法中的"正当行为"和"紧急避险行为"的解释,确认主动安乐死行为的合法性。

1950年4月14日,东京地方法院在关于一例安乐死案件的判决中明确表示,为了解除病人肉体上的剧烈痛苦,不得已而侵害其生命的行为,属于刑法第三十五条关于"紧急避险行为"的规定,这样实行安乐死而不受法律惩处的依据是:作为"正当行为"的违法性阻却;作为"紧急避险行为"的违法性阻却。

12年后,1962年12月22日,日本名古屋高等法院也判决了一件安乐死案。该案被告之父因身患脑出血而全身瘫痪,卧床数年不起,痛苦万分,每天喊叫不停,要求儿子杀死他以尽快结束痛苦。被告万般无奈又听医生告知已然无法医治,终于按其父的要求,把掺了有机磷杀虫剂的牛奶给父亲喝,从而使其父亲死亡。被告认为,只有这样做才能使其父亲摆脱痛苦,才是对父亲的最后的孝敬。受理此案的名古屋高等法院判决被告无罪。如前文所说,在该判例中,名古屋高等法院提出了确认安乐死所必须具备的6个条件。这个判例由于明确而详尽地将安乐死概念及实施安乐死的条件作了阐明,从而成为日本处理安乐死的最重要判例。此后,日本有关安乐死的判决,都依此案例而行。

2. 美国

20世纪70年代以来,美国一些法院开始明确承认被动安乐死,而对主动安乐死表示了宽容的态度。在实际审判中,美国陪审团往往认定实施主动安乐死的医生或病员亲属的行为是"仁慈地杀人",给予同情并作宽大的处理。

1994年,美国俄勒冈州通过了一项法律,允许内科医生在特定条件下协助病人自杀。

1996年5月,美国联邦第二上诉法院做出了一项决定,废除了纽约州的一件禁止医生帮助病人的法律。该决定指出,只要患有不治之症的晚期病人精神正常,能够自己服用致命剂量的药物,州的法律就不能禁止医生开出那种剂量的药物处方。如果美国联邦法院不推翻第二上诉法院的这项决定及其他类似决定,无疑等于宣告了某种特定方式的主动安乐死的合法性。不过,由于反对者众多,该法案目前已暂停实施。

3. 以色列

以色列有"医院道德委员会"之设。

1996年1月,特拉维夫地区法院的法官曾判决:遵照病人的请求,结束其生命属合法行为。但当8月份病人请求医生执行法院裁决时,医生却拒绝执行。此后,特拉维夫法院重申了以前的判决并经"医院道德委员会"批准,该项安乐死才得以执行。

1998年,以色列耶路撒冷的一家医院施行了首例安乐死,由该院医生给一名49岁的绝症晚期病人注射了致命剂量的麻醉剂。

从以上一些国家安乐死法制建设的实践看,实践形态的安乐死法体系大致如下:

(1)宪法或宪法性法律关于赋予公民生命的自由权、自主权的规范;关于医生有发扬人道主义精神的规范(这些规范可以解释作病人具有放弃生命的权利,医生具有帮助病人摆脱痛苦而不受惩处的权利等)。

(2)具有基本法性质的生命法,如科学技术进步法等。

(3)安乐死判例(可能有两种安乐死判例:一为免除实施安乐死法律责任的判例;一为减轻刑罚的判例,但都属安乐死判例)。

(4)有关安乐死实施前、实施过程中的一些具体规定(这些规定也可能分两类:一类为直接对安乐死实施程序做出的规定;一类为间接规定,如医生资格、证人资格、自愿实施安乐死的文件的法定书面格式等）。

二、理论形态的安乐死法体系

根据前文关于安乐死法渊源的分析，我们可以设想，理论形态的安乐死法体系大致如下：

（一）安乐死法基础性体系

1. 宪法或宪法性法律关于赋予公民生命自由权、自主权的规范，关于医生有发扬人道主义精神义务的规范；
2. 具有基本法性质的生命法，如科技进步法、生命科技进步法；
3. 安乐死法；
4. 安乐死法实施条例、实施细则等；
5. 安乐死地方性法规；
6. 安乐死自治法规；
7. 安乐死部门性行政规章（规定安乐死的具体事项，如医生资格规定、证人资格规定、实施程序规定等）；
8. 医疗机构按法定程序通过的章程、规则等规范性文件；
9. 关于安乐死的国际条约。

（二）安乐死法辅助性体系

1. 安乐死判例（作为基本法的安乐死法，对安乐死的合法性、程序性等做出了基础性规定，但同任何事物一样，安乐死法所涉主体，即医生与病员，情况是千差万别的，病情也是千差万别的，而且情况是动态地变化着的。因此，完全有可能出现安乐死法涵盖不全的生命社会关系必须调节。这样，新的判例可能源源不断，从而辅助安乐死基本法而行，成为安乐死法辅助性体系的一个不可或缺的方面）。
2. 关于安乐死立法、司法、知法、守法的法学理论（关于安乐死法理论的研究，现在还只是处于起步阶段，大多只涉安乐死立法，至于安乐死司法、执法、守法以及违法犯罪的研究，几乎还是一个空白。同时，由于安乐死实践还刚刚在少数地方开始，不可预见的新问题、新矛盾还很多，关于安乐死法的研究，还有很大的可能性空间。这就为安乐法的实施、改进提供了进一步的支持。因此，有关的法治研究成果，也当成为安乐死法辅助性体系的一个重要组成部分）。

至于习惯与习惯法、政策等是否会成为安乐死法辅助性体系的一部分，我们的看法是：在强调法治建设的今天，不应再把习惯、习惯法、政策等纳入法律体系，哪怕只是法律辅助性体系的范畴。这对严格依法办事是必需的，尤其是在安乐死这样的问题上。

第十一章 安乐死立法、司法、守法的一体化

目前法学界、医学界、卫生行政管理工作者以及广大公众对安乐死的关注,主要还仅涉及对安乐死立法及与之相关的伦理问题一个方面。立法是司法、执法、守法的前提与基础;同时,迄今为止还仅有荷兰和比利时跨出了安乐死国家立法这一步,其他国家还处于激烈讨论阶段,就要不要进行安乐死争持不下。安乐死立法被放在多个方面注意力的"焦点"地位上,是很自然的事。但作为学术研究,尤其是考虑到立法的实效,就不能止步于做"群众的尾巴",而应未雨绸缪,先事探讨有关安乐死的全盘问题。何况,立法及其成果,最终要见效于司法、执法、守法,所以,立法之始,就必须顾及司法、执法、守法问题。有鉴于此,探讨安乐死立法、司法、执法、守法的一体化,便成了本课题的不可或缺的任务。为行文简便,这里以"司法"一并指称"司法"与"执法"二者。

法作为社会大系统的一个子系统,本身亦由不同要素结构而成。

关于法的系统,钱学森等知名学者以及法学界的许多同仁都曾以长文短论递相论列。他们各自提出了自己的看法,争奇斗艳,仁智互现,见解各有千秋,观点纷纭歧异。但至少有一点是相同的,即:立法、司法、执法、守法(及不守法——违法、犯罪)同为法的系统的要素。因此,当论及法的系统性时,阐明立法、司法、执法、守法的一体性就变成了重要的一环。这样,当我们把视线投向安乐死法时,以下问题就成了不可回避的方面:

1. 安乐死法的系统性与安乐死立法、司法、守法的一体性;
2. 安乐死立法、司法、守法一体化的整体属性;
3. 安乐死立法、司法、守法的辩证互动。

一、安乐死法的系统性与安乐死立法、司法、守法的一体化

(一)安乐死法的系统性

"安乐死法"含义有二:一为作为制度性法律文化的安乐死法制,它是安乐死立法的结果;一为作为一种法律文化整体的安乐死法治,它不仅包括制度性的法律文化,如某个

国家的《安乐死法》(或其草案)，还包括心态性的、行为性的、物态性的和主体性的安乐死法律文化。其中，行为性安乐死法律文化包括安乐死立法行为、执法行为、司法行为和守法行为（以及违法、犯罪行为）。无论在何种意义上，安乐死法都有其系统性。

狭义安乐死法即安乐死法制，同任何一部结构完整的法律一样，至少都有立法依据、立法目的、涉法主体、主体的权利义务、权利义务关系人（方）的职责权利义务、有关权利的兑现及义务的履行或职权的行使、违法的责任等。

祝世讷等的《安乐死暂行条例（草案·建议稿）》（以下简称《条例》），就体现了狭义安乐死法的系统性。该《条例》共7章30条，第一章"总则"对立法宗旨、安乐死概念与性质、立法原则和公民的安乐死权利做了规定或阐明；第二条为"安乐死的条件"，对安乐死的适用范围、法定对象和申请安乐死的具体条件做了规定；第三条、第四条规定了申请与受理安乐死的程序；第五条为安乐死实行程序的规定；第六章规定了"安乐死的法律责任"；第七章为"附则"。其中第四、五、六三章同时对有关的受理机构、实行机构及纠纷解决机构的设立及主管机构的职责、权利、义务等做了规定。

显然，这是一个小小的法制系统。"麻雀虽小，五脏俱全"，这一小小系统的结构大体是完整的。尽管部分规定不尽合理，对某些概念的定义不尽科学，有关安乐死申请、受理的程序不够严密，有关机构的设置也难以实现，但是作为制度性法律文化的安乐死法，它的系统性特点是明显的。

事物系统的主要特点在于它的整体属性、各个组成部分的辩证互动。这两个特点在《条例》中都得到了体现。

《条例》的整体属性体现在组成要素的大致完整和各组成要素之间的有机联系上。

《条例》组成要素的大致完整表现在，它的规定涵盖了立法目的、涉法主体、主体的权利义务、与这些权利义务相关的机构的职权义务、各种权利的兑现及义务的履行、违法的责任等。说是"大致完整"，意味着略缺了诸如安乐死法的立法依据、申请安乐死者的亲属的权利义务规定等环节。立法依据对任何一种部门法来说都是必不可少的，尤其是对像安乐死法这样争议较多、较激烈的新型生命法来说更是如此。安乐死申请者的亲属意见，他们的权利义务，是不可轻忽的。尽管安乐死是申请者本人的权利，但作为"社会关系的总和"的人，尤其是在安乐死这样涉及生命存亡的"关天"大事上，不能完全无视申请者最直接、最重要关系人——亲属的态度与意见，如不做明确的规定，势必会在实践中遭遇不可克服的困难。例如，即使申请人的安乐死要求是有效的、坚决的，也符合其他一切条件，但如果家属激烈反对，机械地强施安乐死，就可能导致许多尖锐的冲突。因此，作相应的法律规定，以法律手段规范各方的行为，是必要的。当然，这不是说把安乐死的申请权从当事人手里剥夺下来交予其亲属，由亲属来决定。但作缜密、合理的规定，却是完全必要的，而这正是安乐死立法的关键与难点，但这是另一类问题。

《条例》各组成要素间的联系的有机性，表现在所有规定的互相依存、首尾呼应、递相进展和相互制约上。第一章"总则"的原则性规定，在以下各章中得到了贯彻；第二章关于"安乐死的条件"是在第三章"安乐死的申请"前必须设定的；申请之后的受理与"批准"以及"批准"后的施行，是环环相扣地递相进展的；不仅"法律责任"章是对申请、受理、批准、施行的制约，而且第七章"附则"的各种规定，也与前文相依存、相呼应、相制约。此外，申请条件与申请、受理机构的设立与其职责、权利、义务的设定等，也都体现了有机联系的特点。

《条例》各个组成部分的辩证互动当然只有在《条例》被诉诸实施时才会体现出来，但《条例》本身必须为实施提供立法的基础。这一点，《条例》的设计者已经做了认真的考虑。例如，既设定了安乐死申请人的申请条件，又设定了受理与施行的程序；既设定了受理机构、施行者的职责权利，又设定了义务，还设定了法律责任等。

总之，《条例》作为一个小小的系统，其系统性是得到了体现的。因此，它的提出，为安乐死立法提供了重要的基础。

广义安乐死法比较复杂，我们择其核心部分——安乐死法治略事说明。

安乐死法治的系统性，体现在立法、司法（执法）、守法的一体化。

（二）安乐死立法、司法、守法的一体化

安乐死立法、司法、守法的一体化是指：安乐死立法、安乐死司法与安乐死守法共存于安乐死法治的系统之中，同为安乐死法治的要素，结成了关系特别紧密的群体，互相依存、互相制约、互相作用、互动共进。因此，必须从三者的一体性着眼开展安乐死法治的建设。

从广义看，安乐死法的各个要素（立法、司法、执法、守法）构成安乐死法系统时，其系统性表现在安乐死立法、司法、执法、守法的有序结构上。安乐死法各个要素的无序堆积，绝非安乐死法的系统，反映不了安乐死法的系统性。只是在安乐死法的各个要素组成了有序结构时，它才能在安乐死这个局部的社会问题上发挥调控社会关系、社会生活的作用。而由于"人命关天"，由于生命对于人来说只有一次，因此，社会调控安乐死时，就必须是要求做到"绝对无误"的。也正因此，从安乐死立法、司法、守法的一体化着眼开展安乐死法治建设，是必然的要求。

也许，从来没有哪一种部门法的立法引起过像安乐死那样多尖锐、激烈的争议，也从来没有哪一种部门法的立法经过这么长时间的争议之后还只在两个国家（荷兰、比利时）得到过通过。其"难产"的原因全在于两个方面：一是伦理上的困惑；一是实施上的困难。前者另议，后者即涉及安乐死法的司法与守法。司法上的问题主要在于当事医生如何准确认定患者的真实意愿、所患疾病的无可救药性、患者对持续性病痛折磨的无法忍受。守法上的问题主要在于患者与其关系亲属的意见统一。不少反对安乐死立法的人担心医生的水平太低而不能准确认定安乐死的医学必要（即准确把握患者确已无可救药，确实处于持续

性病痛的严重折磨而无可缓解状态);担心医生与患者家属无意或有意地置患者生命于不顾而贸然决定或迫使患者作自愿安乐死的表示;等等。

不能否定这些担心的客观存在及其合理存在。我国各地医院与医生的水平是不平衡的。不少地方的医生根本还不够资格,由他们来决定是否接受患者的安乐死请求,在很大的程度上掺杂了严重的主观随意性,出现草菅人命的情况目前显然还在所难免。同时,医务工作者和患者家属的道德水准也是参差不齐的,厌弃久病的亲属或因经济能力不足而置患者生命于不顾的情况,完全可能出现。这样,轻行安乐死,势必造成严重的恶果。此外,还应顾及患者本人缺乏坚强的意志而随意轻生的可能性。总之,安乐死之立法,必须与司法、守法相互照应,必须从三者的一体性上来加以考虑,否则,安乐死的法治化就达不到应有的目的。

关于安乐死立法、司法、守法的一体性问题,除上述安乐死实践中会出现因而必须顾及者外,首先还必须解决关于法的系统性方面的一些理论认识误区。

最大的误区是:当论及法的系统或法制系统、法治系统(其实三者是一个概念)时,不少论者仅在现行的或正在拟议中的法律范围内进行分析,不仅把司法、守法排除在外,甚至连立法体制、立法活动也不加论列。控制论的创始人维纳是对法的系统进行论述的先驱者。他在《人有人的用处——控制论与社会》(1952)一书中,以专章讨论了法律问题。他认为,法律的本质是一种信息通讯,是使人们进行减熵努力的必要手段。他明确地把法律分为正义选择和技术处理两个方面。但他所谓"技术处理",是指在正义选择的前提下,解决道德原则的法律化,即依照道德观念对语言进行控制;他说:"法律可以定义为对于通讯和通讯形式之一即语言的道德控制,当这个规范处于某种权威有力的控制之下足以使其判决产生有效的社会制裁时,更可以作如是观。"这里,充其量仅仅涉及法律及其制定,即立法及其结果,没有论及司法与守法。布尔丁在《纠纷的一般理论》中也对法作了系统分析。他在研究"纠纷解决"的问题时,以完备的法律制度为背景,着重分析选择的条件和要素,不仅没有论及司法和守法过程,连立法过程也未论及。日本的广濑和子在1970年出版的《纠纷与法——用系统分析方法研究国际法社会学的尝试》一书中,已论及司法过程,如对苏伊士运河公司国有化纠纷的司法过程作了实例研究,从而把法的系统分析向前推进了一步。但是,将立法、司法、守法作为共存于法的系统中的要素进行具体研究的,仍然所见甚少。苏联法学界直至20世纪80年代仍停留在对法律文本的系统分析上。他们认为,立法活动、司法实践等是"法律系统"的"外部干预"。苏联学者 Л.Е 季乌诺娃在《谈谈把系统方法用于法的问题》[①]一文中说:"不应当把法律系统的发展理解为自己运动(这是有机系统所固有的),而应当把法律系统的发展理解为外部干预(立法活动、司法实践等等)所引起的变化。"作者主张:把法本身的结构列入国家的整个法的系

[①] 《苏维埃国家与法》1986年第4期。

统,考虑法的系统性和立法的分类之间的区别,在此基础上可能最终找到结束关于法律系统和立法系统的相互关系的争论的途径。

诚然,可以把法律作为一个完整的体系看待、进行分析。前文对祝世讷等《条例》的分析,就是这种尝试。但一旦考虑到安乐死法的实施,考虑到安乐死法的系统性,仅仅分析法律文本就远远不够了。就必须连类而及地分析安乐死立法、司法、守法的一体化问题了。这是法的系统性的法哲学分析的必然要求。按照法的一体化要求,如前所说,我们还必须进而探讨安乐死立法、司法、守法一体化的整体属性、目标选择、辩证互动等问题。

二、安乐死立法、司法、守法一体化的整体属性

任何事物,相对而言都是一个整体,即便质子、中子也是如此,更何况大如法治。辩证法与形而上学的一个根本区别就是前者把事物作为一个整体来看待,后者则加以割裂,片面地看待。"盲人摸象"之可笑,在于他们"割裂"了大象,把象腿认成为"柱子"、象腹认成为"墙壁"。"盲人摸象"作为语言当然是寓意深刻且富有教育意义的,但如一味嘲笑,却也形而上学了。因为盲人之为"盲人",只能如此"摸象"与做出片面性的结论;不把盲人与明眼人加以区别,也就是"割裂"了不同人群的内在联系,不把盲人如实地认作盲人,对他们提出了与常人相同的要求,这当然不是实事求是的,不是科学合理的。

列宁曾指出:"要真正地认识事物,就必须把握、研究它的一切方面、一切联系和'中介'。我们决不会完全地做到这一点,但是,全面性的要求可以使我们防止错误和防止僵化。"①

许多文章引用列宁的这句话时,往往只注意列宁关于"把握、研究"事物的"一切方面"的教导,而忽视他所说的要"把握、研究"事物的"一切联系和'中介'"的忠告。这样,很容易把统一的事物加以肢解,最终认识不了事物的真相与全貌。

"把握、研究"事物的"一切联系",要求我们认识事物的整体属性。系统方法的整体性原则,充分体现了列宁的辩证法思想,并使之具体化了。

奥地利生物学家、系统论的缔造者L.V.贝塔朗菲指出,机械认识论的错误之一,就是把错误的对象作简单分解并简单相加的观点;在生物学上的表现就是把生物体分解为各个组成部分,并以这些组成部分的简单相加来说明生物体的一切。贝塔朗菲提出了"整体大于各孤立部分的总和"的著名定律。美国系统论学者E.拉兹洛在纪念贝塔朗菲诞生70周年时,撰文指出:"复杂现象'大于'因果链的孤立属性的简单总和,或者说'大于'单独加以研究的因果链组成部分的简单总和。正如贝塔朗菲所指出的,解释这些现象不仅要通过它们的组成部分,而且也要估计它们之间的联系的总和……有联系的事物的总和,

---

① 《列宁选集》第4卷,人民出版社1972年版,第453页。

可以看成具有特殊的整体水平的功能和属性的系统。看来，这种整体观点在生物学中是卓有成效的，贝塔朗菲首先在生物学研究中运用了。因此，越来越多的研究者开始把整体性原则用作方法论。"① 这种整体性原则，又叫"整体性悖论"。如果把机械论的整体论比作"1+1=2"的话，那么，辩证的系统论的整体性原则或整体性悖论，就可以用"1+1=3"来表示。但这仅仅是"如果……那么……"的假定。

事实上，在"1+1=2"中，"1"仍旧是"1"，离开"2"，"1"并未改变"1"的属性。在事物的系统中，不仅"1+1=3"，而且，一旦离开"3"，"1"就不再是"1"了。以"人"为例，一方面，"身""首""四肢""内脏"按机械论的"加法"，只是一堆血肉骨头；按系统论的"加法"，则是完整的人。另一方面，离开"人"的整体，"首""身""四肢""内脏"都不是原来意义上的"首""身""四肢"和"内脏"了。原来的"首"是可以思维的，割下来的脑袋却再不会思维了。"北方有佳人，绝世而独立。一顾倾人城，再顾倾人国。"② 美女的眼睛，只有当它还长在美女的脸蛋上时，才有"一顾倾人城""再顾倾人国"的魔力；一旦摘将下来，血淋淋的，只怕是"一顾人丧魂""再顾鬼失魄"了。

以上述观点看安乐死立法、司法、守法一体化的整体属性，至少应把握这样一个基本点，即离开"一体化"，无论是安乐死立法，还是司法，或是守法，都将失去意义或丧失可能。

首先，没有安乐死立法制度、立法活动及其产生的结果，安乐死司法与守法都无从谈起。人们大声疾呼，吁请制定安乐死法，就是对安乐死立法的重视，希望安乐死有法可依。一些人铤而走险，擅行安乐死，结果被判处了刑罚。对他们来说，对安乐死立法之付阙如，当然是切肤刻骨之痛了。同样，仅有立法，司法跟不上或守法未实现，整个法的系统的社会控制功能就发挥不了。假定有朝一日安乐死法颁布了，但是相关的审批机构未设立，或当事医生、患者对安乐死法懵然无知，所立之安乐死法就会如同一张废纸。

其次，安乐死立法、司法、守法应是"一体化"中的立法、司法、守法。这一命题的含义是：

1. 安乐死立法本身就应从"一体化"的要求出发，不仅研制出安乐死法律文本来，而且研拟之时，就要顾及司法、守法的可能。而要做到这一点，就必须顾及这样几方面问题：

（1）关于安乐死立法的法律效力与法律实效问题。

法律效力与法律实效是互有联系但又不相同的两个概念。法律文本一经拟定、审议、通过、颁行，便具有了法律效力，但只有经过实施才能取得法律实效。而实施法律，是需要一定的机构、人员、设备、经费的。

荷兰安乐死法规定设立地方委员会以审查"请求终止生命和协助自杀"的案件，而地

---

① [美]E.拉兹洛：《略评现代系统研究学派》，波兰《科学学问题》(季刊)第8卷，1972年第2期。
② 《李延年歌》，《古诗源》第49页，《汉书·李延年传》。

方委员会的主席、成员及副职成员规定"享有假期津贴,同时可以根据现有的政府计划在该计划范围内报销旅游及住宿费用"。除地方委员会外,有责任的还包括"地方卫生保健检察官"。这些,都是需要支付经费的。

我国的许多立法,在研拟之时,往往是不考虑实施之时需增加多少法律"投资"的。没有"投入"哪来"产出"?例如,制定《食品卫生法》时,就没有考虑过要投入多少资金来建立健全的食品卫生管理机构、检测机构,增加多少食品卫生管理人员,增设多少食品卫生检测设施等等。现在到处都出现了严重的食品卫生问题。例如,著名的"太仓肉松"竟有大批是用死猪肉、癌肿猪肉做的;驰名中外的"金华火腿"竟有大批是用"敌敌畏"之类毒药涂抹过的;人工繁殖的鳖、虾、鱼、鸡、猪等,是大量喂食过激素的;多种蔬菜瓜果都喷洒过农药(甚至剧毒农药)。恐慌的国人中经济条件好的,已有思迁他国之念;心怀畏惧的外国人,则大批拒购中国食品。

安乐死立法如不考虑投资,势必造成一片混乱。因此,提出与重视这一问题,绝非无事生非,亦非小题大做。

(2)安乐死实体立法与程序立法的关系问题。

只有实体法而无程序法,例如只有民法而无民事诉讼法,就不能看作是符合"一体化"要求的立法。安乐死立法也是如此。当然,反过来也一样,即只有程序法而无实体法也不符合"一体化"要求。

荷兰的安乐死法是侧重于法律程序的,所以名为《依请求终止生命和协助自杀(程序审查)法》。其大部分条款都属于实施安乐死的程序规定,如第四节"职责和权力"共3条,其具体规定为:

第八条

1. 以《殡葬法》第七条第二款所涉及的报告为基础,由委员会审查医生应请求终止生命或协助自杀时是否履行了本法第二条中所规定的适当关心要求。

2. 委员会必要时可以要求医生书面或口头补充其报告,以便对该医生的行为做出正确的评价。

3. 委员会必要时可以向地方验尸官、会诊医生或有关的治疗提者询问,以便对该医生的行为做出正确的评价。

第九条

1. 委员会应在6周内通知医生收到其根据本法第八条第一款所递交的报告,并注明其所依据的观点。

2. 委员会应通知最高检察院和地方卫生保健检察官:

A. 如果委员会认为医生违反了本法第二条所规定的适当关心要求;

B. 如果《殡葬法》第十二条最后一句话所提及的情形发生,委员会应当向医生告知上述情况。

3. 本条第一款所规定的期限可以延长一倍。委员会应当向医生告知该情况。

4. 委员会可以就其观点向医生提供进一步的口头解释。委员会和医生都有权要求提供该口头解释。

第十条

委员会有义务应检察官要求向其提供所有他可能需要的信息：

1. 有助于评价本法第九条第二款中提及的医生的行为；或者

2. 有助于刑事调查。

委员会应当将提供给检察官的所有信息告知医生。

荷兰安乐死法的其他章节条款，大多也属程序性的规定。我国祝世讷先生草拟建议的安乐死法，则兼容并蓄了实体与程序两个方面。诸如"总则""安乐死的条件"等两章，都属实体性的规定；其他章、条，则有涉及程序的。

我们认为，实体法与程序法在本质上是截然不同的；为细密周全地规范安乐死，最好将二者分立为两部法律。在实体法方面，主要规定安乐死法的宗旨、原则、申请安乐死的条件、审查安乐死申请的机构（设立、责任、职权、义务）、实施安乐死的医生资格及其权利义务、法律责任等；在程序法方面，则主要规定安乐死申请程序、审核程序、批准程序、实施程序、法律责任等。

2. 安乐死司法也要从"一体化"要求出发，不仅忠实地力"司"已立之"法"，而且把司法作为立法效果的验证、为守法开辟道路的"一体化"的有机一环。

（1）必须力"司"已立之安乐死"法"。但是力"司"已立之"法"，不是说说就能做到的，它至少必须具备以下几个条件：

一是有足够健全的司法机构。正因如此，荷兰安乐死法对承担安乐死司法主责的"地方审查委员会"，就做了比较详尽周密的规定。如该法第三章第三节第二款规定："委员会组成人员必须是奇数，至少包括一个法律专家、一个医生和一个伦理或哲学问题方面的专家，由法律专家担任委员会的主席。委员会的组成人员也包括前述列举的每一类别专业的副职人员。"该法还规定了委员会成员的任免、报酬、职责和权力、工作方法、保密要求、免责条件等，可谓周详备至。与荷兰安乐死法相比，祝世讷先生草拟的建议稿则显得粗糙。该稿将患者的安乐死申请的审查批准权交给了当事的主治医生或主管科室。虽然拟规定"在县级和县级以上医院及有条件的乡镇医院设立安乐科"来审理，但是，一者大城市如何处置不得而知；二者有关职权仅赋予与医生、医院有盘根错节关系的医疗卫生行政管理部门，显然也是不妥的。安乐死法是"人命关天"的头等大事，非得到法律的认可与专业法律人员的认同不可。荷兰安乐死法的规定是有道理的，有利于"力'司'已立之'法'"；而无法律专业人员的参与并负主要责任，就很可能自毁"法网"，酿成不堪设想的后果。祝世讷建议稿在"安乐死的法律责任"一章倒是规定了包括法律专家所组成的"仲裁委员会"的。但该委员会的建立,意在仲裁"安乐死纠纷",是"马后炮"的事。我们以为,司法的本意是在解决问题、实施法律,因此,立法之时即对妥善司法做出必要的考虑是上上策;而只考虑事后如何"收拾烂摊子",则只能算作下下策。

二是具备足够的经费支撑安乐死司法活动。这也正是荷兰安乐死立法的关注点所在,其第三节"报酬"的规定,明显地告知了这一点。祝世讷先生的建议稿则没有考虑这些。这也是我国立法过程几无法律效力的"投入"关注的普遍表现的反映。安乐死申请者大略可分为富有与贫穷两类,对后者而言,受理申请、审定、实施安乐死,尤其是以"科学的、文明的、人道的"方法实施安乐死所需的可能是巨额的费用,其显然无力承担。那么,对这些安乐死者是否批准实施?实践中,一定会碰到诸如此类的难题,不先事绸缪显然不行。

三是拥有必要的监测设施。仅"确认病人的痛苦是持续性的、无法忍受的"(荷兰安乐死法第二条第一款第二项)这一点,目前就遇到了极大的困难。笔者长期接触的一位患者因医疗事故被切去了阴茎系带,他自述痛苦万分,而一些医疗事故鉴定专家、医生却做出了似乎患者在假称"剧痛"以谋取巨额赔偿的意向性判断;同时,现在又无法以医学仪器验证他的"剧痛"的真实性或程度。法律规定申请安乐死的病人的痛苦必须是"持续性的、无法忍受的",但是否如此却又只能通过目测,因而带有或可能带有主观盲目性。这是一个巨大的矛盾,荷兰安乐死法似乎轻忽了或故意回避了这个矛盾。"测痛机"的研制与购置,实际上会成为安乐死法能否科学、合理地实施的一个重要问题。力"司"已立之安乐死"法",必须解决这个问题。

(2)把安乐死司法作为对立法效果的验证。

为求司法公正,人们提出了"司法独立"的口号。这诚然是必要的,更是无可非议的。但"司法独立"只能被看作是对行政干预、当权者或其他方面的权力性干扰的"独立",而不是脱离法的系统整体性的"独立",不是脱离"一体化"要求的"独立"。安乐死司法既是"司法",更是"守法",必须是非分明、"丝丝入扣"地遵守安乐死实体法与安乐死程序法。"为规范安乐死行为,依法施行和管理安乐死,促进死亡文明建设,特制定本法。"(祝世讷等的《条例》)诸如此类的规定,不仅有对安乐死申请者及其关系人(亲属、医生)的安乐死行为的规范,而且有对司法人员的规范,即"依法施行和管理安乐死"。

安乐死立法效果如何,只有通过司法才能得以验证。安乐死司法实践可能发现立法上的纰漏。前述"病人的痛苦"的持续性与无法忍受性,就是一种难以确认的模糊概念。有可能在司法实践上被作为立法修正的问题提出来。对诸如此类的问题,在司法实践的过程中,就应注意调查,积累数据,以求有助于修改安乐死法。

(3)把安乐死司法当作为守法开辟道路的"一体化"的有机一环来对待。

3. 安乐死守法也同样要从"一体化"要求出发。其具体要求主要是以下两个方面:

（1）安乐死守法要为立法效果的取得、为司法工作的开展和司法任务的完成做出努力。

这对安乐死申请者及其家属、实施安乐死的医生和审查批准实施安乐死的机构（如荷兰的"地方审查委员会"）都是如此。

荷兰安乐死法几无关于安乐死申请者的规定，这不能不说是莫大的缺憾。"守法"的主体，在该法的规定中缺了一大块。祝世讷先生的建议稿则是有的：

第八条　公民申请安乐死，必须同时具备以下两个条件：
（一）在死并存在痛苦。
（二）自愿并提出要求。

该建议稿还提出了关于"不符合安乐死条件，不属于安乐死的法定对象"的规定。虽然这些正反两面的规定本身大可商榷（如"存在痛苦"的概念太模糊、太宽泛等），但毕竟将守法的最主要主体列出来了。

根据建议稿的这些规定，安乐死申请者自可在"立法效果的取得""司法工作的开展和司法任务的完成"方面有所作为。

安乐死守法不仅对申请人是重要的，对其家属、医生和审查管理机构也都是极为重要的。

荷兰安乐死法的第二条第三款规定："如果16—18岁之间的未成年病人对其利益有合理认知，在其父母亲行使父母亲职责并且/或者监护人参与了决策过程后，医生可以支持该并病人终止生命或协助自杀的请求。"第四款规定："如果12—16岁之间的未成年病人被视为对其利益有合理认知，倘若其父母行使父母亲职责并且/或者其监护人赞成终止病人生命或者协助自杀，医生可以支持该病人的请求。"这些规定既是对未成年人的父母、监护人的，也是对医生的。该法对安乐死的"地方审查委员会"有更多的行为规范，都与"立法效果的取得""司法工作的开展和司法任务的完成"密切相关。

（2）安乐死守法还要为立法的更新与司法工作的改进提供新的经验，开辟新的渠道。

无论是安乐死司法过程中的程序法守法，还是纯然的作为守法主体的守法过程，如果从"一体化"出发，自觉地关注守法过程中遇到的问题，关注解决这些问题的方法，当对立法的更新与司法的改进发挥重要作用。

《法哲学经纬》一书中提出了"积极守法"与"消极守法"的概念，认为同是守法，态度有积极与消极之分：所谓"消极守法"，是指以不犯法为守法，消极守法者虽为法律的主体，却非法律的主人，他们实际上把自己置于法律的对立面了；所谓"积极守法"，是指以法律的主人的姿态，自觉地、主动地、创造性地按照法律的规定，在法律的激励下，去做一切有利于法律的事等等。① 只有成为积极守法者，才可能实现"为立法的更新与司法工作的改进提供新的经验"。在全球范围内，目前还只有荷兰、比利时两国有安乐死的国家立法。因此，荷兰、比利时公民及医疗机构、医疗人员在司法守法过程中有意识、有计划地积累经验、探寻存在的问题，对全世界都是极为重要的。

实现"一体化"，无论是立法，还是司法，抑或守法，都将"超越自我"而相得益彰。因此，立法、司法、守法的一体化，作为社会的法律控制力量，将远远超出立法、司法、守法各行其是的力量简单相加的总和。

立法无疑有其惩戒功能、组织管理功能和激励功能，此外还有评价功能、教育功能、导引功能等等。② 但是，如果不与司法、守法"一体化"，立法只是立法而已，其行为将成为劳而无功，其结晶将成一纸空文。不仅如此，即使是立法之时对法律投入不考虑或考虑不周，都可能导致立法事倍功半。

这些，在安乐死的立法、司法、守法的"一体化"上也是如此。一部缜密的安乐死法当然有其一定的惩戒功能、组织管理功能、激励功能以及评价功能、教育功能、导引功能等等。但是，只有当安乐死法良好地付诸实施，即见之于司法与守法，上述功能才得以体现，并以实际的"榜样"强化安乐死法的种种功能。也正因如此，安乐死立法之时必须考虑到安乐死司法、守法过程中可能产生的问题，预谋解决之方；绝不可掉以轻心，一切都等实施过程中暴露出问题时再去修改法律。立法当然不可能穷尽社会生活中可能发生的一切矛盾，因此修改法律是必要的，也是必然的。但不能因此放松对严密立法的要求，对从"一体化"出发进行立法的要求。

司法与守法是直接体现法的惩戒、组织管理和激励等功能的，但也只有从"一体化"出发，才能优化法的种种功能的实现。尤其是像安乐死法这样的直接关涉人的生死存亡的法律，更是如此。

那么，立法、司法、守法一体化的整体属性是怎样实现的呢？

三、安乐死立法、司法、守法的辩证互动

立法、司法、守法一体化的整体属性是在三者的辩证互动中实现的。

系统论认为，任何系统都必须保持动态平衡，才能够维持并发展。法的系统作为社会关系调整的工具，由于所调整的社会关系是不断运动变化的，因此，它也必须随之而运动变化。这种运动变化中的法的系统，由于它所组成的各个部分、各个要素发展的不平衡，

---

① 倪正茂：《法哲学经纬》，上海社会科学院出版社1996年版，第916—918页。
② 惩戒、组织管理与激励是法律的主要功能，评价功能体现在法律研究中，教育功能体现在法制宣传上，导引功能与司法的关系较为密切。

变得重心倾斜、关系失衡。这样，就必须特别注意立法、司法、守法三者的辩证互动，使法的系统保持动态的平衡，使可能出现的失衡得到防止，使已经出现的局部失衡迅速复衡，并求得新的动态平衡。

这里，立法、司法、守法之间的联系，是互相制约、互相影响的互动的联系，是辩证的互动而非机械的互动或单向的作用。

（一）立法与司法的辩证互动

立法与司法的辩证互动，主要表现在以下几点上：其一，立法指导司法、决定司法。司法的"法"，是由立法活动提供的；司法的方向，是由立法活动指示与决定的；司法的程序，也是立法文件所规定的。其二，司法弥补立法、发展立法。立法的成果即所制定的法律永远不可能"天衣无缝"地覆盖整个社会生活所要求调整的一切社会关系，更不可能预先估计到一切必须具体调整的社会纠纷的详情细节。同时，社会关系是不断发展的。法的稳定性和立法的繁复程序所造成的滞后性，也使得立法有种种局限。正因如此，判例法制的一些优点是值得借鉴的。

安乐死立法之指导与决定司法是显而易见的。荷兰安乐死法第一章第一条为该法一系列概念的"定义"，如其第C项定义"医生"为"医生是指根据本法应他人要求中止他人生命或协助他人自杀的医生"；第D项定义"会诊医生"为"会诊医生是指和决定应他人要求中止他人生命或协助他人自杀的医生进行会诊的医生"。这些定义把依法实施安乐死的"医生""会诊医生"与其他的"医生""会诊医生"区别了开来，"指导"并"决定"实施安乐死的"医生""会诊医生"必须而且只能是与"应他人要求中止他人生命或协助他人自杀"这一情况直接联系、直接吻合的。

安乐死司法之弥补立法、发展立法，在安乐死比较普遍地得到承认而且付诸立法的情况下，会出现得越来越多。现在可以想见的至少有以下几个方面：

一是对"在死"（祝世讷建议稿用语）或"身患绝症"的理解。随着医疗科学技术的发展，"绝症"的概念将不断改变，而"在死"本身就是一个动态概念，很难确切认定。这样，司法实践中经由司法审判而判定的某些"在死""绝症"，将为后来的司法审判所参照，从而对立法做出补充与发展。

二是对"痛苦"及"痛苦"的"持续性""无法忍受性"的理解。镇痛药物或技术同样会不断更新、不断进步，也就同样影响判例法对制定法的补充与发展。

三是对安乐死申请者的"自愿"的确认，也可能由于申请者本人或周边环境的原因，会出现极为纷繁复杂的情况，也同样影响司法审判从而影响立法。

（二）立法与守法的辩证互动

立法与守法的辩证互动，既可通过司法的中介发生，也可由立法与守法的直接"交

手"而实现。不通过司法的立法与守法的辩证互动主要表现在:

其一,立法为守法提供法律依据、行为准则。公民所守之"法"是立法活动的结果,因此,无立法即无守法,立法起着决定性的、支配的作用。宪法性立法不仅为公民提供守法依据,而且为其他一切立法提供依据。因此,其他法律的制定即立法本身,转化成了守法行为,即既是立法又是守法。作为一个部门法的基本法,也有相类似的决定性、支配性的作用。例如,科技基本法就指导、决定其他科技法的制定;安乐死基本法也决定、支配其他安乐死法的制定。而后者,也就既是立法,同时又是守法。将来,当作为基本法的安乐死法颁行后,它的实施细则以及它所关涉的各个方面更详尽细密的立法,它的各种配套法律法规,都不得违反安乐死基本法,否则即为无效。这时,实施细则以及配套法律的立法过程,便应是严格的守法过程。

其二,守法为立法的发展奠定基础。普遍的守法,可以推动立法的良性发展。因为普遍的守法意味着社会关系的妥善调整,从而使得社会矛盾顺利解决;而旧的矛盾解决了,新的矛盾又会发生,从而将提出新的立法要求。安乐死法之被普遍遵守,同样可以推动安乐死立法的良性发展。也许可以预测:我国的安乐死立法,在其初期,可能要兼顾患者本人与其亲属的意愿(这种意愿可能一致,也可能不一致);在以后的发展过程中,则逐步趋于仅仅依据患者本人的意愿即可决定安乐死申请的有效性。

(三) 司法与守法的辩证互动

司法与守法的辩证互动是指:

其一,妥善的司法将导致普遍的守法,而不妥的司法则将导致或明或暗的故意违法。妥善的司法之所以能导致普遍的守法,是因为,对于能够自觉守法者来说,他将因为妥善的司法而得到实际的利益感到欣慰;对于不能自觉守法者来说,则将因严格的司法而被迫就范,或慑于法的威力而服从法律规定。不妥的司法之所以会导致或明或暗的故意违法,是因为,对于本就不愿守法的人来说,有了可乘之机,因而故意违法以售其奸;对于本愿守法的人来说,守法倒有可能损害自己的利益,不如暗中违法以逃避不妥司法的危害。

妥善的安乐死司法对安乐死事业的开展,同样可收普遍守法之效。无论是拟申请安乐死者,还是实施安乐死的医生,或安乐死审查、管理机构的工作人员,都将因妥善的安乐死司法而更加自觉地守法。例如,根据荷兰安乐死法的规定,地方审查委员会的主席、成员与副职成员等都享有"假期津贴"及旅游费用等。这是一份优厚的待遇。若按规定兑现这类报酬,无疑可以鼓励有关人员认真对待工作;否则,势必影响其工作的积极性与认真程度,甚至导致违法。

在当前的医疗科技水平上,对"绝症"及"痛苦"的"持续性""不可忍受性"等的认定,不可能精确量化。因此,当事医生的主观判断是极为重要的甚至具有决定意义的。在这种情况下,妥善司法与不妥司法对他们造成的影响和所带来的可能性恶果,都是显而易见的。因此，必须力求妥善司法以期普遍守法。

其二，守法行为直接制约司法活动。全社会的普遍守法，必使司法机关得以集中力量对付少数的犯罪活动；而普遍的不守法，则必使得司法机关疲于奔命，不得不集中力量对付重大的、恶性的犯罪；如果进一步恶化，则连重大犯罪也难以对付了。

在中国这样一个发展不平衡，文化科学知识尤其是医学科技知识又普遍缺乏的国家里，安乐死法的守法自觉性尤其重要。在安乐死问题上，不守法是直接同犯罪相联系的，不像其他方面的不守法往往只是"违法"即不守法而已，并不一定构成犯罪。安乐死不守法导致的结果是人的死亡，后果特别严重。因此，安乐死守法行为对安乐死司法的直接制约也就特别明显。这个问题现在当然没有现实的严重性，因为我国并无安乐死立法，而刑事立法可以有效地应对危害人的生命的犯罪事件。但未雨绸缪的必要性是同样存在的，尤其是从"献血→卖血→某些地方因卖血而大规模传播了艾滋病"的教训中，我们必须充分地认识到这一点，对可能出现的问题有足够的估计与应对之策。

以上所论，止于从立法、司法、守法一体化的法的系统中，抽取出两两成对的方面来分析。如果同时观察立法、司法、守法三者的辩证互动，如果把三者放在社会关系不断发展变化的环境中做动态考察，那么，事情就将变得更为复杂，三者的辩证互动形态、互动结果，同样会变得更加丰富多彩或曲折复杂了。例如，假定我们的安乐死法规定申请人的条件是"在死并存在痛苦"，而对"在死"与"痛苦"未加严格定义（以上为立法），司法时就可能围绕是否"在死"、是否"痛苦"、精神上的痛苦是否为安乐死法所指的"痛苦"等争论不休，而罹病的申请人又会有多种多样的解释，从而造成"三者的互动"出现斑驳复杂、光怪陆离的不同结果。以此相权，即使是荷兰安乐死法之规定"确信病人的痛苦是持续性的、无法忍受的"（第一条第 b 项），也必须细化，否则势必造成种种司法与守法上的严重问题。

后 记

《安乐死法研究》原为上海大学法学院（今上海政法学院）立项的课题，于2003年底完成。在此基础上，课题组三位成员继续研究有关问题，主要从以下三方面着手：

一、把安乐死纳入生命法的范畴，探讨安乐死法与生命法的关系，着重阐明二者伦理基础的变化；

二、把安乐死法、生命法的研究纳入生命法学研究的范畴，着重阐明前者与生命法学的关系，指明安乐死法等属于非传统的生命法，揭明安乐死法等非传统生命法与传统生命法如医药法、卫生法等的关系，从安乐死法的角度深入研究生命法学的若干理论问题；

三、把安乐死法的研究体系化。

是否如愿，能否得到读者的认同，我们并无把握。但拙著之能为进一步研究安乐死法起一铺路石子的作用，当大致不谬。

本书作者分工如下：

倪正茂：导言；第一章（一、二、三、四、六）；第四章（一、二、三）；第五章（一、二、三）；第六章（一、二、三）；第七章（一、二、三）；第八章（一、二、三、四）；第九章（三、四、五、六）；第十章（一、二）；第十一章（一、二、三）。

李　惠：第一章（五）；第二章（四）；第三章；第九章（一、二）。

杨彤丹：第二章（一、二、三、五、六、七）。

作者
2005年8月4日

文 章 编

生命法学研究略论[*]

一

震动全球的克隆技术的最新发展，为人类福祉的增进，提供了无限广阔的前景。但是凡事都有其复杂的多面性，生命革命越是向前发展，所提出的生命关系问题也越来越多而且越来越复杂。人类为捍卫生命、保障健康，曾制定过一些简单的法律法令。近代以来关于生命关系的调节，开始出现了专门性的单项立法。第二次世界大战以后，随着生物工程技术的进步，引发了前所未闻的与生命相关的新型社会关系的出现并迅速复杂化，从而推动有关立法的发展，并使得这一方面的司法实践越来越丰富、繁杂。以20世纪70年代为例，各国有关生命的立法，至少涉及20多个方面的问题：1.初级卫生保健立法；2.卫生管理立法（包括卫生组织和管理、卫生经济、卫生教育等方面的立法）；3.公共卫生、职业卫生、劳动卫生立法；4.卫生服务与卫生资源包括卫生人力、医院和有关机构的卫生服务方面的立法；5.疾病控制包括传染性和非传染性疾病的控制和药物治疗等的立法；6.口腔保健立法；7.家庭卫生立法；8.生育和人口政策立法；9.老年人保健与康复方面的立法；10.精神卫生立法；11.控制吸烟、饮食和吸毒包括麻醉剂、精神药物和滥用药物等方面的立法；12.死亡和有关问题（包括尸体解剖、处理）和安乐死方面的立法；13.营养和食品安全方面的立法；14.药品及医疗器械管理方面的立法；15.环境保护立法；16.放射安全立法；17.医疗事故预防立法；18.卫生统计方面的立法；19.卫生保险、健康保险方面的立法；20.器官移植方面的立法；21.堕胎方面的立法；22.性病防治方面的立法；23.人工授精方面的立法；等等。

有鉴于此，研究这些立法及相关的司法实践，就成了法学工作者热切关注的问题。20世纪80年代以来，国内外学者编写的有关著作已蔚成大观。从这些著作可以看出，生命法学的研究方面，人们关注的热点已逐渐移至由高新科技发展引起的与生命尤其是与"创

---

[*] 原载《政治与法律》1997年第3期。

生"相关的社会关系的急剧变动上，正努力寻找有效、合理的法律调节手段，并从法理上予以阐述。但是，尽管如此，我们还只能说，生命法学被"推向了"法学园苑的突出地位，而不能说被"推到了"法学园苑的突出地位。现在的任务，就是将现成的研究成果收集起来并增添上新的研究成果，使生命法学从理论框架到学科分支都进一步科学化、系统化。做到这一点，将大大有助于生命关系的法律调整，大大促进生命科学沿着更加有利于人类的共同利益的方向迅速发展。

二

生命法学是研究生命法这一特定社会现象及其发展规律的部门法学，属于科技法学的一个分支。部门法学的大家庭中，甚至在科技法学的大家庭中，生命法学都是最新的成员。但是，对生命法的研究，如前所述，都是古已有之，广亦有之的。

生命法是调整生命关系的法律。生命法这一概念也是最新提出的。曾有过所谓"医疗卫生法""医疗法""卫生法"等等的概念与定义。它们所涉及的都只是与生命的存在及健康等相关的社会关系的调节。关于新技术革命引致的与生命的长存、与创生相关的社会关系，却无法涵盖。我想用"生命法"这个概念涵盖也许恰当一些。生命法学的核心是生命关系的法律调节理论。

所谓"生命关系"，是指与人的生命存在、健康、长寿、永生相关的社会关系。

"与人的生命存在相关的社会关系"，是指血缘关系、血缘伦理关系、类血缘法定关系。这些关系早在古代就受到思想家、道德家与法律学家的关注。思想家从国家、社会、经济、历史、政治等等不同角度加以论述；道德家设定种种道德戒条加以约束；法律学家则通过立法、释法及法理阐述加以规范。其中，类血缘法定关系，诸如监护关系、收养关系等，同样地受有关血缘关系的法律调节。

"与人的生命健康相关的社会关系"，是指为保护人的生命健康，群体中的生命个体在处理自身尤其是对待与处理群体中的其他人的利益过程中所结成的社会关系。如医师与病人的关系、医药机构与公众的关系、环境管理中形成的关系等等。

一般的长寿与健康关系更密切一些，但超常的长寿则接近于与永生的关系更密切一些。这里，我在两种意义上使用"永生"这一概念：第一，人体器官的永生，指人体整体死亡之前，某些器官的无疾保证、有疾必治、失而复得等等。断指再植已臻巧夺天工的境地，眼球、脏器的移植已有很高的成功率。因此，当人体整体未死亡时，可以视为这些器官有永生之能力。第二，人类个体的永生，指人的复制及一切器官均可复制并调换情况下现存个体的永不消失。与人的生命超常长寿及永生相关的社会关系，是指因器官移植、复制及人体复制而发生的社会关系。

生命关系的无序化，将会导致社会的严重混乱。因此，历来就有相应的或详或略、或严或宽、或当或谬的法律予以调节。生命关系的法律调节即指以法律手段调节与生命的存在、健康、永生相关的社会关系。除此而外,还有道德调节、政策(行政政策、经济政策等)调节、宗教调节等等调节方法。相较而言,最普遍、最有效、最统一、最稳定的是法律调节手段;同时,法律调节还是道德、政策、宗教调节的后盾,当它们失效时总是诉诸法律调节手段的援助。

生命关系法律调节的具体手段有四:一为立法调节,它是生命关系法律调节的基础;二为司法调节,它是生命关系法律调节的关键;三为执法调节,它是生命关系法律调节的保障;四为守法调节,它是生命关系法律调节的不可或缺的组成部分。以上四点中,司法调节具有特殊的意义。当代科技的迅猛发展,往往使得立法呈现滞后状态,而且为慎重起见,也有意等待、观察有关科技成果所引起的生命社会关系的变化,调查、研究由此提出的法律调节需求,或费时耗日地寻找恰当可行的法律措施,从而使得立法"姗姗来迟"。在许多国家里,面对现实的生命关系问题而又无法可依时,司法调节就起了重要作用。其时,法官的判决往往造成"法官立法"即造成新型的判例,这种判例在相当长的时间里,在新的立法尚未形成之际,就成了判例法。此外,由于人类文化水平的提高,自觉守法意识的增强,守法调节的意义正日渐增大。传统的法学理论几乎是毫不涉足守法理论的。随着人们对法的社会性的认识日新日深,随着科技法学包括生命法学的发展,守法理论将会越来越受重视。而在生命关系的法律调节中,人们的自觉守法以及绞尽脑汁的有意规避法律问题,都将有所发展,同样应为生命法学所深入研究。

生命关系的法律调节可以分为行政法律调节、民事法律调节、刑事法律调节、国际法律调节四大类:其中,行政法律调节,是用行政法律手段调节与生命关系相关的法定行政上级与行政下级之间的权利义务关系;民事法律调节,是用民事法律调节与生命关系相关的民事当事人双方或多方之间的法定的权利义务关系;刑事法律调节,是用刑事法律调节与生命关系相关的刑事犯罪人与刑事被害人之间的诉讼关系,以及社会对刑事犯罪人的制裁与被制裁关系;国际法律调节,是用国际法调节与生命关系相关的不同国家生命个体或群体之间的权利义务关系。

三

与生命关系有关的立法、司法实践古已有之。早在我国的奴隶制时代,就有了这一方面的立法与司法,现存典籍,以《周礼》记载为上限。《周礼》篇首之《天官》篇即详细规定了医官的分工、职责、权利与义务。医官有医师、食医、疾医、疡医及兽医之分。医师"掌医之政令",食医"掌和王之六食、六饮、六膳、百羞、百酱、八珍之齐";疾医"掌养万民之疾病";疡医"掌肿疡、溃疡、金疡、折疡之祝药劀杀之齐"。《周礼》规定医官得依实绩予以奖惩:"岁终则稽其医事,以制其食。十全为上,十失一次之,十失二次之,十失三次之，十失四为下。"封建时代的生命立法与司法有了长足的发展。秦有太医令丞主事医药。秦始皇焚书坑儒，但《焚书令》规定"所不去者，医药、卜筮、种树之书"①，《晋书》载："暴秦燔书，六经残灭，天官星占，存而不毁。"这里的"天官……不毁"，就包括医官医书之类。秦律还规定"同母异父相与奸弃市"，即近亲不得"相奸"（包括结婚）以维护种族之生存健康。自汉至清，封建制时代的生命关系立法、司法不断发展。汉代淳于意医术高明，但他有时十分任性而不给病人治病，造成"民怨"，汉文帝得悉之后曾下令押赴长安准备处以极刑。唐代的生命关系法律调节已相当发达，医官有详尽分工，用药有严格规定，庸医要严厉惩处。清代则集历代之大成，不仅以成文法详细规定了对生命关系的法律调节，而且承继明代的判例制度，以大量的判例法辅律甚至破律而行。近代，生命关系立法进入了专项立法的阶段，旧中国时期的《医师法》《药师法》等即为生命关系的专项立法。

与生命关系有关的立法司法实践广亦有之，不仅我国，而且世界各国，早就逐渐发展了调节生命关系的法律手段。近代以来，尤其是当代，更走到了我们的前面。现在，发达国家的器官移植和利用、人造器官、试管婴儿、病人权利、艾滋病防治、脑死标准等方面的立法与司法实践，已显得十分复杂、丰富，取得了十分可贵的经验。在此基础上，有关生命关系的国际立法也得到了发展。1946年，第一届世界卫生大会即通过了《世界卫生组织法》。

当代以前的生命关系立法，大体停留在保卫生命与健康的水平上；当代则发生了根本性突破性的变化，跃入了创生性的促进人类永生的立法与司法实践。它主要有以下几个方面：

其一，生殖工程方面。人工授精、试管婴儿、代理母亲等等涉及生殖问题的高新科学技术发展所引起的社会关系变化，导致有关立法的发展。20世纪60年代后半期起，美国的纽约州、乔治亚州（1964）、加利福尼亚州等纷纷制定了人工授精方面的法律；1972年，美国颁行了《统一亲子法》。瑞典、丹麦等国也制定了人工授精法。

其二，器官移植与利用方面。自1954年美国哈佛大学博士约瑟夫·E.默里成功地完成了将双胞胎之一的一个肾脏移植给双胞胎的另一个人②之后，器官移植与利用不仅已经变得可能，而且得到了广泛的推广，现在已有许多一般的医院都能做此类手术了。这样，关于器官移植的立法就应运而生。1976年，法国颁行了规定器官移植为医学使用的法令；1978年，新加坡颁行了《人体器官移植法》；1975年，前民主德国颁布了器官移植法令；1978年，罗马尼亚也颁布了有关器官移植的法令……

其三，人体复制方面。这是最近的科技发展所提出的立法需求，虽未因此而制定法

---

① 《史记·秦始皇本纪第六》。
② 这一肾脏存活了24年。

律，但是各国公众呈请立法的呼声极高。因此，有关立法已是势在必然、呼之欲出了。

此外，堕胎、优生等事关计划生育的立法，也得到各国的重视。关于堕胎的立法，许多国家早已颁行，优生优育的立法也已相当普遍，总体性的计划生育立法则在人口众多的发展中国家中得到高度的重视。

当代创生性生命科技的发展，打破了传统的以血缘为基础的家庭社会关系与其他的人际社会关系，引发了一场关于权利义务、道德伦理、人类前途的热烈争论。克隆技术的突破更把这种热烈争论推向了新的高潮。学术界各抒己见，新闻媒体争相报道，各国政府及有关机构也做出相应的反应，讨论有关克隆技术的法律、伦理问题。到目前为止，在克隆人的问题上，国际社会和世界卫生组织已达成共识，认为克隆人这一做法是不人道的，在道德和伦理上都是不能被接受的。许多国家的首脑和负责科研事务的官员都纷纷表示要绝对禁止克隆试验朝这个方向进行，并立法对克隆技术的研究加以限制。尽管如此，多数人的上述意见远非定论，不同的声音正纷纷而起。不管争议的结论如何，立法予以适当的调节已成势所必然。如此种种，势将推动生命关系立法、司法和生命法学的发展。窃以为，生命法学研究的主要内容为：生命法制史（包括中外生命立法史、司法史等）；生命法学的定义、研究对象与范围，生命法学的研究方法、研究意义；生命关系的法律调节理论；生命关系法的定义、特征、本质、地位、作用、分类、体系；生命关系法的来源与发展规律；生命关系的行政法律调节；生命关系的民事法律调节；生命关系的刑事法律调节；生命关系的国际法律调节；生命关系的科技规范法律调节；生命关系的立法调节；生命关系的司法、执法调节；生命关系的守法调节；生命关系犯罪学；生命关系法哲学；等等。

显然，仅如上述的生命法学内容，远未为法学工作者所全面问津。因此，一方面，迫切需要建立起生命法学科学以应社会实践之需求；另一方面，从事生命法学研究也是天地广阔、大有可为的。

试论生命社会关系的法律调节*

一

法律以调节社会关系为神圣使命。

人们的社会关系，按不同的标准可以进行不同的分类。传统的法学按社会关系的内容把它分为政治社会关系、经济社会关系、军事社会关系、家庭社会关系、国际社会关系等等，从而形成调节政治社会关系的宪法和行政法，调节经济社会关系的民法和经济法，调节军事社会关系的军事法，调节家庭社会关系的家庭法、婚姻法，调节国际社会关系的国际法等等。横跨上述各种社会关系的还有刑事社会关系、诉讼社会关系等，与之相应的则有刑法与诉讼法。以上大致可以视为第一层次的社会关系及因法律调节而来的相应的法律。还有第二、第三以至更多层次的范围较小的社会关系，因之形成的法律所调节的范围当然相应缩小。这就是法律体系所由形成的基础。

人们的社会关系是随社会的发展而日益广泛、复杂、繁多、丰富的。例如，随着科学技术的迅速发展，科技社会关系在当代就变得十分多姿多彩了。原子能的发现、信息技术的发展、激光技术的进步，都引起了科学管理、科研劳动中的人际关系的变化，从而要求以新的法律手段进行有效的调节，于是科学技术法就应运而生。

如果说科技社会关系主要是在经济社会关系的基础上发展起来的第二层次的社会关系的话，那么，生命社会关系大致可以说是由科技社会关系因生命科学的发展而衍生的第三层的社会关系。

我曾这样界定科技社会关系："所谓科技社会关系，是指由于科学技术活动而发生、为着科学技术的发展而形成的社会关系。"[①] 有鉴于此，作为科技社会关系的衍生性社会关系，生命社会关系就是由于生命科技活动而发生、为着生命科技的发展而形成的社

---

* 原载《社会科学》1997年第9期。
① 倪正茂：《科技法学导论》，四川人民出版社1990年版，第65、66、70页。

关系。但仅仅指出这些显然不够。从逻辑学上来说，科技社会关系是种概念（上位概念），生命社会关系是其属概念（下位概念），因此，二者之间还有"属差"。它就是：与人类生命的存在、健康、长寿相关。"属差"是一种限定。这样的限定与其他的限定合在一起，就可以既把生命社会关系与科技社会关系区别开来，又与刑事社会关系等区别开来。当然，后者部分地也与生命的存在密切相关。

综上所述，所谓生命社会关系，是指因生命科技活动而发生，为促进生命科技的发展并保障人类生命的存在、健康与长寿而形成的社会关系。

这一定义的含义可以分为以下几个方面：

第一，生命社会关系是一种社会关系，而不是自然关系。自然关系是无目的、无意识、无计划地发生的，带有很大的盲目性与偶然性；其必然性的发展规律体现在盲目性与偶然性中。社会关系则不同，它是人际关系，是通过人的活动而形成的。由于人是有意识、能思维的动物，因此，人的活动就是有目的、有意识、有计划的。这样，人们的社会关系就具有目的性、意识性与计划性。但人们的目的、意识、计划，由于种种原因，可能是千差万别的，于是就会产生龃龉、矛盾、冲突，从而提出调节矛盾、消弭冲突的要求，其中包括法制需求。

第二，生命社会关系是因生命科技活动而发生的。没有生命科技活动就不会有生命社会关系。这里的生命科技活动是广义的。狭义的生命科技活动，仅指觅取与生命相关的知识、发现与生命相关的事物发展规律的生命科学研究，寻求与生命相关的新方法、新手段的技术开发活动；广义的生命科技活动，则包括为生命科技进步进行组织管理，对生命科技成果作应用、推广或防止其消极影响的发生、蔓延等等。由于生命社会关系是由生命科技活动而发生的，所以在人类历史上，只有当出现生命科技活动时，才产生生命科技关系，只有当生命科技活动日益频繁、复杂、高级化时，生命社会关系才变得日益重要、复杂和高级化。例如，正是由于试管婴儿、器官移植、克隆技术的发展，才会引起相应的社会问题和人际关系问题；而在古代生命科技活动相当简单、生命科技水平十分低下的情况下，生命社会关系也就显得十分简单。但简单不等于没有，因此，即使是在远古的时代里，生命社会关系也是存在的，同样也会提出相应的法制需求。

第三，生命社会关系的形成机制，在于促进生命科技的发展并保障人类生命的存在、健康与长寿。"促进生命科技的发展"与"保障人类生命的存在、健康与长寿"二者不可偏废或缺少。只有当二者都受重视时，生命社会关系才处于正常的状况，才能形成良好循环。但生命科技是一面"双刃剑"，既可能保障与促进生命的存在、健康与长寿，也可能危害之。现在对克隆技术的发展，人们就有分歧，多数人的倾向性意见是它可能造成对人类的危害，带来严重的社会问题，因而主张限制克隆技术的发展。

以法律手段调节生命社会关系，无疑是各种调节手段中最有力、最有效、最稳定、最普遍的一种。

二

生命社会关系的主要特点是：

第一，以生命科技活动为中介。

政治社会关系以政治活动为中介，经济社会关系以经济活动为中介，军事社会关系以军事活动为中介，家庭社会关系以家庭生活为中介，科技社会关系以科技活动为中介。作为科技社会关系大系统的子系统，生命社会关系则以生命科技活动为中介。没有古代医师对疾、疡及食、饮、膳、羞、酱、珍的研究活动，就没有《周礼》所记载的关于医师的分工、职掌、奖惩的规定[①]；而后者正是当时存在有关生命社会关系的证明。如今，如果没有克隆技术活动，也就不会产生相应的生命社会关系。

和一般的科技活动一样，生命科技活动具有创造性与继承性的统一、个体性与协同性的统一、自主性与社会性的统一等特点。这些特点对生命社会关系的结成、发展产生巨大的影响，并成为生命社会关系某些法制需求所由产生的重要因素。

第二，以生命科技劳动者、生命科技劳动组织、生命科技劳动管理机构为一方，以人类社会成员为另一方，结成了生命社会关系的主体。

科技社会关系以科技劳动者、科技劳动组织、科技劳动管理机构为主体。[②] 一般来说，科技活动与社会及社会成员的关系也是极为密切的，但它带有间接性。唯其有明显的间接性，才会越来越多地涌现如美国硅谷、日本筑波那样远离烦嚣都会而"遗世独立"的科学城。生命科技活动一方面具有一般科技活动的特点，可以自行"封闭"，因而生命社会关系在这一"封闭"范围内，仅以生命科技劳动者、劳动组织、劳动管理机构为主体；另一方面，生命科技活动直接影响甚至直接联结着人类生命，因而生命社会关系就有人类社会成员之介入，成为该关系主体的另一方，处于与科技劳动者等相对立又相统一的关系之中。

生命社会关系主体的这种独特性，同样是其提出独特法制需求的重要因素。

第三，是生命科技创造权利与保障人类生命（存在、健康、长寿）的义务的对立统一体。

社会关系的内容，主要是权利与义务关系。生命社会关系因以生命科技活动为中介，无生命科技活动便无生命社会关系，而生命科技活动与一般科技活动一样必须有自由创造的权利，否则便无活力可言。所以，必须保证生命科技的创造权利。从这一角度看，应实行权利本位主义。但生命社会关系又有其不同于一般科技社会关系的独特性，这就是它必须严格地、严肃地保障人类生命的存在、健康与长寿，否则生命科技活动便失去其应有的

---

① 《周礼·天官冢宰（下）》。
② 倪正茂：《科技法学导论》，四川人民出版社1990年版，第65、66、70页。

意义。因此,生命社会关系就同时要兼及保障人类生命的存在、健康与长寿的义务。这也是它与一般科技社会关系的巨大不同点,由此而生发的法制需求,也与科技社会关系之强调科技创造权利而大相径庭。

第四,生命社会关系是纵向行政隶属关系与横向民事平等关系相结合的社会关系。

社会关系大致可分为行政隶属与民事平等两种类型,其最典型的表现就是政治社会关系、军事社会关系的行政隶属性与经济社会关系的民事平等性。家庭是一个小小的社会,所以同时存在类似行政隶属与民事平等两类关系。世界则是一个"大大的社会",同样为类似行政隶属及明确的民事平等两类关系所涵盖。生命社会关系是与生命的存在、健康、长寿相关的社会关系,在部分范围内形成的是行政隶属关系,在另一些范围内则形成民事平等关系。

第五,生命社会关系以社会全体成员的整体利益为基础。

这一点,从它兼及保障人类生命的义务,已可略知大概。强调生命社会关系必须以社会全体成员的整体利益为基础,在当代更为重要,更显迫切。当生命科技发展到克隆技术的巨大进展时代,不强调这一点,有关的法制需求不顾及这一点,就可能造成难以预计的不良后果。

这里所说的"社会全体成员",在当代,与"人类社会全体成员"可谓同一概念。在古代,一方面生命科技水平低下,另一方面,关山阻隔、通讯不发达,大大小小的国家多半处于割地为王、不相往来的封疆锁国状态,所以,"社会全体成员"只是一国范围而已。尽管如此,仍是"社会全体成员"而非部分成员,如奴隶社会的奴隶主贵族。因为其时奴隶虽然地位不如牛马,但同时又是社会不可一日无之的劳动人手,是奴隶主贵族不可须臾离之的役使对象。正因如此,《周礼》的规定涉及了对民间疾疫的诊疗,而到汉代更设置了专理民间疾疫的官署。时移世易,当今则远远越出了森严的国界,重大的生命科技成果,所影响的已经绝非小国寡民的个别"社会"的成员,而是整个人类的命运与前途了。克隆技术的发展就是如此。

以上生命社会关系的种种特点,都与一定的法制需求相联系,以法律手段调节生命社会关系,成了古往今来社会调节的共同需要。

三

生命社会关系所提出的法制需求,大略有以下两端:

其一,以法律手段促进生命科技的发展。

我认为,这是最本质的需求。人类的生命力在于有所发展、有所创造,有所前进。停滞绝非人类的包括人类生命的本质性要求。因此,不断推动生命科技的发展,是人类先进成员最关心以至情愿为此赴汤蹈火、出生入死的事业。"神农"之甘心冒生命危险"尝百草",就是为了寻求生命之存在与健康的最佳途径。现代科技开发中同样存在巨大的危险,同样需要有献身精神,也同样有千千万万的现代"神农"在不断努力。因为有人类的这一本质需求,所以,生命科技的发展是不可阻挡的。克隆技术由于有许多后果不明的社会伦理问题存在,遭到了很多人的反对。

梵蒂冈一如既往地对高新科技抱敌视态度。现任教皇约翰·保罗的密友、道德神学家吉若·康赛蒂致函报纸表示"强烈希望政府迅速通过立法来禁止人体克隆"。梵蒂冈连试管婴儿、借腹生子等均表"义愤填膺"的"强烈反对"。但试管婴儿等生殖工程技术并未因此而夭折。科学技术作为生产力的火车头,自有其内在的发展动力。但是,人为立法予以阻止,却可延缓它的发展速度。因此,十分重视生命社会关系关于促进发展生命科技这一本质要求,立法予以保障,才是抓住了事物的根本。

美国政府委托的一个委员会主席、诺丁汉大学校长柯林·康贝尔爵士在指出克隆所"潜藏的危险"的同时,总是满怀激情地肯定"克隆对医疗健康的贡献和带来的美好的前景",他指出:"本国的科学发展以及任何一国的科学发展都不会被阻止,我们也无力阻挡。"应当说,柯林·康贝尔指出了事物的本质问题。在全球一片反对发展克隆技术的嚷嚷声中,埃及卫生部部长依斯梅尔·沙勤尔强调说:"我们使用真主安拉创造的活细胞,它们受神圣的生命规则的支配。"美国 ABC 电视"深夜热线"节目所调查的 519 名成人中,有 6% 的人说他们喜欢被克隆,71% 的人说如果克隆研究导致医疗技术、药物研制的飞跃,则表支持。这些,都透露了以法律手段促进生命科技发展的人类的本质性的需求。

以法律手段促进生命科技发展的法制需求,具体来说主要有以下几点:

(1) 立法保证生命科技的自由创造的权利;
(2) 立法保障生命科技劳动者的知识产权;
(3) 立法保证科学合理的生命科技行政关系,排除对生命科技研究的干扰;
(4) 立法保证提供生命科技活动的必要的人力、物力、财力;
(5) 立法保证科学合理的生命科技民事关系的调节;
(6) 立法保证科学合理的生命科技国际关系的调节;
(7) 在司法与执法上的法制需求;等等。

其二,以法律手段防止生命科技发展可能带来的消极影响。

生命科技发展所形成的产业,有可能造成环境污染,严重的可能导致自然生态失衡。例如大规模的化学制药工业造成的废水、废气就可能严重污染环境。

某些有利于防病、治病的物理或化学诊疗手段和某些药物,可能同时会有其副作用。如与之相关的过强的电场、磁场对人体的损害,药物本身的副作用等。

试管婴儿、代理母亲、器官移植、安乐死、克隆等方面技术的发展,可能带来一系列社会问题、伦理问题,处理得不好,则会危害社会的安定、损伤人的精神世界。

在肯定生命科技发展的正面作用时,必须同时考虑它的负面作用。"两害相权取其轻""两利相权取其重"。以法律手段调节生命社会关系时,必须照顾到这两个相反相成的方面。为此,就必须从具体的时间、地点、条件等实际状况出发。例如在有的国家、地区、民族,代理母亲之类暂时还根本无法接受,强制准许则可能导致社会问题,其法律调节手段、方式和具体内容,就应与一个十分开放的社会有所不同。

根据上述法制需求,生命社会关系的法律调节必须包括以下四个方面:

一是立法调节。这是生命社会关系法律调节的基础。克隆技术引起的争论中,几乎所有的人都把眼光投向了立法问题。因为这是法律调节的起点,丹麦富龙胚胎技术中心宣布暂停使用从成年动物细胞中转移胚胎的技术,停止有关试验。该中心主任亨利克·卡勤森说:"我们在等待丹麦政治、法律和道德的决定……""政治""法律""道德"三者中,只有法律是有强制性约束力的,所以实际上是等待法律的"决定"。意大利卫生部长罗茜·宾蒂表示人体克隆应当被立法禁止,宾蒂认为,缺少立法的限制会导致有关实验脱离保证公众健康的轨道。欧盟许多成员国的科学家纷纷建议制订相应的国际条约防止克隆研究。

是否先行制订成文法是一个可以讨论的问题,成文法的规范比较稳定,这是它的优点。但是,当对一种法制需求所涉及的问题不甚清楚时,"稳定性"过强的成文法往往反而有碍于合理调节有关的社会关系。美国国立卫生院曾急急忙忙地制定了一个《DNA重组实验准则》,严格限制有关试验,原因是担心DNA重组技术的发展会严重危害人类。事后发现那些担心是多余的,于是又修改了《准则》。现在克隆问题有点类似于20世纪70年代关于DNA重组问题。我以为,应当吸取判例法制的优点和长处,先以判例试行调节,在取得大量的经验后再制订法律为宜,这样会比较主动一些、客观一些。

二是司法调节。这是生命社会关系法律调节的关键。就已经制定的法律来说,司法调节是立法实效的体现。因此,立法之时,就必须考虑到司法的可能性;立法之后,司法必须同步发展,大力落实。同时,司法还有其独特的作用,即面对无限复杂的新问题、新矛盾和新的法制需求,可以通过司法提供判例,以弥补立法难以涵盖一切的不足。

三是执法调节。这是生命社会关系法律调节的保障。执法实际上是司法的延伸,因此,我在《法哲学经纬》和一些论文中,都只讨论"立法、司法、守法的一体化"。不严格执法,司法即为纸上谈兵、画饼充饥。生命社会关系执法调节的落实,才是法律过程的完整体现。

四是守法调节。生命社会关系的一个重要特点,就是全体社会成员都是生命社会关系的主体。这样,守法调节在这里就比一般情况下的意义更为重大。守法有积极与消极之分。生命社会关系的守法调节,更加需要的是积极的态度与积极的行动。

以上立法、司法、执法、守法调节,是从调节方式上所做的分类。如以其他标准划分,还可另行分类,如按内容可分为行政、民事、刑事、国际调节等,这里就不一一展开了。

缘起与展望*

"多利羊"克隆成功,引致全球轰动。刊端报末街头巷尾议论纷纷,政治家声明、科学家谈话如潮涌起。影响所及,法学界也闻风谋划因克隆而来的法律对策。

科学需要冷静的头脑。上海社会科学院法学研究所的领导和研究人员静观事态,细微分析,认为克隆技术发展所引起的议论,与此之前DNA重组技术、人工授精技术等等造成的争议,内容、性质、形式、态势,多有近似之处。实际上,都是生命科学发展导致新型社会关系的出现,提出了新的法制需求。而生命科学并非今日始有,从它诞生之时起,就造成在当时来说也是新型的社会关系,也曾提出新的法制需求。纵观古今,综览中外,名为"医疗法""卫生法"的法律法规,绳绳继继不绝如缕,车载斗量多若牛毛。因此,将古代、近代、现代以及未来调节生命社会关系的一切法律,包括行将诞生的有关克隆的法律,概而名之为"生命法",从而将"生命法"的研究称为"生命法学"研究是顺理成章之事。于是,1997年6月10日由法学所发起召开了"上海市生命法学理论研讨会",会上宣布成立了我国第一个"生命法学研究中心"。对会议的召开、中心的成立,全国人民代表大会常务委会副委员长、我国医学泰斗吴阶平先生等发来了贺信、贺电,并提出于殷切的期望。读者诸君手里的这本《生命法学论丛》就是会议论文的合集。

生命科学必将一如既往继续发展,所需解决的法律问题仍会层出不穷,生命法学的研究也当紧紧跟上。我们相信,这本小册子虽然单薄,但是生命法学这棵青青小草,必将引发生命科学的蓬勃发展、生命法制建设的健全开拓,而茁茁姜姜成长为茵茵绿地。

---

* 原载《生命法学论丛》,文汇出版社1998年版。

中国古代生命立法述评*

与人类生命的存在、健康、长寿、永生相关的社会关系,可以简称为生命关系。调节生命关系的立法是谓生命立法。中国古代的生命立法囿于生命科学发展水平较低而致生命关系仅与生命存在、健康相关,与长寿关系较弱,与永生无缘,因此,近人研究古代生命立法时以"医药卫生立法"指称。这不能说有任何错舛,而且毋宁说是更为精确的。但时际当代,当高新科技迅猛发展导致生殖工程、器官移植、克隆技术长足发展,而使人类生命的永生有望之时,生命关系已变得无限丰富复杂了,由此而将形成的生命法学当涵盖医药卫生立法。因此,本文以"中国古代生命立法"为议题,是可望苟同的。

中国古代生命立法的历程,大致可以分为以下几个阶段:

第一阶段:生命立法的萌芽阶段

最早记载生命立法的典籍为《周礼》,顾名思义,它是关于周代的"礼"的记载。周之前的夏、商两代,不会毫无生命立法,但史料已烟灭无闻,述评也无从谈起,只好会诸阙如了。

《周礼》关于生命立法的记载大致包含三方面的内容:

其一,关于医官的分类,当时有"医师""食医""疾医""疡医"和"兽医"之分。兽医职掌畜兽医疾,与专指人类生命的生命立法无关。因此,当时的医官实有四类。医官在《周礼》中列在卷二《天官冢宰(下)》。《天官冢宰(上)》设"掌邦治,以佐王均邦国"的"大宰""小宰""宰夫""宫正""宫伯"及其他宫廷职员,大体上是地位高于医官的政治官员。医官则与"酒正""浆人""凌人""笾人""醢人""盐人""幕人"等人列在一起,大体上属于技术官员一类。在这一类官员中,医官列于首位,可说是技术官员中地位最高的。

其二,关于医官的职责。《周礼》规定,医师"掌医之政令""聚毒药(气味辛苦酷烈

---

* 原载《生命法学论丛》,文汇出版社1998年版。

之药）以共（供）医事""凡邦之有疾病者……使医分而治之"。可见医师之职掌平时有之，即掌握政令之施行、收集与分配供给药品及派遣医官分赴各处治病。"岁终"之时，医师还要"稽其医事"即考核医官的业绩，以定赏罚。因此，在全体医官中，医师是地位最高的，是负责行政管理而又懂得医事的人。在医师之下，"食医，掌和（调理）王（者）六食、六饮、六膳、百馐、百浆、八珍之齐"，"疾医，掌养万民之疾病"，"疡医，掌肿疡、金疡、折疡之祝药剂（敷药、服药、刮浓毒）之齐"。

其三，关于医官的考核、奖惩。《周礼》规定考核时间为每年年末，"岁终，则稽其医事，以制其食。十全为上，十失一次之，十失二次之，十失三次之，十失四为下"。

生命立法萌芽阶段的周代，以医事的初步划分（包括职务、职责、考核奖惩三个方面）及用"礼"加以调节为特征。"周公制礼"[①]，"礼"为周公旦所创制，以"亲亲尊尊"为原则。"亲亲"是宗法原则，"尊尊"是等级原则，"礼不下庶人，刑不上大夫"[②]，所以《周礼》规定的医官职责，实际上只是惠及各级贵族而与奴隶甚至平民无涉。对此，一方面要看到周代生命立法的阶级性。另一方面又要看到它的社会性：首先，当时的奴隶主贵族尚属先进生产关系的代表者，生命立法首先惠及它的亦即首先惠及先进生产关系的代表者；其次，在科学技术水平包括医学科技水平还相当低下的当时，也只能惠及一部分人。我们的着眼点应当首先看到，当时的生命立法已经达到相关的人、事及业绩考核、奖惩办法都有明确划分，确是很了不起的一件事情了，多所苛求与指责是无补无益的。

第二阶段：生命立法的发展阶段

春秋时期，诸侯称雄，列强争霸，"礼"制凋落，法治勃兴。秦灭六国，一统天下，对生命立法的发展起了重要的推动作用。秦始皇焚书坑儒但不烧医书。秦代对医官制度、保护医药事业、消灭传染疾疫都有行政管理方面的立法。《焚书令》规定"所不去者，医药、卜筮、种树之书"[③]。《法律答问》有'疠'者有罪，定杀。'定杀'何如？生定杀水中之谓也；或曰生埋，生埋之异事也"的记载；还有"甲有完城旦罪，未断。今甲疠，问甲何以论？当迁疠所处之""城旦、鬼薪疠，何论？"的记载。可见当时对"疠者"或处生埋等死刑，或迁往"疠所"隔离之，目的在于保证其他人不受传染。此外，秦律中有"同母异父相奸弃市"的规定，严厉限制近亲结合以防止人口质量的退化。

上述秦代的生命立法，除医官制度外，其余三者（保护医书、防止疾疫、近亲不婚）大抵属于消极限制的范围，到汉代才逐渐出现了一些积极立法以促进生命健康的保护。"汉

---

① 《左传·文公十八年》。
② 《礼记·曲礼上》。
③ 《史记·秦始皇本纪第六》。

承秦制"但有所发展：其一，医官制度日臻完备。汉设太医令、大医丞、医工长、太医、尚药监、中宫药长、尝药太官、女侍医（专事皇妃）等，可见分工益细，组织管理益加严密。其二，严治因医致愤、民怨不止者。据《汉书》记载，淳于意有时故意不给病家治病人而致病家怨恨，汉文帝曾下令押赴长安处死。其三，严惩以行医为名而行巫蛊妖术者，《汉书》载"元光五年秋七月捕为巫蛊者皆枭首"。其四，加强个人与公共卫生的管理。《汉律》有"吏五日得一体沐"的规定，令官吏每隔五日必须洗沐一次。《汉书·蒯伍江息夫传》载："穿井得水，乃敢饮。"可见公共的饮水卫生已引起了高度重视。

三国魏晋南北朝时期，生命立法续有缓慢的发展。晋代尚书令裴頠曾上书要求改革医方权衡："宜改诸度量。若未能悉革，可先改太医权衡。此若差违，遂失神农、岐伯之正。药物轻重，分两乖互，所可伤夭，为害尤深。古寿考而今短折者，未必不由此也。"① 但裴頠的意见未被采纳，"卒不能用"。至南宋时，有医药权衡官员之设，可见其时此一问题已明令解决。南朝宋时的一项重要生命立法是禁止虐杀瘫病患者，据载："史熙十四年，军人朱兴妻周生子道扶，年三岁先得瘫病，周因其病发，掘地生埋之，为道扶姑双女所告，周弃市。"② 北朝的医事机构分工空前详尽。其时生命立法的进展主要在于：皇帝下令"广集良医远采名药，欲以救护兆民"，设医馆派医师救治灾民；并且规定"严敕医署，分师治疗，考其能否而行尝罚"③。还明确规定奖励生育："生二男者赏羊五口"或"绢十匹"④。

自秦至南北朝作为生命立法的发展阶段，主要是在医疗机构的设置、分工、管理，生命存在的保护开始关注到贵族以外的民间，鼓励生育并禁止虐杀重病患者等几个方面的有所改革。总的来说，发展是比较迟缓的。但是，相对于萌芽阶段来说，生命立法之由"礼治"到"法治"、由贵族独享到民间有所分享，这是根本性的变化，还是很重要、很值得重视的。

第三阶段：隋唐宋元时期生命立法的逐渐完善阶段

隋代二世而亡，建树不多，唯"女子怀孕者勿得决罚"⑤的规定，特别值得称道。唐代立国长达三个半世纪，是我国封建制社会的鼎盛时期，文化教育卫生事业都得到了空前的发展，生命立法日臻完善。邓公平先生主编的《医药卫生法学》⑥述及我国医药卫生法

---

① 《晋书》卷35《裴頠传》。
② 《南史》卷15《徐羡之传》。
③ 《魏书》卷8《世宗部纪第八》。
④ 《北史》卷43《邢邵传第三十一》。
⑤ 《隋书·刑法志》。
⑥ 上海科学技术出版社1989年版。

的沿革时，对这一段的生命立法方面的成就，做了很好的概括：

1. 医政方面，设太常寺统太医署；门下省（殿中省）统尚药局，分别掌管医与医事。太医署有主药、药童、医监、医正、药园师、药园生等。太医令掌管医疗之法，其属有四：曰医师、针师、按摩师、咒禁师。医、药、针、按摩、咒禁等皆设博士、助教。设尚药局掌管御药和诊视。

2. 严著医律以制庸医。律例规定，凡医师处方用药要注明药物的主次分两和冷热迟驶或针刺，如果处方用药及题疏针刺错误而致杀人者，按律例处徒刑两年半。唐律明确规定有故意杀人和过失杀人两类，对于过失杀人"以赎论"①，即出金以赎之；"其故不如本方，杀伤人者，以故杀伤论；虽不伤人，杖六十。即卖药不如本方，杀伤人者，亦如之"②。

3. 违方诈疗疾病而取财物者以窃盗论③。根据唐律对这种罪的狱断需具备两个条件，一是率相增损，也就是违背古方随意加减；二是计赃，即计算得赃的数量。

4. 医生培养与考核。我国古代医学发展有一个传统的模式，即从名医子弟中培养和挑选。唐代规定："凡名医子弟疗病，长官泣覆，三年有验者以名闻。"④规定学生要进行考试，其内容有《本草》《素问》《伤寒论》等。又规定博士月试，太医令丞季试，太常丞年终总试。成绩优良卓有成效者选拔任用；成绩欠佳，准予补考；学习九年考试不及格者即令退学不许再考。

5. 对医药不精的人采取严厉措施直至处死。"僧大通医方不精，药术皆妄，既延祸衅，值是奸邪，'诒令'付京兆府决杖处死。"⑤

6. "诸以毒药药人及卖者绞"，但卖者不知毒人之情不坐。如果买药人的目的是杀人，而卖者知其本意，又未进行毒害活动即行中止者，流二千里。⑥

7. 对腐败变质的肉不准出售并且要求焚毁，违者杖九十；明知有毒出售致人疾病者徒一年；故意致人死亡者处以绞刑。如果自食而致死者以过失杀人论。"盗而食者，不坐"，但仍科"不速焚之罪"；"故与尊长食，欲令死者，亦准谋杀条论；施于卑贱致死，依故杀法"⑦。

8. 狱医制度，设病囚院为病囚治病，并加强清洁工作。对狱囚要给以衣食医药，有病让家属入视。"五日一虑囚，疾病给医药，重者释械。"⑧不准窃减囚食，违者笞五十，以

---

① 《唐律疏议》卷21。
② 《唐律疏议》卷26。
③ 同上。
④ 《唐书·食货志》。
⑤ 《唐书·穆宗纪第十六》。
⑥ 《唐律疏议》卷18。
⑦ 同上。
⑧ 《新唐书·刑法志》。

故致死者绞。① 对狱囚不准鞭背,"狱囚有病,不待差,不得拷"②。孕妇犯罪要在产后一百天才能行刑。

9. 主管部门不关心百姓疾病者以严惩,"诸丁匠在役及防人在防,若官户、奴婢疾病,主司不为请给医药救疗者笞四十,以故致死者徒一年"③。

10. 禁止近亲配婚,近亲在古代又称缌麻之亲,实际是指的有直接血统联系的亲属关系,"违者各杖一百并离之"④。

11. 军医制度,唐重视军队的健康卫生,设置"检校病儿官"负责巡视病情安排起居饮食、医疗后送等。如果不好好照顾伤病员各杖一百,若将未死的伤员加以掩埋时处以斩罪。

五代时期生命立法的突出之点,是将"合造毒药"列入与"十恶"并惩的大罪。"十恶"之罪肇始于《北齐律》,至隋《开皇律》正式入律,唐代相承不改,但未见有关惩处"合造毒药"的记载。"十恶"是指:"一曰谋反,二曰谋大逆,三曰谋叛,四曰恶逆,五曰不道,六曰大不敬,七曰不孝,八曰不睦,九曰不义,十曰内乱。"⑤ "十恶"之罪,自隋创始直至清代,相沿未改。《旧五代史·汉书第四·隐帝纪中》载:乾元元年(758)大赦天下,但"十恶五逆、放火行劫……合造毒药"除外;至乾元二年(759)正月"天下见禁罪人,除十恶五逆、官典犯赃、合造毒药……其余并放"。从上载行文可知,"合造毒药"并非如有的书所认定的属于"十恶不赦",而是与"十恶"并列的重罪。

宋、金、元大体承袭唐代的制度。元代生命立法的突出之点是严禁溺死女婴。《元史·户婚》载:"诸生女溺死者,没其家财之半以劳军,首者为奴。""有司失举者罪之。"这里的"首者为奴"之"首",指"为首"而非"自首",溺杀女婴之家,必须查明为首者是夫或妻或其他人而没为官奴。对地方官的规定是必须及时举报,否则也要受到惩处。自隋唐至宋元,生命立法日臻完备,它大致包括了行政立法、民事立法与刑事立法三个方面。在行政立法方面,突出的特点是医师培养与医师资格考试及医师业绩考核等主要方面有了详尽、严格的法律规定;在刑事立法方面,则以重惩庸医、制毒、溺婴以保护生命存在为特点;民事立法方面则仍禁止近亲结婚之旧。至此为止,古代中国的生命科学技术及社会状况下一定社会关系所提出的法制需求是相符相应的。

第四阶段:明、清时期生命立法的判例制化阶段

明代成文生命立法大抵与唐代相同,具体制度则多仿行元制而有所改变,主要是:

---

① 《唐律疏议》卷29。
② 同上。
③ 《唐律疏议》卷26。
④ 《唐律疏议》卷14。
⑤ 《隋书·刑法志》。

1.明确划分中央与地方的医事机构,中央为"太医院",地方为"惠民局"。明成祖明令"惠民局""必有实惠"而勿流为具文,这比宋代始设"惠民局"而因为仅赋"施药便民"之责终于形同虚设有所改进。

2.关于近亲结婚的禁令更加明确具体了,《明史·刑法志》载,明初规定:"姨之子、舅之子、姑之子,皆缌麻,是曰表兄弟不得婚姻。"据此规定,除"同父异母""同母异父"外,表亲兄弟姐妹也不得为婚,与前此之"同父异母"或"同母异父"兄弟姊妹不得为婚,是更加科学进步了。

清代律令中较前此各朝代关于生命存在与健康的立法有所增进的主要是以下三个方面:

1.规定对精神病患者要加隔离。雍正九年,对处理疯病案罪做了规定:凡有疯病病人,其亲属或邻居应报地方官采取措施严行看守;若不行看守以致疯病之人自杀或杀人者,其亲属、邻居或地方官要处以杖刑,"嗣后遇有此等案犯俱照此便办理"①,而"疯病病人永远监禁"。

2.规定实施海港卫生检疫。宋末以来,尤其是明代,海外通商日益发展,海外疾疫就有可能随之传播。清代开始对此做出规定。1873年,当时的暹罗及马来群岛流行霍乱,来上海、厦门经商者传播了霍乱病菌。于是下令在上海、厦门等商贸口岸对进口船只实行检疫,以后即成为制度。从此,我国有了海港检疫的制度。

3.1907年的《大清新刑律》对"饮料水之罪""卫生之罪"及"坠胎之罪"做了规定("总则"第十七章)。② 这是向近代法制演变的开始。

明清两代生命立法的演进,总体上主要并不在于上述各点,而在于法律体制的重大演变。中华法系素以成文法典著称,但是,宋元时期,判例渐至发达,明清两代则发展到了"律例并行"甚至"以例破律"的地步,成文法典反而退居次要地位了。明《大诰》是《御制大诰》《御制大诰续编》《御制大诰三编》和《大诰武臣》的统称,为明太祖朱元璋御笔裁断的判例、成事、命令及训诫之词的汇编。洪武三十年颁行《大明律》与《大诰》时,《御制大明律序》谓:"今后法司只依《律》与《大诰》设罪。"《大诰》中的钦定判例即成为固定的判例法,而且,在实际施行中,往往《诰》文优于《律》文。《御制大诰·婚姻》中有关于户婚方面的生命立法判例,同样成为优于律文的判案依据。清代有《大清律例》之编纂。"律"与"例"同铸一炉,实际上法官司法时多以"例"为判案依据,但是,由于隋唐至明清近1500年来与当时科技水平大致相应的生命立法内容已相适应,所以,从内容上看,则无重大变化。

---

① 《清朝通典·刑七》。
② 《清史稿·刑法志》。

克隆技术是把"双刃剑"

——略论基因技术立法的社会效益第一原则*

"多利羊"诞生之后，曾引起关于克隆技术问题的热烈争议，赞成大力发展克隆技术者有之，坚决反对者亦有之，甚至有几个国家的政府急急忙忙地宣布严禁进一步的克隆实验。上海市生命法学第一次研讨会上，也发表有截然对立的不同意见。我是属于赞成者行列的。原因是高新科技是把"双刃剑"，我认为，首先应看到、应重视的是其造福人类的一面；其次才是其负面。更何况科学技术的发展实际上是不可遏止的。生产力是人类社会进步的推进器，是历史发展的"火车头"；而科学技术是第一生产力。生产力，尤其是作为第一生产力的科学技术，有其自身的发展逻辑和不可移易的发展规律，任何外力都不可能打破之。既然如此，我们理应举双手欢呼科学技术的进步，赞誉为这一进步所做的新的努力。

一、社会效益第一的原则

在这个问题上，我建议使用社会效益第一的原则。

社会效益第一原则的含义是：对社会进步有效、对人类福祉增进有益的一切，先于、高于、大于、重于个人的利益。这里的"社会"是指整个人类社会，而不仅仅止于以国界划开的国别性社会；这里的"人类"是指人类的整体，而不仅仅止于以各种标准分列的人群。从基因技术立法来看，社会效益第一原则就意味着：举凡对社会进步有效，对人类福祉增进有益的基因技术，都应努力发展之；而如果因此而损及个别人的利益，也在所不惜。需加说明的是：这里的提法是"损及个别人的利益"而不是"损及个别人的权益"。只有法律化的，为法律所肯定、所维护的利益才成其为"权益"。后者是不可漠视、不可

---

* 原载《医学经济报》2001年1月5日。

侵犯的。指明这一点的必要性在于：基因技术的发展不可能绝对不损及个别人的某些利益，但却决不可损及其法定的权益。因此，事关基因技术，就必须立法，而决不能允许无法而行。这样，在基因技术迅速发展的今天，加紧立法以规范基因技术的开发，规范社会效益的获取，规范个人权益的保障以及规范可能发生的损及个人利益行业的限制与救济措施，都显得格外重要、格外紧迫了。

二、知情权、隐私权、专利权

关于基因技术立法的问题，我认为，只有从社会效益第一原则出发，才可能得出关于知情权、隐私权以及关于基因技术的专利权等的正确认识。从社会效益第一原则出发，个人对其个体的基因信息只有相对的知情权，而不能有绝对的知情权。美国隐私权法关于作为个人信息存在的形式的记录必须对本人公开的规定，实际上是很难做到并经常被违反的。美国的安全情报部门、社会治安部门随时都在对美国公民做"记录"；美国的医疗部门对危重病人也形成着种种"记录"。这些"记录"对当事人多半是不予公开的。其原因就在于如予公开，不会产生良好的社会效益而只会引起相反的作用。个人对其基因信息的知情权，也只能是相对的而不是绝对的。因为一旦知情权绝对化，就可能带来危及自身从而危及社会的后果。

从社会效益第一原则出发，个人对自身基因信息的隐私权同样是相对的。首先是部分基因信息本就不在自己的掌握之中，也就无绝对隐私可言；其次，即使是自己知情的基因信息，在某些情况下也不得"隐"而"私"有，必须适度公开。例如，一个基因组织解读了某甲的基因信息，而向公众认可的另一基因组织为发展基因技术的需要而提供该信息，也应依法提供。甚至国家安全机关为公众安全需要而要求提供，同样应依法提供。这就是"适度公开"。无论是前者抑或后者，"公开"的适度性是十分重要，因而必须严格界定、严格管理的。如国家所掌握的基因信息，不能为个别官员所随意获悉，更不许滥用之，只能由法律规定的机构掌握，由法律允准的机构获悉。在法定的条件下使用，如此等等。一句话，"公开"的适度性，得由法律规定。美国隐私权法中规定，在12种例外情况下，行政机关公开个人记录无须征得所记录个人本人的同意，并且规定在某些情况下，免除适用隐私权法的某些规定。这些规定就排除了隐私权的绝对性，其法意即在社会效益之尊崇。

从社会效益第一的原则出发，基因技术的专利权等知识产权，也应与一般知识产权的法律保护有所区别。这一观点来源于对专利法作用的分歧意见。现在，美国对专利法的作用，存在着两种截然对立的观点。其中一种观点认为，每项专利实际意味着批准一个垄断项目，因此，专利制度并非促进科技进步的有效手段。普林斯顿大学出版的 F. 马克卢普《美国知识的生产和传布》（1962）一书认为科技发展与专利立法无关，专利立法只能阻碍科技发展。此一观点未必正确，但也不无道理。从基因技术的发展需求来看，它更加需要的是科技开发的协同性、科技信息的互补性。专利权所必然具备的垄断性,如在基因技术上滥用,其后果是不堪设想的。正因如此,对基因技术的专利保护,应加法律限制。从另一方面即积极的方面来看,21世纪将是基因技术世纪,人类有望在21世纪基因技术迅速发展的基础上,大大减轻病痛、大大增进健康、大大延长寿命,而这不仅需要全社会集中力量支持、支援基因技术专家们的辛勤劳作,而且更需要扩大基因技术队伍,拓展基因技术范畴。十分重要的是,充分将已获得的基因技术知识,交给最广大的科技群体进一步利用、开发。"专利"的垄断性,应适当予以限制。

三、互助则进、互疟则退

关于基因资源的法律保护问题,当放在社会效益第一原则的前提下考虑时,必然要面对"社会效益"的"社会"含义问题。通常,讲"社会效益"时,是指一个国家内的社会效益。按此理解,拥有丰富基因资源的发展中国家如果仅从本国社会效益考虑,而又不可能在较短的时期内掌握基因技术以及运用基因技术以为本国人民谋福利,势必造成人类整体的基因技术进步的延缓。尽管发展中国家总有一天也会发展到掌握与运用基因技术的地步。但是,第一,毕竟是延宕了时间;第二,寿命有限的当代及一定时段的后代,都将因此丧失享用基因技术进步可能带来的巨大福利。也就是说,即使对发展中国家来说,这也是不利的。先哲有云:"利中取小非取利也,乃取害也;害中取小,非取害也,乃取利也。"一切都是相比较而存在的。因此,当基因技术已在发达国家得到长足进步的今天,发达国家应与发展中国家精诚合作、携手共进了。发达国家不再掠夺发展中国家的基因资源以图独享其利;发展中国家也放弃垄断资源的政策以求换取社会发展的必要资金与技术。互助则进,互疟则退。从社会效益第一出发,求人类的互助共进,是基因技术发展提出的要求,也应该成为基因技术立法的最高原则。

足龄男女采行人工生殖技术的权利义务*

人工生殖可以分为三大类：一为人工授精，二为试管婴儿，三为代理母亲。这些人工生殖技术的应用，都会发生一些法律问题，都应作过细研究。但人工生殖技术不仅涉及运用此项技术造成的结果所产生的社会关系纠纷，还首先涉及该技术本身的运用所产生的法律问题。当然，后者之所以会产生法律问题，还是由前者引致的。

日前，实施人工生殖技术已经成为不可逆转的趋势。生命法与生命法学等所关注的是实施人工生殖技术方面的各种法律问题。这些法律问题可从两个角度，即从主体的权利义务与有关法律的分类对策的角度加以探讨。例如，足龄男女采行人工生殖技术的权利义务。我这里采用了"足龄男女"的概念，而不是用"夫妻"或"父母"的概念。原因在于：

其一，如果用"夫妻"或"父母"概念，就排斥了单身的人（独身主义者、无子女寡妇与鳏夫、由于各种原因而终身不婚者等等）以及同性恋者通过采行人工生殖技术得到子女的权利。

其二，不达到一定的年龄而通过采行人工生殖技术得到子女，必定会在抚养子女方面发生问题，影响其健康成长，因而应有"足龄"的要求与限制。但所谓"足龄"，因人种、地理条件的不同，各国或各地的医学与法律认定可能是不同的。容易早熟的热带国家与其他国家对"足龄"的定义就不会一样，这在法定结婚年龄上就有反映。"由于各国社会条件的不同，风俗和习惯也有很大的差异，关于法定婚龄的规定也是高低不一的。结婚年龄男子最高的为21岁，最低的为14岁；女子最高的为18岁，最低的为12岁。例如，男21岁、女18岁的国家有丹麦、波兰、美国的一些州等；男20岁、女18岁的国家有瑞士、越南等；男女各18岁的国家有德意志联邦共和国、法兰西民主共和国、南斯拉夫、俄罗斯、新加坡等；男18岁、女16岁的国家有罗马尼亚、阿尔巴尼亚、日本、巴基斯坦等；男16岁、女14岁的国家有菲律宾等；男14岁、女12岁的国家有西班牙、希腊等。"② 但

---

* 原载《上海市政法管理干部学院学报》2001年第4期。
② 《婚姻法教程》，法律出版社1982年版，第131页。

法定结婚年龄与我这里所谈"足龄"未必是相同的概念。因为扶养子女比结婚复杂，对扶养子女的要求（如经验等）也比较高，因而，这里的"足龄"与法定"婚龄"应有所区别。一般来说，"足龄"至少应高于法定婚龄1年，最好是2年以上，并以法律规定。

一、关于足龄男女采行人工生殖技术的权利

现在我们来探讨足龄男女采行人工生殖技术的权利。我以为，足龄男女采行人工生殖技术以"生育"子女的权利依据主要是：

第一，宪法关于组成家庭的权利的依据。

据荷兰的宪法学者亨利·范·马尔赛文等对全球当代142个国家成文宪法的统计分析，有86国的宪法包括了关于家庭的规定，占142国宪法的60.6%。[①] 例如，爱尔兰宪法规定："国家承认家庭是社会原始的和基本的自然单位，作为道德上的制度具有不可让予的和不可剥夺的权力，先于和优于一切实体法。""因此，国家用宪法和权威保障家庭不受破坏，以作为社会秩序和提高民族和国家福利必不可少的基础。"（第四十一条第一款）伊拉克宪法规定："家庭是社会的核心。国家予以保护和支持，并保障关心母亲和儿童。"（第十一条）古巴宪法规定："国家保护家庭、母性和婚姻。"（第三十四条）波兰宪法规定："婚姻和家庭均受波兰人民共和国的关心和保护。国家对多子女的家庭给以特别照顾。""非婚生子女所享有的权利与婚生子女同。"（第六十七条）埃塞俄比亚宪法规定："埃塞俄比亚家庭作为帝国维持和发展的源泉，作为社会和谐和教育的原始基础，受法律的特别保护。"（第三十条）各国宪法把家庭提到了"社会基本单位""社会的核心""社会发展的源泉"的地位，既是符合客观实际和社会发展需要的，也是切合人类本能、本性和人的各方面需求首先是情感、心理需求的。情感、心理需求，乃是人类的最高需求。人类本能、本性需求，则是人类得以延续的最原始、最基本的需求。所有这一切，都指向足龄男女都会产生养育子女的冲动，都有组成家庭的渴望。人类社会发展到了当代，或以婚姻形式，或以其他形式形成家庭，应当说，都是宪法所规定、所应允、所赋予的权利。在亨利·范·马尔赛文先生等统计分析的142个国家中，还有56个国家的宪法未做此类规定，占39.4%。这只能理解为：这类规定是多余的，因为不做此类规定也早已成为全社会的共识。所有这些国家都有婚姻法、家庭法或婚姻家庭法的立法，就说明这种理解是无可非议、无可辩驳、无懈可击的。总之，组成家庭，是足龄男女的神圣的宪法权利。

既然如此，用什么方式组成家庭，用什么方法（技术）达到组成家庭的目的，就都是次要的了。达到法定婚龄的男女结成夫妻，以自然生殖的方式繁衍后代，造成完整的家庭，当然是现实的；由于各种客观或主观的原因而未结成夫妻或单身生活，而又以非自然

---

① [荷]亨利·范·马尔赛文、格尔·范·德·唐：《成文宪法的比较研究》，陈云生译，华夏出版社1987年版。

生殖的方法，包括人工生殖的方法来繁衍后代，也是合理的。所有这些方式方法，都应视为符合宪法和法律规定的关于家庭的权利的。P. F. 席尔瓦·露依丝指出："就我所见，已婚夫妇有通过性交生育的宪法权利，一旦此权利在司法裁判上得到承认，那么，不通过性交生育的权利也会随之被承认。通过诸如人工受胎或在玻璃试管内受孕的非性交技术，使其技术帮助人类生育成为可能，这就使不能生育的已婚夫妇同样受到了宪法保护。"[①]

第二，宪法关于人身自由权的依据。

根据宪法关于人身自由权的规定，达到法定结婚年龄的青年男女可以结婚，也可以不结婚；丧偶的男女，可以再婚，也可以不再婚。在不结婚或不再婚的情况下，采行人工生殖技术来养育后代，同样应视为是其人身自由权的组成部分或逻辑组成部分。

王志毅先生等在《人工授精生殖技术的相关法律问题》一文中说："据最保守的估计，我国目前约有10%—15%的人患有不育症。"[②] 这个"保守的估计"如果属实，则有1亿以上的人患有不育症。

因为环境污染、生态失衡，男子的精液正迅疾减少。刘吉先生在《知识产业化和社会知识化》一文中指出："据报道，意大利科学家发现，半个世纪来意国男子的精子量减少了约20%。"[③] 人工生殖技术的发展，无疑是解救不育症的良方，也是带给不愿亲自生育者的福音。日本学者认为，日本宪法第十三条规定了"国民对于生命、自由和追求幸福的权利"，对于想要孩子而不能生育的人来说，通过人工授精或体外授精达到获得孩子的目的，可以理解为这是他的追求幸福的权利。[④]

美国学者 P. F. 席尔瓦·露依丝在《生育权与代理母亲合同：法律和道德的争论》一文中述及："联邦最高法院在一个判决中已承认了已婚夫妇的生育权，此权利从语言的角度讲，足以包括性交和非性交的生育方式。如在'梅耶尔诉内布拉斯加州案'中，法院说宪法的自由权包含'结婚、建立家庭、抚育子女'的权利；在'斯基尔纳诉俄克拉荷玛州案'中，为了废除禁止普通犯人生育的法律，法院说该法律与'婚姻、生育是公民基本的民事权利'相抵触；在'斯坦尼诉伊利诺伊州案'中，法院认为'个人选择婚姻、家庭生活的自由是宪法第十四（条）修正案正当诉讼条款所保护的自由权'，'怀孕和抚养子女'是必要的基本的民事权利，此权利比财产权更珍贵；在'艾森斯坦蒂特诉贝尔德案'中，法官林纳对生育权作了非常精确的表述：'如果私权意味着一切的话，那么一个人有权决定结

---

① [美] P. F. 席尔瓦·露依丝：《生育权与代理母亲合同：法律和道德的争论》，刘应民译，《科技与法律》1991年第2期，第55—58页。
② 王志毅、姜展红：《人工授精生殖技术的相关法律问题》，《法学杂志》1998年第3期，第37—38页。
③ 《文汇报》1998年6月12日。
④ 陆庆胜：《人工授精、体外授精与法》，《政治与法律》1997年第3期。

婚还是独身以及是否生育，政府对此不应横加干涉。'"①

无论是从"私权"的角度看，还是从"生育权""民事权"的角度看，足龄男女采行人工生殖技术以获取子女都属宪法规定的人身自由权或其延伸，都是神圣不可侵犯的权利。

根据上述宪法关于组织家庭的权利和人身自由的权利，有的国家就足龄男女对人工生殖技术之采行做出相应的规定。例如：丹麦的《人工授精法（草案）》对人工授精的定义、实施人工授精的医院设施及医师要求、丈夫同意的法律效力及接受人工授精女子的年龄、未婚女子实施人工授精的条件等做了规定。瑞典的《人工授精法（草案）》(1947)对人工授精的意义、实施人工授精的医院设施及医师要求、丈夫同意的法律效力、精子供与人的条件及要求以及对于人工授精供与人提起父性确认之诉的禁止等做了规定。这些规定无异于允许足龄男女通过人工授精采行人工生殖技术。在美国，特别强调个人的自由权利，因此，在足龄男女之采行人工生殖技术以获得子女方面，给予了最充分的权利保障。其结果已使人工授精实际上成了一种商业行为。

有的国家的有关法律之主旨是在严禁人工生殖技术的滥用，但它却逻辑地隐含了若干禁令之外的法律许可。例如：法国于1990年12月制定了《胚胎保护法》(1991年1月1日起生效)。该法规定，非以本人妊娠为目的的受精，一次移植的胚胎数超过3个的，以代理母亲为自己的授精及为代理母亲进行的胚胎移植，妊娠以外的目的所进行的胚胎的体外培育，为选择生男孩或女孩而进行的受精。未经本人同意的体外授精和胚胎移植等等，均在严禁之列，违者依刑法惩处。这些规定，对足龄男女所隐含的采用人工生殖技术的获得子女的可行性在于：只要是以本人妊娠为目的的授精，一次移植的胚胎数不超过3个的，不以选择生男生女为目的的体外授精或其他方式人工授精等等，都是他们的权利，或者至少不会受到法律的干预及制裁。

美国1990年制定的《关于人的授精及胚胎研究的法律》的一些规定，对明显滥用人工生殖技术的行为或做行政阻却，或做刑事制裁。那么，当然可以逻辑地推定，足龄男子并非滥用地采行人工生殖技术，是不受行政与刑事制约的。澳大利亚制定于1992年的《生殖医学法》、法国制定于1994年《生命伦理法》等，也可作如是观。

日本迄今尚未制定关于人工生殖技术的法律，但从现行的一些规定可以推断其未来立法的趋势。有关规定是以日本产科妇科学会发表"告会员书"的形式发布的，对会员无法律约束力，却有"行规"的约束力。如果对"法律"概念做扩大解释的话，那么，这些行规就是对会员有约束力的"法律"规定。对长野产科医院院长的"除名"处分即属此列。1983年10月该会发表的《关于体外授精和胚胎移植的见解》共7条，第一条指明"本方法（指体外授精、胚胎移植等人工生殖技术方法）的对象是被断定为接受了其他手段的治

---

① [美] P. F. 席尔瓦·露依丝：《生育权与代理母亲合同：法律和道德的争论》，刘应民译，《科技与法律》1991年第2期，第55—58页。

疗后确不能妊娠者"；第三条规定"被实施者应是已婚并希望生育的夫妇……"这些规定表明，在日本，具备"已婚并希望生育的夫妇""接受了其他手段治疗后确不能妊娠者"，是拥有采行某些人工生殖技术方法的权利的。

依据法律，加拿大实行有偿人工授精制度，而受精者可以享受保险；法国的婚姻关系稳定的夫妇，如男方确无生育能力，或夫妇有遗传性疾病，可免费从本国 13 个精子库中获得精子进行人工授精；冰岛的夫妇如符合有关规定，还可得到国家从丹麦引进的精子进行人工授精。

综合分析上列若干国家的有关法律规定或者行政措施，可以指出的是，除美国外，大多数国家和法律仅授予已婚夫妇在特定情况下享有采行部分人工生殖技术的权利。

显然，这是对足龄男女的宪法权利的限制。这些限制主要是三个方面：

第一，对未婚足龄男女的权利限制。这是与现实，尤其是与社会发展的趋势相悖逆的。现在已有越来越多的人垂青于独身不婚。但到一定年龄时，他们又往往渴求有个子女。上述限制就等于剥夺了这一部分人的有关权利。

第二，对已婚夫妇的权利限制。由于规定"因患不育症而经治疗又确实不能生育者"才可进行人工授精，便剥夺了有生育能力的夫妇出于各种原因而采取人工授精法的权利。假定有夫妇为保证子女有较高智商而宁可采用诺贝尔奖获得者的精子做人工授精；假定他们为保证妻方的健康而求以试管婴儿的代理母亲方法采行人工生殖技术，为什么要加以限制，剥夺他们的有关权利呢？

第三，人工生殖技术的方法共有三大类 9 种之多，仅及人工授精一类，无异于对其他两类 7 种人工生殖技术的排斥。

现在已到了改变观念赋予人们享用生殖技术的重大革新成果的时候了，应当充分赋予足龄男女以采行一切人工生殖的全部权利。

这里所涉"观念"主要是：其一，权利观念，即人们追求幸福的权利，足龄男女的生育权利和人身自由权利。其二，自由观念，即足龄男女有结婚和不结婚的自由，同性婚和异性婚的自由，生育与不生育的自由，夫精人工授妻或自然授妻的自由，供精、供卵、供胎生育的自由，以试管培育受精卵的自由，等等。其三，平等观念，即足龄男女间，结婚与不结婚者、异性婚与同性婚者，均有采行人工生殖技术的平等权利。确立这些观念于整个社会，使人之为人而充分体现其主体性，排除种种人为的对人的自由权利、平等权利、追求幸福权利的干扰，使社会和人类在和谐的环境与氛围中充满生机地自由发展，唯其如此，社会进步的障碍才会减小到最低限度，人类发展的前景才能拓展到无限光明。

当然，人不是孤身独处如鲁滨孙者之流。即使是鲁滨孙，也少不了对遗留无名岛上的前人日常生活用品的利用，少不了"星期五"的陪伴与役使，何况鲁滨孙所日夜梦想的是逃出无名岛，重返聚居式的人类生活环境。人，作为社会关系网上的一个组成部分，是与千千万万其他人组成极为复杂的关系而共处的。只有不破坏这种共处的和谐性，权利、自由、平等等等才可能实现，因此，与权利相谐的必是义务。

二、关于足龄男女采行人工生殖技术的义务

我以为，有关的义务主要涉及以下几个方面：

第一，认真养育采行人工生殖技术而获得的子女的义务。

为此，采行人工生殖技术的足龄男女，必须具有正常的最低程度健康条件与生活条件。一般来说，患有艾滋病、重症性病者，在未治愈或有控制病情的绝对把握前，不应被允准采行人工生殖技术。这不仅对供精、供卵者如此，即使是对既供精、又供卵、还供腹者也是如此。此外，患有精神病或其他绝症的重危病人一般也不应被允准采行人工生殖技术。这是因为，一旦非自然生育成功，由于父母的重疾，子女或有被传染之虞，或根本不可能被正常扶养教育。这就无异于荼毒完全无辜的新的小生命，是极不道德的。因此，采行人工生殖技术者，必须具有正常的最低程度的健康条件。这里的"健康条件"以不影响子女正常生活、正常成长为基准。所以，其上冠有"最低程度"的限制词。

采行人工生殖技术的足龄男女还应具有正常的生活条件。如果自己都生活得捉襟见肘、水深火热，再要添丁续口，无异雪上加霜，当然也会残害完全无辜的新的小小生命，也是极不道德的。这里的"正常的生活条件"，对已婚男女来说还包括稳定的婚姻关系。夫妻婚姻关系如不稳定，家庭无和谐可言，即使经济条件再好，对子女的扶养教育都是极为不利的。

正是由于足龄男女采行人工生殖技术有此义务，所以一些国家的有关法律做了相应的规定。法国的人工授精法规定，已婚夫妇要免费获得从本国 13 个精子库中获得精子进行人工授精，其婚姻关系必须是稳定的；冰岛的人工授精法规定，对接受授精者要进行一系列的检查、登记。日本产科妇科学会 1983 年 10 月的《关于体外授精的胚胎移植的见解》（1984 年 7 月对《见解》做了说明）中指明："被实施（人工授精）者……在身体和精神上皆能经得起妊娠、分娩和哺育孩子。"

第二，尊重供精、供卵、供腹者的正当利益与正当愿望和义务。

在一些国家里，供精、供卵、供腹以及实施人工授精技术等实际上已经成为一种商业行为。对此应做出科学合理的分析，在防止其弊端的产生的同时，也要研究诸如此类商业行为出现甚至流行的原因及必然趋势。我以为，大可不必过高估计供精、供卵、供腹的"泄密"的危险性，从而做出过分严格的保密性法律规定。恰恰相反，在对实施人工生殖技术采取开放政策，供精、供卵、供腹变成了司空见惯现象的情况下，在就人工生殖技术的法律规定既严且明的前提下，一切都可循规蹈矩依法照章而行，反而可能大大成为减少过去预想的一系列矛盾纠纷。这样，提出尊重供精、供卵、供腹者的正当利益与合理愿望，并以之为义务，就是可以理解的了。

这些利益与义务至少包括：付给供精、供卵、供腹者的适当的报酬；允许供精、供卵、供腹者关心、探视经施行人工生殖技术所生的人。加拿大的有关法律规定了有偿人工授精制度，或可看作是上述义务规定的一种反映。

在当前的认识水平下，关于这一义务的设想无疑会遭到大多数人的否定甚至批驳。但我相信，用不了太长的时间，人类关于婚姻、家庭、血缘关系等等的陈旧观念会快速淡化，关于幸福的观念会跃出窄小的个人圈子范围，而在物质生活资料大大丰富的情况下，关于这一义务的设想会被越来越多的人所接受。当然，在现行的法律规定下，对精、卵、腹的供、借者有严格的保密规定，我所拟设的义务还只是一种探讨，并未发生实际的履行或不履行的纠纷。至于对供卵者、供腹的代理母亲是否付费，实践生活早已做了回答。由于付费问题是在契约中事先商定的，所以它实际上得到了民法、合同法的保护，成了必须履行的义务了。

第三，严格遵守在指定医院实施人工生殖技术的义务，以及与实施人工生殖技术的医院、医师签订协议的义务。

人工生殖技术已不是十分尖端复杂的医疗技术，但鉴于事关两代人的幸福与利益，也涉及供精尤其是供卵、供腹者的健康与安全，还涉及保密措施，等等，指定在部分条件具备的医疗机构实施，不失为谨慎合理之举。因此，许多国家的法律都规定，必须在指定的医院实施人工生殖技术。美国1990年制定的《关于人的受精及胚胎研究的法律》，有关于设置审批实施人工生殖医疗的机构的规定，借此保证在一定医疗机构内实施人工生殖技术。日本《关于体外授精和胚胎移植的见解》规定：实施体外授精和胚胎移植者须是受过高等的有关生殖医学的知识和技术的医师，必须谨慎细心地进行所有的操作和处理；在实施本方法前，必须向被实施者充分说明本方法的医疗内容和预见的疗效，让被实施者在理解并同意的基础上填写同意书，同意书要妥善保管。这些规定虽是针对医疗机构的医疗工作者的，但可逻辑推定采行人工生殖技术者的足龄男女也必须配合。这里的"配合"有两个方面：一为在指定医疗机构实施；二为填写"同意书"。王志毅、姜展红在《人工授精生殖技术的相关法律问题》中所提的7条"立法建议"里，即有一条是："2. 无论是利用同源人工授精还是利用异源人工授精进行生育，夫妻双方都必须共同与进行手术的医疗单位签署书面协议并进行公证。"①

第四，遵守其他有关法律规定的义务。

人工生殖技术是一项正在发展中的医学技术。一方面，新的技术会层出不穷地诞生，从而引起新的社会关系的孕育与形成；另一方面，现有的人工生殖技术也未为法律所全部首肯，目前在许多国家还只是肯定人工授精技术。既成的有关法律和行将拟制的有关法律，除涉及上述义务外，还有其他的义务规定。其中有的是显性的，即以法律用明文规

---

① 王志毅、姜展红：《人工授精生殖技术的相关法律问题》，《法学杂志》1998年第3期，第37—38页。

定、正面表述的,如采行人工授精技术者必须到指定的医院实施等;有的是隐性的,即为其他法律条文所隐含而可逻辑地推出的。

后者如,1990年法国颁布的《胚胎保护法》规定,禁止为选择生男孩或生女孩而进行的受精,违者将科以刑罚。这一规定,隐含着采行人工授精技术的足龄男女,有不为选择生男或生女而进行受精的义务。

诸如此类的"其他有关法律的义务",从目前来看大致有:

第一,一次移植的胚胎数不超过3个的义务。法国《胚胎保护法》将一次移植胚胎数超过3个者予以严禁,违者处以刑罚,就隐含这一义务性规定。日本学者也提出了胚胎的一次移植数应规定在3个以内的观点。

第二,讲求精子、卵子及代理母亲健康素质的义务。这同样为一些国家有关法律规定所隐含。法国法律规定从本国13个精子库中获得进行人工授精的精子,冰岛特意从丹麦引进精子等,都是为了保证精子质量的上乘。法、冰的足龄妇女如要采行人工授精技术,就有从国家精子库而非从其他精子源取得精子的义务。冰岛之所以要从丹麦引进精子,是因为国家考虑到本国人口稀少,从本国取得精子进行人工授精,有造成血缘关系混乱或近亲"婚乱"、降低人口素质之虞。因此,冰岛男女之履行此项义务,其社会性意义就特别大了。

第三,已婚男女采行人工生殖技术时双方达成共识的协同义务。对单身足龄男女来说,并不存在有婚姻关系的他方的制约问题,而已婚男女情况则大为不同。如果有一方不同意采行人工生殖技术获得子女,另一方执意进行,就会对他们的日后生活和子女的正常生活造成严重影响。因此,双方对采行人工生殖技术达成共识、协同进行是双方的共同义务。瑞典1947年制定的人工授精法中有"丈夫同意的法律效应"一条的规定,该规定与上述义务有关。丹麦人工授精法也有类似的规定。日本妇女实施AID(异源人工授精)也必须经过其丈夫的同意。以色列虽无有关人工授精的正式立法、司法或行政规定,但1979年6月以色列卫生部指示,要采行人工授精技术的,夫妻双方都必须提供书面同意书。

略论基因技术立法的社会效益第一原则[*]

基因技术的立法,目前还肇源于有关基因的伦理认识,必须建基于科学正确的伦理认识之上,将来也不可能稍有疏离与违拗。正是关于基因的伦理探讨,启迪我们提出基因技术立法的社会效益第一原则。

一

"多利羊"诞生之后,立即引致关于克隆技术问题的热烈争议、尖锐交锋,赞成大力发展克隆技术者有之,坚决反对者亦有之,甚至有几个国家的政府急急忙忙地宣布严禁进一步的克隆实验。上海市生命法学第一次研讨会上,也发表有截然对立的不同意见[②]。笔者是属于赞成者行列的,原因如下:第一,一般地说,高新科技都有其造福人类与祸害生灵的双重性,是谓"双刃剑"。既然如此,极言其不利于人类的一面,就失之偏颇;进而竭力阻挠其发展,则有悖明智。我认为,首先应看到、应重视的是其造福人类的一面;其次才是其负面。而看其负面,仅只是为了找出对策,遏制负面的发展,控制负面发生作用的范围,创造条件消弭其作用。第二,任何一项科技成果,都是人类千百年来殚精竭虑艰苦探索的结晶,同时也是人类继续开拓前进、攀登新高的起点,我们不能戛然切断事物发展的因果链,不能无情打碎科技进步的中继环。如果断然喝令某某科技从此"立停"甚至"向后转",除了扼杀科技发展以外,不会有任何其他的好处。第三,科学技术的发展实际上是不可遏止的。生产力是人类社会进步的推进器,是历史发展的"火车头";而科学技术是第一生产力。生产力,尤其是作为第一生产力的科学技术,有其自身的发展逻辑,不

---

[*] 原载《政治与法律》2001年增刊。
① 顾肖荣、倪正茂主编的《生命法学论丛》中的《论人体克隆技术的法律选择》(刘华)、《人类的"克隆"与人类社会的理性与法治》(蒋晓伟)、《有关克隆技术的法律思考》(芦琦)、《克隆技术引发的社会风险和法律对策》(蔡航)、《关于"克隆人"问题的几点看法》(赵建平)以及《一些国家和地区有关克隆技术的立场和对策》(陈乃蔚、蔡航泽)等文,文汇出版社1998年版。

可移易的发展规律，任何外力都不可能打破之。既然如此，我们只应举双手欢呼科学技术的每一进步，赞誉为这一进步所做的新的努力。这里所体现的是社会效益第一的原则。

社会效益第一原则的含义是：对社会进步有效、对人类福祉增进有益的一切，先于、高于、大于、重于个人的利益。这里的"社会"是指整个人类社会，而不仅仅止于以国界划开的国别性社会；这里的"人类"是指人类的整体，而不仅仅止于以各种标准分列的人群。从基因技术立法来看，社会效益第一原则就意味着：举凡对社会进步有效，对人类福祉增进有益的基因技术，都应努力发展之；而如果因此而损及个别人的利益，也在所不惜。需加说明的是，这里的提法是"损及个别人的利益"而不是"损及个别人的权益"。只有法律化的，为法律所肯定、所维护的利益才成其为"权益"。后者是不可漠视、不可侵犯的。指明这一点的必要性在于：基因技术的发展不可能绝对不损及个别人的某些利益，但却决不可损及其法定的权益。因此，事关基因技术，就必须立法，而决不能允许无法而行。

当前各国关于基因技术立法的讨论是比较热烈的，其特点之一是直接切入基团技术发展所涉及的具体部门法问题，所涉及的公民具体利益的保障问题。这诚然是必要的。但世界上的道理有大小之分，小道理要服从大道理。部门法之必须服从基本法，基本法之必须服从宪法的道理即在于此。由此而论，我以为首先必须在基因技术发展的带根本性的立法原则上达成共识。只有在此基础上，才可能答出有关具体部门法立法的正确结论。例如，只有从社会效益第一原则出发，才可能得出关于知情权、隐私权以及关于基因技术的专利权等的正确认识。

从社会效益第一原则出发，个人对其个体的基因信息只有相对的知情权，而不能有绝对的知情权。美国隐私权法关于作为一个人信息存在的形式的记录必须对本人公开的规定，① 实际上是很难做到并经常被违反的。美国的安全情报部门、社会治安部门随时都在对美国公民做"记录"；美国的医疗部门对危重病人也形成着种种"记录"。这些"记录"对当事人多半是不予公开的。其原因就在于如予公开，不会产生良好的社会效益而只会引起相反的作用。个人对其基因信息的知情权，也只能是相对的而不是绝对的。因为一旦知情权绝对化，就可能带来危及自身从而危及社会的后果。

实际上，一般地来说，在国家还存在的历史时期里，任何人权都不可能是绝对的，包括知情权在内。国家之存在，就意味着把公民的一部分权利"收归国有"，由国家来支配。从公民的角度看，则是自愿地"交归国有"，以便换取国家政权对自身权益的维护与保障。不过，即使公民不情愿，在已经有国家存在的情况下，也无所逃避了，国家将代表其他大多数人强迫个别人"交权"。否则，势必"国将不国"。从另外一个角度看也是如此，即国家具有组织社会生活的功能，由国家采掌握一部分人权可从总体上更好地促进人权的增长

---

① 王名扬：《美国行政法》，中国法制出版社1997年版，第1058页。

与发展。正因如此，由国家掌握公民基因的部分知情权，当有利于整个社会的基因信息利用，有利于个人人权之全面享用。当然，与此相关，公民所赖以存在、寄予希望、委以重任的国家，应是民主基础上的人民自己的国家，容不得专制与独裁，容不得贪污与腐败。但要做到这一点，是十分困难的。人类暂时还只能生活在还有专权与贪渎的远非十全十美的世界之中。但不能因为远未实现民主而否定把部分人权包括基因的部分知情权交给国家的必要性。社会的进步，只能在总体上不断提高社会效益的前提下，通过民主的增强与人权的发展二者的互动而实现。而民主的增强与人权的发展本身，就逻辑地蕴涵着民主的缺乏与人权的短少。

从社会效益第一原则出发，个人对自身基因信息的隐私权同样是相对的。首先，是部分基因信息本就不在自己的掌握之中，也就无绝对隐私可言；其次，即使是自己知情的基因信息，在某些情况下也不得"隐"而"私"有，必须适度公开。例如，一个基因组织解读了某甲的基因信息，而向公众认可的另一基因组织为发展基因技术的需要而依法提供该信息。甚至国家安全机关为公众安全需要而要求依法提供。这就是"适度公开"。无论是前者抑或后者，"公开"的适度性是十分重要，因而必须严格界定、严格管理的。如国家所掌握的基因信息，不能为个别官员所随意获悉，更不许滥用之，只能由法律规定的机构掌握，由法律允准的机构获悉，在法定的条件下使用，如此等等。一句话，"公开"的适度性，得由法律规定。

从社会效益第一的原则出发，基因技术的专利权等知识产权，也应与一般知识产权的法律保护有所区别。这一观点来源于对专利法作用的分歧意见。现在，美国对专利法的作用，存在着两种截然对立的观点。其中一种观点认为，每项专利实际意味着批准一个垄断项目，因此，专利制度并非促进科技进步的有效手段。普林斯顿大学出版的 F. 马克卢普《美国知识的生产和传播》（1962）一书认为科技发展与专利立法无关，专利立法只能阻碍科技发展。[①] 此一观点未必正确，但也不无道理。从基因技术的发展需求来看，它更加需要的是科技开发的协同性、科技信息的互补性。专利权所必然具备的垄断性，如在基因技术上滥用，其后果是不堪设想的。正因如此，对基因技术的专利保护，应加法律限制。从另一方面即积极的方面来看，21世纪将是基因技术世纪，人类有望在21世纪基因技术迅速发展的基础上，大大减轻病痛，大大增进健康，大大延长寿命，而这不仅需要全社会集中力量支持、支援基因技术专家们的辛勤劳作，而且更需要扩大基因技术队伍，拓展基因技术范畴。十分重要的是，充分将已获得的基因技术知识，交给最广大的科技群体进一步利用、开发。"专利"的垄断性，应适当予以限制。

关于基因资源的法律保护问题，当放在社会效益第一原则的前提下考虑时，必然要面对"社会效益"的"社会"含义问题。通常讲"社会效益"时，是指一个国家内的社会效

---

① 上海社会科学院法学所编：《科技立法研究文集（二）》，科学技术文献出版社1990年版，第67页。

益。按此理解，拥有丰富基因资源的发展中国家如果仅从本国社会效益考虑，而又不可能在较短的时期内掌握基因技术以及运用基因技术为本国人民谋福利，势必造成人类整体的基因技术进步的延缓。尽管发展中国家总有一天也会发展到掌握与运用基因技术的地步。但是，第一，毕竟是延宕了时间；第二，寿命有限的当代及一定时段的后代，都将因此丧失享用基因技术进步可能带来的巨大福利。也就是说，即使对发展中国家来说，这也是不利的。先哲有云："利中取小非取利也，乃取害也；害中取小，非取害也，乃取利也。"一切都是相比较而存在的。因此，在基因技术已在发达国家得到长足进步的今天，发达国家应与发展中国家精诚合作、携手共进了。发达国家不再掠夺发展中国家的基因资源以图独享其利；发展中国家也放弃垄断资源的政策以求换取社会发展的必要资金与技术。互助则进，互疨则退。从社会效益第一出发，求人类的互助共进，是基因技术发展提出的要求，也应该成为基因技术立法的最高原则。

二

上述关于基因技术立法的社会效益第一原则的论述，与人类关于生命伦理的基本观点，是相吻合的。沈铭贤先生正确地指出："按照生命伦理学的观点，科学技术要从长远利益出发，造福整个人类。它必须遵循'行善、不伤害、自主和公正'这四项国际公认的伦理原则。"① 基因技术立法的社会效益第一原则正是为了整个人类的长远利益，正是为了在全人类、全人类社会的范围内"行善""不伤害"并求"自主"与"公正"。

如前所说，虽然生命伦理只能解决认识层面的问题而无实际操作的意义，但却是具有实际操作意义的法律手段的认识论基础，后者不可稍稍疏离与违拗前者。但问题在于，原则性的伦理观点，一深入接触具体的基因技术问题，仍然可能歧见纷纭，仁智各现。因此，有必要结合具体的基因技术问题来审视正确合理的伦理观点是否被合理正确地具体运用，并得出科学的结论，达成科学的共识。否则，社会效益第一原则云云，还会流为法学空言。论者认为"克隆人违背人类生命伦理"的一些具体看法包括：其一，就"克隆人"这一个体而言，他会生活在"我是一个死去的人的复制品"这样一个阴影中。其二，克隆人比经过200多次失败因而出现过畸形羊或夭折羊的多利羊克隆要复杂得多，无疑会遇到更多的失败，如果制造出不健康、畸形或短寿的人，将是对人权的一种侵犯。其三，即使是成功的克隆人，也将是同一基因的翻版，这就有可能减少基因的多样性，不利于人类本身的进化。

对上述看法，我是持不同意见的，理由如下：

其一，上述看法综合一起，即企图彻底封杀人的克隆。这种封杀观点是否可取颇值怀

---

① 邱德育、江世亮：《克隆人违背人类生命伦理》，《文汇报》2000年11月9日。

疑。人工授精及其他生殖技术开发之始，也曾引致甚嚣尘上的封杀议论。如果不是其时冲破这种封杀言论的艰辛努力，哪里还会有今天人工生殖技术的蓬勃发展与辉煌成就以及造福万千不孕男女的丰功伟绩？按封杀观点思考问题并付诸行动，宇宙飞船别想上天，人类登月将永成神话。加加林之成为全球景仰、万民欢呼的航宇英雄，难道不是因为他甘冒生命危险毅然升天的无畏壮举吗？尽管此后又进行了千百次航宇实验，还有过数以百计的"加加林"成功上天又成功回归地球，还是发生了美国七位宇航员包括一位女性不幸地一去不复返的灾难。此后的"安检"与安全措施当更严格、严密了，但谁能保证不再有新的灾难发生呢？只要有可能发生灾难性事件即予封杀，是可取孰不可取？接此逻辑，连蟹都不应该吃的：我们称赞第一个吃蟹的人，是因为他冒了生命的危险，是勇敢者。难道我们可以搬起伦理学说教阻止这样的勇敢者赴死吃蟹吗？还有外科手术，外科大夫举起寒光闪闪的手术刀在人体上又切又割又钻又挖，孔老夫子信徒一定会搬出《论语》来念念有词"身体发肤，受之父母，损之不孝"予以阻止。不仅如此，"不孝"乃封建中国之头等大罪之一，法律有明文规定的，遑论伦理、"论语"？但这一切都被历史"检验"过后悄然隐退了。"手术刀"家族已经是有刀有剪有钳有镊等等；蟹则有烧有炖有煲有"醉"地"生猛"有味得很；试管婴儿是接二连三成千上万蜂拥而出且茁壮成长；航天英雄是有生有死、虽死犹生、前赴后继，总体上处处凯歌入云。

其二，假定有克隆人诞生，他会生活在"我是一个死去的人的复制品"的阴影中吗？笔者闻此，不觉哑然失笑。首先，凭什么说他一定会生活在阴影中呢？我们为什么不设想，他将为"我是一个死去的人的复制品"而欢欣鼓舞、笑逐颜开呢？其次，他究竟"是一个死去的人的复制品"还是"一个曾经活着后来死去的人的复制品"呢？毫无疑问，后者的判断是全面一些的。既然如此，用以偏概全的前提能推出科学合理的结论吗？显然不能。再次，更准确的判断应是："我是某君的复制品"，完全不必强调"某君"的或生或死或存或亡。千百年来，无数亿万儿女何尝不是其父母的"复制品"呢？由父母养育则可，后来在试管里养出由不可而可，现在是"克隆"之绝对不可。看来，人类伦理观的演进，也像马克思主义的发展一样，每前进一步，都得付出战斗的代价的。又次，持"阴影"观的同志自己也承认，"阴影""对他的心理会产生什么样的影响，是否会感到幸福，都是一个问题"。既然"还是一个问题"，也就是未有定论，从没有定论出发，怎么就得出了不可克隆人的定论了呢？

其三，确实，"如果制造出来不健康、畸形或短寿的人，将是对人权的一种侵犯"。这可算是不准克隆人的伦理学有力论据。不过，我们还是要商榷：这只是"如果"，而"如果"云云是不能作为论据的。如果有人指出，"只要克隆人，就一定会制造出不健康、畸形成短寿的人"，那就只好鸣金收兵、放马南山了。但谁会这样武断呢？不会。如果只是"不健康"呢？例如"天生"肝病。按基因理论，即使不是克隆人，自然养出的人如果父母带有肝病基因也还是要循父母之道而患肝病的，难道要立法禁止结婚、禁止生育么？

何况，人类现已找到了解决许多"不健康"问题的办法，何惧之有？

其四，作为"同一基因的翻版"的"成功的克隆人"，怎么就会减少基因的多样性而不利于人类本身的进化的呢？"X+Y+Z=X+Y+Z""X+X+Y+Y+Z+Z=2X+2Y+2Z"，如此而已，丝毫也未改变基因的质，何来"减少基因的多样性"之说？何况，有目的、有计划、有组织、有领导、有序而又合法的人体克隆，绝不会去干"X+X+X+……"的蠢事，完全可以期望创造出 XY、XZ、YZ 的新人来，这又何乐而不为呢？"人类的进化"，长期处于"自然进化"状态下，至今而无重大改变。我们已经可以创制疫苗，打预防针来防止疾病，我们还将进一步地改变纯属"自然进化"的状况。"人类的进化"，也许就指望基因技术的发展而超越纯自然进化，从而根本增进人类福祉了。

行文至此，必须严正声明：第一，笔者也反对目前就克隆人，因为基因技术的发展还只是处在它的"童年时代"，在如此重大的人体克隆问题上。是决不应该轻率行事的。第二，即使将来进入克隆人的现实性操作阶段，也绝对必须严密组织、严格论证、严肃从事、依法而行，决不可任意而为。之所以在上文中提出一系列与当前流行的伦理学观点商榷，主要意在：这些观点还缺乏足够的说服力，以至法学界难以从命进入法场从事立法。至于探讨基因技术立法所应遵循的主要原则，则可与伦理学界诸公互相切磋，互相启迪，以求相互促进、相得益彰。

高度尊重患者权利是解决医患纠纷之根本[*]

一

新年伊始，2002年1月10日《人民政协报》发表大块文章，题为《问诊中国医疗：医疗纠纷依然无药可医？》，十分警醒尖锐地提出了如何应对医患纠纷激增引致恶性事件频发的问题。

据中国消费者协会统计，医疗问题在1998年首次成为消费者投诉的十大热点之一，到2001年即位列消费者投诉的六大热点之内。据湖南省卫生厅统计，从2000年7月至2001年7月，全省发生医疗纠纷1110起，其中造成医院财产损失的153起，导致医务人员受到人身伤害的132起，造成直接经济损失454万元。上海市卫生局信访组收到涉及医疗纠纷的人民来信量，近几年来以11.7%至18.8%的速度递增。据北京市医师协会统计，近3年中，北京71家二级以上医院共发生严重影响医院正常工作秩序的事件1500余起，发生医生被打事件502起，其中致伤致残者90人。

为解决医患纠纷问题，社会各方面想尽了办法，采取了各种措施。上海市瑞金医院还试行了"医疗公证"制度，但并未得到社会的认同。我认为，目前要解决医患纠纷必须要注意以下几方面问题：

一是面对医患纠纷不断增多，缺乏科学的分析。毋庸置疑，医患纠纷数字上升，从总体上或者从其主要方面看，是坏事。谁不希望天下太平、医患和谐呢？但仅仅看到"坏"的一面，往往会忽略或无视了其他方面。例如，我们可以看到人们的权利意识增强了。涉及医患纠纷的人民来信激增，甚至，上访人数的增加，不正是人们维权意识增强的结果吗？用"信访""上访"这样的形式表达自己的维权要求，第一是正当的，第二是正确的。1998年以前的"信访""上访"以及纠纷统计数小，并不等于实际发生的纠纷少，所以，面对"信访""上访"以及医患纠纷数字的增加，大可不必忧心忡忡；何况，实际上也并非

---

[*] 原载《广东法学》2002年第2期。

"无药可医"。

二是某些措施亦近"病笃乱投医"。我看"医疗公证"就是不理智的举措。倡行者认为此举的价值在于：重危病人手术协议书签字之后，一旦公证，便"有了法律效力"，医患双方都可据以行事、恪守约定，免滋纠纷；如有纠纷，可用以裁决。其实，这既是对公证的无知，也是医方的一厢情愿。公证本身并无司法裁决的"法律效力"，它的"法律效力"仅仅在于证明签字的真实性并从而证明为之签字的约定条款是双方真实意思的表达，只有在进入诉讼程序，法院以经过公证的手术协议书为证据做出判决，才发生了"法律效力"。但这时有"法律效力"的是法院的判决，而非指公证书。何况，什么是应予公证的"高危病人""高难手术"？公证之后发生纠纷时不认公证书的账，最后不是仍旧存在纠纷，仍旧要上法院？更何况，病人赴医院就诊时交纳挂号费、诊断后交纳医药费等其他医院收费，这已是一次民事行为；当进行手术前，医患双方签订手术协议书，这又是一次民事行为，这两次民事行为过程中所实施的各种手术（尤其是患者或其家属在手术协议书上签字表示同意的手术），都表达了双方的合意，其核心真实意思是：患者选定了就诊医院及该院的医生，表示了对他们的信任，因而将健康乃至生命交由医方处置。患者完全可以用不去该医院、不交费、不签字的办法，拒绝特定医方而另攀"高枝"。公证在这里几乎可说是纯属多余的。公证只是在进入医疗纠纷诉讼程序而医方或者患方对签字的真实性提出异议时，才有作用。而当发生这种情况时，完全可申请笔迹鉴定，而无须做什么"医疗公证"。

三是放着十分现成的"法宝"不用而胡乱发愁。对因医疗纠纷而在医院行凶的歹徒，或在医院拉横幅、烧纸钱、限制医务人员人身自由的患者或其家属，或者触犯了刑法，或者触犯了治安管理处罚条例。根本不在"医疗纠纷是否有药可医"的问题讨论范围之内。如果一定要拿来讨论的话，那么，应该讨论的是：为什么这类刑事犯罪居然会变成了令各地头痛不已的"医疗纠纷"？是否应当查一查那些蛮不讲理者背后的"大红伞"、黑势力和恶势力？至于心理变态者、神经不正常者因医疗（而非医疗纠纷）而越轨行动，本是任何社会、任何时代都会有的事，完全不必放在"当前"中国医疗……的时域中来议论。1979年以来，我国的立法工作大大加快了，调处社会关系的基本法律法规已大体齐备。这些现成的"法宝"应加充分运用。在这个问题上，我们毫无疑问应当态度鲜明地站在"白衣天使"一边，为维护他们的合法权益而斗争。当然，往往有时是"事出有因"；甚至，经过调查也发现确有医方缺德、渎职、恶意而造成患者受害的。在这种情况下，必须区分两种法律关系、分清两种责任：一是医患关系中的医方责任，刑法已增加了若干条款用以处置违法犯罪的医务人员；二是患者和社会机构（这里是医院）关系中的患方责任。患方如果对医方不满，自可诉诸法律，而擅自打杀、拉横幅、烧纸钱等等，就从受害者变成了加害人、犯罪者，应受法律制约乃至制裁的。

当然，大量的医患纠纷并非起因于某些特殊情况，要使医患纠纷大幅度下降，还应讨论另一些问题。高度尊重患者权利，是这些问题中的主要方面。

二

高度尊重病患者的权利，应尽快提到议事日程上来。

现在，国际社会对患者权利问题是高度关切的。世界医师会总会于1964年发表的《赫尔辛基宣言》，美国全美医院协会于1973年发表的《患者权利章程》及1972年的《患者权利宣言》，世界医师会总会于1981年发表的《关于患者权利的里斯本宣言》等，都明确宣布，必须高度尊重病患者的权利。根据这些《章程》《宣言》的根本精神来看我国医患纠纷，有以下两个方面的问题值得研究：

第一，关于病历的所有权问题。

当医患纠纷进入诉讼程序时，病历（这里代指记载医疗过程的病历卡及相关的住院表、体温单、化验单、医嘱单、医学影像检查报告、手术及麻醉记录单、病理报告单等，下同）是十分重要的可用作证据的材料，往往还是唯一性的证据材料。我国民法规定有"谁主张，谁举证"的原则。患者要履行举证责任，拿到医方的过错证据，最重要的就是取得病历。但我国已沿用了50多年的现行病历管理制度，却对患者的取证十分不利，因为迄今为止，绝大部分患者的病历是规定由医院保管的。同时，由于医院保管病历，当发生诉讼而医方要修改病历时，患者无从得知、无法阻止，医方却比较方便，而司法机关往往无法查证是否被修改过。现行《医疗事故处理办法》规定，病历应该由医院指派专人妥善保管，严禁丢失、涂改、伪造、隐匿、销毁，如果发生这些情况，责任人要被追究行政和法律责任。但是，在人事档案都常被伪造、篡改的情况下，所谓对病历"妥善保管"云云，实在也只是一种良好的愿望。退一步看，即使病历全被"妥善保管"，当发生诉讼时，由作为被告的医方出具如此关键性的证据，也根本不符合现代法治国家对程序公正的要求。

这样，病历管理原则就成了引人关注的问题。这个问题的关键在于病历的所有权。

最近公布的《医疗事故处理办法》草案规定："患者有权查阅和要求复印门诊病历、住院表、体温单、医嘱单、化验单（检验报告）、医学影像检查报告、手术及麻醉记录单、病理报告单及国务院卫生行政部门规定的其他病历资料。""发生医疗事故争议时，病程记录、死亡病历讨论记录、疑难病历讨论记录、会诊意见、上级医师查房记录等病历资料，应当在医患双方在场的情况下共同封存。"这些规定，无疑有利于解决医患纠纷，但病历的所有权问题仍未涉及。因此，不免有"头痛医头，脚痛医脚"之讥。

其实，病历所有权是并不复杂的问题：既然是患者的病历，理所当然地属于患者。医方固然提供了纸张、摄影胶片等等，还在其上固化了医方的劳动（诊问、诊断、化验等等），但是这些都是患者付了费的，患者完全有权取走其病历。何况，病历上往往反映了患者的隐私，即使在不发生医患纠纷的情况下，患者也有权采取保证其隐私不被外泄的措施，包括自行保管其病历；此外，病情应为患者所知，因为他有知情权，而病历上有病情的详细记录。现行的病历管理制度,完全颠倒了所有权关系,毫无疑问不应再坚持。

当然,由于我国长期实行由医院管理病历的制度而形成的惯性,以及文化水平较低者为数甚多,他们往往不重视保存好病历,而一旦散失便极不利于诊断病情,强调病历所有权而忽视诸如此类的问题,也是不妥的。此外,从医方来说,一旦发生医患纠纷,可作证据的病历完全掌握在患者手中(因而也有可能被患者涂改),也是后患无穷的。

这样,进行多方面的综合权衡,似可明确规定以下几点:

其一,病历所有权属于患者;

其二,患者可自愿交由医方保管;

其三,在患者不愿交由医方保管的情况下,医方可复印保存;或者,双方协商一致交由独立于医患双方之外的第三方保管;或者,由政府有关部门在医院内或建立中介性保管机构代管病历。

在信息技术高度发达的今天,病历信息完全可以数字化,固化于软盘上。这就为解决病历所有权,保证及时调处医患纠纷处断证据创造了极好的条件。

现在,病历所有权属于患者的观念正在世界范围内广泛传播。欧盟、日本已在20世纪90年代相继制定法律,规定医疗服务提供者在患者或其代理人提出请求时,有义务提供他们要求提供的病历。美国也已有半数以上的州通过了内容相近的法案。在我国做出类似的法律规定,是到时候了。

第二,关于医患关系的性质问题。

医患关系的性质,与患者权益的保护和尊重密切相关。但对此现在有两种不同的意见。

我国卫生部有关负责人在2000年"3·15"前夕发表的谈话中,以公立医院为非营利机构,不能把医疗服务等同于商品交换中的普通服务为由,认为医患关系是一种特殊的民事关系,医疗纠纷是一种特殊的民事纠纷,医疗纠纷案例不应纳入"3·15"活动内容,不适用《消费者权益保护法》。

中国消费者协会对此明确持不同意见,认为医疗服务中的救死扶伤使医疗消费中的交换关系变得特殊了,但并不改变其性质。患者就医就是消费,而且是生存消费,是"必需"的消费,国际社会普遍认为无论公立还是私立医院,都是为病人服务的,病人都是消费者,患者在接受医疗服务的消费中的权益,是更为重要的权益,应当受法律保护。

我是赞同消协的观点的。首先,纯然的"公立医疗机构"在我国已大体上不复存在。尤其是实行"医保"改革之后,"医保"之外便如私立医院那样,实行的是"医院大门八字开,有病无钱莫进来"的原则。随着市场经济的发展,这种情况还将推进。所以,以"公立……"为由,已站不住脚了。其次,何为"特殊的民事关系"?犹如只是苹果、梨子、桔子而非其他水果一样,任何民事关系都是特殊的、具体的;一般的"民事关系""水果"都不过是抽象的概念。以"特殊的民事关系"一词,否定不了医患关系之"民事关系"性质。同样,以"特殊消费"一词,也否定不了医疗消费的"消费"性质。

其实，两种不同观点的分歧的症结，并不在于各自所持理由，而在于医疗事故判赔的数额问题。因为，在医疗事故判赔时，法院如果依据的是《消费者权益保护法》与《民事诉讼法》，完全可能判赔数十万乃至数百万元，而如果依据的是《医疗事故处理办法》，则往往只能判赔数千元至万余元的经济补偿。

这就不得不"追究"《医疗事故处理办法》有关赔、补金额的规定是否合理了。"追踪"至此，我们自然能够也完全应该指出，《医疗事故处理办法》的赔、补金额如此之小，实在是对受害患者权益的极大藐视，实在是对人权的极大藐视。说得严重一点，即是"视人命如儿戏"。

所以，关键是要提高到高度尊重患者权利上来认识医患纠纷问题。你不尊重患者的合法权益，你视患者的生命如同儿戏，你怎么可能处理好医患纠纷，怎么可能杜绝医患一般纠纷激化为恶性事件呢？

我在上文中反复强调了必须高度尊重患者权益的问题，因为在医患关系中毕竟患者一般总是受害者，是弱势方。这不等于说可以因此而忽视医方权利，可以用牺牲医方的权益来换取患方的欢心。正因如此，我在一开始就指出，必须依法打击那些蛮不讲理、横行不法的人，尤其是那些打砸医院、伤残医生的凶徒。我相信，在高度尊重患者权益的同时，狠狠打击随心所欲破坏正常医事秩序、伤害医生人身安全的犯罪分子，医患纠纷是不难得到妥善处理的。随着全民文化科学水平的提高，随着医务界医疗技术水准的提高，随着医患双方道德水准的提高，随着医事法制更加健全化、合理化，医患纠纷日趋下降是翘首可望、屈指可期的。

生命法学中的伦理问题[*]

古往今来，中外法学研究中，没有发现任何一种部门法比生命法与伦理的关系更为密切。因此，探讨生命法学中的伦理问题，是生命法学的重要课题。随着生命科技的高速发展，千百年来陈陈相因的传统社会关系正受到严重的冲击，提出了种种匪夷所思的法制需求。对这些法制需求，或顺或逆，都将引致伦理观的严重冲突。何去何从，孰是孰非，观点纷呈，针锋相对，牵动全世界人民的心，生命法学责无旁贷应做出回答。至于是非对错，则只能由实践来判定。

一

作为调节生命社会关系的法，生命法在近代以前的数千年里，始终处于量的积累的过程中，质的变化几无所见。其原因，概出于它所调节的与血缘、家庭相联结的那部分社会关系，一直处于几近绝对的稳态。其他部分的社会关系则了不相同。如经济社会关系，历经了奴隶制经济社会关系、封建制经济社会关系、资本主义制经济社会关系和社会主义制经济社会关系等的变化，从而形成了处理经济社会关系的奴隶制法、封建制法、资本主义法和社会主义法；从另一角度看，还有商品经济社会关系、计划经济社会关系、自给自足的小农经济社会关系，从而形成了商品经济法、计划经济法及小农经济法等。同样，不同历史时期出现的不同政治社会关系、军事社会关系、民族社会关系、国际社会关系会导致性质不同的行政法、军事法、民族法、国际法的出现，还影响刑法、诉讼法的质的变化。唯独以血缘为纽带的家庭作为社会组织的"细胞"诞生以后，与血缘、家庭相联结的社会关系——家庭社会关系，却绳绳继继、相沿相袭、无所变化。

当然，生命社会关系并非家庭社会关系，但二者的联系是极为紧密的。生命社会关系是人们为生命的孕育、生产、生存与健康而结成的社会关系。如医生与患者、与提出了

---

[*] 原载《科技前沿与未来》，中国环境科学出版社2003年版。

健康需求者的关系，从事生命科技研究的组织、个人与社会各界人士的关系，等等。由于所有的患者或者提出健康需求者都属于这一或那一家庭，所以，医生、从事生命科技活动的组织和个人，也就同家庭发生了直接的关系。家庭社会关系不变，生命社会关系也就不变。近代以前，一方面，社会稳定的需求，要确保家庭这一社会"细胞"处于稳态；另一方面，科学技术尤其是生命科技的发展水平，也并未造成既定家庭关系解体的条件，甚至没有任何触动家庭稳态的可能。

近代以来，生命科技的发展则常常要触动家庭社会关系的稳性存在状态；而当代的生命科技发展，甚至可能彻底搅乱原先的家庭社会关系。以人类辅助生殖技术中的异源人工授精为例。异源人工授精（AID）由于与妻子的卵结合的是第三人的精子，势必产生如下严重影响既定家庭关系的问题：一是，这种方式下的精卵结合与通奸致孕下的精卵结合毫无二致；二是，所产子女与母亲的丈夫的关系，说不是父亲却又是母亲的丈夫，说是父亲却又"源于"母亲与第三人的卵精结合。由以上二者还会旁枝繁出地发生一系列影响其家庭关系的问题，如：新生儿与兄弟姊妹的关系（如果有的话）；新生儿的继承权问题；父亲与新生儿的权利义务关系问题（包括供精者与他的权利义务关系和抚育他的父亲与他的权利义务关系）；等等。显然，所有这些"关系"和问题，都是此前既成的家庭社会关系所从未与闻的。人类辅助生殖技术中的其他一些技术，则会引致产生更复杂的社会关系问题。如夫妻借卵又借精还请了"代理母亲"，几乎把原先的以血缘为纽带形成家庭的社会关系模式彻底搅乱了。安乐死、器官移植、人体克隆甚至最为简单的避孕技术等等，都使家庭社会关系的稳态受到莫大的震撼，其结果便是带来全新的法制需求。经过反反复复的伦理交锋，有的方面立了法，如器官移植法、人类辅助生殖技术法；有的方面仅极少国家立了法，如安乐死法；有的方面则遭到各国的全面反对，目前，不可能立法首肯而只会立法否定，如克隆人法。

如上所说，由于生命法所调整的生命社会关系和受它严重影响的家庭社会关系在近代以来发生的激剧变化，生命法实际上可分为两类：一为近代以前的调整传统生命社会关系的传统生命法，即流行习称的医学法、医疗法、医药法、卫生法等；一为近代以来发展起来调整非传统生命社会关系的非传统生命法，又称新型生命法，包括堕胎法、器官捐赠与移植法、人类辅助生殖技术法、安乐死法、脑死判定法、基因技术法、克隆人法（实际上目前只是反克隆人法）等等。

这两类不尽相同的生命法所涉及的伦理学问题，也是大异其趣的。

二

传统生命法所涉及的伦理学问题，主要有以下几个方面：

第一，救死扶伤，发扬医学人道主义。

由于传统生命法以医疗卫生法为主体,而医疗卫生法所涉及的多为医患关系,因此,医生对处于生命危机中的患者抱何态度、负何责任,就不但要以法律加以规范,而且要有建立在高尚伦理道德基础上的舆论予以制约。在这里,法律规定与伦理要求是一致的。也就是说,有关的生命法律规范以伦理道德的切实支持为基础。如汉代的医药卫生法规定,对不愿以其医技救助病患者的人要加惩处。据《汉书》记载,医术高明的淳于意,行游诸侯,不以家为家,不给病人治病,引起病家怨恨,汉文帝曾下令押淳于意赴长安准备处以死刑。① 中华医学史上著名的"神医"华佗被曹操处死的原因是他"为人性恶""且耻以医见业",还曾诈称妻子有病而请假不归。② "性恶"而不能以其医术救死扶伤,不愿发扬医学人道主义,是淳于意差点毙命、华佗未逃一死的原因。有关的惩处在当时是合法的,而且它得到舆论的伦理支持。

医学人道主义形成之久,中外皆然。"作为以关心病人身体健康、同情自愿为之消除疾病痛苦的这样一种人道主义,是自古以来就有的。在古希腊希波克拉底的《誓言》中、我国唐代孙思邈的《千金要方·大医精诚》中和其他东西方许多著名的医德文献中,都有充分的体现。"③

时至当代,救死扶伤、发扬医学人道主义被提到了更高的地位,几乎所有国家关于医师执业的法律,都将此列为最重要的规范之一。我国《执业医师法》规定:"医师应当具备良好的职业道德和医疗执业水平,发扬人道主义精神,履行防病治病、救死扶伤、保护人民的健康的神圣职责。"(第三条)

第二,"博施济众""普救含灵"。这是对"救死扶伤,发扬医学人道主义"的具体化。指的是以博爱的精神对待一切患病的人,而不计患者的一切条件,不分高卑贵贱、贫富亲疏,一律真心救助。孙思邈在《千金要方·大医精诚》和《千金要方·大医习业》两篇中强调"人命至重,有贵千金,一方济之,德逾于此",因而对病人应"普同一等",有"大慈恻隐之心,誓愿普救含灵之苦";"若有疾厄来求救者,不得问其贵贱贫富、长幼妍媸,怨亲善友,华夷愚智,普同一等,皆如至亲之想"。晋代名医杨泉,元代名医朱丹虚,明代名医龚廷贤、闵自成等都在这一方面身体力行,留下了千古美名。

以博爱的精神对待一切患病的人,在联合国大会1982年12月18日通过的《关于医务人员特别是医生在保护被监禁和拘留的人不受酷刑和其他残忍、不人道或有辱人格的待遇或处罚方面的任务的医疗道德原则》中,得到了最明显的体现。"被监禁和拘留的人"都是异己者甚至往往是敌对者。根据该《原则》及其附件对他们尚且"有责任保护他们的身心健康",要"向他们提供同给予未被监中拘留的人同样质量和标准的疾病治疗",那

---

① 邓公平主编:《医药卫生法学》,上海科学技术出版社1989年版。
② 《方术列传·华佗传》,《后汉书》卷82(下)。
③ 卢启华主编:《医学伦理学》,华中理工大学出版社1997年版。

么,对于其他人该采取何种态度,措施,就是不言自明的了。

第三,廉洁清正,作风正派。

医家不能不食人间烟火,收取一定的医药费用乃在情理之中,但不应贪图钱财,而应廉洁清正。这被古代中国医家视为重要的道德戒律之一。因此,一些廉洁清心的医家事迹,就会被广泛传颂并视为医界佳话。如三国时的名医董奉为人治病不收钱财,凡重病愈者以栽杏五棵为酬,轻者一棵,如此数载,竟得十万余棵的杏林一大片。他又将每年所收之杏,资助求医的穷人。所以,留下了"杏林春暖"的佳语。今天,还常看到以"杏林"代称医生、医界,可见廉洁清正,不贪钱财是医界的基本道德。

医事是与人体打交道的,作风正派,不涉淫邪,就成了对医生的道德要求。我国古代医典《医家五戒十要》《小儿卫生总微论方》等,对此都做过论述。明代陈实功的《医家五戒十要》中规定的"凡视妇女及孀妇尼僧等人,必候侍者在旁,方入房视诊,倘旁无伴,不得自看",虽然从今天来看不免"封建",但其中透露的作风严律精神都仍有其积极的、重要的意义。

第四,精益求精,不断提高医疗水平。

没有高超的医技,任凭你如何博爱仁慈、清正廉洁,也"无奈小虫何"。因此,不倦学习,精益求精,不断提高医疗水平,就成了医家道德自律,也成了公众对医家的道德要求。明代医家徐春甫指出:"医本治人,学之不精,反为夭折。"① 他十分简明地阐述了提高医术之成为道德规范的理由。而这一点,孙思邈在《千金要方·大医精诚》篇中也曾指出过:"学者必须博及医源,精勤不倦,不得道听途说,而言医道已了,深自误哉!"我国民间口头指责那些医术低下、敷衍了事的走方庸医为"江湖郎中",犹如指称其为医界之道德不良者。就是这一方面的一种道德批判。

我国《执业医师法》将"努力钻研业务,更新知识,提高专业技术水平"(第二十二条第四项)列为医师必须履行的义务,我国台湾的"医师法""助产士法""护理人员法""营养师法"及"药师法"等,均无这一方面的规定。这说明了我国大陆的生命立法更重视伦理人法的特点。

第五,保护患者的隐私。

古希腊名医希波克拉底在《誓言》中表示"不管与我的职业有无关系,我所耳闻目睹的关于人们的私生活,我决不到处宣扬、我决不泄漏作为应当保密的一切细节"。1953年的《护士伦理学的国际章程》规定"护士对病人的个人情况保密"。我国《执业医师法》规定:"关心、爱护、尊重患者,保护患者的隐私。"(第二十二条第三项)我国台湾"医师法"规定,医师"对于因业务而知悉他人秘密,不得无故泄露"(第二十三条)。这一规定还延及"助产士法""护理人员法"等,表明了对尊重与保护患者隐私的道德原则与法律要求。

---

① [明]徐春甫:《古今医统》。

以上五者，都与稳态家庭社会关系不相抵触，其中有的还直接、间接地有利于维持或加强家庭社会关系的稳态存在。医生的救死扶伤、博施济众、精益求精，可使家庭中患病成员的健康得到保障或除病去疾，这当然对家庭社会关系稳态的维护十分有利。而清廉正派、保护隐私则更为直接地关系到家庭的稳态存在。明代陈实功的"五戒十要"虽然失之封建，但在当时乃至整个封建制时代，都被视为维护家庭社会关系的绝对安全的必要道德戒律。在此基础上，甚至发展出了"牵线搭脉"的诊断之术，可见这一戒律在实际医疗工作中的严格与严肃性之一斑。

三

非传统生命法一方面继承了传统生命法所蕴含的基本伦理道德原则，另一方面又有了创新性的变化。这些创新性的变化有时与传统伦理观完全相悖，因而在其确立的过程中往往历经激烈的争论，某些争论至今仍在进行。主要表现在以下几个方面：

第一，堕胎法所体现的医学道德的变化。

近代以前，世界各国尤其是中国都把"人丁兴旺""多子多孙"看成是家庭发达的重要标志。传统生命法当然也以规范医事行为，使之以保证生命的孕育与生产的安全顺利为务。这样，有关的医德如救死扶伤、博施济众、精益求精，都以此为指针而发挥其作为生命法基础的作用。但近代以来，人口的激剧增加（以至有"人口爆炸"的危机）使得人们在生育问题上的价值观发生了重大变化。医学技术的发展，又在大大降低婴儿死亡率的同时，使堕胎成了简便的事。此外，妇女走出家庭参加社会经济、政治和文化活动的权力的扩张，也提出了减少生育、计划生育的客观需求。这样，堕胎法（人工流产法）就呱呱坠地，应运而生了。

但堕胎法所蕴含的伦理学道德观都是"史无前例"的。这至少表现在以下几点上：一是该法保护的不是胎儿的生，而是他（她）的死；二是该法对家庭的影响不是"儿孙满堂"而是少生少育。此外，各国的堕胎大多为婚外孕、未婚先孕以及少女怀孕等严重影响家庭社会关系的事件严格保密，这也与原先的尊重与保护隐私大异其趣，与保护坦荡磊落的家庭社会关系都南辕北辙。

第二，安乐死法所体现的医学道德的变化。

传统生命法最重要的伦理基础是救死扶伤，发扬人道主义。"救人一命，胜造七级浮屠"的宗教教条，和救人生命是医生的最高天职的传统生命法规范，及博施济众、普救含灵等的道德要求，几近如出一辙，总之是救人之命高于一切。但安乐死法都肯定在特殊情况下可以赐人以死。这似乎与传统伦理观、宗教教条、传统生命法的规定彻底背道而驰。正因如此，迄今为止，全世界只有几个国家通过了安乐死的国家立法。此外，美国加利福尼亚州于1957年制定了《自然死法》到1984年已在15个州和哥伦比亚特区都通过了死的权利法案；我国台湾于 2000 年制定了"安宁缓和医疗条例"，规定"为减轻或免除末期病人之痛苦……不施行心肺复术"，实即支持安乐死。但这些都不是国家立法，而是地区立法。

在安乐死问题上，出现了一种相当奇特的现象：安乐死立法在少数几个以外的所有国家，都迟迟未能通过，而社会调查都证明，它是得到大多数公众支持的。例如，早在 1987 年，北京有关方面做了 500 例的问卷调查，其中 399 人认为我国可实行安乐死，占 79.8%；同年 2 月，中央人民广播电台收到 350 多封听众来信，有 90% 的人赞成实施安乐死；而在 2001 年底所做的有 1 万多名网友参加的调查表明，其中 83.39% 的网友赞同实行安乐死，不赞同的仅 11.19%，其余 5.42% 为"说不清"。[①]

邱仁宗先生在谈到安乐死的伦理根据时，指出了可以对安乐死首肯的 3 条理由：一为安乐死的对象仅局限于脑死或不可逆昏迷的病人或死亡已不可避免，治疗甚至饮食都使之痛苦的病人；二为安乐死有利于死者家属，可把他们从勉为其难地承受极大的感情与经济压力的情况下，去维持一个无意义的生命的困境中解脱出来；三为可使社会的有限资源合理使用于急需之处，为救治鳏寡孤独、残疾人、年老体弱者等。[②] 事实上，公众也赞同这些观点，但伦理道德上的习惯势力至今仍使安乐死法在各国难以通过。

不过，可以预期的是，势所必立的安乐死法，将会在越来越多的国家被制定实施。因为支撑安乐死立法的医学伦理道德的巨变，已成不争之事实。

第三，器官移植所体现的医学道德变化。

"身体发肤，受之父母，损之不孝"，这是中国千年流传的古训。

这些理由当然是可以成立的。传统生命法也以保护人们的肢体健全为务。许多文化水平甚低的人还认为有所谓"来世"，甚至指望死后复活。这一切，共同构成了传统伦理道德对肌肤肢体的保护，对器官移植的对抗。但器官移植法都反其道而行之，允准在一定的前提下从活体或尸体上摘取器官，移植到另一个人的身体上以救治其疾病。

法律对器官移植的首肯，同样历经了对传统伦理道德的抗争。较早论证器官移植合乎道德的是美国学者肯宁罕。他在《器官移植的道德》中写道："为什么一个人间接为邻居，尚且可以牺牲生命，现在为了同样的目的，直接牺牲的还不是生命，难道就不行了吗？"[③] 还有学者以"整体性"的原则论证器官移植的道德可允性，认为一个病人舍弃一个脏器而成全另一个成为完美的人，乃道德高尚的表现，社会不应反对而应赞许之。有意思的是，天主教德从基督的仁爱精神出发，对器官移植也持赞成的态度。在经过反反复复的论争之后，终于在许多国家制定了器官捐赠法与器官移植法。

---

① 《安乐死离我们有多远》，《人民法院报》2001 年 12 月 28 日。
② 邱仁宗：《生命伦理学》，上海人民出版社 1987 年版。
③ 卢启华主编：《医学伦理学》，华中理工大学出版社 1997 年版。

器官捐赠法与器官移植法一般都以自愿为前提，即捐赠者生前表示同意，或其最近亲属在其死后表示同意。此外还有一些国家的有关立法同时还采取了"推定同意"的原则，即器官所有者本人或其最近亲属未做特殊申明或登记表示不愿捐献，则以愿意捐献论定。苏联还实行了"需要决定"原则，即根据拯救生命的实际需要和死者的具体情况，不必考虑死者或其家属的意见而决定是否摘取其器官。"推定同意"尤其是"需要决定"原则，在对传统医学道德的悖逆是走得很远，极少得到同情与支持；而以自愿为前提的器官捐赠与移植，则得到了广泛的赞同，这表明医学伦理观的社会整体的重大转变。

第四，人类辅助生殖技术法体现的医学道德的变化。

人类辅助生殖技术法如人工授精法、代理母亲法等等，如前所说，严重地触动、改变了既定的家庭社会关系。比前面所说各项非传统生命法更严重地挑战了传统的医学道德。传统医学道德的使命是保证人体健康、维护家庭社会关系的稳定。但人类辅助生殖技术法的实施却有可能破坏这种家庭社会关系。如代理母亲的出现就是这样。一个单身男子使用代理母亲，与单身女子使用 AID（异源人工授精）在一起，就会破坏一夫一妻制的家庭形式。代理母亲供卵、受精、怀孕、生产，但只以此收取报酬却不抚养孩子，这种商业化行为以及非传统生命科技、非传统生命法对此种行为的支持，也与传统医学道德以救死扶伤等等原则不可同日而语。

现在，全球的试管婴儿已多达 30 余万人，许多国家的人工授精法等业已施行日久。但关于人类辅助生殖技术法的伦理观争议还在进行之中。一方面，人们持赞成态度，认为这对社会的发展是积极有利的，可以解决不育和不宜生育问题，可以提高人口素质，还可为家庭计划生育提供生殖保险；另一方面，人们又提出一系列值得疑虑的伦理学问题，这些问题主要有：非传统生命法所允准的人工生殖技术，对传统的婚姻、家庭、亲子、亲属关系造成的巨大冲击，会引致一系列社会问题；人口过剩会因此加剧；精子、卵子的商品化可能带来的各种问题和道德危机；由此造成的单亲家庭和同性双亲家庭的大量出现可能造成家庭瓦解和社会混乱；等等。

此外，人体克隆技术正在日益迅速地发展，它也提出了一系列法制需求，更形成了对传统伦理道德观方面的巨大的冲击。

综上所述，非传统生命法与传统生命法相比较，在伦理基础上的巨大变化是：

1. 传统生命法极端重视人之生存，唯生为上；非传统生命法在重视人之生存的同时，也尊重人的选择死亡的权利。

2. 传统生命法以保守个人人身肌肤肢体的完整为务，即使对死人也不例外；非传统生命法则首肯器官捐赠、移植，以保守人类集体的健康为务。

3. 传统生命法对家庭的血缘关系高度重视，不允许血缘关系的丝毫混淆；非传统生命法则在一定的情况下首肯血缘关系的改变，对非血缘关系家庭的建立持肯定的态度。

4. 传统生命法高度重视家庭社会关系的稳态，不允许任何动摇家庭社会关系的举措，不允许在辈分这一"伦常"问题上动摇家庭社会关系;非传统生命法则在一定的情况下首肯家庭模式、辈分关系和家庭社会关系的全盘改变。

四

从传统生命法到非传统生命法在伦理观点的重大转变,启迪我们深思这样一个问题:生命法学应当如何看待,如何对待生命科技进步对固有伦理观的冲击。窃以为,在以下几点上,是可以达成社会性共识的:

第一,生命科技的进步,是任何力量无法阻挡的。

科学技术作为"第一生产力",已被历史屡试不爽地证明,其发展、进步是必然的、不可阻挡的。中国在汉、唐时代曾创造过璀璨的科学文化,其时经济之发达、社会之繁荣,为全世界以为观止。但宋代以后却逐渐走了下坡路。封建统治者以科学技术为洪水猛兽,斥之为"奇技淫巧"。其结果是我国近代以来的被动挨打、丧权辱国,而欧美国家则欣欣向荣,其科学为技术一日千里地发展、迅即形成了主宰全球的力量。但人为的力量只能阻止我国科技进步之一时,中国人民目睹国外科技发展导致的社会进步,急起直追,现在正一枝独秀,如日中天、蒸蒸日上。当然,外国也曾有过阻止科技发展的黑暗时期,布鲁诺被投诸火刑,伽利略则瘐毙狱中。但"天方地圆"终究战胜了"天圆地方"的谬说,望远镜则大大拓展了人类的视野,"上帝造人"的鬼话也越来越失去了听众。同样,生命科技的每一进步虽然最初总是遭到反对、抵制甚至围攻打击,但近代以来生命科技不仅没有停止发展的脚步,反而以加速度突飞猛进地高速发展着,现在则到了有识之士共同欢呼的"生命科学世纪"。

第二,生命科技的进步,势必改变生命社会关系和家庭社会关系,已确切还在激剧地改变生命社会关系和家庭社会关系。30余万试管婴儿的面世和健康成长,早已把20世纪70年代那一片反对人工授精的喧嚣鼓噪,作为笑料彻底推翻了。它所改变的生命社会关系以及家庭社会关系,也得到社会的承认。这可从人类辅助生殖技术立法在各国大都通过得到铁证。如一般来说,同任何事物都处在运动状态中一样,生命社会关系、家庭社会关系也不可能处于静止状态之中。数千年的封建制度下所出现的生命社会关系、家庭社会关系几近绝对的稳性状态,绝不是好事,而是坏事。封建时代的绵延冗长,与生命社会关系、家庭社会关系的稳态,互为因果。因此,生命科学关系、家庭社会关系之改变,才是值得欢迎的。何况,它们都是随着生命科技的变化而变化、发展而发展、进步而进步的。

第三,伦理观作为客观存在的生命社会关系、家庭社会关系的反映,只有随着后者的改变而改变、发展而发展、进步而进步,才是它们的生存之道和康庄大道。如果后者改变、发展、进步了,伦理观却一仍旧贯、裹足不前、无所改变,那就只能被批判、被淘汰、被鄙弃。同理，如果谁总是顽固地维护旧伦理，成为旧伦理的卫道士，那么不管多么振振有词，不管还有多少听众、观众或忠实的群众，到头来也只能被批判、被淘汰、被鄙弃。现在还有多少人以伦理的名义在反对人工授精而不为大众所讥讽、所嘲笑、所鄙弃呢？

因此，结论只能是：生命科技的发展必然改变生命社会关系与家庭社会关系，并必然最终改变人们的伦理观，而生命法无疑应当肯定新型的有助新生的生命社会关系与家庭社会关系的伦理观的确立。

生命法定义论[*]

生命法是生命法学的最基本概念。首当其冲,研究生命法学必须首先论述生命法之定义,否则,必将"盲人摸象"各言其是,使生命法学研究陷于混乱。

一、生命法概念的提出

邓公平先生最早提出了"生命法"与"生命法学"这两个概念。在他主编的《医药卫生法学》一书中,他写有"现代科学技术与生命立法"一章,其中第二节为"生命法的原则",第三节为"生命法的若干进展"。他指出:"至今为止,有关生命科学的法律问题,人们总是把它纳入伦理的范畴。看来,这样的研究模式需要转变,因为它模糊了伦理与法律的界限,从而削弱了法律的权威性。生物技术的进步和新的法律关系的产生要求生命法律从伦理学母腹中分娩出来。"他还预见"现代科技对生命法学提出的问题很多,估计会越来越多"。[①] 这些篇目与判断表明,邓公平同志是"生命法"与"生命法学"概念的发明者。可惜的是,他仅仅提到了这两个概念而未加定义,更未做详论。但提出这两个概念是一件很值得纪念的事。

同样十分可惜的是,迄今我们仍未见法学工作者着意于生命法定义的界定。无论是业已发表的关于生命法学的文章,还是几次生命法学理论研讨会上的发言,都未见议及生命法定义的。

需加指出的是,有一些学者论述"生命法学"时,实际上是论述"生命法",为"生命法"下定义。例如,蒋坡先生在《现代生命法学的科学内核》中认为:"生命法学是调整关于人体及其他各种生态体中各种生物活性物质的生存与死亡所产生的社会关系的法律规

---

[*] 原载《科技与法律》2003 年第 3 期。
[①] 邓公平主编:《医药卫生法学》,上海科学技术出版社 1989 年版,第 48、59 页。

范的总称。"① 显然，将上列引文中的"生命法学"置换成"生命法"也许更妥当些。不过，谓"生命法"是"调整人体及其他各种生态体中各种生物活性物质的生存与死亡所产生的社会关系的法律规范的总称"仍有严重弊病，因为这实际上把调节一切动植物甚至微生物的关系也纳入其中了，但这是前文业已述及的另一方面的问题。

二、关于生命法的若干定义

与生命法定义接近的是一些学者为"医药卫生法""医学法"所下的定义。

陈力行等先生主编的《医学法学概论》认为："医学法是由国家机关制定或认可，并由国家强制力保证实施的有关医学方面的行为规范的总和，是掌握政权的统治阶级的意志和利益在医学领域的具体体现。"②

达庆东先生主编的《卫生法学纲要》认为："卫生法是指由国家制定或认可，并由国家强制力保证实施的旨在调整保护人体健康活动中形成的各种社会关系的法律规范的总称。"③ 他还认为卫生法有广义和狭义之分。狭义的卫生法仅指由全国人大及其常委会所制定的各种卫生法律；广义卫生法则还包括被授权的其他国家机关制定颁布的从属于卫生法律的在其所辖范围内普遍有效的法规和规章，如卫生条例、规则、决定、标准、章程、办法等，还包括宪法和其他部门法律中有关卫生的内容。

上述二定义沿用了流行的关于"法""法律"的定义的核心性术语。前一定义指出了医学法的特点是"有关医学方面的行为规范"，从而使医学法与任何其他法相区别。这对定义"生命法"是有启迪意义的；后一定义指出了卫生法的内涵是"调整旨在保护人体健康活动中形成的各种社会关系……"，比较准确地抓住了生命法的根本点。不过，流行的法定义现在已有了很重要的修正，此其一；其二，我认为，一切关于部门法的定义都没有必要引述"法"定义的内涵，只要点明该部门法的特点及其作为"法"的性质就可以了。

邓公平先生主编的《医药卫生法学》指出："医药卫生法所反映的是维护和恢复人的生命健康这一特有领域内的人与自然，人与人之间的关系。"④

该判断点明了医药卫生法的主要内容，相当简明，略事修饰也可成为定义。至于其中提及"医药卫生法"有"维护和恢复人的生命健康这一特有领域内的人与自然……的关系"云云，前文我已述及，这是不妥当的。法只调节社会关系，不可能直接调节人与自然的关系。目前闹得沸沸扬扬的关于"克隆人"的立法问题，无论赞成与否，都指向人际社

---

① 蒋坡：《现代生命法学的科学内核》，《生命法学论丛》，文汇出版社1998年版，第9—16页。
② 陈力行等主编：《医学法学概论》，南京大学出版社1988年版，第1页。
③ 达庆东主编：《卫生法学纲要》，上海医科大学出版社2000年版，第12页。
④ 邓公平主编：《医药卫生法学》，上海科学技术出版社1989年版，第1页。

会关系的处理。坚决否定者所持理由是，如果允许"克隆人"，将导致彻底搅乱传统伦理关系。伦理关系就只是社会关系。

三、生命法定义之我见

有鉴于上述看法，我为"生命法"试做如下定义：生命法是调整生命社会关系的法律。这一定义的内涵包括两项：

一为"生命法是法律"。这样界定，是为了将生命法与其他一切类型的社会规范加以区别，如与宗教规范、道德规范、技术规范等相区别。

二为"生命法调整生命社会关系"。这样表述，是为了将生命法与其他法律区别开来，如与宪法、刑法、民法、诉讼法等区别开来。也可将广义的"法律"用狭义的"科技法"加以置换。如置换之，则就连其他科技法如专利法、半导体法、科技进步奖励法等也可区别开来了。

当然，上述定义中的"生命社会关系"还要详加阐述，但作为"生命法"的定义，表述到"调整生命社会关系"也就足够了。

至于"生命社会关系"，我曾定义为：所谓"生命社会关系，是指与人的生命存在、健康、长寿、永生相关的社会关系"。对此，我在《生命法学研究略论》一文中曾做如下解释：

> 与人的生命存在相关的社会关系，是指血缘关系、血缘伦理关系、类血缘法定关系。这些关系早在古代就受到思想家、道德家与法律学家的关注。思想家从国家、社会、经济、历史、政治等等不同角度加以论述；道德家设定种种道德戒条加以约束；法律学家则通过立法、释法及法理阐述加以规范。其中，类血缘法定关系，诸如监护关系、收养关系等，同样地受有关血缘关系的法律调节。
>
> 与人的生命健康相关的社会关系，是指为保护人的生命健康，群体中的生命个体在处理自身尤其是对待与处理群体中的其他人的利益过程中所结成的社会关系。如医师与病人的关系、医药机构与公众的关系、环境管理中形成的关系等等。[①]

一般的长寿与健康关系更密切一些，但超长的长寿则接近于与永生的关系更密切一些。这里，我在两种意义上使用"永生"这一概念：第一，人体器官的永生，指人体整体死亡之前，某些器官的无疾保证、有疾必治、失而复得等等。断指再植已臻巧夺天工的境地，眼球、脏器的移植已有很高的成功率。因此，当人体整体未死亡时，可以视为这些器

---

① 顾肖荣、倪正茂主编：《生命法学论丛》，文汇出版社1998年版，第3页。

官有永生之能力。第二，人类个体的永生，指人的复制及一切器官均可复制并调换情况下现存个体的永不消失。与人的生命超常长寿及永生相关的社会关系，是指因器官移植、复制及人体复制而发生的社会关系。

在本文中，我对生命社会关系的定义做了重要的修正："生命社会关系是指由生命科技活动而发生，为着生命科技的发展，可据以协调生命科技劳动者、生命科技劳动组织和生命科技劳动管理机构内部关系以及相互关系，并可据以协调上述各方面与相关的自然人、法人的关系的一种社会关系。"①

这样修正，是出于以下几点考虑：

首先，这一定义可与"科技社会关系"的定义相衔接。生命社会关系既是科技社会关系的下位概念，自然应与上位概念——科技社会关系保持一致。

其次，这一定义既涵盖了传统生命社会关系，又涵盖了非传统生命社会关系。而原先的定义较多地侧重于传统的生命社会关系。实际上，安乐死及拟议中的人体克隆方面的法律调节，与一般的人的孕育、生产、存在、健康等的关系已有很大的不同；而器官移植、人工授精等等，虽与人的生产、健康直接相关，但与传统医学科技所引发的社会关系，也有重大的区别了。这样，以比较概括的语词加以表述，似是较为妥当的了。

四、生命法定义的广延性

上述生命法定义的外延显然大于既成的关于医学法、医药卫生法和卫生法等概念定义的外延。

医学法被人们定义为"有关医学方面的行为规范"②。这样定义应当说主宾是相称的，符合形式逻辑关于定义相称的要求。但也因此将定义的外延局限在了"医学方面"这一狭小的范围之内了。也许这里的"医学方面"既包括诊断与医疗，还包括用药，包括预防性的卫生工作方面等等。作者实际上还以专章分别论述了"福利保健法""卫生防疫法""食品卫生法""国境卫生检疫法"以及"药品管理法"，就是证明。但是，既然如此，以"医学法"相名并加以定义，就有点"削足适履"之弊了。该书还另撰了"脑死亡、器官移植与法律""生命科学与法律"及"现代医学立法的难题及对策"等三章，大大越出了"医学方面"的范围。因此，从其实际内容看，用"医学法"的概念并加定义，是不妥当的。

邓公平先生主编的《医药卫生法学》出版于《医学法学概论》之后，也许是已经窥见了"医学法"概念外延较窄之弊，因而做了补正，用"医药卫生法"取代"医学法"，把外延明确扩大到了"医疗法""医药法""卫生法"。但"医药卫生法"同样涵盖不了"非传统

---

① 顾肖荣、倪正茂主编：《生命法学论丛》，文汇出版社 1998 年版，第 67 页。
② 陈力行等主编：《医学法学概论》，南京大学出版社 1988 年版，第 1 页。

的生命社会关系的法律调整"①问题。

《卫生法学纲要》一书关于"卫生法"的定义，从抓住"法是调整社会关系的工具"这一要点来说，是相当成功的，但"生命社会关系"不仅只是"保护人体健康活动中形成的各种社会关系"。这样"窄化""生命社会关系"，有可能把诸如人工授精等引发的生命科技工作者之间的关系以及他们与"试管婴儿"的关系等排除在外了。

与上述情况不同，"生命法"概念及其定义，因其具有相当的广延性，不仅可以涵盖传统的"医学法""医疗法""医药法""卫生法"等，而且可以涵盖非传统的生命社会关系的法律调节，如关于器官移植的法律调节、安乐死的法律调节、基因技术的法律调节、人类辅助生殖技术的法律调节等。

但问题还有另一方面："广延不是"无垠"。在生命法学的初步研究中，甚至在医药卫生法学的研究中，都出现了越出我们所说的"生命法"范围的情况。这主要可归纳为以下几个方面：

其一，有的同志将"食品卫生法""环境保护法"列入了医学法（即我们所称的生命法）的范畴。诚然，食品卫生、环境保护等，与人的生存、健康、长寿有着直接的关系，食品卫生法、环境保护法也调节生命社会关系的某些方面，但是，第一，生命法调节的是与生命科技相关的生命社会关系，如与医疗卫生科技、基因技术、器官移植技术等相关的生命社会关系，而食品卫生法、环境保护法主要是涉及有关方面的管理问题，与保证人的生存、健康、长寿的生命科学技术关系较远；第二，食品卫生法、环境保护法等已有既定的法学部门在做研究，生命法学不介入也无碍。因此，我意以不涉及食品卫生法、环境保护法等为好。

其二，甚至有人拟将刑法学、民法学中早已深入研究，并由刑法、民法直接调整的一些方面拉到生命法调节的范围中来，我以为这是更不妥当的。例如，两人互殴致其中一人死亡，狱警渎职致囚犯瘐死监所；又如制造、贩卖、运输毒品，也被一些医药卫生法学工作者列入医药卫生法调节的范围。这些当然涉及人的生存问题，但它与生命科技无关，且早已由刑法加以规范，因而生命法不必涉足其间。又有同志拟将男女婚媾也纳入生命法范畴，这同样不妥，因为这些方面早已有民法、婚姻法在调节了。

我以为，在谈到生命法及其定义时，必须把握以下几个基本点：

1. 生命法及其定义必须与生命科技、生命社会关系相关；
2. 生命法及其定义应与医疗、医药、卫生方面的生命社会关系紧密相连。

此外，一般地说，传统的行政法、民法、刑法业已介入的领域，生命法就不应重复介入了。当然，生命法和行政法、民法、刑法会有某些交叉复叠的地方。如医事犯罪，我国现行刑法特地作了一些新的专门规定。生命法可以涉及这些方面，但无论如何不能

---

① 张小红：《生命法调整对象初探》，《生命法学论丛》，文汇出版社1998年版。

引为重点。

以上是虑及生命法的广延性时必须认真注意的两个方面，既不能过窄，也不能过宽。

五、生命法定义的动态发展

生命法定义动态地发展着。这是因为，随着生命科技的进步，生命社会关系会不断地演变，其内涵会不断地变化，有关的法律调节手段也会随之改变。

生命法定义的动态发展最初表现在从"卫生法"到"医药卫生法"等的变化上。但这一变化只是对当时所有的生命社会关系法律调节的表述有所改变的反映，并无实质性的意义。真正有意义的是从"医药卫生法"等等到"生命法"及其定义的出现，因为后者划定了一个远比"医药卫生法"定义更宽的范围，即从调节传统的生命社会关系，发展到了既调节传统的生命社会关系，也调节非传统的生命社会关系。这一变化是由生命科技的进步引起的，它引致生命社会关系变化，从而导致调节手段的变化，导致有关定义内涵的变化。生命法定义的这一变化本身，也包含着不同的阶段。从现有资料看，显然是人类辅助生殖技术的法律调节、器官移植的法律调节等发生在前，随后才发生基因技术法律调节问题，而"克隆人"的法律问题，更只是近一二年的事情。

对生命法定义的动态发展，不仅应注意生命科技的最新发展和生命社会关系法律调节的最新需求，从而不失时机地了解、把握该定义内涵的最新发展，而且应注意随着社会的进步和历史的推进，某些原先为生命法调节的内容，逐渐被法律规范所舍弃，变成道德规范等一般性社会规范，或以其他部门法规加以调节，生命法可以不再关顾。近缘血亲不得结婚曾是古代生命法"天字第一号"的内在要求和主要规范。行之既久，在许多国家里已经不再是生命法的内容，或为婚姻法规范所替代，生命法不再涵盖。

将来生命法定义如何发展，这是一个实践问题。当代生命科技日新月异，很难预见一二十年以后生命科技会有怎样的突破，生命社会关系会提出什么新的法制需求，有关的法律调节手段会发生怎样的变化。但有一点是肯定的：重大的生命科技进步必定引起生命社会关系的重大变化；生命立法必须紧步其后，适应新型生命社会关系的新的需求；整个生命法制也应随之有所变化。总之，生命法不会也不能停止其动态发展。

辅助生殖技术法的法理学探析*

一、辅助生殖技术法定义论

辅助生殖技术法是随着现代生命科学技术的飞速发展而产生的一类新兴立法，其产生并最终随着社会的进步而不断健全和完善是基于保障辅助生殖技术健康发展的需要。那么，什么是辅助生殖技术法呢？是否与人类辅助生殖技术有关的法律规范都可以被称为辅助生殖技术法呢？辅助生殖技术法以什么样的社会关系为调整对象呢？……这些显然都是需要我们理清的重要学理问题。

（一）辅助生殖技术法的定义

从国内外学理界关于辅助生殖技术的法学研究现状来看，学者们对辅助生殖技术的研究大都局限在问题与应对策略研究的层面上，对辅助生殖技术法的定义、调整对象等基本法理问题的研究还没有展开。迄今为止，我们尚未看到有学者对辅助生殖技术法的定义进行过任何探讨。在这种情况下，我们将辅助生殖技术法做如下定义：所谓辅助生殖技术法，就是由国家制定和认可，并由国家强制力保证实施的，调整围绕辅助生殖技术而发生的各种的生命科技社会关系的法律规范的总称。

以上定义包含两层意思：

第一，辅助生殖技术法是诸多法律规范中的一种，作为法律规范的一种，它有着法律规范的共同、一般特征。具体言之，它与其他法律规范一样，在创制上具有阶级性，在适用上具有普遍约束力，在保障上具有国家强制性，在实施上具有明确的导向性。

第二，辅助生殖技术法旨在调整围绕辅助生殖技术而发生的各种生命科技社会关系，其立法的目的在于通过调整围绕辅助生殖技术而发生的生命科技社会关系，确认、保护和

---

* 本文为我与李善国、刘长秋等人撰著的《辅助生殖技术法研究》（法律出版社2005年版）一书中的一节。全书的大部分是他们二人撰写的，所以析出此节，作为单篇论文收入《全集》中。

发展有利于特定社会的生命社会关系。

第三，辅助生殖技术法是由国家制定和认可的一类行为规范。"国家制定和认可"是构成辅助生殖技术法的前提要件之一。医疗实践中，不少医疗单位都制定了一些关于辅助生殖技术操作和应用的内部文件，尽管这些内部文件也具有约束辅助生殖技术活动、调整围绕辅助生殖技术而引发的生命科技社会关系的客观作用，但它们却并不属于辅助生殖技术法，因为这些内部文件并不是由国家制定和认可的。

（二）辅助生殖技术法的调整对象

法律的调整对象即法律所调整的特定的主要社会关系。任何法律都有其特定的调整对象，例如，民法的调整对象是平等主体间的财产关系与人身关系，消费者权益保护法的调整对象是因保障消费者在物质、文化消费权益过程中发生的经济关系，专利法的调整对象是因发明创造以及利用发明创造而产生的各种产权关系……那么，辅助生殖技术法的调整对象是何种社会关系呢？从辅助生殖技术法的上述定义来看，我们认为，辅助生殖技术法的调整对象是围绕辅助生殖技术而发生的各种生命科技社会关系。这种关系主要包括以下三种类型的社会关系：

1. 围绕辅助生殖技术而发生的医疗组织关系

主要是指作为辅助生殖技术行政主管部门的医疗卫生行政部门、医疗科技行政部门与医疗单位之间的组织、领导关系。在医疗单位从事辅助生殖活动的过程中，最重要的是用法律条文形式将各级医疗卫生行政部门或医疗科技行政部门与各级各类医疗卫生单位的法律地位、组织形式、隶属关系、职权范围以及权利义务等固定下来，形成合理的管理体制。唯其如此，国家才能够有效地对辅助生殖工作进行有序地组织和领导，而辅助生殖活动也才会有活动的准则。

2. 围绕辅助生殖技术而发生的医疗卫生管理关系

对医疗卫生单位实施辅助生殖技术服务活动进行行政监管，是宪法赋予医疗卫生主管机关的一项职能权力。在医疗卫生单位对辅助生殖技术服务活动实施行政监管活动中，国家医疗卫生行政机关与企事业单位、社会团体及公民之间所形成的权利义务关系，为辅助生殖技术法所调整。这是一种纵向的行政关系，它可以表现为医疗卫生行政隶属关系，如医疗卫生行政机关与医疗单位之间的医政管理关系；也可以表现为医疗卫生职能管辖关系，如医疗卫生监管中的医疗行政许可关系、医疗行政处罚关系、医疗行政复议关系；等等。

3. 围绕辅助生殖技术而发生的医疗卫生服务关系

这是指医疗卫生行政机关、医疗卫生组织、有关企事业单位、社会团体和公民在向公众提供辅助生殖技术服务或技术咨询时与作为服务对象的患者之间所形成的社会关系。例如，医疗单位为患者实施辅助生殖技术服务而在其与患者之间所形成的医疗合同关系，医疗单位为他人提供辅助生殖技术咨询而在其与咨询人之间形成的咨询关系，等等。这是一种横向的社会关系，它表现为辅助生殖技术服务提供者与接受服务的患者之间的一种平等的民事权利义务关系。

二、辅助生殖技术法渊源论

在多数中外法学的著作中，法律的渊源就是指法律的效力来源，即根据法律的效力来源划分的不同形式，故一般又称法律渊源为广义的法律形式，如制定法、判例法、习惯法等等。① 那么，辅助生殖技术法的渊源有哪些呢？

（一）辅助生殖技术法的渊源概论

辅助生殖技术法的渊源一般可以分为以下几类：

成文法。成文法即由一定的国家机关按一定程序制定的、以规范性文件的形式公布的法，它是辅助生殖技术法的最直接和最主要渊源。目前，就世界各国来看，许多国家都制定了本国的辅助生殖技术法，而这些立法不仅在名称上各不相同，种类上也存在很大差异。例如，在英国就曾颁布过《代孕协议法案》《人工授精和胚胎学法案》等专项辅助生殖技术法；而其1987年制定的《家庭法改革条例》也适用于接受了辅助生殖服务的家庭。美国1972年制定了《亲子关系法》，对人工授精技术和由此产生的家庭关系等进行了规范。而我国也于2001年制定了《人类辅助生殖技术管理办法》。这些都是以成文法表现出来的辅助生殖技术法的渊源。

判例。判例是指由上一级法院裁定并可由其自身或下级法院援引，作为审理同类案件法律依据的裁定或判决。在判例法国家，判例具有约束本法院及其下级法院的法律效力，是法律的重要渊源之一。判例作为辅助生殖技术法的渊源，有着极为重要的特殊意义。我们知道，法律是用以服务社会的，而社会具有不可逆转和阻挡的前进性。这就极易导致这样一种结果的出现，即"社会的需要和社会的意见常常是或多或少的走在法律的前面，我们可能非常接近地达到它们之间的缺口的结合，但永远存在的趋向是把这缺口重新打开"②。正因为如此，"实践中需要有一种媒介来协调法律与社会需要之间的矛盾，以弥合二者之间的这种'缺口'"③。由于辅助生殖技术发展迅猛，对传统社会关系尤其是生命社会关系带来了很大冲击，引起了生命社会关系的急剧变动，而成文法由于具有相对稳定

---

① 赵震江、付子堂：《现代法理学》，北京大学出版社1999年版，第407页。
② [英]梅因：《古代法》，沈景一译，商务印书馆1997年版，第15页。
③ 刘长秋：《浅论法律的变动性权威瑕疵及其矫正——兼论法律稳定性与适应性的协调》，《同济大学学报》（社会科学版）2004年第6期。

性的要求,不能随意改动,因而在调整围绕辅助生殖技术而形成的生命科技社会关系方面就显得比较被动,这就使得辅助生殖技术法与社会现实需要之间形成了一种难以解决的矛盾。而判例由于本身具有一种自我成长机制,即可以通过"法官用创制新判例的手段来修正或废除旧判例,用渐变的方式使法律适应变化了的形势"①,因而无疑是解决这一矛盾的重要途径之一。在英美等国,有关辅助生殖技术方面的判例已经产生,由于各种案例我们已经在前面的章节中进行了介绍,故在此不加赘述。

(二) 我国辅助生殖技术法的渊源

在我国,基因技术法的渊源主要有以下几类:

1. 宪法规范

我国宪法并没有具体规定辅助生殖技术,但该法对科学技术及医疗卫生的规定实际上包含了辅助生殖技术方面的内容这一重要的生命科学技术。宪法第十四条规定:"国家通过提高劳动者的积极性和技术水平,推广先进的科学技术……"第二十条规定:"国家发展自然科学和社会科学事业,普及科学和技术知识,奖励科学研究成果和技术发明创造。"第二十一条规定:"国家发展医疗卫生事业,发展现代医药和我国传统医药……"第四十七条规定:"中华人民共和国公民有进行科学研究、文学艺术创作和其他文化活动的自由。国家对于从事教育、科学、技术……的创造性工作,给予鼓励和帮助。"宪法的这些规定是我国辅助生殖技术法的最高效力渊源。

2. 法律规范

在我国,作为基因技术法渊源的法律,理论上可以分为两类:一是作为科技基本法的《中华人民共和国科学技术进步法》,该法被称为我国科技法体系中的"核心宪法",它统帅着一切其他科技法,包括辅助生殖技术法。二是其他非科技法律中有关辅助生殖技术的规定,如《母婴保健法》中关于禁止利用辅助生殖技术对胎儿进行性别鉴定的规定等等。就目前来看,我国还不存在作为专门规范辅助生殖技术专项法律,而只是由国务院及其有关部委颁布了一些相关的行政规章。从法理上来说,行政规章的效力层次要比法律低得多。从这一角度而言,我国现行辅助生殖技术法在其法律渊源上是很不完善的。

3. 专项行政规章

就目前来看,我国已制定了6部专门规范辅助生殖技术的行政规章,如《人类辅助生殖技术管理办法》(2001年2月20日)、《人类精子库管理办法》(2001年2月20日)、《人类辅助生殖技术规范》(2003年6月27日)以及《人类精子库基本标准和技术规范》(2003年6月27日)等。这些规章是目前我国辅助生殖技术法的最主要的渊源。

---

① 张文、何慧新:《关于创立中国刑事判例制度的思考》,《政法学刊》1999年第1期。

4. 地方性辅助生殖技术法规或规章

根据《中华人民共和国立法法》的规定，我国地方各级人民代表大会及其常务委员会有权制定包括地方性辅助生殖技术法规在内的地方性法规；而根据宪法与地方组织法的规定，各级地方政府也有发布地方性辅助生殖技术规章的权限。这些地方性法规与规章也是我国辅助生殖技术法的一个重要渊源。

5. 自治条例与单行条例

我国宪法及《中华人民共和国民族区域自治法》都有规定，授权民族自治地方的人民代表大会依照当地民族的政治、经济和文化特点，制定自治条例与单行条例。这些自治条例与单行条例中，显然也包括一些与辅助生殖技术应用有关的条例，如为照顾少数民族的特殊风俗习惯与文化传统、宗教信仰等而由自治机关制定的某些自治条例或单行条例等。这些自治条例或单行条例也都是我国辅助生殖技术法的法律渊源之一。

6. 判例

我国是典型的成文法国家，长期以来，判例在我国一直得不到应有的重视，司法实践中也一直都没有形成关于辅助生殖纠纷的司法判例。然而，现有的趋势表明，我国有逐步重视司法判例并发展判例法的可能。现行法律中尽管未对判例的地位做出明确规定，但实践中的某些做法以及理论上的探究实际上已经为判例在我国司法过程中的运用及判例法在我国法律体系中的开创奠定了良好的根基。如最高人民法院经常在其《公报》中刊载一些典型性的案例以说明和解释有关法律条款的具体运用，而各级人民法院在审理类似案件时也往往都会参考这些案例，某些案例由于被长期反复参考，实际上已经具备了判例的主要特征，只是缺乏立法上的明确确认而已。此外，在地方各级法院审理的某些案件中，由于经常遭遇到无法可依或法律依据不够充分的情况，地方各级法院一般都会请求最高人民法院给予批示，而地方各级法院依据这些批示对案件进行的审理通常都会被作为先例而为其他法院广泛参照。这实际上是判例在我国的一种隐性形式。因此，有理由相信，今后我国有关的判例也会成为辅助生殖技术法的渊源之一。

三、辅助生殖技术法构成论

任何一种法都由法的内容、法的形式与法的精神三个方面的要素构成。其中，法的内容是法的最主要构成部分。通常情况下，人们讲到法，就是指法的内容。基于此，我们这里所探讨的辅助生殖技术法的构成就是辅助生殖技术法的内容构成。辅助生殖技术法的内容主要由辅助生殖技术法的规范、辅助生殖技术法的原则与相关的法律概念构成。

（一）辅助生殖技术法的规范

通常认为，"规范"一词来自拉丁文 Norma，含有模式、规则、标准、尺度等方面的意思。人们在总结实践经验的基础上创制了种种社会规范，法律规范（包括辅助生殖技术规范）也是其中之一。辅助生殖技术法律规范是指由国家制定或认可，并由国家强制力保证实施的关于辅助生殖及其技术应用的行为规则。辅助生殖技术法律规范由以下两个要素构成：一是行为模式，它包括可以这样行为、应当这样行为、禁止这样行为等行为准则，属于辅助生殖技术法律规范的核心内容；其二是法律后果，指辅助生殖技术法律规范中规定遵守或违反该行为模式所引起的法律后果，包括否定性法律后果和肯定性法律后果两种。

（二）辅助生殖技术法的原则

辅助生殖技术法的原则是辅助生殖技术法产生的基础，是辅助生殖技术法调整辅助生殖活动、指导辅助生殖技术应用的行为准则，是辅助生殖技术法制定和实施过程中的指导性要求与标准。它们集中反映着辅助生殖技术法调整对象的性质和发展规律。

与辅助生殖技术法的规范相比，辅助生殖技术法的原则具有以下特性：其一是概括性。这些原则是从人类辅助生殖技术所引发的社会关系中抽象出来的，它既可以是国家辅助生殖技术政策的定型化，也可以是某些公认的辅助生殖伦理指导原则的定型化，还可以是某些辅助生殖技术应用操作规范的定型化。与辅助生殖技术法律规范相比，这些原则并不规定具体的权利与义务，不设定特定的行为模式，也不明确具体的法律后果，但却可以对人们参与辅助生殖活动提供更为广泛的指导。其二是稳定性。任何法律都需要具有相对的稳定性，这是维系法律权威的需要。[①] 辅助生殖技术法也要有相对的稳定性，这种稳定性主要是通过辅助生殖技术法原则的稳定性来体现和保障的。因为辅助生殖技术法的原则集中体现和反映了辅助生殖及其技术发展的性质与规律。其三是指导性。辅助生殖技术法律规范主要解决微观方面的问题，而辅助生殖技术法的原则则主要解决宏观方面的问题，这使得辅助生殖技术法的原则能够在较大空间与较长时间内对辅助生殖活动起到目的性和方向性的指导作用。

在辅助生殖技术法实施的过程中，辅助生殖技术法原则具有重要指导与辅助作用，具体而言，主要表现在以下两个方面：首先，辅助生殖技术法原则体现了辅助生殖技术法的价值和理念，是司法者适用法律、执法者执行法律和守法者遵守法律时，理解和把握辅助生殖技术法精神的依据。这有利于人们将概括性的法律条文准确地运用于具体的辅助生殖纠纷或事务上。其次，辅助生殖技术法原则是弥补法律缺陷与漏洞的重要手段。由于辅助生殖活动的复杂性与人们认识的局限性，辅助生殖技术立法中难免会出现缺陷或漏洞，人们在适用辅助生殖技术法律规则时，可以运用辅助生殖技术法律原则来弥补辅助生殖技术

---

① 关于法律稳定性与法律权威之间关系的具体论述，可参见刘长秋：《浅论法律的变动性权威瑕疵及其矫正——兼论法律稳定性与适应性的协调》，《同济大学学报》（社会科学版）2004年第6期。

立法之缺漏，甚至可以在具体规则出现空位时适用原则来解决相关问题。

(三) 辅助生殖技术法中的相关概念

概念是人们对认识对象的一般特征的抽象。在法律中除了法律原则与具体规范之外，还存在一些相关的概念，辅助生殖技术法亦然。在辅助生殖技术法中，也存在很多概念，如"人类辅助生殖技术""人工授精"等等。这些概念作为辅助生殖技术法的基本要素，在辅助生殖技术法的制定和实施中起着十分重要的作用。它们是制定种种具体辅助生殖技术法律规则的基础，也是正确理解与实施辅助生殖技术法的前提。实践中，很多辅助生殖技术方面的争议往往都与相关法律概念定义不明确、界限不清晰有关。

在辅助生殖技术法中，相关的概念主要包括以下两类：(1) 有关法律关系主体方面的概念，如我国《人类精子库管理办法》(2001年2月20日) 对人类精子库概念的规定，"本办法所称人类精子库是指以治疗不育症以及预防遗传病等为目的，利用超低温冷冻技术，采集、检测、保存和提供精子的机构"(第二条)。(2) 有关法律关系客体方面的规定，如我国《人胚胎干细胞伦理研究指导原则》(2003年12月24日) 对人胚胎干细胞概念的规定，"本指导原则所称的人胚胎干细胞包括人胚胎来源的干细胞、生殖细胞起源的干细胞和通过核移植所获得的干细胞"(第二条)。

四、辅助生殖技术法特征论

辅助生殖技术法作为现代法律的组成部分之一，具有法律的一般属性，即决定和服务于一定的经济基础，但同时，由于其调整对象与规范领域与其他法律有着明显的不同，它也具有自己的一些基本特征。

(一) 以保障辅助生殖技术健康发展为根本宗旨

辅助生殖技术的发展基于维护和保障公民生殖健康的需要，其最终发展是为了维护公民的身体健康尤其是生殖健康。而健康权是公民依法享有的人身权的一种，是一项最为基本的民事权利。为此，包括《人类辅助生殖技术管理办法》等在内的我国现行辅助生殖技术法都把"保证人类辅助生殖技术安全、有效应用和健康发展，保障人民健康"作为立法的基本目的。我们认为，这是辅助生殖技术法作为一类专门规范和引导辅助生殖技术活动的法律规范所区别于其他法律规范的一个基本标志，也是辅助生殖技术法的一个最基本特征。

(二) 科技性与专业性

辅助生殖技术的产生与发展是现代科学技术尤其是现代生命科学技术发展的必然结

果。辅助生殖技术的科技性决定了辅助生殖技术立法活动及其立法的内容必须符合辅助生殖技术发展的基本规律和特殊要求，具体科技性体现并突出其专业性。辅助生殖技术法中有很多"允许""限制""合法"或"违法"的界限都直接取自于辅助生殖技术标准，许多辅助生殖技术标准一旦被制定为法律，就成为辅助生殖技术法规。例如，我国卫生部2003年6月发布的《人类辅助生殖技术规范》就是一个很明显的例子，该《规范》近乎全篇都是禁止或限制辅助生殖技术不当研发与操作的禁止性规范与义务性规范。显然，这作为辅助生殖技术法的特征之一，是一般法律规范文件所没有的。

（三）发展性

辅助生殖技术的飞速发展，极大地激发了人类对生命科技服务的新需求。现在，对于辅助生殖技术的需求，人们正在从"治病育子"逐渐向发展利用该技术减免生育痛苦甚至无性生育的方向发展。在这种情况下，如果该技术的发展没有法律的指导和规范，就很有可能会走向人类善良愿望的反面，给人类带来灾难。所以，国家需要根据辅助生殖技术的发展状况不断制定新的辅助生殖技术法，以适应保障该技术健康发展的需要；同时，也要根据客观情况的变化，不断修改、补充或废止已不适应新情况的辅助生殖技术法。这就使辅助生殖技术法客观上具有发展性。

（四）公益性

尽管辅助生殖技术法不可避免地带有阶级性，但辅助生殖技术本身却并不具有阶级性，相反，其主要任务在于通过帮助人们怀孕生子，保障人们的生殖健康。就此而言，辅助生殖技术法更多地表现的是它执行社会公共事务职能的社会性，反映的是社会成员的公益性要求，体现的是大多数人的利益。所以，辅助生殖技术法具有非常明显的公益性，即这类法的制定与实施能够给整个社会都带来福利与收益。

（五）规范的特殊性

从具体的法律规范这一较为微观的角度来加以考察，辅助生殖技术法还具有规范的特殊性这一明显特征。与其他立法中的法律规范相比，辅助生殖技术法中的授权性规范相对比较少，而禁止性规范和义务性规范则相对较多，在很多辅助生殖技术法中，禁止性和义务性规范甚至占到所有法律规范总数的60%—70%。例如，我国科技部与卫生部联合发布的《人胚胎干细胞研究伦理指导原则》（2003年12月24日）就几乎全篇都是禁止性规范与义务性规范。而其他的辅助生殖技术法，如《人类辅助生殖技术管理办法》（2001年2月20日）等立法的法律规范中也都以禁止性规范和义务性规范居多。这显然是辅助生殖技术法在法律规范上不同于其他立法尤其是非生命科技法的一个显著特征。

此外，具体到辅助生殖技术法律规范的逻辑结构来看，辅助生殖技术法往往并不具备一般法律规范的逻辑结构。从法理上来说，法律规范通常由"行为模式"与"法律后果"两部分构成，然而，在辅助生殖技术法律规范中，法律规范的逻辑构成中却通常仅包括"行为模式"部分。例如，"禁止买卖人类配子、受精卵、胚胎或胎儿组织"[①]。"实施人类辅助生殖技术的医疗机构应当对实施人类辅助生殖技术的人员进行医学业务和伦理学知识的培训。"[②] 从逻辑结构上来说，这些规范显然都没有"行为模式"部分。这也是辅助生殖技术法规范特殊性的一个重要体现。

五、辅助生殖技术法功能论

辅助生殖技术法的功能，是指基于辅助生殖技术法的属性、内容及其要素和结构所决定的辅助生殖技术法的潜在功效与能力。它是辅助生殖技术法应当或能够发挥的作用。从法理上来说，法的功能可以被细分为法的规范功能及法的社会功能。前者是指法作为一种社会行为规范所具有的调控功能、指引功能、评价功能、预测功能、强制功能及教育功能，后者则指法作为一类社会行为规范所具有的管理及服务社会公共事务的功能。为此，我们对辅助生殖技术法功能的探讨将从其规范功能及社会功能这两个方面来进行。

（一）辅助生殖技术法的规范功能

辅助生殖技术法的规范功能与其他法的规范功能一样，表现为调控功能、指引功能、评价功能、预测功能、强制功能、教育功能及激励功能六个方面。具体来说：

1. 辅助生殖技术法的调控功能

辅助生殖技术法作为辅助生殖技术行为规范，产生于一定的社会又服务于一定的社会，它通过界定人们的不同主体资格及其权利、义务范围和归属，将围绕辅助生殖技术而形成的各种生命科技社会关系调控在一定的程序范围之内。它是辅助生殖科技关系的调控器。充分发挥辅助生殖技术法的调控功能，可以建立有利于辅助生殖技术健康发展的生命科技社会关系和社会秩序，有利于人类社会的和谐发展。

2. 辅助生殖技术法的指引功能

辅助生殖技术法的指引功能是指辅助生殖技术法作为一种法律规范所具有的对人们行为的指导和引领功能。根据辅助生殖技术法规范类别的不同，辅助生殖技术法的指引功能可以分为辅助生殖技术法的确定性指引功能以及辅助生殖技术法的非确定性指引功能。前者是指辅助生殖技术法中的义务性规范所具有的功能，它表明人们在一定场合必须如此或不得如此。例如人类辅助生殖技术的应用应当在医疗机构中进行，以医疗为目的并符合国

---

① 《人胚胎干细胞研究伦理指导原则》第七条。
② 《人类辅助生殖技术管理办法》第十九条。

家计划生育政策、伦理原则和有关法律规定；不得以任何形式买卖配子、合子、胚胎；医疗机构和医务人员不得实施任何形式的代孕技术；不得进行生殖性克隆人的实验；不得买卖精子、卵子等。后者则指辅助生殖技术法中的授权性法律规范所具有的功能，它表明人们在一定场合下可以这样，而至于人们是否会这样，则完全由人们根据自己的意愿自行选择。例如，英国政府为了保证本国胚胎干细胞研究在国际上保持领先地位，允许科学家克隆人类胚胎发育到14天为止。通常，辅助生殖技术为了实现其指引功能，都规定了相应的法律责任。例如我国《人类辅助生殖技术管理办法》就规定：违反本办法规定，未经批准擅自开展人类辅助生殖技术的非医疗机构，按照《医疗机构管理条例》（1994年2月26日）第四十四条的规定处罚；对有上述违法行为的医疗机构，按照《医疗机构管理条例》第四十七条和《医疗机构管理条例实施细则》第八十条的规定处罚（第四十一条）。

3. 辅助生殖技术法的评价功能

辅助生殖技术法作为现代生命法的一个重要分支，有着与其他法律所不同的评价功能。具体体现在两个方面：其一，辅助生殖技术法除了要对人们的行为做出评价之外，[①]还要对辅助生殖技术做出一定评价。例如，供精人工授精技术对人们生命健康造成的影响、代孕技术对社会造成的危害等等。其二，辅助生殖技术法的评价功能具有很大的客观性。民法、刑法、行政法等法律作为人们行为的评价标准是客观的且依据现实的，但与具有科技性的辅助生殖技术法来说，它们却渗入了人们的主观意识。而辅助生殖技术法所反映的客观规律则更具有科学性和客观性，通常不容人们的主观认定。

4. 辅助生殖技术法的预测功能

辅助生殖技术法作为指导和规范辅助生殖技术活动的一类行为规范，能够帮助人们预测和分析其在研究、利用辅助生殖技术方面的行为的后果。辅助生殖技术法的预测功能具有两方面的意义：一是根据辅助生殖技术法预测相对人的行为后果，如根据我国《人类精子库管理办法》预测单位和个人以营利为目的而进行的精子采集或提供活动；二是根据辅助生殖技术法预测自己行为的法律意义与法律后果，如自己与医疗单位签订辅助生殖技术服务协议后将会享有哪些权益并承担哪些义务。

5. 辅助生殖技术法的强制功能

辅助生殖技术法作为法律，也具有国家意志性及国家强制性的特征，因而也具有强制功能。这种功能不仅表现为辅助生殖技术法本身所规定的内容含有国家关于辅助生殖技术研究与应用的权威性命令，而且表现为对违反辅助生殖技术法的行为应给予制裁、惩罚和警诫。辅助生殖技术法的强制功能的适用范围主要是针对少数违法犯罪分子而言，对于广大守法的公众来说，这种强制功能实际上意味着对其合法权益的保护。

---

① 这种评价通常会有两种结果，即要么合法，要么非法。

6. 辅助生殖技术法的教育功能

辅助生殖技术法还具有教育功能。这种功能主要体现在两个方面：其一，辅助生殖技术法的实施会使因违法而受到制裁的当事人受到很好的教育，从而告诫其今后严格守法，依法办事，不再违法；其二，辅助生殖技术法还会对社会公众起到良好的守法教育作用，它通过追究违法行为人的法律责任，惩治相关责任人，而教育广大社会公众自觉守法。与民法、刑法等传统立法的教育功能相比，辅助生殖技术法不仅教育人们守法，而且教育人们尊重生命科技规律，理性地对待辅助生殖技术，从而使人们的法律意识及科学意识都得到提升。

（二）辅助生殖技术法的社会功能

辅助生殖技术法的社会功能主要表现在以下几个方面：

1. 保障和促进人们的生命健康

辅助生殖技术法鼓励辅助生殖技术的规范应用与健康发展，支持通过辅助生殖技术来满足许多家庭无法生育子女的愿望，有利于那些身患生育性疾病而无法生育子女的男女尤其是妇女的身心健康。同时，辅助生殖技术法反对并禁止滥用辅助生殖技术生育子女的行为，这客观上必然会引导那些从事辅助生殖医疗技术服务的单位和个人规范自身的辅助生殖技术活动，避免将患者作为辅助生殖技术的实验品或进行其他侵犯患者生命健康的现象发生，从而保障并增进患者的生命安全与生殖健康。此外，辅助生殖技术法通过禁止生殖性克隆人，禁止精子、卵子、人类胚胎、合子（受精卵）的买卖，禁止代孕以及禁止人类与异种配子的杂交，禁止异种卵子、精子或胚胎向女性体内移植，禁止人类卵子、精子或胚胎进行异种体内移植，等等，还可以保障公共卫生安全。

2. 维护人类生命社会秩序的稳定

自20世纪60年代以来，试管婴儿、人工授精等技术的发展极大地提高了人类掌控生殖的能力和水平，但同时也使得辅助生殖技术与传统生命伦理之间的矛盾日益显露和突出。辅助生殖技术法反对并禁止生殖性克隆人，禁止人类卵子、精子或胚胎向异种体内移植等严重违背人类生命伦理、滥用人类辅助生殖技术的行为，提倡人类辅助生殖技术的安全、有效应用及严格、规范管理。这客观上能够防止和减少辅助生殖技术对人类社会带来的负面影响，有助于维护人类生命社会秩序的稳定，有助于人类社会的和谐及科学发展。

3. 保障社会公平与正义

辅助生殖技术在其发展及应用的过程中，时常会与人们的知情权、隐私权、自主权等基本权益发生冲突。辅助生殖技术法以风险预防及权益保护为基本理念，以知情、自愿、隐私保护、维护社会公益以及严防商品化为基本原则，坚持对辅助生殖技术的研发与应用进行严格监督、管理、指导和规范。客观上势必将有利于人们合法权益的维护，有利于保障社会公平与正义。

医学助孕的伦理与法律[*]

人类自然生殖的历史，在长达几百万年的时间跨度中，建立起以血缘关系为纽带的家庭，以及与家庭密切相关的家族，其根本特点是生育繁衍关系的绝对稳态性。父母子女、叔侄舅甥、堂亲姑表，以及由此延展开来的枝枝蔓蔓等等关系，绝不会混淆也不容混淆。任何混淆，不仅关系到血脉的传承，甚至事涉"乱伦"，不仅受社会舆论的严厉谴责，而且要受法律的苛刻制裁。与这一自然生殖规律相关的伦理准则、法律规定，是不可逾越的社会规范。

然而，随着现代科技的发展，出现了各种人类辅助生殖技术，与此相应的人类辅助生殖法，对传统的伦理和法律，提出了严峻的挑战。

辅助生殖技术，又称医学助孕技术，指通过非性交的方式，运用医学技术和方法对卵子、精子、受精卵及胚胎进行人工操作，以达到受孕目的。辅助生殖技术包括人工授精、体外授精——胚胎移植、卵母细胞胞浆内单精子显微注射及其他各种衍生技术。迄今为止，全世界依靠辅助生殖技术来到人间的婴儿数已超过30万。非自然生殖打破了以血缘为纽带的伦理关系，尤其是供精人工授精使用丈夫以外男子的精液，注入希望生育孩子的妇女体内使之受孕，因此也被称为异源人工授精、非配偶间人工授精。纯粹从自然关系的本质上看，这和妻子怀上别人的孩子是毫无区别的，丈夫与孩子不再具有血缘关系；孩子不可能与丈夫形象酷肖。由于丈夫和子女之间的遗传信息传递被切断，丈夫本可能带给子女的种种遗传基因及其作用，统统不复存在。而这个以"试管婴儿"形式离开母腹来到人世的孩子，与丈夫家族其他任何人的关系，不再是自然生殖前提下产生的那一切关系。不但家庭被搅乱了，家族也被搅乱了。与此相关的是，财产继承权的兑现、抚养与赡养义务的履行等等，都会发生根本的变化。至于"借卵""借腹"以及"借精又借腹"等所引致的更极其复杂的人际关系，显然会比单纯的供精人工授精更加严重、更加彻底地破坏原先以血缘关系为纽带的家庭社会关系的稳态长存。

---

[*] 原载《国际康健》2005年。

人类辅助生殖技术发展所引起的法律关系变化，约有如下几端：

一、亲子关系的复杂化

在人类的辅助生殖中，无论是供精人工授精、供精体外授精，还是接受受精卵或胚胎赠送进行移植，凡是使用了丈夫以外男人的精子，孩子遗传上的父亲就是精子提供者，这就造成了生物学父亲与社会分离的现象。人工授精一般不会使用妻子以外女子的卵子，而体外受精则不一定非用接受移植的女子的卵子，在一定的条件下，不育夫妇可接受卵子赠送或胚胎赠送。因此，即使是由妻子妊娠分娩的，也有可能卵子是来自其他女性，这就出现了两个母亲的问题。

二、单身妇女可否接受辅助生殖技术生育子女

单身妇女的范围，应包括未婚女子、离婚妇女和丧偶妇女。同性恋女子也应属此列，但我国法律不认可同性恋。

我国卫生部规定，医务人员不得对单身妇女实施辅助生殖技术。对此，有人赞同，有人反对。

赞同者认为，计划生育是我国的基本国策；单身妇女仅一个人，如果接受辅助生殖技术的帮助而生育孩子，属于计划外生育，不符合计划生育政策。同样的道理，单身男性也不能利用这项技术生育子女，更何况单身男性要通过辅助生殖技术获得孩子，还涉及代孕母亲问题。

反对者认为，生育权是人权的一种，单身女性也有生育孩子的权利，当然可以通过辅助生殖技术生育孩子。

三、妻子是否可以不经丈夫同意接受辅助生殖技术治疗

日本曾发生过这样一例供精人工授精纠纷案：丈夫向法院提出不知道妻子使用了他人的精子，孩子不是自己的，要求法院对此做出判决。这对夫妻 1992 年结婚，1996 年其妻接受供精人工授精，而妻子说使用他人的精子是告诉过丈夫的。1998 年 1 月大阪地方法院做出判决，以没有夫妻双方签名的同意书为由，认可了丈夫的主张。这对夫妻在判决书下达之前离婚，孩子没有了父亲。

四、可否使用亲属的精子进行辅助生殖

现在已经出现要求使用丈夫的兄弟或其他亲属的精子，进行供精人工授精的情况，甚至"媳妇可否使用公公的精子进行供精人工授精"的问题也被提了出来。

我国卫生部文件规定，夫妻人工授精可使用新鲜精液，但供精人工授精必须采用冷冻精液。利用供精实施辅助生殖技术，捐赠者与受方夫妇、出生的后代须保持互盲。除精子库负责人外，其他任何人不得查阅有关供精者身份的资料和详细地址。捐赠精子者也不能追问受者与出生后代的信息等情况。涉及伦理问题的，应将问题提交由医学伦理、社会学、法学、医学等有关专家和群众代表组成的医学伦理委员会讨论。参与操作的医务人员与捐赠者也须保持互盲。实施供精协议，严禁私自采精。实施人类辅助生殖技术的医疗机构应当为当事人保密，不得泄露有关信息。以上规定都非常清楚地表明，我国不允许把亲属的精子作为辅助生殖技术的精源。问题在于，在互盲情况下，如何避免精子"盲流"而致亲属怀孕。

五、孩子的知情权问题

依靠辅助生殖技术所生孩子的父母是不育夫妇，孩子与精子、卵子的提供者没有亲子关系。为了避免不必要的矛盾和纠纷，贯彻、落实互盲和保密的原则就非常重要。

但是，互盲和保密也带来了令人头痛的、通过这一技术所生孩子的出身知情权问题，这是一个两难问题。

孩子是否有权知道谁是自己的遗传学父母？孩子长大后结婚，如果对象也是通过辅助生殖技术所生的孩子，可否要求为避免近亲结婚而查询遗传学父母？按照互盲和保密原则，这是无法做到的。对于孩子的诞生过程，完全隐瞒辅助生殖事实和遗传学父母信息，不能说是对孩子的尊重，而且显然不公平；但保护孩子知情权又很可能伤害供精者、供卵者的隐私。

对于这一问题，各国的规定也不尽相同：英国在一定条件下认可孩子的这种权利；德国规定经医师批准可以了解自己的遗传学父母信息；瑞士规定可以获得特定提供者的信息；瑞典明文规定孩子有这种权利。当然，也有一部分国家像法国那样，规定孩子是没有出生知情权的。在考虑解决不育夫妇的生育问题的同时，确实有必要站在下一代的角度去考虑，如何恰当地处理好这个问题，是一个重要课题。

六、近亲繁殖问题

人群中不少人携带着遗传病基因，其中一部分人属于阴性的携带者。携带者自己并不发病，但携带相同隐性遗传病基因的精子和卵子结合，出生的孩子就可能发病。人类倘若不控制这种结合，痴呆、低能、各种癌症、血友病、高血压、糖尿病等各种疾病的发病率都将大大上升。而血液相同或相近的人必然携带某些相同的基因。我国法律之所以规定直系血亲和三代以内的旁系血亲不得结婚，其原因就在于此。

在辅助生殖技术的应用中，一个供精者的精子往往会被用于多名妇女，而捐赠者与受者、参与操作的医务人员与捐赠者之间又是互盲的，这就会增加近亲结合的概率，增加后代患遗传病的机会。另外，出自同一个人精子培养的孩子，长大后如果相爱成婚，更会导致出现有悖于道德和常理的亲兄妹或亲姐弟结合的尴尬情况。

我国卫生部已对供精者的年龄、健康条件、所提供的精子质量等作了严格的规定，并规定一名供精者的精子最多只能提供给 5 名妇女受孕。这样，无疑能大大减少隐性遗传病的发病率，降低人们所担心的近亲繁殖的概率。尽管如此，仍旧存在近亲繁殖的可能性与危险性。

七、人工生殖技术的商业化问题

精子、卵子、胚胎等与生殖相关的东西，可能以各种形式成为工具，甚至成为商品，这是危害人类辅助生殖使之异化为非人道行为的严重问题。

辅助生殖技术的诞生和改进，给千百年来为不孕所苦恼的无数家庭带来了福音，但它在造福人类的同时，也带来了大量的涉及社会、道德、伦理和法律方面的问题，包括法律上可以允许到什么程度的问题。现在关注、研讨这些问题，国内外还没有达到观念上、法度上的完善与统一。但是科学技术的发展是任何力量都不可阻挡的，人类辅助生殖技术的发展也是如此，它的发展，必将引起相关的人际关系、社会关系的变化。伦理规范本是人们的社会关系的反映，同时，它也必须随着社会关系的变革而变革。法律对符合科技进步要求、符合人类社会发展要求的伦理规定，当然支持，并成为它的坚强后盾；相反，对于陈旧的、不符合科技进步要求、不符合人类社会发展要求的伦理观，法律势必要予以"破坏"，而绝不会成为陈旧伦理观的卫道士。

"丰收"感言*

2005年是我学术生涯的一个小小"丰收年",在这一年中,我主编和主撰的法学学术著作达到8种,其中《生命法学丛书》6种还列为"上海法学文库"首批出版的法学学术著作。我想,"丰收"两字常与农事相连,"春播、夏种、秋收、冬藏",写作也是如此,这些著作的酝酿与撰写过程,大多比我的任何其他著作都长。

例如《安乐死法研究》,早在20世纪80年代初,我就参与过一系列关于安乐死的研讨会。从那时起,我持续不断地收集国内外有关安乐死问题的情况与资料,所积累的剪报即高盈尺许。我始终关注、思考着关于安乐死的问题,但迟迟没有动笔。是这样两件事促使我开始进入"研究"程序的:一是我慈祥的母亲、岳父、岳母几乎同时在1997年因病卧床不起,而且沉疴日重、无比痛苦。在长达4年的时间里,他们被病魔久久折磨,苦苦挣扎却毫无痊愈的希望。虽然他们都是坚强的老人,却失尽了人的尊严,更谈不上"生活质量"。二是经过长达数十年的论争,荷兰、比利时两国终于通过并颁行了安乐死法,为这两个国家深患重病之苦的患者,得到了安然、快乐、尊严的死去的法律援助。于是,我在2003年组织了李惠、杨彤丹等参加的话题研究组,开始研究安乐死问题。此前,我还曾在1999年主持过一个全市性的安乐死法学术研讨会,从与会者提交的研究成果中吸取了丰富的思想营养。"十月怀胎,一朝分娩。""丰收"云云,是20余年耕耘的丰硕报偿。

我不知道读者阅读拙著之后会有什么反应。我自己至少知道这样几点:一是浅。无论是对生命法学还是对法律战,研究还只是起步,所写者可能只是皮毛,对生命科学家们而言也许还是"隔靴搔痒"的浮言与掠影。二可能错讹百出。对军事、战争、生命科学技术,我都是门外汉,十足的门外汉。虽然法调节的是社会关系,法学的研究对象是法与法律社会关系,但总以对生命科技、对战争与军事懂得越多越好。这一点暂时还做不到,因此,所出著作凡涉生命科技、战争、军事等等,就可能有错误。但书已出版,也只好请读者诸君海涵了。

---

* 原载《新民晚报》2006年1月11日。

生命法学要旨[*]

方兴未艾的生命法学，研究以生命法为核心的生命法律文化，而生命法是用以调节生命社会关系的。生命社会关系的法律调节，是生命的核心，也是生命法学的理论基石。因此，揭示生命社会关系的内涵与外延及古往今来的演变，探究生命社会关系的法律调节，及生命法学的体系，乃是探究生命法学的首要问题。

一、生命社会关系的内涵

自从类人猿进化为类猿人，即人类祖先诞生之后，人们就结成了一定的社会关系。这种社会关系中大量地发生了与人的生命的孕育、产生、存在、健康相关的人们之间的社会关系。

此方面的人际社会关系所造成的结果，大致可以分为以下几种：其一，因男女交媾而孕育、诞生了新的生命；其二，因劳动、生活时发生矛盾、冲突、斗殴而致人伤残死亡；因氏族、部落战争而伤残死亡；其三，因违反共同劳作、生活的习惯而导致集体或他人利益受损，被提交氏族、部落大会审判，处以刑罚直至死刑；等等。以上涉及人的生命的社会关系，可概称为生命社会关系。但是，后来这些涉及人的生命的社会关系，被婚姻关系、刑事关系所吸收，已不必也不可能再被纳入曾经表现为医患关系的"生命社会关系"范畴。

此外，还有一种直接与人的生命的孕育、诞生、存在、健康紧密相连的人际社会关系。这是一种特殊的生命社会关系，可以见诸"神农尝百草"等的神话传说。"神农"云云，只是一个代表，一种概称，完全可能代指一批各"尝百草"以救黎民的当时的医药学家。这样，这些医药学家之间也就会形成某种相互学习、交流、支援、互助的关系。这是与前述种种后来不再被指称为"生命社会关系"者很不相同的生命社会关系。这种生命

---

[*] 原载《东方法学》2006年第1期。

社会关系有点类似于今天的医生与患者的关系以及医生与医生的关系、医事科技工作者与医生的关系。这种生命社会关系，从其产生之日起，便绳绳继继，不绝如缕，绵绵亘亘，延续至今。

总之，生命社会关系是指由生命科技活动而发生，为着生命科技而发展，可据以协调生命科技劳动者、劳动组织和劳动管理机构内部关系及相互关系，并可据以协调上述各方面与相关的自然人、法人的关系，而对人的生命的孕育、产生、存在、健康发生影响的一种社会关系。这一定义包含以下几层意思：

第一，生命社会关系是一种社会关系，而不是自然关系。

作为社会关系，生命社会关系是"有目的、有意识"地形成的。医患关系也好，生命科技劳动者之间以及他们与自然人、法人的关系也好，都与是否有利于生命的孕育、产生、存在与健康相关。不管人们是否认识到生命社会关系的目的性与有意识性，生命社会关系的"有目的、有意识"的特点，都是一种客观存在。自然关系则不同，它是无目的、无意识的盲目存在。

第二，生命社会关系是由生命科技活动而发生的。没有生命科技活动，就不会有生命社会关系；停止了生命科技活动，就停止了生命社会关系。"神农尝百草"就是一种生命科技活动，今天看似幼稚，当时却难能可贵且高超卓越，否则后人也不会顶礼膜拜、尊崇备至。

由于生命社会关系是由生命科技活动而发生的，因此，当生命科技活动停止时，生命社会关系也告终结；当生命科技活动发展时，生命社会关系也随之发展。

第三，生命社会关系是为着生命科技的发展而发展的。生命社会关系由生命科技活动而产生，是后者决定前者，但生命社会关系不是纯然被决定、被动性的，它的形成与变化，或有利于生命科技的发展，或阻碍生命科技的发展。"神农尝百草"，因所得医药的使用而建立起了与患者的生命社会关系。如果这是一种友好的亲密的良性的关系，当可鼓励神农们精益求精，百尺竿头更进一步；而如果形成了敌对的恶性的关系，则必定打击神农们的积极性。因此，建立良好的医患关系十分重要，不仅可以使医生更好地为病员看病，而且可以鞭策他们争先恐后求新进取，掌握更多更好的医学知识与医疗技能。

第四，生命社会关系是协调生命科技劳动者、劳动组织、劳动管理机构内部关系、相互关系及他们与自然人、法人关系的基础。生命科技的进步，舍良好的生命社会关系（这里分别表现为生命科技劳动者、劳动组织、劳动管理机构的内部关系、相互关系及其与自然人、法人的关系）无由达成。生命科技劳动是个体化的劳动，医生主刀，药师配药，无不以个人行为的方式出现。但这些个体化劳动又是以协调为基础的。没有护士的辅助，医生开不了刀。甚至没有电工的供电，服务员的供水、供气等等都不行。开刀以后还须用药。医生、药师等等还脱离不了整个医院每一个环节的支撑。当然，十分重要的是，还必须有病员及其家属的紧密的及时的全面的配合，否则，往往会事倍功半甚至一事无成、万事皆休。

第五，生命社会关系是对人的生命的孕育、生产、存在、健康产生影响的社会关系。如果无此影响，则不成其为生命社会关系，不能称为生命社会关系。例如，生命科技劳动者之间实际上还存在师徒、同事等等关系；如果他们的科技交流或合作建立在一定的经济利益的基础上，那么，就可能是与生命社会关系无涉的一般民事关系。

生命社会关系定义所揭示的五层内涵是一个有机联系的统一整体，相互依存，相互制约，缺一不可，不能偏废。

二、生命社会关系的外延

生命社会关系的外延可求诸生命社会关系的分类。一般来说，可按生命科技工作者与其工作的对象，即按生命社会关系的主体的不同，把生命社会关系分为医患关系与非医患关系。前者指运用生命科技治病的医生与患者的关系；后者指生命科技工作者之间及与他们所在的机构之间的关系。生命社会关系又可按对它的调节方式分为生命行政关系、生命民事关系、生命刑事关系、生命国际关系。还可有按其他标准划分的类别。所有这些，都在某种意义上揭示了生命社会关系的外延；但是同时，又都属于非本质性、特定性的。从本质性、特定性的要求出发，可以把生命社会关系划分为传统生命社会关系与非传统生命社会关系。这一分类，涵盖了古往今来、古今中外直至未来的一切生命社会关系。

近代以来，尤其是20世纪50年代以来，生命科技得到了迅猛长足的发展，从而使得生命社会关系也发生了巨大的变化。其变化的基本原因在于伦理基础的演变。因伦理基础变化而使生命社会关系分为传统的生命社会关系和非传统的生命社会关系两大类。这与生命法、生命法学概念的提出有密不可分的关系。

追溯渊源，传统的生命社会关系与非传统的生命社会关系这两个相对概念的提出，是由于受到张小红同志《生命法调整对象初探》[①]一文的启发。在该文中她将"传统方式下"产生的社会关系与"非传统方式下"产生的"特殊社会关系""新型社会关系"做了明确的区分。因此，我随顺其意，以"传统的生命社会关系"与"非传统的生命社会关系"这两个概念展开。

传统的生命社会关系与非传统的生命社会关系既然是相对的不同概念，二者自然是有区别的。其区别在张小红君看来主要在于是否"自然"。"自然生育过程"形成的是传统的生命社会关系，对"自然人""本体"加以治疗所形成的是传统的生命社会关系，病理死亡等引致的是传统的生命社会关系；而人工生殖、试管婴儿等非自然生殖，器官移植等非传统的延长寿命方法以及安乐死等非传统的结束生命方式，所引致的是非传统的生命社会

---

① 《文汇报》1997年7月14日。

关系。这样加以区分，是有相当说服力的。问题在于何谓"自然"？早期人类的生育、医疗等等是否真是纯"自然"的？德国学者库尔特·拜尔茨在考察人类的繁殖问题时指出："这已经纯粹是抽象的概念：所谓'自然'，是指不受人影响的事情。就像人的任何一种别的行为一样，繁殖基本上不属于这一概念。虽然，生殖过程——如同其他每个生理过程，有其直至不久之前还无法施加影响的、自然的一面，但从人类历史的最早时期，人们就以各种各样的方式介入生殖的事情了。"库尔特·拜尔茨所称"各种各样的方式"包括以下三个方面：一是对繁殖实行不同形式的社会控制；二是对于人的繁殖过程发生影响的另外一种机制来自控制外部自然界时偶然产生的反作用；三是史前时期隐秘的人类繁殖过程，早已成为有目的的技术操纵对象。

基于上述认识，库尔特·拜尔茨认为："基因－生殖工程当前的发展，只是在技术手段的层面上才算得上是一次'革命'。如果我们从这种发展赖以存在的基础——需求的角度来观察，应该说，把它解释为进化，是直接和间接生殖方面一个长期传统前后一贯的延续更为确切。"①

库尔特·拜尔茨的上述观点表明，"自然"与"非自然"之间并无雷池相隔，"传统"与"非传统"之间也无鸿沟阻断。实际上，从"自然"到"非自然"，从"传统"到"非传统"，如果从进化长链的两端来看，区别当然极大；但如果从长链本身来看，却是绵延不绝、环环相连、你中有我、我中有你的一个发展过程。这样，我们即将"传统生命社会关系"与"非传统生命社会关系"加以区分，又将二者均置于"生命社会关系"的大纛之下，也就是顺理成章的了。

既然如此，从传统的生命社会关系到非传统的生命社会关系，发生了怎样的变化呢？

三、传统与非传统生命社会关系的伦理基础

生命社会关系划分为传统生命社会关系与非传统生命社会关系两大类，其所依据的标准，就是二者有不同的伦理基础。

传统生命社会关系是建立在这样的伦理基础上的：

第一，发扬救死扶伤的医学人道主义。在传统的医患关系中，医生对处于生命危机中的患者抱何种态度、负何责任，受建立在高尚伦理道德基础上的舆论制约。医学人道主义形成已久，中外皆然。作为以关心、同情病人痛楚，并愿为之消除或减缓病痛为宗旨的人道主义，是古今中外皆有的。这在古希腊名医希波克拉底的《誓言》中、我国唐代名医孙思邈的《千金要方》中以及其他东西方许多著名的医德文献中，都有充分的体现，② 时至当

---

① [德]库尔特·拜尔茨：《基因伦理学》，马怀祺译，华夏出版社2000年版，第24页。
② 卢启华主编：《医学伦理学》，华中理工大学出版社1997年版，第56页。

代,救死扶伤、发扬医学人道主义被提到了更高的地位,几乎所有国家,当然包括我国均有医师执业的法律,都将上述内容列为最重要的规范之一。

第二,"博施济众""普救含灵"。这实际上是"救死扶伤,发扬医学人道主义"的古代版本。指的是以博爱的精神对待一切患病的人,而不计患者的一切条件,不分尊卑贵贱、贫富亲疏,一律真心救助。孙思邈在《千金要方》的"大医精诚"和"大医习业"两篇中强调"人命至重,有贵千金,一方济之,德逾于此",因而对病人应"普同一等",持"大慈恻隐之心,誓愿普救含灵之苦";"若有疾厄来求救者,不得问其贵贱贫富,长幼妍媸,怨亲善友,华夷愚智,普同一等,皆如至亲之想"。晋代名医杨泉,元代名医朱丹虚,明代名医龚廷贤、闵自成等,都在这一方面身体力行,留下了千古美名。

第三,廉洁清正、作风正派。医家不能不食人间烟火,收取一定的医药费用乃在情理之中,但应廉洁清正,不可贪图钱财。这已被古代中国医家视为重要的道德戒律之一。一些廉洁清正的医家事迹,早已被广泛传颂并视为医界佳话。如三国时江西的名医董奉,为人治病不收钱财,凡重病愈者以栽杏五棵为酬,轻者一棵,如此数载,竟得10万余棵的连片大杏林。他又将每年所收之杏,资助求医的穷人,遂留下了"杏林春暖"的历史佳话。现在不时还能见以"杏林"称谓医生、医家的,可见廉洁清正、不贪图钱财始终是医界的基本道德守则。

医事常要触及人体,因此医风正派、不得淫邪,就成了对医生的道德要求。我国古代医典《医家五戒十要》《小儿卫生总微论方》等,对此都有论及。明代陈实功的《医家五戒十要》中规定的"凡视妇女及孀妇尼僧等人,必候侍者在旁,防入房视诊,倘旁无伴,不得自看",虽然从今天来看不免过于"封建",但其中透露出的作风严律的精神,至今仍有其积极的、重要的意义。

第四,精益求精,不断提高医疗水平。没有高超的医技,任凭你如何博爱仁慈、清正廉洁,也"无奈小虫何"。因此,不倦地学习,精益求精,不断提高医疗水平,就成了医家的道德自律,也成了公众对医家的道德要求。明代医家徐春甫在《古今医统》中指出:"医本治人,学之不精,反为夭折。"他十分简明地阐述了提高医术之所以应成为道德规范的理由。这一点,孙思邈在《千金要方》中的"大医精诚"篇中也曾指出过:"学者必须博及医源,精勤不倦,不得道听途说,而言医道已了,深自误哉!"我国民间口头指责那些医术低下、医德不良的走方庸医为"江湖郎中",就是社会公众对医生医术的一种道德裁判。

第五,保护患者的隐私。希波克拉底在《誓言》中表示:"不管与我的职业有无关系,我所耳闻目睹的关于人们的私生活,我决不到处宣扬,我决不泄露应当保密的一切细节。"1953年的《护士伦理学的国际章程》也规定"护士对病人的个人情况保密"。我国《执业医师法》规定:"关心、爱护、尊重患者,保护患者的隐私。"我国台湾地区的"医师法"规定,医师"对于因业务而知悉的他人秘密,不得无故泄露"。这一规定还载于"助产士法""护理人员法"中,表明了对患者隐私要予以尊重与保护的道德原则与法律要求。

以上诸点，都与稳定家庭社会关系不相抵触，其中有的还直接、间接地有利于维持或加强家庭社会关系的稳态长存。医生的救死扶伤、博施济众、精益求精，可使家庭中患病成员的健康得到保障或除病去疾，这些医德要求当然对家庭社会关系稳态的维护十分有利。而清廉正派、保护隐私则更直接地关系到对家庭社会稳态的维护。明代陈实功的"五戒十要"虽然有失之封建之处，但在当时乃至整个封建时代，却被视为维护家庭社会关系的绝对必要的道德戒律。在此基础上，甚至发展出了"牵线搭脉"的诊断之术，可见这一戒律在实际医疗工作中的严格性和严肃性。

非传统生命社会关系一方面继承了传统生命社会关系所蕴含的基本伦理道德原则，另一方面又有了创新性的变化。这些创新性的变化有时与传统伦理观完全相悖，因而在其确立过程中往往历经激烈的争论，某些争论至今未停。主要表现在以下几个方面：

第一，堕胎法所体现的医学道德的变化。近代以前，世界各国尤其是我国都把"人丁兴旺""多子多孙"看成是家庭家族兴旺发达的重要标志。传统生命法当然也以此规范医事行为，以保障生命的安全孕育与生产。有关的医德如救死扶伤、博施济众、精益求精等，也围绕此宗旨发挥作用。但近代以来由于人口的激增，使得人们在生育问题上的价值观发生了重大变化。医学技术的发展，不仅大大降低了婴儿死亡率，同时也使堕胎成了简便安全的事。此外，伴随着妇女走出家庭，参加社会经济、政治和文化活动，以及女权运动兴起，也提出了减少生育、计划生育的普遍需求。这种需求所蕴含的伦理道德观却使新的生命社会关系变得"史无前例"。这至少表现在以下几点上：一是新的生命社会关系实质上护卫的不是胎儿的生，而是他（她）的死；二是对家庭的影响不是"儿孙满堂"而是少生少育；此外，还为婚外孕、未婚先孕以及少女怀孕等严重影响家庭稳定的行为作伦理辩护，这种辩护虽与原先的尊重与保护隐私传统有某种相符和呼应，但与原来的保护稳态的家庭社会关系，则南辕北辙了。

第二，安乐死法所体现的医学道德的变化。传统生命社会关系最重要的伦理基础是救死扶伤、发扬人道主义。"救人一命，胜造七级浮屠"被视作宗教教条。救人生命是医生的最高天职。这与博施济众、普救含灵等等道德要求，几近同出一辙。总之，在任何情况下，挽救人命是高于一切的。但安乐死却对在特殊情况下可以"赐人以死"给予了肯定和支持。这与传统伦理观、宗教教条、传统医德是彻底背道而驰的。大概正是因此，迄今为止，全世界还只有荷兰、比利时两国通过了安乐死的国家立法。此外，美国加利福尼亚州于1957年制定了《自然死亡法》，到1984年已有15个州和哥伦比亚特区都通过了死的权利法案；我国台湾地区于2000年制定了"安宁缓和医疗条例"，规定"为减免或免除末期病人之痛苦……不施行心肺复苏术"，实则支持了安乐死，但这些都不属"国家立法"，而是地方立法。

第三，器官移植所体现的医学道德变化。"身体发肤，受之父母，损之不孝"，这是中国千年流传的古训。传统生命社会关系也以保护人们的肢体健全齐备为要。加之在一些宗教文化影响下不少信徒还相信有"来世",甚至指望死后复活。这些均导致了传统伦理道德对肌肤肢体完整性的崇尚,以及对器官移植的否定。而器官移植技术的发展却恰恰反其道而行之。这一技术的实施,意味着从活体或尸体上摘取器官,移植到另一人的身体上以治病救人。

器官移植技术所带来的新型的社会关系的形成过程,同样历经了对传统伦理道德的反复抗争。较早论证器官移植合乎道德的是美国学者肯宁罕。他在《器官移植的道德》一文中针对器官移植的反对者问道:"一个人仅仅为了邻居的安危,尚可不惜牺牲自己的生命,以自己的器官救人一命为何就不行了呢?!"[①]还有学者以"整体性"原则论证器官移植的道德可允性,认为一个人舍弃一个脏器而成全另一个人的整体生命,乃是道德高尚的表现,社会不仅不应反对,还应赞许之。有意思的是,天主教徒从基督的仁爱精神出发,对器官移植也持赞成的态度。在经过漫长的反反复复的论争之后,许多国家现在终于制定了器官捐赠法与器官移植法。

第四,人类辅助生殖技术发展引起的医学道德变化。人类辅助生殖技术如人工授精、代理母亲等等,如前所说,严重地触动、改变了既定的家庭社会关系,比前面所说各项非传统生命法更严重地挑战了传统的医学道德。一个单身男子使用代理母亲,与单身女子使用 AID(异源人工授精),都会破坏一夫一妻制的家庭形式。代理母亲供卵、受精、怀孕、生产,往往仅是为了以此收取报酬,但却不抚养孩子。这种商业化行为以及非传统生命科技、非传统生命法对此种行为的支持的出现,也是与传统医学道德中原有的相关原则不可同日而语的。

此外,正在日益迅速发展的人体克隆技术,更形成了对传统伦理道德观的巨大冲击。

综上所述,非传统生命社会关系与传统生命社会关系相比较,在伦理基础上有以下巨大变化:

第一,传统生命社会关系极端重视人的生存,一切均以唯生为上;非传统生命社会关系在重视人的生存的同时,也尊重人的选择死亡的权利。

第二,传统生命社会关系以保护每个人的肌肤肢体的完整为宗旨,即使对死人也不例外;非传统生命社会关系则首肯器官捐赠与移植,以保护人类的整体生命安全与健康为重。

第三,传统生命社会关系对家庭的血缘关系高度重视,不允许血缘关系的丝毫混淆;非传统生命社会关系则在一定的条件下首肯血缘关系的改变,对非血缘关系家庭的建立持肯定态度。

第四,传统生命社会关系高度重视家庭社会关系的稳态,不允许任何动摇家庭社会关系的举措,不允许在辈分之间"伦常"问题上动摇家庭社会关系;非传统生命社会关系则

---

① 卢启华主编:《医学伦理学》,华中理工大学出版社1997年版,第221页。

在一定的情况下首肯家庭模式、辈分关系和家庭社会关系的人为改变。

当伦理基础发生重大的有时甚至可以说是根本性的变化时,生命社会关系也就十分明显地可以区分为变化之前的传统性与变化之后的非传统性,也就是分成了传统的生命社会关系与非传统的生命社会关系两个大类。

四、生命社会关系的法律调节

生命社会关系既然产生了,就必须使之合理、和谐、良性互动。同一切社会关系的调节一样,生命社会关系也可借助行政的、经济的、道德的、宗教的等等手段加以调节,其中,法律调节是各种调节手段中最高、最有力、最具权威性的手段。生命社会关系之合理构建、和谐发展,不仅需要良好的科学的法律调节,而且需要辅之以道德手段、经济手段、行政手段。关于生命社会关系的法律调节,以下几个重要问题是首先需要关注的:

第一,生命社会关系法律调节的目的。

必须明确,生命社会关系法律调节的目的在于促进与保障生命科技的发展。生命社会关系之形成,本质上就是"为着生命科技的发展"。但生命社会关系在其形成过程中,在其存在与发展的过程中,会受到其他因素的影响,从而导致生命社会关系的非正常发展,最终影响生命科技的进步。例如良好医患关系是有效医疗的保证,但若医生或患者心术不正,就无法建立良好的医患关系,当然对有效医疗不利。因此,法律化的医德规范,以及规范患者行为的法律规定,就应发挥"纠偏"作用,阻止不正心术的作用发挥。又如人类辅助生殖技术法的目的就是为了理顺施行辅助生殖技术的医患双方的关系,保证辅助生殖的成功。而若涉及人类辅助生殖技术的发展,有关法律法规就应是旨在协调该技术的研发、推广、应用过程中生命科技工作者、生命科技研究组织及其管理机构的关系,以及三者与整个社会的关系。

有时会出现这样的情况:立法的目的与结果在于破坏生命科技工作者与其机构的关系,例如规定有关机构负有禁止、不支持生命科技工作者的活动的职责与权利。这当然不利于生命科技的发展,也违背了生命社会关系法律调节的初衷。

但生命科技与任何其他科技活动一样,都具有"双刃剑"的特点。如果是为了防止破坏社会利益的后果出现,那又另当别论。一些陈旧伦理的卫道士出于各种目的,由于各种原因,正拼命阻止有利于某些生命科技发展的生命社会关系的形成。因此,强调生命社会关系法律调节的目的在于促进与保障生命科技的发展,在当今有特别重要的意义。

第二,生命社会关系法律调节的探索性。

科学研究与技术开发大多是在无数次失败后才得以成功的,因此,具有探索性强、风险性大的特点。这与简单劳动大不相同,简单劳动往往是机械地重复,"日出而作,日落而息",基本上没有探索性与风险性可言。正因如此,与生命科技活动相伴而形成的生命社会关系的状况、特点、发展方向及发展规律等，也不易被人们从一开始就清楚而透彻地认识。这样，对有关调节这些社会关系的手段的认识，包括对生命社会关系法律调节手段的认识，都带有一定的探索性。不可能设想、不应要求一切生命社会关系的法律调节手段，从一开始就十全十美、天衣无缝。美国、英国、日本、德国在20世纪七八十年代不断修改DNA分子重组试验准则，多者高达5次，就说明了这一点。

因为是探索性的，又因为生命科技之"剑"的"双刃性"，稍一不慎便会给人类带来巨大的灾难，所以，最初采取的生命社会关系法律调节手段，往往十分谨慎，偏于"保守"，力求稳妥。在这类法律手段的保障下，生命科技的进一步发展，使人们对有关风险有了较为全面、深入的认识，而相伴发生的社会交往使有关社会关系的详情细节都清晰地显现出来。这时，也只有这时，才可能制定较为稳妥的全面的法律措施。

生命社会关系法律调节的探索性，要求立法者与法学研究工作者密切关注生命科技的发展以及生命社会关系的相应改变，以便适时地修正有关的法律调节措施。因此，从大陆法系与英美法系的法律特点来看，以判例法为主要调节手段的英美法系，相对而言处于较为有利的地位。英美法系国家面临新的生命社会关系，可以较为方便地用判例来调解矛盾、规范行为。这是值得大陆法系国家学习的。好在两大法系正处在接近、融合的过程中：大陆法系国家逐渐认识到判例法的一些优点，正在越来越频繁地借助判例法来处理法律纠纷；英美法系国家也在仿行大陆法系国家，不时制定成文法以便形成更为稳定、权威的法律调节手段。一般社会关系的法律调节不如生命社会关系法律调节的探索性强。因此，生命科技的发展、生命社会关系的发展，很可能会在促进大陆法系国家更多地更频繁地借鉴英美法系的判例法制，从而在促成两大法系的融合方面做出较多的贡献。

第三，生命社会关系法律调节的时效性。

生命社会关系的法律调节有其时效性，可以分为即时性与历时性两种形式。最明显的生前社会关系的即时性法律调节，是生命行政法律调节。一个时期的生命行政法律调节措施，只适用于那个时期，此后便会有新的措施取而代之。某市关于"中小学卫生保健室"的设置标准，从最初的"面积不小于10平方米""要有专人负责""必备器材应包括体重计、身高坐高计、胸围尺、视力表、血压计、注射器、体温表、卫生箱"，随着经济条件的改善不久即调整为"具有良好朝向，较好的通讯、采光及水电条件，面积不小于15平方米"，"工作人员应具有医士以上技术职称和相应的专业水平"，"必备器材"则增加了听诊器、屈光检测镜、色觉检查图、急救包和诊察床等。

五、生命法与生命法学

生命社会关系的法律调节，以生命法为前提、为基础。生命法的出现，导致生命法学的形成。生命法学着重研究生命法的以下问题：

(一) 生命法的定义

"生命法"与"生命法学"这两个概念,最早出现在邓公平先生主编的《医药卫生法学》一书中。该书中有"现代科学技术与生命立法"一章,其中第二节为"生命法的原则",第三节为"生命法的若干发展"。他指出:"至今为止,有关生命科学的法律问题,人们总是把它纳入伦理的范畴。看来,这样的研究模式需要转变,因为它模糊了伦理与法律的界限,从而削弱了法律的权威性。生物技术的进步和新的法律关系的产生要求生命法律从伦理学母腹中分娩出来。"他还预见"现代科技对生命法学提出的问题很多,估计会越来越多"。① 由此判断,邓公平先生是"生命法"与"生命法学"概念的发明者。可惜的是,他仅仅提到了这两个概念而未加定义,更未做详论。

我认为,生命法是调整生命社会关系的法律。这一定义的内涵和外延显然与既成的关于医学法、医药卫生法、卫生法、医事法等概念定义的内涵与外延有所区别。

"生命法"概念及其定义,因其具有相当的广延性,不仅可以涵盖传统的"医学法""医疗法""医药法""卫生法"等,而且可以涵盖非传统的生命社会关系的法律调节,如关于器官移植的法律调节、安乐死的法律调节、基因技术的法律调节、人类辅助生殖技术的法律调节。

但生命法定义外延的广阔性不能被理解为无限性。在生命法学的初步研究中,甚至在医药卫生法学的研究中,都出现了越出我们所说的"生命法"范围的情况。这主要可归纳为以下几个方面:

第一,有的同志将"食品卫生法""环境保护法"列入了医学法(即我们所称的生命法)的范畴。诚然,食品卫生、环境保护等,与人的生存、健康、长寿有着直接的关系,食品卫生法、环境保护法也调节生命社会关系的某些方面,但是,其一,生命法调节的是与生命科技相关的生命社会关系,如与医疗卫生科技、基因技术、器官移植技术等相关的生命社会关系,而食品卫生法、环境保护法主要是涉及有关方面的管理问题,与保证人的生存、健康长寿的生命科学技术关系较远;其二,食品卫生法、环境保护法等已有既定的法学部门在做研究,生命法学不介入也无碍。因此,我认为以不涉及食品卫生法、环境保护法等为好。

第二,有人甚至拟将刑法学、民法学中早已深入研究,并由刑法、民法直接调整的一些方面拉到生命法调节的范围中来,我以为这是不妥当的。例如,两人互殴致其中一人死亡,狱警渎职致囚犯瘐死监所,又如制造、贩卖、运输毒品,也被一些医药卫生法学工作者列入医药卫生法调节的范围。这些当然涉及人的生存问题,但它与生命科技无关,且早已由刑法加以规范,因而生命法不必涉足其间。又有同志拟将男女婚媾也纳入生命法的范

---

① 上海科学技术出版社1989年版,第48、59页。

畴，这同样不妥，因为这些方面早已有民法、婚姻法在调节了。

我以为，在谈到生命法及其定义时，必须把握以下几个基本点：一是生命法及其定义必须与生命科技、生命社会关系相关；二是生命法及其定义应与医疗、医药、卫生方面的生命社会关系紧密相连。此外，一般地说，传统的行政法、民法、刑法业已介入的领域，生命法就不应重复介入了。当然，我国现行刑法特地作了一些新的专门规定。生命法可以涉及这些方面，但无论如何不能引为重点。以上是顾及生命法的广延性时必须认真注意的两个方面，既不能过窄，也不能过宽。

世间万物都以运动的状态存在着。生命法定义必定也动态地发展着。生命法定义的动态发展最初表现在从"卫生法"到"医药卫生法"等的变化上。这一变化反映了对当时既有的生命社会关系及其法律调节发展变化的动态。其重要意义在于：卫生法侧重于卫生行政管理，表明最初形成的生命社会关系法律调节是以行政法律调节为主的；随后才是"医药"方面科技发展引致生命社会关系的复杂化，从而调节手段也从行政向民事、刑事方面发展。但带有根本性质的、真正意义的是从"医药卫生法"等等到"生命法"及其定义的出现，因为后者划定了一个远比"医药卫生法"定义更宽的范围，即从调节传统生命社会关系，发展到了既调节传统的生命社会关系，也调节非传统的生命社会关系。这一变化是由生命科技的进步引起的，它引致生命社会关系变化，从而导致调节手段的变化，导致有关定义内涵及外延的变化。

生命法定义这一变化的本身，也包含着不同的阶段。从现有资料看，显然是人类辅助生殖技术的法律调节、器官移植的法律调节等发生在前，随后才发生基因技术法律调节问题，而"克隆人"的法律问题，更只是近几年的事情。

对生命法定义的动态发展，不仅应注意生命科技的最新发展和生命社会关系法律调节的最新需求，从而不失时机地了解、把握定义的内涵的最新发展，而且应注意随着社会的进步和历史的推进，某些原先为生命法调节的内容，逐渐被法律规范所舍弃，变成道德规范等一般性社会规范，或以其他部门法规范加以调节，生命法可以不再关顾。近缘血亲不得结婚曾是古代生命法"天字第一号"的内在要求和主要规范。行之既久，在许多国家里已经不再是生命法的内容；或为婚姻法规范所替代，生命法不再涵盖。

将来生命法定义如何发展，这是一个实践问题。当代生命科技日新月异，很难预见一二十年以后生命科技会有怎样的突破，生命社会关系会提出什么新的法制需求，有关的法律调节手段会发生怎样的变化。

（二）社会规范体系中的生命法

"社会规范体系"包括社会规范和技术规范两大部分。在社会规范体系中，作为科技法的生命法占有特殊的地位。这一特殊地位反映在：其一，生命法同其他科技法一样，是联结生命技术规范和社会规范的纽带。生命技术规范的技术性、操作性及规范人在与自然、与物化智慧关系中的作用的狭窄性,与社会规范的非技术性及调节人际社会关系的复杂性,本来是互不相涉的。生命技术规范作为技术规范与社会规范的概念划分本身,就表明了各自的独立性。在人类社会发展的漫漫长途上,技术规范包括生命技术规范也曾仅仅是技术规范而已。但是,科技法包括生命法的出现,尤其是它在近代以来的长足、迅猛的发展,却使得大量的技术规范——生命技术规范变成了社会规范,成了社会规范日益丰富的重要源泉。这一方面,无论是民法、刑法还是行政法,都代替不了科技法——生命法的这种纽带作用。其二,同其他科技法一样,生命法是社会的规范体系中最积极、最活跃、最革命的规范。它不断吸取生命科技道德规范之精华,改造成为生命法规范;它转化生命技术规范为生命科技法规;它也不断吸取民法、行政法、刑法、国际法等实体法以及各种诉讼法——程序法的法律手段,作为自己的调整生命社会关系的手段。其法规内容将越来越丰富而永不枯竭;其法规形式将越来越多样化而不断发展;其调节手段将越来越科学而更加有效。21世纪将是生物科学首先是生命科学世纪,生命科学的发展行将彻底改变人类社会的生活、面貌,生命社会关系将越出传统社会关系的轨道而变得无比复杂,"不可思议",因此,生命法作为社会规范的使命也将变得更加重大、更加神圣。

对规范体系的考察,可以帮助我们进一步了解生命法的地位。这里所要考察的,有技术规范、道德规范、宗教规范和习惯风俗同生命法的关系。

关于技术规范与生命法的关系,必须强调的是,技术规范与生命法规范,存在着一种源与流的关系。一般地说,技术规范是指规定任命支配和使用自然力、劳动工具、劳动对象的行为规范。生命技术规范则是指规定人们在生命科技活动中使用自然力、劳动工具和劳动对象的行为规则。这里的"劳动对象"主要是指人体,即生命科技活动——医事活动所指向的对象——人体。在生产力水平低下,科技不发达,对生命的孕育、生产、生存、健康知识知之甚少、要求低下的情况下,人们只是在极有限的范围内使用自然力和生命科技——医疗工具,因而,简单的约定就可防止技术危险了。但当生命科技急剧发展、生命科技活动变得极端复杂的近现代,小小的技术操作错误,往往可能导致严重的不可弥补的损害。这样,以法律赋予技术规范以强制性,对违反技术规范给予重惩的预警,就变得十分重要了。于是大批大批的技术规范就源源不断地转化成了法律规范,技术规范与生命法就成了源与流的关系。

科技道德包括生命科技道德是一般道德的重要组成部分,也是后者的新发展。生命法与道德规范的关系,既表现在它与生命科技道德的关系上,也表现在它与一般道德的关系上。生命科技道德与生命法之间存在着"双向流动"的关系:某些生命科技道德被赋予法律约束力从而成为生命法律义务,成为生命法律规范的一部分;而某些生命法律义务一旦成为人人能自觉遵守的行为规范,因而不再需要加以特别规定,就会逐渐退出生命法的领地。一般道德与生命法的关系,则是一种"共变性":一些生命法规对于诚实、信用、友爱、互助等一般道德规范的模范遵守,也有助于特定的与生命法同类规范的贯彻实施。因此，一般道德规范与生命法规范之间，存在着互相制约、互相促进、相辅相成的共变关系。

生命法与宗教规范的关系。生命法规范建立在高度严格地尊重科学的基础上，有神论、男尊女卑、宗法关系、宗派关系等等，与之无缘，为其绝对排斥。生命法规范与宗教规范是互不相容的；而且，许多生命法规范的确立，往往是战胜宗教规范的结果。堕胎法、人工授精法、安乐死法的制定，都经历或还在经历着与宗教偏见的斗争。关于基因技术发展的法律促进，关于克隆技术发展的法律保障，现在正经受着宗教界陋习的顽固阻挠。关注生命法与宗教规范的关系，为生命法的发展而与宗教偏见、宗教陋习作坚持不懈的斗争，是生命法学工作者的永恒使命。

人类的风俗习惯，精粗不一，良莠共存。封建迷信有碍生命社会关系的法律调节；诚实淳朴的民风，却有利于生命法的实施。"黄道吉日"的教条，男尊女卑的习俗，无疑对生命法规范的实施不利，对生命社会关系的合理调节有害。因此，生命法规范的实施，在排除不良习俗对合理调节生命社会关系的干扰方面，有重大的意义和重要的作用。生命法与习俗相比，前者无疑应占高级的起指导与规范作用的地位。习俗之于生命法，无疑应"顺之者存，逆之者亡"。当然，这有一个过程，不可操之过急。

（三）生命法的特征

生命法的特征取决于以下几种因素：一为生命法的调整对象；二为与生命科技发展的紧密联系；三为生命法伦理基础的动态演变；四为生命法的调节手段。在这些因素的共同影响下，生命法具有某些与一般法所不同的或不尽相同的特征，主要见诸以下几个方面：

1. 本质上的社会性

生命法作为科技法，是对在生命科技活动中产生、为生命科技发展服务的生命社会关系进行调节的法律规范，其使命是保障人体的孕育、生产、生存、健康的安全与愉悦，因此它的社会性本质，是显然地毋庸置疑的。

论者或谓：在剥削阶级占统治地位的社会里，统治阶级依仗其政治权力，使自己独享或厚享优裕的医疗、药品资源，因此，其时的生命法的本质不能不是它的阶级性。

对此，必须澄清这样几点认识：其一，统治阶级厚享优裕医药资源的法律保障，并非是生命法的职掌。那是由诸如刑法、行政法和民法的某些规范综合调节的。其二，生命法一视同仁地行使保障人体的孕育、生产、生存、健康的安全与愉悦的职责。即使是对"战俘"或"极为反动"的人，也要发扬人道主义，更遑论其他的人。至于部分人以其权力剥夺他人的生命权、身体权与健康权，剥夺他人的医疗卫生权，这基本与生命法本身无涉。其三，生命法对促进生命科技的发展有极其重要的作用，以器官移植法对器官移植技术发展的激励，基因技术法对基因技术进步的促进，所得益的是整个社会，是全人类。正因如此，生命法的本质在于它的社会性的观点，是无可怀疑的。

承认生命法的社会性本质,有重要的立法上的、法学研究上的意义。毋庸讳言,西方发达国家的生命法,无论在立法还是在司法方面,都已取得了丰富的经验。只有承认生命法的社会性本质,我们才可能较为顺利地在立法上采取法律移植措施,才可能与西方国家的学者进行卓有成效的、有实际意义的交流,从而加快我国生命立法进程,为造福我国人民服务。

2. 立法上的预期性

所有的立法都带有某种预期性,都可说是在一定程度上的"超前立法"。但这里的"预期"与"超前"都已有了比较稳固的基础,并不意味着"超前"的立法"预期"建立新的社会关系或准备调整可能出现的某种社会关系。正如马克思曾经指出过的那样:"其实,只有毫无历史知识的人才不知道:君主们在任何时候都不得不服从经济条件,并且从来不能向经济条件发号施令。无论是政治的立法或市民的立法,都只是表明和记载经济的要求而已。"① 恩格斯赞成并更为具体地表述过马克思的上述观点,他在《论住宅问题》一文中写道:"在社会发展某个很早的阶段,产生了这样一种需要:把每天重复着的生产、分配和交换产品的行为用一个共同的规则概括起来,设法使个人服从生产和交换的一般条件。这个规则首先表现为习惯,后来便成了法律。"② 也就是说,一般的法,都是对既成的社会关系包括经济关系的记录,是对这些久已形成行为规则的社会关系的肯定。这样,得到法律肯定的社会关系便成了规范人们调整这类社会关系的偏差的准则。奴隶社会末期,封建制的社会关系在奴隶社会的母腹内发展并逐渐成熟,导致封建地主阶级夺取政权,并凭借政权制定法律,肯定成熟了的封建制社会关系,使之成为调节封建社会关系的准则。这对封建制的行政法、民法、刑法、诉讼法等来说,东方与西方,外国与中国,都是如此。封建社会末期,资本主义社会关系在封建社会的母腹内发展并逐渐成熟。资产阶级夺取政权之后,仿效封建地主阶级的办法,立法以肯定资本主义社会关系,使之成为调节资本主义社会关系的行为准则,这同样在资本主义的行政法、民法、刑法、诉讼法等中得到明显的反映。由此可见,一般的法,都带有"滞后性"。

作为科技法的生命法的立法则不同。由于人的生命只有一次,因此,古往今来,东西中外,各国人民无不把生命看作最宝贵的,一切与生命孕育、生产、生存、健康相关的行为,都被审慎而又审慎地对待。因此,生命立法的预期性或者超前性,不但自然地成了它的重要特点之一,而且,其"预期"与"超前"是比一般立法更名副其实的,因为它的宗旨即是规范新型的、尚未成熟的甚至尚未出现过的社会关系。

生命立法的预期性意味着它不像一般立法那样是"把每天重复着的……行为用一个共同的规则概括起来……",也就是说,往往不是生命科技行为包括医事行为在前而立法在

---

① 《马克思恩格斯全集》第 4 卷,第 121—122 页。
② 《马克思恩格斯选集》第 2 卷,第 538—539 页。

后，而是立法在前、科技与医事行为在后。这在非传统社会关系、非传统生命关系的立法来说，尤其是如此。生命法所调节的生命社会关系，是正在形成但尚未定型、已经产生一定法制需求但又往往不太明确的社会关系。当出现这类"不太明确的""尚未定型的"社会关系时，就以制订有关生命法的办法，使这种社会关系定型化，使它的法制需求明确化。也就是以生命法来促进新的生命社会关系的确立，并保障它正常发展；或者相反，以生命法来阻止新的生命社会关系的确立，禁止它的发展。后者如曾有一度到处风行的以克隆技术法来制止克隆技术发展，阻止克隆技术可能引致形成的人际关系的出现。

这里，最为关键的是，生命法所促进并保障其正常发展的生命社会关系，必须是有利于生命的孕育、生产、生存与健康发展的。

由于生命法是用以调节生命社会关系的，因此，它的预期性，在相当大的程度上表现为保守性，以保障生命的安全、健康为第一宗旨，任何危及生命安全与健康的可能，都会被立法所排除、所预防。

生命法立法的预期性与保守性，在当代生命科技高速发展的情况下，显得更突出、更加重要了。从当下来说，最明显的例证莫过于关于克隆技术的立法。由于克隆技术的发展必定导致生殖性克隆，即导致人体的复制，从而引起人类社会的"混乱"，引起固有伦理的颠覆，所以，举凡各国有关克隆技术的立法，无不以一个"禁"字当头。总之，基因技术、克隆技术的发展，一方面十分有利于疾病治疗，另一方面又十分可能带来巨大风险。为此，就必须制订相关的法律，极为审慎地控制基因技术、克隆技术的发展。其预期性与保守性也就不期然而然了。但是，预期性并不只是包含保守性，它也完全可以包含激励性。

3. 内容上的伦理性

一切法律在内容上都有一定的伦理性，无伦理则无法。生命法与一般法不同的是，它的伦理性有两个特点：一是它的伦理性特别强；二是从传统生命法到非传统生命法，其伦理基础起了质的变化。一般法的发展几乎是以某种伦理观为其永恒的支点。"杀人者死，伤人及盗抵罪"的伦理基础，从刘邦进咸阳"与秦民约，法三章"[①]起，至今而无所改就是明证。

中国法律传统的一个重要特点便是伦理入法。但生命法立法，不仅中国、东方，而且西方各国，也无不以伦理入法为其内容上的重要特点。这种耦合，是值得详加研究的。

生命法内容上的伦理性，古来如此。《汉书》记载，汉代的名医淳于意有时故意不给病家治病而致病家怨恨，汉文帝曾下令押赴长安处死。刑事法律不会对不加害者给予惩处，民事法律也不会因拒绝交易而加惩处。但淳于意一未加害病家，二未收取病家金钱而不提供服务，因此，汉文帝之下令处死淳于意的依据，仅仅是从淳于意"见死（病）不救

---

① 《汉书·刑法志》。

（治）"出发的，此一处死诏令，即是以伦理入法了。唐代曾严著医律以制庸医，规定凡医师处方用药须注明药物的主治、分量和冷热、迟速或针刺，如果处方用药及针刺错误而致杀人者，处徒刑两年半。唐律还规定对医药不精的人采取严厉措施直至处死。

生命法内容上的伦理性，在当代的非传统生命社会关系法律调节问题上表现得最为突出。堕胎法方面的争论，在很大程度上是对堕胎问题的伦理观分歧引起的。20世纪50年代以前，美国各州大多立法禁止堕胎，认为堕胎是犯罪行为，直至60年代，关于堕胎的伦理和法律的争论，在美国始终不断。1964年，美国发生了麻疹传染病的迅速流行，由于麻疹会影响胎儿的正常成长，于是堕胎自由又被公众热切关注。不久，美国的一些司法机构确认：如果一个持执照的医生认为继续妊娠有害母亲的身心健康，或者新生儿可能有严重身体缺陷，或者由强奸、乱伦等引致妊娠，即可经一个有关的委员会批准，在一个其认可的医院中实施人工流产。这些规定，尤其是"由强奸、乱伦等引致妊娠"而允许堕胎，是十分明显的伦理入法的结果。

人类辅助生殖技术——人工授精、借腹怀胎、代理母亲、"精子银行"以及如今争论得沸沸扬扬的"克隆人"问题，其争论的核心问题，都在于伦理与法律的冲突。有关的立法，基本上都是一定伦理观的体现或不同伦理观的妥协。"试管婴儿"及其他的人类辅助生殖技术方面的立法，都是不同伦理观妥协的结果。

4. 功能上的激励性

生命法的法律功能，涵盖了组织功能、惩戒功能与激励功能三个方面。有关生命科技发展以及医疗卫生管理方面的生命法，以组织功能为其主要特点；有关毁损人的生命孕育、生产、生存、健康方面的生命法，突出了它的刑事制裁功能。但总体来看，生命法的功能，以其激励性为主要特点：激励以高尚的医德、高超的医术去解除病患者的痛苦；激励人们去攻克一个又一个生命科学技术的难题，从而为人的孕育、生产、生存、健康提供更加切实有效的助益与保障；等等。

法的历史发展过程证明，从法产生之日起即有激励性规定。而后绵绵亘亘的立法长途中，激励性的规定也绳绳继继，不绝如缕。直到近代，专利法、著作权法等的诞生，则是激励法发展的里程碑。因为这些法律是整体性的激励法。现在，激励法出现得越来越多了。法律史将以激励法占主导地位而大转折并从此走向逐渐消亡的道路。①

在法的大家族中，生命法尤其是非传统的生命法，对法的激励功能是情有独钟的。器官移植法就是对器官移植的激励。献血法是对无偿献血的激励。1907年美国颁布的《优生法》、1948年日本颁布的《优生保护法》等，都是对"优生"的激励。充分重视生命法的激励性特点，对促进生命科技的发展从而对保护人的孕育、生产、生存、健康起巨大的作用。

---

① 倪正茂：《科技法学原理》，上海社会科学出版社1998年版，第343—354页。

但是，生命法立法激励，必须有三个前提：一是所激励者是促进先进生产力、先进文化发展的；二是已有确切的保证，可以避免生命科技"双刃剑"负面"剑锋"危害人类的危险；三是伦理阻力已减弱到一定程度，足以排除所激励者的前进障碍。

（四）生命法学体系

除上述生命法的内涵外延、地位、特征之外，生命法的原则以及生命立法、司法、执法、守法，生命法体系及生命法的动态发展规律等，也是生命法学的主要研究内容。囿于篇幅，这里略述生命法体系的一两个问题。

综观今日世界的生命法，可以认为，它由两大部分组成：一是调节传统生命社会关系的法律法规；一是调节非传统生命社会关系的法律法规。

为行文与理解的方便，以下简称调节传统生命社会关系的法律法规为"医事生命法"或"传统生命法"，它包括人们习惯称谓的"医药法""医药卫生法""医疗法""医疗卫生法""卫生法"等；简称调节非传统生命社会关系的法律法规为"新型生命法"或"非传统生命法"，它包括"人类辅助生殖技术法""堕胎法（"人工流产法"）""安乐死法""人体实验法""脑死（判定）法""器官移植法""器官捐赠法""基因技术法""克隆人法（或"禁止克隆人法"）"等。

医事生命法与新型生命法有其交叉的部分。如器官移植的目的在于医疗，因此，器官移植法与医事法是不能截然划分作完全独立、互不联系的法律的。但总体来说，新型生命法在所调节的生命社会关系方面，与医事法所调节的生命社会关系确有极大的不同，这是不言自明、一目了然的。

除在所调整的生命社会关系方面有重大区别外，医事生命法与新型生命法还有如下不同：其一，医事生命法较之新型生命法，在较大的程度上是滞后性立法，而新型生命法是预期性立法。一般来说，是先有某些医事行为，包括医事管理行为、医事侵权行为和业已流行的规范这些行为的习惯性办法包括试办的管理机构等，而后立法肯定其中的成功经验，从而形成一些具体的医事法。而新型生命法则基本上属于预计会形成某种从未有过的生命社会关系并预计到可能出现的法制需求，从而作预期性的立法，或肯定或否定这些社会关系及法制需求。其目的，在相当大的程度上是"未雨绸缪""以防不测"。其二，医事生命法大多为对运用业已成熟的医药科技于医事的行为进行规范；新型生命法则大多为对发展新型生命科技并运用于改善生命的孕育、生产、生存、健康的工作进行规范。这些工作包括两个方面：一为发展生命科技；二为运用新型生命科技于改善生命的孕育、生产、生存与健康。

医事生命法与新型生命法之所以共同组成了生命法体系，是由于二者有一些基本的共同点，主要是：其一，二者都是用以调节生命社会关系的；其二，其最终目的都在于造福人类的孕育、生产、生存与健康；其三，在社会关系调节、立法宗旨等方面，都有别于民法、刑法、行政法、诉讼法、国际法,也有别于其他科技部门法,虽然二者与这些法都有某些方面的交叉。

医事生命法主要包括医疗法、医药法、卫生法等;医师法、护士法、药师法、营养师法等;医事纠纷法、药害救济法等;医政管理机构法、药政管理机构法、卫生组织和管理法、医药机构法等;其他如生育和人口政策法、健康保险与卫生保险法、医卫教育法、医卫统计法、医卫档案法等。

上述各医事生命法之下,还有层次更低的部门法。如医师法包括医师资格法、医师执业法、医师惩戒法等,牙医法、物理治疗师法、职能治疗师法、医事放射师法等;① 卫生法有公共卫生法、初级卫生保健法、妇婴保健法、家庭卫生法、老年人保健法、口腔保健法、精神卫生法、优生保健法、全民健康法等。

新型生命法主要包括人类辅助生殖技术法、人体实验法、堕胎法(人工流产法)、脑死(判定)法、安乐死法、器官移植法、器官捐赠法、基因技术法、克隆人法等。

上述各部门新型生命法还可细分为层级更低的生命法,如人类辅助生殖技术法即可分试管婴儿法、人工授精法、人工授卵法、代理母亲法、人类辅助生殖技术促进法、人类辅助生殖技术管理法等。由于新型生命法问世日短,而其前途却还有很长的路要走,也就是要不断面对新出现的法制需求予以立法处理,因此,新的分支还会不断出现。

以上是按照传统与非传统的标准对生命法作划分从而探讨生命法体系的结果,但还可按其他的标准来划分生命法。实际上,生命法还有其他许多形式,这些其他形式的生命法是很难按传统与非传统的标准进行划分的。例如,可把全部生命新科技的基础性立法按其功能划分为生命科技评估法、生命科技奖励法、生命科技劳动法、生命科技标准法、生命科技机构法、生命科技管理机构法等;以生命法所调节的不同生命社会关系为标准划分为生命行政法、生命民事法、生命刑事法、生命诉讼法、生命国际法等。此外,还可列入关系性生命法,如合同法、专利法、税法、科技转让法、科技引进法等。这些部门法都不专属于生命法,但它的许多条款与生命社会关系的法律调节关系十分密切,为生命法实施所不可或缺,所以也应十分重视。

关于生命法体系问题,还应注意以下几点:

第一,迄今为止,我们还只能大体确定一个生命法的框架,不可能也没有必要将它的全部细枝末节都详尽地描述出来。

第二,生命法体系是一个动态的复杂系统,它随着生命科技日新月异的发展,随着生命社会关系的日益复杂化而动态有序地发展变化。大约50年前,新型生命科技及相伴形成的新型生命社会关系大体了无影迹,因而其时以传统的生命法即医事生命法即可应对调节传统生命社会关系的需求;现在则完全不同了。尤应注意的是,生命科技正以加速度飞

---

① 如我国台湾地区有专门的"物理治疗师法""职能治疗师法"及"医事放射师法"的立法。

跃发展，一日千里的进步常常令人眼花缭乱；它所引起的生命社会关系的变化也常出人意料，因此，生命法的演变也当加快速度以求适应。而这，对我们完整详尽勾画生命法体系的企图也会成为障碍。

第三，生命法体系应是立体的网状结构，而不是平面式的树状纵剖结构。具体来说，在生命法体系中，具体的生命法部门可能是关系重叠、功能多重、联系广泛的生命法体系之网上的某个关节点，而不是树状纵剖平面图上的与其他枝叶了不相干的一枝。例如卫生法既可看成是一种独立的部门生命法，但它又包含许多分支，其中有的用来调节卫生行政关系，有的用来调节卫生民事关系，有的用来调节卫生国际关系；有的属于卫生标准法，有的属于卫生财务法，有的属于卫生激励法等。因此，卫生法既可单独列为生命法体系的一支，又可与其他生命部门法交叉地成为生命法体系之网中的一个点。这网中之点，四通八达地与其他各点都有紧密的形式联系和密切的内在关系。

第四，公共卫生体系的法制化将逐渐成为狭义生命法体系的一个重要组成部分。经历了2003年抗击"非典"的斗争，我国政府对公共卫生体系体制化建设的重视，提到了一个新的高度。据新华社报道，2004年全国疾病预防控制体系建设共有2425个项目，主要改、扩建省、市、县级疾病预防控制中心，其中纳入国家建设1589个项目，地方自建项目836个，总投资116亿元。到2004年8月底，已有2147个项目开工建设，占项目总数的88.5%。突发公共卫生事件医疗救治体系建设共安排2360个项目，主要建设各级急救中心、传染病医院和病区，用于土建总投资60.85亿元。到8月底，已有1037个项目开工，占44%。在抓好基础建设的同时，全国卫生系统狠抓突发公共卫生事件应急处置机制建设。各地成立了卫生应急处理协调机构，明确职责，建章立制，组织协调，规范应急处理工作。为了及时掌握重大传染病疫情动态，卫生部门定期组织专家分析疫情，探索建立突发公共卫生事件监测预警系统。根据《中华人民共和国传染病防治法》和《突发公共卫生事件应急条例》等法律法规，卫生部会同有关部门拟定了《国家突发公共卫生事件应急预案》和《国家突发公共事件医疗卫生救援应急预案》，各地也组织制定了各类应急预案。为了提高应对突发公共卫生事件能力，加强公共卫生体系建设，各地抓住机遇，全面推进卫生监督体制改革，把卫生执法监督体系建设纳入政府公共卫生体系建设整体考虑、统筹规划。一年来，卫生监督体制改革取得了阶段性进展。截至2004年底，全国31个省、自治区、直辖市都已建立了省级卫生监督机构，全国超过80%的地（市）和超过50%的县（区）成立了卫生监督机构，为加强卫生执法监督体系建设奠定了基础。[①]

成绩是巨大的，但公共卫生体系法制建设方面存在的困难和问题仍然不少。我国正面临艾滋病防治的严峻形势，但艾滋病防治的法律法规还不健全；公众对虚假医疗广告、假冒伪劣食品药品泛滥成灾极为愤慨，但直至目前，对策还停留在政府要员的言辞痛斥和人

---

① 《2004年发展报告：公共卫生体系建设和疾病预防控制获重大进展》，《人民日报》2005年1月10日。

大代表、政协委员关于要求制定食品安全法等的紧急吁求上。

我们一定要站在重视整个生命法制体系建设的高度上,发展生命法学,力求尽快、尽早、尽善、尽美地实现生命社会关系的法律调节!

生命法学略议[*]

自1997年上海社会科学院成立生命法学研究中心以来的10年间，上海科技法学界同人在生命法学的研究方面做出了相当大的努力，[①]出版了一系列著作。[②]但从全国来看，问津生命法学者至今仍甚寥寥。为此，有必要就生命法学的一些基本问题略事议论。

生命法学研究是以生命法为核心的生命法律文化，而生命法是用以调节生命社会关系的。论析与把握生命法学，重在揭示生命社会关系的内涵与外延及古往今来的演变，探究生命社会关系的法律调节，研讨生命法的定义、地位、特征及其体系。

一、生命社会关系的内涵与外延

人际社会关系中，有一种直接与人的生命的孕育、诞生、存在、健康紧密相连的特殊的生命社会关系。远古的神话传说"神农尝百草"中，以"神农"为一方，以"民"为另一方，就形成了一种生命社会关系。这种生命社会关系是全然指向人的生命健康，指向"生"的。同时，"神农"只是一种概称，完全可能代指一批各"尝百草"以救黎民的当时的医药学家。这样，这些医药学家之间也就会形成某种相互学习、交流、帮助的关系。这种生命社会关系有点类似于今天的医生与患者的关系以及医生与医生的关系、医事科技工作者与医生的关系。

这种生命社会关系，从其产生之日起，便绳绳继继、不绝如缕，绵绵亘亘、延续至今。

---

[*] 原载《科技与法律》2008年第1期。
[①] 该中心成立后连续召开了6次生命法学理论研讨会。其间，上海政法学院成立了生命法学研究中心，上海市法学会成立了生命法学研究分会。2007年11月，这3个组织又联合召开了生命法学国际研讨会。
[②] 包括《生命法学引论》（倪正茂、陆庆胜等著）、《生命法学导论》（谈大正著）、《生命法学探析》（倪正茂著）、《安乐死法研究》（倪正茂、李惠、杨彤丹著）、《基因技术法研究》（刘长秋著）、《脑死亡法研究》（刘长秋等著）等，总计在10种以上。

生命社会关系是指由生命科技活动而发生，为着生命科技而发展，可据以协调生命科技劳动者、劳动组织和劳动管理机构内部关系及相互关系，并可据以协调上述各方面与相关的自然人、法人的关系，而对人的生命的孕育、产生、存在、健康发生影响的一种社会关系。

由于生命社会关系是由生命科技活动而发生的，因此，当生命科技活动停止时，生命社会关系也告终结；当生命科技活动发展时，生命社会关系也随之发展。掌握这一点十分重要。有的陈旧伦理观念卫道士不能革故鼎新、改弦易辙而墨守陈规，往往是由于不懂得生命社会关系由生命科技活动而发生、随生命科技活动的发展而发展的根本道理。

生命社会关系的外延可求诸生命社会关系的分类。从本质性、特定性的要求出发，可以把生命社会关系划分为传统生命社会关系与非传统生命社会关系。这一分类，涵盖了古往今来、东西中外直至未来的一切生命社会关系。

生命社会关系之本质性划分所依据的标准，就是二者有不同的伦理基础。

传统伦理观的主要之点在于：其一，辈分关系不能混乱、颠倒；其二，只有这种辈分关系不淆乱、不颠倒，才是道德的；其三，道德的辈分关系应是稳定的。

既成的伦理观反映的是血缘家庭关系。正是血缘家庭关系的存在，才会"有血有肉"地、"活生生"地存在着"辈分关系"。在一定的历史时期内，血缘家庭的这种辈分关系是绝对不能淆乱、颠倒的。人类的血缘家庭关系是在乱交、乱婚时代结束以后才建立起来并逐渐得到巩固的。任何违越，都意味着是倒退到乱交、乱婚时期，倒退到在后人看来是野蛮的、落后的、不文明的、不道德的状态。这个历史时期已有数百万年之久。在这数百万年之中，血缘家庭关系因血缘的纽带，因财产、利益的纽带，因感情的纽带而不断地得到固化和强化，以致达到血缘家庭的绝对稳态。与此同时，这种绝对稳态的血缘家庭，在政治上有利于统治阶级的统治，在经济上有利于生产力的发展。因此，近代以前的一切社会上层建筑，从政治制度到法律制度，从风俗到习惯，从文学到艺术，从国家管理到家族自治，直至宗教、道德、语言……全都反映这种绝对稳态的血缘家庭关系及它自身所必然提出的种种要求，直至所有这一切最终造成了一切人的思维定式、心理定式。

近代以前，一方面，出于社会稳定的需求，要确保家庭这一社会"细胞"处于稳态；另一方面，此前的科学技术尤其是生命科技的发展水平，也并未造成既定家庭联系解体的条件，甚至不存在任何可能触动家庭稳态的生命科技事件。近代以来，生命科技的发展则常常要触动家庭社会关系的稳性存在状态；而当代的生命科技发展，甚至可能彻底搅乱原先的家庭社会关系。其中，人类辅助生殖技术中的异源人工授精即为一个显例。

非传统生命社会关系一方面继承了传统生命社会关系所蕴含的基本伦理道德原则，另一方面又有了创新性的变化。这些创新性的变化有时与传统伦理观完全相悖，因而在其确立过程中往往历经激烈的争论，某些争论至今未停。

非传统生命社会关系与传统生命社会关系相比较，在伦理基础上有以下巨大变化：

第一,传统生命社会关系极端重视人的生存,一切均以唯生为上;非传统生命社会关系在重视人的生存的同时,也尊重人的选择死亡的权利。

第二,传统生命社会关系以保护每个人的肌肤肢体的完整为宗旨,即使对死人也不例外;非传统生命社会关系则首肯器官捐赠与移植,以保护人类整体的生命安全与健康为重。

第三,传统生命社会关系对家庭的血缘关系高度重视,不允许血缘关系的丝毫混淆;非传统生命社会关系则在一定的条件下首肯血缘关系的改变,对非血缘关系家庭的建立持肯定态度。

第四,传统生命社会关系高度重视家庭社会关系的稳态,不允许任何动摇家庭社会关系的举措,不允许在辈分之间"伦常"问题上动摇家庭社会关系;非传统生命社会关系则在一定的情况下首肯家庭模式、辈分关系和家庭社会关系的人为改变。

当伦理基础发生重大的有时甚至可说是根本性的变化时,生命社会关系也就十分明显地可以区分为变化之前的传统性与变化之后的非传统性,也就是分成了传统的生命社会关系与非传统的生命社会关系两个大类。

二、生命社会关系的法律调节

生命社会关系既经产生,就必须使之合理、和谐、良性互动。同一切社会关系的调节一样,生命社会关系也可借助行政的、经济的、道德的、宗教等手段加以调节,其中,法律调节是各种调节手段中最高、最有力、最具权威性的手段。尽管如此,它也不是唯一手段。任何事物,不管是自然界的还是社会的抑或人类的思维,都是合力作用的结果,而不仅只是某一"前因"的"后果"。生命社会关系之合理构建、和谐发展,不仅需要良好的科学的法律调节,而且需要辅之以道德手段、经济手段、行政手段。中国共产党创造的"综合治理"实应认真研究、详加阐释、通力贯彻实施。同样,生命社会关系的调节,也应采取"综合治理"的对策。在把握这一点的基础上,进而研究生命社会关系的法律调节才是积极的、科学的、合理的。

关于生命社会关系的法律调节,以下几个重要问题是首先需要关注的:

第一,必须明确生命社会关系法律调节的目的在于促进与保障生命科技的发展。

第二,生命社会关系法律调节的探索性。生命科技的发展,生命社会关系的发展,很可能会在促进大陆法系国家更多地更频繁地借鉴英美法系的判例法制,从而在促成两大法系的融合方面做出较多的贡献。

第三,生命社会关系的法律调节有其时效性,可以分为即时性与历时性两种形式。一切事关人命的生命法律调节手段,其时效性问题都是特别值得注意的,只有适时修改,及时地改进法律调节手段,才能合理地调节新的生命社会关系,从而有利于人的生命的孕育、产生、成长与健康。

三、生命法与生命法学

生命社会关系的法律调节，以生命法为前提、为基础。生命法的大批出现，导致生命法学的形成。生命法学着重研究生命法的以下问题：

（一）生命法的定义

"生命法"与"生命法学"这两个概念，最早出现在邓公平先生主编的《医药卫生法学》一书中。该书中有"现代科学技术与生命立法"一章，其中第二节为"生命法的原则"，第三节为"生命法的若干发展"。[①] 可惜的是，他仅仅提到了这两个概念而未加定义，更未做详论。但提出这两个概念是一件很值得纪念的事。

经多年比较和思索，我给生命法做了如下定义：生命法是调整生命社会关系的法律。这一关于生命法的定义，内涵和外延显然与既成的关于医学法、医药卫生法、卫生法、医事法等概念定义的内涵与外延有所区别。

"生命法"概念及其定义，因其具有相当的广延性，不仅可以涵盖传统的"医学法""医疗法""医药法""卫生法"等，而且可以涵盖非传统的生命社会关系的法律调节，如关于器官移植的法律调节、安乐死的法律调节、基因技术的法律调节、人类辅助生殖技术的法律调节。

在谈到生命法及其定义时，必须把握以下两个基本点：一是生命法及其定义必须与生命科技、生命社会关系相关；二是生命法及其定义应与医疗、医药、卫生方面的生命社会关系紧密相连。此外，一般地说，传统的行政法、民法、刑法业已介入的领域，生命法就不应重复介入了。当然，我国现行刑法特地作了一些新的有关生命社会关系调节的专门规定。生命法可以涉及这些方面，但无论如何不能引为重点。

（二）生命法的特征

生命法的特征取决于生命法的调整对象、与生命科技发展的紧密联系、生命法伦理基础的动态演变以及生命法的调节手段。在这些因素的共同影响下，生命法具有某些与一般法所不同的或不尽相同的特征，主要见诸以下几个方面：

一为本质上的社会性。生命法作为科技法，是对在生命科技活动中产生、为生命科技发展服务的生命社会关系进行调节的法律规范，其使命是保障人体的孕育、生产、生存、健康的安全与愉悦，因此它的社会性本质显然是毋庸置疑的。

承认生命法的社会性本质，在立法和法学研究上具有重要意义。毋庸讳言，发达国家

[①] 邓公平主编：《医药卫生法学》，上海科学技术出版社1989年版，第48、59页。

的生命法，无论在立法还是在司法方面，都已取得了丰富的经验。只有承认生命法的社会性本质，我们才可能较为顺利地在立法上采取法律移植措施，才可能与西方国家的学者进行卓有成效的、有实际意义的交流，从而加快我国生命立法进程，为造福我国人民服务。

二为立法上的预期性。由于人的生命只有一次，因此，古往今来中外各国人民无不把生命看作最宝贵的东西，一切与生命孕育、生产、生存、健康相关的行为，都被审慎而又审慎地对待。因此，生命立法的预期性或者超前性，不但自然地成了它的重要特点之一，而且，其"预期"与"超前"，是比一般立法更名副其实的，因为它的宗旨即是规范新型的、尚未成熟的甚至尚未出现过的社会关系。

生命立法的预期性意味着它不像一般立法那样是"把每天重复着的……行为用一个共同的规则概括起来……"，也就是说，往往不是生命科技行为包括医事行为在前而立法在后，而是立法在前、科技与医事行为在后。这在非传统社会关系、非传统生命关系的立法来说，尤其是如此。生命法所调节的生命社会关系，是正在形成但尚未定型、已经产生一定法制需求但又往往不太明确的社会关系。当出现这类"不太明确的""尚未定型的"社会关系时，就以制定有关生命法的办法，使这种社会关系定型化，使它的法制需求明确化。也就是以生命法来促进新的生命社会关系的确立，并保障它正常发展；或者相反，以生命法来阻止新的生命社会关系的确立，禁止它的发展。后者如曾有一度到处风行的以克隆技术法来制止克隆技术发展，阻止克隆技术可能引致形成的人际关系的出现。这里，最为关键的是，生命法所促进并保障其正常发展的生命社会关系，必须是有利于生命的孕育、生产、生存与健康发展以及保证生命尊严的。

由于生命法是用以调节生命社会关系的，因此，它的预期性，在相当大的程度上表现为保守性，以保障生命的安全、健康为第一宗旨，任何危及生命安全与健康以及有悖生命尊严、生命价值的可能，都会被立法所排除、所预防。

三为内容上的伦理性。一切法律在内容上都有一定的伦理性，无伦理便无法。生命法与一般法不同的是，它的伦理性有两个特点：一是它的伦理性特别强；二是从传统生命法到非传统生命法，其伦理基础起了质的变化。一般法的发展几乎是以某种伦理观为其永恒的支点。"杀人者死，伤人及盗抵罪"的伦理基础，从刘邦进咸阳"与秦民约，法三章"① 起，至今而无所改就是明证。

中国法律传统的一个重要特点便是伦理入法。但生命法立法，不仅中国、东方，而且西方各国，也无不以伦理入法为其内容上的重要特点。这种耦合，是值得详加研究的。

生命法内容上的伦理性，在当代的非传统生命社会关系法律调节问题上表现得最为突出。堕胎法方面的争论，在很大程度上是对堕胎问题的伦理观分歧引起的。

人类辅助生殖技术——人工授精、借腹怀胎、代理母亲、"精子银行"以及如今争论

---

① 《汉书·刑法志》。

得沸沸扬扬的克隆人技术,其争论的核心问题,都在于伦理与法律的冲突。有关的立法,基本上都是一定伦理观的体现或不同伦理观的妥协。"试管婴儿"及其他的人类辅助生殖技术方面的立法,都是不同伦理观妥协的结果。

四为功能上的激励性。在法的大家族中,生命法尤其是非传统的生命法,对法的激励功能是情有独钟的。器官移植法就是对器官移植的激励。献血法是对无偿献血的激励。1907年美国颁布的《优生法》、1948年日本颁布的《优生保护法》等,都是对"优生"的激励。充分重视生命法的激励性特点,当促进生命科技的发展从而对保护人的孕育、生产、生存、健康起巨大的作用。但是,生命法立法激励,必须有三个前提:一是所激励者是促进先进生产力、先进文化发展的;二是已有确切的保证,可以避免生命科技"双刃剑"负面"剑锋"危害人类的危险;三是伦理阻力已减弱到一定程度,足以排除所激励者的前进障碍。

(三) 生命法学体系

综观今日世界的生命法,可以认为,它由两大部分组成:一是调节传统生命社会关系的法律法规;二是调节非传统生命社会关系的法律法规。

传统生命法即医事生命法与非传统生命法即新型生命法有其交叉的部分。如器官移植的目的在于医疗,因此,器官移植法与医事法是不能截然划分作完全独立、互不联系的法律的。但总体来说,新型生命法在所调节的生命社会关系方面,与医事法所调节的生命社会关系确有极大的不同,这是不言自明、一目了然的。

除在所调整的生命社会关系方面有重大区别外,医事生命法与新型生命法还有如下不同:其一,医事生命法较之新型生命法,在较大的程度上是滞后性立法,而新型生命法是预期性立法。一般来说,是先有某些医事行为,包括医事管理行为、医事侵权行为和业已流行的规范这些行为的习惯性办法包括试办的管理机构等,而后立法肯定其中的成功经验,从而形成一些具体的医事法。而新型生命法则基本上属于预计会形成某种从未有过的生命社会关系并预计到可能出现的法制需求,从而作预期性的立法,或肯定或否定这些社会关系及法制需求。其目的,在相当大的程度上是"未雨绸缪""以防不测"。其二,医事生命法大多为对运用业已成熟的医药科技于医事的行为进行规范;新型生命法则大多为对发展新型生命科技并运用于改善生命的孕育、生产、生存、健康的工作进行规范。这些工作包括发展生命科技和运用新型生命科技于改善生命的孕育、生产、生存与健康等两个方面。

医事生命法与新型生命法之所以共同组成了生命法体系,是由于二者有一些基本的共同点,主要是:其一,二者都是用以调节生命社会关系的;其二,其最终目的都在于造福人类的孕育、生产、生存与健康;其三,在社会关系调节、立法宗旨等方面,都有别于民法、刑法、行政法、诉讼法、国际法,也有别于其他科技部门法,虽然二者与这些法都有某些方面的交叉。

医事生命法主要包括医疗法、医药法、卫生法等；医师法、护士法、药师法、营养师法等；医事纠纷法、药害救济法等；医政管理机构法、药政管理机构法、卫生组织和管理法、医药机构法等；其他如生育和人口政策法、健康保险与卫生保险法、医卫教育法、医卫统计法、医卫档案法等。上述各医事生命法之下，还有层次更低的部门法。如医师法包括医师资格法、医师执业法、医师惩戒法等，牙医法、物理治疗师法、职能治疗师、医事放射师法等[①]；卫生法有公共卫生法、初级卫生保健法、妇婴保健法、家庭卫生法、老年人保健法、口腔保健法、精神卫生法、优生保健法、全民健康法等。

新型生命法主要包括人类辅助生殖技术法、人体实验法、堕胎法（人工流产法）、脑死（判定）法、安乐死法、器官移植法、器官捐赠法、基因技术法、克隆人法等。

上述各部门新型生命法还可细分为层级更低的生命法，如人类辅助生殖技术法即可分试管婴儿法、人工授精法、人工授卵法、代理母亲法、人类辅助生殖技术促进法、人类辅助生殖技术管理法等。由于新型生命法问世日短，而其前途却还有很长的路要走，也就是要不断面对新出现的法制需求予以立法处理，因此，新的分支还会不断出现。

关于生命法体系问题，还应注意以下几点：

第一，迄今为止，我们还只能大体确定一个生命法的框架，不可能也没有必要将它的全部细枝末节都详尽地描述出来。

第二，生命法体系是一个动态的复杂系统，它随着生命科技日新月异的发展，随着生命社会关系的日益复杂化而动态有序地发展变化。大约50年前，新型生命科技及相伴形成的新型生命社会关系大体了无影迹，因而其时以传统的生命法即医事生命法即可应对调节传统生命社会关系的需求；现在则完全不同了。尤应注意的是，生命科技正以加速度飞跃发展，一日千里的进步常常令人眼花缭乱；它所引起的生命社会关系的变化也常出人意料，因此，生命法的演变也当加快速度以求适应。而这，对我们完整详尽勾画生命法体系的企图也会成为障碍。

第三，生命法体系应是立体的网状结构，而不是平面式的树状纵剖结构。具体来说，在生命法体系中，具体的生命法部门可能是关系重叠、功能多重、联系广泛的生命法体系之网上的某个关节点，而不是树状纵剖平面图上的与其他枝叶了不相干的一枝。例如卫生法既可看成是一种独立的部门生命法，但它又包含许多分支，其中有的用来调节卫生行政关系，有的用来调节卫生民事关系，有的用来调节卫生国际关系；有的属于卫生标准法，有的属于卫生财务法，有的属于卫生激励法等。因此，卫生法既可单独列为生命法体系的一支，又可与其他生命部门法交叉地成为生命法体系之网中的一个点。这网中之点，四通八达地与其他各点都有紧密的形式联系和密切的内在关系。

---

① 如我国台湾地区有专门的"物理治疗师法""职能治疗师法"及"医事放射师法"的相关立法。

第四，公共卫生体系的法制化将逐渐成为狭义生命法体系的一个重要组成部分。

我们一定要站在重视整个生命法制体系建设的高度上，发展生命法学，力求尽快、尽早、尽善、尽美地实现生命社会关系的法律调节！

中国走出器官移植困境的出路研究*

器官移植是20世纪生物医学工程领域具有划时代意义的技术，是人类改变传统的药物治疗方式而使伤病器官恢复功能的一种新型医疗模式，它给医学领域带来了革命性的变化。[①]但另外，器官移植技术的发展也的确带来了众多的伦理及法律问题。供体器官来源严重不足的问题就是其中之一。当前，伴随着我国器官移植技术的飞速发展及其在医疗临床上的广泛应用，供体器官来源严重不足问题已经成为困扰我国器官移植技术发展的一个瓶颈。笔者以为，为走出困境，必须认清"供体远少于受体"是一个容易误导器官移植工作的伪命题；必须从文化因素、情感因素和法律因素等多渠道着手，采取相应的对策。笔者拟就此浅陈拙见。

一、不加限定的"供体少于受体"是伪命题

资料显示：中国每年大约有150万人因末期器官功能衰竭需要器官移植，但每年能够使用的器官数量不到1万，供求比例达到1:150。与此同时，中国需要接受器官移植的患者数量还以每年超过10%的增量扩大。由于缺口巨大，"死囚供肝"曾一度不胫而行。中国协和医院大学生命伦理学研究中心翟晓梅教授指出，我国目前97%的移植器官来源于尸体（死刑犯捐赠）器官。[②]近几年来人体器官买卖十分猖獗。《检察日报》2010年4月8日、4月22日先后发文揭露了我国器官移植黑中介猖獗活动的状况。[③]有人指出："悬殊的比例，张开了深渊般的吞噬之口。深渊之中，暗藏着器官买卖等血淋淋的黑暗，交织着

---

* 原载《南昌大学学报》2011年第2期。本文为四川省哲学社会科学重点研究基地——四川医事卫生法治研究中心项目"人体器官捐献与移植的法律问题研究"（YE10-Y08）。
① 刘长秋：《刑法视野下的器官移植》，《现代法学》2008年第6期，第181页。
② 吴越：《1:150背后的辛酸——中国人体器官移植现状调查》，《文汇报》2010年1月14日。
③ 汪文涛、吴静、张昊：《器官买卖"黑市"调查》，《检察日报》2010年4月8日。

人伦与法理的观念冲突。"① 显然,"人伦与法理的冲突"已成为困扰我国器官来源不足的根源。既然如此,就必须解决"人伦与法理的冲突"的有关问题。然而,如果把"供体远少于受体"作为恒定的命题,则这种"冲突"怕是永远都无法解决。笔者以为,"供体少于受体"作为一个反映客观的命题,确有符合实际的一面,但若把它作为一个恒定的命题,则可能是错误的。

笔者以为,不加限定的"供体"可有两种含义:一为可供移植器官的人;二为已经或确定捐献器官的人。而以此为基点,不加限定的"受体"显然也可有两种含义:一为已因罹病而等待接受器官移植的人;二为以后可能需要接受器官移植的人。如此一来,我们显然便可得出以下结论:(1)任何人在理论上都是"可供移植器官的人",亦即任何人都是潜在的供体。(2)"已经捐献或确定捐献器官的人",如从时域上区分,有过去的、现在的和将来的三种人之区别。其中"过去的"和"现在的"(人)自然应属于而且事实上也属于"严重不足""远少于受体"的"供体";但"将来的"(人)未必就属于所谓"严重不足""远少于受体"的"供体"范围。(3)"因罹病而等待接受器官移植的人",亦即所谓"受体",在时域上也有现在的和将来的人的区别。而完全可以预期的是,随着医药科技的进步、生活水平的提高及人们对健康的日益重视,其中将来"可能需要接受器官移植的人"有望减少。根据以上分析,我们可以进一步得出如下结论:无论是过去、现在,还是将来,潜在的供体都远大于受体。

毫无疑问,假定目前水平下能够移植的人体器官总共有心、肾、肺、肝等10种,那么,我们还可断言:任何一个潜在的供体都有10种器官可供捐献,而一般来说不会有需要移植10种器官才能活下去的患者。因此,客观上,至少在理论上,供体较诸受体,不是"远少"而是"远多"。显然,这几乎是不值得多费笔墨、人尽皆知的常识。但不首先指明这一点,就很容易堕入"供体远少于受体"的认识误区。而在"供体远少于受体"的常识性失误影响下,就很可能导致忽视积极措施而实行或放任消极、有害甚至极端残忍的措施。

不过,以上所议,是以人作为大自然中的自主存在物为前提的,这与西方世界从"神-人关系"为出发点而论定"人",有很大的区别。"神-人关系"下的人,是非独立的,或者说,仅仅是相对独立的,总之是不能自主的。正因如此,西方伦理学界推出了"位格人"的理论,认为如何界定"人"是生命伦理学的根本问题;英语"human person"和"humanbeing"译为汉语都被指称为"人",而在英语语境下二者则有深刻的区别,一般译为"位格"的"person"从3世纪开始即被广泛使用于基督教教会讨论中理解和阐述"三位一体和道成肉身的奥秘",而"人的位格性"即在于"神-人的受造关系"②。作为"神-人

---

① 吴越:《1∶150背后的辛酸——中国人体器官移植现状调查》,《文汇报》2010年1月14日。
② 许志伟、朱晓虹:《生命伦理对当代生命科技的道德评论》,中国社会科学出版社2006年版。

关系"的具化，"位格人"就有了超越自然人的地位与本质，议论生命科技、生命伦理及生命法，就必须纳入"神－人关系"的窠臼之中。这样，人们的手足乃至头脑都被子虚乌有的"神"及荒诞不经的"神－人关系"束缚、禁锢起来了。其结果，一定是使所要讨论的现实问题包括器官移植问题复杂化、虚玄化，终于走向无解。如同"供体少于受体"作为一个恒定的命题，不过是伪命题一样，在讨论器官移植及相关的伦理、法律问题之始，即在"位格人"之类"神－人关系"基础上徘徊，只能使我们的讨论陷入迷宫而永远得不出科学的结论。

那么，怎么变潜在的供体为现实的供体呢？

二、器官移植中的"文化因素"与"情感因素"，兼论宗教因素的作用

"变潜在的供体为现实的供体"的期望，逻辑地蕴涵"潜在的供体远非现实的供体"的判断。理论上，形成这一判断的决定性因素有三，而变潜在的供体为现实的供体的对策与此密切相关。其一是文化因素。我们认为，中国儒家的"身体发肤，受之父母，不敢毁伤，毁之不孝"的说教，中外各国之"人由肉体与灵魂二者构成"的理论，都会对人们积极捐献器官带来影响。其二是情感因素。从感情上来说，朝朝夕夕终生相处的亲人，不忍心看着亡人的器官被切割下来甚至支离破碎这是很自然的。其三则是法律因素，即法律上并无鼓励捐献器官的措施以及有利于实现捐献的机制。过去几年，有关捐赠人捐献遗体器官但却受制于当地遗体捐献法而无法得偿所愿的报道时常见诸媒体。

笔者以为，文化因素之改革移易，较为耗时费日、艰难困顿，不可能一蹴而就于朝夕之间。但也不是"命定""天生"，永远不可能改变的。何况，某些因素之被反复论证或引为论据，多少有点人云亦云或随心所欲，甚至被盲目夸大的成分。例如，在今日中国到底有多少人还会固守儒家的"身体发肤，受之父母，不敢毁伤，毁之不孝"说教这一点上，就很值得商榷。事实上，儒家说教是十分庞杂而充斥矛盾的。与之直接对立的是，儒家也主张"杀身成仁""舍生取义"，这是正面的；负面的则有"二十四孝"中树立的"割肉事亲"和"郭巨埋儿"等荒诞而又残忍的"榜样"。① 对今天中国的绝大多数人来说，一旦面临"身体发肤"之损，估计首先想到的绝不是什么孝与不孝的问题，而是直接的、现实的疼痛感觉。既然儒家文化中还有"杀身成仁""舍身取义"等另一类的教诲，那么时至今日，"身体发肤，受之父母，不敢毁伤，毁之不孝"这类儒家言论还能在多大程度上影响人们的观念就很值得究问。更何况，"文化因素"包含极大的复杂性，对一个有着5000余

---

① 元代人郭居敬（一说其弟郭守正）作《二十四孝图》，内有《埋儿奉母》一则。说的是晋代河南温县人郭巨，父亡之后将家产分作两份，给了两个弟弟，自己则领养了老母亲。后来妻子生了一个儿子，郭巨怕因此影响老母生活，遂与妻子商议活埋了儿子以节约钱财而奉养母亲。

年文明史的中华民族来说，更是如此。在5000余年的中国文化发展过程中，精华与糟粕并存，本质与现象同在，必然与偶然共生，形式与内容不断转换变化。其中，必有一些因素会阻碍器官移植的顺利开展，也必有一些因素有助于器官移植的推行。尤其是近代以来对孔孟学说的批判，革命志士与共产党人所确立的革命人道主义精神和不怕牺牲精神，是相当深入人心的。其本身就是中华民族高尚文化的组成部分。加以宣传弘扬，无疑有助于器官移植事业的顺利发展。

至于情感因素，则要分别对待。首先，就供体本人而言，一般来说，不存在本人怕因捐献器官，而引起亲属彻心彻肺疼痛的严重顾虑。其次，就供体亲属而言，在当今死后必须火葬而且火葬已经取代土葬并成为全民共识的前提下，只要好好宣传解释，接受器官移植比接受火葬实际上阻力更小。因此，强调亲属的情感因素而畏葸不前，恐怕是不恰当的。当然，情感因素的移易有一个过程。如同火葬成为全民接受的风俗习惯一样，只要持之以恒，赞同器官移植的人必定会越来越多。而我们在实际生活中看到，多年来报刊对器官移植的宣传，对有关问题的媒体引导工作，做得实在太少太少了。总之，阻碍器官移植的情感因素，既是确实存在的，又是可以变化移易的。

在文化因素与情感因素之间，还有一种连接二者的因素对人体器官捐献与移植起着重要的影响作用，亦即宗教因素。宗教大多是在文化因素与情感因素的综合作用下产生的，而在其产生之后，又反过来加剧了对既定的文化因素与情感因素的作用，使之固化、强化、理论化与制度化。而就宗教对器官捐献的态度来看，世界上的宗教组织，在生命科技发展史上几乎所有重大事项上（如在试管婴儿、基因工程、克隆、堕胎、安乐死以及脑死亡等问题上）都曾持有或至今仍然坚持强烈的反对态度，但唯独在器官移植技术的发展和器官移植事业上，却大多持热情支持的态度。

以美国30个不同宗教组织关于器官和组织捐献的观点为例。这些组织几乎都认可并支持人体器官和组织的捐献。其中"非洲卫理圣公会"把器官和组织捐献看作是一种睦邻友爱的行动和一项慈善事业，鼓励所有成员支持捐献，将其作为一种帮助他人的方式。而"浸礼会"尽管认为器官组织的捐献和移植最终属于个人良知范畴，但是美国最大的新教徒教会"南方浸礼会大会"却于1988年通过了一个决议，鼓励医生在适当的情况下可以要求器官捐献，鼓励信徒以服务精神、同情他人的需要和缓解他人的痛苦等出发进行自发捐献。而其他浸礼会组织也支持器官和组织捐献，把它看作是一种慈善事业。美国"天主教"的观点是，器官和组织捐献是一种慈善事业，一种体现兄弟之爱和自我牺牲精神的行为。梵蒂冈教廷认为移植从道德上和伦理上都可以接受。而基督会（基督门徒会）则更是鼓励器官和组织捐献。1985年全国基督会大会就采纳了一项决议，鼓励"基督会（基督门徒会）的成员去登记作为器官捐献者，并虔诚地支持那些接受了器官移植的患者"。至于"基督复临安息日会"则在鼓励和倡导人体器官与组织捐献上尤其积极，该会建有许多移植医院，其中加州的 Loma Linda 医院，就专门开展儿童心脏移植手术①。

中国台湾地区各宗教团体对器官移植的态度也是一个很好的注脚。据台湾器官捐赠协会所编《器官捐赠作业手册》介绍，台湾道教总会理事长高忠信先生指出，"尊重生命、捐赠器官"可以延续另外一个有用生命的继续生存，对社会新的价值观而言，是一个值得倡导和鼓励的理念，在道教的生命观中，对身体的保存特别重视不容损毁，而且人"死不欲速朽"的观念根深蒂固并主张土葬。台湾回教协会理事长、回教武宜宏先生认为，回教不许可伤害亡故者的遗体，折断亡者的骨骼就等于折坏活人的骨骼一样，但学者们已同意死者之器官可以移植给患者，因为这是不伤害遗体的行为，而是某一形态的行善。条件是：本人生前业已同意，或亡故后其家属予以同意，本人生前若立下书面同意书则最佳。有些器官，如肾脏、骨骼等，可以在健康时移植，但必经本人同意，以救他人之性命，这是最好之善行。切除身体某一部分，只要是医学上的原因和防止健康恶化，均属可行。器官移植之捐赠者及受惠者，不因信仰不同而受限制。天主教台北总教区总主教狄刚先生指出，天父救人爱人以牺牲自己的生命为爱的最高境界，并令圣子为人舍生，令我们则效。捐赠器官乃爱人的高度表现，生时教会以鼓励教友捐赠器官，更何况身后！静思精舍住持、慈济功德会会长释证严说，器官捐赠的观念不是自今使，器官捐赠的观念，早自两千多年前，释迦牟尼佛时代就有。器官捐赠的观念，在台湾地区所以不能广为推广，主要原因是：中国人都有死后全尸的观念，往生者之亲属，不忍把往生者的器官割舍，故吝于捐赠。其实，我们的身体只不过是四大假合而成，缘聚则生，缘散则亡，所以历代禅师都说我们有形的身体，只是一具臭皮囊。这具臭皮囊能发挥功能时，就是至宝，不能发挥功能时，何异废物。我提倡器官捐赠的理由是：第一，励行菩萨上布施，功德无量无边；第二，器官捐赠就是头目血肉，尽用布施，可以得正见；第三，器官捐赠就是善用器官功能，可以延续器官生命；第四，器官捐赠是慈悲大愿的显现，可以延续个人的慧命；第五，器官捐赠可以令病悉除，完成诸佛本愿；第六，器官捐赠风气一旦推展开来，可以对社会大众教以正当知见。释证严会长进而指出，人死之后的各项器官与其与草木同朽，不如善尽功能在病苦众生上发挥苦与乐的作用，这才是佛教徒应有的观念与态度。

显然，这些持有不同宗教理念的团体，都尽可能地对既成的宗教理念、学说、观点、条规等进行了跨越性的、延伸性的或顺理成章或竟带勉强的解释，但所有的解释都指向对器官移植的支持。

从历史发展的进程看，宗教是伴随着全部生产关系和现实生活而逐渐演化的。但总体上，世界各大宗教始终不同程度地保留其初创时期形成的观念和信仰。恩格斯在 1890 年 10 月 27 日致宋拉德·施米特的信中这样写道：犹如社会意识的其他若干形态，宗教同

---

① [美]雷蒙德·埃居、[美]约翰·兰德尔·格罗夫斯：《卫生保健伦理学——临床实践指南（第2版）》，应向华译，北京大学医学出版社、北京大学出版社 2005 年版，第 373—378 页。

样具有"它们的被历史时期所发现和接受的史前内容,即目前我们不免要将之视为谬论的内容"①。在《路德维希·费尔巴哈和法国古典哲学的终结》中,恩格斯又写道:"宗教一旦形成,总要包含某些传统的材料,因为在一切意识形态领域内传统都是一种巨大的力量。"②"任何意识形态一经产生,就同现有的观念材料相结合而发展起来,并对这些材料做进一步的加工。"③以上观点,从总体来看,无疑是正确的、科学的。正因如此,为改变陈旧的传统观念,必须做出极大的努力。但是,必须指出以下两点:其一,包括宗教在内的一切意识形态、一切传统观念,都是不断变化的,这种变化由"全部生产关系"和"现实生活"所引起,而"全部生产关系"和现实生活的改变是不可避免的。也就是说,社会生活的改变本身就会推动、造成意识形态、传统观念的改变,看不到这种改变,不抓住机遇利用这种改变而停留、固守陈旧的意识形态与传统观念,只会落后于社会的发展。抱残守缺的结果是不能因应历史发展所提供的机遇。如果连各种宗教都尽可能地对既成的宗教观念、学说、观点、条规等,做跨越性的、延伸性的或顺理成章或竟带勉强地对器官移植给予支持的解释,那么,固执于陈旧的文化因素、情感因素从而不敢于、不善于理直气壮地就器官移植的必要性、人道性、科学性、正义性与崇高性等等进行言传身教,就是大大落伍于时代了。其二,传统作为"一种巨大的力量",有其顽固性的特点,因此欲予改变,必须做出坚决果敢的、坚定不移的、坚持不懈的努力。对有利于器官移植事业的传统的文化因素和情感因素的改造,不能游移于欲言又止、徘徊彷徨。十分遗憾的是,我们虽然看到了不少揭露器官买卖的信息,看到了感叹器官移植之难的报道,却极少看到对器官移植的正面宣传,更未幸见到对器官移植的大张旗鼓地赞美。这些,对改变陈旧的传统文化因素、情感因素都是不利的。

中国大陆要走出器官移植的困境,必须在文化因素与情感因素两个方面理直气壮地开展工作。当然,仅仅如此还是不够的,我们还必须顾及影响器官移植的法律因素。

三、国外器官移植的法律借鉴

国外对人体器官移植的保障有许多立法较为先进的做法,实践中也取得了很大成效。国外的一些成功经验,值得我国借鉴。主要包括:

(一)英国相对宽松的法律环境

英国是较早开展器官移植及器官捐献的国家之一。根据其法律规定,捐献者在生前若

---

① 《马克思恩格斯全集》第37卷,人民出版社1972年版,第489页。
② 《马克思恩格斯全集》第4卷,人民出版社1972年版,第253页。
③ 同上书,第250页。

表达捐献的意愿,而且其亲属在其死亡时对此允许,则可进行器官的获取。据统计,由于家属阻挠将遗体器官捐赠的案件约占10%。有鉴于此,2006年9月1日,英国又出台了关于人体器官捐献的新规定,即《人体组织法案》取消了家庭阻止从死去亲属身上移走器官作移植以及研究之用的权利。即只需要听取死者自身的意愿,即使有家人反对,器官也可以顺利捐献给研究和移植之用。英国这个新的《人体组织法案》还明确规定活着的人可以给非亲属捐献器官,由此可以使两个配型一致的陌生人能够进行器官互换移植。

(二)芬兰扩大供体器官来源的立法举措

芬兰以新的法律规定"推定同意"原则与"脑死标准",扩大供体来源。芬兰一项有关器官捐献的新法律于2010年8月1日起正式生效。根据这项新法律,芬兰的脑死亡病人如果在生前没有明确提出反对意见,那么死后无须他人同意即可摘除其身体器官。如果死者未成年或不具备民事行为能力,则需其监护人或亲属同意。芬兰是世界上第一个采行脑死亡标准的国家。传统医学认为"呼吸和心跳不可逆停止"就是死亡。但是随着现代医学的发展,传统的死亡标准受到挑战,我们不能死守着传统的死亡标准。[①] 脑死亡正是在这样的背景下被提出的。由于脑死亡时间通常早于心跳、呼吸停止时间,能及时得到可利用的器官,因此其标准的确立对器官移植意义重大。医学界提出脑死亡的概念和标准后,各国的法律界并未立即响应。直到20世纪70年代,一些国家的法律界才开始谨慎地接受脑死亡的概念。芬兰是世界上最早以法律形式确定脑死亡作为人体死亡的国家之一,1971年芬兰的《尸体组织摘取公告》,确认了脑死亡标准。[②] 芬兰的脑死亡法与2010年8月1日起实施的新器官移植法,将使芬兰的器官移植效率得到进一步的提升。

(三)西班牙有助器官捐献的法律规范模式

西班牙的器官捐献率是全世界最高的国家,达到每百万人35例,其原因在于建立全国范围的标准器官捐献制度,设立以医院为基础的捐献小组(独立于器官移植团队),专职处理器官捐献相关事宜。这一体系被称为"西班牙模式"。西班牙的器官移植起步于1965年,1979年西班牙颁布器官捐赠和器官移植法案,直到20世纪80年代中期西班牙器官捐赠数量一直增长缓慢。1989年,西班牙成立全国器官移植协会(ONT),着手解决器官捐献率低的问题。该协会研究后认为,捐献率低下并非因为缺乏合适的捐献者,而是没有一个完整的器官捐献体系以进行捐献者资格认定及获取其家属同意的工作。于是,该协会制定标准的器官捐献规范,并在每个医院建立标准化的器官捐献团队,该团队成员作

---

① 熊永明:《论死亡标准的冲突对刑法适用的影响——兼评我国死亡标准的取舍》,《南昌大学学报》(人文社会科学版)2010年第2期,第43页。
② 岳红革:《增设罪名:严打器官买卖行为》,《检察日报》2010年5月22日。

为医护工作者,他们在各自单位均具有良好的声望,并愿意从事这一兼职工作。医院器官捐献团队的职责就是妥善处理管辖医院内的器官捐献行为,他们要对器官捐献的每一个环节负责。首先是对捐献者进行评估,看其是否符合捐献标准,确定其家属是否同意进行器官捐献;此外,他们还要承担宣传器官捐献、协调医疗关系等任务。在西班牙,任何人都可被视为潜在的捐献者,除非其明确表示不愿意进行器官捐献。也就是说,在没有明确拒绝进行器官捐献的情况下,任何人都可被看作器官捐献者。这一鼓励政策也是促进西班牙器官捐献人数逐年上升的重要原因。

综上所述,英国、法国、西班牙等国都致力于以法律调整器官移植方面的生命社会关系,以立法肯定推定同意原则(芬兰、法国、西班牙);以立法排除因志愿捐献者本人与家属之间可能出现的不同意见而造成的移植障碍(英国);以立法肯定非亲属间捐赠与移植的合法性(芬兰);以立法肯定"脑死亡标准",以求得最有效的协同器官移植法的实施(英国、芬兰、西班牙)。在这些法制观念比较深入人心、依法而治已经成为社会共识、严格守法已经成为普遍的生活习惯的国家里,相关的人体器官移植立法得以逐步改进,确实收到了可观的成效。

总之,国外已经实行了行之有效的办法,我们都应该研究、学习、借鉴。中国要走出器官移植的困境,无疑也必须在器官移植立法方面加紧工作。

四、中国走出器官移植困境的法律对策

在法治已经成为当代中国社会主旋律的背景下,要解决我国器官移植所面临的供体器官来源困境问题,需要给予法律的促进与保障。目前,我国人体器官捐献的法律机制还存在不少问题,以致经常发生捐者无门的情况。《检察日报》就曾刊发过这样一篇报道:一位富有大爱的父亲的儿子突遭不测后想捐献儿子的遗体,不料繁杂的捐献手续和程序竟一个月后才办完,而其爱子的器官因长时间用药物维持生命体征其功能已经严重受损,失去了移植价值,致使医院不得不放弃接受捐赠。而这位父亲却为支付这高昂的"保存"费用等已负债13万元。① 显然,从立法上重视人体器官捐献的保障问题,已成为推动我国器官移植走出供体器官缺乏这一困境的基本出路。

毋庸讳言,在中国,人们的法制观念虽然已经有所提高,但较之"深入人心"还有很大的距离,依法为治远还没有成为普遍的、坚定的社会共识,至于严格守法更未成普遍的生活习惯。在这种国情下,立法前的宣传教育工作任务还十分艰巨。但这不能成为裹足不前的理由。至少,器官移植立法的调研预测工作、草案的制定工作等等,应当提到议事日程上来了。除此之外,我国至少在以下几个方面可以先行起步,做一些有益的工作:(1)

---

① 郭自力:《生物医学的法律和伦理问题》,北京大学出版社2002年版。

依法开展与器官移植相关的宣传教育工作,包括器官捐赠的崇高性、道义性、无害性与有益性;脑死亡标准的科学性、正确性;尊重捐赠者本人意愿的尊严性、道义性与法定权利;器官移植的法定性;推定同意的必要性、科学性与法定性,以及科学、健康、正确的生死观、幸福观、荣辱观等等。(2)统一开展建立捐赠卡系统的工作,实行人人登记制度。捐或不捐任凭自愿,但必须登记,以备不时之需,并作定期检查、核对。(3)建立器官捐赠银行,在法律规定的基础上,实行捐赠者及其家属有优先移植权力制度。(4)培训医务人员,使其掌握器官捐赠与移植的系统知识,使之成为熟悉沟通技巧的宣传员、协调员和执业人员。(5)建立宣传器官捐赠与移植的专门机构和专门队伍,发行专门报刊,把有关工作当作移风易俗、改造世界、提高道德水平与法律觉悟的重要任务来抓。(6)把器官移植列为宗教团体和各种政治、社会团体考核、评比的重要内容;列为干部考核、奖惩的重要内容。

关于推进生命法学研究的三点建议*

建议一：在论文、著作里和研究机构里采用"生命法""生命法学"概念

自上海社会科学院法学研究所于1997年建立生命法学研究中心以来，至今十五年过去了。在这十五年中，我国生命法学研究取得了相当大的成绩。一是从上海扩展到了全国，现在我国东南西北中到处都成立了生命法学研究机构。二是研究队伍迅速壮大，由开始的寥寥数人，发展到现在已达到三五百人；由最初主要是法理学研究者兼职，到现在已涌现出许多既具备法学知识、又具备医学知识的研究人员；由法学院所发展到了医学院校。也就是说，研究队伍不但在量上得到了大大地扩展，在质上也得到大大提升，而且还形成了老中青结合的、富有生命力的、可持续发展的人才结构。三是出版了一系列生命法学研究著作，发表了大批有关生命法学研究的论文；其中，上海政法学院生命法学研究所还通过法律出版社出版了《生命法学丛书》。四是召开了近十次全国性或国际性的生命法学研讨会，部分研究人员应邀出国讲学，把中国生命法学研究的信息带到了欧美、日本，大大扩展了中国生命法学研究的影响。

但是，十分遗憾的是，我们连一个最基本的概念都还没有统一起来。这是一定会影响到今天生命法学的发展的。这个概念，就是"生命法学"本身。

在上海社会科学院法学所成立生命法学研究中心之前，1989年上海医大的邓公平先生在他所主编的《医药卫生法学》一书中，提到了"生命法""生命法学"这两个概念，但未做任何展开。此后，南京、上海、北京、武汉的有关学者也发表了一些著作。在这些书中，作者们用得最多的是"卫生法学"的概念，当然偶或也谈到了一些传统生命法学所未涉足的生命法，如器官移植法、基因技术法、试管婴儿法、安乐死法等等，但所占篇幅甚少，基本不做理论阐扬，仅仅作为"应当关注的问题"提出来。

---

* 原载《医学与法治》2012年第6期。

我们为什么择用了"生命法""生命法学"的概念呢？我们认为，"生命法""生命法学"概念可以涵盖"医疗法""医事法""医药法""卫生法""公共卫生法"等等以及有关的法学概念。前者是种概念，后者是属概念。前者所指可以说是非传统的生命法（学）与传统的生命法（学）的综合，而后者所指则只是传统的生命法。

我们认为，生命法是调节生命社会关系的科学技术法，不仅调节医事、卫生、药事领域的生命社会关系，也调节涉及关于人的生命的科学技术研究中的社会关系；不仅调节"卫生"，而且调节"卫死"，如安乐死，或者同时调节"卫生"与"卫死"，如器官移植、堕胎。

传统的生命法，如医事法、卫生法，以"救死扶伤"为最高原则，以维护血缘关系基础上的家庭的绝对稳定为不可逾越的最高要求；而非传统的生命法则从实际出发，有时甚至可以"扶死"，即助人实现安乐死的愿望，甚至于还可以借精、借卵生子，从而动摇以至颠覆血缘关系基础上的传统家庭关系。

总之，"生命法"是涵盖传统与非传统生命法的大概念，是逻辑上的高层概念。采用"生命法"及"生命法学"的概念，有利于研究和解决关于生命社会关系的法律调节和研究的一切问题。所以，我郑重建议，我们不但要在论文、著作里，而且要在研究机构的名称上，采用"生命法""生命法学"这样的概念。当然，也还可以使用"医事法"等做研究机构的名称，但这样一来，就不得不面对"越界"的尴尬。其实这是很大的原则问题，涉及学术的严谨性。所以，我同时建议，那些原称为其他名目的研究机构而没有称为"生命法学"的研究机构，在2至3年内统一改称为"生命法学"研究机构。

建议二：制订中长期计划，每位生命法学研究同人用5年左右时间，写出一部关于生命法学的某个领域的创新性、系统性专著

伯恩斯坦曾说："目的是没有的，运动就是一切。"现在我们大家都在"运动"，有没有"目的"？有，但不太明确。说"有"，是因为各位都有自己的目标，那就是一年内做一两个课题，两三年内写一本书，等等。说"不太明确"，是因为许多朋友不太注重中长期研究的阶段性目标。我很希望在座的每一位都有这样的目标，就是要使自己成为"大家""名家"乃至"大师"。"天生我材必有用"，我们千万不要总是盯着课题经费、评奖、评职称，而应该把目光放得远一点，力争在生命法学研究上做出成绩来。只要出了成绩，我相信"面包会有的，牛奶也会有的"。因此，我建议每一位生命法学研究同人都制订一个计划，一个中长期计划。这个计划就是：用5年左右时间，写出一部关于生命法学的某个领场的创新性、系统性的专著来。一是要"创新"，要是人家没有想到的，没有写出来的；二是要"系统"，学问是要有一定的系统性的，就像一棵大树，有根、干、枝、叶，根深、干直、枝旺、叶茂，大水冲不走，狂风吹不倒。那样，你就成功了。

学术研究是忌讳重复的。你"系统"地"创新"了，出版了专著，其他人再重复一遍就毫无意义，弄得不好他就会陷入"抄袭""剽窃"的灭顶之灾。当然，允许商榷、争议。结果无非是一对一错，学术也就推进了。"对"的就可能"永垂不朽"，任何单位都想请你去宣讲，你不去参加有关会议就会成为一大憾事。如果"错"了呢？也是很大的贡献，你成了"成功之母"，再向别的领域挺进就是了。

个人如此，组织也是如此。在座的有不少同志是各单位生命法学研究机构的负责人，那你就多了一份责任，这就是：你得为单位的系统性、学术创新筹划规划。生命法学几乎在所有的院校都不是"重点"。但我们认准了这条道路，就要孜孜不倦，百折不挠，坚持不懈，就要坚定不移地在生命法学研究的道路上走下去，相信一定会成功。哪怕你只是在一个很小的领域，比如在献血法这个领域顽强地进行研究，写出它的历史发展、演变规律、最适合中国现今国情的法律草案、其中的法理等等，你就会成为这个领域的"高手""大家"。何况，作为组织，有一群人，"人多议论多、热气高、干劲大"，可以有计划地分工合作，做很多很多事。比如，上海法学所的生命法学研究中心、后来的上海政法学院生命法学研究中心，也是靠群体的力量，才做成了一些事，才写出了一批书的。需要反思的是，作为这两个机构的负责人，我缺乏计划性，希望各位引为教训，加强计划性、协作性，统筹一下整体的规划，一定会做得更好。

今年开这个会得到了上海市法学会的大力支持，各地来的同志难得聚到一起，所以，我想利用这个机会，提出组建一个"中国生命法学丛书总编辑委员会"，在10年内出版1套总计100本的《中国生命法学丛书》的建议，请各位讨论。粗线条的建议是：

第一，组建"中国生命法学丛书总编辑委员会"；各省、直辖市有2个以上研究机构、总计10个以上研究人员的，可以组建"生命法学分编辑委员会"；分编委推选1至2名研究人员参加总编委，目前上海可以多几名。总编委会选举总编委1人、副编委若干人、秘书长1人、副秘书长若干人，负责领导丛书的编辑出版工作。

第二，《中国生命法学丛书》分探索（学术）专辑、启迪（普及）专辑、借鉴（翻译）专辑，各30至40种。

建议三：大力推进生命法学的研究交流与教学交流工作

（一）研究交流

1. 组织国内交流。建议各地有条件的单位要踊跃承担组织交流会的任务，没有条件的更要勇于承担组织交流会的任务，做了就是推动，就是发展，"条件"就慢慢形成了。而现在就有条件组织国内交流的单位，不妨迈一大步，组织国际交流，邀请国内外朋友参加。

2. 开展国际交流。

（1）想办法加强与国外同类研究机构的联络，争取参加生命法学的国际会议，如获有信息，则发给国内同行；

（2）积极向国外基金会申请研究资助；

（3）争取去国外讲学；

（4）邀请国外名家来华讲学。如为减少经费支出，我们可以联名邀请。

（二）教学交流

1. 国内各个单位互请同行到本单位讲学，开展跨校、跨地区合作研究；

2. 互请同行加入本单位的教学、研究机构，只奉送"客座教授""客座研究员"桂冠一顶，不给物质报酬；

3. 若哪个地方的高校领导有积极性，不妨发起成立其下属的生命法学院，为全国培养迫切需要的人才。

《中国生命法学评论》(第1卷)卷首语

《中国生命法学评论》(第1卷)出版了。历史将会对此做出高度的评价。虽然在出版之始,甚至在出版以后的若干年内,有关研究仍然可能是不成熟,甚至幼稚的,但是出版本身即宣告中国生命法学步入了新的阶段。有鉴于上述情况,对中国生命法学研究之缘起、历程略事回顾并对今后的发展做一预测、提一些希望,似是必要的。

可以说,生命法学研究是在一个十分偶然的机遇下被提出的。

人类为捍卫生命、保障健康,曾制定过一些简单的法律法令。近代以来关于生命社会关系的调节,开始出现了专门性的单项立法。第二次世界大战以后,随着生物工程技术与医疗技术的进步,引发了前所未闻的与生命的孕育、健康长寿相关的新型社会关系的出现并使之迅速复杂化,从而推动有关立法的发展,并使得这一方面的司法实践越来越丰富、繁杂。

一般来说,法学是随着法的出现而出现的,正是立法、立法成果以及这些成果的实施情况的发展,使得研究立法、立法成果及其实施(司法、执法、守法、违法、犯罪)的法学应运而生,呱呱坠地。对此,恩格斯曾这样精辟地指出过:"随着立法发展为复杂和广泛的整体,出现了新的社会分工的必要性;一个职业法学者阶层形成起来了,同时也就产生了法学。"但是生命法学似乎略显特殊。尽管国内外为保护人类健康的立法早已汗牛充栋,有关的理论研究成果却其意不甚了了,其言甚简甚略,读者难知其详。

1997年,"多利羊"的诞生导致全球关注克隆技术的最新发展。当年上半年,复旦大学、上海交通大学和华东师范大学纷纷召开与克隆技术发展相关的哲学、法学、伦理学、社会学研讨会。大约是5月初,我所供职的上海社会科学院法学所领导找我,建议本人主持的科技法学研究中心也召开一次关于克隆技术的法律问题的研讨会。此前,对复旦大学等先行学校的研讨情况我已略有了解,本就感到不应步人后尘、亦步亦趋,而应当有所创新,所以我当即建议召开"生命法学研讨会",并成立生命法学研究中心。事不宜迟,我

---

* 原载《中国生命法学评论》(第1卷),上海社会科学院出版社2015年版。

们欣然决定在6月10日召开"生命法学研讨会"。这一倡议得到了上海法学界的热烈支持。准备工作紧锣密鼓地进行，6月10日会议如期召开。以法理学界为主力的上海生命法学研究队伍迅即突现。会议论文于次年结集，以《生命法学论丛》之名由文汇出版社正式出版，收有倪正茂、张小红、芦琦、陆庆胜、蒋晓伟、蒋德海、蔡航等十多位法学工作者对生命法学的初步探索成果。

我的论文题为《生命法学研究略论》，对生命法、生命法学下了定义："生命法是调整生命关系的法律。生命法学是研究生命法这一特定社会现象及其发展规律的部门法学，属于科技法学的一个分支。"并论及生命法所调节的生命社会关系是指"因生命科技活动而发生，为促进生命科技的发展并保障人类生命的存在、健康与长寿而形成的社会关系"。事后回顾，我当时的这些观点，是十分粗糙而且缺乏新意的。但上海外国语大学法学院张小红老师的一个论点给了我重要的启示。她在论文《生命法调整对象初探》中提出了传统生命社会关系与非传统生命社会关系的划分。她写道："生命法是调整非传统方式下人类生命产生、延长、终止而引起的各种社会关系的法律规范的总称。"而这，恰恰就是生命法、生命法学与以往的医疗卫生法学、卫生法学、医药法学等既成学科的根本分立之点。所以，我在后来的所有有关著作与论文中，都一而再、再而三地加以申论，并在前后总计十七次生命法学高峰论坛上的发言中，不厌其烦地述说此一观点。其全部目的在于鼓吹生命法学界应将注意力的重点甚至全部注意力放在新技术革命引起的生命社会关系的变革及其法律调节手段的更新上。

上海社会科学院生命法学研究中心成立之后的次年，恰逢该院恢复建制20年。作为庆祝活动的重要学术内容之一，由法学所与哲学所联合召开一次"生命哲学与生命法学国际研讨会"，不少日本学者、我国港台地区的学者参加了这次研讨会。此后，每年都由上海社科院生命法学研究中心主持召开全市性或全国性的生命法学研讨会。直至2005年成立了由上海政法学院、上海社科院法学所等发起的"上海市法学会生命法与公共卫生法研究会"之后，上海市级的、全国级的或国际级的生命法学研讨会，都转由新的研究会主办。但这些会议，大多由上海政法学院生命法研究中心、上海社科院生命法学研究中心承担了筹备、主持的工作。

除1998年出版《生命法学论丛》及发表大量单篇论文之外，2005年华东政法大学的谈大正教授率先出版了《生命法学导论》，上海社科院倪正茂、陆庆胜主编出版了《生命法学引论》。这两本书，是上海市生命法学界最先奉献于世的成体系的生命法学理论著作。此后，在上海市法学会生命法与公共卫生法研究会的主持下，陆续出版了以下著作：

1. 倪正茂：《生命法学探析》，法律出版社2005年版；
2. 倪正茂、李惠、杨彤丹：《安乐死法研究》，法律出版社2005年版；
3. 李善国、倪正茂、刘长秋：《人类辅助生殖与生命法》，法律出版社2005年版；
4. 刘长秋、刘迎霜：《基因技术法研究》，法律出版社2005年版；

5. 刘长秋、陆庆胜:《脑死亡法研究》,法律出版社 2005 年版;

6. 刘长秋:《器官移植法研究》,法律出版社 2005 年版;

7. 倪正茂、刘长秋:《生命法学论要》,黑龙江人民出版社 2008 年版;

8. 邱格屏:《人类基因的权利研究》,法律出版社 2009 年版。

此外,还有一些生命法学研究工作者匠心独运地写出了以下生命法学著作:

1. 刘长秋:《生命科技犯罪及其刑法应对策略研究》,法律出版社 2006 年版;

2. 夏国美:《艾滋病立法:专家建议及其形成过程》,法律出版社 2006 年版;

3. 邱格屏:《基因经济与法制创新》,中国社会科学出版社 2010 年版;

4. 夏国美:《理性的诊断:人类健康与社会发展前沿论坛 2010》,上海社会科学院出版社 2010 年版;

5. 陈颖健:《公共健康全球合作的国际法律问题研究》,上海社会科学院出版社 2010 年版;

6. 姚颉靖:《药品可及性维度下的公共健康危机与专利权保护研究》,知识产权出版社 2011 年版;

7. 李惠:《生命、心理、情境:中国安乐死研究》,法律出版社 2011 年版;

8. 王康:《基因权的私法规范》,中国法制出版社 2014 年版;

9. 杨彤丹:《权力与权利的纠结——以公共健康为名》,法律出版社 2014 年版。

其中,《生命科技犯罪及其刑法应对策略研究》曾获第二届"上海市法学优秀成果三等奖",《人类基因的权利研究》获上海市第十届哲学社会科学优秀成果一等奖。

非常值得欣慰的是,年轻的生命法学工作者迅速地成长起来了。其中最为突出而引人注目的是上海社会科学院法学所的研究人员刘长秋。他所发表的有关论文总计约 130 多篇,引起了学界的高度关注。非常令人兴奋的是,在相当长的时间里,全国原本只有上海市法学会生命法与公共卫生法研究会、上海社会科学院生命法研究中心和上海政法学院生命法研究中心三家生命法学的研究机构,发展到现在,全国各地已出现了不下十家的研究机构。其中,哈尔滨医科大学还于 2013 年与上海市法学会生命法与公共卫生法研究会在哈尔滨联合主办了第 16 届生命法学高峰论坛,而各地学者的生命法学著作也在不断面世,如:

1. 郭自力:《生物医学的法律和伦理问题》,北京大学出版社 2002 年版;

2. 颜厥安:《鼠肝与虫臂的管制:法理学与生命伦理探究》,北京大学出版社 2006 年版;

3. 王明远:《转基因生物安全法研究》,北京大学出版社 2010 年版;

4. 郏立军:《器官移植民法基本问题研究》,法律出版社 2012 年版;

5. 蔡昱:《器官移植立法研究》,法律出版社 2013 年版;

…………

鉴往开来,随着生命科技及与之相关的各种新型科技的迅猛发展,生命社会关系当亦相应地发生急剧的变化。因此,调节生命社会关系的法律也必将相应地发生变革。每一个生命法学理论工作者，都必须密切关注生命科技发展所引起的生命社会关系的变化，从而确定与之相应的生命法理论的研究方向、与之相应的生命法立法措施。

为此，必须在全国各地建立起一批人数众多的生命法学研究队伍，培养大量的研究生命法学的后续人员，建立相互密切联系、经常交流、精诚合作、相互提携、共同提高的友好关系，充分利用各自的研究与宣传阵地来推动中国生命法学的持续、快速的发展。

除我国以外，世界各国也有越来越多的法律工作者与医学工作者陆续地参与到生命法学的研究队伍中来了。2010年召开的生命法学研讨会，仅法国就来了10位学者，此外还有国际法律、伦理与科学学会及日本、泰国等专家参加了会议。至于我国台湾、香港、澳门学者之踊跃介入，更有许多可圈可点、可赞可叹之处。总之，生命法学行将成为全球各国理论界共同关心崭新的同时也是永具活力的新型学科。

《中国生命法学评论》的出版，仅仅是上海政法学院生命法研究中心为达成上述目标而做出的一次尝试。但愿这一尝试能成功地坚持下去，为中国和世界的生命法学的发展做出新的贡献。

人类生殖的法律调节与伦理[*]

人类生殖本来以习俗调整，既与法律无关，也与伦理道德无涉。人类三次社会大分工引致社会大分裂后，从习俗中衍化出法与道德，二者以不同的方式干预人类生殖。其中，法律干预离不开道德干预的配合，而道德干预又须以法律干预为后盾。当代人类辅助生殖技术突飞猛进的发展，导致有关社会关系急骤地新型化、复杂化，因而既要加强法律调节，又要重视其与伦理道德的协调。

一

"人猿相揖别，只几个石头磨过，小儿时节。"人类的祖先从类人猿脱胎而来的原始氏族社会初期，由乱婚而群婚，其时既无法律，亦无道德，男女性交、生儿育女，都由习俗加以调节，诚如恩格斯所说：原始社会"这种十分单纯质朴的氏族制度是一种多么美妙的制度啊！没有军队、宪兵和警察，没有贵族、国王、总督、地方官和法官，没有监狱，没有诉讼，而一切都是有条有理的。一切争端和纠纷，都由当事人的全体即氏族或部落来解决，或者由各个氏族相互解决……一切问题，都由当事人自己解决，在大多数情况下，历来的习俗就把一切调整好了"[①]。这就是庄子所说的"卧则居居，起则于于；民知其母，不知其父，与麋鹿共处，耕而食，织而衣，无有相害之心"的"神农之世"[②]的情景。

当时的习俗对人类生殖的调整，主要是节育。除了巫术之类的神秘技术外，中断交媾、延长哺乳期以推迟发情期、堕胎和杀婴等，都曾是其时流行的节育措施。从人种学中可知，有的民族的妇女大约在34岁到37岁之间才生孩子，在此之前所怀的孩子都得打掉，

---

[*] 本文未发表，约写于1990年至2000年之间。——编者注
[①] 《马克思恩格斯选集》第4卷，第92—93页。
[②] 《庄子·盗跖》

最多的达到 16 次。^① 在今天看来十分残忍的此类节育措施，当时都由妇女们自动地习惯地实行。习俗如此，有如现在生了病就上医院去找医生诊治那么自然，既无所谓道德，也无所谓不道德，同样根本不必也不知道有什么"法律"的干预。

这种情况后来逐渐起了变化。变化的原因，从根本上来说是生产力的发展造成的。游牧部落从其余的野蛮人群中分离出来，是人类的第一次社会大分工。大分工促进了生产的进一步发展，吸收新的劳动力成为人们向往的事情了。战俘原先多被杀死，缺食时甚至被活生生吃掉，尤其是鲜嫩的妇女与儿童。"从第一次社会大分工中，也就产生了社会大分裂，及分裂为两个阶级：主人和奴隶，剥削者和被剥削者。"[2] 手工业从农业分离出来，是人类的第二次社会大分工。"随着新的分工，社会又有了新的阶级划分"，"除了自由人和奴隶之间的差别以外，又出现了富人和穷人之间的差别。"[3] 接着是只从事产品交换的商人从其余人中分化出来的第三次社会大分工及与之相伴的第三次社会大分裂。如恩格斯所说，商人作为"一个寄生阶级，真正的社会寄生虫阶级"成了新的财富贵族，进一步加剧了奴隶主阶级与奴隶阶级的对立，扩大了阶级对立的鸿沟。

在这个过程中，原始的习俗已无法调节整个社会生活了，社会关系的许多方面，必须凭借公共权力所依恃的强制力加以调整，其中就包括对人类生殖的强制性调节。这种公共权力的强制性调节，实质上就是法律调节。不过当时文字尚未创造出来，因而表现为口口相传的习惯法。美洲印第安人种的易洛魁人的"氏族法（jusgentilieium）"，就包含有"在本氏族内互不通婚的义务"等内容。[4]

顾名思义，"习惯法"是从"习惯"（习俗）演变而来的。凡属不需强制力而靠人们内心的良知仍予遵守的习惯（习俗），大体上就成了与习惯"法"相对称的道德。父亲不再媾奸女儿，母亲不再媾奸儿子，同族男女不再相媾，如此等，被绝大多数人凭道德伦理自觉遵守；极少数冥顽不化、越轨相奸者，则为习惯法所严厉惩处，如让棍打死，从山巅推下悬崖摔死，等等。在古代斯巴达甚至规定，凡是不符合其健康标准的新生儿，都将被杀死或遗弃（等于置其于死地）。在亚里士多德的《政治学》中也表达过这样的观点：应该"规定，不得抚育残缺者"。

在人类创造了文字的各个国家的法律中，我们几乎都可找到关于禁止血亲相婚之类的规定。这是对人类生殖的法律调控。这种法律调控有其坚实的伦理学基础，因而为绝大多数社会成员信守不渝；法律则只要针对少数丧失良知者严加惩处就可完成其使命了。

值得注意的是，还有一些既非法律规定、亦非道德戒条的心理性质的"指令"，在规

---

① 转引自 [德] 库尔特·科尔茨：《基因伦理学》，马怀琪译，华夏出版社 2000 年版，第 9 页。
② 《马克思恩格斯选集》第 4 卷，第 157 页。
③ 同上书，第 160 页。
④ [美] 摩尔根：《古代社会》，杨东莼等译，商务印书馆 1981 年版。

范着人类的生殖行为以至整个性行为。埃里亚斯称之为"社会行为密码",梅达瓦称之为"遗传痕迹"。梅达瓦写道:"人们很难想象有任何一种不带遗传后果的社会行为或者立法:刑法,社会的、道德的、医学的、政治的或者教育的法规,计划,措施,风俗,习惯——所有这一切都在我们的遗传结构中留下某种痕迹。"① 埃里亚斯则写道:"以社会认可为基础的禁令对于个人则是一种自我强制的养成。强行抑制性欲的表达,围绕着它所产生的交往中的羞涩,对于个人来说已经成为须臾不能摆脱的习惯,即使他是一人独处,即使他在自己私人的房间里……社会行为密码以这样或那样的形式铭刻在人的身上,以致在一定程度上已经成为个体自身的一种构成要素。"在基督教文化圈中。人类的性行为和生殖行为,就在很大的程度上可以找到诸如此类的"社会行为密码"或"遗传痕迹"。正是这些"社会行为密码"或曰"遗传痕迹"之类的心理性质的"指令",强烈地影响、对抗着因技术进步引起的人类生殖行为的革命性变化,造成了立法者也为之左右为难的伦理观念的冲突。这在当代人类辅助生殖技术的两项伟大革命中表现得最为明显。

二

当代人类辅助生殖技术的第一次革命,是"试管婴儿"的诞生。1978年7月25日,美国一家医院里诞生了一个2600克重的名叫路易斯·布朗的人。他是人类历史上第一个"试管婴儿",是闯入人类生殖新大陆的哥伦布,路易斯·布朗与在他之前诞生的任何一个人都不一样:他不是男女性交之后在母亲体内受精生育的,而是以体外授精技术在母亲体外,在一只小小的、浅而平的玻璃器皿中发生、获得生命的。亿万年来在动物体内的黑暗环境中发生的过程,被带到了实验室的光明之中,并被置于技术控制之下。

对此首先做出最强烈反应的是宗教界,尤其是长期宣扬"上帝造人"的宗教界,事情是那么明显:不是"上帝造人",至少不只是"上帝造人",人也可以造人的。这无异于说,人可以成为上帝,人简直就是上帝。"事实上是科学在逼迫我们去充当上帝。"② "现代生物技术创造了前所未有的对各个阶段的生命进行支配控制的能力,从而又给人分配了一个'新的造物主的角色'。"③

从路易斯·布朗问世后,这一方面的生殖技术仍以不可阻挡之势迅速发展。现在,它已发展成包括"人工授精""试管婴儿""代理母亲"三大类共9种技术方法。又由于供精者可以是父亲也可以是父亲以外的其他男性,受精者可以是母亲也可以是"代理母亲"——母亲以外的其他女性,可以在人体之内授精也可以在玻璃器皿中授精;还由于

---

① 转引自 [德] 库尔特·科尔茨:《基因伦理学》,马怀琪译,华夏出版社2000年版,第22页。
② 同上。
③ [德] 库尔特·拜尔茨:《基因伦理学》,马怀琪译,华夏出版社2000年版,第179页。

操作诸如此类技术的可以是父母亲本人也可以是其他授精男人、供卵或供腹女人，还可以是毫无瓜葛的其他医务技术人员，他们之间，还有所产的婴儿和他们所有这些人之间，产生了极为复杂的血缘的或非血缘的关系。这样，就势必相应地发生相关者之间的权利义务关系问题以及与原先的伦理关系了不相同的伦理问题。而这些伦理问题就成了反对人工授精、试管婴儿和代理母亲的借口。反对者以"乱伦""违背人性""破坏家庭""扰乱社会安宁""捣乱社会秩序"甚至"毁灭人类"相指责，摇唇鼓舌、骂声鼎沸、恶毒诅咒，甚嚣尘上。

然而，"天若有情天亦老，人间正道是沧桑"，科学技术包括人类辅助生殖技术一如既往地按照自身的逻辑向前发展，"试管婴儿"不断诞生，绳绳继继，蔚成大军，目前已多达30多万人。

当然，有关的新型人际关系是不可视若无睹的。为此，人们诉诸最有力、最有效、最普遍、最稳定的手段——法律手段加以调解。有关的法律调节大致涉及以下几个方面：

一为足龄男女采行人工生殖技术的权利。这些权利源于宪法关于他们组成家庭权、关于人身自由权的规定。现在，除美国外，大多数国家和法律仅授予已婚夫妇在特定情况下享有采行部分人类生殖辅助技术的权利。这当然是对足龄男女某些宪法权利的限制。这些限制主要是三个方面：其一，对未婚足龄男女的权利限制；其二，对已婚夫妇的某些权利限制（如由于规定"因患不育症而经治疗又确实不能生育者"才可进行人工授精，便剥夺了有生育能力的夫妇出于各种原因而采取人工授精法的权利）；其三，有关规定仅允许人工授精，这样就排斥了其他人类辅助生殖技术的采行。这些限制，实际上是法律对伦理妥协的结果。

二为足龄男女采行人工生殖技术的义务。有关义务主要是：认真养育采行人工生殖技术而获得的子女；尊重供精、供卵、供腹者的正当利益和正当愿望；严格遵守在指定医院实施人工生殖技术以及与实施的医院、医师签订协议；等等。在一些国家里，供精、供卵、供腹以及实施人工生殖技术等，实际上已经成为一种商业行为。加拿大的有关法律规定了有偿授精制度。有关的有偿服务，受到民法、合同法的保护。在这种情形下，尊重供精、供卵、供腹者的正当利益与愿望，有特别重要的意义，否则很容易引起纠纷。至于是否"泄密"因而引起上下代之间的矛盾，虽然也应做有关规定，但是人类关于婚姻、家庭、血缘关系的陈旧伦理观念，正在迅速改变，关于幸福的观念也在快速跃出窄小的个人圈子的范围，因此，过多的顾虑是不必要的。

总之，人类生殖辅助技术的第一次革命，一方面已经大体上得到了法律的肯定和保障；另一方面，经过与旧伦理观的斗争，确立了新伦理观，因而，消除了法律与伦理之间的不协调。从30多万"试管婴儿"的诞生与健康成长，人们不再对此说三道四，就可得到证明。

但是，这一次革命还没有触及"辈份"等等的传统伦理问题。人工授精也罢，借腹怀胎也罢，固有的父母子女关系，上下代的辈分关系，并没有被打破。第二次革命就不同了。

三

人类生殖技术的第二次革命大致可以说是由"多利羊"的诞生揭开序幕的。"多利羊"的克隆成功，预示着人体克隆就在不远的将来。而人体克隆一旦成功，传统的父母子女关系、辈分关系等，将被打得粉碎。因为只需从一个人的细胞中就可以把一个新的人克隆（＝生产）出来，新、老两个人可说是"同等关系"，传统的父母子女关系、辈分关系以及与之相关的伦理关系完全不适用于新的"同等关系"了。而"同等关系"中的新、老二者，又非漂流到孤岛上的鲁宾孙。他们与其他人的关系也变得异常复杂了。例如，假定从一个老人的身上取一个细胞，克隆出一个新人，那么这个新人与那个老人的太太、儿女、兄弟等等是什么关系呢？由于这些关系必定牵涉到婚姻、家庭、财产以及一系列权利义务，问题就变得更加复杂化了。不仅如此，完全可以推断，在一定的条件下，只需用一个人的细胞，就可以克隆出亿万个人的。有的人就预言过，有朝一日，可以一下子克隆出亿万个希特勒来，如果希特勒还有可用的细胞的话。

正因如此，反对克隆人的声浪迅即大大高涨。而且，从东方到西方，从外国到中国，政府和各民间组织都纷纷声明，表示坚决反对克隆人。

毫无疑问，克隆人的技术与人类辅助生殖技术虽然同为人类繁衍技术方面的重大革命，但二者是不能等量齐观的，前者所可能引起的与传统能力的冲突，比后者要严重得多，更带根本性。

同样毫无疑问，到目前为止人体克隆技术还是很不成熟的，距避开基本风险还有较长的路要走。在这种情况下去克隆人，势必对拟议中的克隆出来的人构成严重的权利侵犯。

因此，不少国家迅速地采取了立法禁止人体克隆试验的法律对策，其他国家也在酝酿立法禁止。

应当承认，立法禁止人体克隆试验，与传统的伦理道德如符合契，有坚实的伦理学作为基础。

但是，与此同时，科学界的少数人坚持认为应当允许进行人体克隆试验。美国的一些"科学狂人"声言要到"大漠深处"去从事这种试验。还有两位美国和意大利的科学家扬言要到公海上去进行试验。总之是要避开政权机构的干预与阻止。

对于人体克隆试验，绝大多数法学界、伦理学界人士都持反对态度，支持所在国政府和国际社会立法禁止的法律对策。

但是，也还有另一些人对此抱不同的观点。他们认为：第一，科学技术的发展有其内在的逻辑性，作为第一生产力，它所具有的革命本性是不可改变、难以移易的，因此，人体克隆必定会继续进行，人体克隆一定会成功，人体克隆技术一定会日臻成熟、完善，克隆人一定会来到世界上；第二，克隆人的诞生的确会对传统伦理带来巨大的冲击，但是，不能故步自封于传统伦理，不能用传统伦理作茧自缚，影响本国的和人类的克隆技术的进步；第三，伦理观念是可以改变的，从古至今伦理观念已经经历过多次重大的变革，现在的伦理观念也应当、也必然与时俱进。因此，应以新的伦理观去适应科学技术的新发展，而不是相反；第四，肯定和保障人体克隆的立法，应寻求新的伦理观的支持。

从目前的情况看，后者不可能成为主流观点，正像"试管婴儿"诞生之初，支持此一技术发展的只是微弱的声音一样。但有人推测，"禁止人体克隆叫得最响的国家，也许正是最为起劲地悄悄试验的国家"。甚至有人更具体地推测，有技术条件的国家，无不在军队系统内悄悄地进行着人体克隆试验。这种推测，倒是很值得注意的，因为其推论依据是：任何一个国家，在被称为"生物技术世纪"的21世纪，都绝不愿意在人体克隆技术这一最尖端的生物技术方面落后于人，把桂冠拱手交给别人。

医疗事故鉴定的比较法思考*

医疗纠纷日增，医疗事故鉴定遂为社会广泛关注。对此，医疗行政管理机构与司法机构都做了尝试性的种种努力，而有关举措已引起热烈的是是非非的争议。本文试就医疗事故的鉴定做比较法的思考，所议是否有当，敬祈方家教正。

一

据北京市医师协会统计，近3年中，北京71家二级以上医院共发生严重影响医院正常工作秩序的事件1500余起，发生医生被打事件502起，其中90人致伤致残。据湖南省卫生厅统计，从2000年7月至2001年7月，全省发生医疗纠纷达1110起，其中导致医务人员人身伤害的132起。湖北省更甚，据该省卫生厅的不完全统计，1999年1月至2001年7月，全省发生围攻医院、殴打医务人员的暴力事件568起，有398名医务人员被打，32人致残；在医院挂横幅、烧纸钱、限制医生人身自由事件74起。全省医患纠纷两年中增长10倍。①

比较一下社会治安状况较好的国家对医患纠纷的应对措施，无疑应当指出：第一，我国的有关部门没有分清医患纠纷与患者非法泄愤这两类虽有关系却截然不同性质的事件。对于后者，不管起因于医患纠纷时医方有无过错，患者的擅自泄愤行为，都是错误的，而且，往往轻则违反社会治安管理条例，重则触犯刑法，都应严肃处理并严厉制裁。第二，我们的执法机关在这个问题上表现得太过软弱了。须知，即使是医疗事故中的受害患者一方，一旦动手打人，一旦"拉横条、烧纸钱……"，他就同时侵犯了所有其他患者就医的权利，破坏了正常的医疗工作秩序，总之是侵扰了社会，他就由受害者转变成了加害人。对这样的加害人，即使"情有可悯"，但都"法无可逭"，即使在旁人看来是"狠心"的，

---

* 本文未发表，约写于2002年。——编者注
① 《2001年医疗纠纷情况》，《人民政协报》2002年1月10日。

执法机关也得严厉依法制裁之。庶几才会有助于减少医患纠纷恶性事件的发生。也只有在这样的前提，我们方可心平气静地来探讨医疗事故鉴定问题。

二

现引医疗事故鉴定，是由医疗事故鉴定委员会来进行的。上海有市级司法鉴定中心之设，该中心建立了一些专家鉴定委员会，其中包括人身伤害专家鉴定委员会。该委员会一般只对人身伤害做鉴定，仅在特殊情况下就个别的医疗事故作人身伤害方面的鉴定。据载，浦东新区一位青年名徐勇，赴某医院做包皮切除手术时被切短了阴茎系带，遂造成了医患纠纷。因受社会密切关注，徐勇也坚决要求上海市司法鉴定中心进行鉴定。但对人身伤害专家鉴定委员会所做的鉴定，徐勇不很满意，认为鉴定人员大多是上海同一系统（医卫系统）同一专业（泌尿科专业）的医务人员，彼此有千丝万缕的关系，不可能公正鉴定。

许多医患纠纷的患者，也对诸如此类的鉴定机构心存严重疑虑。他们认为：医疗事故鉴定委员会的组织者是同一地区、同一级别的医疗行政机构，鉴定人员是当地同一系统的医务人员，由"父亲来鉴定儿子"，自然无信任度可言。他们还认为，鉴定过程不公开，"暗箱操作"不可能得出公正结论。

但医方却又另有一说：医疗事故是具有很高专业性的技术性工作，不仅非医学专业人员做不了，而且非临床医学、非本专科的医学专业人员也做不好，因此，由医疗卫生纠纷管理部门负责是有理而且必要的。

卷入医疗纠纷讨论的一些法学界人士则认为，医卫行政管理部门既是医院的行政管理者，又是医院的所有者，和医院有利害关系，因此，由他们来医疗事故鉴定委员会来做鉴定，有关程序公正，必须由中立的机构来负责此项工作。

真是"公说公有理，婆说婆有理"，如不跳出既定思维格局，就恰如鲁迅所说的那样，"此亦一是非，彼亦一是非，唯无是非观，庶几无是非"了。但日日激增的医疗纠纷容不得半分半秒的"唯无是非观"。有鉴于此，我们不妨先行比较研究一下国外的鉴定制度与鉴定理论。

三

在英美法系国家里，实行的是鉴定人主义下的鉴定体制。鉴定人主义对鉴定人资格的认定，不同于大陆法系的鉴定权主义。前者对鉴定人资格中的"专家"概念，做广义的解释，因而不但将鉴定权固定地授予特定机构、特定的人，而且在具体情况下，还可能授予汽车维修工、木匠、电工、厨师、面包师、驯犬人以鉴定权，允准他们以专家身份对具体事项进行鉴定并出庭作证。这些人由于对某个案件中的某个专门问题具有一般人包括科技专家不具备的专门知识、专门技能或特殊经验，因而其鉴定与作证往往更孚实际、更加可信、更能服人、更有利于公正判决。

大陆法系国家实行的是鉴定权主义，其民事诉讼鉴定体制"有两个明显的弊端：首先，科技的发展日新月异，不但鉴定的领域和范围日渐扩大，鉴定的手段也在不断更新，固定的鉴定人名册，根本不能适应这种变化；其次，民事纠纷的多样性决定了鉴定同样具有多样性的特点，鉴定对象的种类要远远超出立法者的想象，鉴定人的知识背景不仅包括科学技术知识，还包括一切民间领域内的非常识性经验和知识，有限的在册专家显然不能涵盖这些领域，而拥有这些经验和常识的人恐怕永远也上不了'鉴定人员名册'"[①]。范跃如先生在指出大陆法系国家的鉴定权主义及鉴定权主义体制的弊端中，对照我国的鉴定体制现状及其所体现的指导而认为我国现行的鉴定体制为"超鉴定权主义"。

虽然以上分析对比的是一般民事诉讼鉴定制度及其指导"主义"，但完全适用于医疗事故鉴定及医疗纠纷诉讼鉴定。只不过民事纠纷、民事诉讼是大系统，医疗纠纷、医患诉讼是小系统罢了。在引致医疗纠纷的因素中，医生、医技虽是主要因素，但医院中的"衣、食、住、行""吃、喝、拉、撒"都可能是导致医患纠纷的因素，而且所设之广，诸如电工、厨师甚至清洁工都可能有"份"。实际上，我国的医卫系统正是在卫生行政管理部门的管辖下，建立了医疗事故鉴定委员，而上了"名册"的"委员"，则是范围很窄的一些医学专门人才。因此，它也可纳入"超鉴定权主义"体制的范畴。

对这种"超鉴定权主义"下的现行鉴定体制，以"补台"为职司的政协委员，提出了不少修补性的意见和建议。

据《人民政协报》记者黄萱的调查[②]：全国政协委员王国治提出，在医疗事故处理中引入医疗事故鉴定专家库制度可以减少医患纠纷，即由国家及地方卫生管理部门挑选不同学科资深医疗技术人员，建立医疗事故鉴定专家库。患者有权挑选专家库中的专家作为其代表，参加医疗事故的鉴定，而对于"事故"有关的医务人员，患者有权提出回避请求。

高永中委员建议对医疗事故的鉴定应采取背对背的审查评定。司法界可将医疗纠纷材料中的姓名、地址封闭，随机性地分送另外地区或省市的有鉴定资格的备案专家，取得评审结束后再请人大代表、政协委员及人民群众代表一起组成合议庭做最后评定。

卜仲宽委员建议修订新的医疗事故鉴定方，明确各省市医疗事故鉴定委员会的组成人员中，非卫生系统的专家、法医要占三分之二以上。

此外，据黄萱同志的调查，还有法律工作者提出，医疗事故鉴定委员会的成员除临床医务人员外，还应包括当地公检法和卫生行政管理机关的有关专家、人大代表、政协委

---

① 范跃如：《从比较法角度看民诉鉴定制度》，《人民法院报》2002年2月12日。
② 《问诊中国医疗：医疗纠纷依然无法可依？》，《人民政协报》2002年1月10日。

员,并实行鉴定人三方选任制度,即纠纷双方当事人分别从专家库中挑选人数相等的鉴定人,双方选定的鉴定人再协商选任一名第三方鉴定人,作为鉴定委员会主持;变集体鉴定制为鉴定人以个人身份进行鉴定,明确各自承担的法律责任。

这些意见和建议受到了有关方面的热情关注和高度重视。卫生部 5 年来在积极修订《医疗事故处理办法》。最近公布的《办法》草案采纳了社会贤达们的部分建议。卫生部有关负责人谈到此点时指出,与现行的制度相比,新的《办法》草案一个重要的新内容是建立医疗事故鉴定专家库的专家,库内专家包括卫生专业技术人员和法医。当发生医患纠纷需要专家鉴定或需要专家调解时,在卫生行政部门主持下,由争议双方当事人按照对等原则,从专家库中分层随机抽取相关专业的鉴定人员组成鉴定委员会,任何一方当事人抽取的鉴定委员人数不得超过二分之一。患方不服鉴定结果可以向法院起诉,司法鉴定也是从专家库里随机直接抽取。

这些规定,当然是一种进步。但从根本上来分析,所有这些意见、建议和新规定所体现的变化,仍只是"治标"性而非"治本"性的。因为都只是在鉴定权主义的框架内构思修补。

当此社会主义市场经济蓬勃发展,而"入世"还将进一步推动我国融入全球一体化的市场经济大潮之际,比较不同法系国家的不同模式,借鉴其中的成功经验,逐步弱化乃至取消目前我国仍占主导地位的法定医疗事故鉴定机构,似应提到议事日程上来了。

市场的无形巨手,将如大浪淘沙般地把一切不负责任的、鉴定技术水平低下和徇私枉法的鉴定机构和鉴定人淘汰出局。"千淘万漉虽辛苦,吹尽狂沙始到金。"市场会赋予公正的、水平高的、负责的人(机构)以鉴定人(机构)的资格,并建立起竞争的机制促进鉴定人(机构)精益求精地开展鉴定业务。合格的鉴定人(机构)作为面向社会服务的市场竞争主体,也会积极地、主动地、创造性地不断提高自身的素养和水平,力求更孚社会对医疗事故鉴定的需要。

四

当我们进行上述比较法的思考时,还没有深入剖析我国现行的医疗事故鉴定体制的法律病根。而且,对痛下决心,改弦易辙,彻底更新医疗事故鉴定体制,是远远不够的。

只要想一想这样一个事实就可能有大半了:根据最高人民法院的司法解释,当事人对医疗事故鉴定结论有异议向法院起诉的,法院不予受理。

肯定这一司法解释的必要前提是:医疗事故鉴定委员会所做的鉴定是天衣无缝、万无一失、绝对正确的。但在目前状况下,这个前提条件存在吗?

实际上,像现在这样由卫生行政管理部门亦即政府部门组织的医疗事故鉴定委员会垄断医疗事故鉴定,其鉴定结论作为医患纠纷案件的重要证据甚至唯一性证据,必定左右诉讼的胜负,从而构成了行政权对司法权的合法渗透乃至操纵。这在流行鉴定权主义的大陆法系国家里,也是行不通的,更不用说畅行鉴定人主义的英美法系国家了。

同时,政府假手或控制的医疗事故鉴定委员会行使鉴定权,为公权对私权——当事人私人利益的不法侵犯开了方便之门。而且,它是披着合法的外衣的。受侵犯的私权的事主,由于最高法院司法解释规定的"法院不予受理"的禁令,连申诉求偿之门也被堵得死死的了。考虑到人所其知的还广为存在的严重腐败的事实,这不等于把受害人推往火坑,还不允许求救吗?这在奉行鉴定权主义的大陆法系国家里,同样是被反对的情况。尽管他们引的是鉴定权主义,但没有一系列救济措施,可用以补救公权侵犯私权之弊。

当此转变政府职能势在必行的改革时代,我们的任务绝非强化变相的行政权对司法权的渗透和公权对私权的侵犯,而是对旧体制击一猛拳,立志图强,把医疗事故鉴定工作做得更好,把医患纠纷数字降低到最低限度,把人民的健康、卫生与福祉提高到最高水平。

生命科技、生命法与生命伦理[*]

科学技术包括生命科技,是第一生产力和社会进步的"火车头",任何力量都不可能阻止它的发展。生命科技的发展,决定着生命社会关系的更新,从而决定着生命法的立、改、废。生命社会关系的更新,同时决定着生命伦理的转变。生命法与生命伦理观之间,存在着互动关系;但是,只有生命法才能以法的强制性、普遍性和稳定性有效地调整生命社会关系,从而促进和保障生命科技的发展。因此,生命伦理学家们应以卫护生命法的改革从而卫护生命科技的发展为天职。

一

邓小平的名言"科学技术是第一生产力",如今业已成为中国人的共识。马克思主义的经典论断"生产力是历史进步和社会进步的火车头",如今更已成为世界各国人民的共识。一部生产力发展史,一部社会进步史,其核心、其灵魂,就是科学技术发展史。

人类社会从原始社会经奴隶社会、封建社会、资本主义社会到社会主义社会的发展,人类文明从蒙昧经野蛮到觉醒、自主的发展,人类历史从农业社会经工业社会到信息社会的发展,在在都取决于新石器取代旧石器,铁器取代新石器,蒸汽机取代人畜力量,电气技术取代蒸汽技术,信息技术取代电气技术,一句话,在在都取决于科学技术的进步。没有科学技术的进步,就绝不会有社会的进步,绝不会有历史的发展,绝不会有人类福祉的增进。

人类为着社会的进步与历史的进步,尤其是为着增进自身的福祉,必然要求不断地革新技术,以使自己从自然的重压与束缚下解放出来。自然界对人类的重压与束缚是与生俱来的。暴雨造成洪水泛滥,狂风横扫天地万物,地震、海啸、虫灾、疾病随时都会夺去人的生命。同时,自然既是"慷慨"的,又是"吝啬"的。随着人口的自然增长,食物的短

---

[*] 本文未发表,约写于2002—2005年间。——编者注

缺，交通、住房、衣着等等方面的问题日渐增多；更不用说在人们的物质文化生活要求不断提高的情况下，人类与自然的矛盾更加尖锐，所有这一切，都要求乃至迫使人们寻找新的科学理论和新的技术方法，以求认识自然、改造自然，解决束缚、增进福祉。

科学技术自身的内在发展逻辑也使其不断进步。人类的繁殖与生命的延续，得到了知识日积月累的丰硕化成果；而知识量的递增必然导致质的变化，从而引发新的科学理论的提出和新的技术方法的发明。科学理论的量的叠加、不同科学理论的交互影响，技术方法的量的增多、不同技术方法的结合使用，必然导致科学技术的革命性质变。重大科技进步都是沿着上述进程发生的。

总之，人类的主观要求和科技发展的客观规律，都决定着科学技术的发展有如奔腾长河不舍昼夜地东流入海，有如隆隆呼啸的火车头，可冲决一切障碍不断向前。

哥白尼的日心说，曾被咒为异端邪说，被大加挞伐；哥白尼自己则被投入火刑场焚烧而死。达尔文的进化论，也曾被斥为大逆不道、荒谬绝伦。在中国漫长的封建社会时期，知识分子始终被视为统治阶级的对立面而被加以防范、限制乃至打击迫害；而科学技术则被诬为"奇技淫巧"。但"天若有情天亦老，人间正道是沧桑"，科学技术的发展只能被延缓，不可能被阻止，即使是现代，也是如此。DNA重组技术曾被极力阻止，但如今这一技术的发展已呈燎原之势，几乎深入到了生物技术和生命科技的任何一个方面。现在，纳米技术的发展正方兴未艾，而它对人类的影响完全可能超过电脑。在生命科技方面，则可用纳米管代替体内的管状器官，细胞坏死可以应用纳米技术与新的人造细胞取而代之。如今，科学技术的进步正呈急剧的加速度态势发展。当代科技1年甚至短短1个月的发展所创造的社会物质财富，往往可能大大超过从前数百年的累计成果。任何阻止科技进步的企图，都会被无情的事实击成齑粉。

二

生命科技的发展，决定着生命社会关系的更新。

漫长的农业社会时期里，科学技术包括生命科学技术发展缓慢。在当时的情况下，生命社会关系一方面以生命科技工作者的简单协作为基础，另一方面以稳态的血缘家庭关系为基础。近代以来，随着工业革命的兴起，生命科技同其他科学技术部门一样，得到了日益加快的长足的发展。避孕技术的进步，极大地动摇了稳态的血缘家庭关系；堕胎技术的进步，极大地动摇了千百年如一日地被奉为医、护崇高信仰的"救死扶伤"原则，改变了医生与孕妇及其亲属的关系；器官移植技术的发展等等，同样改变了医患关系。尤其是20世纪50年代以来人类辅助生殖技术的发展，从根本上动摇了血缘家庭关系；而克隆技术的发展，则可能把整个人类的血缘家庭关系彻底打乱。

对生命社会关系激剧的、巨大的改变，人们各个做出了不同的甚至截然对立的价值判断，是是非非，众说纷纭；仁智异见，沸沸扬扬。对此，我们暂且不去评说其是非对错，否则可能陷入"公说公有理，婆说婆有理"的持久不决的争端而不能前进半步。我们显然必须强调指明：生命社会关系的存在、改变，都是由生命科技所决定的；既然生命科技的发展是不可阻挡的，那么，生命社会关系的改变则是必然的，同样是不可阻挡的。这同评说日出东方究竟利大于弊还是弊大于利，而不可能改变东方日出的客观事实完全相同。

生命法是用以调节生命社会关系的部门法。以"医学法""医疗法""医药法""医疗卫生法""卫生法"等不同名称指称的传统生命法，与传统生命社会关系相适应，调节建立在稳态的血缘家庭关系基础上的生命社会关系。近代以来，当生命社会关系因生命科技的进步而改变时，生命法即相应地做出了反应，从传统生命法转变为非传统生命法，诸如堕胎法、试管婴儿法、器官捐赠与移植法、脑死亡标准法、安乐死法等等，便呱呱坠地，应运而生。

但从传统生命法之转型出非传统生命法，并不是一帆风顺的，其间伴随着生命伦理观念的转变。

陈陈相因的生命伦理观念，往往带有某种"惰性"。例如，久已形成的"生"及维护"生的权利"的生命伦理观念，与"死"及"死的权利"，显然格格不入。因此，堕胎技术的发展及其所要求的堕胎权，亦即孕妇及其丈夫等亲属"处死"胎儿之权，以及要求医生、护士做堕胎手术亦即做"处死"胎儿的手术，与"生"及维护"生的权利"的传统生命伦理观念，是南辕北辙、背道而驰的。甚嚣尘上的禁止堕胎的呼声，在某些国家里至今仍然响彻云霄。又如，血缘家庭关系几千年的稳态存在所决定的与之相应的生命伦理观念，对"乱伦"持绝对的激烈反对态度，而人类辅助生殖技术的施行，实际上对传统"伦常"的恒守，做出了挑战。当妻子的卵巢里植入"第三者"的精子时，养出的后代当然与（妻子的）丈夫毫无血缘关系可言，这显然破坏了传统的血缘家庭关系。因此，当诸如人工授精、借腹怀胎之类手术被部分医生、男女需求者所接受时，便引致阵阵鼓噪甚至恶毒的攻击。在这样的情况下，立法允准堕胎，立法肯定人类辅助生物技术，谈何容易。

然而，生命伦理观念也不是永不变化的。生命科技的发展及与之相应的生命社会关系的更新，决定着生命伦理观念的改变。事实上，进步人类的大多数，如今已经欣然接受堕胎技术、试管婴儿等人类辅助生殖技术、器官移植技术等先进的生命科学技术；目前，全球试管婴儿已多达30余万人。这也就是说，相关的新型生命社会关系和生命伦理观念，已经得到人类的大多数的承认。传统的生命伦理观念已为全新的生命伦理观念所取代。与此相应，新型的非传统的生命法，如堕胎法（人工流产法）、试管婴儿法、器官捐赠与移植法等等，在许多国家里颁行已久。

三

生命法与生命伦理观之间,存在着互动关系。

一定的生命法总是一定的生命伦理观的反映和表现。传统的生命法所反映和表现的,是救死扶伤、维护血缘家庭关系等生命伦理观。我们不可能在"医疗法""医药法""卫生法"等传统生命法中,找到以毁灭胎儿的形式表现的对"死的权利"予以肯定的生命伦理观,也找不到以保护隐私的名义对接受非丈夫的精子从而必定导致形成非血缘家庭关系而予以肯定的生命伦理观。与传统的生命法相反,非传统的生命法反映与表现着新型的非传统甚至反传统的生命伦理观。

由于人们的生命伦理观并不是划一的,因此:第一,当生命法立法行将肯定某一具体的生命伦理观念时,总会遭到一部分反对该伦理观念者的批评、抵制甚至攻击。第二,新的生命法总是要遭到仍然坚持传统生命伦理观者的反对,即使实施多年,成效卓著。堕胎法、试管婴儿法的立法过程,实际上就是否定传统生命伦理观的过程,也是战胜传统生命伦理观的过程。同时,时至今日,在世界各地仍可听到对业已颁行的堕胎法、试管婴儿法的批评乃至攻击。安乐死立法正处于艰难的开拓过程中。尽管人们早已发出了制订安乐死法的高昂呼声,甚至有的医生甘冒被群起攻击甚至判刑、坐牢的风险而协助绝症患者摆脱痛苦而做安乐死手术,但安乐死法仍姗姗来迟。至今还只有少数几个国家颁行安乐死法,从而使安乐死合理化;其他200多个国家都未颁布安乐死法。显然,社会性的生命伦理观,对生命法立法起着重要的制约作用。

但生命法一旦制定、颁行与实施,就会对传统的生命伦理观产生巨大的冲击。由于立法肯定了新型的生命伦理观,传统的生命伦理观在法律上就处于劣势了。因此,新的生命法实施既久,通常都能扶持新的生命伦理观取传统的生命伦理观而代之。

进步人类刻意寻求的是,先进的生命法与先进的生命伦理观的良性互动。

建立在血缘家庭关系上的伦理观包括生命伦理观,是一定历史时期内的产物,有其历史合理性。不加维护,自然经济时期的社会生产无法组织,社会秩序无由保障,社会生活必定混乱。与之相应的传统生命法于是便以反映、表现与保卫传统的生命伦理观为职志。在人类相当长的历史时期内,主要是在奴隶制社会、封建制社会的历史时期,在整个农业社会时期内,传统生命法与传统的生命伦理观之间,始终存在着良性互动的关系,互相依存,互相促进,相辅相成,相得益彰。

但是,就调整生命社会关系来说,生命伦理由于:第一,不是全社会划一的,张三、李四的生命伦理观可能不尽相同甚至可能截然对立;第二,自身无强有力的有形约束力,因此,实际上相当软弱,作用有限。自觉遵行者固然不少,但若有人执意背离某种生命伦理观,他人也奈何不得。与生命伦理不同,生命法作为法,有它的普遍性、稳定性、明确性与强制性等等生命伦理所不具备的特点。因此，生命法之调整生命社会关系，既是行之有效的，也是责无旁贷的。只有生命法才能以法的强制性、普遍性、稳定性有力地、普遍地调整相关的生命社会关系，为生命科技的发展服务。

四

与时俱进是世间万事万物长存不灭、有所发展的第一要求。人类是亿万年与时俱进的生物界演化成果；由于不能与时俱进，类人猿这一人类远亲在数百万年前停止了发展，遂陷入了只能被称为"类人猿"的悲惨境地，无缘分享人类丰富多彩的高度物质文明、精神文明成果。中华民族是数千年与时俱进的人类集团演化成果，其间之遍尝艰辛、呕心沥血、流血牺牲，以东海之水难以写尽，但苦尽甜来的是自立于世界民族之林，雄踞于东方地平线上；而另一些由于主客观原因不能与时俱进的民族，却永远地消失了；还有一些民族则正处于衰落与永远消失的过程中。人类社会的一切事物也必须与时俱进，否则，必定被历史所淘汰。生命伦理、生命伦理学、生命伦理学家也是如此。

乱交、群婚曾是表现为习惯、风俗和习惯性思维的原始生命伦理的赞赏对象。当家庭、私有财产和国家兴起之后，生命伦理历经痛苦的挣扎，终于承认了现实，从而演变为严禁族内婚、同姓婚尤其是严禁父母（及长辈）与子女（及幼辈）交媾的卫道伦理。"不孝有三，无后为大""身体发肤，受之父母，损之不孝"等等戒条，曾在数千年的时间里成为中国人的基本生命伦理观。而现在，人们接受了计划生育，改变了"无后"即大逆不道的观念；接受了器官捐赠，改变了"损之不孝"的观念。"超生游击队"遭到了社会舆论的嘲笑与谴责。器官捐助成了为人称道的义举，也为立法所肯定、所鼓励。总之，生命伦理是应当与时俱进，也一定会与时俱进的；永远固守某种生命伦理，终将流为历史的笑柄，堕为不齿于人的谬举。

现在，随着生命科技突飞猛进的发展，生命伦理、生命伦理学、生命伦理学家又面临着一次次关键性的抉择。反对试管婴儿的生命伦理、生命伦理学、生命伦理学家，虽然未臻绝迹之境，但其失败已成为不争的事实。那么，对人体克隆呢？生命伦理学家无一不站在人体克隆反对者的立场上，声色俱厉、振振有词地谴责其违反人类的生命伦理。

对此，我首先必须申明的是：克隆技术远未臻于尽善尽美的成熟阶段，此时实施人体克隆显然是不负责、不道德的。

但是，克隆技术作为科学技术的一个分支，同一切科学技术一样，既有加以发展的客观需求，又有必然发展的自身逻辑，因此，其日益进步，是任何力量都阻挡不了的。发展克隆技术的客观需求，至少在以下两方面是有目共睹、一目了然、无法回避的：其一，不幸丧失后代的父母、不幸丧失亲人的亲属，亟须克隆技术帮助他们逃离思念亲人之苦海；尤其是其二，一切伤病人员都需要克隆技术在不同的程度上解除病痛，尤其是解除缺肢烂肝之类的病痛。发展克隆技术的主观要求也可见诸两个方面：其一，生命科技工作者之求新、创造欲求是无法遏止的；其二，日积月累的生命科技量变，势必达成最终的质变，生命科技发展的内在逻辑必定要求向人体克隆挺进。

既然如此，随着克隆技术的发展，有关的生命社会关系也必将相伴改变，甚至形成新的生命社会关系以适应克隆技术的发展。可以推定的是：这样的生命社会关系，同人类生殖辅助技术所引致形成的生命社会关系，有一极大的不同点。这就是：后者在"血缘"方面改变了既成的、曾经恒定的血缘家庭关系；前者则更加直接地保护了血缘家庭关系，却在辈分上完全搅乱了血缘家庭关系。妻子用丈夫的体细胞克隆出来的新人，在血缘上与丈夫相等；但辈分上既可说是丈夫的兄弟，也可以说是丈夫的儿子；因此，克隆的新人就既是妻子的丈夫，又是他的儿子；同时，这一克隆新人与家庭内外所有的人都形成了"不伦不类"的关系。

"不伦不类"久已成为贬义词。但有永恒的"伦"常和永恒的"不伦"吗？中国古代曾发生过"嫂溺，叔援手以救，伦与不伦"的争论。这在今天看来是十分可笑的，谁都会强烈谴责见死不救的小叔子。在许多国家里，还规定了见死不救罪的严厉惩罚措施。那么，克隆新人的"伦"与"不伦"，难道是值得争论的吗？在我看来，固守"辈分"关系之伦理观念，不是绝对不可以、不可能改变的。扪心细细想来，这"辈分"究竟有多大的意义？名副其实地做到"四海之内皆兄弟"，又有何不可？又何乐不为？何况，伦理观念的改变，只要有助于、有利于生命法之科学合理调节生命社会关系，因而有助于、有利于生命科技的发展，本就是"题中应有之义"，本就是生命伦理、生命伦理学、生命伦理学家的"天职"，因此，我认为，生命伦理学家们不应再盲目鼓噪，人云亦云，而应与时俱进、改弦更张了。

人类健康与社会发展良性互动的法律保障*

人类健康与社会发展是时代前进列车上的两个中坚性轮子。二者的良窳劣所构成的逻辑关系有4种，其中只有在一种关系的情况下才可能良性互动，从而助推时代列车奔腾向前。而二者的良性互动，端赖法律的促进与保障。这是由法律在促进与保障时代前进的各种因素中的地位与作用决定的。为此，就要对法律功能的充分发挥做深度开掘。

一

人类健康总体状况或良善或窳劣，与社会发展总体状况或良善或窳劣所构成的4种逻辑关系是：其一，人类健康总体状况良善，社会发展总体状况良善，而且二者之间形成了良性互动的关系，时代列车无疑可以风驰电掣、隆隆前行；其二，人类健康总体状况良善，而社会发展总体状况窳劣，二者之间不可能形成良性互动关系；反之，其三，人类健康总体状况窳劣，而社会发展总体状况却属良善，二者之间同样不可能形成良性互动的关系；其四，人类健康总体状况窳劣不堪，而社会发展总体状况亦窳劣不堪，二者之间更不可能形成良性互动的关系。不仅如此，从人类社会发展的全部历史看，在后三者的情况下，二者往往形成恶性互动的关系，导致良善一方也成"失火城门"所"殃及"的"池鱼"。一部人类疾疫史与一部人类战争史，正是互补互证地说明了这一点。

我国近代的咸丰十年（1860）至同治三年（1864），为清政府勾结外国侵略者合力围攻太平军、频频发生殊死恶战的年头，除最终导致天京陷落、太平天国运动失败外，还引发了中国各地尤其是战区中严重的瘟疫。例如咸丰十年（1860）开始，无锡、苏州、嘉兴、湖州等地，就因战争的严重破坏，瘟疫迅疾流行。当年夏季的苏州，有史料记载谓："遗骸遍道，浮胔满河。时天晴，炎气熏蒸，臭秽难闻，好善者方以芦席裹之，埋以土。过善人桥，见一尸仰卧河滨，一蒙茸肥犬啮其股；一尸横岸草间，覆以败席，上露发蓬松，

---

* 本文未发表，约写于2004年。——编者注

下露足弓鞋，宛然古诗：发纷纷兮置渠，骨籍籍兮亡居。思之惨绝。"① 谢高潮先生指出："战争导致了民众体质下降、环境恶化、恶劣生存条件下的聚居人口增加、大规模人口流动频繁以及国家和社会救济能力下降等，这些都便利乃至促发了原本就存在于江南地区的霍乱等疫病的爆发和流传。致使本来不太可能出现重大疫情的时期，在战争的作用下，发生了全区域性的特大疫灾。在战争年代发生如此严重的疫情，其后果必然是灾难性的。最显著的莫过于人口的损失了。从前面引述的一些文献中，很容易发现瘟疫造成了大量人口死亡。在清代江南的历次瘟疫中，这是人口疫死率最高的一次，总的来说，这次瘟疫的疫病死亡人口所占比率大约在8%至15%之间，一般不会超过20%。当然，在极个别地区，比如嘉兴的濮院，疫死率达四五成，也不无可能。"② 太平天国运动前，江南十府一州的人口大约在4000万，若按疫死率8%至15%的疫死率计，疫死人口多达320万至600万。这场瘟疫仅在江南就夺走了数百万人口的生命，不能不说是一场极其可怕的人间惨剧。

中国历史上曾有过几次著名的"治世"，即汉初的"文景之治"、西汉的"昭宣中兴"、隋代前期的"开皇之治"和唐初的"贞观之治"。在这些"治世""中兴"时期，统治阶级实行轻徭薄赋、减租减调、轻刑恤罚、休养生息的经济政策与社会政策，社会矛盾一定程度上得到缓和，社会生产力得到了较快的发展。同时，在这些"治世"期间，瘟疫较少发生。特别是汉昭帝、汉宣帝时期，统治者一改汉武帝前期的好大喜功政策，复行无为政治，采用休养生息的政策，七次颁布减免田租、算赋、口赋以及其他杂税的诏令，为使流亡农民陆续回到故乡来，六次颁布照常贷给粮种和食物的诏令。另外规定，凡是郡国遭受地震、水旱灾害之时，当地当年的租赋、徭役都全部免除。汉昭帝下诏废除苛捐杂税，宣帝下令降低食盐的价格，禁止官吏擅自征发徭役，注意减轻农民的负担。由于这些政策的实施，濒临崩溃的西汉经济逐渐得到恢复，粮食剩余。史称"昭宣中兴"的37年中，只发生过一次瘟疫。隋文帝时期和隋炀帝前期，边境之内，疾疫也很少，严重的疾疫大多发生在边境之外的少数民族地区。十分值得关注的是，隋代人口达到了4600多万，而500余年后的宋代，人口也只有4600多万。这与隋代几无瘟疫，而唐末五代十国时期天下大乱、瘟疫流行无疑有一定的关系。唐初的"贞观之治"带来了经济繁荣、文化发展、社会进步的欣欣向荣景象，唐朝的国力曾臻于当时世界各国的顶峰，而隋、唐二代300余年，仅发生过17次瘟疫，细析其时的人类健康与社会发展，大致是二者总体状况良善，从而促成了二者的良性互动，使时代列车前行的速度也较快捷。

当然，制约时代列车的因素不仅只有两个方面，民族关系、国际环境、地理环境、气候条件，甚至领导人的能力、性格等等都会产生影响。"性猜忌"的隋文帝杨坚，暮年时

---

① [清]蓼村遁客：《虎窟纪略》，《太平天国史料专辑》，上海古籍出版社1979年版，第19页。
② 谢高潮：《清代江南瘟疫对人口之影响初探》，《中国人口科学》2001年第2期，第36—43页。

期常常出尔反尔、擅权专断①，而隋炀帝又好大喜功，大凿供其观赏游玩的大运河，大举发兵攻打高丽，导致民怨沸腾，隋朝立国仅38年就被推翻了。但若仅就人类健康与社会发展二者的互动关系而论对时代进退的影响，史实与推理无疑都可确证、确断二者的恶性互动只能引致时代列车的后退，而二者的良性互动则可推动时代列车的前行。

二

二者的良性互动，以人类健康总体状况与社会发展总体状况的良善为基础。但作为基础的二者，都需法律的促进与保障，二者的良性互动亦是如此。

首先，欲求人类健康总体状况的良善或保持良善，必须有法律的促进与保障。

所谓人类健康的总体状况，是一个动态的概念。积贫积弱的旧中国，中华民族即被贬称为"东亚病夫"。新中国成立后，人民翻了身，当家做主人，生活有了较大的改善，健康状况也不断优化。尤其是改革开放以后，中国人的健康状况有了更大的改善。然而"天有不测风云，人有旦夕祸福"，2003年春天，SARS忽然流行，致使不少地区简直到了阴霾满天、人心惶恐的地步，社会发展受到了严重的威胁。幸而有党和政府的坚强领导，团结全国人民，运用法律武器保证了扑灭SARS的斗争取得胜利。

我国关于传染病防治的法律体系早在SARS流行十多年前就已基本健全。1989年9月1日实施的《中华人民共和国传染病防治法》和1991年12月6日实施的《中华人民共和国传染病实施办法》构成了这个体系的主干。这两个法律文件从传染病的预防、疫情报告、控制、监督、法律责任等方面对政府相关部门、疾病防控机构、医疗保健机构及相关人员如何应对法定传染病的发生做了比较完备的规定。由于SARS属于新发传染病种，所以依据传染病防治法第三条的规定，卫生部于2003年4月20日将SARS暂列为法定的乙类传染病，但采取属于针对甲类传染病的严厉防控措施。根据这些紧急的法律补充规定，我国政府在防治SARS的过程中采取了一系列的防控措施，县级以上人民政府相关部门有权在疫情发展过程中采取相应的防控措施以控制疫情的发展。这些防控措施主要是从传染病病原体的传播途径、传播方式等方面考虑的，目的在于有效地控制传染病的传播，最大限度地减少染疫人数。正是由于采取了以法律为后盾的有力措施，我国人民迅速扑灭了SARS，很快走出了SARS的阴影，各项社会事业重新启动、蓬勃发展，时代列车复归于快车道而奔驶前进。

其次，欲求社会发展总体状况的良善或保持良善，同样必须有法律的促进与保障。

所谓社会发展的总体状况，同样是一个动态的概念。新中国的成立带来了社会制度的根本改变，神州大地如沐春风，960万平方公里的土地上发生了天翻地覆的变化。这当然

---

① 《隋书》卷2《高祖纪下》。

对中国人民健康状况的改善起了很好的作用。"纸船明烛照天烧"，血吸虫病被基本驱除了，其他严重的流行疾病如霍乱、天花、鼠疫、麻风、梅毒等也被遏制了。但是，到了"文革"时期，林彪、"四人帮"的倒行逆施，使得中国社会处于极度的动荡之中，国民经济几度滑到了崩溃的边缘。因此，"四人帮"垮台之后，中国人民最高最响的呼声，就是必须"有法可依"。正是在这一强烈的吁求下，1979年颁行了《刑法》等7部急需的基本法律，保障了社会运行的大体正常。实际上，由于"文革"的动乱，久违了的一些传染病、流行病又蠢蠢欲动，大有死灰复燃、卷土重来之势了。只是由于法律保障下的社会发展重又走上了健康道路，才有可能、有力量在改善人民健康方面开始新的工作。

再次，尤其是二者的良性互动，更需法律的促进与保障。

人类健康与社会发展的良性互动，主要涉及以下几个方面：

一是以健全的社会组织保证落实医疗卫生事业的发展计划，其中包括齐全建立医疗卫生管理机构来组织管理全社会的医卫工作；城乡卫生机构的普遍设立以满足广大群众的就医需求；医学科研机构的加强与发展，保证有能力不断开发新医新药，以提高医疗卫生质量和人民的健康水平；普遍建立各级各类体育运动组织，开展多种多样的体育锻炼活动，以增强广大群众的体质；等等。

二是以强大的军事力量保证国防的安全与巩固，使人民不再堕入侵略战争的灾难，从而保证人民群众生命的安全以及不因战乱引发疾疫的流行。

三是民众健康的普遍提高，保证社会医疗开支的大量节约，保证人民军队有源源不断的优质兵源，保证各项社会事业都有健康充足的人力资源。

以上三者以及其他方面，在在都需要法律的促进与保障。例如，没有齐全严密的卫生行政管理法律法规，卫生工作的组织管理是无从谈起的；新医新药的开发、销售与使用，如无明确、具体、细密的人体实验法、药品监管法等法律法规加以调节，势必问题百出甚至庸医胡行、假药泛滥；没有健全的军事法律法规的保障，军队建设、国防巩固也无从谈起。

促进、保障人类健康与社会发展及二者的良性互动，可有多种手段，诸如经济手段、行政手段、道德手段，乃至在某些情况下宗教手段也可为我所用。但是，在所有手段中，第一，法律手段有多重功能，它既有经济手段的功能（如各种经济法），又有行政手段的功能（如各种行政法），还有道德手段的功能（如众多的伦理入法条款、医疗伦理准则）等等；第二，法律法规还是各种经济手段、行政手段、道德手段的后盾，在后者可能被损害、破坏从而失效的情况下，法律手段可起而予以支撑，法律手段起着预警与后卫的作用；第三，在所有的手段中，法律手段是最高手段、最强手段、最后手段和最有力手段，因为法律具有普遍性、权威性、稳定性与强制性的特点。

新的探索：生命法与生命法学*

1997年以来，我所主持的"生命法学研究中心"邀集法学界与医学界的同仁，开始了生命法与生命法学理论问题的艰辛探索，发表了《生命法学论丛》一书和约40篇有关论文，从而开创与推动了一种法学新学科的建设。

20世纪80年代末，有人提出过"生命法"与"生命法学"的概念，但几无一字展开论述。从1997年召开首届生命法学研讨会，对生命法与生命法学的研讨方始全面展开。经过5年的努力，已经初步解决了若干理论问题，主要是：

一、对生命法做出界定

1997年以前，已经出现并界定过"医疗卫生法""卫生法""医药法"等内容大致相同的概念。但这些"法"不能涵盖与医疗卫生关系极为紧密的安乐死法、堕胎法、人工授精法、器官移植法、基因法、克隆法等。用"生命法"则可解决全面涵盖的问题。目前已经达成的比较一致的共识是：生命法是调整生命社会关系的科学技术法。

这一定义包含两层意思：一是，生命法是科技法。无论是古代还是现代，无论是传统医学还是非传统的新型医学（如人工授精、器官移植等），都是应用生命科学技术去为人的健康服务。因此而产生的科技社会关系，同样需要用科学技术法去调节，所以生命法即是科技法。所不同的是，因生命科学技术的发展与应用而形成的不是一般的科技社会关系，而是特定的生命科技社会关系。因此，生命法不是一般的科技法，而是特定的科技法，是科技法中的一个部门法。二是，生命法调节生命科技社会关系（简称生命社会关系）。

这样定义的好处是，生命法概念不仅涵盖传统的医疗卫生法和非传统的新型的医疗卫生法，而且涵盖了对生命科技发展和生命科技应用（于医疗）中所产生的社会关系的调节。

---

* 本文未发表，约写于2005年。——编者注

二、对生命法学做出界定

我们给生命法学下的定义是：生命法学是研究生命法及其发展规律的部门科技法学。十分显然，该定义指明了生命法学是科技法学，以及生命法学的研究范围为生命法及其发展规律。

该定义与生命法定义是互相呼应的，它较诸医疗卫生法学的概念及相关定义，有明显的优点。医疗卫生法学的一些著作，都用较少的篇幅提及生命科技新进展以来出现的一些新型法律，如器官移植法等，但只是提及或提出一些问题并建议加强研究。这也许就是因为惶惑于以下情况：医疗卫生法所要解决的是医患矛盾，器官移植法尤其是人工授精法等所要解决的主要不是医患矛盾，那么，怎么去定义医疗卫生法与医卫法学呢？而我们用生命法及生命法学的概念，就可较好地解决诸如此类问题。

三、确定了生命法学的核心问题是关于生命社会关系的法律调节的理论

每一门科学学科都应有其理论基石，生命社会关系的法律调节的理论便是生命法学的基石。生命法学的独立地位、性质、特点、功能、分类、研究对象、研究范围以及主要内容等等，都源于对生命社会关系法律调节问题的理论阐释。

为此，首先必须定义"生命社会关系"。我认为：生命社会关系是指由生命科技活动而发生、为着生命科技的发展、可据以协调生命科技活动包括生命科技成果应用活动中产生的人际关系的一种社会关系。这一定义涵盖了生命科技劳动者、劳动组织和管理机构的关系，也涵盖了医患关系，还涵盖了医方与需医方的关系。后者，即"需医方"并不是传统意义上的"患者"，他（她）并无疾病，但也需要医生的帮助，如施行"代理母亲"手术等。

为了区分近代以前和近代以来生命社会关系的重大变化情况，我们将近代以前主要表现为医患关系的生命社会关系称为"传统的生命社会关系"，把近代以来因生命科技高速发展而出现的新型生命社会关系称为"非传统的生命社会关系"。这样，也就可以形成"传统生命法"与"非传统生命法"的概念了。

在此基础上，展开对生命社会关系的立法调节、司法调节、执法调节与守法调节的论述，并进而展开对生命法及其性质、地位、特点、分类、体系、发展规律等的论述，便大体完成了生命法学的概念体系构想与理论框架的设计，为进一步具体探讨生命法、生命法学奠定了基础。

作为上述探索的一个小结，我和上海社科院法学所的同志们撰成了《生命法学引论》

的初稿，上半年大致可以定稿付梓。跨出这幼稚的一步是必要的，抛粗砖以引美玉是我们的宗旨。

在撰写《生命法学引论》和前后5次召开"上海市生命法学理论研讨会"的过程中，我们都遇到了一些不能定论而又必须着重的问题，主要是：

1. 对安乐死立法的肯定与否定

现在，吁请立法肯定与规范安乐死的呼声很高，几次研讨会的主旋律也是主张尽快立法；但同时也有根本否定安乐死概念与反对安乐死立法的慷慨陈词。双方的意见，表达了对安乐死概念、人的生死权利、社会伦理观甚至不同国家价值观念、文化理念的巨大认识差异。

2. 对器官移植立法的理论认识

社会各界包括生命法学界对器官移植立法的必要性并无异议，但在对移植器官的供体、受体、医方以及供者家属的权利义务等法律关系和伦理关系的认识上，仍存歧见。由于这些歧见涉及情、理、法关系和价值观念的不同，暂时还难达成共识。

3. 对人体克隆的法律规范的不同认识

毫无疑问，主流观点是坚决以立法禁止人体克隆研究。但即使是主流观点也不是一致的，有的主张严禁一切人体克隆试验，有的则主张对用于医疗的试验网开一面，此外还有非主流的赞成人体克隆试验的声音。尤为值得注意的是，虽然非主流的声音十分微弱，却在事实上得到了人体克隆试验节节推进的支持。

此外，在死亡标准、人类辅助生殖、人工流产、性改变、人体试验等等方面的立法调节问题上，由于涉及伦理观的冲突也异议纷纷。

对这些问题，我们的做法是：实录不同观点，各个加以评判，表达自我主张。我们相信，生命法学理论会在争鸣与探索的过程中逐渐完善化、科学化的。

安乐死立法的时机、步骤与总体原则[*]

20 个世纪 80 年代以来,人大代表、政协委员们就不断在"两会"上呼吁开展安乐死立法[①],各地法学工作者也纷纷建言立论直至动手草拟安乐死法[②]。但是迄今为止,安乐死的国家立法仍未启动。

从发展的趋势看,安乐死立法势在必行,问题在于时机与步骤。本文对此略事议论,并连类而及安乐死立法的总体原则问题。

一、安乐死立法的时机

安乐死的国家立法至今尚未启动,显然是因为国家的立法机关——全国人民代表大会认为时机尚未成熟。

稻、麦灌浆之时不能收割煮食,桃、杏挂青之际不能摘而食之;时机不成熟,是不能进行安乐死立法的。问题在于安乐死立法时机是否成熟的衡量标准。

窃以为,主要标准有以下几条:

其一,是否存在安乐死的实际需求;

其二,是否存在实施安乐死的客观条件。

安乐死需求的实际存在,是不容置疑的。据卫生部和国家计划生育委员会的有关统计,我国每年死亡人数近 1000 万,其中 100 万人是在极度病痛中离开人世的。这 100 多万人中有相当多的人都曾要求安乐死,但因无法律根据而被拒绝。

---

[*] 本文未发表,约写于 2007 年。——编者注

[①] 第八届全国人民代表大会第四次会议期间,北京、上海的 60 多位代表曾提出两个议案,要求结合我国国情,尽快制定安乐死法。此后,在每年的全国人大会议上,议案组都收到有关安乐死的议案,要求为安乐死立法,使安乐死合法化。

[②] 1988 年、1994 年曾先后召开了两次全国性的关于安乐死的学术研讨会。1998 年 10 月,山东中医药大学的祝世讷教授等提出了《安乐死暂行条例(草案建议稿)》及其说明。

安乐死的实际需求早已不是表现在此一时、彼一时的个别人的诉请上。1988年1月22日中央人民广播电台在《午间半小时》中播出了专家学者座谈安乐死的消息后,收到了350多封听众来信,其中90%的人赞成在我国实施安乐死。邓颖超同志还主动公开致信电台说:"今天你们勇敢地播出关于'安乐死'的问题并希望展开讨论,我非常赞成……我认为'安乐死'这个问题是唯物主义者的观点。我在几年前留下遗嘱,当我的生命要结束,用不着人工和药物延长寿命的时候,千万不要用抢救的办法。这是作为一个听众参加你们讨论的一点意见。"①北京、上海、天津、河北等省市都曾对安乐死做过民意调查,半数乃至80%以上的被调查者对安乐死都表示支持。如上海以问卷形式对200多名老人所做的安乐死意愿调查,赞成者达72.56%;北京调查500人,支持率高达79.8%。而据《健康报》报道,有关部门对从事各种职业的北京人士近千人所做的调查,91%以上的人赞成安乐死,85%的人认为国内目前应制定安乐死法。

可以这样说,现在已经不必讨论"是否存在安乐死的实际需求"的问题了。客观存在的问题是:无视安乐死的实际需求,已经成了是否顺应民意的重大人权问题。

那么,是否存在实施安乐死的客观条件呢?

这里的客观条件主要是指:医生的道德水平与病人家属的道德水平是否达到了依法实施安乐死的条件。人们最为担心的是:医生不负责任地对待病员的安乐死要求,从而导致轻易致病员于死境的恶果;家属为达到经济上的目的(如逃避治疗病人的经济负担、提前支取保险金等),从而兴风作浪迫使病人非正常地表达生或死的意愿。这些担心绝不是多余的。但是,正如"路不拾遗,夜不闭户"只不过为理想而已,当今之世,谁家还"夜不闭户"而任由盗取?作为预警,刑法还规定了盗窃必予严惩的条款。但是尽管如此,盗窃者还是所在多有。总不能因此而拒却一切财富收入以便以"一贫如洗""家徒四壁"来对付盗贼吧。医生、家属中大概永远会存在道德低下、品质卑劣者,总不能因此而永远拒绝安乐死,把安乐死立法推迟到"三万六千劫"以后去吧。可以这样说,实施安乐死的条件,在可以预见的年代里,永远是既成熟又不成熟。问题的关键不在于还有不负责任的医生和缺乏道德的家属,关键在安乐死立法是否严密,安乐死立法的严密程度是否足以有效对抗不道德的医生与家属,是否足以保证真正不违背病员的安乐死意愿。因此,我认为,在我国,安乐死立法的时机已经成熟了。但这是就全国之总体而言,而我国却是幅员广大、发展极不平衡的,法律一经制定,就有普遍适用于全国的效力。全国人大正是考虑到发展水平的极不平衡而迟迟未将安乐死立法提上议事日程。

同时,安乐死立法毕竟与其他立法有较大的区别,它所涉及的是千千万万人的生死存亡问题。因此,尽管时机现已成熟,还应抱慎之又慎的态度,在立法步骤上做精心的考虑。我国人大至今未予安乐死立法日程上的安排,也是基于对立法步骤的审慎考虑。

---

① 赵炜:《邓颖超曾表示:支持安乐死》,《共产党员》2007年第8期,第10页。

二、安乐死立法的步骤

这里所说"安乐死立法的步骤",是指全国的安乐死立法。

现在,荷兰、比利时两国已经制定了全国范围适用的安乐死法。我国是否能够一步到位地制定适用全国的安乐死法呢?

由于我国幅员广大,发展很不平衡,医疗条件、医护人员水平参差不齐,对安乐死的认识和宣传状况各地也有很大的差别,尤其是由于我们还缺乏安乐死立法以及实施安乐死的实践经验,所以,尽管总体上安乐死立法的时机现已成熟,但在立法步骤上还应细细斟酌。我认为,第一,我国目前不应做全国划一的安乐死立法,而应在部分省市先行试点;第二,试点工作可从被动安乐死立法做起,为主动安乐死立法积累经验、创造条件;第三,为确保安乐死立法的成功,应当用若干年的时间展开宣传、讨论。

首先当然是宣传、讨论。即便是在北京、上海这样的医疗条件头等、文化程度较高的特大城市里,人们对安乐死的认识也还是很不一致的,甚至还有学者对安乐死持截然反对的态度。上海医科大学出版社出版的《中西文化中的生死观》一书的作者指出,现在"鼓吹死亡权利、安乐死与医者协助自杀等运动却风靡一时,更值得注意的是,大部分赞成安乐死的都不是垂死的病人,而是体壮力强的中年人或年轻人";该书作者因此担心"科学巨人是否同时是一个道德侏儒"。① 按照这些作者的观点,主张安乐死几与"道德侏儒"无异了。

这当然是错误的观点。所说"大部分赞成安乐死的都不是垂死的病人,而是体壮力强的中年人或年轻人"一说,显示主观臆测而无实际依据。前文引录的许多调查数据都与此南辕北辙。

赞成或竟"鼓吹"安乐死,与"道德侏儒"绝不能相提并论。诚如邓颖超同志所说,主张安乐死是唯物主义者的观点,此其一。其二,对苦苦挣扎在病床上的同类给予悲悯与关怀,以致敢于冒天下之大不韪而实施安乐死,正是无私与勇敢的表现。其三,帮助处于悲苦惨痛而又束手无策的同类永远摆脱病痛,正是人道主义的表现。其四,安乐死立法将予确认的安乐死第一位准则是患病者的意愿,其人权是得到有效保障的。其五,如有悖逆患病者意愿而实施安乐死的,一经查实,将给予严厉的刑事制裁,所以,主张安乐死不仅是科学的、道德的,而且是预设了保障机制的。"侏儒"之斥,不能不说是很不妥当、毫无道理而且十分武断。

宣传、讨论安乐死的意义不仅仅在于为安乐死立法鸣锣开道,而且其本身还是一场唯物主义认识论教育,一场人生观教育,一场人权观教育,一场生命意义与生命质量教育,

---

① [加]许志伟、徐宗良主编:《中西文化中的生死观》,上海医科大学出版社2000年版。

一场法制教育和一场科学伦理观教育。宣传得越普及、越深入，讨论得越热烈、越坦诚，安乐死立法及安乐死实施的障碍将越小。

其次是从被动安乐死开始试点。虽然世界上只有两个国家通过了安乐死立法，但都属于主动安乐死立法。通过被动安乐死立法的国家则远远不止两个。仅在我国，即有香港地区及台湾地区通过了本地的安乐死的立法。香港特别行政区医务委员会2000年1月13日通过的《被动安乐死守则》，从2002年2月开始生效。《守则》规定，医生只能在病人长期昏迷或变为"植物人"，需靠仪器维持生命，且无法令病人恢复知觉，才可考虑执行该类安乐死；且执行之前必须得到主诊医生、病人家属及医院院长一致同意。2000年6月，中国台湾地区当局通过了"安宁缓和医疗条例"，规定临终病人可选择缓和医疗的尊严死亡。该条例规定：病人临终前只应接受缓解性、支持性的安宁照顾，而非插管、电击等心肺复苏术的人工急救；20岁以上成年人即可预立意愿书，选择在临终时采取安宁缓和医疗；末期病人需在两名成年人见证下，订立意愿书选择安宁缓和医疗及内容；如果病人在临终时不实施心肺复苏术，应有两位医师诊断为"不可治愈且有医学上之证据，近期内病程进行至死亡已不可避免者"，方可实施安宁缓和医疗。如果末期病人意识昏迷，意愿书可由最亲近亲属出具代替，意思表达的优先为配偶、直系血亲亲属、父母、兄弟姐妹、祖父母或三亲等旁系血亲、一亲等直系血亲；意愿人或代理人可以随时反悔，撤回安宁缓和医疗的要求。这些被动安乐死立法及其实施，有以下几点值得特别注意：一是安乐死的自愿性；二是死亡进程的不可逆性；三是家属、医生直至医院方人士的一致性；四是病人意愿的可反悔性。这几点，在主动安乐死立法时，是都要贯彻而且更加严格化、严密化的。因此，被动安乐死立法及其实施，对主动安乐死立法是一种很有意义的前导。我国的安乐死立法，不妨从被动安乐死起步；而在实践上，被动安乐死是早已司空见惯了，与其放任自流，不如加强规范。

再次是在部分省市先行试点，进行主动安乐死立法。不妨选择北京、上海、天津、重庆和浙江、广东、江苏这些省市，按照一立法调研，二宣传讨论，三试拟草案，四进入议程的步骤，早日开始主动安乐死立法的试点工作。应当承认，这些省市的医疗条件较好，民众法律意识较强，总体文化水平较高，交通、通信较为发达，社会监督较为普及，民族差异较少，因此，有可能比较顺利地开展主动安乐死立法。当然，这种试点不应成为仅仅是地方的试验，而应是国家的试点。也就是说，应该是在中央的领导下，有目的、有计划、有步骤地选择此地或彼地进行的立法试验。

三、安乐死法的总体原则

安乐死法的总体原则，我认为是人道主义原则。

有人认为，安乐死法的总体原则应是意愿自由原则。其实，人道主义原则可以涵盖意愿自由原则，贯彻人道主义原则的当然要求尊重病人的自由意愿。这是上位概念与下位概念的区别，不尊重意愿自由又何来人道主义呢？只有彻底贯彻人道主义，才会有真正的意愿自由。因此，我们可以把尊重意愿自由列为头等重要的、第一位的原则，但必须把人道主义原则作为总体原则提出来，作为整个安乐死法的纲领。

在人类历史上，人道主义源远流长，在社会生活的各个方面都产生了巨大的影响。有人认为，"可以说，除马克思主义以外，它是最具影响的一种社会学说"。

人道主义的本意，是针对非人道、非人性的道德伦理原则。人道主义者以人、人性为尺度，从人的尊严、人的权利、人的情感为出发点去衡量人际关系，举凡尊重别人的人格、权利与情感的，都是合乎人道的，否则即为不人道。人道主义有其漫长的历史发展过程，资产阶级在反对封建主义的斗争中大大弘扬了人道主义精神。马克思主义继承了人道主义发展史上一切有价值的成果，尤其是对资产阶级人道主义的积极成果予以肯定。关心、爱护人，尊重人格的尊严，重视人的价值与全面发展，反对一切不合理、不平等、不道德的行为，等等，被视为当今人道主义原则的基本要求。

安乐死法似乎与人道主义原则是背道而驰的。古往今来的人道主义原则在医疗卫生事业方面表现为"救死扶伤"。因此，对于垂危的病人，医生都竭力抢救，用尽一切办法力图把病人的生命从死神那里夺回来。但安乐死法所保护的却是病人的死亡请求和医生之帮助病人实现死亡的愿望。因此，谓安乐死法与人道主义原则背道而驰，似乎是言之有理，甚至是不言自明的。

问题在于，安乐死法所保护的要求安乐死的"病人"是怎样的病人。

如果是一般的病人，那么，首先，他自己不会提出放弃生命的坚决请求；其次，医生也会劝告他积极配合治疗，并鼓励他勇于面对疾病、战胜疾病；再次，病人的家属一般也决不会同意他的放弃生命的请求，而要极为耐心地做规劝工作。安乐死法所保护的减轻病痛的病人，至少具备这样几个条件：一是罹患绝症，即在当时的医疗条件下无法治愈；二是在可以预见的时日一般也不可能找到治愈该绝症之方、之药；三是所患绝症已到生命垂危的晚期，即使全力抢救也不可能拖延多少时间；四是患者因此绝症而经受难以承受的肉体痛楚。当然还要加上病人自己的安乐死坚决要求；一般还有家属的同意。在具备这些条件的情况下，安乐死法首肯安乐死，又怎么说得上与人道主义背道而驰呢？

恰恰相反，如果拒绝病人的安乐死请求，立法对这种请求不予保护，倒是与人道主义原则完全悖逆的。首先，它是对病人固有的放弃生命权利的蔑视；其次，它延长了病人极度痛苦的时间，一般说来，由于病况的不断恶化，会不断加剧病人的痛苦；再次，绝症病人的晚期，由于剧烈的痛苦与生不如死，往往完全丧失了健康人的种种尊严，拒绝其安乐死申请，无异于对他的尊严的轻忽与蔑视。

贯彻安乐死法的人道主义原则，必须达到以下主要要求：

第一，必须确切查明安乐死是申请人坚决的真实的意愿。毕竟人一死亡即告"万事空",永远不能复活,因此,务须避免病人一时冲动而提出了安乐死的请求。同时,社会是复杂的,处于复杂人际关系中的病员,可能由于各种因素错综交杂而提出了安乐死的申请,而不仅仅是由于疾病晚期造成的极度肉体痛苦。因此,查明安乐死申请的意愿真实性是十分重要的。

第二,必须确切判断安乐死申请人所患的疾病,确为当时医药条件下无法治愈的绝症,已经到了晚期,即使抢救也只能苟活不多的时日;而且病人肉体处于极度痛苦的状态,且无法以医疗方式或药品使之恒久的缓解,更不可能彻底解除。

第三,所实施的安乐死方式、程序,所使用的医学技术、医疗药品,所产生的死亡后果(病人躯体状况、肤色状况等),都合乎病员的意愿也能保持病员的尊严。

第四,必须保证病员不会在更加痛苦的状态中死去,要名副其实地体现安乐死的平平安安与快快乐乐,病人在"视死如归"的状态下结束生命。

第五,必须预设多种方案,在出现特殊情况而不能实现预定的某一安乐死方案时,要有补救措施,以求圆满地达到安乐死申请人得以在人格尊严受到充分尊重而又无痛苦的状态下离开人世。

第六,应当满足申请安乐死的病人关于是否需要亲属在场实施安乐死的要求。对实施安乐死时的现场氛围等等,如申请人有什么请求,只要能够做到,都应一一满足。

安乐死法总体原则的确定,只是安乐死立法试点工作的一个方面,还有其他许许多多工作要做,还有许许多多具体条件要加创设。这些同样需要详加讨论。

"人兽混合胚胎"的科学与伦理意义[*]

2008年4月2日，英国纽卡斯尔大学人类基因研究所宣布，首个人牛混合胚胎成功诞生。这表明，2007年11月6日经英国政府批准的研究人兽胚胎的两大主力——纽卡斯尔大学和伦敦国王学院已在人兽胚胎混合研究方面取得突破性进展。2003年，我国学者盛慧珍领衔的课题组曾将人类皮肤细胞与兔子卵细胞融合，培植出人类胚胎干细胞。此次英国科学家体细胞核移植和人兽混合胚胎制造与盛慧珍的研究相类似。

"人兽混合胚胎"研发成功的科学意义是极其巨大的。上海交通大学医学遗传研究所所长、中国工程院曾溢滔院士认为，首先在应用上解决了进行人类胚胎干细胞研究最紧缺的人的卵母细胞的来源问题。通过体细胞核移植培育人胚胎干细胞，往往需要上百枚人的卵母细胞，且不说得到这样数量的卵母细胞非常不易，而且拿人的卵子做实验也存在伦理上的争议。英国人这次的实验是用母牛的卵母细胞植入人的DNA，这样就解决了卵母细胞的来源问题。其次在理论上，把人的体细胞放到动物的卵母细胞孕育培养，可以据此研究人体细胞在这种特殊环境中的生长情况，了解细胞质对细胞核的作用和影响。由于这种方法得到的胚胎细胞中有99.9%的遗传物质属人类，也可以据此研究这样的特殊细胞生长环境对基因表达及其功能的影响，发现并提出很多新的研究课题。搞清细胞核、质关系将为揭示发育生物学中许多基本问题提供答案。如果扩及社会、哲学层面，那么，对"人兽混合胚胎"研发成功具有巨大意义。如今人类不仅可以自行制造出人体的组织、器官，而且还可制造人兽混合胚胎，这为人类生命的发展开拓了宽广的道路和光明的前景。这样论断，是因为自从"多利羊"诞生以来，在人类克隆问题上，存在过而且至今仍然存在着不少似是而非的谬论。这些谬论甚嚣尘上，左右着公众的深入思考，也左右着各国的立法。因此，在一定程度上可以说，人兽混合胚胎研发成功，其伦理意义大于、高于、重于科学意义。

《英国实验回避了伦理争论》，2008年4月4日的《文汇报》报道英国纽卡斯尔大学人

---

[*] 本文未发表，约写于2008年下半年。——编者注

类基因研究所的成功实验时，使用了这样的标题。据生命科学界权威人士的解释，是由于这一实验使用的是母牛的卵母细胞，从而避免了使用人的卵母细胞的问题，而使用人的卵母细胞就会有伦理问题。可是，这些权威人士同时又告诉我们，事实上，英国政府在准许科学家进行相关实验时做过明确限定：整个实验必须是在实验室内进行，且时间不得超过两周，不得将人兽胚胎培育成"真正的胚胎"，不能应用于生殖，不得将其植入人体或动物子宫内。为什么要限于两周时间？因为14天前的胚胎还不能算作生命，只是一团细胞，还没有分化成人体的组织和器官。

我以为，这样解说存在着严重的逻辑混乱。"14天前的胚胎还不能算作生命，只是一团细胞，还没有分化成人体的组织和器官。"但作为"一团细胞"的"14天前的胚胎"和"人的卵母细胞"，究竟何者更接近于"人体的组织和器官"？这"14天前的胚胎"的"一团细胞"和14天后的胚胎（例如第14天又1小时、2小时的胚胎）之区别究竟巨大到什么地步？是细胞与细胞的区别还是人和细胞的区别？如果要恪守这"14天论"，那么，几乎可以认定"14天"后的一切堕胎行为全是伦理的极端悖逆了，如此等等。科学发展的逻辑与人类进步的要求告诉我们，在理论上虽然尽可耗时费力与陈旧伦理的卫道士们争争吵吵，但在科技发展的实务上，实在毫无必要更不应该受制于陈旧伦理教条的束缚。

正是依据这样的认识，在关于人体克隆问题上的社会效益原则与伦理原则的冲突中，我坚持了"社会效益第一"的原则。我是这样展开论述并得出了相应的结论的：

按照生命伦理学的观点，科学技术要从长远利益出发，造福整个人类。它必须遵循"行善、不伤害、自主和公正"这四项国际公认的伦理原则。① 这当然是完全正确、无须讨论的。但是，基因技术立法的社会效益第一原则是为了整个人类的长远利益，正是为了在全人类社会的范围内"行善""不伤害"并求"自主"与"公正"。

这里有一个伦理与法律的关系问题。虽然生命伦理只能解决认识层面的问题而无实际操作的意义，但却是具有实际操作意义的法律手段的认识基础，后者不可稍稍疏离与违拗前者。但问题在于，原则性的伦理观点，一经深入接触具体的基因技术问题，仍然可能歧见纷纭，仁智各现。因此，有必要结合具体的基因技术问题来审视正确合理的伦理观点是否合理正确地具体运用，并得出科学的结论，达成科学的共识。否则，社会效益第一原则云云，还会流为法呆子的空言。

认为"克隆人违背人类生命伦理"的一些具体看法包括：其一，就"克隆人"这一个体而言，他会生活在"我是一个死去的人的复制品"这样一个阴影中。其二，克隆人比经过200多次失败因而出现过畸形羊或夭折的"多利羊"克隆要复杂得多，无疑会遇到更多的失败，如果制造出不健康、畸形或短寿的人，将是对人权的一种侵犯。其三，即使是成功的克隆人，也将是同一基因的翻版，这就有可能减少基因的多样性，不利于人类本身的

---

① 邱德育、江世亮：《克隆人违背人类生命伦理》，《文汇报》2000年11月9日。

进化。对上述看法，我是持不同意见的，理由如下：

第一，上述看法综合在一起，即企图彻底封杀对人的克隆。这种封杀观点是否可取颇为值得怀疑。人工授精及其他生殖技术开发之始，也曾引致甚嚣尘上的封杀议论。如果不是其时冲破这种封杀言论的艰辛努力，哪里还会有今天人工生殖技术的蓬勃发展与辉煌成就以造福万千不孕男女的丰功伟绩？按封杀观点思考问题并付诸行动，宇宙飞船别想上天，人类登月将永成神话。加加林之所以成为全球景仰、万民欢呼的航宇英雄，难道不是因他甘冒生命危险依然升天的无畏壮举吗？尽管此后又进行了千百次航宇试验，还过数以百计的"加加林"成功上天又成功回归地球，但还是发生了美国七位宇航员包括一位女性一次性不幸地一去不复返的灾难。只要有可能发生灾难性事件即予封杀，是可取孰不可取？按此逻辑，连蟹都不应该吃的。我们称赞第一个吃蟹的人，是因为他冒了生命的危险，是勇敢者。难道我们可以搬起伦理学说教而去阻止这样的勇敢者赴死吃蟹吗？还有外科手术，外科大夫举起寒光闪闪的手术刀在人体上又切又割又钻又挖，孔老夫子信徒一定会搬出《论语》来念念有词"身体发肤，受之父母，损之不孝"予以阻止。不仅如此，"不孝"乃封建中国之头等大罪之一，法律有明文规定的，遑论伦理、"论语"？但这一切都被历史"检验"过后悄然隐退了。"手术刀"家族已是有刀有剪有钳有镊等；蟹则有烧有炖有煲有"醉"地"生猛"有味得很；试管婴儿是接二连三成千上万蜂拥而出、茁壮成长甚至还有了他们的后代；航天英雄是有死有生、虽死犹生、前赴后继、不绝如缕，总体上处处凯歌入云。

第二，假定有克隆人诞生，他会生活在"我是一个死去的人的复制品"的阴影中吗？笔者闻此，不觉哑然失笑。首先，凭什么说他一定会生活在阴影中呢？我们为什么不设想，他将为"我是一个死去的人的复制品"而欢欣鼓舞、笑逐颜开呢？其次，他究竟"是一个死去的人的复制品"还是"一个曾经活着后来死去的人的复制品"呢？毫无疑问，后者的判断是全面一些的。既然如此，用以偏概全的前提能推出科学合理的结论吗？显然不能。再次，更准确的判断应是："我是某君的复制品"，完全不必强调"某君"的或生或死或存或亡。千百年来，无数亿万儿女何尝不是其父母的"复制品"呢？由父母养育则可，后采在试管里养出的由不可而可，现在是"克隆"之绝对不可。看来，人类伦理观的演进，也像马克思主义的发展一样，每前进一步，都得付出战斗与牺牲的代价。又次，持"阴影"观的同志自己也承认，"阴影""对他的心理会产生什么样的影响，是否会感到幸福，这是一个问题"。既然"还是一个问题"，也就是未有定论，从"未有定论"出发，怎么就得出了不可克隆人的定论呢？

第三，"如果制造出不健康、畸形或短寿的人，将是对人权的一种侵犯。"这可算是不准克隆人的伦理学最有力论据了。但是，如果有人能够肯定，"只要克隆人，就一定会而且永远只能制造出不健康、畸形或短寿的人"，那就太该鸣金收兵、马放南山了。但谁会这样武断呢？不会。如果只是"不健康"呢？例如"天生"肝病。按基因理论，即使不是克隆人，自然养出的人如果父母带有肝病基因也还是要循父母之道而患肝病的，难道要立法禁止结婚、禁止生育？何况，人类现已找到了解决许多"不健康"问题的办法，何惧之有？其实，如今活在世上的一切人，都是被动出生的，千千万万生而不健康或者畸形，何尝曾被告知将会不健康或畸形？难道因"人权"之可能被"侵犯"而严禁自然生育吗？

第四，作为"同一基因的翻版"的"成功克隆人"，怎么就会减少基因的多样性而不利于人类本身的进化呢？"X+Y+Z=X+Y+Z""X+X+Y+Y+Z+Z=2X+2Y+2Z"，如此而已，丝毫也未改变基因的质，何来"减少基因的多样性"之说？何况，有目的、有计划、有组织、有领导、有序而又合法的人体克隆，绝不会去干"X+X+X+……"的蠢事，完全可以期望创造出XY、XZ、YZ的新人来，这又何乐而不为呢？"人类的进化"，长期处于"自然进化"状态下，至今而无重大改变。我们已经可以创制疫苗，打预防针防止疾病，我们还将进一步地改变纯属"自然进化"的状况。"人类的进化"，也许就指望基因技术的发展而超越纯自然进化，从而根本增进人类福祉了。

行文至此，必须严正声明：首先，笔者也反对目前克隆人，因为基因技术的发展还只是处在它的"童年时代"，在如此重大的人体克隆问题上，是绝不应该轻率行事的。其次，即使将来进入克隆人的现实性操作阶段，也绝对必须严密组织、严格论证、严肃从事、依法而行，决不可任意而为。之所以在上文中提出一系列观点与当前流行的伦理学观点商榷，主要意在：这些观点还缺乏足够的说服力，以至法学界难以从命进入"法场"从事立法。至于探讨基因技术立法所应遵循的主要原则，则可与伦理学界诸公互相切磋、互相启迪，以求相互促进、相得益彰。如今"人兽混合胚胎"之研究成功，至少是对陈旧伦理的一次冲击，为新型的先进的伦理开拓了道路。对此，法学界应予密切关注。